早稲田実業学校中等部

〈収録内容〉

2024 年度 …………………………………… 算・理・社・国
2023 年度 …………………………………… 算・理・社・国
2022 年度 …………………………………… 算・理・社・国
※国語の大問二は、問題に使用された作品の著作権者が二次使用の許可を出していないため、問題を掲載しておりません。
2021 年度 …………………………………… 算・理・社・国
2020 年度 …………………………………… 算・理・社・国
2019 年度 …………………………………… 算・理・社・国
平成 30 年度 …………………………………… 算・理・社・国
平成 29 年度 …………………………………… 算・理・社・国
平成 28 年度 …………………………………… 算・理・社・国
平成 27 年度 …………………………………… 算・理・社・国
平成 26 年度 …………………………………… 算・理・社・国
※国語の大問二は、問題に使用された作品の著作権者が二次使用の許可を出していないため、問題を掲載しておりません。
平成 25 年度 …………………………………… 算・理・社・国

便利な DL コンテンツは右の QR コードから

解答用紙

過去年度

国語の問題は
紙面に掲載

JN101263

※データのダウンロードは 2025 年 3 月末日まで。
※データへのアクセスには、右記のパスワードの入力が必要となります。 ⇒ 847918

〈合格最低点〉

	男　子	女　子		男　子	女　子
2023年度	ー	ー	2019年度	179点	198点
2023年度	192点	202点	2018年度	168点	181点
2022年度	ー	ー	2017年度	177点	190点
2021年度	203点	208点	2016年度	171点	185点
2020年度	194点	214点	2015年度	160点	177点

本書の特長

実戦力がつく入試過去問題集

▶ 問題 …………… 実際の入試問題を見やすく再編集。
▶ 解答用紙 …… 実戦対応仕様で収録。
▶ 解答解説 …… 詳しくわかりやすい解説には、難易度の目安がわかる「基本・重要・やや難」の分類マークつき（下記参照）。各科末尾には合格へと導く「ワンポイントアドバイス」を配置。採点に便利な配点つき。

入試に役立つ分類マーク

基本 確実な得点源！
受験生の 90%以上が正解できるような基礎的、かつ平易な問題。
何度もくり返して学習し、ケアレスミスも防げるようにしておこう。

重要 受験生なら何としても正解したい！
入試では典型的な問題で、長年にわたり、多くの学校でよく出題される問題。
各単元の内容理解を深めるのにも役立てよう。

やや難 これが解ければ合格に近づく！
受験生にとっては、かなり手ごたえのある問題。
合格者の正解率が低い場合もあるので、あきらめずにじっくりと取り組んでみよう。

合格への対策、実力錬成のための内容が充実

▶ 各科目の出題傾向の分析、合否を分けた問題の確認で、入試対策を強化！
▶ その他、学校紹介、過去問の効果的な使い方など、学習意欲を高める要素が満載！

解答用紙ダウンロード 解答用紙はプリントアウトしてご利用いただけます。弊社ＨＰの商品詳細ページよりダウンロードしてください。トビラのＱＲコードからアクセス可。

UD FONT 見やすく読みまちがえにくいユニバーサルデザインフォントを採用しています。

早稲田大学系属早稲田実業学校中等部

生徒数　677名
〒185-8505
東京都国分寺市本町1-2-1
☎042-300-2121
中央線・西武線国分寺駅　徒歩７分

６年間の探究活動・総合プロジェクトを通じ、ものごとの本質を見抜く力を育む

URL	https://www.wasedajg.ed.jp/

プロフィール

社会で活躍する OB・OGが資産

早稲田大学の前身・東京専門学校の教育構想の一環として、1901（明治34）年に開校。若年層の実業教育を目的に発展してきたが、1963（昭和38）年、大学の系列下に復帰し、普通科と商業科を併設した。

早大系属校として、早大の建学の精神・教旨を踏まえた教育を行っており、物事の本質を見極めるという去華就実・三敬主義を校訓として、社会に多くの貢献を成し得る人物の育成に努めている。また、2001年度にキャンパスを国分寺に移転。さらに翌年に初等部を新設し、商業科の募集を停止、男女共学校としてスタートした。社会の第一線で活躍するOB・OGが本校の資産である。

環境

理想的な教育環境

国分寺キャンパスは、広大な敷地と豊かな緑に恵まれ、最新の施設・設備を誇る理想的な教育環境であり、21世紀のモデル校としての役割も果たすキャンパスである。情報教育を実施するPC教室には、最新のコンピュータが150台設置され、国際教育を行うCALL教室にはパソコンを利用した最新のシステムが整っている。７万冊の蔵書を収容し147席の閲覧室がある図書館、２つの体育館、柔道場、剣道場、野球場、弓道場などもそろっている。

広大な人工芝の校庭

カリキュラム

生徒の主体的な学びを促すカリキュラム

バランスのとれた基礎的な学力の育成を第一の目標としてカリキュラムを編成している。幅広い分野から生徒の興味と関心を喚起するとともに、自発的に研究しようとする意欲を育むことにも力を注いでいる。

学校生活

盛んな課外活動

「大器晩成」にちなんだ「大成会」に源を発し、数多くの実績を残す体育系クラブや、芸術・文化・学術など様々なフィールドがある文化系クラブや同好会が活発に活動している。

また、東京六大学野球「早慶戦」の応援参加は、早稲田の一員であることを感じる一瞬だ。

［文化系クラブ］英語、演劇、音楽、科学、考古学、写真、珠算、商業経済、書道、吹奏楽、美術、文芸

［体育系クラブ］中学野球、弓道、剣道、ゴルフ、サッカー、山岳、柔道、少林寺拳法、水泳、スキー、ソフトボール、卓球、硬式テニス、軟式テニス、バスケットボール、バドミントン、バレーボール、ハンドボール、米式蹴球、ラグビー、陸上競技、空手道、ボート、アイススケート

［同好会］軽音楽、茶道、将棋・囲碁、鉄道研究、馬術、漫画研究、数学研究、ダンス

豊かな緑に囲まれたキャンパス

進路

卒業生のほぼ100%が早大の各学部へ

高等部から早稲田大学へは、人物・成績共に優れた生徒が各学部に推薦され入学する。推薦は、生徒本人の志望する学部・学科と、在学時に修めた成績、人物の評価などを総合的に判断した上で実施され、ほぼ100％の卒業生が早稲田大学の各学部へ進んでいる。

トピックス

探究学習・総合プロジェクト

早実では６年間にわたる探究学習・総合プロジェクトを進めている。中１では国分寺巡検・ボランティア、中２ではJTBパブリッシングのサポートを得て「るるぶ国分寺」の作成、中３では取材・実験を含む卒業研究、高１では「早稲田大学を知る」というテーマでOB・OGに取材し発表、高２からはユニークなテーマの少人数ゼミ形式の講座・早実セミナーを受講し、論文を作成する。

2024年度入試要項

試験日　2/1

試験科目　国・算・理・社

2024年度	募集定員	受験者数	合格者数	競争率
男子	約70	330	87	3.8
女子	約40	196	50	3.9

※定員は帰国生若干名を含む

過去問の効果的な使い方

① **はじめに**　ここでは，受験生のみなさんが，ご家庭で過去問を利用される場合の，一般的な活用法を説明していきます。もし，塾に通われていたり，家庭教師の指導のもとで学習されていたりする場合は，その先生方の指示にしたがって，過去問を活用してください。その理由は，通常，塾のカリキュラムや家庭教師の指導計画の中に過去問学習が含まれており，どの時期から，どのように過去問を活用するのか，という具体的な方法がそれぞれの場合で異なるからです。

② **目的**　言うまでもなく，志望校の入学試験に合格することが，過去問学習の第一の目的です。そのためには，それぞれの志望校の入試問題について，どのようなレベルのどのような分野の問題が何問，出題されているのかを確認し，近年の出題傾向を探り，合格点を得るための試行錯誤をして，各校の入学試験について自分なりの感触を得ることが必要になります。過去問学習は，このための重要な過程であり，合格に向けて，新たに実力を養成していく機会なのです。

③ **開始時期**　過去問との取り組みは，通常，全分野の学習が一通り終了した時期，すなわち6年生の7月から8月にかけて始まります。しかし，各分野の基本が身についていない場合や，反対に短期間で過去問学習をこなせるだけの実力がある場合は，9月以降が過去問学習の開始時期になります。

④ **活用法**　各年度の入試問題を全問マスターしよう，と思う必要はありません。完璧を目標にすると挫折しやすいものです。できるかぎり多くの問題を解けるにこしたことはありませんが，それよりも重要なのは，現実に各志望校に合格するために，どの問題が解けなければいけないか，どの問題は解けなくてもよいか，という眼力を養うことです。

算数

どの問題を解き，どの問題は解けなくてもよいのかを見極めるには相当の実力が必要になりますし，この段階にいきなり到達するのは容易ではないので，この前段階の一般的な過去問学習法，活用法を2つの場合に分けて説明します。

☆偏差値がほぼ55以上ある場合

掲載順の通り，新しい年度から順に年度ごとに3年度分以上，解いていきます。

ポイント1…問題集に直接書き込んで解くのではなく，各問題の計算法や解き方を，明快にわかるように意識してノートに書き記す。

ポイント2…答えの正誤を点検し，解けなかった問題に印をつける。特に，解説の 基本 重要 がついている問題で解けなかった問題をよく復習する。

ポイント3…1回目にできなかった問題を解き直す。同様に，2回目，3回目，…と解けなければいけない問題を解き直す。

ポイント4…難問を解く必要はなく，基本をおろそかにしないこと。

☆偏差値が50前後かそれ以下の場合

ポイント1～4以外に，志望校の出題内容で「計算問題・一行問題」の比重が大きい場合，これらの問題をまず優先してマスターするとか，例えば，大問2までをマスターしてしまうとよいでしょう。

理科

理科は1から順番に解くことにほとんど意味はありません。理科は，性格の違う4つの分野が合わさった科目です。また，同じ分野でも単なる知識問題なのか，あるいは実験や観察の考察問題なのかによってもかかる時間がずいぶんちがいます。記述，計算，描図など，出題形式もさまざまです。ですから，解く順番の上手，下手で，10点以上の差がつくこともあります。

過去問を解き始める時も，はじめに1回分の試験問題の全体を見通して，解く順番を決めましょう。得意分野から解くのもよいでしょう。短時間で解けそうな問題を見つけて手をつけるのも効果的です。くれぐれも，難問に時間を取られすぎないように，わからない問題はスキップして，早めに全体を解き終えることを意識しましょう。

社会

社会は1から順番に解いていってかまいません。ただし，時間のかかりそうな，「地形図の読み取り」，「統計の読み取り」，「計算が必要な問題」，「字数の多い論述問題」などは後回しにするのが賢明です。また，3分野(地理・歴史・政治)の中で極端に得意，不得意がある受験生は，得意分野から手をつけるべきです。

過去問を解くときは，試験時間を有効に活用できるよう，時間は常に意識しなければなりません。ただし，時間に追われて雑にならないようにする注意が必要です。“誤っているもの”を選ぶ設問なのに“正しいもの”を選んでしまった，“すべて選びなさい”という設問なのに一つしか選ばなかったなどが致命的なミスになってしまいます。問題文の“正しいもの”，“誤っているもの”，“一つ選び”，“すべて選び”などに下線を引いて，一つ一つ確認しながら問題を解くとよいでしょう。

過去問を解き終わったら，自己採点し，受験生自身でふり返りをしましょう。できなかった問題については，なぜできなかったのかについての分析が必要です。例えば，「知識が必要な問題」ができなかったのか，「問題文や資料から判断する問題」ができなかったのかで，これから取り組むべきことも大きく異なってくるはずです。また，正解できた問題も，「勘で解いた」，「確信が持てない」といったときはふり返りが必要です。問題集の解説を読んでも納得がいかないときは，塾の先生などに質問をして，理解するようにしましょう。

国語

過去問に取り組む一番の目的は，志望校の傾向をつかみ，本番でどのように入試問題と向かい合うべきか考えることです。素材文の傾向，設問の傾向，問題数の傾向など，十分に研究していきましょう。

取り組む際は，まず解答用紙を確認しましょう。漢字や語句問題の量，記述問題の種類や量などが，解答用紙を見て，わかります。次に，ページをめくり，問題用紙全体を確認しましょう。どのような問題配列になっているのか，問題の難度はどの程度か，などを確認して，どの問題から取り組むべきかを判断するとよいでしょう。

一般的に「漢字」→「語句問題」→「読解問題」という形で取り組むと，効率よく時間を使うことができます。

また，解答用紙は，必ず，実際の大きさのものを使用しましょう。字数指定のない記述問題などは，解答欄の大きさから，書く量を考えていきましょう。

早稲田実業の算数

――出題傾向と対策　合否を分けた問題の徹底分析――

出題傾向と内容

出題分野1　〈数と計算〉

「四則計算」が毎年，出題されており，「数の性質」も，近年，連続して出題されている。

2　〈図形〉

「平面図形」・「立体図形」の問題も毎年，出題されており，年度によって，難度にばらつきがある。「相似」・「図形や点の移動」の出題率も高い。

3　〈速さ〉

「速さの三公式と比」の問題は，ほぼ毎年，出題されており，「旅人算」・「時計算」・「流水算」が，年度によって出題されている。「通過算」は近年，出題されていない。

4　〈割合〉

「割合と比」の問題が，毎年，出題されている。「仕事算・ニュートン算」をしっかり復習しておこう。

5　〈推理〉

「場合の数」が，ほぼ毎年，出題されており，「論理・推理」・「数列・規則性」の問題も出題率が高い。

6　〈その他〉

どの分野も，出題率は高くないが，なかでも「鶴カメ算」・「消去算」の計算に慣れておこう。

出題率の高い分野

❶平面図形・面積　❷割合と比　❸立体図形・体積　❹数の性質　❺場合の数

来年度の予想と対策

出題分野1　〈数と計算〉…計算問題は，正確に早く解けるように，毎日，少しずつ練習しよう。

2　〈図形〉…「平面図形」・「立体図形」・「相似」・「図形や点の移動」の応用問題，融合問題を徹底して練習しよう。

過去問で「図形」の問題だけ，連続して解いてみると，年度による難度の差が分かり，参考になる。かなり難しい「図形」問題でも，小問によっては基本レベルの出題があるので，問題をよく読み，ヒントを探して，1問でも多く解くように，試行錯誤することが重要である。

3　〈速さ〉…比を使う「旅人算」の解き方を練習しよう。「時計算」・「通過算」・「流水算」の応用レベルの練習も，分野に偏りなく練習することが必要である。

4　〈割合〉…「割合と比」・「相当算」・「分配算」などのほか，「速さの比」・「面積比」など他の分野の比を利用する応用問題も練習しよう。

5　〈推理〉…「論理・推理」・「場合の数」・「数列・規則性」の出題率が高い。まず，基本を固めるレベルからスタートして，応用問題へ進もう。

6　〈その他〉…「差集め算」「鶴カメ算」「消去算」，その他の応用問題を練習しよう。「鶴カメ算」は図を描かなくても，式が立てられる，というレベルまで反復しよう。

学習のポイント

●大問数5題　小問数20～25題前後　　●試験時間60分　満点100点

●「図形」・「割合」・「速さ」の難しめの問題がポイントになる。

年度別出題内容の分析表　算数

（よく出ている順に，☆◎○の3段階で示してあります。）

	出　題　内　容	27年	28年	29年	30年	2019年	2020年	2021年	2022年	2023年	2024年
数と計算	四則計算	○	○	○	○	○	○	○	○	○	○
	単位の換算	○			○	○	○	○	○		○
	演算記号・文字と式									☆	
	数の性質		☆	☆	○	☆	◎	○	☆	◎	○
	概　数			○							
図形	平面図形・面積	☆	☆	☆	☆	☆	☆	☆	☆	☆	☆
	立体図形・体積と容積	☆	☆	☆	☆	○	○	○	☆	○	
	相似（縮図と拡大図）	○	☆	◎	☆		☆	○	○	☆	☆
	図形や点の移動・対称な図形		☆		☆	☆		☆			☆
	グラフ										
速さ	速さの三公式と比	☆				○	◎	☆	○		☆
	旅人算										○
	時計算						◎		○		
	通過算										
	流水算							☆			
割合	割合と比	☆	☆	☆	☆	☆	☆	☆	☆	☆	☆
	濃　度	○					☆				○
	売買算					○					
	相当算			○			○				
	倍数算・分配算	○									
	仕事算・ニュートン算		☆		○		○				○
	比例と反比例・2量の関係							○	☆		
推理	場合の数・確からしさ	☆	○	☆		○	○	☆	☆	☆	○
	論理・推理・集合	☆	○					☆	○	☆	
	数列・規則性・N進法		☆		○	○	○	☆	◎		
	統計と表			☆				☆		○	◎
その他	和差算・過不足算・差集め算	○	○		○	○	○		◎	○	
	鶴カメ算				○	○		○			
	平均算							○			◎
	年令算					○					
	植木算・方陣算	○				○					
	消去算	○	○			◎	○	○	☆	◎	

2024年度 早稲田実業学校中等部 合否を分けた問題 算数

2 (1)〈統計，平均算〉

> ①「最頻値」 ②「中央値」の問題ではあるが，型通りの問題設定にはなっておらず，問題文の各数字をしっかり把握しておかないと，「平均値が最高になる場合」を求めることができず，正解できないことになる。

【問題】

男子25人，女子15人が「上体起こし」を行い，男子で最多の回数は26回，最少の回数は6回，最頻値は22回で10人，女子で最多の回数は28回，最少の回数は9回，中央値は20回である。

① 男子の回数の平均が最多になるとき，何回か。

② 女子の回数の平均が最多になるとき，何回か。

【考え方】

男子25人…6回～26回，最頻値22回(10人)

女子15人…9回～28回，中央値20回

① 26回の人数…9人　25回の人数…25－1－(10＋9)＝5(人)　22回…10人　6回…1人

したがって，求める平均回数は(26×9＋25×5＋22×10＋6)÷25＝(234＋125＋226)÷25＝23.4(回)

② 28回の人数…7人　20回の人数…7人　9回…1人

したがって，求める平均回数は(28×7＋20×7＋9)÷15＝345÷15＝23(回)

受験生に贈る「数の言葉」――――――――――「ガリヴァ旅行記のなかの数と図形」

作者　ジョナサン・スウィフト(1667～1745)

…アイルランド　ダブリン生まれの司祭

リリパット国…1699年11月，漂流の後に船医ガリヴァが流れ着いた南インド洋の島国

①人間の身長…約15cm未満　②タワーの高さ…約1.5m

③ガリヴァがつながれた足の鎖の長さ…約1.8m　④高木の高さ…約2.1m

⑤ガリヴァとリリパット国民の身長比…12：1　⑥ガリヴァとかれらの体積比…1728：1

ブロブディンナグ国…1703年6月，ガリヴァの船が行き着いた北米の国

①草丈…6m以上　②麦の高さ…約12m　③柵(さく)の高さ…36m以上

④ベッドの高さ…7.2m　⑤ネズミの尻尾(しっぽ)…約1.77m

北太平洋の島国…1707年，北緯46度西経177度に近い国

王宮内コース料理　①羊の肩肉…正三角形　②牛肉…菱形　③プディング…サイクロイド形

④パン…円錐形(コーン)・円柱形(シリンダ)・平行四辺形・その他

2023年度 早稲田実業学校中等部 合否を分けた問題 算数

1 (2)〈過不足算，消去算〉

> 算数を解く場合に最初に問題になるのは，問題文がなにを伝えようとしているのかを読み取ることである。
> 次の問題は，なにを伝えようとしているのか？

【問題】

和菓子屋さんが，まんじゅうを箱詰めして販売する準備をしている。箱詰めの箱は大きな箱Aと小さな箱Bで，合わせて50箱ある。

最初に，箱Aに6個ずつ入れ，箱Bに4個ずつ入れたら，まんじゅうが50個残ってしまった。

そこで，箱Aに8個ずつ入れ，箱Bに5個ずつ入れたら，箱Aが1箱，箱Bが2箱余ったが，他の箱には過不足なく入れることができた。まんじゅうは何個あるか。 ← この内容を読み取る

【考え方】

それぞれの箱の数をA，Bで表す。

$A+B=50$…ア

$6\times A+4\times B+50=8\times A-8+5\times B-5\times 2$より，$2\times A+B=50+18=68$…イ　← この式の意味を理解しよう

イ－アより，$A=68-50=18$，$B=50-18=32$

したがって，まんじゅうは$6\times 18+4\times 32+50=286$(個)

受験生に贈る「数の言葉」――――――――――バートランド・ラッセル(1872～1970)が語る
ピュタゴラス(前582～496)とそのひとたちのようす(西洋哲学史)

①ピュタゴラス学派のひとたちは，地球が球状であることを発見した。

②ピュタゴラスが創った学会には，男性も女性も平等に入会を許された。
財産は共有され，生活は共同で行われた。科学や数学の発見も共同のものとみなされ，ピュタゴラスの死後でさえ，かれのために秘事とされた。

③だれでも知っているようにピュタゴラスは，すべては数である，といった。
かれは，音楽における数の重要性を発見し，設定した音楽と数学との間の関連が，数学用語である「調和平均」，「調和級数」のなかに生きている。

④五角星は，魔術で常に際立って用いられ，この配置は明らかにピュタゴラス学派のひとたちにもとづいており，かれらは，これを安寧とよび，学会員であることを知る象徴として，これを利用した。

⑤その筋の大家たちは以下の内容を信じ，かれの名前がついている定理をかれが発見した可能性が高いと考えており，それは，直角三角形において，直角に対する辺についての正方形の面積が，他の2辺についての正方形の面積の和に等しい，という内容である。
とにかく，きわめて早い年代に，この定理がピュタゴラス学派のひとたちに知られていた。かれらはまた，三角形の角の和が2直角であることも知っていた。

2022年度 早稲田実業学校中等部 合否を分けた問題 算数

4「規則性，場合の数」

> ・立体の切断の問題であり，問題そのものは難しくない。
> ・上面ができるだけ多くの部分に分けられるように切る。←第1のポイント
> ・上面を切るとき，いくつの部分に分けられるかという場合の数の規則性に気づくかどうか。←第2のポイント

【問題】

図1のような上面が赤くぬられた円柱があり，
Ⓐまたは Ⓑの2つの切り方を何回かくり返して
円柱を切り分ける。
切り方
Ⓐ赤い面ができるだけ多くの部分に分けられるように，
　まっすぐ切る。
Ⓑまっすぐ横に切る。
例えば，切り方Ⓐでは図2の点線のように切ることはない。

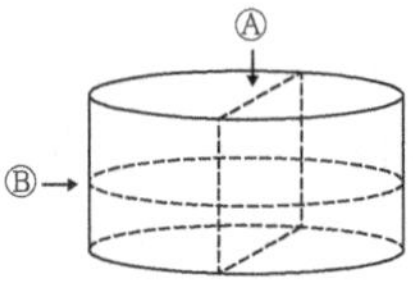

図1

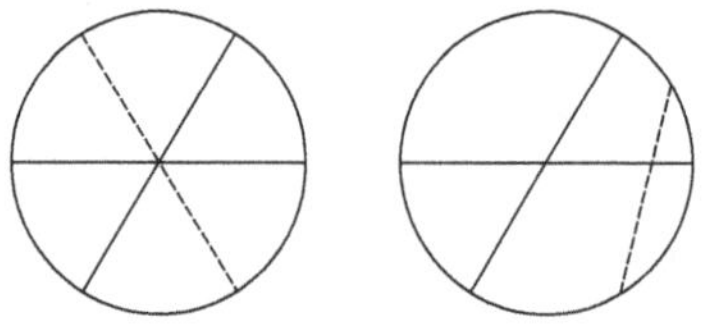

図2

Ⓐ，Ⓑのうち，使わない切り方があってもよいものとする。
(1) 3回切ったときに分けられる立体の個数を，すべて答えなさい。
(2) 切り方Ⓐのみで5回切ったときに分けられる立体の個数を，答えなさい。
(3) 6回切ったときに分けられる立体の個数のうち，最多の個数を答えなさい。

【考え方】

(1) 以下の4通りの例がある。
底面に平行に3回切る…4個
底面に垂直に1回，底面に平行に2回切る…$2 \times 3 = 6$(個)
底面に垂直に2回，底面に平行に1回切る…$4 \times 2 = 8$(個)
底面に垂直に3回切る…7個（上面ができるだけ多くに分割されるように切る）
問題の図2は，上面ができるだけ多くに分割されるように切る例であり，図自体に意味はない。

(2) 底面に垂直に0回切る…1個　底面に垂直に1回切る…2個
底面に垂直に2回切る…4個　底面に垂直に3回切る…7個
したがって，4回が$7 + 4 = 11$(個)，5回が$11 + 5 = 16$(個)
（以上，規則性）

(3) (2) より，底面に垂直に4回，平行に2回切ると最多の$11 \times 3 = 33$(個)

早稲田実業の理科

――出題傾向と対策 合否を分けた問題の徹底分析――

出題傾向と内容

出題数は，大問で3～4題，小問にして20問前後である。文章題が多く，発展的な知識問題や思考力を試す出題が多い。選択式の問題が多いが，記述式の問題や作図の問題も出されている。いずれにしても，30分の試験時間では，見直しをする時間を十分にとることが難しいと思われる。

領域別では，生物・地学・物理，および，環境や時事問題から出題されることが多い。環境問題においては，1つのテーマに基づいて総合的に幅広い分野から出題される傾向にある。また，実験・観察に基づいた出題が多いのも本校の特徴である。

生物的領域　2024年度は北里柴三郎と伝染病に関する問題，2023年度は西之島の生態系に関する問題，2022年度は植物と動物の関係や虫媒花に関する知識問題，2021年度はアオコとプランクトンに関する知識問題であった。このように，植物・こん虫・動物・人体・生態系などからバランスよく出題されている。傾向としては基本的な知識を問うというより，見慣れない生物の知識が問われたり，またかなり高度な論理的思考力・推理力を問われることもあり，生物分野は，難易度が高い傾向にある。

地学的領域　2024年度は地球温暖化と発電に関する問題，2023年度は富士山と世界遺産に関する知識問題，2022年度は地球温暖化などの環境問題，2021年度は火山と岩石に関する知識問題など前年に注目を集めた時事関連を含めた出題が多い。地層分野からの出題はほとんどないが，地層分野に関連する出来事が一般の注目を集めれば出題されてもおかしくない。日頃からニュースなどによく目を通しておきたい。

化学的領域　2023年度は塩酸と水酸化ナトリウム水溶液の中和などに関する計算問題，2021年度は溶解度や水溶液に関する問題，2020年度はプラスチックに関する知識問題，2019年度は酸素の発生と性質に関する知識問題，30年度は環境に関連した知識問題の中で，発電方法などが出題された。これまでの出題を見ると，環境問題に関連づけて出題されていることが多いので，しっかり学習しておきたい。

物理的領域　2024年度は輪ゴムののびと消しゴムが飛ぶ距離の関係に関する問題，2022年度はモーターとスイッチに関する思考力を試す問題，2020年度はとつレンズによる像に関する作図の問題であった。てこの計算などの物理に関する一般的な計算問題の出題もあるが，計算分野以外における，基本から論理的に考える力を試す出題傾向にある。「なぜそうなるか」「そのことにより，こうなる」などの思考力が試される。

学習のポイント

●環境と時事問題には特に注意しよう。

来年度の予想と対策

毎年，生物・地学・環境の領域から，幅広い知識を問う問題や論理的思考力を問う問題が数多く出題されているので，幅広く学習して知識力を高め論理的思考力を養っておく必要がある。また，物理の領域からもレベルの高い出題が多いので注意する。時事問題の対策としては，日頃から新聞やテレビのニュースなどにおける科学的な話題については，十分な注意が必要である。理由や原因を問う記述問題，実験装置の作図問題，与えられたデータを基にしたグラフ作成問題も考えられるので，普段の学習の中でしっかり練習しておきたい。

年度別出題内容の分析表　理科

（よく出ている順に，☆◎○の3段階で示してあります。）

出　題　内　容		27年	28年	29年	30年	2019年	2020年	2021年	2022年	2023年	2024年
生物的領域	植物のなかま		◎	◎				○	☆	☆	
	植物のはたらき	☆			◎			◎	○		
	昆虫・動物	☆		☆		☆	☆	○			○
	人　体	☆	◎				○				☆
	生態系			◎		◎		○		☆	
地学的領域	星と星座			☆							
	太陽と月		☆	◎	☆						
	気　象	☆		◎		☆					
	地層と岩石							☆		☆	
	大地の活動							◎		☆	○
化学的領域	物質の性質						☆	◎			
	状態変化										
	ものの溶け方			○				○			
	水溶液の性質			☆	○	○		◎		☆	
	気体の性質		☆		○	☆			☆	○	○
	燃　焼			☆							
物理的領域	熱の性質	○									
	光や音の性質	☆		☆			☆				
	物体の運動										☆
	力のはたらき										☆
	電流と回路		○		☆				☆		
	電気と磁石		☆						○		○
その他	実験と観察	◎		◎	◎	◎	○	◎	◎	○	○
	器具の使用法										
	環　境	◎	☆		☆	○	☆	○	☆	○	☆
	時　事			○	○	○	◎	◎		◎	
	その他										

早稲田実業学校中等部

2024年度 早稲田実業学校中等部 合否を分けた問題 理科

■この大問で，これだけ取ろう！

1	輪ゴムののびと消しゴムが飛ぶ距離の関係	やや難	問1は，消しゴムを飛ばすのに必要な輪ゴムののびを求める計算問題であり，問2は，輪ゴムののびと消しゴムが飛ぶ距離の関係をデータから読み取る問題であった。また，問3は，輪ゴムののびと消しゴムが飛ぶ距離の関係をグラフに表すことで，輪ゴムののびを求める問題であった。さらに，問4は，「5回連続で入ると，合計得点が2倍になる」というルールをもとにして，確実に得られる最大の点数を求める思考力を試す計算問題であった。本文に示されたデータや条件を読み取ることで，3問は解きたい。
2	地球温暖化と発電	やや難	問1は，二酸化炭素などの温室効果ガスを減らす社会的な仕組みを作る「GX」という取り組みに関する知識問題，問2は，石炭・石油・天然ガス・風力・太陽光・地熱・水力による発電方法に関する知識問題であった。また，問3は，太陽光発電に関する知識問題，問4は地熱発電の新規開発が進まない理由に関する思考力を試す記述問題，問5は，二酸化炭素を削除したい発展途上国に対して先進国や企業が援助することによるメリットに関する記述問題であった。さらに，問6は，結果的に大気中の二酸化炭素が増える例を選ぶ問題であった。本文に示されたヒントなどをもとにして，3問以上は解きたい。
3	北里柴三郎と伝染病	やや難	問1は，北里柴三郎が教えを受けたドイツの高名な細菌学者に関する知識問題，問2は，水素の発生に関する知識問題と嫌気性細菌がシャーレで培養できる理由に関する記述問題であった。また，問3は，血清療法による治療とワクチンによる予防に関する問題であった。さらに，問4は，北里柴三郎の伝染病研究所の設立を支援した人物に関する知識問題であった。5問以上は解きたい。

■鍵になる問題は[2]だ！

[2]の問1では，二酸化炭素のような温室効果ガスを発生させる化石燃料を利用した発電から太陽光発電などのようなクリーンエネルギーに転換する取り組みを指す「GX」に関する知識問題であった。

問2は，石炭・石油・天然ガスなどの化石燃料や風力・太陽光・地熱・水力などのクリーンエネルギーなどによる発電に関する知識問題であった。

問3は，太陽光発電の設置後に起こるトラブルに関する知識問題であった。太陽光発電は，二酸化炭素を発生しないクリーンな発電方法であるが，「設置費用が高い。」「反射光による被害がある。」「天候によって発電が左右される。」などのデメリットもあることを理解しておく必要があった。

問4は，地熱発電があまり普及しない理由に関する記述問題であった。一つは，好適地が国定公園内や温泉地であったりするためである。また，地熱発電では，熱水を必要とするため，地下深くを掘り出す必要があり，地下水がなくなったり，地盤沈下などが起こる可能性がある。いずれにしても，地熱発電には多額の投資が必要である。

問5は，発展途上国を先進国や企業が援助することのメリットに関する記述問題であった。

問6は，結果的に大気中の二酸化炭素が増加するものに関する知識問題であった。この場合，石油から生分解性プラスチックをつくるまでは，二酸化炭素は発生しないが，生分解性プラスチックを微生物が分解するときには二酸化炭素が発生することを理解しておく必要があった。

2023年度 早稲田実業学校中等部 合否を分けた問題 理科

■この大問で，これだけ取ろう！

1	塩酸と水酸化ナトリウム水溶液の中和，水溶液と金属の反応	やや難	問1は，濃度が異なる水酸化ナトリウム水溶液の体積と水酸化ナトリウム水溶液に含まれている水酸化ナトリウムの重さを求める計算問題であった。また，問2は，水素の性質に関する知識問題であった。さらに，問3は，塩酸と水酸化ナトリウム水溶液の過不足のある混合液の性質・完全に中和するのに必要な水溶液の体積・加熱したときに残る固体の重さ・アルミニウムを入れたときに発生する水素の体積などに関する難度の高い計算問題が出題された。知識問題を含めて4問以上は解きたい。
2	火山と生態系	やや難	問1は，新しくできた火山島の生態系に関する記述問題，問2は，生態系に人間活動の影響を与えないようにする工夫に関する記述問題であった。また，問3は「分解者」に関する知識問題であった。さらに，問4は，火山活動によって生じた裸地が長い年月をかけて安定した森林になるまでの変化に関する思考力を試す問題であり，問5は，火山の噴火が生態系にどのような影響を与えるのかに関する思考力を試す問題であった。本文に示されたヒントなどをもとにして，4問以上は確実に解きたい。
3	富士山と火山	やや難	問1は活火山に関する知識問題，問2は日本付近にある4つのプレートに関する知識問題であった。また，問3・問4は，溶岩の粘り気と岩石に関する知識問題であった。さらに，問5は，火山灰がもたらす被害に関する問題であり，問6は，富士山の世界遺産の登録に関する問題であった。4問以上は解きたい。

■鍵になる問題は[1]だ！

[1]の問1では，塩酸と水酸化ナトリウム水溶液が完全に中和するときの体積の比から，水酸化ナトリウム水溶液の濃さを求める計算問題であった。この場合，同じ量の塩酸と完全に中和する水酸化ナトリウム水溶液の体積が多いほど，水酸化ナトリウム水溶液は濃さがうすくなることを理解しておく必要があった。

問2は，水素の性質に関する知識問題であった。

問3の(1)(2)は，塩酸と水酸化ナトリウム水溶液の過不足のある混合液の性質および，完全に中和するのに必要な水溶液の体積に関する計算問題であった。この場合は，過不足のある塩酸と水酸化ナトリウム水溶液の体積の比をもとにして，どちらの水溶液が不足しているのかを求める必要があった。

さらに，(3)は，加熱したときに残る固体の重さに関する難度の高い計算問題であった。この場合は，混合液が中性か酸性のときは，「食塩」しか残らないが，この問いのようにアルカリ性の場合は，「食塩と水酸化ナトリウム」が残ることを理解しておく必要があった。

(4)では，アルミニウムを入れたときに発生する水素の体積に関する計算問題が出題された。アルミニウムは塩酸にも水酸化ナトリウム水溶液にも溶ける金属であることを理解しておく必要があり，同時に，混合液の体積によって，含まれている塩酸や水酸化ナトリウム水溶液の体積が異なることに注意しながら，問題を解く必要があった。

2022年度 早稲田実業学校中等部 合否を分けた問題 理科

■この大問で，これだけ取ろう！

1	モーターとスイッチ	やや難	問1は，モーターの回転の向きを変える方法に関する記述問題であった。また，問2は，鍵をかけるときのスイッチのつなぎ方に関する問題であり，問3は，鍵をかけるときの左右のダイヤルの番号を決める思考力を試す問題であり，問4は，スイッチを入れたときだけ回路に電流が流れるような仕組みにするために必要なスイッチを入れる場所に関する思考力を試す問題であった。また，問5は，鍵を開ける向きに電流が流れているときだけ青色の豆電球がつくようにする方法に関する思考力を試す問題であった。問題文を読み取ることで,3問以上は解きたい。
2	光合成，二酸化炭素の発生，植物と動物の関係，虫媒花，種子の運ばれ方	やや難	問1は光合成,問2は水上置換法,問3は二酸化炭素の発生方法,問4は二酸化炭素の性質に関する知識問題であった。また，問5は，「植物が動物に食べられないようにしている工夫」に関する知識問題であり，問6は，「食虫植物が動物を捕らえる理由」に関する思考力を試す問題であった。さらに，問7は，「虫媒花の欠点」に関する思考力を試す問題，問8は，「種子の運ばれ方」に関する知識問題であった。6問以上は解きたい。
3	梅雨，地球温暖化，石炭火力，アルミニウムの製造，ハイブリッド車，FC，燃料電池	やや難	問1は，「梅雨の雨の降り方の変化」に関して，問2は，「温暖化と稲作や果樹栽培」に関する思考力を試す問題，問3は「石炭火力」に関する知識問題，問4は，「鉄とアルミニウムを精錬するときに発生する二酸化炭素の量」に関する計算問題であった。また，問5は，「ガソリンエンジン車とハイブリッド車の特徴」に関する思考力を試す問題,問6と問7は,「燃料電池」に関する知識問題であった。ここも，本文に示されたヒントなどをもとにして，4問以上は解きたい。

■鍵になる問題は[2]だ！

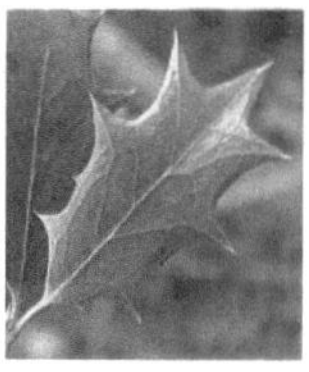

ヒイラギの葉

[2]の問1は光合成，問2は二酸化炭素の捕集方法，問3は二酸化炭素の発生，問4は二酸化炭素の性質に関する知識問題であった。

問5は，植物が動物に食べられないようにしている工夫に関する知識問題だったが，ポインセチア・トリカブト・リママメ・セイヨウヒイラギなどのように，身近にはない植物が多く出題された。

問6は，食虫植物の知識問題であったが，問5と同じように，身近にはない植物に関する知識問題であった。普段から，理科に関する幅広い知識が必要とされている。例えば，右の図は，ハエトリグサで，初夏に白色の花を咲かせるが，葉の先にハエなどの昆虫を捕らえる仕組みがあり，捕らえた昆虫を消化して，養分を吸収する。

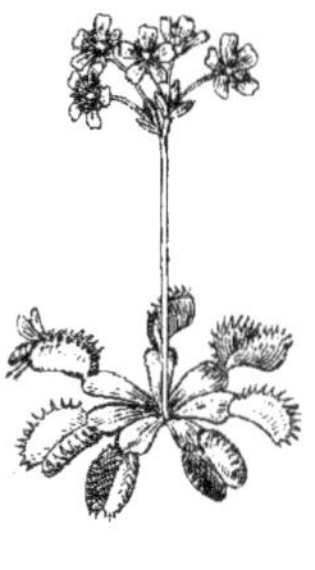

ハエトリグサ

問7は，虫媒花の欠点に関する思考力を試す記述問題であった。

問8は，種子の運ばれ方に関する選択問題であった。比較的身近な植物が多かったので，しっかりと得点できるようにしたい。

早稲田実業の社会

――出題傾向と対策　合否を分けた問題の徹底分析――

出題傾向と内容

例年，地理・歴史・政治の三分野から出題されるが，政治は総合問題に含まれる形で出題されることも多く，その割合はやや低めである。

説明問題は2018年度（30年度）までは理由や背景を問う1～2行程度の短めの問題であったが，2019年度は150字前後の長めの説明問題，2020年度は字数制限がないものの，かなり長めの説明問題となった。しかし2021年度は1～2行程度の短めの問題が5題となり，2022年度は1行のものが3題，3行のものが2題，2023年度は1行のものが3題，2024年度は2021年度と同様となった。また，本校は早稲田大学の系列校であることから大隈重信に関する出題があることが大きな特色であったが，2021年度以降は出題がみられない。

地理は広い範囲から出題されるが，日本の国土や自然，産業についての問題が比較的多い。表やグラフ，写真を使用した問題も多く，統計資料を使用した問題にはやや難問もみられる。

歴史は，時代を横断して幅広く出題される。やや長めのリード文をもとにした問題が多く，内容も政治史，社会経済史，外交史，文化史など万遍なく問われる。オーソドックスな問題が大半を占め，難問や奇問もみられない。

政治は，総合問題の大問に含まれる形で問われることが多い。政治のしくみについての出題が中心で，日本国憲法の理解を問うものが大半を占めている。時事問題もほとんど毎年のように出題されているが，出題数そのものはそれ程多いものではない。

本年度の出題項目は以下の通りである。

〔Ⅰ〕	日本の地理・歴史	稲作に関する諸問題
〔Ⅱ〕	日本の地理	「平成の米騒動」に関する諸問題
〔Ⅲ〕	総合	自然災害

学習のポイント

- ●地理や歴史の用語は正確に！
- ●地図や表，グラフに慣れておこう！
- ●長い説明問題の対策を！

来年度の予想と対策

各分野からの出題に時事問題などを加えた総合的な出題が多くなってきているので，幅広く学習し，基礎的な問題を早めに固めることが重要である。また説明問題の形式は今後どのようになるのかは不明であるが，長めの説明問題に対する対策も必要であろう。

地理では，統計資料を用いた問題が必ず出題される。日本の人口，日本の面積のような基本的な数値は頭の中に入れておく必要があるが，すべての数値を覚えるのは不可能であり，その必要もない。大切なのは，全体的な傾向を論理的に理解することである。

歴史では，まず全体の大きな流れをつかんでから，その後に細かい知識を身につけていきたい。歴史的な出来事を並びかえる問題をピックアップして取り組むのもよい学習方法である。教科書の写真や図版がよく出題されるので，よりていねいな対策が必要である。

政治では，日本国憲法の学習が最も重要である。政治のしくみについては深い理解が求められる。また，時事問題も出題されるので，テレビや新聞に目を向けることも大切である。国際政治や国内情勢は，日々，大きく変化しているので，このような動きにも興味を持ってほしい。

年度別出題内容の分析表 社会

（よく出ている順に，☆◎○の3段階で示してあります。）

出題内容				27年	28年	29年	30年	2019年	2020年	2021年	2022年	2023年	2024年
地理	日本の地理	テーマ別	地形図の見方			○			○	○	○	◎	
			日本の国土と自然	○	☆	○	○	○	◎	○	◎	○	◎
			人口・都市			◎				○		○	○
			農林水産業		◎	○	◎	◎	○		◎	○	◎
			工　業	○	○				☆	○			
			交通・通信	○		○	◎			○			
			資源・エネルギー問題				○			○			
			貿　易						○				
		地方別	九州地方										
			中国・四国地方										
			近畿地方										
			中部地方										
			関東地方										
			東北地方										
			北海道地方			○							
	公害・環境問題								○	◎			
	世界地理					○		○	○	○			
日本の歴史	時代別	旧石器時代から弥生時代		○	○	○	○	○	○			○	◎
		古墳時代から平安時代		◎	◎	○	○	◎		○	◎	◎	◎
		鎌倉・室町時代		○	○	○	○	○		○	○	◎	
		安土桃山・江戸時代		☆	○	◎	◎	○	◎	○	◎	○	◎
		明治時代から現代		○	◎	☆	◎	◎	☆	○	○	○	◎
	テーマ別	政治・法律		◎	☆	☆	◎	☆	◎	◎	◎	◎	◎
		経済・社会・技術		◎	◎	○	○	○	◎	○	◎	○	◎
		文化・宗教・教育		○	○	○		◎			◎	◎	
		外　交			○		◎		○			○	
政治	憲法の原理・基本的人権				○		◎		☆	○	◎		
	国の政治のしくみと働き			○	◎		○		○	○	◎	☆	○
	地方自治												
	国民生活と社会保障							○					
	財政・消費生活・経済一般			○		◎		○					
	国際社会と平和				○					◎			
時事問題				◎	○	◎		◎	○		○		○
その他				☆				○				○	

早稲田実業学校中等部

2024年度 早稲田実業学校中等部 合否を分けた問題 社会

〔Ⅰ〕

稲作をテーマとした日本の地理・歴史に関する大問である。全設問数34題の中で本問の設問数は16題あり，(推定)配点は半分以上を占めている。その中に短文の説明問題が2題，語句の記述問題が6題あり，その他にも表，グラフ，図版，史料などを使用した設問もあることを考慮すると，この大問の出来具合は合否に影響を与えたと思われる。以下に本問の主な設問について，解答の視点を示しておく。

問2の①は図表を使用した問題で，類似の石器の図版の中から石包丁が正確に指摘できるかを問うものである。本設問は石包丁の形態を知っていれば比較的容易な問題であるが，名称だけでなく，普段からどの程度，図版を確認しているのかを試すものといえる。②の方は，石包丁の使用法が理解できているのかを問うものである。ここでも物の名称だけでなく，過去に使用されていた道具の役割も理解しておくことの必要性を提示したものといえよう。

問3は，稲作の普及による社会の変化を問う典型的な設問である。本設問の推定配点(2点)からみて，①貧富の差が生じたこと，②(村の中に)有力者が出現したこと，③(人々の間に)身分の差が生まれたことの3つのポイントの中で，2ポイント以上を指摘する必要があると思われる。ただし，ここで注意すべきことは加点ポイントの①～③の指摘の順番を崩さないように，論理的に説明することである。説明問題では単に知っていることを書くのではなく，必要なことを合理的に説明することが大切である。

問7は，地理と歴史の知識を組み合わせた設問である。まず示された写真中の農業機械がコンバインであることを確認し，コンバインの役割を把握する。そのことに基づいて，提示された江戸時代の農具の図版をヒントにしてその役割とすり合わせる必要がある。選択肢問題ではあるが，当てはまるものをすべて選ぶ形式になっているので，きちんとした正確な知識が求められている。

問11は歴史の年代整序問題であるが，提示されている選択肢の出来事の間の期間が非常に短くなっているので，ここでもより正確な歴史の流れの理解が要求されている。近現代史の設問では，本設問のように非常に短期間の出来事に関する設問もあるので，他の時代よりも年代に気を配る必要があるだろう。

問12は，第二次世界大戦直後の人口急増の理由を問う説明問題である。本設問の推定配点(2点)からみて，①海外から多くの人が引き上げて来たこと，②(海外とは)植民地や外地であることの2ポイントを指摘する必要があると思われる。ここで注意することは，設問文中の「都市に失業者があふれる原因となった」の部分である。戦争直後の人口急増の原因は，戦後にベビーブームが起こったことと海外からの帰国者が多くなったことの2つがある。しかしここでは「都市に失業者があふれる原因となった」という条件があることから，戦後のベビーブームの発生は正しいが，ここで書いても得点にはならないことを理解する必要がある。

2023年度 早稲田実業学校中等部 合否を分けた問題 社会

〔Ⅰ〕

「鎌倉」をテーマとした日本の地理・歴史に関する大問である。全設問数36題の中で本問の設問数は14題あり，(推定)配点は半分以上を占めている。また説明問題も単文3題，語句1題の合計4題あるが，その内の短文2題が含まれている。その他にも地形図の読み取り問題，表，グラフ，図版などを使用した設問もあることを考慮すると，この大問の出来具合は合否に影響を与えたと思われる。以下に本問の主な設問について，解答の視点を示しておく。

問1～問4は地形図のいわゆる読み取り問題であるが，その中で問1はやや難易度が高いものかもしれない。断面図を選ぶ問題は通常，地形図中で特定の線分が引かれた地域の等高線の様子から地形の形態を推測するものである。しかし本設問は地形図中の線分の周囲に明確な標高が示されていないので，設問中で提示されている選択肢の断面図も併せて考察する必要があり，適確な設問の処理能力を試す設問といえよう。

問2は地形の読み取りであるが，単なる地図記号や土地利用に関する記号の読み取り問題ではない点に注意が必要である。本設問も選択肢問題であるが，温泉街，宿場町，ニュータウンなどを表す地図記号は存在しないので，それらの町の特徴を踏まえた地形図の読み取りが必要で，問1と同様に正確な判断力を試すものといえるだろう。

問3・問4は，上記の2問に比べると素直な問題である。問3は尾根や谷が地形図上の等高線ではどのように表現されるのか，問4は地形図の縮尺を押さえてそれに基づいた簡単な計算を行う必要があるが，いずれも地形図の読み取り問題では頻出のものでもあるので，この種の知識は基本事項としてしっかり押さえておきたい。

問7は，ある意味で歴史と地理の知識を組み合わせた設問である。設問①はいわゆる時代感覚を問うものであるが，求められた解答が源実朝の時代の中国の王朝名である点がやや難易度が高いかもしれない。平安時代末期の平清盛が行った日宋貿易のことが想定できればよいだろう。設問②はこの時の源実朝に関する逸話を知らなければ，地形図から「由比ヶ浜が砂れき地の砂浜海岸であること」，「大型船」といったキーワードから推測する必要があるだろう。本設問の推定配点(2点)からみて，①(由比ヶ浜は)遠浅の海岸であること，②掘り込み式の港をつくる必要があったことの2つのポイントを指摘する必要があると思われる。

問8も歴史と地理を組み合わせた設問である。設問①は「斑鳩町にあるもの」を問うものであるが，用語選択問題でもあるのでそれ程難易度は高くない。設問②は鎌倉景観地区の制限の規定を知っている受験生は少ないと思われるので，基本的に設問で提示された「若宮大路周辺のようす」の図版から判断することになる。やはり本設問の推定配点(2点)からみて，①建築物の高さの指摘すること，②(建築物の高さを)制限していることの2つのポイントを指摘する必要があるだろう。これら問7と問8の設問②の説明問題は，適確な思考力・表現力を試すものといえよう。

2022年度 早稲田実業学校中等部 合否を分けた問題 社会

〔Ⅲ〕問4

「天皇」をテーマとした日本の政治を中心とする出題の中で，天皇の皇位継承に関する設問である。5題の説明問題で合計行数9行の内の6行が割り当てられ，さらにこの設問1つで6点の（推定）配点が与えられている。そのため50点満点の中ではそれなりのウェイトを占めていると考えられ，この設問の出来具合は合否に影響を与えたと思われる。以下に本問の主な設問について，解答の視点を示しておく。

本設問は問題文に「採点は誰を選んだかではなく，意見の説得力や客観性でおこないます」とあるように，1つの正解を問うものではない。ただし「意見の説得力や客観性」とあるように何を書いてもよいというわけではなく，「選んだ人物の意見（設問①)」，「その意見を選んだ理由（設問②)」，「おもな反対意見（設問③)」の3つに一貫した関係がなければならない。各設問の個別配点は不明であるが，設問①と設問②の整合性で1点，設問②で2点，設問③で3点，合計6点のようになると思われる。この観点から解答例の4人の意見に関するポイントを簡単に示しておきたい。

解答例1の「ときお」の意見は皇位継承を男系男子のみに限るものである。その理由は，1）（皇位継承を男系男子のみに限ることは）古い時代から行われてきた，2）（皇位継承を男系男子のみに限ることは）日本の伝統であること，3）現在の法律を守ることが日本そのものを守ることになることの3ポイント中の2点以上を指摘，主な反対意見は，1）世の中は常に変化している，2）変化に合わせて法律を変えること，3）変化に対応することも必要なことの3ポイントである。

解答例2の「かな」の意見は男系の女性天皇はよいが，女系天皇は認めないものである。その理由は1）歴史上に女性天皇は幾人かいる，2）天皇家出身でない男性の子が天皇になったことはない，3）伝統はしっかり守った方がよいことの3ポイント中の2点以上を指摘，おもな反対意見は1）これまでの規定を守るだけでは不十分，2）条件の合う皇族がいなくなる可能性もある，3）安定した皇位継承ができないということの3ポイントである。

解答例3の「たまき」の意見は，女系天皇も認めるものである。その理由は1）皇位継承の条件に女系天皇も認める，2）現在の皇室の人たちに負担をかけることもない，3）天皇制を安定して維持できることの3ポイント中の2点以上を指摘，おもな反対意見は，1）天皇制は男系の家系で維持してきたこと，2）（男系の維持に）大きな意味がある，3）その伝統を崩すことは日本自体を否定することの3ポイントである。

解答例4の「ちばた」の意見は，天皇制を廃止してもよいとするものである。その理由は1）現在の皇位継承の制度を続けてもよい，2）（現在の制度が）維持できないこともあること，3）維持できない制度を無理に守っていく必要はないということの3ポイント中の2点以上を指摘，おもな反対意見は1）天皇制は古い時代から行われてきたこと，2）（天皇制は）日本の伝統に深く根付いた制度であること，3）そのような制度を慎重な議論をせずに廃止すべきではないことの3ポイントである。

本設問はいわゆる知識問題ではないので，上記の他にも様々な解答のパターンが現れる可能性があるが，どのパターンであっても設問①～③に一貫した論理が必要である。その意味で，思考力・判断力・表現力を十分に試す問題であるといえよう。

早稲田実業の国語

——出題傾向と対策
合否を分けた問題の徹底分析——

出題傾向と内容

文の種類，傾向：随筆文，論説文

昨年同様，長文の読解問題2題と知識分野（漢字の書き取り，ことわざ・慣用句）の大問3題構成であった。読解問題は2題とも論説文で，文章内容，設問ともかなりレベルが高い。いずれの文章ともにまずテーマを的確に把握したうえで，本文の流れ，筆者の考えなどを意識しながら読み進めることが重要である。

設問形式：選択式・記述式

大問一では筆者の留学時代のルームメイトについて描かれた随筆文からの出題で，要旨や細部の読解～知識問題，選択式・書き抜き・記述式といった総合的な出題であった。大問二はほぼ記述で，今年度も指定された言葉を用いて20～45字以内で説明するという構成であった。

漢字，知識問題：標準レベル

特に難解なものはなく，標準レベルの内容である。ことわざ・慣用句を完成させる問題で，基本的な知識力が問われている。漢字では訓読みや送りがな，同音異義語などの対策も怠らないようにしたい。過去には，ことばの意味などが読解問題に組み込まれる形で出題されているので，幅広い言葉の知識は不可欠である。

出題頻度の高い分野

①論説文・随筆文（または小説）　②文章の細部の読み取り　③心情の読み取り　④字数指定のある記述問題　⑤漢字の読み書き　⑥慣用句

来年度の予想と対策

出題分野：論理的文章(論説文，随筆文)，文学的文章(小説，物語)

1　今後も論理的文章では字数指定のある記述問題が複数出題されることが予想される。具体例を通して筆者が述べようとしている考えを的確に読み取れるようにしておく。

2　本年は文学的文章の出題はなかったが，昨年まで必ず出題されていた小説や物語，また随筆文の対策もしておきたい。

3　文章内容は高校入試にも採用されるような，やや高度なものが予想される。中学生対象の文章も積極的に読むようにしよう。

4　知識分野は漢字の読み書き（送り仮名にも注意)，基本的な慣用句や四字熟語をたくわえ，普段からさまざまな言葉に触れるようにしよう。

学習のポイント

●過去問を通して，本校の出題形式に習熟しておこう。

●文学的・論理的文章とも文脈をすばやく正確に理解できるように多くの文章に触れておこう。

●記述は字数指定や条件があるもの，端的に説明するものなど，どのような形でも対応できるよう，また，時間配分にも注意して書き慣れておくことが重要だ。

●基本的な知識分野は早い時期から積み上げておこう。

年度別出題内容の分析表　国語

（よく出ている順に，☆◎○の３段階で示してあります。）

出題内容			27年	28年	29年	30年	2019年	2020年	2021年	2022年	2023年	2024年
設問の種類		主題の読み取り	○				◎		○			
		要旨の読み取り	◎	○	○		○	◎	◎	◎	◎	◎
		心情の読み取り	☆	☆	◎	◎	◎	◎	◎	◎		○
		理由・根拠の読み取り	○	☆	☆	◎	◎	◎	◎	◎	◎	◎
		場面・登場人物の読み取り	○	◎		○	◎	◎	◎	○	○	○
		論理展開・段落構成の読み取り	○		○						○	
		文章の細部表現の読み取り	☆	☆	☆	☆	☆	☆	☆	☆	☆	☆
		指示語		○						○		○
		接続語	○	○	○		○					
		空欄補充	☆	☆	☆	☆	☆	☆	☆	☆	☆	☆
		内容真偽	○							○	○	
	根拠	文章の細部からの読み取り	○	☆	☆	☆	☆	◎	◎	◎	◎	◎
		文章全体の流れからの読み取り		◎	◎	☆	◎	◎	◎	○	○	○
設問形式		選択肢	☆	☆	☆	☆	☆	☆	☆	☆	☆	☆
		ぬき出し	☆	☆	☆	☆	○	○	○	○	◎	○
		記　述		○	○	○	☆	☆	☆	☆	☆	☆
記述の種類		本文の言葉を中心にまとめる			○	○	○	○	◎	◎	◎	◎
		自分の言葉を中心にまとめる										
		字数が50字以内			○	○	◎	◎	◎	◎	◎	◎
		字数が51字以上					○	○				
		意見・創作系の作文										
		短文作成										
語句・知識		ことばの意味	○	◎	◎	○	◎	○				○
		同類語・反対語						○				
		ことわざ・慣用句・四字熟語	○	○	○	◎	○	○	◎	◎	○	○
		熟語の組み立て										
		漢字の読み書き	◎	◎	◎	◎	◎	◎	◎	◎	◎	◎
		筆順・画数・部首										
		文と文節					○					
		ことばの用法・品詞										
		かなづかい										
		表現技法									○	
		文学史		○							○	
		敬　語										
文章の種類		論理的文章（論説文，説明文など）	○	○	○	○	○	○	○	○	◎	○
		文学的文章（小説，物語など）	○	○		○	○	○	○	○		
		随筆文			○							○
		詩（その解説も含む）										
		短歌・俳句（その解説も含む）									○	
		その他										

2024年度 早稲田実業学校中等部 合否を分けた問題 国語

一　問8

★合否を分けるポイント

本文についての説明として，最もふさわしいものを選ぶ選択問題である。筆者の実体験を通して描かれている本文の内容を，客観的にとらえられているかがポイントだ。

★物語の展開をつかみ，選択肢の説明を見極める

本文は，筆者がパリ大学で勉強していたころ，同じ女子学生寮にいたインセンとの生活の中で感じたことがつづられている随筆文である。

・日本軍が攻めてくるというので一家でベトナムに逃げたまま，ハノイから妹のインインとともにパリに留学していたインセンは医学部の準備過程の学生だった。

・学生寮にとびこんできたフランス人の学生が，寮生の肌の色のバラエティーにびっくりして逃げ出すような時代で，同じ人種や近い地域の人たちでかたまって行動することが多かったが，肌色の違いというよりは食べものが違うから，ということのほうが真実に近い。

・戦争が原因でハノイに帰るわけにもいかないという悩みを，日本人の「私」には言わず，同じ境遇の韓国人のマリー・キムには打ち明けることにさびしさを感じた。

・妹のインインは進学も結婚も決めたのに対し，インセンは試験に落ちたが，前向きな考え方で幸せをつかんだ。

といったことが描かれている。これらの内容から読み取れるのは，インセンの人生が戦争に大きく影響されているということである。明確に戦争によってインセンが傷つけられたとは描かれていないが，戦争によってベトナムに逃げたままパリの大学に留学したという経緯，医師の試験に落ちても，戦争が原因でハノイに帰ることができず，寮費を自分でまかなったこと，などが描かれていることから，戦争の影響を説明しているウが正解となる。一つ一つのエピソードがさらりと描かれているため，それらのエピソードの背景にあるものを客観的に読み取っていくことが重要だ。

二　問1

★合否を分けるポイント

——線1「〝無駄な〟商品を作ってこなかった」とあるが，筆者はどのような商品のことを「〝無駄な〟商品」と言っているのか，解答用紙の指示に従って空欄の説明文を完成させる記述問題である。本文の内容を端的にまとめられているかがポイントだ。

★要旨を整理してまとめる力をつけよう

1は冒頭の段落の「資本主義で生産される『商品』は……どれくらい資本を増やすことに貢献してくれるか——が重視され」ることの説明であること，また必ず用いる「使用価値」は「一つは，……」で始まる段落で，「『使用価値』とは，人間にとって役に立つこと(有用性)，つまり人間の様々な欲求を満たす力で」あり「資本主義以前の社会の生産の目的で」あったことを述べている。これらの内容から，筆者が「〝無駄な〟商品」と言っていることを「使用価値はあっても儲からない(ので，資本を増やすことに貢献しない商品。)」というような内容で具体的に説明する，ということになる。解答の説明に必要な「商品」「使用価値」といった語句が，本文でどのように使われ，述べられているかを読み取り，それらの内容を的確にまとめ，説明する力が求められている。段落を一文でまとめるなど，要旨を的確に見抜いて要約する力を鍛えておくことが重要だ。

2023年度 早稲田実業学校中等部 合否を分けた問題 国語

一　問5

★合否を分けるポイント

——線2「今を生きる私たちは，淡々と今を詠み続けるしかない」から読み取れることはどのようなことか，最もふさわしいものを選ぶ選択問題である。全体の流れとともに，2で述べていることの文脈と要旨を的確に読み取れているかがポイントだ。

★物語の展開をつかみ，選択肢の説明を見極める

——線2のある段落までで，俳句の季語をテーマに，季語が成立するには長い年月が必要であるとして，実際の俳句を引用しながら俳句はその時代の世相を反映していることを述べ，季語も時代の流れの中で自ずと決まってくる，ということを述べている。ここで押さえるべきポイントは，大正時代にあったコレラが現在のウクライナでも大発生する恐れがあるという具体例を通して，「世界の現実」を認識したと述べていることである。さらに最後の2段落で，Eのような俳句が人の心を平和に向かわせてくれるのではないかという思いとともに「俳句というアイテムを手にする私たちは，現状をあるがままに詠み続ける」と述べており，そうした時代の流れの中で2のように「今を生きる私たちは，淡々と今を詠み続けるしかない」と述べている。これらの内容をふまえ，「今」すなわち現代の不安定な世界の状況を詠むということを説明しているイが正解となる。

——線2に込められた筆者の思いを，本文の流れをていねいに追いながら，的確に読み取っていくことが重要だ。

二　問2

★合否を分けるポイント

——線2「バカの災厄」はなぜ引き起こされるのか，解答用紙の指示に従って空欄の説明文を完成させる書き抜きと記述問題である。本文の要旨を的確に読み取れているかがポイントだ。

★要旨を整理してまとめる力をつけよう

Aは「概念」とはどういうものかという説明で，「人間には……」で始まる段落の「『概念』があって，その同一性は絶対的なもの」も「概念」の説明だが，「能力」に続く形なので，このことを「実はこの……」で始まる段落で言い換えている「『違うものを同じだと見なす』(14字)」が入ることがわかる。Bはさらにこの「概念」の説明になるが，「概念」の説明に該当する部分は「しかし，人間は……」で始まる段落～(中略)直前までで，幅が広い。これらの段落では「国家」を例に挙げながら，「個人が考える『国家』や『平和』のあり方というものはそれぞれ異なる」ということを述べているので，この部分がBの説明の軸になる。Cは，A・Bの「概念」の説明をふまえて，「『災厄』が引き起こされる」原因が入り，この「災厄」すなわち「バカの災厄」の「バカ」は「人間には『名前』……」で始まる段落，さらに「バカの災厄」は最後の段落内容から，「概念の同一性は**絶対的**なものだと信じ，相手の同一性の**ずれ**を認めることができずに存在を否定する」という説明が入る，ということになる。

この設問のように，文の一部を指示に従って補いながら記述する場合，解答用紙にすでに示されている語句を手がかりにして，本文で該当する部分を見極めることが重要だ。さらに指定字数以内に記述するので，その要旨を的確にまとめる必要がある。各段落を一行でまとめる，本文のキーワードを端的に説明するなど，要約力をつける練習をしっかり積み上げておこう。

2022年度 早稲田実業学校中等部 合否を分けた問題 国語

一　問6

★合否を分けるポイント

――線5「それでこそ真言だと私は思った」とあるが，「私」はなぜこのように考えているか，最もふさわしいものを選ぶ選択問題である。物語の流れをつかみ，「私」の心情を的確に読み取れているかがポイントだ。

★物語の展開をつかみ，選択肢の説明を見極める

「真言」は，滝前不動の場面で描かれているように「不動明王真言」と書いてある石碑に彫られた真言宗の真言のことである。ここでは，真言＝「のうまくさんまんだ……」とある「密教の呪文」は意味はそんなに重要ではなく「このまま唱えるのが一番大事」と「私」に言われた亜美が，笑わずに石碑をじっと見ている様子が描かれている。――線5では，暗記の苦手な亜美がひそかに覚えた「のうまくさんまんだ……」の「呪文」をまちがえずに完璧に唱えたことに「それでこそ真言だと私は思った」のである。「私」が話したことを真面目に受け止め，意味はわからなくても真言を唱えたことが理由なので，アがふさわしいとなる。イの「人間的に成長した」，ウの「願いのありかに気づけた」，エの「真価を悟った」，オの「真言のご利益を得るため」は，いかにもそれらしい説明だが，亜美の内面の成長などは明確に描かれていない。選択肢の説明が，本文でそこまでふみこんで描かれているか，注意深く読み取っていくことが必要だ。

一　問7

★合否をわけるポイント

本文の内容に合致するものを二つ選ぶ内容真偽の選択問題である。本文の展開をていねいに読み取れているかがポイントだ。

★指定された言葉の意味を的確にとらえる

アは「『ちょっと色々やってたんですっ』」と亜美が話している場面で読み取れる。エも，キジに「驚きながらもリフティング」を続け，「『速い！』とやけに嬉しそうに言って」いること，休んでいるコブハクチョウに「静かに喜ん」で「『あたしはこの子の近くでやろーっと』」と言ってコブハクチョウのそばでリフティングをしている場面から読み取れる。亜美がキジに驚いて尻もちをついた後，二人はキジの速さの話をしているが，イの「キジを追いかけるように指した」ことは描かれていない。亜美はキジにもコブハクチョウにもボールは当ててないので，ウも描かれていない。熱が出たら「コロナ感染うたがい」で帰るしかないこと，一ヵ月後に出された緊急事態宣言を思えば，この頃は危機感はそれほどでもなかったと描かれているが，オとカの「コロナウイルス感染拡大」の影響があることは描かれていない。

選択肢の文は，合致していても本文そのままの語句ではなく，要旨の説明になっている。また，合致していない選択肢では，あてはまる場面はあるが，そこまで描写されていない，本文から読み取れないという説明になっている。語句が異なっていても要旨になっているか，それらしい説明になっているが本文でそこまで描かれているか，という点に注意して，選択肢と本文の内容をていねいに照らし合わせていこう。

MEMO

大切なことはメモしておこうネ！

2024年度

★★★★★★★★★★★★★★★★★★★★★★★★★★★

入　試　問　題

2024年度

早稲田実業学校中等部入試問題

【算　数】（60分）　＜満点：100点＞

1　次の各問いに答えなさい。

(1)　$20\frac{24}{25}-\left(0.175\times 11\frac{3}{7}+4\frac{1}{18}\div\square\right)\times 0.18=6$ の□にあてはまる数を求めなさい。

(2)　6人のグループの中から班長1人，副班長2人を選びます。選び方は全部で何通りありますか。

(3)　下の図のあの角度を求めなさい。

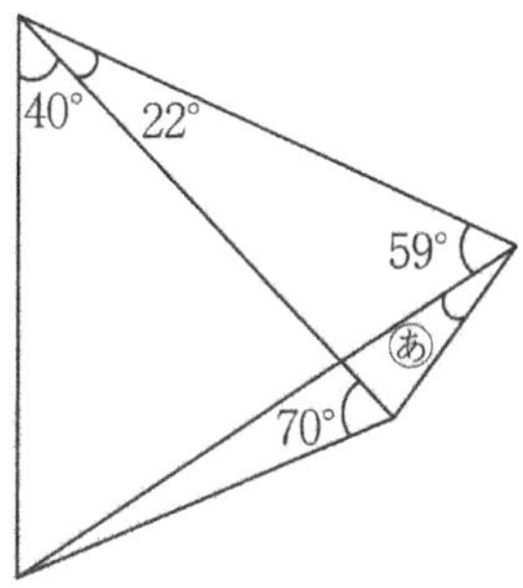

(4)　容器Aには濃度《のうど》6％の食塩水が300ｇ，容器Bには濃度15％の食塩水が500ｇ入っています。この2つの容器から同じ量を同時にくみだして，容器Aからくみだした分を容器Bに，容器Bからくみだした分を容器Aに入れてそれぞれよく混ぜ合わせたところ，容器Aの食塩水の濃度は9％になりました。混ぜ合わせたあとの容器Bの食塩水の濃度を求めなさい。

2　あとの各問いに答えなさい。

(1)　あるクラスの男子25人，女子15人が上体起こしを行い，その結果について，以下のことが分かっています。

男子

最も回数が多かったのは26回，最も回数が少なかったのは6回
最頻《ひん》値は22回でその人数は10人

女子

最も回数が多かったのは28回，最も回数が少なかったのは9回
中央値は20回

次の①，②に答えなさい。**求め方も書きなさい。**

①　男子の回数の平均が最も多くなるとき，男子の平均は何回ですか。

②　女子の回数の平均が最も多くなるとき，女子の平均は何回ですか。

(2) あるテーマパークでは開場前に行列ができていて，開場後も一定の割合で人が行列に並び続けます。開場後に窓口を９カ所開くと45分で行列がなくなり，15カ所開くと18分で行列がなくなります。次の①，②に答えなさい。

① 行列をなくすには，開場後に窓口を最低何カ所開く必要がありますか。

② 開場後に窓口を７カ所開き，その10分後に窓口を何カ所か増やしました。すると，窓口を増やしてから６分40秒で行列がなくなりました。窓口を何カ所増やしましたか。

3 **図１**，**図２**，**図３**の四角形ABCDは正方形で，点E，F，G，Hはそれぞれ辺AB，BC，CD，DAの真ん中の点です。あとの各問いに答えなさい。

(1) **図１**において，EDとCHの交点をPとします。このとき，EP：PDを求めなさい。

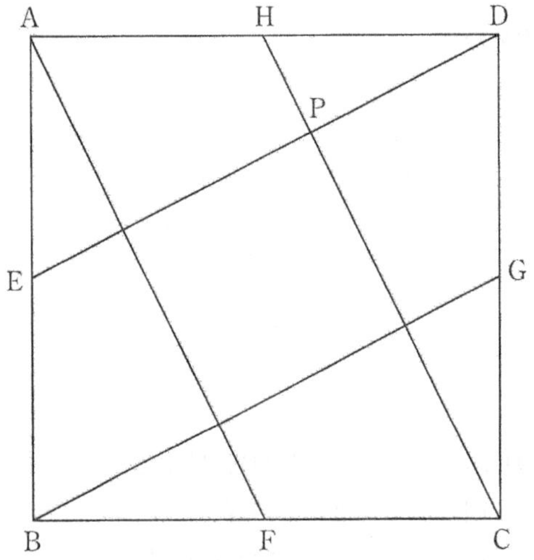

図１

(2) **図２**において，BHとEDの交点をQとします。このとき，EQ：QPを求めなさい。

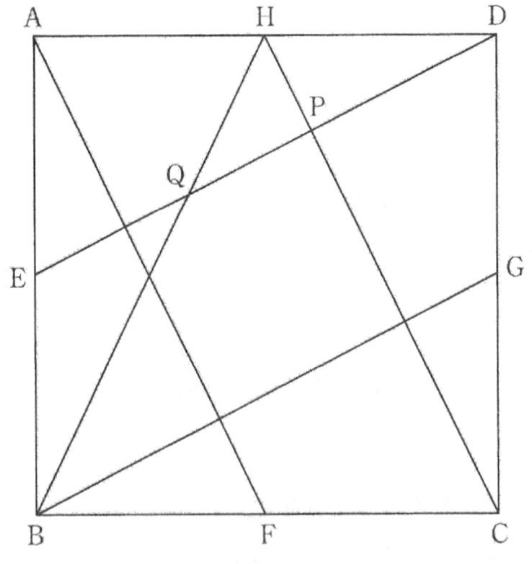

図２

⑶　**図３**において，AGとBHの交点をR，AGとEDの交点をＳとします。次の①，②に答えなさい。

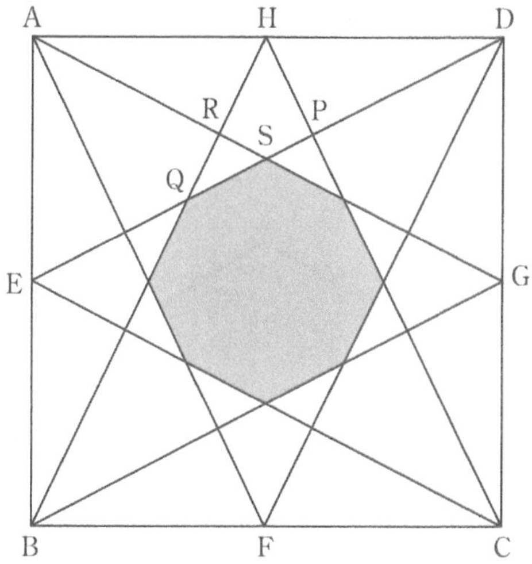

図３

①　RQ：RSを求めなさい。

②　**図３**の影《かげ》の部分は正八角形ではありません。その理由を①の結果を用いて説明しなさい。

4　下の図のような１辺の長さが150mの正六角形の道を，Ｐ君とＱ君が頂点Ａを同時に出発して，Ｐ君はA→B→C→D→E→F→A→…，Ｑ君はA→F→E→D→C→B→A→…とそれぞれ一定の速さで何周も歩いて回ります。Ｐ君，Ｑ君ともに各頂点Ａ，Ｂ，Ｃ，Ｄ，Ｅ，Ｆに到《とう》着するごとに１分休み，次の頂点に向かいます。２人は，図の点Ｇではじめて出会い，点Ｈで２度目に出会いました。EG＝96m，BH＝６ｍであるとき，次の各問いに答えなさい。

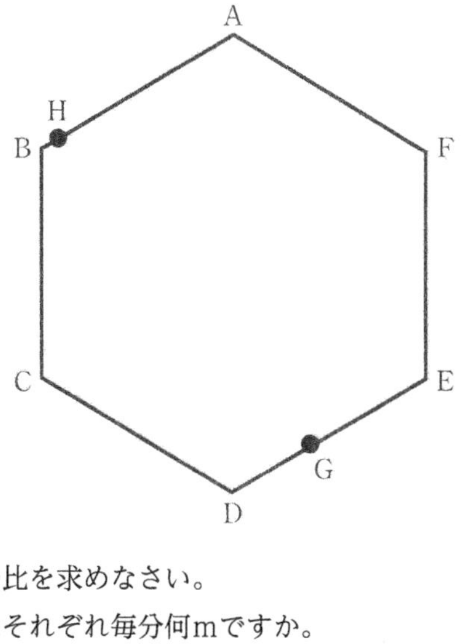

⑴　Ｐ君とＱ君の歩く速さの比を求めなさい。

⑵　Ｐ君とＱ君の歩く速さはそれぞれ毎分何ｍですか。

⑶　Ｐ君とＱ君が３度目に出会うのは，２度目に出会ってから何分何秒後ですか。

［必要なら自由に使いなさい。］

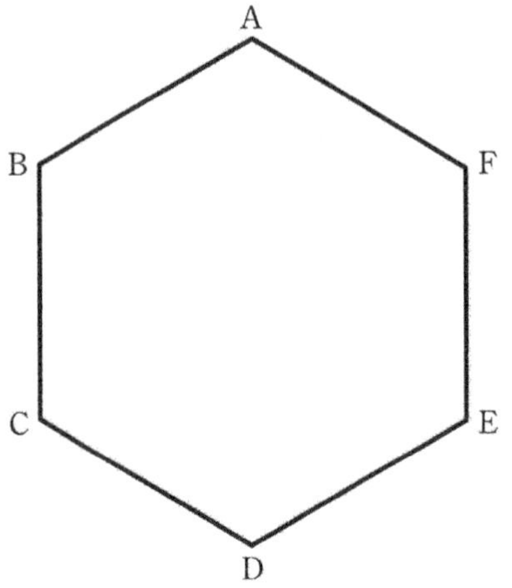

5　現在使われている１円玉硬貨《こうか》の直径は２㎝です。この１円玉硬貨を以下のように円盤《ばん》の周りをすべらせずに回転させながら，移動させることを考えます。ただし，円盤は動きません。あとの各問いに答えなさい。

(1)　最初に，円盤を別の１円玉硬貨として，**図１**のように１円玉硬貨を真上の位置から，矢印の方向にすべらせずに回転させながら，移動させます。次の①，②に答えなさい。

①　**図２**のように，ちょうど真横の位置まで移動させたとき，移動させている１円玉硬貨の表面の文字の向きは，**図３**の㋐～㋓の中のどれになっていますか。記号で答えなさい。

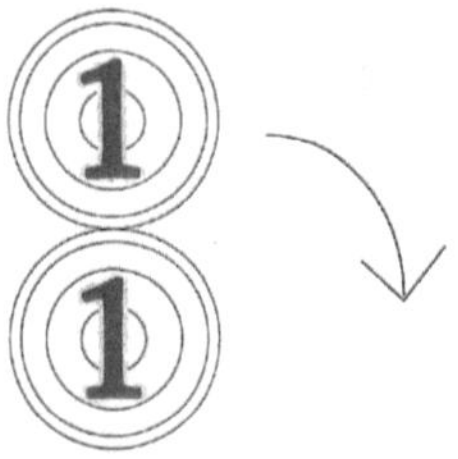

図１

図２

図３

②　ちょうど１周して再び**図１**の位置に戻ってきたとき，１円玉硬貨の表面の文字の向きも**図１**と同じになりました。移動させている途《と》中で，１円玉硬貨の表面の文字の向きが**図３**の㋐になったのは，何回ありましたか。ただし，最初と最後の位置については，回数に含めません。

(2)　次に，**図４**（次のページ）のように直径が６㎝の円盤の周りを，真上の位置から矢印の方向にすべらせずに１円玉硬貨を回転させながら，移動させます。ちょうど１周して再び**図４**の位置に戻ってきたとき，１円玉硬貨の表面の文字の向きも**図４**と同じになりました。移動させている途中で，１円玉硬貨の表面の文字の向きが**図３**の㋐になったのは，何回ありましたか。ただし，最初と最後の位置については，回数に含めません。

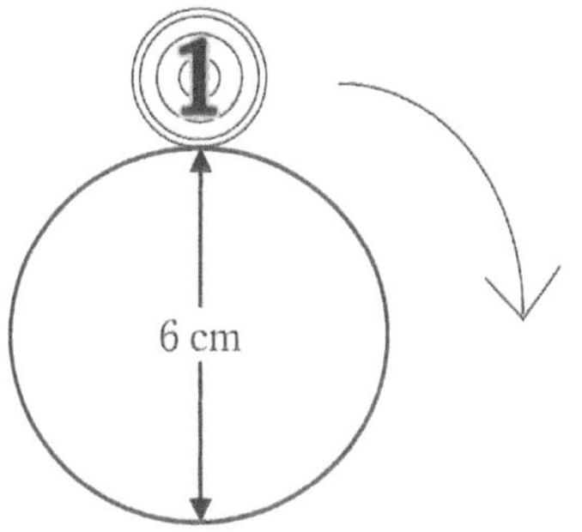

図４

⑶　次に，**図５**のように直径が7.2㎝の円盤の周りを，真上の位置から矢印の方向にすべらせずに１円玉硬貨を回転させながら，移動させます。この移動では，１周して再び**図５**の位置に戻ってきたとき，１円玉硬貨の表面の文字の向きは**図５**と同じにはなりませんでした。そこでこの位置にきたときに，１円玉硬貨の表面の文字の向きが**図５**と同じになるまで円盤の周りを移動させました。次の①，②に答えなさい。

①　１円玉硬貨は，円盤の周りを何周しましたか。

②　移動させている途中で，１円玉硬貨の表面の文字の向きが**図３**の㋐になったのは，何回ありましたか。ただし，最初と最後の位置については，回数に含めません。

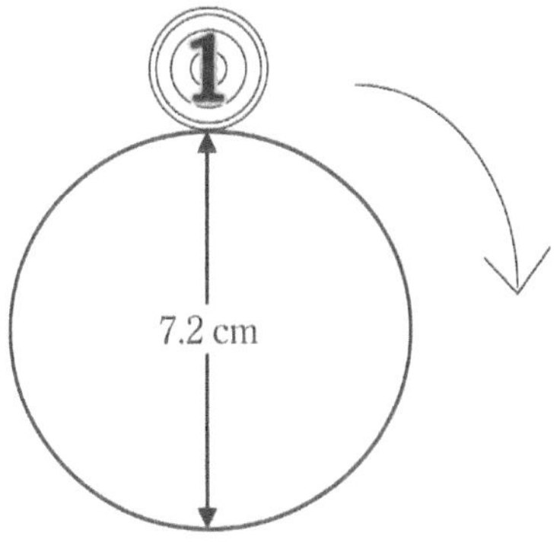

図５

【理　科】（30分）　＜満点：50点＞

1　Aさんが行なった実験について，あとの各問いに答えなさい。

Aさんは，小学校で行うお祭りでの出し物として，図1のように，台の上から消しゴムを指で飛ばして，4つのかごの中に入れるゲームを考えました。100cm離《はな》れたかごに入ると10点，150cm離れたかごに入ると30点，200cm離れたかごに入ると50点，250cm離れたかごに入ると70点がもらえます。5回投げて，合計得点を競《きそ》います。

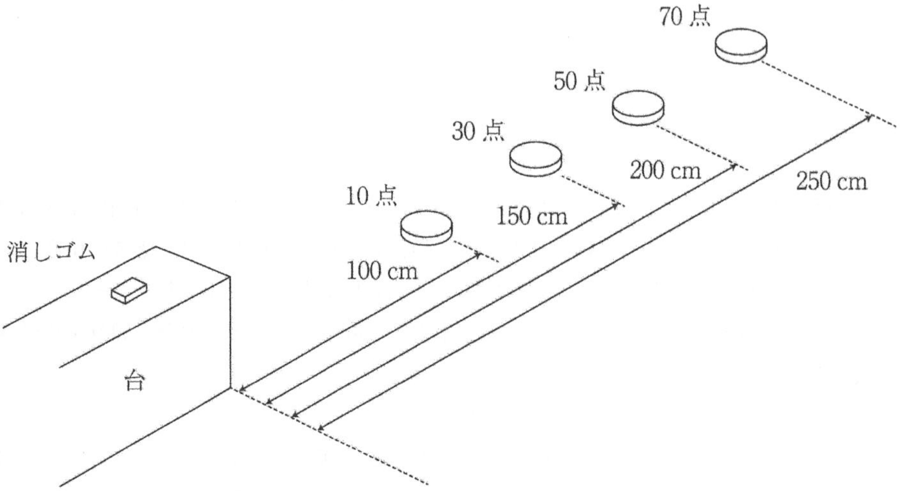

図1

ためしにやってみると，なかなかかごに入りづらかったので，Aさんは，輪ゴムで消しゴムを飛ばせば，百発百中でかごに入れられるのではないかと考えました。

図2は，Aさんが実際に作った装置《そうち》です。Aさんは，この装置で消しゴムがどれくらい飛ぶのかを測ってみることにしました。台の横にくぎを刺《さ》し，くぎに輪ゴムをひっかけて消しゴムごと輪ゴムを引っ張り，消しゴムを飛ばします。台から消しゴムが床《ゆか》に落ちたところまでの距離《きょり》を測ります。ただし，消しゴムはまっすぐに飛び出すものとします。

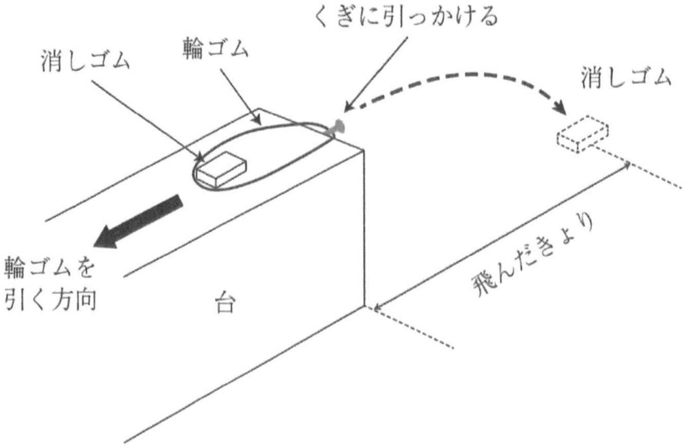

図2

＜実験１＞

輪ゴムを2.5cm引っ張って消しゴムの飛ぶ距離を測りました。

５回測って平均値《へいきんち》をとると，17.5cmでした。以下の表１がその結果です。

表１

引っ張る長さ（cm）	2.5
飛ぶ距離（cm）	17
	18
	17.5
	17
	18
飛ぶ距離（cm）（平均値）	17.5

問１　Ａさんは，輪ゴムを引っ張る長さが２倍，３倍…になれば，消しゴムが飛ぶ距離も２倍，３倍…になるのではないかと考えました。Ａさんの考えが正しいとすると，100cm離れたかごに入れるためには，何cm引っ張ればいいでしょうか。表１のデータをもとに考えなさい。割《わ》り切れない場合は，四捨五入《ししゃごにゅう》して小数第１位まで求めること。

＜実験２＞

次にＡさんは，**問１**の自分の考えが正しいかどうかを確かめるために，輪ゴムを引っ張る長さを変えて消しゴムの飛ぶ距離を測りました。それぞれの長さで５回ずつ測り，平均値を出しました。以下の表２がその結果です。

表２

引っ張る長さ（cm）	2.5	5	7.5	10	12.5	15	17.5	20	22.5	25	27.5
飛ぶ距離（cm）	17	39	61	83	106	125	143	163	180	192	210
	18	39	60	83	106	126	143	164	179	203	223
	17.5	39.5	61	83	107	124	140	164	181	204	219
	17	37	62.5	82	106.5	121	144	164	183	190	210
	18	37	63	83	107	126	142	163	186	197	223
飛ぶ距離（cm）（平均値）	17.5	38.3	61.5	82.8	106.5	124.4	142.4	163.6	181.8	197.2	217.0

問２　このデータから言えることとして，正しいものを１つ選び，**（ア）**～**（ウ）**の記号で答えなさい。

（ア）　100cm離れたかごに入れるために引っ張る長さは，**問１**で出す値よりも短くてすむ。

（イ）　100cm離れたかごに入れるために引っ張る長さは，**問１**で出す値よりも長い。

（ウ）　100cm離れたかごに入れるために引っ張る長さは，**問１**で出す値とほぼ同じになる。

問３　次のページのグラフは，実験２の引っ張る長さと，飛ぶ距離の平均値の関係をもとに作成したものです。このグラフは，ほぼ一直線になっていると見なせます。

このグラフをもとにすると，70点のかごに入れるためには，何cm引っ張ればよいと考えられるでしょうか。最も近い値を，整数で答えなさい。

なお，解答らんの図に，考えるために引いた線を残しておくこと。

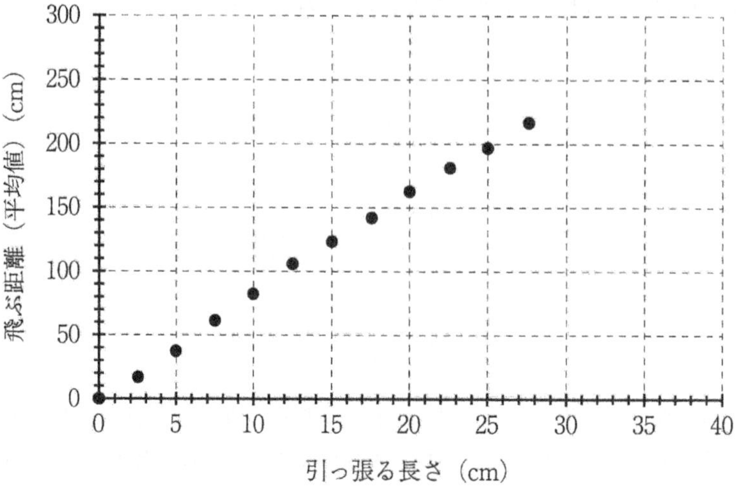

グラフ　引っ張る長さと飛ぶ距離（平均値）の関係

問４　“５回連続で入ると，合計得点が２倍になる”というルールがあるとします。今回作成した輪ゴムの装置によって，確実に得られると考えられる点数は最大で何点でしょうか。表２を参考にして答えなさい。ただし，以下の３つの条件も参考にしなさい。

・かごの大きさはすべて半径５㎝であるとします。

・「100㎝離れたかご」とは，かごの中心までの距離が100㎝離れているという意味で，ほかのかごについても同様です。

・消しゴムはかごに比べて十分に小さいものとし，かごから部分的にはみ出すことはないものとします。

2　エネルギーについて述べた文章を読み，あとの各問いに答えなさい。

震災《しんさい》による福島での原発事故以降《いこう》，縮小傾向《しゅくしょうけいこう》にあった原子力発電の利用が，欧州《おうしゅう》での軍事紛争《ふんそう》をきっかけに一部見直されつつあります。また2023年は例年になく「暑い」年で，各地で大雨や山火事による災害が頻発《ひんぱつ》しました。地球の温暖化《おんだんか》をこれ以上進めないためにも，エネルギーの利用を真剣《しんけん》に考えなければならない状況《じょうきょう》になっています。

温暖化対策《たいさく》として２つの考え方があります。一つは温暖化の原因となる二酸化炭素をこれ以上増やさないというもので，電気自動車や再生可能エネルギーの開発・導入などがあげられます。もう一つは，これ以上二酸化炭素を増やさないための社会的な仕組みを作るというもので，プラスチック製品の利用をやめる取り組みに資金援助《えんじょ》をすることなどがあげられます。このような取り組みを総称《そうしょう》して（　①　）という用語が生まれました。

１kW時の電気をつくるために，二酸化炭素がどれだけ発生するかという値を比較《ひかく》したものが次のページの表になります。これには，発電設備の建設，燃料の生産や運搬《うんぱん》などの過程で生じるものも含《ふく》まれます。A～Gは天然ガス，石炭，石油，水力，太陽光，風力，地熱のいずれかの発電方法を表しています。

発電方法	A	B	C	D	E	F	G
発生量（g）	943	738	474	25	59	13	11

エネルギー庁《ちょう》「エネルギー白書 2023」より転載《てんさい》

近年，発電１kW時あたりの二酸化炭素の発生量がＡとＢよりも少ないＣの利用が拡大《かくだい》する中，ヨーロッパでの軍事紛争をきっかけにＢとＣの燃料の値段《ねだん》が高騰《こうとう》しています。Ａの利用は温暖化に拍車《はくしゃ》をかけるという理由で，近年は世界的に廃止《はいし》に向けての動きもありましたが，ＢとＣの代替《だいが》えとして微増《びぞう》しています。Ｄは洋上に設置して大規模《だいきぼ》発電ができるようになり世界的に導入が進んでいます。Ｅは再生可能エネルギーの中でも導入しやすい方法であり，2021年度に日本は世界３位の累計《るいけい》導入実績があります。反面，設置後のトラブルも多く，国内では新規導入に制限が設けられている地域《ちいき》もあります。②Ｆのエネルギー源《げん》は，日本国内において発電とは違《ちが》うかたちで昔から利用されており，観光資源《しげん》としても各地で定着しています。しかし，このことが発電設備の導入の妨《さまた》げになり新規開発が進んでいません。Ｇは最も古くから利用されてきた再生可能エネルギーの一つですが，国内ではこれ以上新規の発電好適地を開発することが難《むずか》しく，近年は発電量が横ばいです。

世界中で二酸化炭素を一気に削減《さくげん》することが難しい理由に，発展途上国《はってんとじょうこく》において二酸化炭素の発生量は多くてもコストの低いＡが便利なエネルギー源として広く利用されることがあります。③そこで，二酸化炭素を削減したい発展途上国が，削減技術のある先進国や企業《きぎょう》に助けてもらい，二酸化炭素を削減するという取り組みが重要になってきます。このように社会全体で取り組むために様々なアイデアが生まれてきています。

問１　（①）にあてはまる用語として適切なものを次の（ア）～（エ）から１つ選び，記号で答えなさい。

（ア）　CX　　（イ）　DX　　（ウ）　FX　　（エ）　GX

問２　表中のＡ～Ｇの発電方法のうち，Ｃ・Ｅ・Ｇの組み合わせとして正しいものを次の（ア）～（カ）から１つ選び，記号で答えなさい。

（ア）　Ｃ：石油　　Ｅ：風力　　Ｇ：水力
（イ）　Ｃ：石油　　Ｅ：太陽光　　Ｇ：地熱
（ウ）　Ｃ：天然ガス　　Ｅ：太陽光　　Ｇ：水力
（エ）　Ｃ：天然ガス　　Ｅ：太陽光　　Ｇ：地熱
（オ）　Ｃ：石炭　　Ｅ：風力　　Ｇ：水力
（カ）　Ｃ：石炭　　Ｅ：風力　　Ｇ：地熱

問３　Ｅの発電装置の設置後に起こるトラブルとして当てはまらないものを，次の中から全て選び，記号で答えなさい。

（ア）　低周波騒音《そうおん》による健康被害《ひがい》が周辺で発生する。
（イ）　発電機が発生する強力な磁場《じば》が野鳥の方向感覚を狂《くる》わし，渡《わた》りができなくなる。
（ウ）　自然災害などにより壊《こわ》れてしまった設備が放電をし続けるため，撤去《てっきょ》には危険《きけん》と手間が伴《ともな》う。
（エ）　表面で光を強く反射《はんしゃ》するので，周辺住民の生活環境《かんきょう》が悪化する。

問４　下線部②について，新規開発が進まない理由は２つあり，一つは発電好適地の多くが国定公園内にあるため，施設《しせつ》建設が簡単《かんたん》ではないことがあげられます。もう一つは何ですか。20字以内で簡潔《かんけつ》に答えなさい。なお，句読点も字数に含むものとします。

問5　下線部③のような取り組みは，技術協力する国や企業にとってどのようなメリットがありますか。30字以内で簡潔に答えなさい。なお，句読点も字数に含むものとします。

問6　次の（ア）～（カ）の中で，結果的に大気中の二酸化炭素が増加してしまうものを２つ選び，記号で答えなさい。

（ア）　間伐材《かんばつざい》から割り箸《ばし》を作り，使い終わったら薪《まき》ストーブで燃料として使う。

（イ）　二酸化炭素の削減量を国や企業の間で売り買いできるようにする。

（ウ）　石油を原料とした生分解性プラスチックの製品を作る。

（エ）　牧場で発生する家畜の糞尿《ふんにょう》を発酵《はっこう》させて作ったガスを燃やして暖房《だんぼう》に利用する。

（オ）　二酸化炭素削減の取り組みに熱心な企業と優先的《ゆうせんてき》に取引をする。

（カ）　日本近海に大量に存在《そんざい》するメタンハイドレートを天然ガスの代わりに利用する。

3　北里柴三郎《きたさとしばさぶろう》に関する文章を読み，あとの各問いに答えなさい。

日本銀行は，2024年度に千円，５千円，１万円の各紙幣《しへい》（日本銀行券《けん》）を一新させる。千円札の図《ず》柄《がら》は北里柴三郎，５千円札は津田梅子，１万円札は渋沢栄一となる。

北里柴三郎は日本における近代医学の父として知られ，感染症《かんせんしょう》予防や細菌学《さいきんがく》の発展に大きく貢献《こうけん》した（写真）。

北里は1886年からの６年間，ドイツにおいて，病原微《び》生物学《せいぶつがく》研究の第一人者である（　X　）のもとで細菌学の研究に励《はげ》んだ。

北里の医学における大きな功績《こうせき》は２つあり，ひとつは1889年，誰《だれ》ひとりとして成功できなかった1破傷風菌《はしょうふうきん》の純粋培養《じゅんすいばいよう》に成功したことである。

写真　北里柴三郎

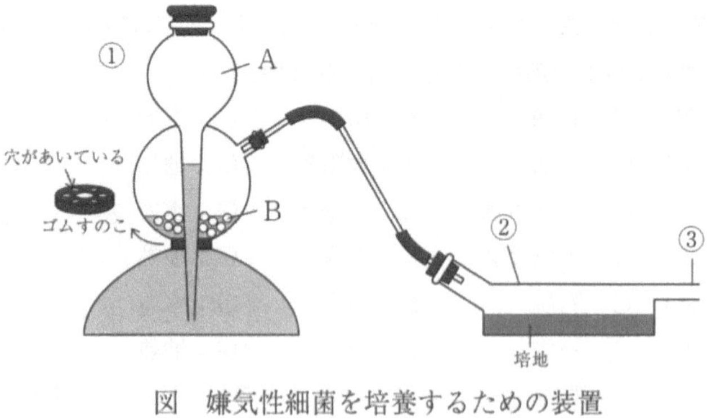

図　嫌気性細菌を培養するための装置

（写真は国立国会図書館ＨＰより転載）

北里は，破傷風菌が嫌気性《けんきせい》細菌のなかまで酸素濃度《のうど》が高い環境のもとでは生育できないのではないかと考え，上図のような装置を使って破傷風菌の培養を試みた。

つづく功績として，1890年に2破傷風菌の毒素に対する抗毒素《こうどくそ》を発見し，それを応用して血清療法《りょうほう》を確立したことがある。北里が発見した抗毒素は，現代では（　Y　）と呼《よ》ばれ，免疫学《めんえきがく》の基礎《きそ》をなす発見だった。この功績を受けて，北里は第１回ノーベル生理学医学賞の候補者《こうほしゃ》となったが，受賞にはいたらなかった。

3 北里は帰国後，伝染病《でんせんびょう》研究所設立の必要性を訴《うった》えたが，政府はその訴えに応じることはなかった。そのため，民間の支援《しえん》を受けながら我《わ》が国初の私立の伝染病研究所を創立《そうりつ》することとなった。その後も，日本医師会の創設《そうせつ》をはじめ，日本の近代医学の発展に尽力《じんりょく》した。

問1　文章中の空らん（X）にあてはまる北里が教えを受けた高名な細菌学者を次の（**ア**）～（**エ**）から１つ選び，記号で答えなさい。

（**ア**）パスツール　（**イ**）メンデル　（**ウ**）コッホ　（**エ**）ロックフェラー

問2　下線部１について，以下の問いに答えなさい。

⑴　①の装置はキップの装置と呼ばれ，Aに入っているうすい硫酸《りゅうさん》が，Bに入っている亜鉛《あえん》などの金属に注がれる。ここで発生する気体は何か答えなさい。

⑵　②は亀《かめ》の子シャーレと呼ばれ，細菌を培養《ばいよう》するための栄養素を含むゼリー状の培地《ばいち》が入っており，③のところから装置内の気体が出ていく。②のシャーレのなかで嫌気性細菌を培養できる理由を30字以内で説明しなさい。なお，句読点も字数に含むものとします。

問3　下線部２について，（Y）は血清療法だけでなく，ワクチンの作用を理解するのにも重要である。以下の問いに答えなさい。

⑴　文章中の空らん（Y）にあてはまる語を漢字２字で答えなさい。

⑵　次の文を読み，空らん（い）～（に）にあてはまる語や文を以下の選択肢《せんたくし》から選び，記号で答えなさい。

> （　Y　）は，体に入ってきた病原体などの異物《いぶつ》と結合して，異物を攻撃《こうげき》する物質である。ある異物に対する（　Y　）を体に注入して，その異物を攻撃するのが血清療法である。一方，無毒化した異物の成分をからだに注入して，その異物に対する（　Y　）をからだのなかでつくらせるようにはたらくのがワクチンである。
>
> 一般的《いっぱんてき》に，血清療法は（　い　）のために用い，（　ろ　）などにおこなう。一方，ワクチンは（　は　）のために用い，（　に　）などにおこなう。

【い・は の選択肢】

（**ア**）予防　（**イ**）治療《ちりょう》

【ろ・に の選択肢】

（**ウ**）生ガキを食べてノロウイルスに感染した場合

（**エ**）マムシなどの毒蛇《とくへび》に噛《か》まれた場合

（**オ**）スズメバチに刺されてアナフィラキシーショックが起こった場合

（**カ**）受験に備えて，インフルエンザの感染を防ぎたい場合

問4　下線部３について，北里の伝染病研究所の設立を支援した人物を次の（**ア**）～（**エ**）から１つ選び，記号で答えなさい。

（**ア**）福沢諭吉《ふくざわゆきち》　（**イ**）森鷗外《もりおうがい》　（**ウ**）野口英世　（**エ**）大隈重信《おおくましげのぶ》

【社　会】（30分）　＜満点：50点＞

【注意】 解答は，とくに指示がない限り，漢字で書くべきところは正しい漢字を使って答えなさい。

［Ⅰ］ 次の文章を読んで，あとの問いに答えなさい。

米は，日本人にとって特別な食べものです。大昔に大陸から稲作が伝わって以来，長い間日本人に親しまれてきました。

1稲作は，縄文時代の終わりから弥生時代の初めにかけて日本に伝わると，またたく間に西日本一帯に広まり，弥生時代の中頃には東北地方北部にまで広がっていました。耕作には木製の農具が用いられ，籾《もみ》を直《じか》に播《ま》く方法と田植えの方法とがありました。収穫には2石包丁が用いられ，籾を摺《す》るのには木製の臼《うす》と竪杵《たてぎね》などが使われました。のちには，農具として鉄鎌や鉄の刃先を付けた鍬《くわ》や鋤《すき》が使われるようになり，生産力が上がりました。このように稲作が普及すると，3人々の社会は大きく変化しました。

奈良時代には，人々は戸籍に登録され，4口分田《くぶんでん》が与えられました。しかし，人口増加などで口分田が不足していくと，朝廷は開墾《かいこん》することを奨励し，開墾した者にその土地の私有を認めました。これにより，5貴族や寺院などの有力者は農民などを雇って開墾させたり，土地を買い集めたりしていきました。

武家の時代に移り，鎌倉幕府・室町幕府が開かれました。その後，戦国時代を経て，天下を統一した6豊臣秀吉は，太閤検地と呼ばれる改革をおこないました。ものさしや枡《ます》を統一して，田畑の面積や質を調査し，予想される収穫量を石高で表しました。また，実際に耕作している者が検地帳に登録され，年貢を納めることが定められました。

江戸時代に入ると，百姓は田畑をもつ本百姓《ほんびゃくしょう》ともたない水呑百姓《みずのみびゃくしょう》に分かれ，有力な本百姓は村役人となって村をまとめました。年貢は主に米で納められ，五人組の制度をもうけて連帯責任を負わせました。農地の面積は大規模な新田開発によって大幅に増え，7農具も改良が加えられたり，新しい農具が開発されたりしました。また，肥料もこれまでの刈敷《かりしき》・草木灰《そうもくかい》と呼ばれる肥料に加えて，8質の良い肥料を購入して使うようになりました。こうして生産力が大きく向上していきましたが，それでも毎年決まった量の米が収穫されるわけではありませんでした。たびたび大凶作に見舞われ，百姓たちが一揆を起こすなど，9各地で騒動が起きました。

明治時代に入ると，資本主義の発達によって人々のくらしは豊かになっていきました。農村でも，田畑などの土地を持つ地主が，さらに土地を買い集めたり，会社をつくったりして，より裕福になっていきました。その一方で，田畑をわずかしか持たない農民や，田畑を手放して小作人になった人々の生活は苦しく，10子どもを工場に働きに出す人も多くいました。

時代は昭和に移り，日中戦争，さらに11太平洋戦争が長期化すると，食料をはじめとする生活必需品の生産が滞《とどこお》るようになりました。人々は米の配給を待ちましたが，次第に米の配給も滞り，いもなどの代用食が配給されました。12戦後まもなく，日本国内の人口が急増したこともあり，都市には失業者があふれました。そのため，食料の不足はいっそう深刻となり，都市の住民は農村に買出しに行くなどして飢えをしのぎました。

問1　下線部1について，現在では全都道府県で稲作がおこなわれるようになりました。過去10年（2013年産～2022年産）にわたり，米の生産量がつねに上位3位以内に入っている都道府県を，次の中から3つ選び，記号で答えなさい。ただし，順位や答える順番は問いません。

ア．北海道　イ．青森県　ウ．岩手県　エ．秋田県　オ．山形県　カ．新潟県

問２　下線部２について，次の問いに答えなさい。

①　石包丁の写真を次の中から１つ選び，記号で答えなさい。

ア．

イ．

ウ．

エ．

オ．

※縮尺は同じではありません。

②　収穫の時，石包丁を使って稲のどの部分を刈り取りましたか。刈り取った部分を右の絵に示された**ア**～**ウ**の中から１つ選び，記号で答えなさい。

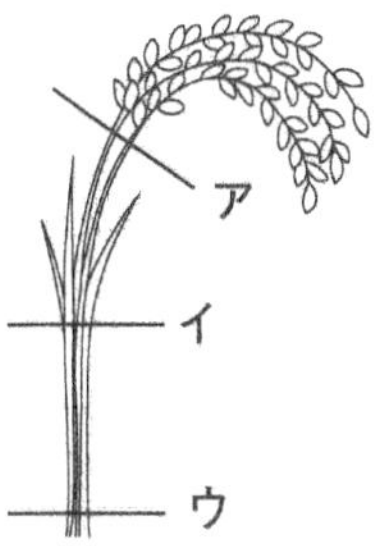

問３　下線部３について，人々の社会はどのように変化したか説明しなさい。

問４　下線部４について，次の問いに答えなさい。

①　口分田が与えられたのは，どのような人々ですか。正しいものを次の中から１つ選び，記号で答えなさい。

ア．６歳以上の男子　　**イ**．６歳以上の男女

ウ．12歳以上の男子　　**エ**．12歳以上の男女

オ．18歳以上の男子　　**カ**．18歳以上の男女

②　口分田にかけられた税を何というか答えなさい。

問５　下線部５について，有力者が手にした土地を何というか答えなさい。

問6　下線部6がおこなったこととして，正しいものを次の中から3つ選び，記号で答えなさい。

ア．秀吉は足利義昭に仕《つか》え，織田信長とともに天下統一に向けて領土を広げていった。

イ．秀吉は，本能寺の変で亡くなった織田信長のあとを継ぎ，九州・関東・東北などを平定し，全国統一を果たした。

ウ．秀吉は，約400万石の領地を持ったり，江戸・大坂・京都などの重要な都市を直接支配したりしたほか，佐渡金山や石見銀山などの鉱山を直接支配して開発を進めた。

エ．秀吉は，長崎がイエズス会に寄進されていることを知り，宣教師の国外追放を命じた。

オ．秀吉は，武力による一揆を防ぐために刀狩を命じ，農民から武器を取り上げたことによって，武士と農民との身分上の区別が明確になった。

カ．明と朝鮮を征服するため，秀吉はみずから朝鮮に渡って指揮し，日本軍は朝鮮半島全域に進出したものの，明の援軍と朝鮮水軍の反撃により，朝鮮南部まで撤退することになった。

問7　下線部7について，次の写真は現在の農業機械です。この機械の役割を果たす江戸時代の農具を，あとの**ア**～**エ**の中からすべて選び，記号で答えなさい。

ア．

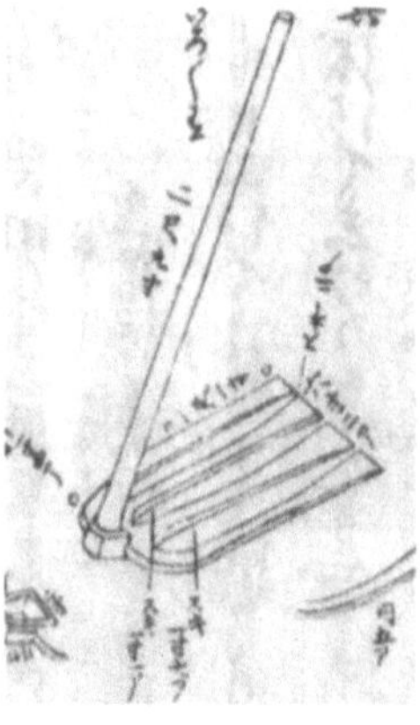

イ．

ウ.

エ.

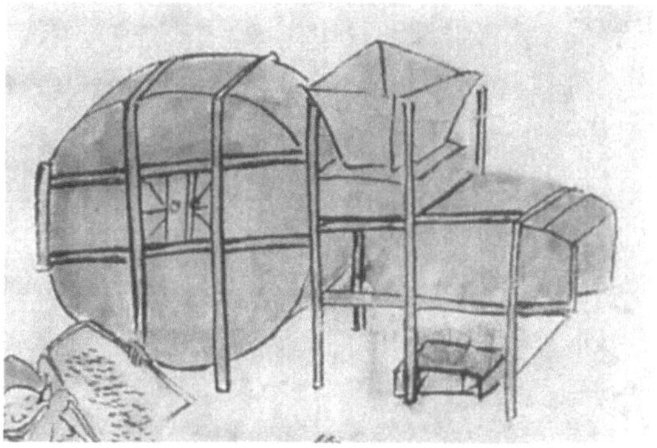

※資料は一部加工しています。

問８　下線部８について，いわしを干して作った肥料を何というか，ひらがなで答えなさい。

問９　下線部９について，以下はある人物が事件を起こすにあたって民衆に訴えた文章の要約です。この文章を読んで，次の問いに答えなさい。

…この頃，米の値段が高くなっているうえに，大坂町奉行所の者たちは思いやりを忘れ，好き勝手な政治をし，江戸には米を送るのに，京都へは米を送らない。…そのうえ自分勝手なお触れを出し，大坂の商人だけを大切に考えるのは，道義仁義を知らない愚《おろ》か者である。…大坂の金持ちは，大名に貸した金銀の利子などで，かつてなかったほどに裕福に暮らしている。…この困難な時に…普段通りに娯楽にふけるとは何ということか。…このたび有志の者と話し合い，民衆を苦しめている諸役人と大坂市中の金持ちの町人を責め殺すつもりである。この者たちが貯めておいた金銀銭や俵米をそれぞれ配るので，…生活に困窮している者は…早く大坂にかけつけなさい。それぞれに米や金を分け与えよう。…

①　この文章を書いた人物を答えなさい。

②　この事件に関連する絵をあとの中から１つ選び，記号で答えなさい。

ア.

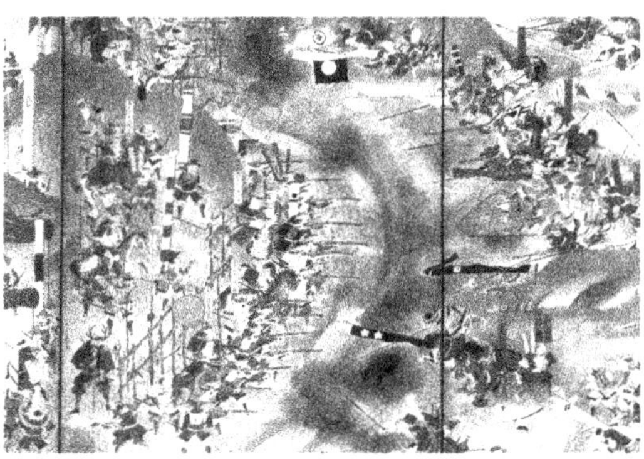

イ.

ウ．

エ．

問10　下線部10について，次の問いに答えなさい。

①　当時の労働環境がひどかったため，1911年に定められた法令を答えなさい。

②　①の法令は不十分な内容であったため，1947年に新たな法令が定められました。その法令を答えなさい。

問11　下線部11について，次の出来事を起きた順番に並べ替え，記号で答えなさい。

ア．アメリカ軍の沖縄本島上陸　　イ．日本に対するソ連の参戦

ウ．広島への原爆投下　　エ．長崎への原爆投下

問12　下線部12について，都市に失業者があふれる原因となった人口急増の理由を答えなさい。

〔Ⅱ〕　次の文章を読んで，あとの問いに答えなさい。　　（図１，図２は次のページにあります。）

図１は，1990年度から2004年度までの日本の米の国内生産量と輸入量を示したグラフです。この期間のある年に米の不作が起こり，「平成の米騒動」と呼ばれる出来事がありました。

この米の不作の原因は80年ぶりの大冷夏であり（図２参照），1フィリピンの火山の大爆発や，偏西風の蛇行《だこう》と【　A　】現象がその要因にあげられています。【　A　】現象は日本に冷夏と暖冬をもたらし，反対に【　B　】現象は日本に夏の猛暑，冬の寒冷をもたらす傾向があります。それに加えてこの年は梅雨前線が長期間，日本列島付近に停滞しました。梅雨前線は北側のオホーツク海気団と南側の【　C　】気団との間に形成されます。通常，オホーツク海気団が弱まって【　C　】気団が張り出すことで梅雨明けとなりますが，この年は【　C　】気団か弱く，オホーツク海気団が長い間強い勢力を保っていて，そこから2冷たい風が吹きました。

日本政府は米不足に対応すべく，外国から米の緊急輸入を進めました。まずタイから米が輸入され，翌年には他国からも輸入されました。輸入によって量的不足は解消しましたが，輸入米の多くが3インディカ米であり，結局，輸入米のうちおよそ98万トンが売れ残ってしまいました。

この「平成の米騒動」は翌年には解消されます。６月に入り早場米が出回る頃から，米騒動は徐々に沈静化していきました。さらに全国的な豊作により，米騒動は完全に収束することになりました。しかしながら，この米騒動により，4冷害に弱い品種から強い品種への作付けの転換が進みました。

また，それまで外国産米の輸入を全面的に禁止してきた日本政府でしたが，この米騒動にともなって米を緊急輸入したことにより，これまでの方針を撤回して外国産米の輸入を解禁せざるを得

ない状況になります。その結果，**図1**の通り「平成の米騒動」後には，限定的ながら米の輸入が開始されます。こうした米の輸入解禁にともない，日本国内の食糧制度を見直す必要が出てきました。こうして5新食糧法が制定されることになり，この「平成の米騒動」を契機に，戦後長らく続いてきた日本の食糧政策は大きく転換することになりました。

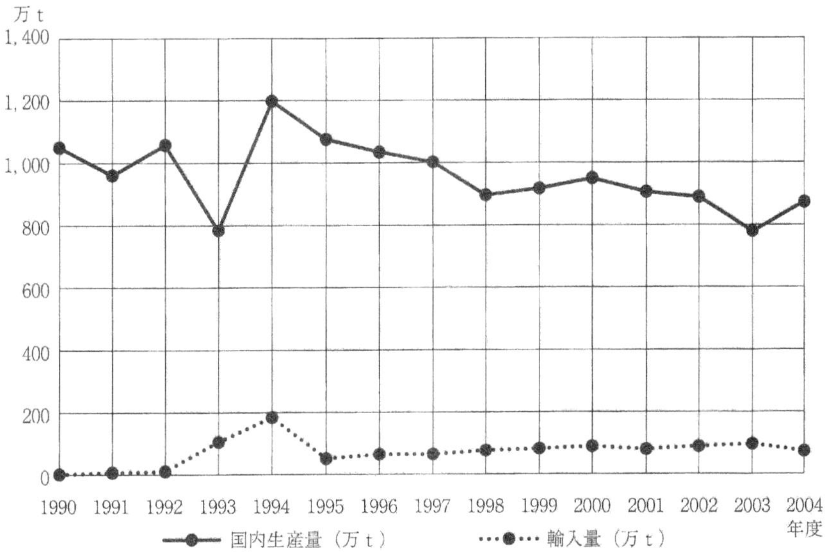

図1　日本の米の国内生産量と輸入量

農林水産省「食料需給表」より作成

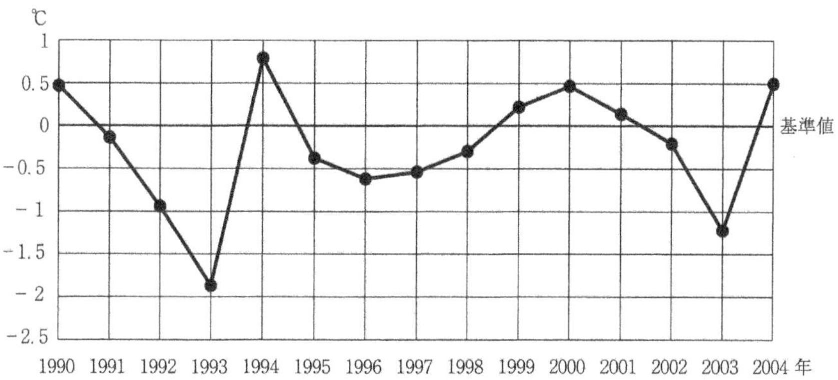

図2　夏の平均気温の基準値[注1]との差

気象庁「日本の季節平均気温」より作成

※縦軸の値は各年の6月から9月の平均気温の基準値からの差

注1）基準値は1991〜2020年の30年間の6月から9月の平均気温の平均値

問1　下線部1がなぜ大冷夏の原因となったのでしょうか。その理由を説明しなさい。

問2　**図1**をみると，「平成の米騒動」以外に2003年度も米の国内生産量が少なくなっていますが，このときは米騒動は起きませんでした。その理由を説明しなさい。

問３　文章中の空欄【A】・【B】にあてはまる言葉を次の中からそれぞれ１つ選び，記号で答えなさい。

ア．エルニーニョ　　イ．フェーン　　ウ．モンスーン　　エ．ラニーニャ

問４　文章中の空欄【C】にあてはまる言葉を答えなさい。

問５　下線部２を何と呼びますか。ひらがなで答えなさい。

問６　下線部３の説明として正しいものを次の中から１つ選び，記号で答えなさい。

ア．生産量が少なく比較的珍しい品種で，幅が広く大粒な形状と，あっさりして粘りのある味が特徴である。

イ．世界で最も多く生産されている品種で，細長い形状と，炊くとパサパサとするのが特徴である。

ウ．世界の米の生産量の約２割を占めており，短く円形に近い形状と，炊くと粘りとツヤが出るのが特徴である。

エ．もともと黄色味を帯びており，柔軟で弾力性の強いグルテンを豊富に含むため，加工するとコシの強い食感になるのが特徴である。

問７　下線部４について，次の**表１・２**から冷害に弱いと考えられる品種として，もっともふさわしいものを１つ選び，品種名を答えなさい。

表１　「平成の米騒動」の年の米の作付面積

品種名	作付面積（ha）	作付比率（％）	順位
コシヒカリ	536,343	28.6	1位
ササニシキ	145,202	7.7	2位
あきたこまち	102,608	5.5	3位
日本晴	87,920	4.7	4位
ヒノヒカリ	76,154	4.1	5位
きらら397	75,522	4.0	6位
ゆきひかり	63,963	3.4	7位
ひとめぼれ	57,493	3.1	8位

表２　表１の１年後の米の作付面積

品種名	作付面積（ha）	作付比率（％）	順位
コシヒカリ	538,250	28.0	1位
ひとめぼれ	115,384	6.0	2位
あきたこまち	114,122	5.9	3位
ササニシキ	97,790	5.1	4位
日本晴	94,351	4.9	5位
ヒノヒカリ	87,535	4.5	6位
ゆきひかり	74,060	3.8	7位
きらら397	72,830	3.8	8位

表１・２ともに国立研究開発法人　農業・食品産業技術総合研究機構の資料より作成

問８　下線部５によって，米の生産・流通はどのように変わりましたか。正しいものを次の中からすべて選び，記号で答えなさい。

ア．米は必ず農業協同組合を通して販売されることになった。

イ．日本政府は米の買い入れ価格を決めることができるようになった。

ウ．農家はブランド米の生産に力を入れるようになった。

エ．米の流通が自由化された。

オ．米の生産調整のため減反政策が始まった。

〔Ⅲ〕　自然災害の多い日本に住む私たちは，災害と防災について常に考える必要があります。あとの問いに答えなさい。

問１　多くの受験生のみなさんが生まれた年には，国内観測史上最大規模の地震が発生しました。

この地震について，あとの問いに答えなさい。

① この地震により，太平洋側の地域では甚大《じんだい》な津波の被害を受けました。岩手県宮古《みやこ》市は，そのうちの１つです。宮古市の位置を**図１**の中から１つ選び，記号で答えなさい。

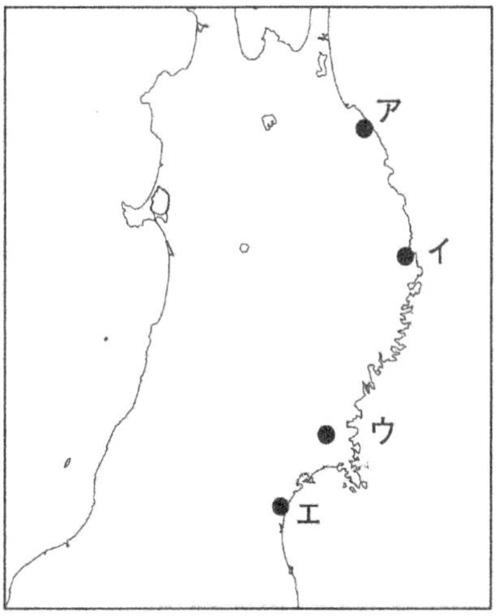

図１

② この地震の後，宮古市のいくつかの地区では，新たに建設した防潮堤は以前より高いものとなりました。これに対し，住民の中には賛成意見も反対意見もありました。**図２**を参考にして，反対意見の中で防災上の理由によるものを１つ答えなさい。

図２ 宮古港海岸の防潮堤

③ この地震の後，政府は被災者に対して，国税・地方税の減税や納付の延期などの特別措置をとりました。地方税にあたるものを次の中から１つ選び，記号で答えなさい。

ア．所得税　**イ**．法人税　**ウ**．相続税　**エ**．住民税

④ この地震が発生した年の出来事として正しいものをあとの中から１つ選び，記号で答えなさい。

ア．菅義偉《すがよしひで》が日本の第99代首相に就任した。

イ．「アラブの春」によりアラブ世界で民主化要求運動が活発になった。

ウ．日本の消費税が10％に引き上げられた。

エ．アメリカ同時多発テロ事件が起きた。

問２　昨秋，関東大震災から100年が経ちました。**図３**をみて，次の問いに答えなさい。

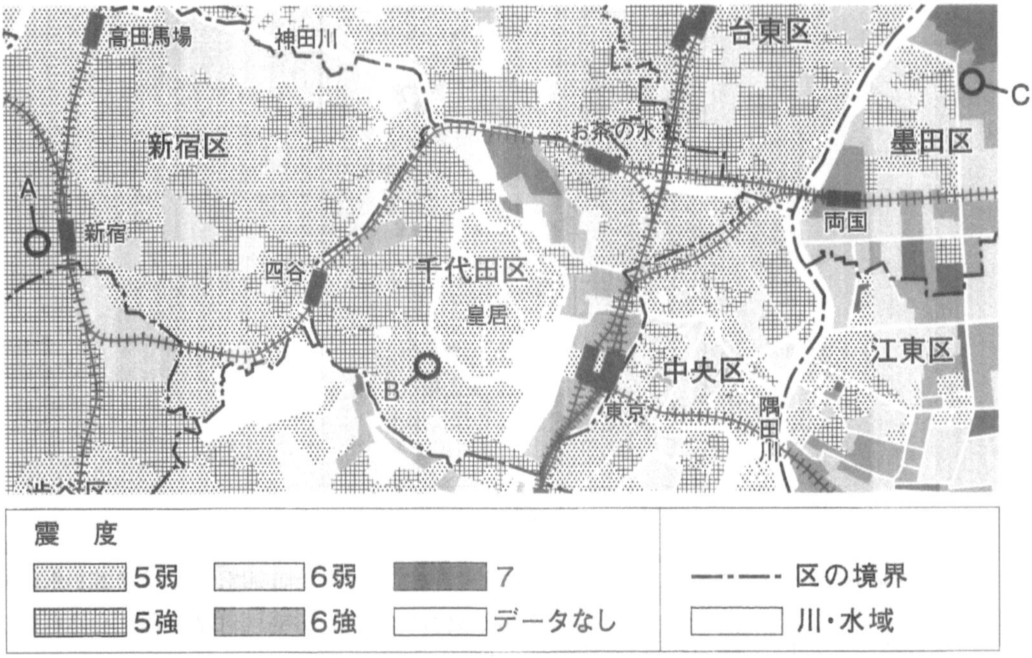

図３　関東大震災の地震の推定震度

内閣府資料より作成

①　**図３のＡ～Ｃ**は，東京スカイツリー・国会議事堂・東京都庁のいずれかの現在の位置を示しています。この３地点について述べた次の文の中から正しいものを１つ選び，記号で答えなさい。

ア．東京スカイツリーが位置する場所は，３地点の中でもっとも揺れが小さかった。

イ．国会議事堂が位置する場所は，３地点の中でもっとも揺れが小さかった。

ウ．東京都庁が位置する場所は，３地点の中でもっとも揺れが小さかった。

エ．３地点の揺れは，ほぼ同じだった。

②　**図４**（次のページ）は，**図３**の範囲の地形の様子を表しています。東京スカイツリー・国会議事堂・東京都庁は，どのような地形に位置していますか。**図３・図４**をみて，正しい組み合わせを次のページの中から１つ選び，記号で答えなさい。

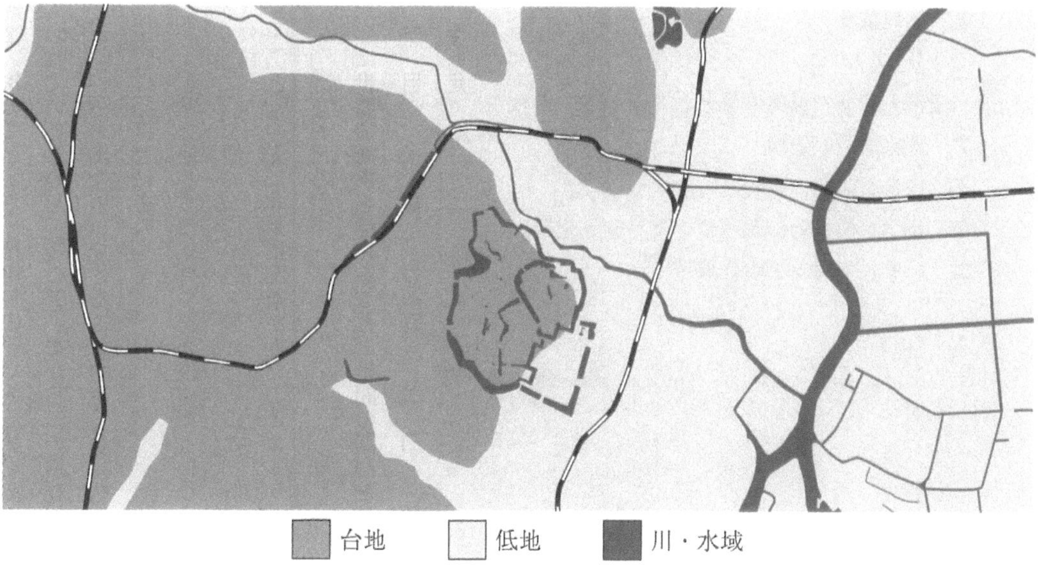

図４　地形分類図

地理院地図より作成

※資料作成の元データの違いにより、一部表示されていない線路や川・水域があります。

	東京スカイツリー	国会議事堂	東京都庁
ア	低地	低地	台地
イ	低地	台地	低地
ウ	低地	台地	台地
エ	台地	低地	低地
オ	台地	低地	台地
カ	台地	台地	低地

③　図３のＡ～Ｃの中から，日米修好通商条約を締結した大老が殺害された場所にもっとも近い地点を選び，記号で答えなさい。

④　関東大震災より前におこった出来事を次の中から１つ選び，記号で答えなさい。

ア．韓国併合　　　　　**イ**．世界恐慌

ウ．治安維持法制定　　**エ**．満州事変

⑤　関東大震災の復興事業として誤っているものを次の中から１つ選び，記号で答えなさい。

ア．幹線道路の建設

イ．大きな公園の造営

ウ．小学校の校舎の鉄筋コンクリート化

エ．ハザードマップの作成

問2　次のことわざ・慣用句の□に入る語をそれぞれ考え、二回以上使われているものを、後の**ア**～**キ**から二つ選び、記号で答えなさい。

・□も□も出ない（できることが全くない状態のこと。）

・□は□ほどにものを言う
（言葉を使わずに気持ちを表現するということ。）

・□に□を置く（心を落ち着かせること。じっくり思案すること。）

・□と□の先（非常に距離《きょり》が近いこと。）

・□□をおどろかす
（世間に衝撃《しょうげき》を与えること。世間の関心をひくこと。）

ア　目　**イ**　鼻　**ウ**　耳　**エ**　口　**オ**　胸　**カ**　手
キ　足

なぜそのような3不思議な事態が生じるかというと、人々はお互《たが》いが作るものに＊依存《いそん》しているにもかかわらず、社会全体としては誰《だれ》も生産を調整していないからです。みながバラバラに労働しているせいで、自分が作っているものが完全に無駄なものだったり、逆に、みんなが必要としているものなのに全然足りなかったりする。結局、作った商品を市場に持って行って、それがどのように他者に評価されるかを見ながら、何をどれくらい作るかを後追い的に決めなければなりません。

（斎藤幸平「ゼロからの『資本論』」による）

＊資本…経済活動を行うための、元となる資金。
＊備蓄…万一に備えて、たくわえておくこと。
＊需要…ある商品を買おうとすること。
＊飽和…最大限度まで満たされている状態。
＊マルクス…ドイツの経済学者（1818～1883年）。
＊輪郭…物事の大体のありさま。
＊矛盾…つじつまの合わないこと。
＊肝心…大切なこと。
＊ファストファッション…最新の流行を取り入れながら低価格に抑《おさ》えた衣料品、またそれを売る会社。
＊乖離…はなればなれになること。
＊追随…あとにつきしたがって行くこと。
＊供給過多…欲しい人は少ないのにもかかわらず、その商品がたくさんあること。
＊依存…他のものをたよりとして存在すること。

問1　――線1「〝無駄な〟商品を資本は作ってこなかった」とあるが、筆者はどのような商品のことを「〝無駄な〟商品」と言っているのか。解答用紙で指定された字数で言葉を入れて、説明文を完成させなさい。なお、「使用価値」という言葉を必ず用いること。

問2　――線2「「価値」は人間の五感では捉えることができません」とあるが、それはなぜか。[I]文中の内容をふまえ、解答用紙で指定された字数で言葉を入れて、説明文を完成させなさい。なお、「労働時間」という言葉を必ず用いること。

問3　――線3「不思議な事態」とあるが、それはどういうことか。解答用紙で指定された字数で言葉を入れて、説明文を完成させなさい。なお、[C]には「変動」という言葉を必ず用いること。[D]には[II]文中から十五字以上二十字以内で言葉を抜《ぬ》き出し、最初と最後の五字を答えなさい。

三　後の問いに答えなさい。

問1　①～⑦の文中にある――線のカタカナを漢字に、漢字をひらがなに直しなさい。ただし、カタカナに送りがなが含《ふく》まれるものは送りがなをひらがなで答えること。

① 他人にキガイを与《あた》えるような人にはなるな。
② 新商品を売るため、センデン活動にいそしむ。
③ 飛行機のソウジュウシになって、空を飛びたい。
④ 検査の結果、消化キカンに異常が見つかった。
⑤ 学級会の司会をツトメルのは、いつも委員長だ。
⑥ 二つの国の間で安全ホショウ条約が結ばれた。
⑦ 空気がきれいな土地で養生する。

椅子や卵、シーツの「使用価値」は、全然違います。卵と椅子、どっちが役に立つでしょうか？　お腹が減っていたら卵かもしれませんし、仕事をしなければいけないときは椅子の方が役に立ちそうです。「どっちが役に立つか」と使用価値を比較《ひかく》しても、一向に、なぜどちらも1万円なのかが理解できません。有用性だけでは、なぜそれが５０００円ではなく、1万円なのかがわからないのです。

椅子や卵、シーツはどれも同じ「価値」を持っていて、それが1万円として表現されている。マルクスによれば、この「価値」は、その商品を生産するのにどれくらいの労働時間が必要であったかによって決まるのです。つまり、椅子や卵、シーツにも同じだけの労働時間が費やされているから、同じ価値を持つものとしてどれも1万円で交換される――これが、「労働価値説」です。

（中略）

「価値」と「使用価値」も、言葉が似ているので混乱しそうです。でも、まったく別物であることは、空気のように、それなしに人間が生きることのできない使用価値の大きなものが無料である一方で、ダイヤモンドのように使用価値の小さなものが非常に高価であることからもわかるでしょう。空気は人間の労働なしに存在するので「価値」はありません。一方、ダイヤモンドの採掘《さいくつ》には多くの労働が投入されるので「価値」は大きくなるのです。「使用価値」の効能は、実際にそのものを使うことで実感できますが、2「価値」は人間の五感では捉《とら》えることができません。マルクスも「まぼろしのような」性質だと言っています。日常生活では商品に「値札」をつけて、かろうじてその＊輪郭《りんかく》をつかむことができますが、目に見えない不思議な力が、身近な商品にはあるのです。

Ⅱ　「商品」の持つ2つの顔を区別すると、資本主義が様々な＊矛盾《むじゅん》や不合理を生み出すメカニズムをすっきり説明することができます。

資本主義のもとでは、いくらで売れそうか、どれくらい儲かりそうかが大事です。つまり、価格という形で現れる「価値」の側面ばかりが優先され、＊肝心《かんじん》の「使用価値」は二の次になる。例えば、地球やお財布のことを考えれば、環境《かんきょう》に配慮《はいりょ》した素材を使って、長く使える商品を作るべきです。ところが、実際には、＊ファストファッションのように、環境負荷を無視して、安さを追求した洋服で、私たちのクローゼットはあふれかえっています。「儲かるモノ」（価値の側面）と「必要なモノ」（使用価値の側面）がここでは＊乖離《かいり》しているのです。

「価値」に振《ふ》り回されているのは消費者ばかりではありません。資本の側が「売れそう」だと思って作っても、ヒットしなければ大量の在庫を抱《かか》えて倒産《とうさん》してしまうこともあるでしょう。それなりにヒットしたとしても、タピオカや高級食パンのように、＊追随《ついずい》する企業がたくさん現れて＊供給過多になれば、やはり売れなくなって、経営難に陥《おちい》る可能性があります。

（中略）

「使用価値」のために物を作っていた時代は、文字通り、人間が「物を使っていた」わけですが、「価値」のためにモノを作る資本主義のもとでは立場が逆転し、人間がモノに振り回され、支配されるようになる。この現象をマルクスは「物象化」と呼びます。人間が労働して作った物が「商品」となるや否や、不思議な力で、人間の暮らしや行動を支配するようになるというわけです。

の中から選び、記号で答えなさい。

ア　対照的な中国人姉妹の生き様は、自由と平等を建前にした西洋社会が厳しい能力主義の社会でもあることを物語っている。

イ　国家間の過去のしがらみから解き放たれたアジアの若い世代の生き方を通して、差別や偏見が残る西洋社会を暗に批判している。

ウ　ひとりの中国人留学生をめぐる話の背後には、戦争がどれほど個人の生を損《そこ》なうかという大きな問題が提示されている。

エ　異国でたくましく生きる中国人女性の姿を見つめつつ、偏見や先入観から自由でいられない人間の姿をも誠実に描《えが》いている。

オ　人種も国籍も様々な若者の交流を描き、大戦後の西洋社会で古い価値観が刷新されたことを伝える貴重な回想録になっている。

二　次のⅠ、Ⅱの文章を読んで、後の問いに答えなさい。解答の字数については、句読点等の記号も一字として数える（なお問題の都合上、一部表記を改めている）。

Ⅰ　＊資本主義社会で生産される「商品」は、人々の生活に本当に必要か、本当に重要かどうかよりも、それがいくらで、どれくらい売れそうか――言い換《か》えると、どれくらい資本を増やすことに貢献《こうけん》してくれるか――が重視されます。

流行するとタピオカドリンク店や高級食パン店が町中に乱立してはあっという間に消えるのは、その典型例です。また、マスクや消毒液がコロナ禍《か》で足りなくなりました。感染症《かんせんしょう》流行に対する＊備蓄《びちく》の必要性は専門家によって指摘《してき》されていたにもかかわらず、そのような1〃無駄《むだ》な〃商品を資本は作ってこなかったのです。

個々のメーカーを責めているわけではありません。これが資本主義なのです。企業《きぎょう》としては、平時には＊需要《じゅよう》が限られていたマスクよりも、もっと「売れる」商品を作らなければなりませんでした。ところが、いったんマスクが売れるとなれば、スポーツ用品メーカーやファッションメーカーなど畑違《はたけちが》いの企業が続々と参入し、マスク市場は＊飽和《ほうわ》状態に。今度は余って、叩《たた》き売りされました。とにかく「儲《もう》かりそう」なモノを生産するのが資本主義の基本ですから、これも当然の成り行きと言えるでしょう。

ただし、「儲かるモノ」と「必要なモノ」は必ずしも一致《いっち》しません。この点について＊マルクスは、「商品」には2つの顔があると指摘しています。

一つは、「使用価値」という顔です。「使用価値」とは、人間にとって役に立つこと（有用性）、つまり人間の様々な欲求を満たす力です。水には喉《のど》の渇《かわ》きを潤《うるお》す力があり、食料品には空腹を満たす力があります。マスクにも、感染症の拡大を防止するという「使用価値」があります。生活のために必要な「使用価値」こそ、資本主義以前の社会での生産の目的でした。

しかし、資本主義において重要なのは、商品のもう一つの顔、「価値」です。

「商品」になるためには、市場で貨幣《かへい》と交換《こうかん》されなければなりません。交換されない椅子《いす》は、座れるという「使用価値」しか持たない、ただの椅子です。それに対して、「商品」としての椅子は、市場で1万円の値札がつき、５００個の卵や2枚のシーツなど別の物と同じ価格で交換されるわけです。なぜでしょうか？

と。

問4　――線3「すこしさびしかった」とあるが、「私」は何が「さびしかった」のか。その説明としてもっともふさわしいものを次の中から選び、記号で答えなさい。

ア　日本と中国の関係を考えれば、インセンの不信感ももっともであると納得できてしまったこと。

イ　過去にこだわり現在を見ようとしない態度が、インセンのような若い世代にまでしみついていたこと。

ウ　国籍《こくせき》や人種といった自分ではどうしようもない要素で、インセンとの親しさが左右されてしまったこと。

エ　インセンが戦争で過酷な体験をしてきたにもかかわらず、自分にはその事実を隠《かく》していたこと。

オ　インセンの関心は日本以外に向いており、仲間意識は自分の一方的な思いこみにすぎなかったこと。

問5　――線4「インインのいないときをねらって」とあるが、その理由としてもっともふさわしいものを次の中から選び、記号で答えなさい。

ア　幸福なインインの前でインセンをなぐさめるという、だれにとっても気まずい状況《じょうきょう》を避《さ》けたかったから。

イ　天真爛漫《てんしんらんまん》なインインが、インセンの気持ちを考えずにはしゃぎまわってしまうことが予想できたから。

ウ　優しいインセンがインインに気を遣《つか》って空元気を出すのは、痛々しくて見ていられないと考えたから。

エ　インセンの沈《しず》んだ声を聞かせて、インインの幸せな気分にわざわざ水を差すことはないと思いやったから。

オ　ちゃっかりしたインインが、インセンを差し置いて幸せになろうとしていることに反発を感じていたから。

問6　――線5「わたしがだめになったわけじゃないもの」とあるが、インセンがこのように述べる理由としてもっともふさわしいものを次の中から選び、記号で答えなさい。

ア　自身の能力が劣《おと》っていたわけではなく東洋人差別の結果だから。

イ　試験で個人の人間性や能力のすべてが決まるわけではないから。

ウ　もともと医師ではなく手仕事の技術を生かしたいと思っていたから。

エ　戦争中の辛《つら》さに比べれば落第なんてたいしたことではないから。

オ　医師にこだわらなければ中国で不自由なく生活することはできるから。

問7　――線6「私たちは、もういちど、インセンにはかなわないと思った」とあるが、「私」はインセンのどのようなところに感心したのか。その説明としてふさわしいものを次の中から二つ選び、記号で答えなさい。

ア　苦境にも負けずに前向きな考え方を持ち続けているところ。

イ　逆境を楽しむことができる精神的な強さを備えているところ。

ウ　苦しい状況を支えてくれる多くの友人に恵まれているところ。

エ　反骨心があり周囲を見返すためには努力を惜しまないところ。

オ　自分自身の才覚を生かして実際に幸福をつかんでしまうところ。

カ　豊富な人生経験から失敗こそが好機なのだと知っているところ。

問8　本文についての説明としてもっともふさわしいものを次のページ

白いサテンの美しい中国服を着たインセンが、夫になった青年と軽々と美しいステップを踏《ふ》むのを見て、6私たちは、もういちど、インセンにはかなわないと思った。

（須賀敦子「インセン」による）

＊南シナ…中国の南沿岸部。
＊越南…ベトナム。首都はハノイ。
＊医学部の準備課程…医学部に入るための学習をするコース。
＊ヴァラエティー…多様性。
＊ディエンビエンフウの戦争…植民地の独立をめぐりベトナムとフランスとの間で展開された戦い。インドシナ戦争。
＊シラブル…音節。
＊マルティニック島…当時のフランス植民地。
＊こんなになってしまった…ベトナムが南北に分断されたことを指す。

問1 ――線a「ことさら」、b「神妙な」、c「うだつのあがらなかった」の本文中の意味としてもっともふさわしいものを次の中からそれぞれ選び、記号で答えなさい。

a「ことさら」
ア　とりわけ　　イ　めずらしく　　ウ　いつも通り
エ　それなりに　　オ　いま思えば

b「神妙な」
ア　すました　　イ　すがすがしい　　ウ　しおらしい
エ　思わせぶりな　　オ　取りつくろった

c「うだつのあがらなかった」
ア　うとまれていた　　イ　将来に迷っていた
ウ　勉強ばかりだった　　エ　ぱっとしなかった
オ　周囲の目を気にしていた

問2 ――線1「まだそんな時代だった」とあるが、どのような「時代」だったと「私」は考えているか。その説明としてもっともふさわしいものを次の中から選び、記号で答えなさい。

ア　アジアがまだ貧しく留学生自体がまれだった時代。
イ　戦争のため東洋人への差別意識が高まっていた時代。
ウ　植民地出身者が市民として認められなかった時代。
エ　人種差別の意識が平然とあらわされていた時代。
オ　西洋が植民地政策の正当性を強調していた時代。

問3 ――線2「フライパンをはさんで親しくなった」について、以下の設問に答えなさい。

（1）具体的にはどのようなことか。次の説明文の□に入る漢字二字の言葉を自分で考えて答えなさい。

［二字］を通して仲良くなったということ。

（2）この部分からわかることの説明としてもっともふさわしいものを後の中から選び、記号で答えなさい。

ア　肌色の近さがアジア人の強固な仲間意識につながっていたということ。
イ　同じアジアの文化を共有する者同士が連帯していたということ。
ウ　西洋人と親しくするとアジア人の仲間には入れなかったということ。
エ　偏見《へんけん》から身を守るためにアジア人同士で団結していたということ。
オ　アジア人はやはり西洋の気候風土にはなじめなかったというこ

センは、ハノイに帰るの？

　それがだめなのよ。マリー・キムはそういってきのどくそうな顔をした。インドシナの戦争がアメリカのせいで＊こんなになってしまったから、両親のところに帰るわけにもいかないんですって。マリーも、もとは北朝鮮《きたちょうせん》の生まれなのを、戦争で南に逃げたのだったから、インセンは、日本人の私にはいわないことも、彼女にはうちあけるんだ、そう思うと3すこしさびしかった。じじつ、インセンは、軽い近視の私がたまにめがねをかけているのをみると、いやな顔をしていった。メガネ、かけないでよ。日本のヘイタイを思い出すから。

　ふだんはのんびりした顔をして、階段や廊下で顔をあわせると、ハアッという、鼻から抜《ぬ》けるような声を出して、ニタッと笑いながら挨拶《あいさつ》をするインセンの境遇《きょうぐう》が、じつはどれほど苛酷《かこく》な苦労や困難や孤独《こどく》のかさなりを意味するのか、ぬくぬくとはいえないまでも親の仕送りで暮らしていたあのころの私には、考える力もなかった。その年の冬はaことさら寒かったのだが、私たちはインセンの部屋におそくまで電灯がついているのに気づいて、祈《いの》るような気持だった。

　冬がおわるころ、インセンは試験に失敗して進学をあきらめ、いもうとのインインは無事、薬学部に進んだ。ちゃっかりしたインインは、入学とほとんど同時に婚約《こんやく》まで発表して、夏までには結婚《けっこん》するとはしゃいでいた。マリー・キムが私をさそいに来て、私たちはインセンの部屋をたずねた。4インインのいないときをねらって、私たちはインセンをなぐさめるつもりだった。

　あはは。b神妙《しんみょう》な顔をして部屋に入っていったマリーと私を見て、インセンはあかるい声でお茶をいれてくれた。そんな顔しなくていいのよ。わたしは元気だから。試験におちたからといって、5わたしがだめになったわけじゃないもの。そういわれても、マリーと私はとても笑えなかった。だって、インセン、マリーが真剣《しんけん》な声でたずねた。滞在《たいざい》許可はどうするの。インセンは平然としていた。生きようと思ったら、どこだって、どうにかなるよ。勉強には失敗したけど、それが終りじゃないもの。どちらがはげまされているのか、わからなかった。

　秋が来て、みんなが寮に戻《もど》ってきたとき、インセンが、まだインインといっしょにいたころの二人部屋をもらっていることに私たちは安心した。寮費をどうまかなっているのか、そこまではおたがいに話さなかったけれど、やがてインセンは、どこからかキルティングをした木綿布をたくさん買ってきて、中国服の仕立てをはじめた。どこでならったの、と私が訊《き》くと、いつものハアッという鼻にかかった声を出して、ばかだねえ、というふうに私をにらんだ。こんなことぐらい、親におそわったから、できる。おもわずためいきがでるような、細かい、美しい針目で、彼女は綿入れの上下を、つぎつぎに縫《ぬ》いあげていった。文学部でcうだつのあがらなかったマリー・キムと私は、インセンの部屋を訪ねるたびに、彼女の手さきに見とれた。

　私が帰国することになった年の六月に、インセンも結婚が決まった。相手は、大学に近いモン・サン・ジュヌヴィエーヴの坂道でヴェトナム料理店を営んでいる、やはりヴェトナム生まれの中国人青年だった。インセンは、医者になるかわりに、レストランの女主人の道をえらんだのだった。

　学生寮のホールで行なわれたインセンの結婚式には、マリー・キムと私も招待された。中国人の神父さんが来て、式のあと、みんなで踊《おど》った。

【国　語】（六〇分）〈満点：一〇〇点〉

一　次の文章を読んで、後の問いに答えなさい（現在では一般的に使われない表記・表現も出てくるが、原文を尊重した）。

インセンと知りあったのは、パリ大学で勉強していたころで、私たちはおなじ女子学生寮《りょう》にいた。インセンがおねえさんで、いもうとの名はインインだった。ほぼ二年ちかく、おなじ寮にいたのに彼女《かのじょ》たちの名字を知らないことが、いま考えるとふしぎなのだけれど、中国人だった彼女のインセンという名を漢字でどう書くのか知らないのは、もっとふしぎな気もする。たぶん、彼女にたずねたことはあるのだろうけれど、あとにもさきにも漢字で書いたことはまったくなかったから、忘れてしまったのだろう。もともと彼女たちは＊南シナにいたのを、日本軍が攻《せ》めてくるというので一家そろって＊越南に逃《に》げたまま、ハノイからパリに留学していたのだった。

＊医学部の準備課程の学生だったインセンは、ふとめの体格で、色が黒く、度のつよいめがねをかけているせいもあって、まだ二十一歳《さい》というのに、どこかオバサンじみていた。ひとつちがいのいもうとのインインのほうが、身だしなみがいいというのか、おしゃれなのか、歩きかたなども、インセンのぼとんぼとんといった感じはなかった。

寮費が安いこともあって、その学生寮には、当時、パリの他の寮には入れてもらえなかったもとフランス植民地出身の学生がたくさんいたから、値段が安いと聞いただけでとびこんできたフランス人の学生なんかは、寮生の肌《はだ》の色の＊ヴァラエティーにびっくりして、「こんなところ、とてもいられないわ」といって逃げ出すこともあった。一九五〇年代の前半は、1まだそんな時代だった。また、ヴェトナム人の学生がたくさんいて（ちょうどそのころ＊ディエンビエンフウの戦争に負けてヴェトナムを失ったばかりのフランス人の側からいえば、ひどい学生寮だったかもしれない）、ドン・ガックとか、ゴ・ビンとか、＊シラブルの少ない彼女たちの名をおぼえるのは難しかった。しぜん、ヴェトナム人はヴェトナム人で、＊マルティニック島から来ていたフランス名をもった黒い人たちは彼女たちで、あるいは東アジアの私たちというふうに、かたまって行動することが多かった。

そのことは、でも、肌色の違《ちが》いというよりは、食べものが違うから、といったほうが真実に近いのではなかったか。寮の経営者たちも、みんなが食堂に降りる朝と夜の食事どきには、なるべくおなじ国の人間がいつもおなじテーブルにすわらないよう気をつかっていたけれど、部屋は、だいたい、おなじ階にふりあてられていた。ひとつの階におよそ十人いて、廊下《ろうか》のすみにあるガス台を共同で使っていた。みんな昼はたいてい学生食堂に行ったから、たったひとつのバーナーをいっしょに使うのは、日曜日だけ、そしてインセンとインイン姉妹の部屋は私のいた三階の部屋のななめ向かいだったから、私たちは2フライパンをはさんで親しくなった。

お医者さんになりたいインセンの勉強がどうも捗《はかど》っていないらしいと、ある日、私に教えてくれたのは、韓国《かんこく》から来ていたマリー・キムだった。彼女もおなじ階の住人で、インセンがある日、マリーの部屋に来て、つくづく大学がいやになったと話したのだという。こんどの試験に通らなかったら、医学部は全面的にあきらめなければならないので、彼女は必死なのだった。もし、だめだったら、と私はマリーにたずねた。イン

MEMO

大切なことはメモしておこうネ！

2024年度

解　答　と　解　説

《2024年度の配点は解答欄に掲載してあります。》

＜算数解答＞《学校からの正答の発表はありません。》

1 (1) $0.05\left[\frac{1}{20}\right]$　(2) 60通り　(3) 20度　(4) 13.2%

2 (1) ① 23.4回　② 23回　(2) ① 6カ所　② 22カ所

3 (1) 3：2　(2) 5：4　(3) ① 4：3　② 解説参照

4 (1) 3：2　(2) (P君) 毎分90m　(Q君) 毎分60m　(3) 9分12秒後

5 (1) ① ㋒　② 1回　(2) 3回　(3) ① 5周　② 22回

○推定配点○

5 各4点×5　他 各5点×16　計100点

＜算数解説＞

1 (四則計算，場合の数，平面図形，割合と比，濃度)

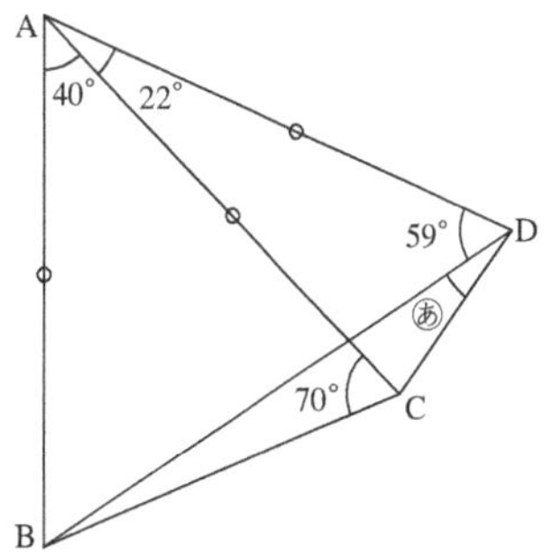

(1) $\square=\frac{73}{18}\div\{(20.96-6)\div0.18-2\}=\frac{73}{18}\div\left(\frac{748}{9}-2\right)$

$=\frac{73}{18}\times\frac{9}{730}=\frac{1}{20}$

重要 (2) 6×(5×4÷2)=60(通り)

重要 (3) 三角形ABC…右図より，二等辺三角形

三角形ABD…二等辺三角形

したがって，二等辺三角形ACDにより

角㋐は(180−22)÷2−59=20(度)

容器A

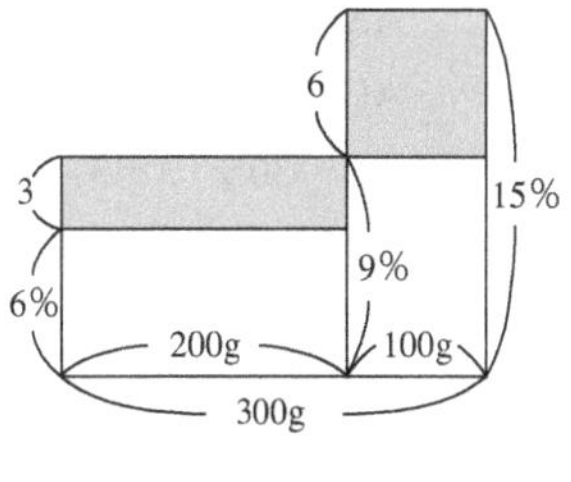

重要 (4) 容器Aの濃度6%の食塩水と濃度15%の食塩水の重さの比

…右図より，色がついた部分の面積は等しく(15−9)：(9−6)

=2：1

交換した食塩水の重さ

…300÷(2+1)=100(g)

したがって，容器Bの濃度は(100×6+400×15)÷500=13.2(%)

重要 2 (統計，平均算，割合と比，ニュートン算)

(1) 男子25人…6回～26回，最頻値22回(10人)

女子15人…9回～28回，中央値20回

① 26回の人数…9人　25回の人数…25−1−(10+9)=5(人)　22回…10人　6回…1人

したがって，求める平均回数は(26×9+25×5+22×10+6)÷25=(234+125+226)÷25

=23.4(回)

② 28回の人数…7人　20回の人数…7人　9回…1人

したがって，求める平均回数は(28×7+20×7+9)÷15=345÷15=23(回)

(2) 1分で窓口を通る人数…1

1分で行列に加わる人数…1×(9×45−15×18)÷(45−18)＝135÷27＝5

最初の人数…15×18−5×18＝10×18＝180

① 5＋1＝6(カ所)

② 最初から10分後の人数…180−(7−5)×10＝160

窓口が増えた後，1分で減る人数…160÷$6\frac{40}{60}$＋5＝29

したがって，増えた窓口は29−7＝22(カ所)

3 (平面図形，相似，割合と比)

重要 (1) 図1

三角形DHMとDAEの相似比…1：2

三角形HMPとCDPの相似比…1：4

したがって，EP：PDは(1×2＋4)：4＝3：2

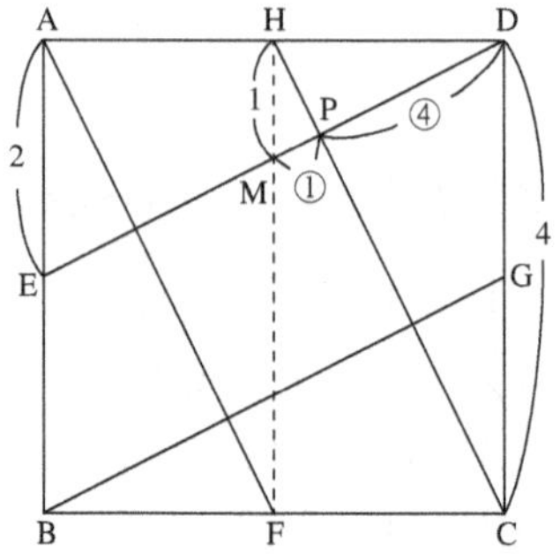

図1

(2) 図2

三角形EBQとMHQの相似比…2：1

三角形HMPとCDPの相似比…1：4

EM＝MD…(1＋2)×(1＋4)＝15とする。

EQ…15÷(2＋1)×2＝10

QP…10÷2＋15÷(1＋4)＝8

したがって，EQ：QPは10：8＝5：4

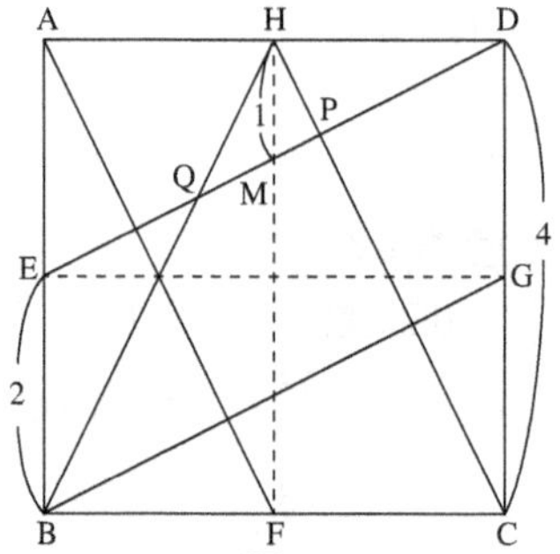

図2

やや難 (3) ① 図3

三角形ARHとGRNの相似比…2：3

三角形HQDとNQEの相似比…2：1

HN…15とする。

HR…15÷(2＋3)×2＝6

QN…15÷(2＋1)＝5

RQ…15−(6＋5)＝4

AR：RG…2：3

AS：SG…1：1

AG…15×2＝30

AR…30÷(2＋3)×2＝12

AS…15

したがって，RQ：RSは4：(15−12)＝4：3

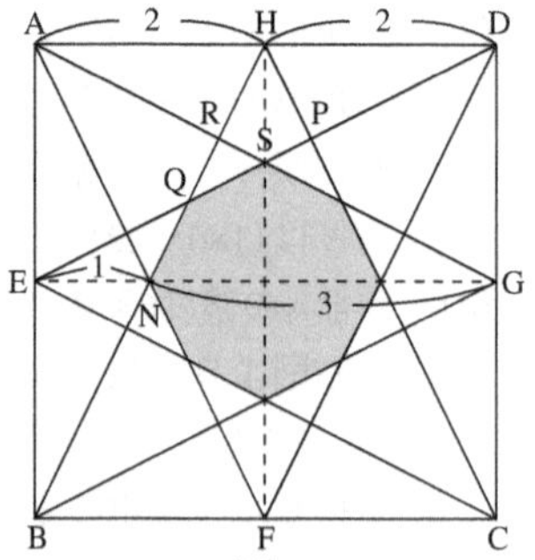

図3

② 説明例：右図より，正八角形の1つの外角は360÷8＝45(度)であり，三角形XYZは直角二等辺三角形であるのに対し，図3の三角形RQSは直角二等辺三角形ではなく，影の部分は正八角形ではない。

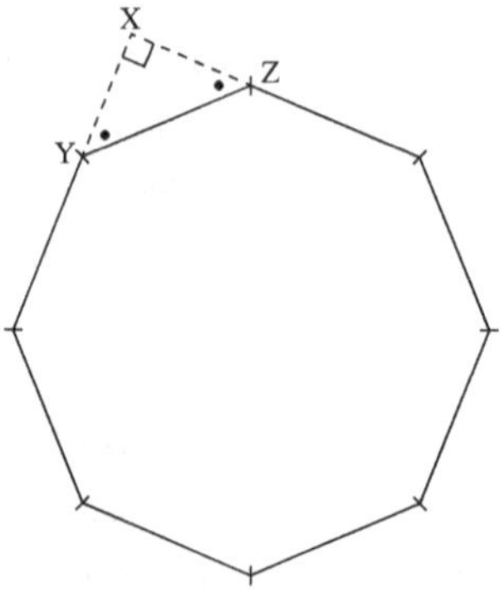

4 (平面図形，速さ三公式と比，旅人算，割合と比，単位の換算)

P・Q君…各頂点で1分ずつ休む。

G…1回目に出会った点　　H…2回目に出会った点

重要 (1) P君…GからHまで3回休んで，96＋150×2＋144＝540(m)進む。

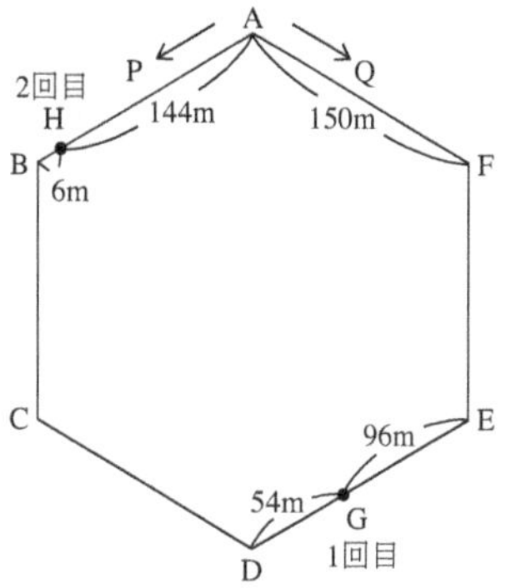

Q君…GからHまで3回休んで，54＋150×2＋6＝360(m)進む。
したがって，2人の速さの比は540：360＝3：2

(2) P君…最初，AからGまで3分休んで，150×3＋54＝504(m)進む。
Q君…最初，AからGまで2分休んで，150×2＋96＝396(m)進む。
距離の比…504：396＝14：11
2人が歩いた時間の比…(1)より，(14÷3)：(11÷2)＝28：33
P君が504m進んだ時間…(3－2)÷(33－28)×28＝5.6(分)
したがって，P君の分速は504÷5.6＝90(m)，
Q君の分速は90÷3×2＝60(m)

やや難 (3) P君がHからEへ進み，Fから歩き始める時刻
…(2)より，(6＋150×3)÷90＋4＝$9\frac{1}{15}$(分後)
Q君がHからFへ進み，Fから歩き始める時刻…(144＋150)÷60＋2＝6.9(分後)
$9\frac{1}{15}$分後までにQ君が歩く距離…$60\times\left(9\frac{1}{15}-6.9\right)=130$(m)
したがって，求める時刻は$9\frac{1}{15}$＋(150－130)÷(90＋60)＝9.2(分後)　すなわち9分12秒後

5 （平面図形，図形や点の移動，割合と比，数の性質）

重要 (1) ① 図3…図1・2より，1円玉が$\frac{1}{4}$周すると
向きは$\frac{1}{2}$回転するので㋒
② 向きが1回転するとき…①より，1円玉は
$\frac{1}{2}$周する。

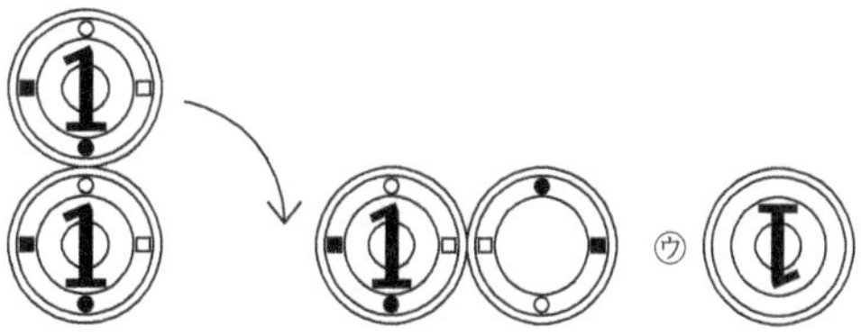

図1　図2　図3

したがって，求める回数は1回

(2) 1円玉と円盤の半径の比…1：3
したがって，1円玉が㋐の向きになるのは，
右図より，カ→キ，キ→ク，ク→カのそれぞれの間に1回ずつあり，合計3回
【別解】1円玉の中心が「半径3cmの円盤」の周りを1周する円の円周：1円玉の円周
…(3＋1)：1＝4：1
したがって，求める回数は4÷1－1＝3(回)

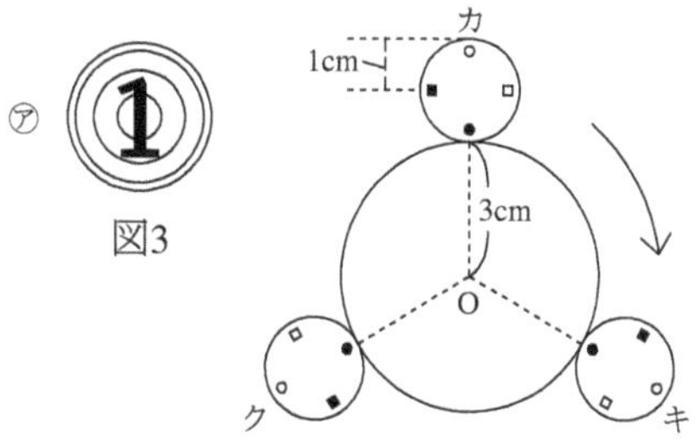

図3

やや難 (3) ① 1円玉の中心が「半径3.6cmの円盤」の周りを1周する円の円周：1円玉の円周
…(3.6＋1)：1＝4.6(回)
したがって，4.6の倍数のうちで初めて整数になるのは4.6×5より，求める周数は5周
② ①より，求める回転数は4.6×5－1＝22(回)

★ワンポイントアドバイス★

2 (1)①「最頻値」 ②「中央値」の問題では，問題文の各数字を見逃すと正解できない。5 (3)「周数と回転数」の問題は，「1円玉の中心が円盤の周りを1周する円の円周」の利用について知らないと，正解は難しい。

＜理科解答＞《学校からの正答の発表はありません。》

[1] 問1　14.3　　問2　(ア)　　問3　31[32](cm)

(例)

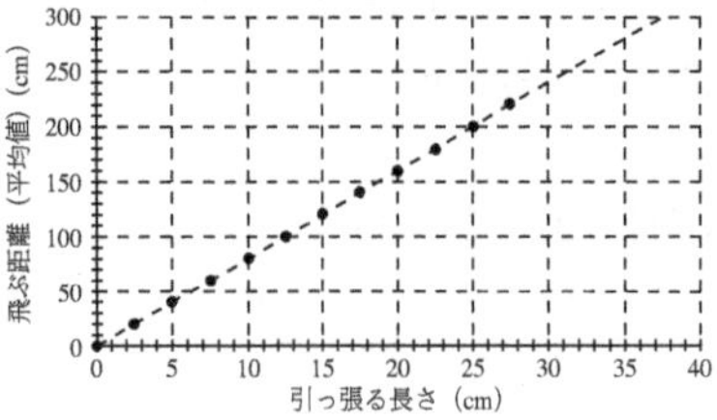

問4　300(点)

[2] 問1　エ　　問2　ウ　　問3　ア，イ　　問4　熱水を利用するため，温泉に影響が出る。
問5　国や企業は，相手国との交流が進み，利益を得ることができる。　　問6　ウ，カ

[3] 問1　ウ　　問2　(1)　水素　　(2)　水素によって，シャーレの中の空気が追い出されるから。　　問3　(1)　抗体　　(2)　い　イ　　ろ　エ　　は　ア　　に　カ　　問4　ア

○推定配点○

[1]　問2　2点　　他　各4点×3(問3は数値とグラフで完答)

[2]　問4・問5　各4点×2　　他　各2点×4(問3・問6各完答)

[3]　問2(2)　4点　　他　各2点×8　　　計50点

＜理科解説＞

[1]　(力のはたらき，物体の運動―輪ゴムののびと消しゴムが飛ぶ距離の関係)

問1　表1で，輪ゴムを2.5cm引っ張ると，消しゴムは17.5cm飛ぶことがわかるので，消しゴムを100cm飛ばすには，輪ゴムを，$2.5(\text{cm}) \times \dfrac{100(\text{cm})}{17.5(\text{cm})} = 14.28\cdots(\text{cm})$ より，14.3cm引っ張ればよい。

問2　表2で，輪ゴムを12.5cm引っ張ると，消しゴムは106.5cm飛ぶので，消しゴムを100cm飛ばすには，問1で出した14.3cmよりも短くてすむ。

問3　このグラフは一直線になっていると見なせるので，できるだけ多くの点を通るように直線を引くと，250cm離れた70点のかごに入れるためには，輪ゴムを31(または32)cm引けばよいことがわかる。

やや難　問4　表2で，ゴムひもを引っ張る長さが20cmまでは，消しゴムが飛ぶ距離の違いが5cmよりも少ない。また，ゴムひもを引っ張る長さが20cmのときは，消しゴムが飛ぶ距離が163.6cmなので，150cm離れた半径が5cmの30点のかごに5回連続で入れることができると考えられる。したがって，確実に得られる点数は，30(点)×5×2＝300(点)である。

[2]　(環境―地球温暖化と発電)

やや難　問1　「GX」とは「グリーントランスフォーメーション」を略したもので，二酸化炭素などの温室効果ガスを減らす社会的な取り組みのことである。

重要　問2　Aは世界的に廃止の動きがあることから石炭，Bは石油，Cは二酸化炭素の発生量が石炭・石油よりも少ないことから天然ガス，Dは洋上に設置して大規模発電ができることから風力，Eは2021年度に世界3位の累計導入実績があることから太陽光，Fは日本では昔から観光資源として違う形で定着されていることから地熱，Gは最も古くから利用されてきたことから水力による発電方法を表している。

問3　太陽光発電によって，低周波騒音による健康被害は発生してない。また，強力な磁場が発生

することもない。

やや難 問4　地熱発電の好適地の多くが国立公園の中にあったり，温泉付近にあるので，大規模な地熱発電をする土地の開発ができない上に，地元住民からの理解が得られないこともある。また，地熱発電においては地下深くを掘ることから，設置するために多くの時間と費用がかかる。なお，マグマによる熱は安定して得られるが，発電効率は決して良いものではない。

問5　二酸化炭素の削除技術をもつ先進国や企業が発展途上国に技術協力することで，世界全体での二酸化炭素の削除の取り組みを進めることができる上に，技術協力をした先進国や企業は，援助した国との交流が進み，自国の製品を供与することで，利益を得ることができる。

やや難 問6　(ア)　間伐材の原料である森林の木は，光合成によって二酸化炭素を吸収しているので，間伐材から作った割り箸を燃やしても，大気中の二酸化炭素の量は増加しない。

(イ)　二酸化炭素の削減量を国や企業の間で売り買いすることで，世界全体での二酸化炭素の削減を進めることができる。

(ウ)　石油から生分解性プラチックが作られるまでは二酸化炭素が発生しないが，生分解性プラスチックが微生物のはたらきで分解されると二酸化炭素が発生する。(正しい)

(エ)　草食動物は，光合成を行う植物を食べているので，その糞尿を発酵させて作ったガスを燃やしても，大気中の二酸化炭素の量は増加しない。

(オ)　二酸化炭素削減の取り組みに熱心な企業と優先的に取引することで，二酸化炭素の削減を進めることができる。

(カ)　メタンハイドレード中に含まれているメタンを燃やすことで二酸化炭素が発生する。(正しい)

3　(人体―北里柴三郎と伝染病)

やや難 問1　北里柴三郎は，ドイツに留学している間，病原微生物研究の第一人者であるローベルト・コッホのもとでの研究に励み，破傷風菌の純粋培養に成功した。なお，パスツールは，伝染病が細菌によって引き起こされていることを発見し，狂犬病などのワクチンを開発した。また，メンデルは遺伝の法則を発見した人物，ロックフェラーは石油王として有名なアメリカの実業家である。

重要 問2　(1)　硫酸に亜鉛を加えると水素が発生する。

(2)　嫌気性細菌は生育に空気を必要としないので，発生した水素によって，亀の子シャーレの中の空気が追い出されることによって，嫌気性細菌を育てる事ができる。

やや難 問3　(1)　抗体は，体内に入ってきた病原体などの異物と結合することで，異物を体内から除去する。

(2)　(ウ)　ノロウィルスにはワクチンがなく，特効薬もない。

(エ)　マムシにかまれたときは，ヘビの毒の抗体を含んだ血清を体内に投与する。

(オ)　アナフィラシーショックのときは，気道を確保するなどの対処をする。

(カ)　インフルエンザはワクチンで予防する。

やや難 問4　福沢諭吉は，北里柴三郎のために，私財を投じて，伝染病研究所を設立した。なお，森鷗外は小説家，野口英世は医師で細菌学者，大隈重信は政治学者である。

★ワンポイントアドバイス★

理科の基本的な問題から応用問題まで十分に理解しておくこと。また，各分野での思考力を試す問題にも十分に慣れておくこと。

＜社会解答＞ 《学校からの正答の発表はありません。》

〔Ⅰ〕 問1 ア・エ・カ　問2 ① ウ　② ア　問3 (例) 貧富の差が生まれ，有力者が現れ，身分の差が生じた。　問4 ① イ　② 租　問5 荘園
問6 イ・エ・オ　問7 イ・エ　問8 ① ほしか　問9 ① 大塩平八郎
② ウ　問10 ① 工場法　② 労働基準法　問11 ア→ウ→イ→エ
問12 (例) 植民地や外地などの海外から，多くの日本人が帰国したから。

〔Ⅱ〕 問1 (例) 噴火による火山灰が空を覆い，太陽光をさえぎり日照不足になったから。
問2 (例) 米の消費量が低下し続け，政府が備蓄米を増やしたから。　問3 A ア
B エ　問4 小笠原(気団)　問5 やませ　問6 イ　問7 ササニシキ
問8 ウ・エ

〔Ⅲ〕 問1 ① イ　② (例) 海を見ることができず，その変化が不明になり，津波から逃げ遅れるから。　③ エ　④ イ　問2 ① イ　② ウ　③ B　④ ア
⑤ エ

○推定配点○
〔Ⅰ〕 各2点×16(問1，問6，問7，問11各完答)　〔Ⅱ〕 各1点×9(問8完答)
〔Ⅲ〕 各1点×9　計50点

＜社会解説＞

〔Ⅰ〕 (日本の地理・歴史―稲作に関する諸問題)

基本 問1 2013年の米の生産量の上位3位の都道府県とその割合は新潟県7.7%，北海道7.3%，秋田県6.1%であり，他方，2022年は新潟県8.7%，北海道7.6%，秋田県6.3%である。この過去10年の米の生産量の上位3位は，新潟県，北海道，秋田県の3道県で変化はない。なお，2022年の生産量は，選択肢イの青森県は3.4%(11位)，ウの岩手県は3.5%(10位)，オの山形県は5.2%(4位)である。

問2 ① 石包丁(図ウ)は中国大陸から日本列島にかけて分布する刃物状の磨製石器である。主として農業が伝わったことによって，その初期に広く使用されたとされる。なお，図アは石斧，イはナイフ形石器，エは細石刃，オは石匙(石の小刀)である。　② 石包丁は稲の穂先(図中のア)を摘み取るために使用された石器で，弥生時代初期には稲の収穫はそのような方法で行われていた。しかし弥生時代後期になると，石鎌や鉄鎌を使用して根元(図中のウ)から刈り取って，収穫するようになった。

やや難 問3 弥生時代には米の生産量が増え，食べるのに必要な量を超えて余分な米を貯えておくことができるようになった。そのような中で米作りを手広く行って，多くの米を貯えることができる人が現れ，村の人々の間に貧富の差が生まれた。米を貯えた人は村の中で有力者となり，しだいに彼らは農耕における集団での作業の指導，米などの生産物の取り扱い，祭りの指導，戦いの指揮などを執るなどの指導者となり，ますます力を付けて大きな住居や墓をつくるようになった。弥生時代の末期にはこのような指導的立場にある有力者の住居や墓と一般の人々の住居や墓が分かれるようになり，身分の差が生まれた。

問4 ① 口分田は，班田収授法で農民に支給された土地である。その支給は良民の6歳以上の男子に2段，女子にその3分の2，奴婢にそれぞれの良民の3分の1が支給された。したがって，その口分田が与えられたのは6歳以上の男女(選択肢イ)となる。なお，口分田は支給された人が死ぬと，国に返させた。　② 租は律令制のもとでの税の1つで，口分田の面積に応じて課された税である。その割合は土地1段につき稲2束2把とされ，収穫高の約3%で主として国府に納めた。

基本 問5　荘園とは743年の墾田永年私財法によって，有力な貴族や寺社が所有するようになった私有地のことである。平安時代半ばから中央の有力な貴族や寺社に対する寄進される土地が増えたことで，有力貴族を荘園領主とする荘園が全国に広まった。

問6　イ　豊臣秀吉(1537～1598年)は本能寺の変(1582年)で亡くなった織田信長の後を継ぎ，1585年に朝廷から関白に任命され，翌年には太政大臣となって豊臣姓を賜った。その後，1590年に小田原の北条氏を滅ぼし，東北地方の大名も従えて全国の統一を成し遂げた。　エ　豊臣秀吉は，1587年に九州を平定した後にキリスト教宣教師の国外退去を命じるバテレン追放令を出した。この法令はキリスト教の勢いが強くなると国内統一の妨げになると考えた豊臣秀吉が宣教師に対して20日以内に国外退去することを命じたものであるが，他方で外国船の来航は奨励したので，キリスト教の取り締まりは徹底しなかった。　オ　豊臣秀吉は1588年に刀狩令を出して農民から刀・やり・鉄砲などの武器を取り上げることで，一揆を防ぐとともに農民が耕作に専念するようにした。これらの政策によって，武士と農民との身分上の区別をはっきりさせる兵農分離のしくみが整えられた。　ア　豊臣秀吉が，足利義昭に仕えたことはない。　ウ　約400万石の領地を持ったり，江戸・大坂・京都などの重要な都市を直接支配したりしたのは，豊臣秀吉ではなく徳川家康である。　カ　豊臣秀吉は明と朝鮮を征服するためではなく，明を征服するために朝鮮にその仲立ちを求めた。

重要 問7　写真の農業機械はコンバインと呼ばれ，その意味は「結び付ける」,「兼ね備える」ということで，収穫・脱穀・ふるい分けの作業を行う機械である。他方，江戸時代の農具でアの備中ぐわは開墾，イの千歯こきは脱穀，ウの踏車は水のくみ上げ，エの唐箕はもみのふるい分けを行うための農具である。したがって，農業機械のコンバインは，千歯こきと唐箕の役割を果たすことになる。

問8「ほしか(干鰯)」とは，いわしやにしんを干して乾燥させた後に固めてつくった肥料である。この肥料はいわし漁がさかんであった九十九里浜で多く作られ，綿花の栽培などの農業生産に欠かせない肥料として使用された。

問9　①　設問中で示された文章は，大塩の乱(1837年)に関するものである。この反乱を起こした大塩平八郎は元大阪町奉行所の役人であったが，天保のききんで苦しむ人々を救おうとして反乱を起こしたが，1日で鎮圧された。　②　設問中の絵ウは，大塩の乱の際の，大坂の炎上の様子を描いたものである。なお，絵アは長篠の戦(1575年)，イは「ええじゃないか」(1867年)，エは元寇の文永の役(1274年)の様子を描いたものである。

問10　①　工場法は1911年に公布され，1916年に施行された。この工場法は最低入職年齢を12歳にしたこと，15歳未満の者および女子の長時間労働や深夜労働の禁止を主な内容としていた。しかし例外規定が認められたり，小工場には適用されないなどの不十分な点もあった。　②　労働基準法は1947年に制定され，1日8時間労働，週休制，満15歳未満の児童労働禁止などが規定された。この法律は労働者が人間らしい生活をするために，労働条件の最低基準を定めたものである。

重要 問11　アのアメリカ軍の沖縄本島上陸は1945年4月1日，イの日本に対するソ連の参戦は1945年8月8日，ウの広島への原爆投下は1945年8月6日，エの長崎への原爆投下は1945年8月9日のことである。したがって，これらの出来事を起きた順番に並び替えると，ア→ウ→イ→エとなる。

やや難 問12　第二次世界大戦間もなく人口急増した理由は，ベビーブームによる出生数の増加と朝鮮や台湾などの植民地や外地などの海外からの引き揚げによる社会移動の2つの要因があり，それにより1945～1950年の間に総人口が1000万人以上増えた。その中で都市に失業者があふれる原因となったのはベビーブームによる出生数の増加ではなく，朝鮮や台湾などの植民地や外地などの海外からの引き揚げによる社会移動によるものである。

〔Ⅱ〕 (日本の地理―「平成の米騒動」に関する諸問題)

やや難 問1　1991年6月，フィリピンのピナツボ火山が大噴火を起こした。この噴火は20世紀最大の火山噴火であったため，噴出した大量の火山灰が成層圏まで到達し，世界中の日射量が長期間にわたって減少した。そのため世界中で異常気象が発生し，日本でも1993年に戦後最悪の冷夏となり，大冷害が引き起こされた。

やや難 問2　日本における1人あたりの米の年間消費量は1962年(昭和37年)の118kgを頂点として減少傾向になり，2020年(令和2年)には半分以下の50.8kgとなった。また家庭における1世帯当たりの年間支出額は，2014年(平成26年)以降にはパンの支出額が米の支出額を上回っている。さらに政府は1993年の冷害後，不作対策として政府備蓄米の増量を行ってきた。これらの要因が重なり，2003年(平成15年)の冷夏による不作の際には，米価を10～20％の上昇で抑えることができ，1993年の「平成の米騒動」のようなことは起きなかった。

問3　A　日本に冷夏と暖冬をもたらす傾向がある現象は，エルニーニョ現象である。その現象は，太平洋赤道地域の日付変更線付近から南米沿岸にかけて海面水温が平年より高くなり，その状態が1年程続く現象である。　B　日本に夏の猛暑と冬の寒冷をもたらす傾向がある現象は，ラニーニャ現象である。その現象は，太平洋赤道地域の日付変更線付近から南米沿岸にかけて海面水温が平年より低くなり，その状態が1年程続く現象である。なお，イのフェーン現象は夏の湿った季節風が太平洋側に雨を降らせた後，日本の中央部の山地を越えて日本海側に乾いた高温の風となって吹き降ろす現象，ウのモンスーンは夏と冬で吹く方向が異なる季節風である。

問4　梅雨とは，北海道を除く日本列島で6～7月にかけて続く長雨である。この長雨は，北方のオホーツク海上の冷たい空気である「オホーツク海気団」と南方の太平洋上の暖かい空気である「小笠原気団」が衝突して梅雨前線ができることで発生する。

基本 問5　「やませ」は，夏に東北地方の太平洋側に吹く冷たく湿った北東の風のことである。この風が長期間吹くと，気温が上がらずに日照時間も短くなるため，農作物に被害を与える冷害となることがある。

問6　インディカ米は稲の1種で，世界の米の生産量の約8割を占めている。この品種は寒さに弱いために高温多湿な地域で栽培されており，インド・東南アジア・中国南部などが主要な産地である。日本で栽培されているジャポニカ米に比べて細長い形状で，熱を加えて炊いても粘り気が少ないのでパサパサするのが特徴である。日本では，俗にタイ米，南京米と呼ばれている。
ア　インディカ米は，生産量が少なく比較的珍しい品種ではない。　ウ　インディカ米は世界の米の生産量の約2割ではなく，約8割を占めている。　エ　インディカ米は加工するとコシの強い食感ではなく，パサパサとした食感になる。

重要 問7　表1と表2中の8種類の品種の作付面積を比較すると，ササニシキは「平成の米騒動」の年の145,202haから表1の1年後の97,790haに減少しているが，他の品種はいずれも作付面積が増加している。このことは農家が冷害が起こった「平成の米騒動」の年のササニシキの収穫量が少なかったので，ササニシキが冷害に弱いことが認識され，翌年はササニシキの作付面積を減らしたからと思われる。ササニシキは宮城県で開発され，東北地方の温暖な平野部を中心に生産されていた，かつての宮城県のブランド(銘柄)米であった。

問8　新食糧法は1994年に制定され，1995年に施行された，食糧管理制度のもとになっていた食糧管理法に代わる法律である。この法律により米の自由販売が認められ，米の流通が自由化された(選択肢エ)。そのため各農家は自らの収入を増やすために，ブランド米の生産に力を入れるようになった(選択肢ウ)。　ア　米を必ず農業協同組合を通して販売するのは，食糧管理制度の下でのことである。　イ　日本政府が米の買い入れ価格を決めることができるようになったのは，食糧管理制度の下でのことである。 オ 米の生産調整のため減反政策が始まったのは，1969年のことである。

〔Ⅲ〕（総合—自然災害から見た日本）

重要 問1 ① 宮古市(地図中のイ)は岩手県の三陸海岸に面する都市で，岩手県の県庁所在地の盛岡市，秋田県の秋田市のほぼ真東に位置している。宮古市を境にしてその南側がリアス海岸，北側が海岸段丘となっており，同市は世界三大漁場の1つである三陸沖の豊かな漁業資源と三陸復興国立公園などの豊かな自然環境をもとに，漁業と観光に力を入れている。なお，地図中のアは八戸市，ウは石巻市，エは仙台市である。 ② 設問文中の「この地震」とは，2011年に発生した東日本大震災である。防潮堤を高くすることの反対意見の中で，防災上の理由には以下のようなものがある。 1） 漁業などの海に関する仕事をしている住民は海の変化に日頃から大変注意しており，この地震の時も海水が一気に引いたことを見たことで，大きな津波を予測して逃げた人が多かった。そのため，防潮堤が高くなることで海の様子をよく見ることができなくなり，海の変化に気づくことができず，津波から逃げることが遅れて被害が出るという恐れがある。 2） また例えば，岩手県の田老町では日本最大の防潮堤があったが，この地震時の津波で防潮堤は崩壊し，町は大きな被害を受けた。したがって，どんなに高い防潮堤を造っても，完全に津波を防ぐことはできないという心配がある。 ③ 住民税は地方税で直接税である税の1つで，都道府県民税と市区町村民税の2種類がある。この税はその地域に住んでいる住民の所得の他，事業を営んでいる法人の所得に課されている。なお，アの所得税，イの法人税，ウの相続税はいずれも国税で直接税である。 ④ 「アラブの春」とは2010～2012年にかけての北アフリカ，西アジアの国々で起こった民主化要求運動のことである。2010年12月に北アフリカのチュニジアでジャスミン革命が起こったことで，その運動がアラブ世界に広がり，2011年に活発になった。この一連の運動で，チュニジア・エジプト・リビア・イエメンの独裁政権が崩壊した。なお，アの菅義偉が首相に就任したのは2020年，ウの日本の消費税が10％に引き上げられたのは2019年，エのアメリカ同時多発テロ事件が起きたのは2001年のことである。

問2 ① 東京スカイツリーは墨田区(図3のC)，国会議事堂は千代田区(図3のB)，東京都庁(図3のA)にある。それぞれの建物が位置する地点の関東大震災時の推定震度を図3から確認すると，東京スカイツリーが位置する場所は6強，国会議事堂が位置する場所は5弱，東京都庁が位置する場所は5強である。したがって，国会議事堂が位置する場所は，3地点の中でもっとも揺れが小さかった。 ア 東京スカイツリーが位置する場所は，3地点の中でもっとも揺れが小さかったのではなくもっとも揺れが大きかった。 ウ 東京都庁が位置する場所は，3地点でもっとも揺れが小さかったのではなく2番目に揺れが大きかった。 エ 3地点の揺れはほぼ同じではなく，6強から5弱までの違いがあった。 ② 東京スカイツリー，国会議事堂，東京都庁が位置する場所の地形を図4で確認すると，東京スカイツリーのある墨田区の場所は低地，国会議事堂のある千代田区の場所は台地，東京都庁のある新宿区の場所は台地であることがわかる。 ア 国会議事堂のある場所は低地ではない。 イ 東京都庁のある場所は低地ではない。 エ 東京スカイツリーのある場所は台地ではなく，国会議事堂と東京都庁のある場所は低地ではない。 オ 東京スカイツリーのある場所は台地ではなく，国会議事堂のある場所は低地ではない。 カ 東京スカイツリーのある場所は台地ではなく，東京都庁のある場所のある場所は低地ではない。

③ 日米修好通商条約を締結した大老は井伊直弼で，その大老が殺害されたのは桜田門外の変(1860年)である。桜田門は江戸城(現在の皇居)の内堀に造られた門の1つであり，現在の東京都千代田区に位置する。したがって，図3のA～Cの中でもっとも近い地点は，同じ千代田区の国会議事堂が位置するB地点である。 ④ 関東大震災が起こったのは，1923年のことである。他方，

韓国併合は1910年に日本が韓国を植民地にした出来事である。1909年に初代の韓国統監であった伊藤博文が安重根に暗殺されたことから日本は韓国を併合し，国名を朝鮮と改め，朝鮮総督府を置いて植民地支配を進めた。なお，イの世界恐慌は1929年，ウの治安維持法制定は1925年，エの満州事変は1931年のことである。　⑤　ハザードマップ(防災マップ)とは，災害予測や防災情報を盛り込んだ地図のことである。その地図の中には，洪水や津波，火山噴火や土砂災害などの自然災害が発生した際に，被害を受けやすい場所や避難経路や避難場所が図示されている。したがって，ハザードマップは防災事業に関するもので，関東大震災の復興事業には当てはまらない。

★ワンポイントアドバイス★

地理・歴史・政治の3分野の中で地理と歴史の割合が高く，政治関連の設問は少数になっている。また1行の説明問題も5題出題されているので，自分の言葉で説明する練習を積んでおくようにしよう。

＜国語解答＞ 《学校からの正答の発表はありません。》

一　問1　a　ア　　b　ウ　　c　エ　　問2　エ　　問3　(1)　(例)　料理　　(2)　イ
問4　ウ　　問5　ア　　問6　イ　　問7　ア・オ　　問8　ウ

二　問1　(例)　使用価値はあっても儲からない(14字)(ので，資本を増やすことに貢献しない商品。)　　問2　(例)　(商品の価値は)その商品を生産するのにどれくらいの労働時間が必要であったか(29字)(によって決まるものだから。)　　問3　A　(例)　(生産活動の目的は，)生活のために「必要なモノ」(13字)(から)　　B　(例)　「商品」として「儲かるモノ」(14字)(へと変化したが，)　　C　(例)　「儲かるモノ」の変動を予測(13字)(できないので，)
D　人間がモノ　～　支配される(状況になったということ。)

三　問1　①　危害　　②　宣伝　　③　操縦士　　④　器官　　⑤　務める　　⑥　保障
⑦　ようじょう　　問2　ア・カ

○推定配点○

一　問1　各2点×3　　問7・問8　各5点×2(問7完答)　　他　各4点×6　　二　各7点×6
三　問1　各2点×7　　問2　4点(完答)　　計100点

＜国語解説＞

一　(随筆文―要旨・心情・細部の読み取り，指示語，空欄補充，ことばの意味)

基本　問1　――線aは「とりわけ，格別」という意味のほかに，「わざと」という意味もある。bはしおらしくて，おとなしくかしこまった様子。cは地位が上がらない，運がない，という意味。

問2　――線1は「……フランス人の学生なんかは，寮生の肌の色のヴァラエティーにびっくりして，『こんなところ，とてもいられないわ』といって逃げ出すこともあった」ような「時代」のことなのでエが適切。肌の色による人種差別があらわされていたことを説明していない他の選択肢は不適切。

重要　問3　(1)　――線2は共同で使っていたガス台での様子なので，「料理」や「調理」といった言葉が入る。

(2)　2のある段落で，寮のおなじ階には，おなじ国の人間がふりあてられていたことを述べているのでイが適切。アの「肌色の近さ」，西洋人や西洋とのかかわりを説明しているウ・オ，エの「偏見から身を守るため」はいずれも述べていないので不適切。

重要 問4　冒頭でも述べているように，南シナにいたインセンは日本軍が攻めてくるというので一家でベトナムに逃げたまま，ハノイからパリに留学していたが，アメリカのせいでベトナムが南北に分断されてしまったため，ベトナムのハノイに帰れないでいた。そのことを，インセンは同じような境遇のマリー・キムには打ち明け，日本人の「私」には言わないことを——線3のように感じているのでウが適切。「私」がめがねをかけると，日本の兵隊を思い出すからかけないでとインセンがいやがっていることも述べていることから，国や人種といった自分ではどうすることもできないことで，友人関係に差ができることを説明していない他の選択肢は不適切。

問5　「試験に失敗して進学をあきらめ」たインセンに対し，インインは「無事，薬学部に進」み，「入学と同時に婚約まで発表して，夏までには結婚するとはしゃいでいた」ことからアが適切。インインの前でインセンをなぐさめるのは気まずい状況であることを説明していない他の選択肢は不適切。

問6　インセンは「試験に落ちたからといって，わたしがだめになったわけじゃないもの」と話しているのでイが適切。試験でその人個人のすべてが決まるわけではない，ということを説明していない他の選択肢は不適切。

問7　最後の3段落で，試験に落ちても「勉強には失敗したけど，それが終わりじゃないもの」と話し，寮費をまかなうために中国服の仕立てを始め，ヴェトナム料理店を営む中国人青年と結婚したインセンは医者になるかわりに，レストランの女主人の道をえらんだこと，そして結婚式での軽やかな様子を見て，——線6のようになっているので，ア・オが適切。イの「逆境を楽しむ」，ウの「多くの友人に恵まれている」，エの「周囲を見返す」，カの「失敗こそが好機なのだと知っている」はいずれも述べていない。

やや難 問8　前向きな考え方で幸福をつかんだインセンの人生には，日本軍が攻めてくるというので一家で母国から逃げたままハノイからパリに留学してきたこと，インドシナの戦争でアメリカのせいでベトナムが南北に分断されたことによって帰るわけにもいかないこと，といったことが背景にあることも描かれているので，ウが適切。「西洋社会」について説明しているア・イ・オは不適切。エの「偏見や先入観から自由でいられない人間の姿」としてフランス人の学生の話が描かれているが，「肌色の違いというよりは，食べものが違うから」と述べているので，「誠実に描いている」は不適切。

二　(論説文―要旨・文章の細部からの読み取り，記述力)

重要 問1　冒頭の段落で「資本主義で生産される『商品』は……どれくらい資本を増やすことに貢献してくれるか——が重視され」ること，また，——線1直後の3段落で「『儲かりそう』なモノを生産するのが資本主義の基本で」あるが，「『儲かるモノ』と『必要なモノ』は必ずしも一致し」ないこと，「使用価値」とは「人間にとって役に立つ」「生活に必要な」ものである，と述べていることをふまえ，「使用価値はあっても儲からない(14字)(ので，資本を増やすことに貢献しない商品。)」というような内容で説明する。

基本 問2　「椅子や卵，……」で始まる段落内容から，「(商品の価値は)その商品を生産するのにどれくらいの労働時間が必要であったか(29字)(によって決まるものだから。)」というような内容で説明する。

やや難 問3　A・Bは「生産活動の目的」の変化の説明なので，Aは「一つは，……」で始まる段落内容から「(生産活動の目的は，)生活のために「必要なモノ」(13字)」，Bは「個々のメーカーを……」から続く2段落内容から「『商品』として『儲かるモノ』(14字)」というような内容になる。Cは「生産活動の目的」が変化したことで「できない」ことなので，「資本主義のもとでは，……」から続く2段落内容から「『儲かるモノ』の変動を予測(13字)(できないので,)」というような内容になる。現在の「状況である」 Dには，「『使用価値』のために……」で始まる段落の「人間がモノに振り回され，支配される(17字)」があてはまる。

三 (空欄補充，漢字の書きとり，ことわざ・慣用句)

重要 問1 ①は生命や身体などをそこなうような危険なこと。②は商品に対する理解などを求め，広く伝え知らせること。③の「士」を「仕」などとまちがえないこと。④の「官」を「管」などとまちがえないこと。⑤は与えられた役割や役目の責任や任務を果たそうとすること。同訓異字で，会社などで働く意味の「勤める」，目標や目的に向って努力することの「努める」と区別する。⑥の「安全保障」は国外からの攻撃などに対して国家の安全を守ること。⑦は健康に気をつけて身体を大切にすること。

やや難 問2 右から順に，「手も足も出ない」，「目は口ほどにものを言う」，「胸に手を置く」，「目と鼻の先」，「耳目(じもく)をおどろかす」で，二回以上使われているのはア・カ。

★ワンポイントアドバイス★

随筆文では，筆者が体験を通して感じたり，考えたりしたことをしっかり読み取っていこう。

2023年度

★★★★★★★★★★★★★★★★★★★★★★★

入　試　問　題

2023年度

早稲田実業学校中等部入試問題

【算　数】（60分）　＜満点：100点＞

[1] 次の各問いに答えなさい。

⑴ $3\frac{1}{4}\times 1\frac{5}{9}\div\left(2.65+\frac{3}{5}\right)-\frac{8}{9}$ を計算しなさい。

⑵ 和菓子屋《わがしや》さんが，まんじゅうを箱詰《づ》めして販売《はんばい》する準備をしています。箱詰めする箱は，大きな箱Aと小さな箱Bで，あわせて50箱あります。

最初に，箱Aに6個ずつ入れ，箱Bに4個ずつ入れたら，まんじゅうが50個残ってしまいました。そこで，箱Aに8個ずつ入れ，箱Bに5個ずつ入れたら，箱Aが1箱，箱Bが2箱余りましたが，その他の箱には過不足なく入れることができました。

まんじゅうは全部で何個ありますか。

⑶ 下の図は，20人の児童がバスケットボールでそれぞれ10回ずつシュートをして，ゴールに入った回数をドットプロットにまとめたものです。このとき，平均値，最頻《ひん》値，中央値の3つのうち，一番小さい値となるものをひとつ選び，○で囲みなさい。また，その値を答えなさい。

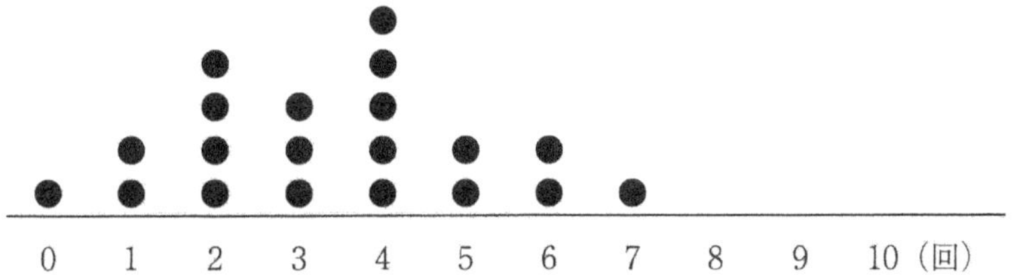

⑷ 下の展開図で点線部分を折り目としてできる立体の体積を求めなさい。

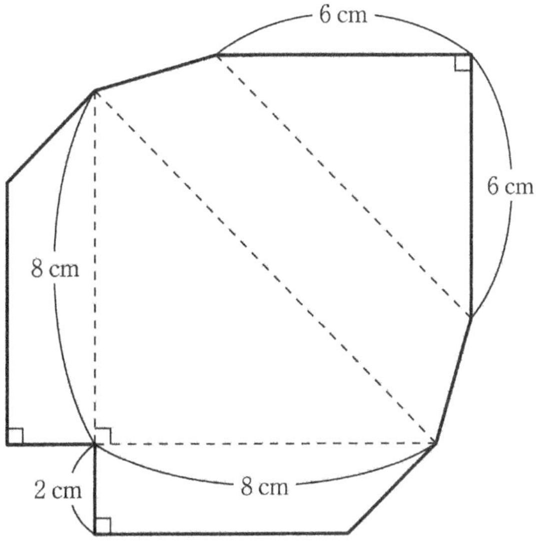

2 次の各問いに答えなさい。

(1) 下の図のような四角形ABCDがあるとき，$a+b+c=d$ が成り立つことを説明しなさい。

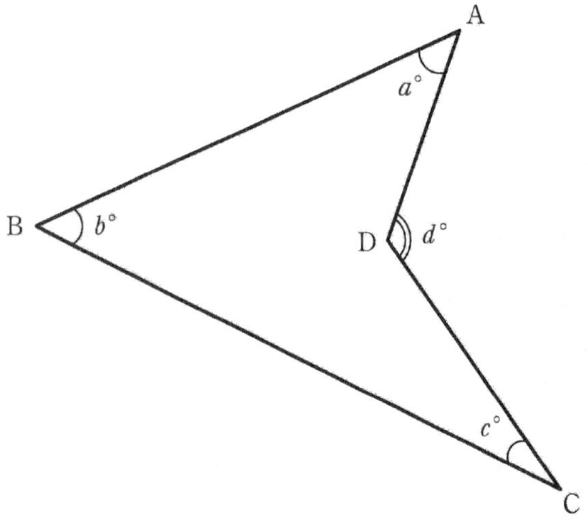

(2) 下の図のような１階と２階に３部屋ずつある寮《りょう》に，中学１年生から高校３年生までの各学年１名ずつの生徒が，ひとり一部屋ずつを使って住んでいます。また，全員異なる名字で異なるスポーツをしています。この寮に住んでいる生徒について管理人の方に聞いたところ，次のように答えてくれました。

「鈴木さんは中学１年生で，１階に住んでいます。103号室に住んでいる長谷部さんは剣道をやっていて，高校に入学しても続けると言っていました。川田さんは，ソフトボールをやっている中学２年生です。203号室には，野球をやっている高校１年生が住んでいます。森さんは，サッカーをやっている高校生です。202号室に住んでいるのは大野さん。101号室に住んでいる生徒は，ラグビーをやっています。」

次の①，②に答えなさい。

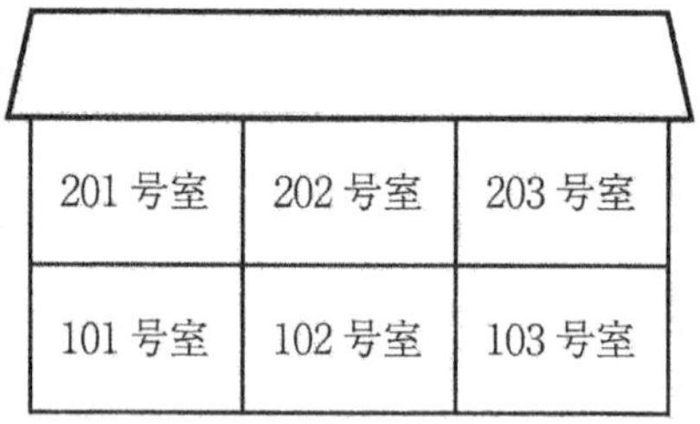

① テニスをやっている生徒もこの中にいます。この生徒の名字を答えなさい。

② 201号室に住んでいるのは中学生です。この生徒のスポーツを答えなさい。

3 下の図で，三角形ABCはAB：BC：CA＝5：4：3の直角三角形で，辺BCと辺OFと辺PGは平行，辺ACと辺PEと辺ODは平行です。また，点Oを中心とする円は辺BCと，点Pを中心とする円は2辺AC，OFとぴったりくっついていて，2つの円どうしもぴったりくっついています。

次の各問いに答えなさい。

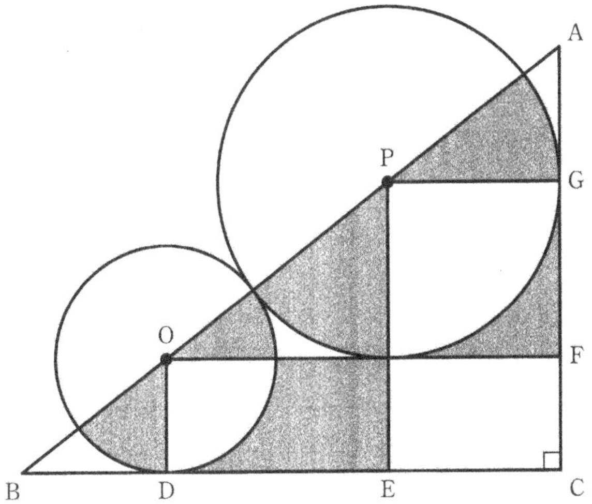

(1) AP：PO を求めなさい。

(2) 小さい円の半径と大きい円の半径の比を求めなさい。

(3) BC＝58cmのとき，影《かげ》の部分の面積の合計を求めなさい。

4 数の計算はたし算よりもかけ算を先に計算しなければなりませんが，その順番を逆にした計算を考えることにしましょう。そのときは，【 】を使って式を表すことにします。

例えば，

【1＋2×3】−(1＋2×3)

であれば，後ろの（1＋2×3）はかけ算を先に計算するため，

1＋2×3＝1＋(2×3)＝1＋6＝7

になりますが，前の【1＋2×3】はたし算を先に計算するため，

【1＋2×3】＝(1＋2)×3＝3×3＝9

となります。よって，

【1＋2×3】−(1＋2×3)＝9−7＝2

となります。

次の各問いに答えなさい。

(1) 【☆＋10×☆×10＋☆】＝2023 のとき，☆に入る整数を答えなさい。

(2) 【5＋△×□】−(5＋△×□)＝5×(［ア］) となります。［ア］ にあてはまるものを，□と数を用いて表しなさい。ただし，△と□は整数とします。

(3) 次の条件をすべて満たす3つの整数の組を，(●，▲，■) の形ですべて答えなさい。

条件1：■の一の位の数は0

条件2：【●＋▲×■】−(●＋▲×■)＝2023

条件3：【▲＋50×●×50＋■】＝202300

[5] 太郎と花子はさいころをそれぞれ1回振《ふ》って，出た数が大きい方を勝ちとし，同じ場合は引き分けとするゲームをします。太郎のさいころは，1から6までの整数が立方体の各面にひとつずつ書かれていて，各面の数の合計は21です。花子はオリジナルのさいころを使います。オリジナルのさいころも立方体で，合計が21となるように各面に数をひとつずつ書きますが，書くことができるのは1から7までの整数で，同じ数を複数の面に書いても構いません。

次の各問いに答えなさい。ただし，場合の数を数えるときは，書いてある数が同じであっても，面が異なるときは，異なる場合の数として数えることとします。

(1) 花子のさいころに書かれている数が1，1，4，5，5，5であるとき，次の [ア] ，[イ] にあてはまる整数を答えなさい。

『花子が勝つ場合の数は [ア] 通りである。引き分けの場合の数は6通りあるので，太郎が勝つ場合の数は [イ] 通りである。』

(2) 花子は，7が出れば太郎に必ず勝てることに気づいたので，7を2つ，7以外の数を4つ書きました。この7以外の4つの数を a，b，c，d とします。

花子がさいころを振って a が出たとき，花子が勝つ場合の数は（ [ウ] ）通りとなります。[ウ] にあてはまるものを，a と数を用いて表しなさい。

また，このことを利用して，花子が勝つ場合の数は $(a+b+c+d+8)$ 通りとなることを説明しなさい。

(3) 花子は，さいころに新しい数を6つ書きました。このさいころでゲームをすると，太郎が勝つ場合の数が16通りとなります。このさいころに書かれている数の組み合わせとして考えられるものは何通りありますか。ただし，少なくともひとつは1が書かれているものとします。

【理　科】（30分）　＜満点：50点＞

1　次のような実験をしました。これについてあとの各問いに答えなさい。

【実験１】　10mLの水酸化ナトリウム水溶液《すいようえき》Aと25mLの塩酸Bを混ぜたところ，完全に中和した。また，蒸発《じょうはつ》皿にこの混合液10mLを入れて完全に蒸発させると0.08ｇの物質が残った。

【実験２】　蒸発皿に10mLの水酸化ナトリウム水溶液Aを入れて完全に蒸発させると0.2ｇの水酸化ナトリウムが残り，10mLの塩酸Bを完全に蒸発させると何も残らなかった。

【実験３】　□ mLの水酸化ナトリウム水溶液Aをビーカーに入れ，水を加えて全体の体積を200mLにしたものを水酸化ナトリウム水溶液Cとした。水酸化ナトリウム水溶液Cと塩酸Bを混ぜ合わせて完全に中和するときの体積の関係は，下のグラフのようになった。

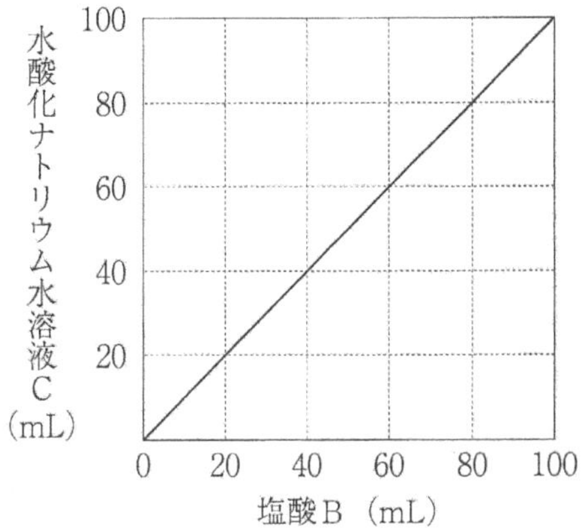

【実験４】　20mLの塩酸Bにアルミニウムを入れると気体が48mL発生し，容器内に反応せずに残ったアルミニウムがあった。

【実験５】　20mLの水酸化ナトリウム水溶液Cにアルミニウムを入れると気体が144mL発生し，容器内に反応せずに残ったアルミニウムがあった。

【実験６】　80mLの水酸化ナトリウム水溶液Aと120mLの塩酸Bを混合したところ200mLとなった。これを混合液Dとした。

問１　【実験３】の □ にあてはまる数を答えなさい。また，この水酸化ナトリウム水溶液Aに溶《と》けていた水酸化ナトリウムは何ｇですか。

問２　【実験４】,【実験５】で発生した気体は，同じものである。次の(ア)～(カ)からこの気体について，正しく述べたものをすべて選び記号で答えなさい。

(ア)　過酸化水素水に二酸化マンガンを加えたときに発生する気体である。

(イ)　水を電気分解したときに，発生する気体の１つである。

(ウ)　重ソウに塩酸を加えたときに発生する気体である。

(エ)　空気の成分として，一番多く含《ふく》まれる気体である。

(オ)　水に溶けて，酸性を示す気体である。

(カ)　空気より軽い気体である。

問３　【実験６】で作った混合液Ｄについて，以下の問いに答えなさい。

(1)　混合液Ｄをリトマス紙で調べたとき，リトマス紙の色はどうなりますか。次の(ア)～(ウ)から正しいものを１つ選び記号で答えなさい。

(ア)　青色リトマス紙の色は変わらず，赤色リトマス紙の色が変わる。

(イ)　赤色リトマス紙の色は変わらず，青色リトマス紙の色が変わる。

(ウ)　青色リトマス紙の色も，赤色リトマス紙の色も変わらない。

(2)　40mLの混合液Ｄを完全に中和するには，水酸化ナトリウム水溶液Ａと塩酸Ｂのどちらを何mL加えればよいですか。

(3)　蒸発皿に25mLの混合液Ｄを取って完全に蒸発させると，何ｇの物質が残りますか。答えは四捨五入《ししゃごにゅう》して小数第２位まで答えなさい。

(4)　25mLの混合液Ｄにアルミニウムを入れたところ，気体が発生して容器内に反応せずに残ったアルミニウムがありました。このとき発生した気体の体積は何mLですか。

2　西之島《にしのしま》の生態系《せいたいけい》について述べた文章を読み，あとの各問いに答えなさい。

※文章は2022年８月時点のもので，それ以降《いこう》の火山活動については触《ふ》れていません。

2013年より小笠原諸島《おがさわらしょとう》にある西之島が噴火《ふんか》し，それまでにあった島（旧島）を飲み込み，新たな島が誕生《たんじょう》しました。また，2019年12月以降の活発な火山活動により，細々と生態系が維持《いじ》されていた旧島の一部も溶岩《ようがん》や火山灰《ばい》に完全におおわれて，生物相がリセットされました（写真）。

2022年６月の西之島（海上保安庁ＨＰより）

これまでにも島の誕生が観察された例はいくつか知られていますが，①どれも隣接《りんせつ》した島との距離《きょり》が近く，すぐに同じような生態系がつくられていきました。ところが，西之島は最も近い父島から130㎞も離《はな》れており，②人間活動の影響《えいきょう》を受けずに生態系が移り変わるようすを見られる格好の場所と言えます。

2022年７月に行われた生物調査では，カツオドリやセグロアジサシをはじめとする数種の海鳥の繁殖《はんしょく》集団が確認《かくにん》され，多数のヒナが見られました。また，島周辺の海域《かいいき》では，イソギンチャクやテッポウエビなど，これまでの調査では見られなかった生物も確認されました。

このような生物の増加は，さらに別の生物の分布拡大《かくだい》にもつながると考えられます。例えば，海鳥がちっ素やリンを含むふんをまき散らすと，植物の種子が落ちたときに発芽しやすい環境《かんきょう》となったり，高温多湿《たしつ》な鳥の巣は昆虫《こんちゅう》をはじめとする他の生物の快適なすみかとなったりします。このようにして，③何もなかった裸地《らち》に，その環境で生息できる生物が侵入《しんにゅう》を繰《く》り返すことで，その環境に適した独特の生態系が形成されていくのです。

問１　下線部①について，新しくできた火山島が隣接する島と距離が近い場合，すぐに同じ生態系になってしまうのはなぜですか。25字以内で答えなさい。ただし，句読点も字数に含《ふく》むものとします。

問２　下線部②について，生態系に人間活動の影響を与《あた》えないように研究者は細心の注意を払《はら》っています。例えば，2019年９月の上陸調査では，衣服や靴《くつ》は新品を身につけ，海岸から30mほどの地点で荷物ごと海に入って泳いで上陸しました。これは何を防ぐためですか。文中の語句を用いて，25字以内で答えなさい。ただし，句読点も字数に含むものとします。

問３　2021年９月の調査では，海鳥の集団のなかに，腐敗《ふはい》していない鳥の死体が発見されました。これは，あるグループの生物集団が島の生態系に存在《そんざい》していないことを示しています。この生物集団は生態系におけるその役割《やくわり》から何と呼《よ》ばれますか。

問４　下線部③について，火山活動により生じた裸地は，長い年月をかけて安定した森林（極相林《きょくそうりん》）へと変わっていきます。このような植物群落の移り変わりを遷移《せんい》と呼びます。遷移について，以下の問いに答えなさい。

(1)　遷移について正しく述べた文を，次の(ア)～(オ)から１つ選び記号で答えなさい。

(ア)　溶岩だらけの裸地には，岩に直接根を張って，その根から水分を吸収《きゅうしゅう》することのできるコケ植物がはじめに進出してくる。

(イ)　ススキなどの草本植物が生育することのできる土ができてから，ミミズやトビムシ，ダニのような小動物がはじめて進出してくる。

(ウ)　富士山の５合目付近から頂上《ちょうじょう》にかけて森林が見られないのは遷移の途中《とちゅう》のためで，今後アカマツやコナラなどの陽樹《ようじゅ》が進出してくる。

(エ)　遷移の過程において，陽樹と陰樹《いんじゅ》が進出してくる時期が異《こと》なるのは，それぞれの種子の発芽に要する時間が異なるためである。

(オ)　火山の噴火で生じた裸地と山火事で生じた裸地では，極相林になるまでに要する時間が異なる。

(2)　今後，西之島で極相林が形成されるまでにかかる時間はどれくらいと予想できますか。次の(ア)～(エ)から最も適当だと判断できるものを選び記号で答えなさい。ただし，日本列島の内陸部での極相林形成には，およそ150年程度を要することが知られています。また，今後西之島や周辺の海域において大規模な火山活動や地震は起こらないものと仮定します。

(ア)　100年　　(イ)　1,000年　　(ウ)　10,000年　　(エ)　100,000年

問５　火山の噴火は，私《わたし》たちの社会活動に大きな影響を与え，人命をも奪《うば》うことのある脅威《きょうい》です。ところが，自然界で生きる一部の生物種《せいぶつしゅ》にとっては，必ずしもそうとは限らない場合があります。次の文章は，その理由を述べたものです。

> これまでその場に定着していた繁殖力《はんしょくりょく》の（①　強い・弱い）生物種が火山噴火によって一斉にいなくなることで，繁殖力の（②　強い・弱い）生物種が（　③　）に勢力を拡大させることがあるため。

文章中の（①），（②）にあてはまる語を選び，○で囲んで答えなさい。また，（③）にあてはまる語をひらがな４文字で答えなさい。

［3］　富士山について，あとの各問いに答えなさい。

問１　富士山はかつて休火山とされていましたが，2003年に定義が変わり，活火山となりました。その定義は「おおむね過去［　　　］年以内に噴火した火山および現在活発な噴気《ふんき》活動のある火山」となっています。

［　　］にあてはまる年数を次の(ア)～(オ)から１つ選び記号で答えなさい。

(ア)　1,000　　(イ)　5,000　　(ウ)　10,000　　(エ)　50,000　　(オ)　100,000

問２　富士山付近は，日本を取り巻《ま》く４つのプレートのうち，３つのプレートが集まっているめずらしい場所です。これらに含《ふく》まれていない残りのプレート名を答えなさい。

問３　富士山付近に見られる溶岩には色々な種類のものがあります。とくに864年貞観大噴火《じょうかんだいふんか》にともない噴出《ふんしゅつ》した溶岩によってつくられた青木ヶ原樹海《あおきがはらじゅかい》は有名です。この時の溶岩は，ねばりけが弱いためおだやかに流れました。溶岩のねばりけを決めるものを，次の(ア)～(エ)から１つ選び記号で答えなさい。

(ア)　二酸化炭素　　(イ)　二酸化硫黄《いおう》　　(ウ)　二酸化ケイ素　　(エ)　二酸化マンガン

問４　問３の青木ヶ原樹海をつくっている岩石名とその色を，次の選択肢《せんたくし》からそれぞれ１つ選び記号で答えなさい。

岩石名　：　(ア)　斑《はん》れい岩　　(イ)　玄武《げんぶ》岩　　(ウ)　流紋《りゅうもん》岩　　(エ)　花崗《かこう》岩

岩石の色：　(ア)　黒　　(イ)　白　　(ウ)　黄　　(エ)　ピンク

問５　災害に備えるためのハザードマップというものが国土地理院より発行されています。火山の場合は，火山防災マップと呼ばれていて，溶岩流《ようがんりゅう》・火砕流《かさいりゅう》・降灰《こうはい》・土砂《どしゃ》災害などの情報が記されています。もし，富士山が大噴火《だいふんか》した場合，東京にも火山灰が降《ふ》り積《つ》もると予想されています。次の(ア)～(オ)から，火山灰がもたらす被害《ひがい》をすべて選び記号で答えなさい。ただし，すべての記述が火山灰による被害の場合は，解答らんに○を記しなさい。

(ア)　火山灰の重みで建物が倒壊《とうかい》する。

(イ)　火山灰の熱によって，火災が生じる。

(ウ)　火山灰が目に入り，目が傷《きず》つく。

(エ)　火山灰が雨水でぬれることによって，停電が生じる。

(オ)　火山灰が積もることで，道路が滑《すべ》りやすくなる。

問６　富士山は2013年に世界遺産《いさん》になりました。これは文化遺産としての登録でした。世界遺産には，文化遺産と自然遺産と複合遺産があります。当初，富士山は自然遺産としての登録を目指しましたが，認可されませんでした。その理由としてあてはまるものを次の(ア)～(エ)からすべて選び記号で答えなさい。ただし，すべての記述があてはまる場合は，解答らんに○を記しなさい。

(ア)　火山としては，形も大きさも世界的に珍《めずら》しくなかったから。

(イ)　登山客が多く，し尿《にょう》の垂《た》れ流しやゴミの放置が多かったから。

(ウ)　山頂《さんちょう》付近に気象測候所やレーダーなどの人工物があったから。

(エ)　開発によって生態系がくずれて，独自性を失ったから。

【社　会】（30分）　＜満点：50点＞

【注意】 解答は，とくに指示がない限り，漢字で書くべきところは正しい漢字を使って答えなさい。

〔Ⅰ〕 次のページの**図１**は，鎌倉市の地図です。これをみて，鎌倉に関する以下の問いに答えなさい。

問１　**図１**の**Ａ－Ｂ**間の断面図として正しいものを次の**ア～エ**の中から１つ選び，記号で答えなさい。

ア.

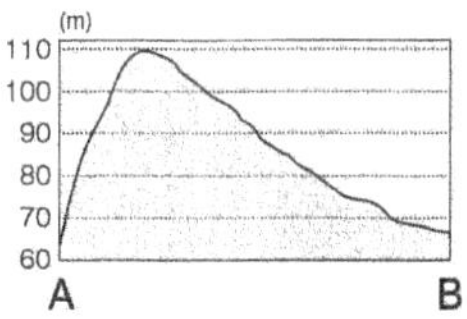

イ.

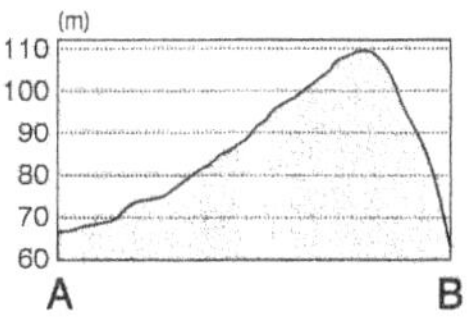

ウ.

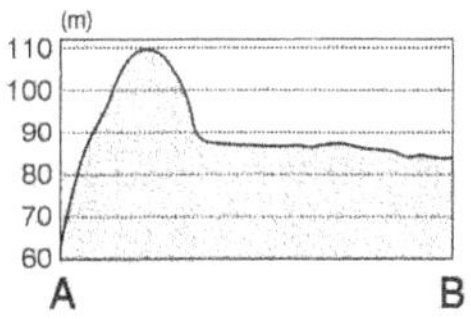

エ.

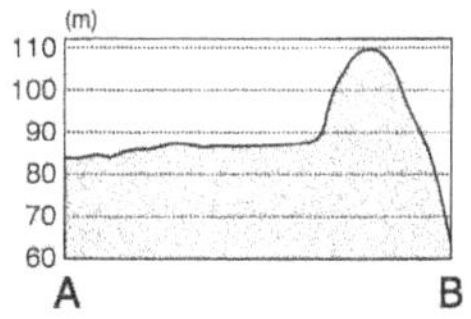

問２　**図１**から読みとると，点線でかこまれた「今泉台（一）～（七)」の説明としてもっとも近いものを次の**ア～エ**の中から１つ選び，記号で答えなさい。

ア．広葉樹林や建物が点在する別荘地である。

イ．大きな旅館が立ち並ぶ温泉街である。

ウ．街道に面して細長く形成された宿場町である。

エ．高度経済成長期に開発されたニュータウンである。

問３　北鎌倉駅の東に位置する円覚寺《えんかくじ》は，どのような地形につくられていますか。**図１**をみて次の**ア～エ**の中から正しいものを１つ選び，記号で答えなさい。

ア．細長くのびた尾根につくられている。　**イ**．細長くのびた谷につくられている。

ウ．広い台地上につくられている。　**エ**．広い盆地の中につくられている。

問４　**図１**の**Ｃ**地点から鎌倉市役所までの直線距離として，もっとも近いものを次の**ア～オ**の中から１つ選び，記号で答えなさい。

ア．1.0km　**イ**．1.25km　**ウ**．1.5km　**エ**．1.75km　**オ**．2.0km

問５　鎌倉は，源頼朝によって幕府が置かれた場所として知られています。源頼朝について述べた次の**ア～エ**の中から正しいものを１つ選び，記号で答えなさい。

ア．承久の乱に敗れて伊豆に流された。　**イ**．御成敗式目を制定した。

ウ．日本で初めて征夷大将軍に任命された。　**エ**．朝廷から守護・地頭の設置を許された。

問６　２代将軍源頼家の誕生を前に，頼朝は妻政子の安産を祈願して，**図１**の**Ｄ**の神社に向かって一直線にのびる参道（若宮大路）を築きました。これは，鎌倉の都市計画の第一歩と言われます。現在もまちのシンボルとなっているこの神社の名前を，ひらがな11字で答えなさい。

問７　３代将軍源実朝は中国に渡る計画を立てましたが，地形的な理由のため，**図１**の由《ゆ》比《い》ヶ《が》浜《はま》から船を出すことができなかったという話が伝わっています。この話に関する次の問題に答えなさい。

①　実朝が船で渡りたかった，当時の中国の王朝名を答えなさい。

②　どのような港をつくれば，源実朝が由比ヶ浜から中国へ渡るための大型船を出すことができたのか，自分の考えを書きなさい。現代の技術を用いてもかまいません。

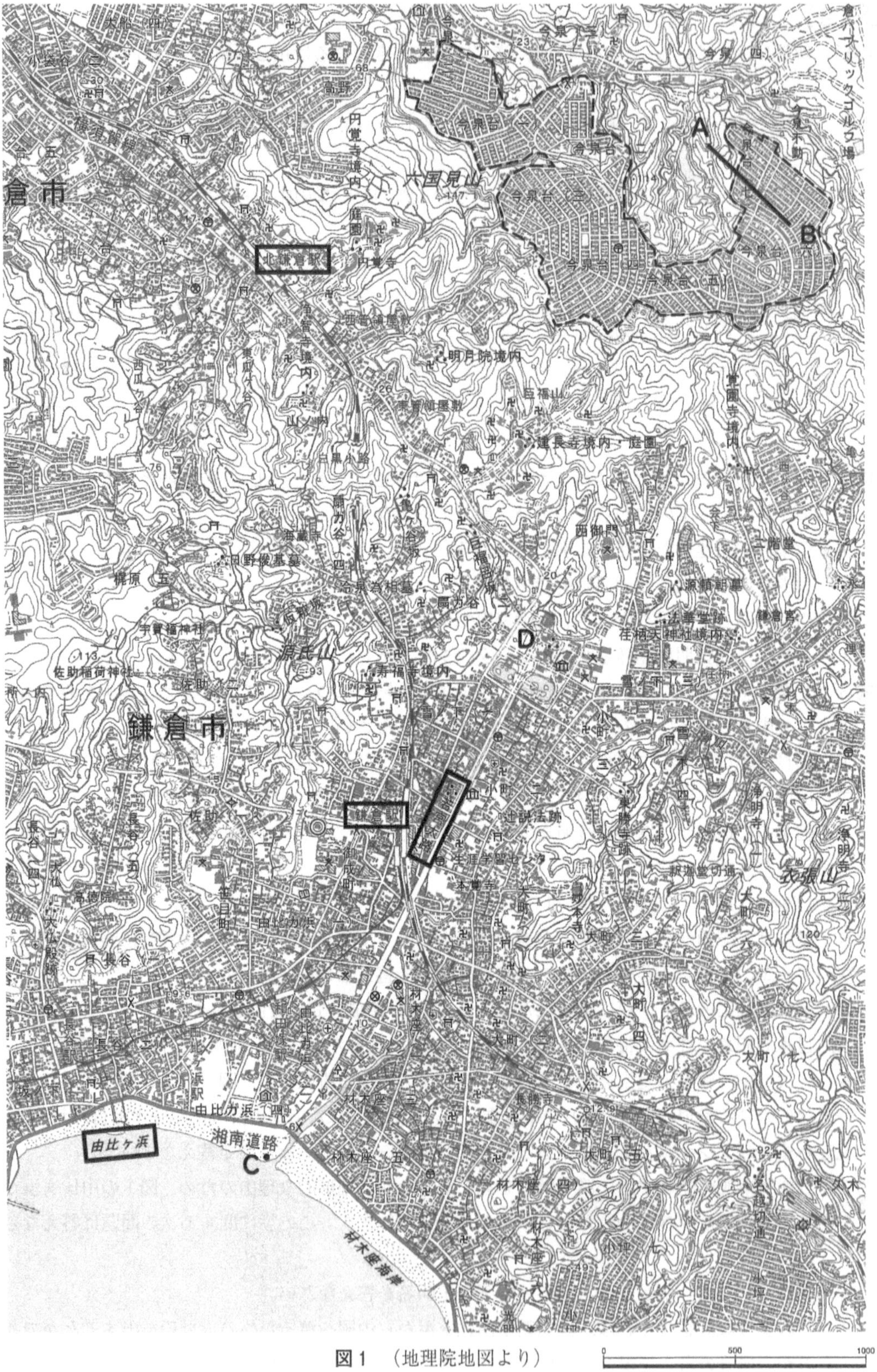

図１　(地理院地図より)

問8　鎌倉では，戦後に京都などとともに景観保存に対する住民運動がさかんになり，それがきっかけとなって1966年に「古都保存法」が制定されました。景観保存に関する次の問題に答えなさい。

①　現在，鎌倉市のほかに，京都市・奈良市・斑鳩《いかるが》町など合計８市１町１村が「古都」に指定されています。斑鳩町にあるものを次の**ア**～**エ**の中から１つ選び，記号で答えなさい。

ア．清水寺　　**イ**．東大寺　　**ウ**．法隆寺　　**エ**．大仙古墳

②「古都」に指定されていることに加え，鎌倉市は北鎌倉駅・鎌倉駅・若宮大路を中心とする市街地を「景観地区」に指定し，建築物に対してさまざまな制限を定めています。次の**図２**をみて，鎌倉市はこの通りに面する建物に対してどのような制限を定めているか，簡単に説明しなさい。

図２　若宮大路周辺のようす（左：若宮大路西側　　右：若宮大路東側）

問9　鎌倉市の位置を右の**図３**の**ア**～**エ**の中から１つ選び，記号で答えなさい。

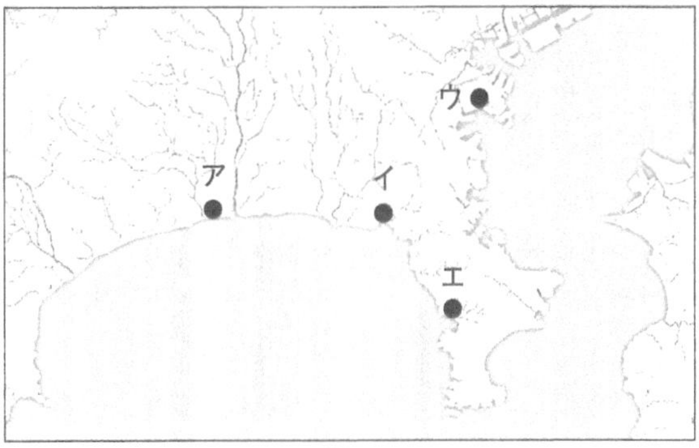

図３

問10　鎌倉市の位置している都道府県について，次の問題に答えなさい。

①　右の表は，都道府県別の人口・人口密度・人口増加率を表しています。このうち，鎌倉市の位置している都道府県にあてはまるものを，表の**ア**～**オ**の中から１つ選び，記号で答えなさい。

都道府県	人口（2021年）万人	人口密度（2021年）人/㎢	人口増加率（2020年～2021年）％
ア	922	3816	0.11
イ	552	657	－0.47
ウ	1384	6310	0.06
エ	756	1461	－0.22
オ	512	1028	－0.11

（「2020.1.1/2021.1.1住民基本台帳」より）

② 次のグラフは，都道府県別の農業産出額の内訳（2019年）を表しています。このうち，鎌倉市の位置している都道府県にあてはまるものを，次の**ア**～**エ**の中から１つ選び，記号で答えなさい。

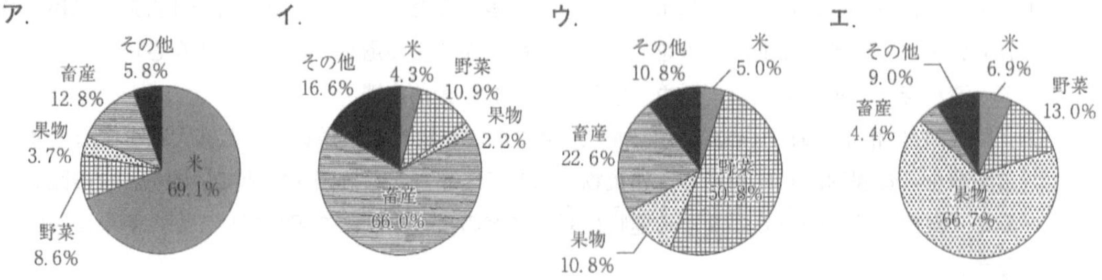

（『データブック・オブ・ザ・ワールド2022』より）

③ 次の**図４**は，鎌倉市で水揚《みずあ》げされる魚類のうち，代表的なものです。これを獲《と》る漁業を**図５**の**ア**～**エ**の中から１つ選び，記号で答えなさい。

図４

（ＪＦ全国漁業協同組合連合会ＨＰより）

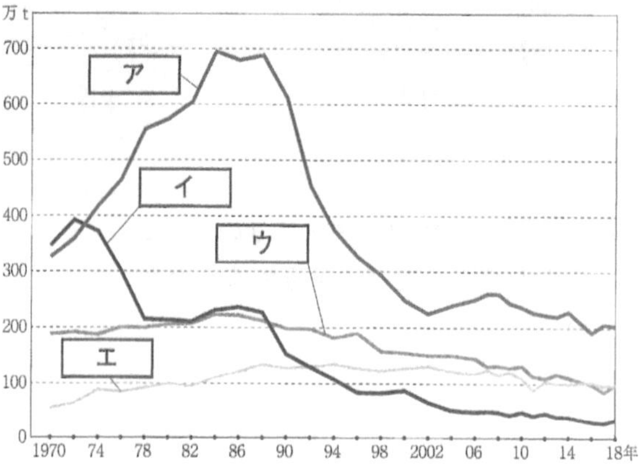

図５　日本の漁業別生産量の変化

（「漁業・養殖業生産統計」より）

〔Ⅱ〕 次の親子の会話文を読んで，以下の問いに答えなさい。

千恵さん：最近，自分の将来について考えてて，弁護士を目指して司法試験に挑戦するのもいいかなって思うことがあるの。お父さんどう思う？

お父さん：それはすごいねえ。

ただ司法試験はとても難しい試験だよ。受かるには相当がんばらないとね。でも，司法試験に受かったら，弁護士だけではなくて検察官や裁判官になる道もあるんだよ。検察官とは，事件の裁判をする際に国として訴える側に立つ仕事で，裁判官というのはその裁判で判決を下す人のこと。その裁判官の中で一番上の役職が，最高裁判所長官ということになるわけさ。

千恵さん：へえ，そうなんだ。

じゃあ弁護士じゃなくて裁判官になって，最高裁判所長官を目指すのもいいかもね。

お父さん：目標が高いことはいいことだけど，まずは下級裁判所の裁判官になって経験を積み重ねる必要があるかな。

千恵さん：下級裁判所？そんな裁判所があるなんて聞いたことないけど。

お父さん：実際に下級裁判所という場所があるのではなく，最高裁判所以外の高等裁判所，地方裁判所，家庭裁判所，そして簡易裁判所の４種類をまとめて下級裁判所と言うんだよ。

千恵さん：最高裁判所についてはこの前学校で習ったから知っていたけど，そんなにたくさんの裁判所があるとは知らなかったわ。

お父さん：たくさんと言っても，最高裁判所は東京に１か所，高等裁判所は全国で８か所しかないんだ。その８か所は，全国各地に分散しているんだよ。

千恵さん：そうなると，新幹線が通っている東京・大阪・名古屋・福岡は外せないわね。北に行けば仙台あたりかな。北海道にあってもいいと思うから，そうなると札幌でしょうね。あとは大阪と福岡の中間の広島かな。四国にも欲しいところだけど，四国だとどこかしら？

お父さん：確かに四国のどこにあるかを考えるのは難しいかもね。実際に，必ずしももっとも人口の多いところでもないみたいだし。四国以外が全部正解なのはすばらしいけど，最後の１か所はあとで調べてごらん。

千恵さん：そうするわ。ところで，他の下級裁判所はいくつずつあるの？

お父さん：地方裁判所と家庭裁判所は，都道府県庁所在地にひとつずつ設置されているんだ。でも，北海道は広いから，道庁所在地を含《ふく》めて４か所になるみたいだね。

千恵さん：ということは，それは計算すればわかるということね。

お父さん：まさにその通り。
そして簡易裁判所になると数は増えて，全国400か所以上もあるそうだよ。

千恵さん：それだけの種類と数のある裁判所なら，裁判官の人数もかなりの数になるってことよね。私にもチャンスあるかも。

お父さん：数が多いからと言ってチャンスが広いというわけじゃないけどね。
でもいったん裁判官になれば，簡単にやめさせられないと決まっているんだよ。やめさせるためには特別な裁判も行わなくてはならないんだ。さらに最高裁判所の裁判官になると，今度は国民からふさわしい人物かどうかを判断される国民審査という機会がある。それだけ責任も重大というわけだね。

千恵さん：国民審査のことは，最高裁判所について習った時に一緒に聞いたわ。まだその国民審査でやめさせられた裁判官はいないと先生は言ってたけど。国民審査でやめさせられる最初の裁判官にもなりたくないし，特別な裁判だって受けたくないわ。でも，私が日本で最初の最高裁判所女性裁判官になれたらうれしいな。

お父さん：残念でした。すでに女性で最高裁判所の裁判官になった人はいるんだよ。
でもその人数はまだまだ少ないみたい。今までもっとも多い時でも３人で，他の国に比べれば圧倒的に少ないんだよ。SDGsにもあるようにこれからはジェンダー平等が世界の目標だから，日本の最高裁判所裁判官の女性の割合が，少なくとも定員の30%を超えるくらいにはなってもらいたいものだね。そういう目標を掲げてがんばっている人たちもいるそうだよ。

千恵さん： じゃあ，私ががんばって最高裁判所の裁判官になって，その30％超えを実現しないとね。今日もご飯を食べたら勉強がんばらないと。

お父さん： 応援しているよ！

問１　千恵さんは高等裁判所の場所が全部わからなかったようですが，その最後の１か所にあたる四国の都市名と，その都市の位置する県名を答えなさい。

問２　千恵さんは地方裁判所の数がわかったようですが，それは何か所ということですか。算用数字で答えなさい。

問３　千恵さんが学校で習った国民審査について，次の**ア**～**カ**の中から正しいものを１つ選び，記号で答えなさい。

ア．内閣総理大臣の選挙の時に，同時に行われる。

イ．憲法改正の国民投票の時に，同時に行われる。

ウ．５年に１度の国勢調査の時に，同時に行われる。

エ．参議院議員通常選挙の時にだけ，同時に行われる。

オ．衆議院議員総選挙の時にだけ，同時に行われる。

カ．衆議院でも参議院でも，国会議員の選挙がある度に同時に行われる。

問４　千恵さんが最高裁判所長官になるとしたら，その手順はどのようになりますか。最高裁判所長官の「指名」と「任命」はどこが（誰が）するのか，次の**ア**～**カ**の中から正しいものをそれぞれ１つ選び，記号で答えなさい.

ア．天皇　　**イ**．裁判所　　**ウ**．国会

エ．内閣　　**オ**．法務大臣　　**カ**．国民

問５　千恵さんが受けたくないと言っている「裁判官をやめさせるかどうかを判断する特別な裁判」について，次の問題に答えなさい。

①　その裁判の名前を答えなさい。

②　それをどこが（誰が）行うかについて，次の**ア**～**カ**の中から正しいものを１つ選び，記号で答えなさい。

ア．天皇　　**イ**．裁判所　　**ウ**．国会

エ．内閣　　**オ**．法務大臣　　**カ**．国民

問６　千恵さんが目指そうとしている最高裁判所の裁判官ですが，その女性の割合が定員の30％を超えるのは，実際には女性裁判官が何人になったときですか。算用数字で答えなさい。

問７　裁判官でなくても，一般の人が裁判に関わる制度として裁判員制度があります。その裁判員に選ばれる規定が昨年変わりました。昨年４月に話題になったことを思い出しながら，どのように変わったのか簡単に説明しなさい。

〔Ⅲ〕 次の文章を読んで，以下の問いに答えなさい。

2022年７月17日，1 京都の祇園祭《ぎおんまつり》で山鉾巡行《やまほこじゅんこう》が行われました。新型コロナウイルスの感染拡大の中，2020年から中止されていたので，３年ぶりの実施となりました。山鉾巡行とは，山《やま》や鉾《ほこ》と呼ばれる山車《だし》が通りをゆく行事で，約１カ月続く祇園祭の中でも特に多くの人が集まり，豪華《ごうか》な山や鉾が街を巡行する様子は「動く美術館」とも呼ばれます。この祇園祭のほかにも，京都では有名な祭りが多く行われています。中でも，葵祭《あおいまつり》・祇園祭・時代祭《じだいまつり》は京都三大祭りと呼ばれますが，それら

の起源は大きく異なっています。ここでは，京都三大祭りについてみることにしましょう。

794年，桓武天皇は2平安京に都をうつしました。現在京都で行われている祭りの中には，平安京遷都以降に始められたものが多くある一方，それよりも前に起源をさかのぼることができる祭りもあります。賀茂社《かもしゃ》（下鴨神社《しもがもじんじゃ》および上賀茂神社《かみがもじんじゃ》）の葵祭はその代表例と言えるでしょう。賀茂社は，賀茂氏とよばれる古代の豪族が，自分たちの一族の守り神を祀《まつ》っていた神社です。こうした，古い神社に祀られる神々は，山などの自然と結びついて信仰されてきました。そのため，山と平地の境に神社が立地していることが多くあります。葵祭と言えば，華やかな平安時代風の衣装をまとった行列が有名ですが，その起源は古墳時代といわれ，3原始的な自然への信仰との結びつきが深い祭りでもあるのです。

4平安京造営よりも前に創建された神社の祭りである葵祭とは異なり，八坂《やさか》神社の祇園祭は平安時代に行われるようになった御霊会《ごりょうえ》に起源があります。平安京では，5現在の都市のように衛生環境を保つシステムが十分ではなく，疫病《えきびょう》がたびたび蔓延《まんえん》し，人びとにとって深刻な問題となっていました。そうした中，9世紀後半に平安京で御霊会が行われるようになりました。当時，現世に恨《うら》みを残して死んだ人々の怨霊《おんりょう》などが疫病をもたらすと考えられていたので，そうした怨霊をなだめるために御霊会が行われたのです。

しかし，当初から現在のような山鉾巡行があったわけではなく，大型の山車が多く作られ祭りの花形《はながた》として多くの見物客を集めるようになったのは，室町時代であると考えられています。室町時代には，京都で商工業が発展し，財力のある町人たちが町ごとに趣向を凝《こ》らした山や鉾を作るようになりました。これが，今日の祇園祭の山鉾巡行につながっていきます。61400年代の後半には30年以上も中断されましたが，室町幕府の支援と京都の町人たちの力により復興されました。7京都の街並みを描いた米沢市上杉博物館所蔵の「洛中洛外図屏風《らくちゅうらくがいずびょうぶ》」は16世紀の作品ですが，現在と同じような山鉾巡行が行われている様子を見ることができます。江戸時代になると，数度の大火事によって山や鉾は被害を受けますが，町人たちの力でその度復興され，より豪華なものになっていきました。しかし，1864年の8どんどん焼けとよばれる京都の大火災では，多くの山や鉾が大きな被害を受けました。その後も，太平洋戦争やコロナ禍による中断がありましたが，それらを乗り越えて昨年の山鉾巡行は行われました。

京都の祭りには，これまで述べた２つの祭りのように，1000年を超える歴史を持つものが多い一方で，平安神宮《へいあんじんぐう》の時代祭は明治時代に始められました。平安神宮は，平安京遷都千百年記念行事としてその創建が計画され，91895年に完成しました。時代祭の行事の中では，明治維新から平安時代までの時代をさかのぼりながら，各時代の衣装をまとった人々が続く時代行列が特に有名です。

このように，京都の祭りは，単に古くからの伝統が受け継がれてきたというだけではなく，歴史の中で絶えず変化を続けたり，新しくつけ加えられたりしてきました。ある地域の祭りについて知ることは，その地域の歴史について知ることにつながると言えるでしょう。

問１　下線部１の写真を次のページの**ア**～**エ**の中から１つ選び，記号で答えなさい。

ア.

イ.

ウ.

エ.

問2　下線部2について，982年に慶滋保胤《よししげやすたね》が著した『池亭記《ちていき》』には，下の資料のように当時の平安京の様子が記されています。この資料を読んで，もっとも多く人々が住んでいたと考えられる地域を図1のA～Dの中から1つ選び，記号で答えなさい。

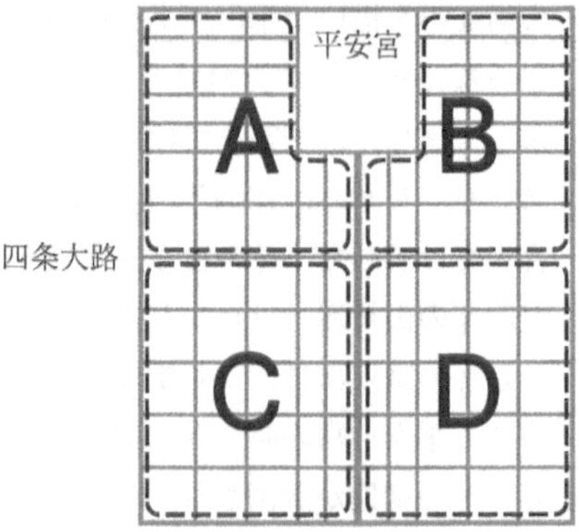

図1

資料

私は20年あまり右京と左京を見つづけてきたが，右京は人家がまれで廃墟《はいきょ》に近い。人が去ることはあっても来ることはなく，家が壊れることはあっても建つことはない。行き場のない者や，貧しい暮らしを気にしない者がここに住んでいる。

（中略）

左京の四条より北の地域の北西と北東には，貴賤《きせん》を問わず人々が多く住み，名家の屋敷や民衆の小屋がぎっしりと立ち並んでいる。東に火事があれば西も類焼《るいしょう》し，南を盗賊《とうぞく》が襲えば北も流れ矢を受けるといったありさまである。

問3　下線部3について，自然のものに霊魂《れいこん》が宿ると考え，それを崇拝《すうはい》する信仰のあり方は，縄文時代の人びとにもみられます。次の**ア**～**オ**の写真の中から，縄文時代の人びとの信仰ともっとも関わりの深いものを１つ選び，記号で答えなさい。

ア.

イ.

ウ.
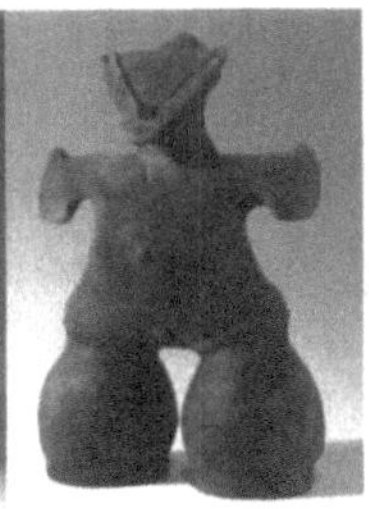

エ.

オ.

問4　下線部4について，下の**図2**に位置が示されている，次の**ア**～**オ**の京都の神社の中から，平安京造営よりも前に創建されたとされる神社を２つ選び，記号で答えなさい。

ア．上御霊神社《かみごりょうじんじゃ》（主祭神[注1]：崇道天皇《すどうてんのう》，井上大皇后《いのえのおおひきさき》，他戸親王《おさべしんのう》など）
イ．北野天満宮《きたのてんまんぐう》（主祭神：菅原道真）
ウ．平安神宮（主祭神：桓武天皇，孝明天皇）
エ．松尾大社《まつのおたいしゃ》（主祭神：大山咋神《おおやまぐいのかみ》，市杵島姫命《いちきしまひめのみこと》）
オ．伏見稲荷大社《ふしみいなりたいしゃ》（主祭神：宇迦之御魂大神《うかのみたまのおおかみ》など）

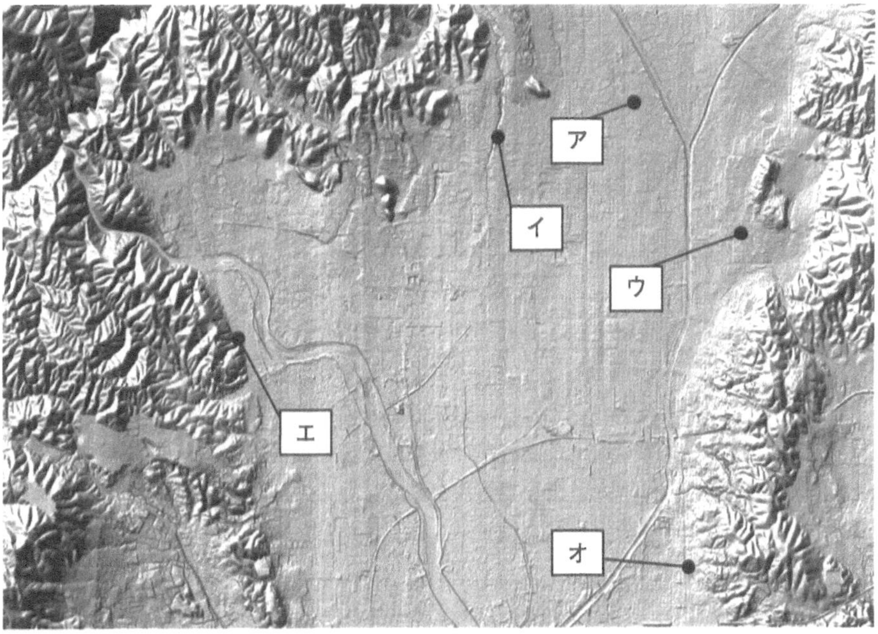

（地理院地図より）

図2　京都の陰影起伏図《いんえいきふくず》[注2]

注１…神社で祀られる神の内、中心となる神のこと。
注２…地面の細かい起伏が分かりやすいように作成した地図。

問5　下線部5について，その理由の1つは鴨川の水と考えられます。『平家物語』には，白河上皇が「賀茂河《かもがわ》の水，双六《すごろく》の賽《さい》，山法師《やまほうし》，これぞわが心にかなわぬもの」と言ったという逸話《いつわ》がありますが，これはどのようなことを意味しているのでしょうか。逸話について説明した次の文の空欄（1）・（2）にあてはまる語句を，それぞれ漢字2字で答えなさい。

> 白河上皇は，鴨川（賀茂河）の（　1　）や，双六のサイコロの目，比叡山（　2　）寺の僧兵が，自分の思い通りにならないと嘆《なげ》いている。

問6　下線部6の中断は，京都で発生したある出来事が主な理由です。その出来事は何か答えなさい。

問7　下線部7について，この「洛中洛外図屏風」は1574年に織田信長から上杉謙信《うえすぎけんしん》へ贈《おく》られました。その背景には，どのような当時の情勢があったのでしょうか。**図3**の戦国大名の名前を用いて，次の文の空欄に合うように答えなさい。

> 織田信長は【　　　　　　　　　　　　　　　】ので，上杉謙信と良好な関係を保ちたかった。

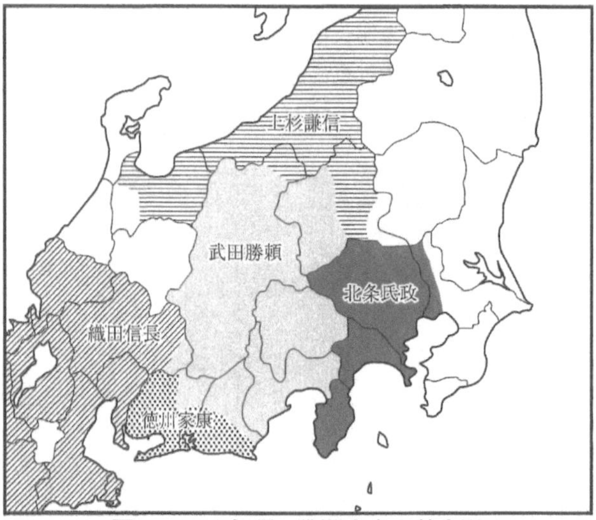

図3　1575年頃の戦国大名の勢力図

問8　下線部8について，次のA～Eはどんどん焼けとその前後に発生した出来事です。これら5つの出来事を年代順に並べ替え，記号で答えなさい。

A．京都でどんどん焼けが発生した。

B．日米修好通商条約が結ばれた。

C．坂本龍馬の仲立ちで薩長同盟が結ばれた。

D．徳川慶喜が政権を朝廷に返すことを申し出た。

E．大老の井伊直弼が暗殺された。

問9　下線部9について，次のページの資料はこの年に調印された国際条約の一部を要約したものです。空欄（1）～（3）に入る国名もしくは地名を答えなさい。ただし，国名の場合は当時の名前で答えること。

資料

（　1　）条約（1895年４月調印）

第一条　（　2　）国は朝鮮国が完全無欠なる独立自主の国であることを確認する。

第二条　（　2　）国は遼東半島《りょうとうはんとう》，（　3　），澎湖諸島《ほうこしょとう》など付属諸島嶼《ふぞくしょとうしょ》の主権を日本に割譲《かつじょう》する。

（中略）

第四条　（　2　）国は賠償金《ばいしょうきん》２億テールを日本に支払う。

（以下略）

それこそが、本書の主題である「[2]バカの災厄」だ。

「概念が*孕《はら》む同一性はひとつ」と思い込む「バカ」というのは、自分の同一性から少しでも*逸脱《いつだつ》した同一性は認めることができないので、「お前たちは間違っている」と敵と認識した相手を厳しく批判する。その攻撃《こうげき》性がさらに強くなり抑《おさ》えが効かなくなると、異なる同一性をもつ人間が存在している事実にさえ我慢《がまん》できなくなって、その存在を否定する。つまり、*排斥《はいせき》や*虐殺《ぎゃくさつ》といった狂気の行動へと走ってしまうのである。

（池田清彦『バカの災厄』による）

*フェロモン…動物の体内から放出され、他の個体に影響《えいきょう》を与《あた》える物質の呼び名。
*災厄…わざわい。災難。
*ＥＵ…一九九三年に成立した欧州《おうしゅう》連合。
*不毛…成果の実らないこと。無駄《むだ》なこと。
*捏造…事実でないことを事実のようにこしらえること。
*孕む…中に含んで持つこと。
*逸脱…本筋からそれること。決められた枠《わく》からずれること。
*排斥…おしのけしりぞけること。
*虐殺…むごたらしい手段で殺すこと。

問1　――線1「人間のほうが『バカ』だって言えるかもしれない」とあるが、「人間」の方が「バカ」であるのはなぜか。解答用紙で指定された字数で言葉を入れて、理由を二つ答えなさい。なお、[A]には**「違い」**という言葉、[B]には**「同様に」**という言葉を必ず用いること。

問2　――線2「バカの災厄」はなぜ引き起こされるのか。解答用紙で指定された字数で言葉を入れて、説明文を完成させなさい。なお、[A]は本文中から抜き出し、[B]には**「それぞれ」**という言葉、[C]には**「絶対的」「ずれ」**という二つの言葉を必ず用いること。

三　次の問いに答えなさい。

問1　①・②の文中にある□にそれぞれ適切な漢字一字を入れなさい。なお（　）内は慣用句の意味である。

① 昔はにぎわっていたあの店も、町から若者がいなくなったことで□前の灯火《ともしび》（いまにも滅《ほろ》びてしまいそう）だ。

② 手□にかけた（自ら世話して大切に育てた）庭の植物が、次の住人にも大切にあつかわれているのを見て安心した。

問2　①〜⑧の文中にある――線のカタカナを漢字に、漢字をひらがなに直しなさい。ただし、送りがなが含《ふく》まれるものは送りがなをひらがなで答えること。

① 有名な政治家がうかつな発言で熱心なシジ者を失った。
② 夕方にはいつも川にソッテつくられた歩道を歩くことにしている。
③ 島の観光地化はコユウの生態系を破壊《はかい》する可能性がある。
④ どれだけショメイを集めても結局事態を動かすことはできなかった。
⑤ 将来は故郷の海をノゾム家で暮らすのが夢だ。
⑥ 旅好きの祖父はシャソウからの眺《なが》めを何よりも楽しみにしている。
⑦ 委員会のメンバーを刷新したら面白い意見が出るようになった。
⑧ 定石どおりに進めておけばいいというのはあまりに安易な考えだ。

いったサインで世界を認識しているので、違うものは「違う」というようにシンプルに判断をする。

しかし、人間は「概念」をもつ唯一《ゆいいつ》の生物ということで、このあたりの判断がきわめてアバウトというか、いい加減である。つまり、その判断は実際にはいい加減であやふやなものなのに、それが正しくて確かなことだと錯覚《さっかく》してしまう。実はこれが「バカの*災厄《さいやく》」、ひいては人間の世界に悲劇をもたらす原因になっている。

実際に、人間同士の対立の多くは、「概念」というものの「いい加減さ」が引き起こしている側面もある。

たとえば、ロシアのプーチン大統領と*EUの首脳たち、我々日本人のトップとの間で「国家とは何か」というテーマで話し合う場が設けられたと仮定しよう。果たしてこの議論に答えは出るかというと、どれだけ時間をかけても難しいだろう。

プーチン大統領には自分の考えている「国家」という同一性があり、一方、EUにはEUの「国家」があり、日本には日本の「国家」がある。そんな状況《じょうきょう》でいくら国家論を戦わせても*不毛なだけである。そんなことができていたら、ウクライナ侵攻《しんこう》も起きていないはずだ。

なぜ議論が平行線になってしまうのか。「国家」という概念が「これが国家です」というふうに、単純に指でさし示すことができないからである。「犬」や「猫《ねこ》」のように指でさし示すことができるものは、どれが「犬」でどれが「猫」かというのは単純明快な話だ。犬を指さして「猫だ」と言い張っている人がいれば、「あなたの捉《とら》え方は間違っている、あれを世間では犬と呼んでいるんだよ」と訂正《ていせい》してやればいいだけの話だ。

しかし、「国家」や「平和」という概念ではそれができない。十人十色ではないが、個人が考える「国家」や「平和」のあり方というものはそれぞれ異なる。非常にあやふやで、それぞれが「いい加減」に決めて認識している部分があるので、「どちらが正しい、どちらが間違っている」という言い争いをしたところで、いつまで経《た》っても答えなど出ないのである。

（中略）

ただ、このように「違うものを同じだと見なす」という性質は人間にとって必ずしも悪いことではない。この、生物としては非常に特殊な能力があったおかげで、人は進化して文明社会を築くことができたという側面もあるからだ。

たとえば、人は「神」という存在や現象をその目で見たことがないのに、「神」を信じる。これは、教義や礼拝を通じ「神」という概念を*捏《ねつ》造《ぞう》して、それが絶対的なものだと思い込むことができる能力が、人間に備わっているためだ。仮に、一人ひとりが自分の頭のなかで勝手に「神」を思い描《えが》いて、それぞれが「俺《おれ》にとっての神はこうだ」「私の信じる神様はこんな感じだ」と言い出したとしたらやがて収拾がつかなくなり、宗教としては成立しなくなる。キリスト教やイスラム教などが世界的に広まったのは、それぞれの個人の脳のなかの「神」がみな同一なのだとみなが信じるという、人間の不思議な能力がもたらした結果だろう。

しかし、物事にはなんでも良い面と悪い面がある。「違うものを同じだと見なす」という特殊能力は、人類に進化をもたらす一方で、先ほど紹介《しょうかい》したような不毛な対立まで生むこととなる。対立どころか、時に社会に大きな混乱を招いて、罪のない人々を迫害《はくがい》し命を奪《うば》うような戦争に発展することさえある。

ウ　「俳句というアイテム」という言い方には、俳句が現実を映す鏡にしか過ぎず言葉を使って変えていくことは難しいという、筆者のあきらめが表れている。

エ　俳句は「季語の生き死に」を通して移りゆく社会状況を詠むことによって、受け手に辛《つら》い現実を認識させ、かつなぐさめる役割を果たしてくれるものである。

オ　筆者の言葉がメディアで引用され俳句の影響《えいきょう》力が大きくなるにつれて、多くの人が俳句を作るようになったため、一つ一つの作品を評価する意義が薄《うす》れつつある。

二　次の文章を読んで、後の問いに答えなさい。ただし解答の字数については、句読点等の記号も一字として数える（なお問題の都合上、本文の表記を一部改めている）。

人間と動物の大きな違《ちが》いのひとつに、「概念《がいねん》」をもっているか否かということがある。我々がよく口にする「正義」とか「平和」とか「国家」、そして「日本人」ということまで、すべては「概念」なのだが、動物にはこのような発想自体がない。動物にとっては目の前にある「現象」がすべてだ。

犬を例に説明しよう。私が昔飼っていた犬がいて、名前は「コロ」といった。だから、私が「コロ」と呼ぶと、しっぽを振《ふ》って走ってくるんだけど、友人が「コロ」と声を掛《か》けても近寄らないで吠《ほ》える。呼び方が悪いのかと。「コーロ」「コロー」などと変えてみたが、まったく寄ってこない。友人は「なんで?」と首をひねっていたが、これは当たり前である。

犬には「自分の名前」などという「概念」はそもそも存在しないからだ。飼い主である私の口からいつもと同じ発音、いつもと同じイントネーションで「音」が発せられたという「サイン」を認識して、しっぽを振って私にかけ寄ってきていただけの話である。だから、赤の他人である友人の口から「聞いたことがない音」が発せられても、いつものサインではないと認識して、しっぽは振らないし寄ってもこない。

このように、犬は音や匂《にお》いという、人間にはわからないような微細《びさい》なサインを認識する能力に長《た》けている。そして、そのサインに基づいて行動をする。そのような意味では、きわめて合理的で賢《かしこ》い生き物なのだ。

しかし我々人間には、犬のこのような合理的行動が理解できない。私が「コロ」と呼ぶと反応するので、ほかの誰《だれ》が「コロ」と呼んでも同じように反応するものと勝手に思い込《こ》んでいる。「コロ、コロ」としつこく呼んで寄ってこないと、「バカな犬だなあ」なんて苦笑したりする。

犬の賢い行動を理解できないという点では、1人間のほうが「バカ」だって言えるかもしれないよね。

人間には「名前」という「概念」があって、その同一性は絶対的なものだと信じている。そして、犬も当然、同じように自分の名前を認識しているはずだと一方的に思い込んでいる。この状態こそが、本書で言うところの「バカ」である。つまり、すごく単純な言い方をすると、「バカ」というのは、「異なる現象を同じだと思い込めるのは人間だけ」ということがわからない人のことである。

実はこの「違うものを同じだと見なす」というのは、地球上の生物を見渡《みわた》しても、人間だけがもっているきわめて特殊《とくしゅ》な能力なのだ。繰《く》り返しになるが、動物には「概念」なんてものはなく、音や*フェロモンと

問4 ――線1「私たちは笑うことはできない」とあるが、それはなぜか。次の中から最もふさわしいものを選び、記号で答えなさい。

ア 大正時代に限らず現代の我々も致死率の高い病気に対しては神経質になり、感染を恐《おそ》れて他者との関わりを避《さ》けているから。

イ 未知の感染症に対する情報不足から見当外れな対策をとってしまうのは、医学が進歩した現代の我々にも当てはまるから。

ウ 科学的には根拠《こんきょ》のない情報だとわかっていながらも、危機的状《じょう》況《きょう》にあっては何かにすがりたくなるのが人間の性質だから。

エ 医学が発達した現代人から見ると当時の感染症対策は的外れなものだが、それを馬鹿《ばか》にすることは人として許されないから。

オ 現代においては未知の感染症に対しても対処法を見いだせるが、いつの時代にも新しい方針に従わない人々が必ず存在するから。

問5 ――線2「今を生きる私たちは、淡々と今を詠み続けるしかない」から読み取れることはどのようなことか。次の中から最もふさわしいものを選び、記号で答えなさい。

ア 他の人からの評価を気にせず現在を描《えが》き出していくことが、俳人としての役目であるということ。

イ 現代の不安定な世情を詠んで世界の人々に訴《うった》えていくことが、俳人としての役割であるということ。

ウ 自然が失われた現代において、花鳥風月を詠み続けるということが、俳人としての務めであるということ。

エ 新しい季語を作り出すことによって現在の世相を後世に伝えていくことが、俳人としての使命であるということ。

オ 平凡《へいぼん》な生活の中にも俳句の種はあり、それを見つけて作品にしていくことが、俳人としての誇りであるということ。

問6 D、Eの句について次のように説明した。空らんを埋めて文章を完成させなさい。ただし、②、③、④は本文中から言葉を抜き出し、①はふさわしい言葉を自分で考えて答えなさい。なお解答方法については、それぞれ（　）内の指示に従うこと。句読点等の記号も一字として数える。

　Dの句では本来冬の季語である「マスク」が夏の句の中で使われている。これはマスクが（①　十字以上十五字以内）ようになったためである。

　Eの句では「春灯」という季語が、従来とは異なり（②　二字）を連想させるものとなっている。これは多くの人が（③　十二字・はじめとおわりの三字を答える）ているという、現在の世相を反映したものである。このように、季語には世の中の変化に応じて、（④　十六字・はじめとおわりの三字を答える）のだ。

問7 X 、 Y に入る言葉を本文中からそれぞれ二字で抜き出しなさい。ただし二カ所ある Y には同じ言葉が入る。

問8 本文の内容の説明として最もふさわしいものを次の中から選び、記号で答えなさい。

ア 社会情勢が厳しくなっている現在、伝えたい思いを季語に乗せて俳句を作り、多くの人々がよりよい社会を生み出そうと苦労していることがわかる。

イ 筆者は現状をあるがままに詠み続けることしかできないと言いつつも、俳句を通して作品の受け手の現実に一定の効果をおよぼすことを期待している。

ば、冬でも春でもないマスクの現状を詠んでいくうちに、季語としての「マスク」の行く末が、自《おの》ずと定まってくるのだ。

D　炎天《えんてん》にマスクの上の目が細る　夏井いつき

時代が産み出す季語もあれば、時代と季語が切り結ばれ、季語に新しい意味やイメージが付加されることもある。それを知ったのは、ラジオの俳句番組を通してだった。

ラジオ「夏井いつきの一句一遊」は、7月で22年目に突入《とつにゅう》した。この春、偶々《たまたま》出題した季語が「春灯（しゅんとう・はるともし）」。春夜、朧《おぼろ》にうるんだ灯《あか》りの意だが、歳時記には季語の本意（最もふさわしいと考えられる性質や意味）として、「ときに妖艶《ようえん》な趣《おもむき》を醸《かも》し出す」とも解説されている。

ところが、番組に寄せられた句のほとんどが、「妖艶」どころか、ウクライナの戦況《せんきょう》に心痛め、平和を希求するものばかり。日常の家族の灯りとして表現された句が圧倒《あっとう》的多数を占《し》めていた。

その中でも最も感銘《かんめい》を受けたのが、ラジオ俳号「日土野だんご虫」こと片野瑞木さんの作品。

E　標的にあらず春灯ぞこれは　片野瑞木

標的ではないのだよ、この春の灯りなのだよ。家族の集う春の灯りなのだよ。

一読、心が震《ふる》えた。世界中の人々が、この作品を心に灯《とも》してくれる日がくれば、世界は少しだけ X に向かって歩き出せるのではないか、と。

俳句というアイテムを手にする私たちは、現状をあるがままに詠み続ける。それら一句一句は Y の証。季語とは、Y を映す証人なのだ。

（夏井いつきの文章による）

＊傍題…題として主に詠むべきものからはずれて、他のものを詠むこと。

＊昼餉…ひるめし、昼食のこと。

問1 a 、 b 、 c 、 d に入る文を次の中からそれぞれ選び、記号で答えなさい。

ア　それを季語とした句が次々に詠まれる

イ　次代の編者が自分の歳時記に採録する

ウ　それが秀《しゅう》句である

エ　誰《だれ》かが、ある言葉を季語として俳句を作る

問2 Aの句について、次の問いに答えなさい。

Ⅰ　季語「万緑」が表す季節を漢字一字で答えなさい。

Ⅱ　この句について説明した次の文章の空らんを埋《う》めなさい。なお、①は十字以内で、③は漢字一字の言葉をそれぞれ自分で考えて答え、②は本文中の言葉を抜《ぬ》き出すこと。句読点等の記号も一字として数える。

「万緑」という季語は（ ① ）様子を浮《う》かび上がらせ、「（ ② ）」の（ ③ ）色と対比になっている。

問3 Bの句の作者「高浜虚子」の作品を次の中から一つ選び、記号で答えなさい。

ア　古池や蛙《かわず》飛びこむ水の音

イ　春風や闘志《とうし》抱《いだ》きて丘に立つ

ウ　柿《かき》食えば鐘《かね》が鳴るなり法隆寺

エ　閑《しず》かさや岩にしみ入る蝉《せみ》の声

オ　雀《すずめ》の子そこのけそこのけお馬が通る

【国　語】（六〇分）〈満点：一〇〇点〉

一　次の文章を読んで、後の問いに答えなさい（なお問題の都合上、本文の表記を一部改めている）。

旅先のホテル。テレビをつけると、「夏井先生の」なんて声が聞こえてくる。どうやら、コロナ禍《か》で「マスクが冬の季語でなくなるか否か」についての話題らしい。

最後には、こう締《し》めくくられた。「夏井先生もマスクは冬の季語でなくなると仰《おっしゃ》ってます」

うーむ、ＹｏｕＴｕｂｅ「夏井いつき俳句チャンネル」で、コロナ禍によって「冬だけのものじゃなくなってきたね」と語ったかもしれないが、「マスクが冬の季語でなくなった」と断定したつもりはなかったのだが……。

また、今はまだ「花粉症《かふんしょう》」を季語とする歳時記《さいじき》は少ないが、次代の歳時記に採録《さいろく》される可能性は高い。となれば、「花粉症」の＊傍題《ぼうだい》として「春のマスク」も季語となるのではないか、とも。

そもそも、季語を認定する組織や委員会があるわけではない。季語は、次の手順で生まれる。

①［ａ］。②［ｂ］。③［ｃ］。④［ｄ］。

Ａ　**万緑《ばんりょく》の中や吾子《あこ》の歯生え初《そ》むる　中村草田男**

「万緑」は草田男が昭和初期に用いた造語だが、現在はどの歳時記にも載《の》る主要な季語として定着している。季語が季語として成立するには、長い年月が必要なのだ。

ある時代に起こった禍根《かこん》によって生まれた季語もある。大正３年（１９１４年）７月に作られたこんな句。

Ｂ　**コレラ船いつまで沖に繋《かか》り居る　高浜虚子《きょし》**

「コレラ船」とは「コレラ」の傍題。船内でコレラ患者《かんじゃ》が出たため入港を止められた船のこと。

これって既視感《きしかん》あるよね。コロナ禍の初期、患者が出たため港に留め置かれた豪華《ごうか》客船。まさにあの光景が、大正時代にもあったのだ。

さらにこんな句も。

Ｃ　**コレラ怖《お》ぢ蚊帳吊《かやつ》りて喰《く》ふ＊昼餉《ひるげ》かな　杉田久女**

猛烈な下痢《げり》と嘔吐《おうと》で脱水症状《だっすいしょうじょう》を起こすコレラ。致死率《ちしりつ》が高く、当時は「ころり」と恐《おそ》れられた。

科学的知識がないと、何をどう恐れたらよいのか分からない。今でこそ、感染症には手洗いとマスク。密にならない。やるべきことが分かっている。が、コレラが怖《こわ》いと皆で蚊帳の中に入りご飯を食べていた時代の人々を、1私たちは笑うことはできない。

今の日本において「コレラ」は絶滅《ぜつめつ》寸前季語として記憶《きおく》されるが、先月こんな記事を目にした。

「英国防省は10日、ロシアの徹底《てってい》攻撃を受けて制圧されたウクライナ南東部マリウポリで感染症コレラが大発生する恐れがあると、懸念《けねん》を示した」。これが世界の現実だと、改めて認識する。

さて、問題の「マスク」に戻《もど》ろう。「マスクは冬の季語でなくなるか」。今、結論を出すのは時期尚早《しょうそう》と答えるしかない。

季語の生き死には、時代の流れの中で、後の人々によって判断されるもの。2今を生きる私たちは、淡々《たんたん》と今を詠《よ》み続けるしかない。例え

MEMO

大切なことはメモしておこうネ！

2023年度

解　答　と　解　説

《2023年度の配点は解答欄に掲載してあります。》

＜算数解答＞ 《学校からの正答の発表はありません。》

1 (1) $\frac{2}{3}$　(2) 286個　(3) 平均値，3.4　(4) $49\frac{1}{3}\text{cm}^3$

2 (1) 解説参照　(2) ① 大野　② ソフトボール

3 (1) 3：4　(2) 2：3　(3) 612cm^2

4 (1) 7　(2) □－1　(3) (7，35，290) (17，20，120)

5 (1) ア 15　イ 15　(2) (ウ) $a-1$　説明：解説参照　(3) 11通り

○推定配点○

各5点×20　　計100点

＜算数解説＞

1 (四則計算，過不足算，消去算，割合と比，平面図形，相似，立体図形)

(1) $\frac{13}{4}\times\frac{14}{9}\times\frac{4}{13}-\frac{8}{9}=\frac{6}{9}=\frac{2}{3}$

重要 (2) 問題文の「そこで」…まんじゅうを詰め直したら，という意味。

それぞれの箱の数をA，Bで表す。

A＋B＝50…ア

6×A＋4×B＋50＝8×A－8＋5×B－5×2より，2×A＋B＝50＋18＝68…イ

イ－アより，A＝68－50＝18，B＝50－18＝32

したがって，まんじゅうは6×18＋4×32＋50＝286(個)

基本 (3) 平均値…(1×2＋2×4＋3×3＋4×5＋5×2＋6×2＋7×1)÷20＝3.4

最頻値…4

中央値…10番目と11番目の中央の値は3.5

したがって，最小値は「平均値」の3.4

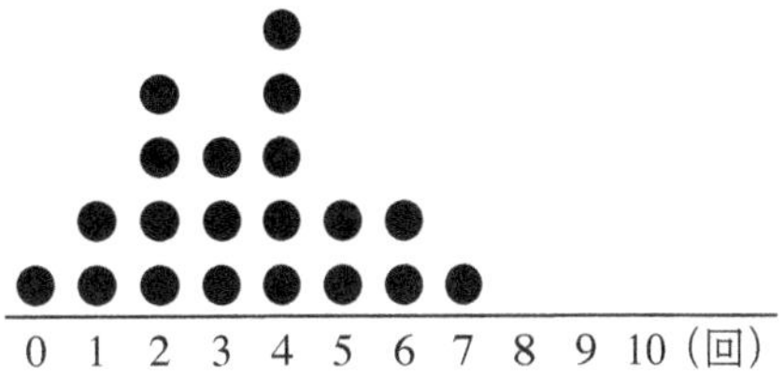

重要 (4) 右図より，計算する。

三角錐O－DEFとO－ABC

…相似比は6：8＝3：4，体積比は27：64

したがって，三角錐台DEF－ABCの体積は8×8÷2×8÷3÷64×(64－27)＝$\frac{148}{3}$$(\text{cm}^3)$

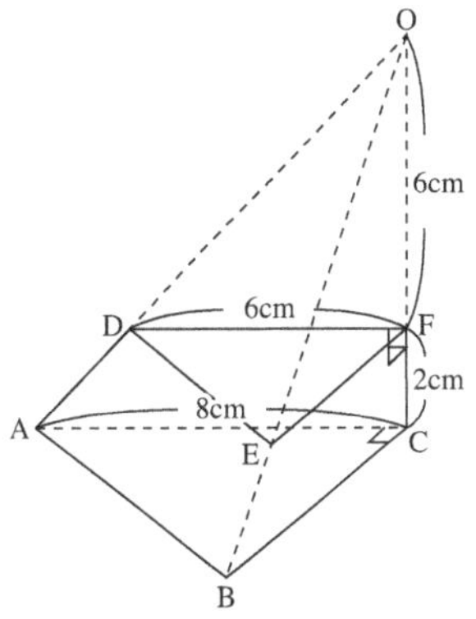

重要 [2] （平面図形，推理）

(1)　解答例：辺ADを延長した線と辺BCの交点をEとすると，三角形ABEの外角である角AECは$a+b$であり，三角形CDEの外角CDA＝dは$a+b+c$に等しい。

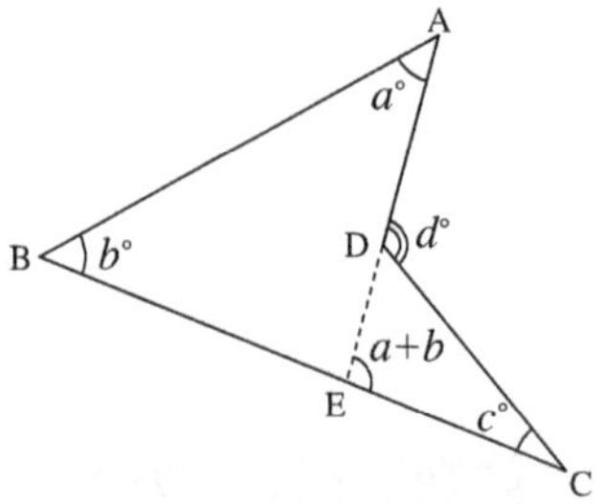

(2)　①・②　右表より，102号室・201号室・202号室の生徒の種目は不明であるが，川田さんは中学生でソフトボールをやっており，森さんは高校生でサッカーをやっていて，鈴木さんは中学生で101号室か102号室の生徒である。

森さん…201号室の中学生ではなく202号室の大野さんでもなく，ラグビーはやっていないので102号室の生徒である。

したがって，川田さんが中学生で②ソフトボールをやっており201号室，テニスをやっているのは①大野さんである。

201	202　大野	203
中学・		高校・野球
101	102	103　長谷部
・ラグビー		中学・剣道

重要 [3] （平面図形，相似，割合と比，消去算）

(1)　図1より，直角三角形POHにおいて③＋4が$4\div3\times5=\frac{20}{3}$に等しく③＝$\frac{20}{3}-4=\frac{8}{3}$

したがって，$5:\left(4+\frac{8}{3}\right)=3:4$

(2)　(1)より，$\frac{8}{3}:4=2:3$

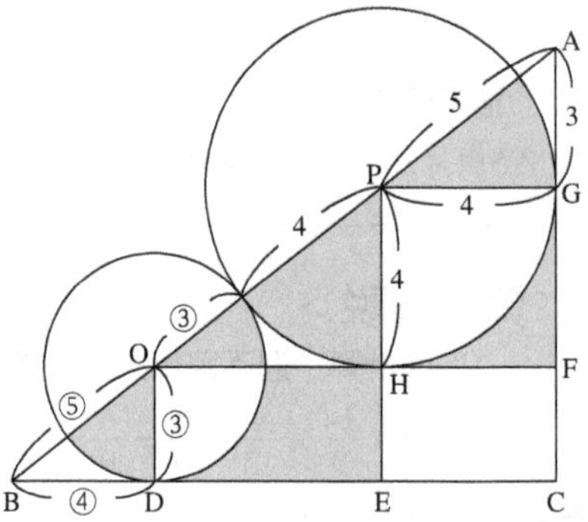

図1

(3)　図2において，(1)より，OH＝DEは$4\div3\times4=\frac{16}{3}$，

BDは$\frac{8}{3}\div3\times4=\frac{32}{9}$

BD：DE：EC…32：48：36＝8：12：9

大円の半径…58÷(8＋12＋9)×9＝18(cm)

小円の半径…18÷3×2＝12(cm)

DE…18÷3×4＝24(cm)

したがって，求める面積は18×18＋12×24＝324＋288＝612(cm²)

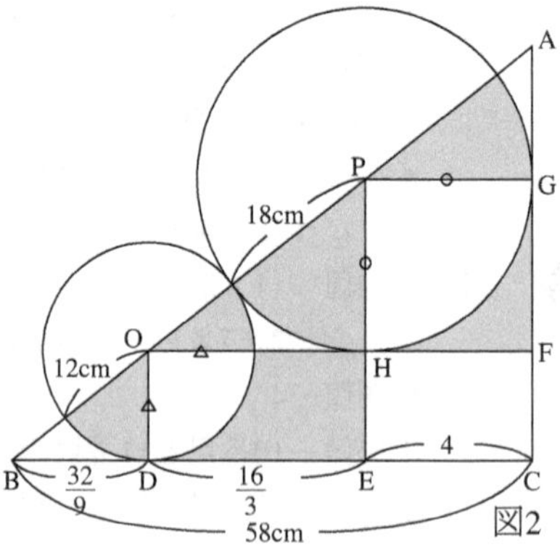

図2

重要 [4] （演算記号，数の性質）

(1)　(☆＋10)×(☆＋10)×☆＝(☆×☆＋20×☆＋100)×☆＝2023＝7×289より，☆＝7

(2)　(5＋△)×□－△×□－5＝5×□－5＝5×(□－1)より，ア＝□－1

(3)　条件2の式…(2)より，●×(■－1)＝2023＝7×289または17×119

●＝7のとき，■＝290，または，●＝17のとき，■＝120

条件3の式…（▲＋50)×(50＋■)×●＝202300

●＝7，■＝290のとき…(▲＋50)×(50＋290)×7＝202300＝7×28900

▲＋50＝28900÷340＝85より，▲＝35

●＝17，■＝120のとき…(▲＋50)×(50＋120)×17＝202300＝17×11900

▲＋50＝11900÷170＝70より，▲＝20

5 (場合の数，論理)

重要 (1) 花子のさいころの目を1A，1B，4，5A，5B，5Cとする。
花子が4で勝つ場合…3通り
花子が5A，5B，5Cで勝つ場合…4×3＝12(通り)
したがって，全部で3＋12＝15(通り)
太郎が2，3，4で勝つ場合…2×3＝6(通り)
太郎が5で勝つ場合…3通り
太郎が6で勝つ場合…6通り
したがって，全部で6×2＋3＝15(通り)

(2) 花子のさいころの目が1，2，2，2，7，7の場合
$a=2$で勝つとき，1通り
花子のさいころの目が1，1，2，3，7，7の場合
$a=3$で勝つとき，2通り
花子のさいころの目が1，1，1，4，7，7の場合
$a=4$で勝つとき，3通り
したがって，花子が勝つ場合は$a-1$通り
花子が勝つ場合の数$a+b+c+d+8$(通り)についての説明例
さいころの目7が2個あり，これらで勝つ場合が6×2＝12(通り)，$a+b+c+d$の和は7，$a-1+b-1+c-1+d-1$が7−4＝3(通り)あるので，花子が勝つ場合の数12＋3＝15(通り)は$a+b+c+d+8$に等しい。

(3) 以下の11通りがある。
1，1，1，5，6，7の場合…太郎が勝つ場合は4＋3＋3＋3＋3＝16(通り)
1，1，4，4，4，7の場合…太郎が勝つ場合は5＋5＋2＋2＋2＝16(通り)
1，1，3，4，5，7の場合…太郎が勝つ場合は5＋4＋3＋2＋2＝16(通り)
1，1，3，3，6，7の場合…太郎が勝つ場合は4＋4＋4＋2＋2＝16(通り)
1，1，2，5，5，7の場合…太郎が勝つ場合は5＋3＋3＋3＋2＝16(通り)
1，1，2，4，6，7の場合…太郎が勝つ場合は4＋4＋3＋3＋2＝16(通り)
1，3，3，3，4，7の場合…太郎が勝つ場合は5＋5＋4＋1＋1＝16(通り)
1，2，3，4，4，7の場合…太郎が勝つ場合は5＋5＋3＋2＋1＝16(通り)
1，2，3，3，5，7の場合…太郎が勝つ場合は5＋4＋4＋2＋1＝16(通り)
1，2，2，4，5，7の場合…太郎が勝つ場合は5＋4＋3＋3＋1＝16(通り)
1，2，2，3，6，7の場合…太郎が勝つ場合は4＋4＋4＋3＋1＝16(通り)

★ワンポイントアドバイス★

1 (2)「まんじゅうの箱詰め」問題は，全体の個数について詰め直す場合を問題文から理解する。(3)「最頻値」，「中央値」を覚えているだろう？　5「場合の数」も問題の条件をつかまないとまちがえることになり，(3)は難しい。

＜理科解答＞《学校からの正答の発表はありません。》

1　問1　80(mL)，1.6(g)　　問2　(イ)，(カ)
問3　(1)　(ア)　　(2)　塩酸B(を)16(mL)　　(3)　0.25(g)　　(4)　72(mL)

2　問1　気候が似ている上，生物の移動も容易にできるから。　　問2　衣服などに付着した生物が侵入するのを防ぐため。　　問3　分解者　　問4　(1)　(オ)　　(2)　(イ)
問5　①　強い　　②　弱い　　③　じょじょ

3　問1　(ウ)　　問2　太平洋プレート　　問3　(ウ)
問4　岩石名　(イ)　　岩石の色　(ア)　　問5　(ア)，(ウ)，(エ)，(オ)
問6　(ア)，(イ)，(エ)

○推定配点○

1　問1～問3(1)　各2点×4(問2完答)　　他　各4点×3
2　問1・問2・問5　各4点×3(問5完答)　　他　各2点×3
3　各2点×6(問4・問5・問6各完答)　　計50点

＜理科解説＞

1　(水溶液の性質—塩酸と水酸化ナトリウム水溶液の中和，水溶液と金属の反応)

問1　実験1～3の結果をまとめると，次のようになる。

> 実験1　水酸化ナトリウム水溶液Aと塩酸Bが完全に中和するときの体積の比は，A：B＝10：25＝2：5である。
> 実験2　10mLの水酸化ナトリウム水溶液Aには0.2gの水酸化ナトリウムが溶けている。
> 実験3　水酸化ナトリウム水溶液Aに水を加えてうすめた水酸化ナトリウム水溶液Cと塩酸Bが完全に中和するときの体積の比は，C：B＝20：20＝1：1である。

したがって，A：B：C＝2：5：5となり，水酸化ナトリウム水溶液Cは水酸化ナトリウム水溶液Aを$\frac{5}{2}$倍にうすめたので，□mLは，200(mL)×$\frac{2}{5}$＝80(mL)である。

また，80mLの水酸化ナトリウム水溶液Aに含まれている水酸化ナトリウムは，

0.2(g)×$\frac{80(\mathrm{mL})}{10(\mathrm{mL})}$＝1.6(g)である。

問2　アルミニウムは塩酸や水酸化ナトリウム水溶液にとけて水素が発生する。水素は水を電気分解したときに，電源の－極側とつないだ方から発生する。また，空気の約0.07倍の重さである。なお，過酸化水素水に二酸化マンガンを加えたときに発生するのは酸素，重ソウに塩酸を加えたときに発生するのは二酸化炭素，空気中に最も多いのはちっ素，水に溶けて酸性を示すのは塩化水素などである。

問3　実験4～6の結果をまとめると，次のようになる。

> 実験4　20mLの塩酸Bとアルミニウムが過不足なく反応すると48mLの水素が発生する。
> 実験5　20mLの水酸化ナトリウム水溶液Cとアルミニウムが過不足なく反応すると144mLの水素が発生する。
> 実験6　80mLの水酸化ナトリウム水溶液Aと120mLの塩酸Bを混合すると200mLの混合液Dが生じる。

(1)　80mLの水酸化ナトリウム水溶液Aと過不足なく反応する塩酸Bは，$80(\text{mL})\times\frac{5}{2}=200(\text{mL})$である。したがって，塩酸Bが，$200(\text{mL})-120(\text{mL})=80(\text{mL})$不足しているので，混合液Dはアルカリ性であり，赤色リトマス紙を青色にする。

(2)　40mLの混合液Dを完全に中和するのに必要な塩酸Bは，$80(\text{mL})\times\frac{40(\text{mL})}{200(\text{mL})}=16(\text{mL})$である。

やや難　(3)　25mLの混合液Dに含まれている塩酸Bは，$120(\text{mL})\times\frac{25(\text{mL})}{200(\text{mL})}=15(\text{mL})$である。混合液Dには水酸化ナトリウムAが余っているので，含まれる食塩の量は，塩酸Bの量によって決まる。一方，実験1より，$10(\text{mL})+25(\text{mL})=35(\text{mL})$の混合液に含まれている食塩は，$0.08(\text{g})\times\frac{35(\text{mL})}{10(\text{mL})}=0.28(\text{g})$である。したがって，15mLの塩酸が完全に中和したときに生じる食塩は，$0.28(\text{g})\times\frac{15(\text{mL})}{25(\text{mL})}=0.168(\text{g})$である。さらに，25mLの混合液Dに含まれている水酸化ナトリウム水溶液Aは，$80(\text{mL})\times\frac{25(\text{mL})}{200(\text{mL})}=10(\text{mL})$である。この中で，塩酸Bによって中和されずに残っている水酸化ナトリウム水溶液Aは，$10(\text{mL})-15(\text{mL})\times\frac{2}{5}=4(\text{mL})$である。したがって，含まれている水酸化ナトリウムは，$0.2(\text{g})\times\frac{4(\text{mL})}{10(\text{mL})}=0.08(\text{g})$である。以上より，残る固体は全部で，$0.168(\text{g})+0.08(\text{g})=0.248(\text{g})$なので，四捨五入すると0.25gである。

やや難　(4)　20mLの水酸化ナトリウム水溶液Cに含まれている水酸化ナトリウム水溶液Aは，$20(\text{mL})\times\frac{2}{5}=8(\text{mL})$である。したがって，25mLの混合液Dにアルミニウムを入れたときに発生する水素は，実験5より，$144\times\frac{4(\text{mL})}{8(\text{mL})}=72(\text{mL})$である。

2　(大地の活動，生態系―火山と生態系)

問1　新しくできた火山島と隣接する島との距離が近いと，気候が似ている上に，島に住んでいる生物が移動しやすい。

問2　衣服などには，植物の花粉や種子，細菌などが付着していることがある。

問3　新しくできた火山島には，生物を分解する細菌なども存在していない。

やや難　問4　(1)　(ア)　溶岩だらけの裸地にはコケ植物が進出する。ただし，コケ植物の体には根・くき・葉の区別がなく，体全体から水を吸収する。　(イ)　ススキなどの草本植物が生育することができる土ができてから，ミミズなどの小動物が進出する。ただし，このことは遷移ではない。　(ウ)　富士山の5合目から頂上にかけては，森林ができる環境ではない。　(エ)　陽樹と陰樹が進出する条件は日光の当たり方が原因である。　(オ)　火山の噴火によって生じた裸地には生物がまったくいなくなるが，山火事で生じた土地では，翌年には，芽生えが生じる。(正しい)

(2)　新しくできた火山島が極相林を形成するのには1000年～1500年ほどかかる。

やや難　問5　火山の噴火により，その場に定着していた繁殖力の強い生物種がいなくなることで，別の繁殖力が弱い生物種が勢力を拡大させる。

3　(大地の活動―富士山と火山)

重要　問1　活火山は，1万年以内に噴火した火山や現在噴火活動のある火山のことで，日本には現在のところ，111の活火山がある。

問2　富士山付近には，ユーラシアプレート・フィリピン海プレート・北米プレートが集まっている。ただし，太平洋プレートだけは，太平洋側の少し離れた場所にある。

問3　岩石に含まれている鉱物の二酸化ケイ素の割合が多いと粘り気が強くなり，二酸化ケイ素の割合が少ないと粘り気が弱くなる。

問4　二酸化ケイ素の割合が少なく，黒っぽい岩石は，玄武《げんぶ》岩である。花崗《かこう》岩は，二酸化ケイ素の割合が多く，白っぽい岩石である。

やや難　問5　(ア)　富士山が大噴火した場合，大量の火山灰が降り積もり，重みで建物が倒壊《とうかい》したり，建物が火山灰に埋《う》もれるおそれがある。(正しい)　(イ)　火山灰の温度は高くはなく，火災が生じることはない。　(ウ)　火山灰に含まれている粒は角ばっているので，目を傷つけることがある。(正しい)　(エ)　降り積もった火山灰が雨水でぬれることで，電線などの電気が流れだし，停電が生じることがある。(正しい)　(オ)　降り積もった火山灰で道路が滑《すべ》りやすくなる。(正しい)

やや難　問6　(ア)　富士山の形や火山活動は，世界的にはそれほど珍しくない。(正しい)　(イ)　観光客が多く，ゴミなどが放置された。(正しい)　(ウ)　人工物を含めて，2013年に「世界文化遺産」として登録された。　(エ)　開発や多くの人が出入りすることで，生態系にも影響が見られる。(正しい)

★ワンポイントアドバイス★

理科の基本的な問題から応用問題まで十分に理解しておくこと。また，各分野での思考力を試す問題にも十分に慣れておくこと。

<社会解答>　《学校からの正答の発表はありません。》

〔Ⅰ〕　問1　ウ　　問2　エ　　問3　イ　　問4　ウ　　問5　エ　　問6　つるがおかはちまんぐう　　問7　①　宋[南宋]　　②　(例)　遠浅の海だったので，水深の深い掘り込み港をつくる。　　問8　①　ウ　　②　(例)　建築物の高さを制限する。　　問9　イ　　問10　①　ア　　②　ウ　　③　ウ

〔Ⅱ〕　問1　(都市名)　高松市　　(県名)　香川県　　問2　50　　問3　オ　　問4　(指名)　エ　　(任命)　ア　　問5　①　弾劾裁判　　②　ウ　　問6　5　　問7　(例)　選ばれる年齢が，満20歳から満18歳以上となった。

〔Ⅲ〕　問1　エ　　問2　B　　問3　ウ　　問4　エ・オ　　問5　1　水害[洪水]　　2　延暦　　問6　応仁の乱　　問7　(例)　武田勝頼と敵対していた　　問8　B→E→A→C→D　　問9　1　下関　　2　清　　3　台湾

○推定配点○

〔Ⅰ〕　各2点×14　　〔Ⅱ〕　各1点×10　　〔Ⅲ〕　各1点×12(問4・問8各完答)　　計50点

<社会解説>

〔Ⅰ〕　(日本の地理・歴史―鎌倉に関する諸問題)

やや難　問1　図1の地図中のA地点の南西に標高「114m」の地点があり，その地点と計曲線(太い線)の間に主曲線(細い線)が1本あるので，この地図では等高線が10mごとに引かれていることがわかる。地図中のA地点はA―B間のA地点に近い計曲線からみて主曲線が4本目の場所にあるので，設問中の断面図に示された標高と合わせて考えると，A地点は標高60mであることがわかる。A―B間の線分は，A地点から地点Bの方向に向かって110m付近まで標高が上がる。次いで標高は約90mま

で急速に下がるが，その後に傾斜は緩やかになり，B地点付近で標高は80m程になる。したがって，このような変化の断面図になっているのは，選択肢ウの図である。

問2　図1の地形図で点線で囲まれた地域「今泉台(一)～(七)」の地域は道に沿って建物が比較的規則的に密集して配置された地域で，このような地域は郊外に計画的に建設された新都市のニュータウンである。日本におけるニュータウンは，高度経済成長期の1950年代からその後の1980年代までに東京都市圏や大阪都市圏の郊外を中心に新設の鉄道駅周辺や既存の鉄道駅から離れた郊外に造られた。その代表は東京の多摩，大阪の千里，横浜の港北などであるが，近年は住民の高齢化や住宅の老朽化が進んでいる。　ア　建物が点在しているわけではないので，別荘地ではない。　イ　「今泉台(一)～(七)」の周辺地域に温泉の地図記号「♨」は確認できないので，温泉街ではない。　ウ　「今泉台(一)～(七)」の地域は，街道に沿って細長く形成されているわけではない。

問3　北鎌倉駅の東に位置する円覚寺の場所は，その北東部分で標高60m付近から100mの地域に向けて等高線が食い込むようになっている。このように等高線が低い場所から高い場所へ食い込むようになっている地形は谷を表しているので，円覚寺は細長くのびた谷につくられていることがわかる。　ア　尾根は，地形図では等高線が高い場所から低い場所へ張り出しているようにして表される。　ウ　台地は地形図では，周辺の地域の標高が低い状態になっている。　エ　盆地は地形図では，周辺の地域の標高が高い状態になっている。

問4　図1の地形図は等高線(主曲線)が10mごとに引かれているので，縮尺2万5000分の1の地図である。縮尺2万5000分の1の地図では，地図上1cmの長さは，実際の距離で250mにあたる。C地点から鎌倉市役所「◎」までの長さは地図上で6cmあるので，その直線距離は1.5km(250m×6＝1500m＝1.5km)となる。

基本　問5　源頼朝(1147～1199年)は平治の乱(1159年)後，伊豆の蛭島に流された。その後，1180年に関東武士の一部を味方に付けて挙兵し，1185年に平氏を滅ぼした。1185年に朝廷から全国各地に守護・地頭の設置を許され(選択肢エ)，それに応じて有力な御家人を守護・地頭として置いた。その後1189年に奥州藤原氏を滅ぼし，さらに1192年に征夷大将軍に任じられて鎌倉幕府を確立した。　ア　伊豆に流されたのは，承久の乱(1221年)ではなく平治の乱に敗れたためである。承久の乱は，鎌倉幕府の軍に後鳥羽上皇方が敗れた戦いである。　イ　御成敗式目(1232年)を制定したのは，鎌倉幕府の3代執権の北条泰時(1183～1242年)である。　ウ　日本で初めて征夷大将軍に任命されたのは，794年に任命されたとされる大伴弟麻呂(731～809年)である。

問6　鶴岡八幡宮は鎌倉市雪ノ下にある神社で，鎌倉八幡宮とも呼ばれる。この神社は武家である源氏および鎌倉武士の守護神であるとともに，鎌倉幕府初代将軍である源頼朝ゆかりの神社として全国の八幡社の中で関東方面では知名度が高い。鶴岡八幡宮の楼門の八幡宮の額の「八」の字は「つかわしめのハト」の二羽の形をしている。ハトは八幡宮の使者と言われ，宇佐八幡宮を勧進した時の道案内をしたとされる。

やや難　問7　①　3代将軍の源実朝(位1203～1219年)が船で渡りたかったという，当時の中国の王朝は宋(960～1276年)である。宋は唐の滅亡後の混乱を統一して成立した中国の王朝で，都が開封に置かれた北宋(960～1127年)とその後に都が臨安に移された南宋(1127～1276年)の2つの時代に分かれるが，源実朝の在職時にあったのは南宋の方である。　②　源実朝は現在の由比ヶ浜から宋に渡ろうとして大型船を建造させたが，由比ヶ浜は遠浅の海で，海岸線からすぐに深くなるような地形ではなかった。大型船は船底から水面までの長さ(喫水線)がかなり大きいので，遠浅の海でそのような大型船を人力で引いて海に浮かべることは，たとえコロなどを使用したとしても船底が砂にめり込み，当時としては非常に困難なことであった。そのためこのような遠浅の海の地形の場所から大型船を出すためには，船底が海底に接することがないような水深の深い掘り込み港をつくる必要がある。

重要 問8　①　現在の奈良県生駒郡斑鳩町にあるものは法隆寺(選択肢ウ)である。この寺は7世紀の初めに聖徳太子によって建立され，現存する世界最古の木造建築となっている。なお，アの清水寺は京都市にある北法相宗の大本山の寺，イの東大寺は奈良市にある華厳宗の大本山の寺，エの大仙古墳は大阪府堺市堺区大仙町にある前方後円墳である。　②　鎌倉景観地区では建築物の高さの最高限度は15mに制限され，また建築物の屋根や外壁の基調色は原色・刺激色など周囲の街並みと不調和となるような色は使用できないことになっている。

問9　鎌倉市(図3のイ)は，神奈川県南東部の相模湾に臨む滑川の沖積地に位置し，その場所を三方から丘陵地が取り囲んでいる。この地名は，鎌形に曲がった地形と「クラ」と呼ばれた洞穴が多かったことに由来するとされる。なお，図3中のアは平塚市，ウは横浜市，エは三浦半島である。

問10　①　鎌倉市の位置している神奈川県は首都圏に含まれるので，その人口は900万人を超えている。また近年の人口の減少傾向の中にあっても，人口増加率は数少ない増加傾向にある。なお，表中のイは兵庫県，ウは東京都，エは愛知県，オは福岡県のデータである。　②　鎌倉市の位置している神奈川県は大消費地に近いため，集約的な園芸農業を中心とした近郊農業が盛んである。そのためキャベツ，カブ，キュウリなどの栽培が多く，減農薬野菜などの安全な農作物の栽培に力を入れる農家もある。また温暖な三浦半島南部では，野菜や草花の促成栽培も行われている。したがって，神奈川県の農業産出額の内訳は野菜が約半分を占めている。なお，グラフのアは富山県，イは鹿児島県，エは和歌山県の農業産出額の内訳である。　③　鎌倉市で水揚げされる代表的な魚類はシラス(図4)であり，毎年，春から冬にかけて漁が行われ，その漁業は沿岸漁業に含まれる。沿岸漁業は小型船を用いて日帰りで行う漁業で，海岸から近い領海内で行うことが多いが，その漁獲量は減少傾向(図5のウ)にある。なお，図5中のアは沖合漁業，イは遠洋漁業，エは海面養殖業の漁業別生産量の変化を表したものである。

〔Ⅱ〕　(政治―日本の司法制度)

問1　高等裁判所は，札幌・仙台・東京・名古屋・大阪・高松・広島・福岡の全国8か所に設置されている他，必要に応じて支部が置かれている。したがって，これらの高等裁判所の中で四国にあるものは高松市にある高等裁判所で，高松市が位置する県は香川県である。

基本 問2　地方裁判所は法律に基づいて各都府県に1つ，北海道に4つ置かれる国の機関である。したがって，都道府県の数は全部で47なので，地方裁判所の数の合計は50箇所ということになる。

問3　国民審査は，最高裁判所の裁判官がその職に適しているかを国民が判断することである。この国民審査は最高裁判所の裁判官の任命後，最初の衆議院議員総選挙の際(その後は10年ごと)に信任投票の形で行われる。この投票でやめさせることに賛成する票が，過半数となった裁判官はやめさせられることになる。　ア　内閣総理大臣の選挙は特別国会で行われるので，その際に同時に国民審査が行われることはない。　イ　憲法改正の国民投票は憲法の改正案の賛否を問うための投票なので，その際に同時に国民審査が行われることはない。　ウ　国民審査は，5年に1度の国勢調査の時に行われることはない。衆議院議員総選挙は衆議院が解散した時に行われるので，不定期になりやすい。　エ・カ　国民審査は衆議院議員総選挙の時にだけ行われるので，参議院議員通常選挙やいずれかの国会議員の選挙の時に同時に国民審査が行われることはない。

基本 問4　日本国憲法第6条2項には，「天皇は，内閣の指名に基づいて，最高裁判所の長たる裁判官を任命する。」とある。したがって，最高裁判所長官は，内閣(選択肢エ)が指名して天皇(選択肢ア)が任命する。

問5　①　弾劾裁判は裁判官の職務上の義務違反などによって，裁判官を辞めさせるか否かを決めるための裁判で，この裁判は衆議院と参議院から7名ずつ選ばれた合計14人の裁判員による弾劾裁判所が国会に設置され，審査に関わった裁判員の3分の2以上が罷免に賛成した時にその裁判官は辞めさせられる。　②　弾劾裁判は国会・内閣・裁判所の三権分立の中で，国会(選択肢ウ)から裁判所に対する権限である。

基本　問6　最高裁判所の裁判官は，1人の長官と14人の裁判官の合計15人の裁判官で構成されている。したがって，それらの裁判官の女性の割合が定員の30％を超えるのは，女性裁判官が5人になったときである。

重要　問7　裁判員制度(2009年実施)は，地方裁判所における殺人や放火などの刑罰が重い犯罪の刑事裁判の第一審に国民が裁判員として参加する制度である。この裁判では，3人の裁判官とともに満20歳以上の成人の国民から選ばれた6人の裁判員が判決を下す。その目的は国民が主権者として裁判に参加することをうながすとともに，国民の感覚や視点を裁判に生かすことである。他方，2018年6月に民法が改正されたことで，2022年4月から成人年齢が満20歳以上から満18歳以上に引き下げられることになった。そのため2022年から裁判員に選ばれる年齢も，満20歳以上から満18歳以上に引き下げられることになった。

〔Ⅲ〕　(日本の歴史—京都から見た歴史)

問1　祇園祭は，京都市南東部の東山区にある八坂神社の例祭である。毎年7月1日の吉符入から7月31日の境内社疫神社の夏越祓までの1ヵ月間にわたる大祭で，特に7月17日には33基の山鉾巡行(写真エ)が行われる。なお，写真アは青森県のねぶた祭，イは大阪府岸和田市のだんじり祭，ウは秋田県の竿灯祭である。

重要　問2　平安京は現在の京都市に造営された都で，794年に桓武天皇が長岡京から遷都した。唐の長安を手本として，東西約4.5km，南北約5.2kmで都の中央には幅約85mの朱雀大路がつくられて右京と左京に分けられ，それぞれ南北4本，東西9本の大路によって碁盤目状に組み合わされていた。右京と左京の区別は，平安京では平安宮(御所)からみて右側が右京，左側が左京とされていたので，図1では西側のAとCの部分が右京，東側のBとDの部分が左京となる。他方，資料中に「左京の四条より北の地域の北西と北東には，貴賤を問わず人々が多く住み，各家の屋敷や民衆の小屋がぎっしりと立ち並んでいる。」とある。したがって，もっとも多くの人々が住んでいたと考えられる地域は「左京の四条より北の地域の北西と北東」となり，その条件にあてはまる地域は図1中のBとDの内で，「四条大路」の北側にあたるBの地域となる。

基本　問3　縄文時代の人々の信仰にもっとも関わりの深いものの1つは，土偶(図版ウ)である。土偶は大きさが20cm程度の土人形のことで，縄文時代中期～後期にかけて作られた。その顔や髪形からハート形土偶，山形土偶，ミミズク形土偶，遮光器形土偶などがある。全体的に女性をかたどったものが多く，魔よけや安産，豊作を祈るために使用されたと考えられる。その多くは壊された形で発見され，完全な形で出土するものは少ない。なお，図版アは弥生時代の銅鐸，イは古墳時代の形象埴輪，エは弥生時代以降に中国・朝鮮からもたらされた銅鏡，オは古墳時代に伝えられた仏教の仏像である。

問4　エ　松尾大社は京都市西京区嵐山宮町にある神社で，元来は松尾山に残る磐座での祭祀に始まるとされる。701年に文武天皇の命令で社殿が設けられ，平安京への遷都後は東の加茂神社とともに西の王城鎮護社とされた。　オ　伏見稲荷大社は京都市伏見区深草にある神社で，その信仰は稲荷山の3つの峰を神として崇拝していたことに源流がある。当初は農耕の神として祀られ，その後に殖産興業の性格が加わった。なお，アの上御霊神社は794年に早良親王(崇道天皇)の御霊を祀ったもの，イの北野天満宮は947年に創建されたもの，ウの平安神宮は1895年に平安京遷都1100年を記念して建てられたもので，いずれも平安京造営後に創建されたものである。

問5　白河上皇が言ったとされる「賀茂河の水，双六の賽，山法師，これぞわが心にかなわぬもの」

という言葉の中の「賀茂河の水」とは，以前から氾濫を繰り返したことで暴れ川として知られていた賀茂川がもたらす水害(洪水)のことを表している。また「山法師」とは，勝手な理由をつけて日吉山王社の神輿を担いで都にやって来ては，強訴を繰り返した比叡山延暦寺の僧兵のことを指している。

基本 問6　応仁の乱(1467～1477年)は室町幕府の第8代将軍である足利義政の跡継ぎ争いや有力守護大名間の権力争いなどが原因となって発生した戦乱で，主に京都を戦場として11年間続いた。

重要 問7　武田勝頼(1546～1582年)は，1573年に武田信玄が亡くなると武田家の家督を継いだ。他方，武田信玄の死後，互いに同盟関係にあった織田信長と徳川家康は武田氏が征服した駿河や東三河に攻め込んで，この地域からの武田勢の駆逐を企てた。これに対抗して武田勝頼は背後の北条氏政と攻守同盟を結んで，1574年に遠江に攻め込んで徳川家康を圧迫し，次いで美濃に侵入して織田信長の諸城を攻略した。このようにこの時期の織田信長は武田勝頼と対立をしていたので，武田勝頼との戦いを有利に進めるためにその背後にいた上杉謙信が武田勝頼と結びつくことを警戒して，上杉謙信との良好な関係を保つことを願った。そのため織田信長は上杉謙信へ1574年に「洛中洛外図屏風」を贈り，自らの友好の証しを示そうとした。

問8　Aの京都でどんどん焼けが発生したのは1864年，Bの日米修好通商条約が結ばれたのは1858年，Cの薩長同盟が結ばれたのは1866年，Dの徳川慶喜が政権を朝廷に返すことを申し出たのは1867年，Eの大老の井伊直弼が暗殺されたのは1860年のことである。したがって，これらの出来事を年代順に並べると，B→E→A→C→Dとなる。

基本 問9　資料中に「1895年4月調印」とあるので，この国際条約は日清戦争後に結ばれた下関条約(括弧1)である。この条約では，第一条で清国(括弧2)は朝鮮国を完全な独立国であることの承認，第二条で清国は遼東半島，台湾(括弧3)，澎湖諸島など付属島嶼の主権を日本に割譲，第四条で清国は賠償金2億両を日本に支払うことが規定された。

★ワンポイントアドバイス★

地理・歴史・政治の3分野の出題の割合はほぼ均衡しているが，〔I〕は地理と歴史の融合問題となっている。また説明問題は字数こそ多くはないものの，適切に思考力・判断力・表現力を試す設問となっている。

＜国語解答＞ 《学校からの正答の発表はありません。》

一　問1　a　エ　b　ウ　c　ア　d　イ　問2　I　夏　II　①　(例)　緑が一面に生いしげる　②　吾子の歯　③　(例)　白　問3　イ　問4　イ　問5　イ
問6　①　(例)　コロナ禍で季節を問わず使われる　②　家族　③　ウクラ～心痛め
④　新しい～される　問7　X　平和　Y　時代　問8　イ

二　問1　A　(例)　(「コロ」は)微細なサインの違いを認識するという合理的な行動をする(が，そのことを人間が理解できていないから。)　B　(例)　(人間は)犬も人間と同様に，自分の名前を認識しているはずだ(と思い込んでいるから。)　問2　A　(「概念」とは)「違うものを同じだと見なす」(能力によって生み出され，)　B　(例)　個人が考える概念のあり方はそれぞれ異なる(ものである。それにも関わらず，)　C　(例)　概念の同一性は絶対的なものだと信じ，相手の同一性のずれを認めることができずに存在を否定する(から「災厄」

が引き起こされる。)

三　問1　①　風　②　塩　問2　①　支持　②　沿って　③　固有　④　署名
⑤　臨む　⑥　車窓　⑦　さっしん　⑧　じょうせき

○推定配点○
一　問4・問5・問8　各4点×3　問6　①　5点　他　各2点×14　二　各7点×5
三　各2点×10　計100点

＜国語解説＞

一　(論説文・俳句―要旨・論理展開・細部の読み取り，空欄補充，表現技法，文学史，記述力)

問1　季語が生まれる手順として，aにはまず「ある言葉を季語として俳句を作る」とあるエ→bには「それ」＝エの俳句を指すウ→cには「それ」＝ウの秀句の言葉を指すア→dにはその後を表すイが入る。

問2　Ⅰ　「万緑」が表す季節は夏である。

Ⅱ　空らん①は「万緑」が表す様子なので「緑が一面に生いしげる(10字)」といった説明が入る。②はAの俳句の「吾子の歯」，③はその「歯」の色である「白」が入る。「吾子」はわが子のこと。

基本　問3　他の句の作者は，ア・エは松尾芭蕉，ウは正岡子規，オは小林一茶。

問4「今でこそ，感染症には……やるべきことが分かっている。が,」Cの句の「コレラが怖いと皆で蚊帳の中に入りご飯を食べていた時代の人々」と同じように，現代の私たちも「科学的知識がないと，何をどう恐れたらよいのか分からない」ので――線1である，ということなのでイが適切。1前の内容をふまえていない他の選択肢は不適切。

重要　問5　――線2は，コロナ禍やウクライナでコレラ大発生の恐れがあるといった「世界の現実」を認識して俳句を詠み続けるしかない，ということで，最後の段落で「俳句というアイテムを手にする私たちは，現状をあるがままに詠み続ける」とも述べていることからイが適切。アの「他の人からの評価を気にせず」，ウの「自然が失われた」「花鳥風月を詠み続ける」，エの「新しい季語を作り出す」，「世界の現実」を説明していないオはいずれも不適切。

問6　空らん①は「マスク」が「コロナ禍によって『冬だけのものじゃなくなってきたね』と語った」「冬でも春でもないマスクの現状」と述べていることをふまえる。②は「ところが……」で始まる段落内容とEの解説から「家族」が入る。③は「現在の世相」なので「ところが……」で始まる段落の「ウクライナの戦況に心痛め(12字)」が入る。④は筆者の考える「季語」なので「時代が……」で始まる段落の「新しい意味やイメージが付加される(16字)」が入る。

問7　Xは世界中の人がEの俳句に心を寄せれば，向かっていけるものなので「ところが……」で始まる段落の「平和」が入る。Yは「時代が産み出す……」で始まる段落内容から「時代」が入る。

やや難　問8　イは「季節の生き死には……」で始まる段落，「一読，……」で始まる段落で述べている。アの「苦労していることがわかる」，ウの「俳句というアイテム」の説明と「筆者のあきらめ」，エの「受け手に辛い現実を認識させ」，オの「俳句の影響力が大きく……薄れつつある」はいずれも不適切。

二　(論説文―要旨・文章の細部からの読み取り，記述力)

重要　問1　Aは「犬には……」から続く2段落の内容から，犬である「コロ」は「音や匂いといった微細なサインの違いを認識するという合理的な行動をする」が，そのことを人間が理解できていないから，という文脈になる。Bは「人間には……」で始まる段落内容から，人間は「犬も人間と同様に，自分の名前を認識しているはずだ」と思い込んでいるから，という文脈になる。

やや難 問2　Aは「実はこの……」で始まる段落などから，人間だけが持つ能力として，「概念」とは「『違うものを同じだと見なす』(14字)」能力ということである。Bは「概念」の説明なので，「しかし，『国家』や……」で始まる段落内容から「個人が考える概念のあり方はそれぞれ異なる」というような内容で説明する。Cは「人間には『名前』……」で始まる段落，最後の段落内容から「概念の同一性は絶対的なものだと信じ，相手の同一性のずれを認めることができずに存在を否定する」というような内容で，後の言葉に続くように説明する。

三　(空欄補充，漢字の読み書き，ことわざ)

重要 問1　①は風の吹きわたる場所にある灯火は今にも消えそうなことから。②は食事のときにそえられた少量の塩を「手塩」と呼び，その塩で味加減を自分で調節したことから。

やや難 問2　①は政策などに賛同して後押しをすること。同音異義語で物事を指し示す，あるいは指図することという意味の「指示」と区別する。②の音読みは「エン」。熟語は「沿岸」など。③はそのものだけに限って有るさま。④は自分の氏名を文書に書き記すこと。サインともいう。⑤は風景や場所などを目の前にすること。同訓異字で願い欲する意味の「望む」と区別する。⑥は電車や自動車などの窓のこと。⑦は悪い部分を改め，全く新しくすること。⑧は物事をするときの，最善とされる方法や手順。

★ワンポイントアドバイス★

論説文の要旨をとらえるために，段落ごとの要旨をまとめる，本文を自分の言葉で言い換えるなど，さまざまな形で記述の練習をしておこう。

2022年度

入試問題

2022年度

早稲田実業学校中等部入試問題

【算　数】（60分）　　＜満点：100点＞

1　次の各問いに答えなさい。

(1)　$\left\{1\frac{5}{12}-0.2\times\left(\boxed{}-\frac{1}{4}\right)\right\}\div 0.64+1\frac{1}{6}=3\frac{1}{24}$ の $\boxed{}$ にあてはまる数を求めなさい。

(2)　消費税率８％の商品Ａと消費税率10％の商品Ｂがあります。商品Ａと商品Ｂをひとつずつ買ったときの合計金額は2022円で，そのうち消費税の分は172円です。商品Ａひとつの税ぬき価格を求めなさい。

(3)　右の図は，ある立体の展開図です。この立体の表面積を求めなさい。ただし，円周率は3.14とします。

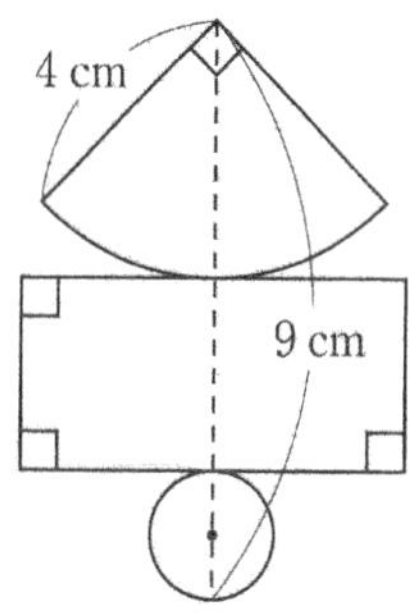

(4)　右のカレンダーに対して，図のように縦横２つずつ，計４つの数を囲みます。囲まれた４つの数の合計が３の倍数になるような囲み方は，全部で何通りありますか。

2022年２月

日	月	火	水	木	金	土
		1	2	3	4	5
6	7	8	9	10	11	12
13	14	15	16	17	18	19
20	21	22	23	24	25	26
27	28					

2　次の各問いに答えなさい。

(1)　１辺の長さが等しい２種類の正多角形を交互《ご》に使い，辺同士を重ねながら円形に並べて内側に正多角形を作ります。右の図は正方形と正五角形を並べている様子です。

次の $\boxed{\text{ア}}$，$\boxed{\text{イ}}$，$\boxed{\text{ウ}}$ にあてはまる図形の名前を答えなさい。

①　正方形と正五角形を並べると，内側には $\boxed{\text{ア}}$ ができます。

②　$\boxed{\text{イ}}$ と $\boxed{\text{ウ}}$ を並べると，内側には正二十四角形ができます。

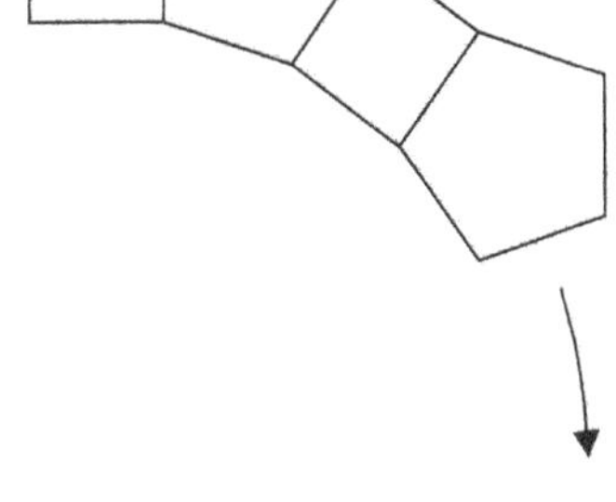

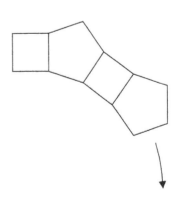

(2)　ある算数の問題を，A君は次のように解きました。

(問)　5時から6時の間で，時計の長針と短針のつくる角が直角になるのは2回あります。
1回目は5時何分ですか。

(式)　$60\times\frac{2}{11}=10\frac{10}{11}$

(答)　5時$10\frac{10}{11}$分

A君のたてた(式)の中の「60」と「$\times\frac{2}{11}$」がそれぞれ何を意味しているのかがわかるように，(式)の説明をしなさい。

3　あるクラスの男子と女子の生徒数の比は4：3です。このクラスの全員でお金を出し合って［ア］円分のお菓《か》子を買うことにしました。男子からは一人あたり200円，女子からは一人あたり180円を集め，足りない［イ］円は先生に負担してもらう予定でした。しかし，男子と女子の金額を逆にして集めてしまったため，先生の負担額を120円増やしてもらい，予定通り［ア］円を集めました。

集めたお金をちょうど使い切り，1個30円のアメと1個80円のガムと1個120円のチョコレートを合わせて138個買う予定でした。しかし，2種類のお菓子の個数を逆にして買ってしまったため，480円余りました。余ったお金を先生に返したところ，先生の負担額は［イ］の0.8倍になりました。次の各問いに答えなさい。

(1)　このクラスの生徒数は男女合わせて何人ですか。

(2)　［ア］，［イ］にあてはまる数を求めなさい。

(3)　アメ，ガム，チョコレートはそれぞれ何個ずつ買う予定でしたか。

4　図1のような，上の面が赤くぬられた円柱があります。次のⒶまたはⒷの2つの切り方を何回かくり返し使って，この円柱を切り分けます。

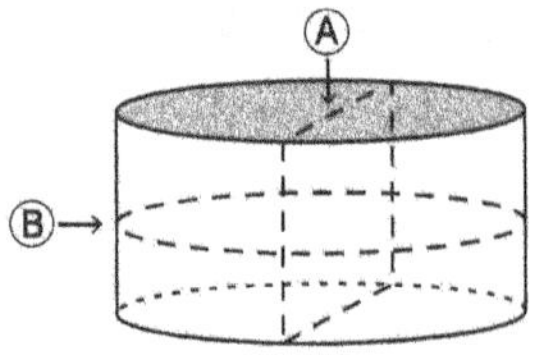

図1

切り方
Ⓐ　赤い面ができるだけ多くの部分に分けられるように，まっすぐ縦に切る。
Ⓑ　まっすぐ横に切る。

例えば切り方Ⓐでは，**図2**の点線のように切ることはありません。

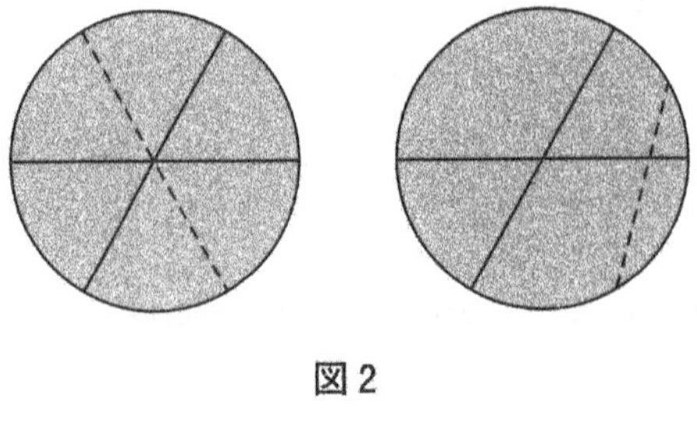
図2

前のページのⒶとⒷのうち，使わない切り方があってもよいものとします。次の各問いに答えなさい。

⑴　3回切ったときに分けられる立体の個数として考えられるものをすべて答えなさい。

⑵　切り方Ⓐのみで5回切ったときに分けられる立体の個数を答えなさい。

⑶　6回切ったときに分けられる立体の個数として考えられるものの中で，最も多い個数を答えなさい。

5　**図1**のように4つの歯車Ⓐ，Ⓑ，Ⓒ，Ⓓがかみ合っています。歯の部分の長さは考えないものとして，各歯車の半径の比と各歯車の歯数の比が等しくなっています。歯車Ⓐ，Ⓑ，Ⓒ，Ⓓの中心をそれぞれ点A，B，C，Dとし，ACとBDの交点をOとすると，AB＝AD＝20cm，BC＝DC＝15cm，AC＝25cm，OB＝12cm，歯車Ⓐの半径は12cmです。

歯車Ⓐが1分間に1回転する速さで，時計回りに回転を始めて回り続けるとき，次の各問いに答えなさい。

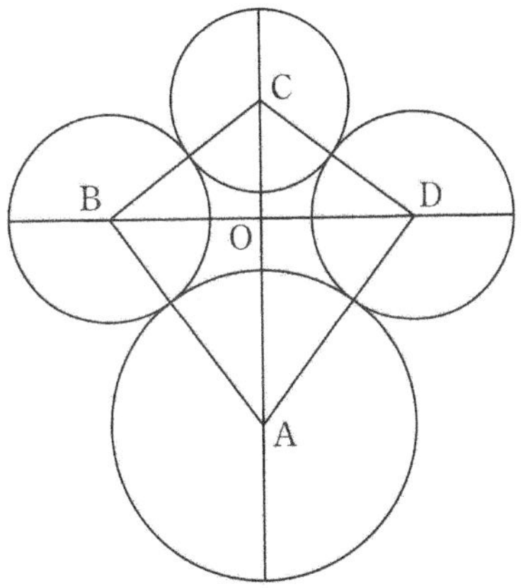

図1

⑴　歯車Ⓑは［ア］秒で1回転し，歯車Ⓒは［イ］秒で1回転します。［ア］，［イ］にあてはまる数を求めなさい。

⑵　歯車Ⓐの周上に点P，歯車Ⓑの周上に点Q，歯車Ⓒの周上に点R，歯車Ⓓの周上に点Sがあります。次の①，②に答えなさい。ただし，解答用紙の図の目盛りはそれぞれの歯車の円周を12等分したものです。

①　歯車Ⓐが回転を始める前に点P，Q，R，Sが**図2**の位置にあるとき，回転を始めて70秒後の点P，Q，R，Sの位置を図に示し，そのときの四角形PQRSの面積を求めなさい。

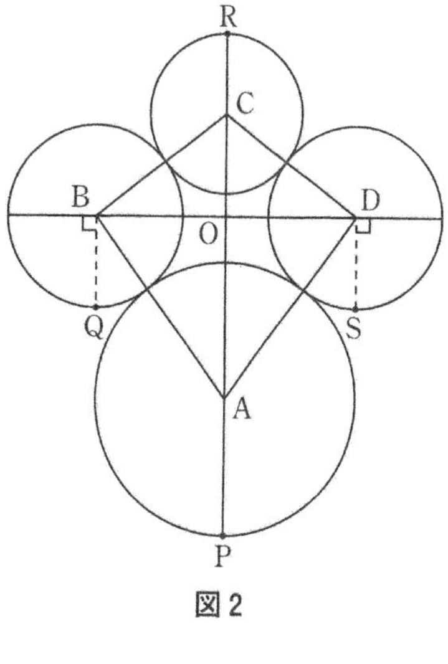

図2

② 歯車Ⓐが回転を始める前に点Q，Rが**図3**の位置にあり，回転を始めて何秒後かに点P，Q，R，Sが**図4**の位置にきました。回転を始める前の点P，Sの位置として考えられるものをすべて図に示しなさい。ただし，解答用紙の1つの図に対して点P，Sは1つずつとることとします。また，すべての図を使うとは限りません。

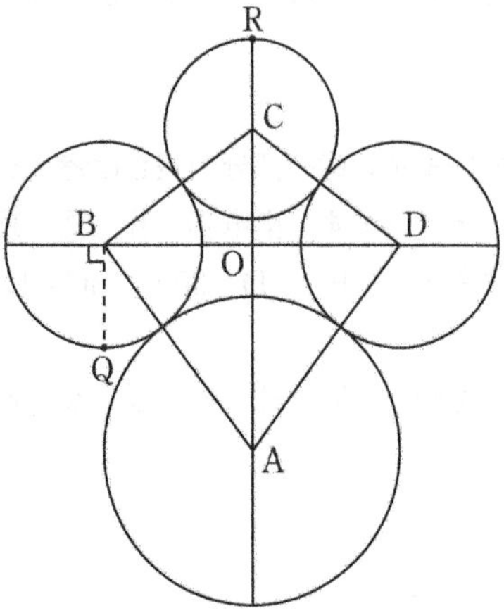

図3

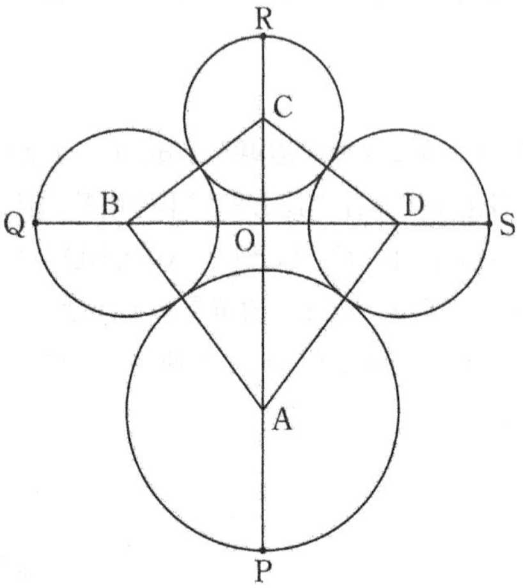

図4

【理　科】（30分）　＜満点：50点＞

1　太郎さんは小学校の理科の授業で，電気を利用する器具の一つとしてモーターについて習いました。**図1**はモーターの仕組みを簡単《かんたん》に表したものです。以下の問いに答えなさい。

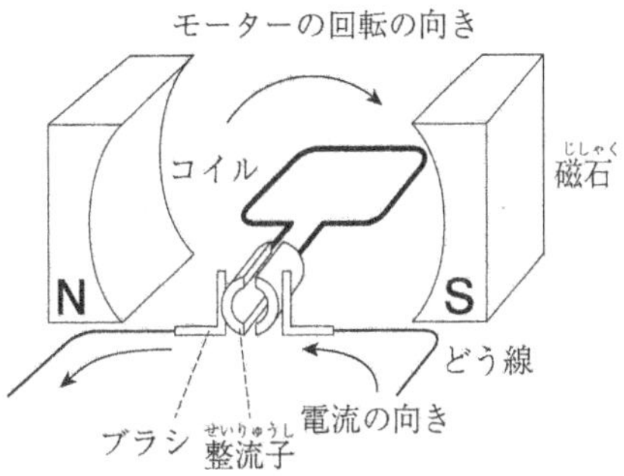

図1　モーターの仕組み

問1　モーターの回転の向きを変えるための方法の一つとして，電流の向きを変えることが考えられます。それ以外の方法としては，**図1**のどの部品をどのように変えればよいでしょうか。句読点を含《ふく》めて20字以内で答えなさい。

太郎さんは鍵《かぎ》の仕組みについて興味があったので，モーターを用いてオリジナルの鍵を作ってみることにしました。太郎さんが考えた鍵は，扉《とびら》に埋《う》めこんだモーターを作動させ，鍵をかけたり開けたりできるというもので，**図2**はその仕組みを示しています。実線の矢印の向きに電流が流れたとき，モーターは実線の向きに回転して鍵がかかります。逆に，点線の矢印の向きに電流が流れたとき，モーターは点線の向きに回転して鍵が開きます。

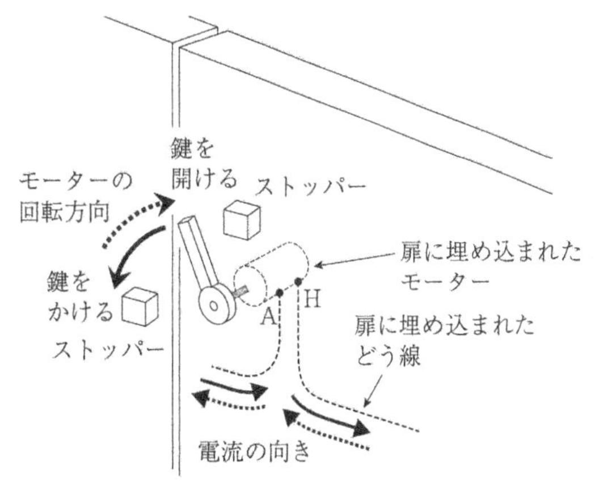

図2　太郎さんの考えたモーターを用いた鍵の仕組み

問2　電流の向きを変えることでモーターの回転の向きを変えたいと思います。そのために，**図3**のような配線を考えました。鍵をかける，もしくは開けるためには，点Bを点Cと点Dのどちらかに，点Gを点Eと点Fのどちらかにつなぎます。鍵をかけるときの正しいつなぎ方を次の（**ア**）～（**エ**）から1つ選び，記号で答えなさい。なお，点A，点Hは**図2**の点A，点Hに対応しています。

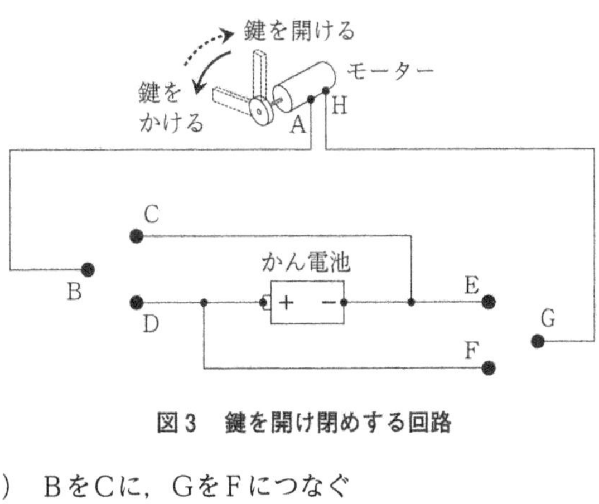

図3　鍵を開け閉めする回路

（**ア**）　BをCに，GをEにつなぐ　　（**イ**）　BをCに，GをFにつなぐ

（**ウ**）　BをDに，GをEにつなぐ　　（**エ**）　BをDに，GをFにつなぐ

図3（前のページ）は，スイッチ2つを用いてモーターの回転の向きを変えることができる回路ととらえることができます。しかし，全部で4通りしかパターンがないため，すぐに開けられてしまう可能性があります。

そこで太郎さんが考えたのが，2つのスイッチ部分を8段階《だんかい》のダイヤル式にするという方法です。**図4**はダイヤルとダイヤルを読み取る目の位置を表しています。**図5**はダイヤルを回転して，5番に設定した状態です。

また，ダイヤルには灰色《はいいろ》で示した金属板を貼《は》り，金属板同士をどう線でつなぎました。1番と6番，4番と8番が，それぞれつないであります。どう線は，電気を通さない膜《まく》でおおわれています。

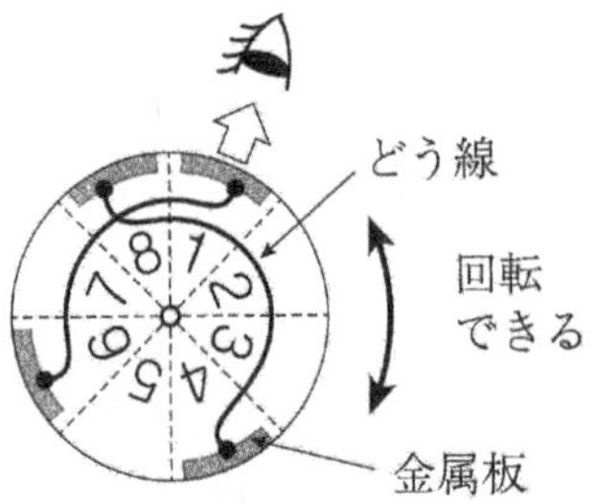

図4　ダイヤルを1番に設定したときのようす

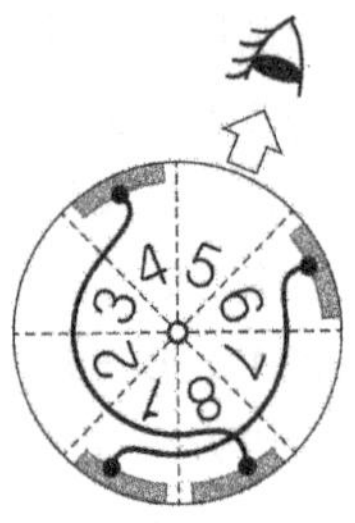

図5　ダイヤルを5番に設定したときのようす

図6は，このダイヤルを実際の回路に組み入れたものです。右側のダイヤルを見ると，点Fと6番の金属板が接していることが分かります。

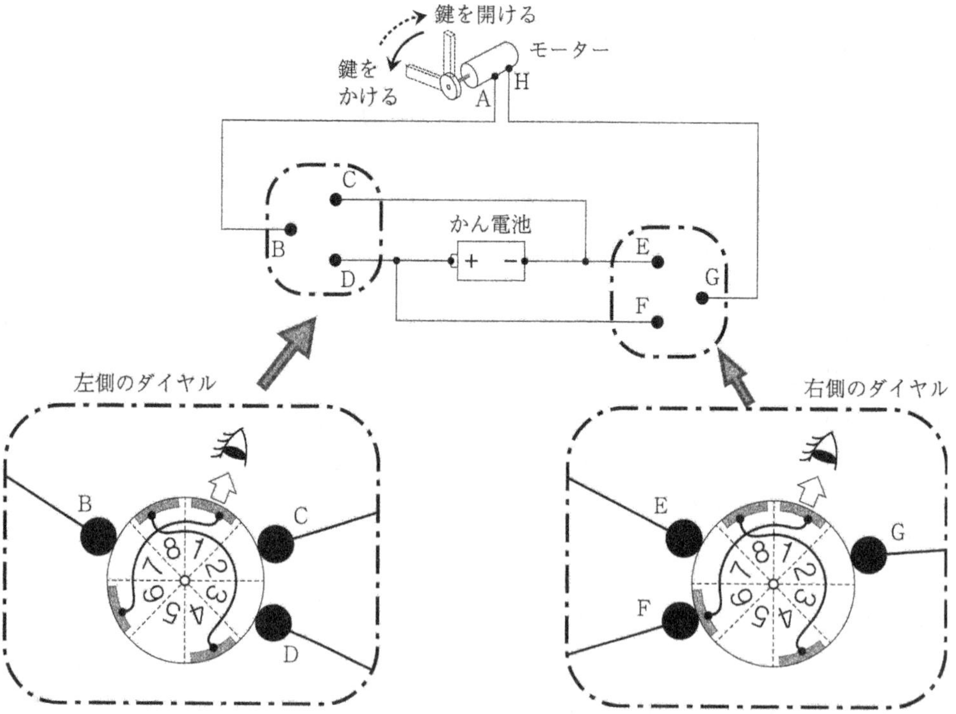

図6　全体の回路のようす

問3　**図6**の回路で鍵をかけるとき，左右それぞれのダイヤルを何番にすればよいか調べました。すると，以下（次のページ）の組み合わせのうちでいくつか該当《がいとう》するものがありました。該当する組み合わせをあとの(**ア**)～(**カ**)からすべて選び，記号で答えなさい。

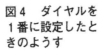

（ア） 左が３，右が３　（イ） 左が６，右が８　（ウ） 左が８，右が３
（エ） 左が８，右が７　（オ） 左が２，右が８　（カ） 左が３，右が６

問４ 太郎さんは，図６（前のページ）の回路で鍵をかけたり開けたりした後にそのままにしておくと，電流が流れ続けて電池の寿命《じゅみょう》が短くなるという問題点に気づきました。電池の寿命を長くするためには，この回路の中にスイッチを組み込《こ》み，スイッチを入れた時だけ電流が流れるような仕組みにする必要があります。**図７**はスイッチを組み込むことができる場所を表したものです。スイッチはどの部分に組み込めばよいでしょうか。次の(**ア**)～(**ク**)からあてはまるものをすべて選び，その個数を答えなさい。

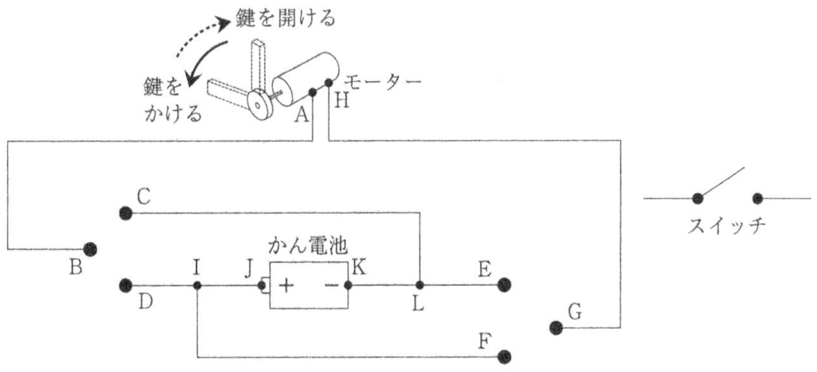

図７　回路のようすと組み込むスイッチ

（ア） ＡＢ間　（イ） ＣＬ間　（ウ） ＤＩ間　（エ） ＴＪ間
（オ） ＩＦ間　（カ） ＫＬ間　（キ） ＬＥ間　（ク） ＧＨ間

問５ **問４**のような改良を行っても，スイッチを入れっぱなしにしてしまうと電流が流れ続けてしまいます。その問題点を解決するために，太郎さんは鍵を開ける向きに電流が流れ続けている時にだけ青色の豆電球がつき，鍵をかける向きに電流が流れ続けている時にだけ黄色の豆電球がつくようにすることを考えました。青色の豆電球は**図７**の回路の中のどこに組み込めばよいでしょうか。**問４**の(**ア**)～(**ク**)からあてはまるものをすべて選び，記号で答えなさい。

2 次の文章を読み，以下の問いに答えなさい。

植物は(A)太陽の光をつかって（　Ｂ　）と水からデンプンのような有機物をつくり出すことができるので，動物のように食料を探《さが》すための移動を行いません。しかし，このように移動しないという植物の生活には欠点もあります。例えば，寒すぎる，暑すぎる，雨が降《ふ》らないなど，生育環境《かんきょう》が悪化したときでもその場所からは動けないし，昆虫《こんちゅう》や草食動物に襲《おそ》われても逃《に》げることができずに食べられてしまいます。そのため，植物は周囲の環境の変化を敏感《びんかん》に捉《とら》えるようにさまざまな感覚器官をもっており，適切に対処《たいしょ》することができます。また，(C)動物に食べられないように工夫《くふう》をしている植物もいます。

他の重大な欠点としては，受粉が困難《こんなん》となることがあります。そのため，子孫を残す際に工夫が必要となり，例えば同じ種類の他株の花との間で行われる他家受粉の場合は，(D)花粉を風や虫などに運んでもらっています。また，１つの花の中で受粉が完結する自家受粉を行う植物も多いです。

さらには，(E)風や水，動物などの力を借りて種子を遠くに運び，世代交代の際に生育場所を広げる植物も存在《そんざい》します。

問 1　下線部(A)の植物のはたらきを，漢字で答えなさい。

問 2　(B)の物質は気体であり，**図 1** のような装置《そうち》を用いて集めることができます。このような気体の集め方を何というか答えなさい。

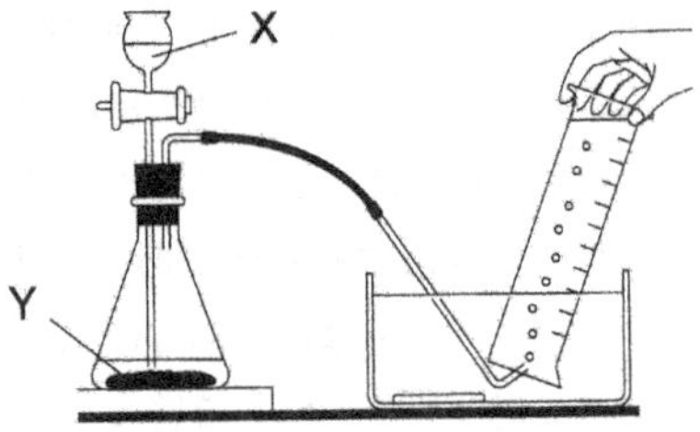

図 1

問 3　**図 1** の装置を用いて気体(B)を発生させるとき，**X** と **Y** にはそれぞれ何を用いればよいですか。次の **(ア)**～**(ク)** から 1 つずつ選び，記号で答えなさい。

(ア)　うすい過酸化水素水　　**(イ)**　うすいアンモニア水
(ウ)　うすい塩酸　　**(エ)**　うすい水酸化ナトリウム水溶液《すいようえき》
(オ)　食塩　　**(カ)**　石灰石《せっかいせき》
(キ)　鉄くぎ　　**(ク)**　二酸化マンガン

問 4　**図 1** の装置で気体(B)を集めたメスシリンダーを，**図 2** のようにろうそくの炎《ほのお》の上で傾《かたむ》けるとどのような現象が起こりますか。次の **(ア)**～**(オ)** から 1 つ選び，記号で答えなさい。

(ア)　メスシリンダーから出てきた気体(B)に引火し，気体が激《はげ》しく燃える
(イ)　メスシリンダー内の気体(B)に引火し，炎がメスシリンダーの中をゆっくりと上昇《じょうしょう》していく
(ウ)　ろうそくの炎が大きくなり，明るい炎で燃える
(エ)　ろうそくの炎が消える
(オ)　何も変化は起こらない

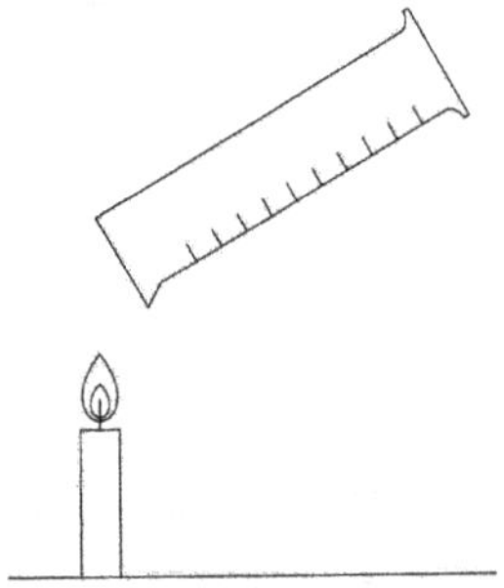

図 2

問 5　下線部(C)について，植物が動物に食べられないようにしている工夫として当てはまらないものを，次の **(ア)**～**(オ)** から 2 つ選び，記号で答えなさい。

(ア)　ポインセチアはあざやかな赤色の葉(苞《ほう》)を付けて，動物に警戒《けいかい》させる
(イ)　トリカブトは植物体内に毒をつくる
(ウ)　マメ科のリママメは葉を食べるダニの天敵を呼《よ》び寄せて，天敵に害虫を食べてもらう
(エ)　メタセコイヤは背《せ》の低い動物から食べられないように背丈《せたけ》を高くする
(オ)　セイヨウヒイラギは低いところに生える葉の縁《ふち》をトゲの形にする

問 6　下線部(C)について，多くの植物は動物に食べられてしまいますが，逆に動物を捕《と》らえて利用する食虫植物もいます。この食虫植物が動物を捕らえる理由として当てはまるものを，次の **(ア)**～**(オ)** から 1 つ選び，記号で答えなさい。

(ア)　日が当たらない場所に生育しており，捕らえた動物から有機物を吸収《きゅうしゅう》するため
(イ)　栄養が少ない土地に生育しており，捕らえた動物からリンや窒素《ちっそ》などを吸収するため
(ウ)　降水量《こうすいりょう》が少ない場所に生育しており，捕らえた動物の体液から水分を吸収するため
(エ)　水中に生育しており，捕らえた動物が排出《はいしゅつ》する気体を吸収するため
(オ)　気温が低い場所に生育しており，捕らえた動物を分解したときに発生する熱を利用するため

問7　下線部(D)について，虫媒花《ちゅうばいか》は昆虫に花粉を花から花へと確実に運んでもらえるという利点がありますが，その一方で欠点も存在します。考えられる欠点の１つを，句読点を含めて30字以上40字以内で答えなさい。

問8　下線部(E)について，次の①～③の方法で種子を運んでいる植物の組み合わせとしてふさわしいものを，以下の(**ア**)～(**カ**)からそれぞれ１つずつ選び，記号で答えなさい。

①　風によって運ばれる

②　川や海流によって運ばれる

③　動物に食べられて運ばれ，ふんと共に排出される

(**ア**)　シイ，カシ　　(**イ**)　ナンテン，クワ

(**ウ**)　ホウセンカ，カラスノエンドウ　　(**エ**)　センダングサ，オナモミ

(**オ**)　カエデ，マツ　　(**カ**)　ココヤシ，オニグルミ

3　次の文章について，以下の問いに答えなさい。

近年，地球温暖化《おんだんか》が進み，その影響《えいきょう》が様々な形で現れてきています。「五月雨《さみだれ》」といえば，6月頃《ごろ》にしとしとと長く降り続く雨をさす言葉ですが，(A)最近の梅雨《つゆ》はしとしと，というより「何十年に一度」の土砂《どしゃ》災害をもたらすほどの豪雨《ごうう》が珍《めずら》しくなく，これも温暖化の影響の一つであると言われています。

気候変動は当然農業や漁業など，自然を相手にする産業にも大きく影響してきます。(B)このまま温暖化が進むと，2100年頃には日本国内で稲作《いなさく》や，リンゴ・ミカンなどの果樹栽培《かじゅさいばい》において，現行品種の栽培に適した場所が大きく変わってしまい，品質面でも変化が現れるという予測も出ています（農林水産省研究開発レポートより）。

温暖化の原因となる二酸化炭素の排出源《げん》は大きく分けて２つあり，１つは電気や熱を作る際に発生します。中でも（　C　）発電は，二酸化炭素を大量に排出する上に効率が悪く，温暖化ガスだけでなく様々な有害物質を排出するため，世界的に見ても中止または縮小《しゅくしょう》の方向に動いています。

もう１つの排出源は運輸業・製造業です。自動車や船舶《せんぱく》，飛行機などは運行する際に燃料の燃焼《ねんしょう》により二酸化炭素を発生します。このとき，鉄より軽いアルミニウムなどの軽金属材料を使うことによって軽量化が図《はか》られ，例えば自動車などでは燃費が向上し，二酸化炭素の発生が抑《おさ》えられるといわれています。アルミニウムは密度《みつど》が鉄の1/3しかない軽い金属で，鉄よりは強度が落ちるものの，鉄の重量の2/3の使用量で鉄と同等の強度になると言われています。つまり重量比で1/3の軽量化が図れる訳《わけ》です。その一方で，鉱石から製錬《せいれん》して鉄やアルミニウムなどの金属材料にするときにかなりの二酸化炭素が発生します。特にアルミニウムは電気のカタマリとも言われ，鉱石から製錬する時にかなりの電力を使うと同時に二酸化炭素も大量に発生するため，リサイクルが重要です。

2000年にエンジンとモーターを併用《へいよう》したハイブリッド車が実用化されて以来，自動車のハイブリッド化か急速に進み，自動車の燃費が劇的《げきてき》に向上しました。その一方でハイブリッド車であってもエンジンを使う以上，二酸化炭素の排出は避《さ》けられません。そこで完全に電化した電気自動車が少しずつ普及《ふきゅう》し始めています。ヨーロッパを中心に2030年代半ばまでにハイブリッド車を含めたガソリンエンジン車の販売《はんばい》停止を決定しています。また船舶や航空機に関しても省エネ脱《だつ》炭素の動きは始まっています。

脱炭素を進める強力なエネルギー資源《しげん》として急速に開発・利用が進められているのが水素です。

(D)水素は酸素と反応させて水をつくるときに電気や熱を作り出すことができるし，爆発《ばくはつ》燃焼させて動力源として用いることもできます。しかも使用時に二酸化炭素を出さないことから，温暖化対策《たいさく》として大きな効果があると期待されています。(E)その半面，水素の利用に関してはまだ解決しなければならない問題も少なくありません。いずれにせよ水素を作る材料となる水は，海水を利用すればほぼ無尽蔵《むじんぞう》にあるといってよく，温暖化を食い止めるための鍵となることは間違《まちが》いないでしょう。

問１　下線部(A)について，近年梅雨の雨の降り方が変わってきた原因として大きな影響を及《およ》ぼす事象を，次の(ア)～(オ)から２つ選び，記号で答えなさい。

(ア)　温暖化によりシベリア気団の温度が上がり，あたためられた北西の風が大陸から吹《ふ》き込む

(イ)　シベリアの陸氷が温暖化により溶《と》け，オホーツク海に冷たい淡水《たんすい》が以前より多く流れ込むことでオホーツク海気団が発達する

(ウ)　黒潮《くろしお》が以前より温度の高い海水を北まで運ぶことにより，オホーツク海気団がより暖《あたた》かく湿《しめ》った気団に発達する

(エ)　季節風が強くなり，乾燥《かんそう》した冷たい空気が日本上空に到達《とうたつ》する

(オ)　温暖化により日本南岸の気団の温度上昇が以前より早まり，より暖かい空気が日本に流れ込むようになる

問２　下線部(B)について述べた予測として正しいものを次の(ア)～(カ)から２つ選び，記号で答えなさい。

(ア)　現行の水稲《すいとう》の品種は北海道が好適地となる

(イ)　現行の水稲の品種は北海道ではまったく生育しなくなる

(ウ)　リンゴは関東以南の標高が低い土地が好適地となり，全般《ぜんぱん》的に品質が向上する

(エ)　リンゴは東北地方の山地，北海道が好適地となる

(オ)　ミカンは九州以南でしか栽培できなくなる

(カ)　ミカンの栽培好適地は日本全土に広がり，全般的に品質が向上する

問３　(C)にあてはまる発電方法として正しいものを次の(ア)～(キ)から１つ選び，記号で答えなさい。

(ア)　石油火力　(イ)　太陽光　(ウ)　水力　(エ)　石炭火力

(オ)　風力　(カ)　天然ガス火力　(キ)　原子力

問４　1 kg の鉄を製錬すると 2 kg の二酸化炭素が発生し，1 kg のアルミニウムを製錬すると11kg の二酸化炭素が発生します（日本鉄鋼《てっこう》協会データ）。鉄12kg と同強度の部品をアルミニウムで作ったとき，二酸化炭素の発生量は鉄の場合と比べて何 kg 多くなりますか。必要に応じて四捨《ししゃ》五入《ごにゅう》して整数で答えなさい。なお，どのように答えを求めたのかが分かるように計算式も記しなさい。

問５　日本ではハイブリッド車の普及が進んでいます。ガソリンエンジン車とハイブリッド車の特《とく》徴《ちょう》について述べたものとして正しいものを次の(ア)～(オ)から２つ選び，記号で答えなさい。

(ア)　ハイブリッド車は災害時に電源として活用できるよう設計されているものもある

(イ)　排気量が同程度のガソリンエンジン車とハイブリッド車を比べると，ガソリンエンジン車の方がハイブリッド車よりバッテリーやモーターがない分，軽量で燃費も良い

(ウ)　ハイブリッド車のバッテリーもスマートフォンと同様に劣化《れっか》するため，毎年バッテリーを

買い換《か》える必要がある

（エ）　ハイブリッド車のモーターは，ブレーキをかけるとき発電機として働いて，バッテリーに充電《じゅうでん》している

（オ）　モーターを利用するハイブリッド車よりガソリンエンジン車の方がパワーを出し易《やす》いため，走行時に一番エネルギーを必要とする発進時のエネルギー消費はガソリンエンジン車の方が少ない

問６　下線部(D)の様な電力システムを表す略号は次のうちどれか。記号で答えなさい。

（ア）　PHV　　（イ）　EV　　（ウ）　ＦＣ　　（エ）　ＥＭＳ

問７　下線部(E)について，水素を利用する上で解決しなければならない問題として，誤《あやま》っているものを次の（ア）～（カ）から２つ選び，記号で答えなさい。

（ア）　沸騰《ふっとう》する温度が－250℃以下と非常に低く，圧縮冷却《あっしゅくれいきゃく》して液体にしにくいため運搬《うんぱん》が困難である

（イ）　最も軽い気体であるため，充填したボンベが浮力により浮き上がってしまうので運搬しにくい

（ウ）　水素を作るために必要な電力供給《きょうきゅう》に，二酸化炭素を発生させる火力発電が用いられていることが多い

（エ）　水素ガスが水に溶けると強い酸性を示すので金属容器を腐食《ふしょく》してしまう

（オ）　引火爆発しやすい気体であるため，ガソリンやLNGなどと比べて安全により配慮《はいりょ》した取り扱《あつか》い装置が必要である

（カ）　水素ステーションの設置が普及しておらず，水素エネルギーの利用推進《すいしん》にはまだもう少し時間がかかる

【社　会】(30分)　　＜満点：50点＞

【注　意】 解答は，とくに指示がない限り，漢字で書くべきところは正しい漢字を使って答えなさい。

〔Ⅰ〕 次の文章を読んで，以下の問いに答えなさい。

大阪は，歴史的に政治・文化・経済における重要な場所・地域でした。

古代の大阪といえば，巨大な前方後円頂が多くあることが特徴としてあげられます。前方後円墳は日本列島に広く分布していますが，大型の前方後円墳に限ると，そのほとんどが近畿地方に集中しています。なかでも有名な 1 大仙《だいせん》古墳と誉田御廟山《こんだごびょうやま》古墳は，ともに大阪にあります。このことは，この時期にヤマト王権が，大阪のあたりでも権力をもっていたことをあらわしています。

戦国時代でも，大阪は重要な地域でした。大阪は，浄土真宗本願寺派の拠点になりました。また，大阪には商業都市として繁栄した堺もありました。堺は深い堀と海に囲まれた自治都市で， 2 鉄砲の生産地としても有名でした。その後，豊臣秀吉が本願寺の跡地に大阪城を築くと，大阪はさらに発展していきました。 3 秀吉が建てた大阪城は，徳川氏によって落城しました。

大阪は，江戸時代に入っても，商業都市として栄えます。大阪は「天下の台所」といわれ，各地の品物が集まりました。 4 大阪には蔵屋敷や問屋《といや》が多数おかれ，商人が品物を売り買いしました。都市が栄えたことを背景に，京都や大阪といった上方《かみがた》の町人たちを中心に，元禄文化が花開きました。文学でも上方の町人たちが活躍し，その代表が大阪の町人であった井原西鶴です。彼は西山宗《そう》因《いん》が創始した談林《だんりん》派の影響を受けた俳人で，その後は浮世草子《うきよぞうし》と呼ばれる小説を書くようになりました。 5 松尾芭蕉も談林派の影響を受けた一人ですが，のちに彼は蕉風俳諧《しょうふうはいかい》を確立させ，俳諧（俳句）の芸術性を高めました。江戸後期の化政文化では，文化の中心が上方から江戸に移りましたが，私塾は大阪にも開かれ，全国から弟子が集まりました。適塾《てきじゅく》を開いた緒方洪庵《おがたこうあん》は， 6 天然痘《てんねんとう》の治療に手をつくしました。

近現代に入ってからも，大阪はかわらずに西日本随一《ずいいち》の経済の中心地でした。新政府は，富国強兵を目指して殖産興業に力を入れました。1882年に 7 大阪紡績《ぼうせき》会社が設立され，この成功を受けて大規模な機械紡績会社が次々に設立されました。大正時代には， 8 実業家の小林一三《いちぞう》が世界初の独創的な経営を展開しました。大正時代は大衆文化が大きく花開いた時代ですが，彼の経営もそれに一役買ったと考えることができます。

アジア太平洋戦争によって，日本の国民生活は完全に破壊されました。戦後の食糧難から始まった日本は，高度経済成長を経て経済大国に成長しました。1970年に「人類の進歩と調和」をテーマに大阪で開催された日本万国博覧会は，1964年の東京オリンピックとともにアジアで初の開催となりました。

問1　下線部1がつくられた時期と最も近い時期につくられたものを，次のページのア～オの中から1つ選び，記号で答えなさい。

ア.

イ.

ウ.

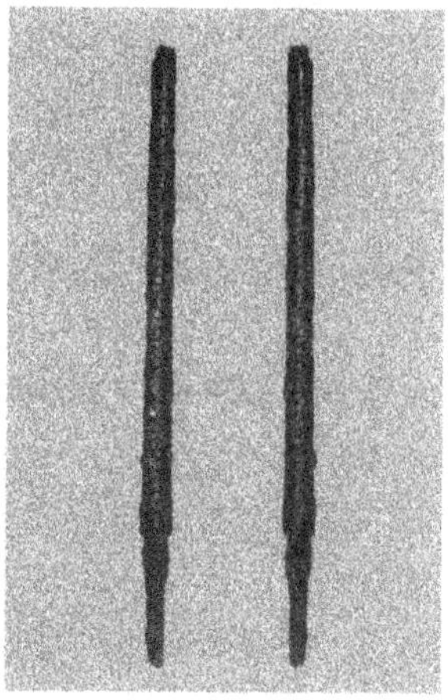

エ.

オ.

問 2　下線部 2 について，1543年にポルトガル人を乗せた船がある島に漂着し，そのとき鉄砲が伝えられました。次の問題に答えなさい。

①　ある島の名前を答えなさい。

②　ある島はどこですか。次の地図中の**ア**～**オ**の中から 1 つ選び，記号で答えなさい。

問 3　下線部 3 について，大阪城が落城した時の豊臣氏の当主は誰か答えなさい。

問 4　下線部 4 について，大阪に集まった品物は海路で江戸にも運ばれました。そのとき，輸送に使われた船を，次の**ア**～**オ**の中から 2 つ選び，記号で答えなさい。

ア．北前船　　**イ**．菱垣廻船　　**ウ**．樽廻船　　**エ**．朱印船　　**オ**．南蛮船

問5　下線部5の松尾芭蕉は，旅先でA～Cの俳諧（俳句）をよみました。次の問題に答えなさい。

A　夏草や　兵《つわもの》どもが　夢の跡

B　五月雨《さみだれ》を　集めて早し　最上川

C　荒海や　佐渡に横たう　天の川

①　A～Cの俳諧はどの場所をよんだものですか。次の地図中の**ア**～**オ**の中からそれぞれ1つ選び，記号で答えなさい。

②　A～Cの俳諧が収められた作品名を答えなさい。

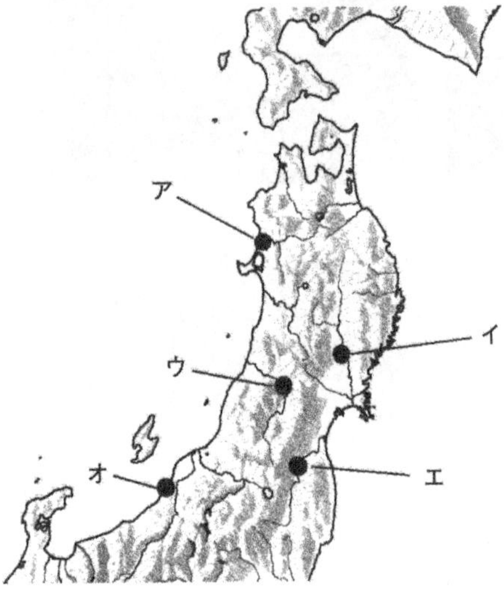

問6　下線部6は奈良時代にも流行しました。このとき，聖武天皇は感染症の流行に対して，何に頼ってそれを止めようとしたか答えなさい。

問7　下線部7に深く関わり，また新一万円札の肖像《しょうぞう》にも選ばれた人物を答えなさい。

問8　下線部8について，小林一三は次の写真のように，異なる業種を結びつけた経営をおこないました。何と何を結びつけた経営をおこなったのか，写真から読み取って答えなさい。

〔Ⅱ〕 千葉県に関する，以下の問いに答えなさい。

問１ 次の千葉県北部の地図を見て，問題に答えなさい。

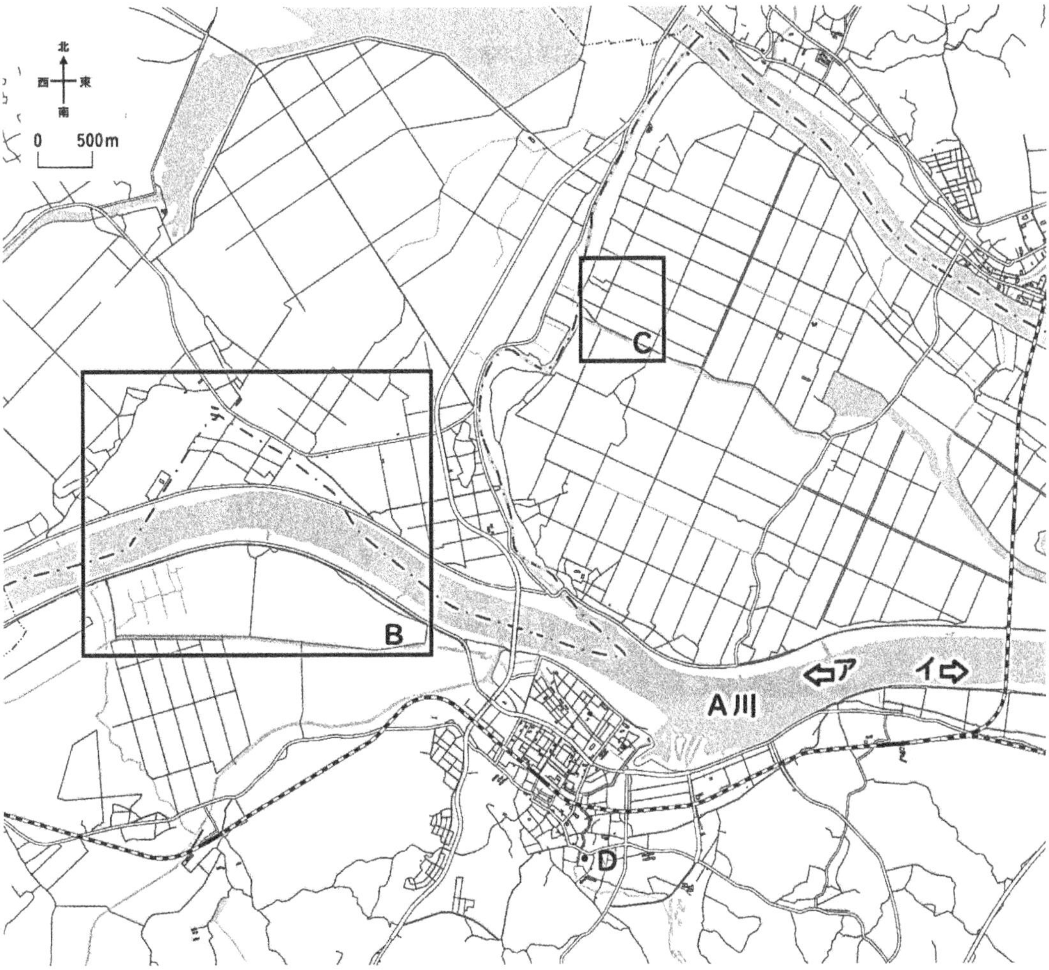

—・— 県境を示す

（地理院地図より）

① 次の**ア**～**カ**の県の中で，**A**川の流域面積に含まれていない県をすべて選び，記号で答えなさい。

ア．山梨　**イ**．神奈川

ウ．埼玉　**エ**．栃木

オ．茨城　**カ**．群馬

② **A**川はどちらの方向へ流れていますか。下流の方向を地図の矢印**ア**・**イ**の中から１つ選び，記号で答えなさい。

③ 地図中，千葉県と隣県の県境のほとんどは，**A**川やその支流にそってひかれています。しかし，**B**の部分では県境が川にひかれていない場所があります。次のページの地図を見て，その理由を説明しなさい。

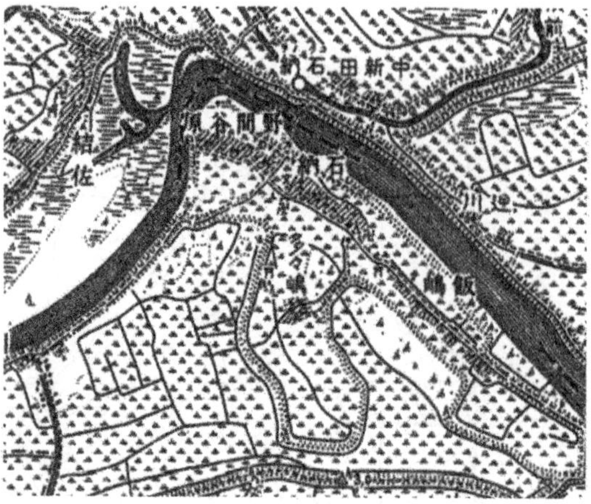

Bの部分の1/50000地形図「佐原」拡大図
（明治38年測量）
（今昔マップより）

④　千葉県北部は米づくりがさかんなところです。その理由として，大型農業機械が使えることがあげられます。Cの部分の新旧の空中写真を比較して，大型農業機械が使いやすくなった理由を説明しなさい。

旧（1962年）

新（1988年）

（地理院地図より）

⑤　地図中のD地点には，江戸時代に全国を測量して，日本全図を作成した人物が住んでいた家があります。この人物名を答えなさい。

⑥　地図で示された一帯が，香取《かとり》海という内海（陸地に入り込んだ海）であったことは，奈良時代の歌集に「大船の香取の海に　いかり下ろし　いかなる人か　物思わずあらん」とよまれていることからも推測できます。防人のうたなどが収められていることで知られる，この歌集の名前を答えなさい。

問２　千葉県は米づくりだけでなく，さまざまな農業がさかんな県です。2019年度の都道府県別農業生産額とその割合(上位５位)を見て，問題に答えなさい。次のページの表Ａ～Ｅは茨城県・鹿児島県・千葉県・北海道・宮崎県のいずれかです。なお，ＡとＣは都道府県名と都道府県庁所在地名が異なります。

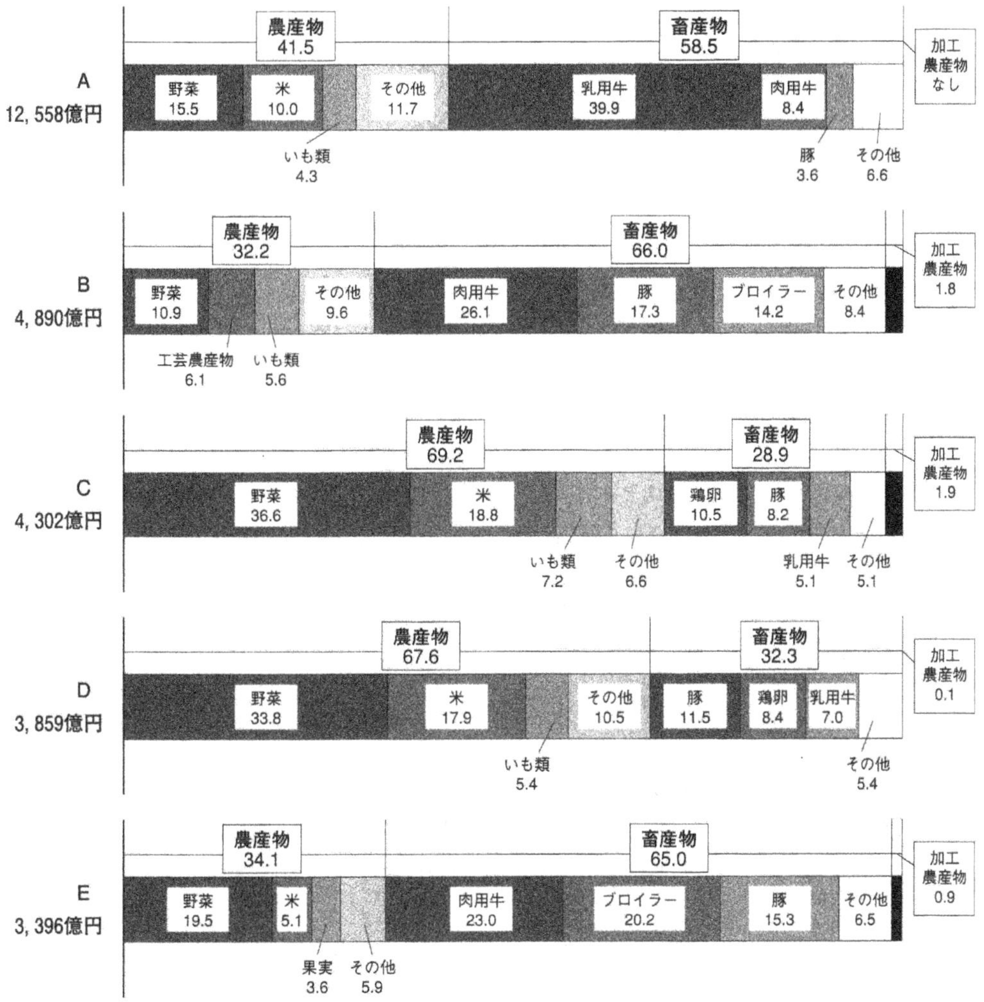

2019年度の都道府県別農業生産額とその割合（上位５位）※グラフ中の数値は％

（農林水産統計より）

①　A～Eの中から千葉県にあたるものを１つ選び，記号で答えなさい。

②　A～EをA・B・EとC・Dの２つのグループに分けました。このグループ分けの説明としてあてはまるものを，次のア～オの中からすべて選び，記号で答えなさい。

ア．東京都との距離が，遠距離か近距離かによって分けた。

イ．農業生産額に占める野菜の割合が，30％以上か30％未満かによって分けた。

ウ．農業生産額に占める加工農産物の割合が，１％以上か１％未満かによって分けた。

エ．農業生産額に占める割合のうち，乳用牛が多いか肉用牛が多いかによって分けた。

オ．農業生産額に占める割合のうち，農産物が多いか畜産物が多いかによって分けた。

③　A～Eは，養鶏業もさかんです。しかし近年，一部の養鶏場のにわとりをすべて殺処分しなければならない事態が生じています。その原因を答えなさい。

〔Ⅲ〕　ときお，かな，たまき，ちばたの４人のクラスメイトと先生の会話文を読んで，以下の問いに答えなさい。

ときお　もうすぐ卒業かあ。なんだか早いなあ。

か　な　私たち，令和３年度の卒業生だね。

たまき　４年生の時だったね。平成から令和に代わったの。

ちばた　前の天皇が亡くなったんだっけ？

たまき　ちがうよ。やめたの。

先　生　そうだね。ちょうど君たちが１年生の時，前の天皇が「もう80歳を越えているので，次に譲りたい」といった内容の発言をされたんだ。法律では天皇は亡くなるまで務めることになっているんだけど，それではあまりに気の毒，ということで，「今回は特別に退位を認める」という$_1$法律を国会が作って，退位を認めたんだね。

か　な　ちょっと待って，天皇って自分の意思でやめられないの？

先　生　法律では，「天皇が仕事をできなくなった場合は（　１　）がその役割を果たす」と決めているだけで，やめて良いとは書いてないんだ。

ときお　へー！（　１　）って，平安時代の藤原氏だけじゃなくて，今でもあるんだ。

たまき　でもそれって，憲法の保障する「（　２　）」に反していませんか？

先　生　するどい指摘だねえ。みんなも知っているように憲法では天皇を「日本国と日本国民の統合の（　３　）」と定めているよね。しかし，その天皇が一人の人間として，自分の生きたいように生きられるか，明確に定めてはいないんだ。

ときお　継承者の問題も深刻と聞いたよ。

先　生　現在の法律では男性しか天皇になれないんだ。今の天皇のこどもは愛子様しかいなくて，次の世代の男性は，天皇の弟の一家である秋篠宮《あきしののみや》家に一人，悠仁《ひさひと》様がいるだけなんだ。このままで行くと，もし悠仁様に男の子が生まれなければ，天皇家は継承者がいなくなることになってしまうね。

か　な　ええ～，悠仁様，今中３でしょう？結婚相手，見つかるかなあ。そんな，絶対に男の子を産まなきゃいけないプレッシャーつきの結婚なんて，絶対したくないなあ。

たまき　それより，男しか天皇になれないという制度自体，憲法の定める「（　４　）」に反していませんか？

ちばた　日本にも推古天皇とか，女の天皇がいたじゃないですか。

先　生　確かにその通り。歴史をたどれば女性の天皇もいるね。「女性はなれない」という現在の法律は，明治以降に定められたものなんだ。最近は国民の間でも，「女性の天皇がいても良いじゃないか」という意見は多いようだね。ただ，その女性天皇の次に，「女性天皇と，天皇家でない男性との間に生まれた子が天皇になる」という例は，歴史上一度もないんだ。「世界で最も長く続いている王家」とも言われる日本の天皇家をどうするか，そろそろ決断しなければならない時期が迫っているかもしれないね。みんなはどう思うかな？

ときお　僕はなんとかして男性で継ぐべきだと思うな。遠い親戚には男性もいるんでしょ？その人たちを皇族に戻せばいいじゃん。

か　な　私は，女性の天皇はいてもいいと思うけど，天皇家でない男性の子が天皇になるって聞くと，「ん？それはちょっと…」と思っちゃうかも。

たまき　私は，女性天皇と一般の男性との間に生まれた子でも，天皇になっていいことにするべきだと思う。外国ではそういうところもあるんでしょう？

ちばた　今の制度のままで行けるところまで行って，ダメだったら天皇制自体を終わらせてもいいんじゃないかなあ。

先　生　おお，見事に分かれた。2いろいろな意見が出たね。憲法には「天皇の地位は主権者である国民の合意にもとづく」とある。みんなが意見を出し合って，慎重に議論し，納得できる結論に落ち着くといいね。

ときお　ところで先生，さっき「王家」って言いましたけど，日本は民主主義の国なのに，王様がいてもいいんですか？

先　生　呼び名はそれぞれあるけど，王様みたいなもののことを「君主」というんだ。君主がいても，3君主が政治的な決定権を持たず，民主的な方法で政治が行われていれば，それは民主主義の国だね。

か　な　逆に，王様がいなくても，民主主義じゃない国というのもあるってことですか？

先　生　例えば中国は，選挙が行われてはいるが，誰もが立候補できる自由な選挙ではなく，「共産党」という政党が認めた候補者以外は立候補できないことになっている。共産党のやり方に反対の人は，棄権《きけん》することはできても，自分の意見を実現してくれそうな政治家や政党を選ぶことは事実上できないんだね。

たまき　そう言えばここ数年，中国の一部の地域で政府に対する反対運動が起きてましたね。

先　生　(　5　)だね。(　5　)は1842年から1997年までイギリスの支配下だった歴史があるんだ。だから，自由で民主的な政治を経験している。中国は(　5　)が返還される時，「今後50年間は(　5　)の現体制を継続します」という「(　6　)」を約束したんだけど，最近それを破ってどんどん中国の制度に近いものに変更しているんだ。だから自由を求める人々が反発しているんだね。

ときお　いろいろあるけど，日本は自由に文句を言えるだけまだましってことですかね。

問1　下線部1について，法律の作り方について説明した文として誤っているものを，次の**ア～エ**の中から1つ選び，記号で答えなさい。

ア．法案は，衆議院で先に審議され，次に参議院に送られる。

イ．それぞれの院では，まず委員会で議論し，その後本会議で決定する。

ウ．委員会では，必要に応じて専門家の意見を聞く公聴会がおこなわれる。

エ．成立した法律を天皇が公布する。

問2　空欄(1)と(3)にあてはまる語句を，それぞれ漢字2字で答えなさい。

問3　空欄(2)と(4)にあてはまる言葉を，次の**ア～ケ**の中からそれぞれ1つ選び，記号で答えなさい。

ア．平和主義　　**イ**．国民主権　　**ウ**．政治に参加する権利　　**エ**．信教の自由

オ．職業選択の自由　　**カ**．健康で文化的な最低限度の生活を送る権利

キ．男女の平等　　**ク**．表現の自由　　**ケ**．結婚の自由

問4　下線部2について，以下の問題に答えなさい。なお，採点は誰を選んだかではなく，意見の説得力や客観性でおこないます。

①　皇位継承問題について，あなたはこの4人のクラスメイトの中から1人選ぶとしたら，誰の

意見に賛成ですか。名前を答えなさい。

② その意見を選んだ理由を述べなさい。

③ ①で選んだ人に対して考えられる，おもな反対意見を述べなさい。

問5 下線部**3**について，天皇の役割について述べた文として正しいものを，次の**ア**～**エ**の中から１つ選び，記号で答えなさい。

ア．内閣の指名にもとづいて，総理大臣を任命する。

イ．外国の大使や公使をもてなす。

ウ．裁判所の決定にもとづいて，憲法改正を発議する。

エ．臨時国会の召集を決める。

問6 空欄（５）と（６）にあてはまる地域名と語句の組み合わせを，次の**ア**～**エ**の中から１つ選び，記号で答えなさい。

ア．（５）香港　（６）一国二制度　　**イ**．（５）台湾　（６）一国二制度

ウ．（５）香港　（６）一帯一路　　**エ**．（５）台湾　（６）一帯一路

⑤笑[D]門□□福来□□。

（笑いが満ちている人の家には自然と福運がめぐってくるということ）

⑥虫□居[E]□□□悪[C]。

（普段《ふだん》よりも怒りっぽい状態にあるということ）

⑦骨折□損[B]□□□儲《もう》□。

（労力を費やしたのに効果がなく疲《つか》れだけが残るということ）

⑧先[F]□□□人□制□。

（相手より先に事を行えば優位に立つことができるということ）

⑨目□□鱗《うろこ》□[A]□□。

（急に物事の真相や本質が分かるようになるということ）

さい。

ア 「亜美」は、真言をひそかに暗唱して「私」を驚かせようと考えていたため、何をしていたのか問われた時にそれをごまかした。

イ キジの間抜けな鳴き声に驚いて尻もちをついた「亜美」は、かけつけた「私」にキジを追いかけるように指さした。

ウ 「亜美」は、鳥にボールを当てないと言っていたのにもかかわらず、リフティングの際に当ててしまい、「私」から怒《おこ》られてしまった。

エ はじめは鳥に興味がないそぶりを「私」に見せていたが、実際に鳥と出会った「亜美」の態度からは、関心と親しみが感じられる。

オ コロナウイルス感染拡大のせいで思うように旅ができない「私」と「亜美」は、ホテルの部屋で好きなものを食べることをせめてもの息抜きとしている。

カ 「私」と「亜美」は、互《たが》いにあたたかな交流を通じて、コロナウイルス感染拡大による不安な日常を乗り越えようとしている。

問8 [Ⅱ]に入る言葉を本文から抜き出しなさい。

問9 本文中、[A]が示している範囲《はんい》はそれ以外のところと性質が異なる。その理由を次のように説明した。(①)、(②)に入る十字以内のふさわしい表現を、それぞれ自分で考えて入れ、説明文を完成させなさい。ただし、「旅」という言葉を(①)、(②)両方に必ず用いること。ただし、句読点等の記号も一字として数える。

【説明文】 [A]が示している範囲は「私」が(　①　)ものだが、それ以外のところは「私」が(　②　)ものだから。

二 ※問題に出された作品の著作権者が二次使用の許可を出していないため、問題を掲載しておりません。

（出典：池澤夏樹『旅をした人　星野道夫の生と死』による）

三 次の問いに答えなさい。

問1 次の①～⑤の文中にある――線のカタカナを漢字に直しなさい。ただし、送りがなが含《ふく》まれるものは送りがなをひらがなで答えること。

① コンナンな問題に直面する。

② 日の出をオガムために山へ行く。

③ オサナイ子どもの遊び。

④ マイキョにいとまがない。

⑤ 働き方カイカクを推進する。

問2 ①～⑨の□にひらがなを入れ、それぞれことわざを完成させなさい。

(1) そのときに、[A]～[F]に入るひらがなを、それぞれ答えなさい。

(2) [A]～[F]のひらがなを並べかえて出来上がる四字熟語を漢字で答えなさい。

① 暖簾《のれん》□腕《うで》[A]□。
（相手の反応や手応えがないということ）

② 朱《しゅ》□交□□□赤[B]□□。
（人は関わる友によって善悪いずれにも感化されるということ）

③ 鉄□熱[C][D]□□打□。
（人は柔軟性《じゅうなんせい》のある若い内に鍛《きた》えなければならないということ）

④ [E][F]□□□背比《せいくら》□。
（どれもこれも似たようなもので大したものではないということ）

さい。

ア　実は自身も「私」と同様博物館に興味があり、ついていけるかもしれないと心躍《おど》っている。

イ　「私」に意見を求められたので、パートナーとして認められたように感じ舞《ま》い上がっている。

ウ　実は博物館に行きたいのに、本音を言えない「私」の強がる姿を見て面白がっている。

エ　「私」が普段《ふだん》とは違《ちが》って無邪気な反応を示したため、親しみを感じている。

オ　「私」が博物館を見て回っている間は、外で待ちながらボールにさわれるので楽しみにしている。

問2　[I]に入る表現を文脈から考え、答えなさい。

問3　――線2「ここからもう少し行くと、鳥の博物館というのがあるらしい」とあるが、この時の「私」の様子として最もふさわしいものを次の中から選び、記号で答えなさい。

ア　博物館へ行こうという二人の気持ちを再確認している。

イ　博物館へ行くために道中の案内を買って出ようとしている。

ウ　博物館へ行くことで鳥に興味を持ってほしいと考えている。

エ　博物館へ行こうと「亜美」に取引を持ちかけている。

オ　博物館へ行くことで「亜美」が元気になると思っている。

問4　――線3「道化と本気を混じらせた低い声で『約束だぞ』と言った」とあるが、このときの「私」について述べたものとして最もふさわしいものを次の中から選び、記号で答えなさい。

ア　冗談《じょうだん》で念押《ねんお》しをしているように見せたかったのに、「亜美」の軽率な言動に我慢《がまん》がきかず、真剣《しんけん》さがにじみ出てしまっている。

イ　行きたいという本心を「亜美」に素直に伝えるのは照れがあるため、あえて重々しい言い方をすることで冗談に見せかけている。

ウ　博物館が休館日だったことに呆然としつつも、その様を「亜美」に悟《さと》られまいとごまかすのに必死になっている。

エ　自身の失敗に落ち込んでいたが、明るい「亜美」の振《ふ》る舞《ま》いに元気づけられ、行きたいという気持ちを取り戻しつつある。

オ　休館日を調べてこなかった自分の間抜けさを反省し、「亜美」に失敗を見せてしまったことを恥《は》じている。

問5　――線4「先方」は何を指しているのか。ここより前の本文から抜き出しなさい。

問6　――線5「それでこそ真言だと私は思った」とあるが、「私」はなぜこのように考えているか。最もふさわしいものを次の中から選び、記号で答えなさい。

ア　「亜美」が真言の意味にはこだわらずとも、音の通り声に出して唱えたから。

イ　「亜美」が真言を一字一句正確に覚える過程で、人間的に成長したから。

ウ　「亜美」が真言に意味は見出せずとも、自分の願いのありかに気づけたから。

エ　「亜美」が真言を唱える練習をすることで、その真価を悟ったから。

オ　「亜美」が真言のご利益《りやく》を得るために、ゆっくり唱えたから。

問7　本文の内容に合致《がっち》するものを次の中から二つ選び、記号で答えな

静かに喜んだ亜美は膝に手を置き、回り込むようにして近づいていった。人馴《ひとな》れしたコブハクチョウは気にしながらも羽づくろいを止めない。本来は渡《わた》り鳥《どり》だが、日本に棲《す》みついた外来種だ。

「ブラックバスとかミドリガメと一緒だ？」

受験生らしいところを見せつつ、距離《きょり》をとってボールをちらつかせているが、犬じゃあるまいし、4先方はまったく興味がない。塒《ねぐら》にしているのであろう池を見下ろすと、人がヨシを踏み倒《たお》した道が畔《あぜ》に立つ柳《やなぎ》の下まで続いていた。

この下で書くと言うと、「はいはい、どーぞ」と慣れたものでコブハクチョウから目を離《はな》さずに言う。「あたしはこの子の近くでやろーっと」

「そっちの田圃《たんぼ》の脇《わき》に降りてやれよ」私はビオトープの反対を指さした。

「道でやるなよ、あとハクチョウにボール当てるなよ」

「わかってるって。当てるはずないじゃんねー？」

コブハクチョウに首を傾《かたむ》けると、亜美はボールを手に乾《かわ》いた田圃の方へ歩きかけたところで、重大なことを思い出したようにこちらを振り返った。

「ちょっと聞いてて！」亜美は右の掌《てのひら》にボールをのせ、頭上に捧《ささ》げ持つようにして目を閉じた。何をと言いかけたところへ「しずかに！」と注意が飛ぶ。その声を気にしたかコブハクチョウが立ち上がろうとするその奥で、亜美は大きく、ゆっくりと息を吸い込んだ。

「のうまくさんまんだ　ばざらだん　せんだ　まかろしやだ　さはたやうんたらたかんまん！」

私は亜美を見つめた。目を開けた亜美は、満足げに片方の口角を持ち上げて胸を張った。

「いつの間に？」という私の声は驚きに満ちていたはずだ。暗記も苦手なくせに。

「さっき、キジが出る前」得意そうな笑顔を見せる。「魔《ま》法《ほう》の呪文みたいに、リフティングの前に唱えることにしたの。願いを込めてさ？　いいアイディアでしょ！」

5それでこそ真言だと私は思った。

（中略）

それから我々はコンビニを二軒《けん》回ってオムライスやサラダを買い、ホテルにチェックインした。疲《つか》れが少しでもとれるように大浴場のあるホテルを選んだ甲斐《かい》あってというか、亜美はずいぶん長風呂して部屋に戻ってきた。誰《だれ》もいないしたくさん泳いだと言って、濡《ぬ》れた髪のままオムライスを食べようとするのを制する。

「ちょっとでも熱出たら帰るしかないんだからな。ただの風邪《かぜ》気味でも」

「コロナ感染うたがいってやつ」

テレビでは、イタリアとイランでの感染拡大と入国拒否《きょひ》、マスク不足と、トイレットペーパーの買い占《し》めによる品薄《しなうす》を伝えている。一ヵ月後に出された緊急《きんきゅう》事態宣言を思えば、この頃は危機感もそれほどなかった。こんな旅に躊躇《ちゅうちょ》なく出られるくらいには、それまでと地続きの日常があった。

（乗代雄介『旅する練習』による）

＊　母衣打ち…翼《つばさ》を激しく羽ばたかせ、音を立てること。

＊　ビオトープ…池などの生物が住みやすい場所。

問1　――線1「なんだか嬉しそうに笑う」とあるが、この時の「亜美」の気持ちとして最もふさわしいものを次の中から選び、記号で答えな

さが伝わる。「どーしろって？」
「下に戻《もど》るといい。それか一緒《いっしょ》に見ててもいいし」
「下でやって来ますよーだ」とベロでも出しそうな言い方で、亜美は来た道を戻っていった。

A

三月九日　15：36～16：07

　不動堂の裏手をぐるりと上り回って戻る、きれいに整備された竹林の小道。切って積まれた竹が隣《となり》の農家の敷地《しきち》とを塀《へい》のように隔《へだ》てるその上に、色鮮《あざ》やかな雄のキジがとまっている。赤い顔は、ベルベット生地をハートに切って両側に並べ、黄色い目のボタンで留めたような具合だ。その二つの裂《さ》け目から、白っぽいくちばしが突《つ》き出している。下るにつれて青紫《あおむらさき》から光《こう》沢《たく》のある緑色に変わる首が、時折、誇《ほこ》らしげに差し上げられると釣《つ》り合いを保つように、クリーム色に黒い斑《まだら》が交じってきれいな縞《しま》模様になった長い尾羽《おばね》が上下に動いた。ふいの風に竹の葉が鳴る。何を気にしたか、身を伏《ふ》せたキジは、竹塀を向こうに降りて、落ち葉を踏《ふ》み鳴らしてクマザサの茂《しげ》みへ入ったらしい。ガサガサという音が斜面《しゃめん》を下って遠ざかっていく。しばらくして、下りきったところにある小さな畑に出るのが見えた。一歩一歩、しっかりとした足取りにも動かない黒い背中。横を向いて、ぞっとするほど鮮やかな頭の赤。血のように暗く詰《つ》まったその色は、陰《かげ》にいるといっそう濃《こ》く見える。キジはその
53 まま、不動堂の方へ歩いて行った。

　下で鋭《するど》い鳴き声と羽音がすると同時に、どこか緩慢《かんまん》な叫び声も上がった。不動堂の前に出て＊母衣打《ほろう》ちしかキジに驚いたらしい。竹林を下りつつそちらに意識を向けると、驚きながらも続いているリフティングの音が聞こえた。直後、ガサガサ草切る派手な音と一緒になんだか間抜《まぬ》けな叫び声、次いでボールの跳ねる音が二度三度、小さくなって途絶《とだ》えた。

　不動堂の前に出ると、尻《しり》もちをついた亜美が待ってましたと言わんばかりに「キジ！」と叫んだ。「そっちから来て」クマザサの茂みの方を指さし、「その裏抜けて」と不動堂を指さし、そのままさらに奥の竹林を指さした。「あっちにぶわーって走ってった！」

「キジって速いよな」

「速い！」とやけに嬉しそうに言って情けない顔を浮《う》かべる。

記録は五十三回と言うのでノートに書き留める。「少ないな」

「仕方ないじゃん、キジが出たんだから」

「その前、何してたんだよ」

「ちょっと色々やってたんですっ」

　叩きつけるような語尾《ごび》と一緒に立ち上がり、滝前不動を後にする。ちょうど収穫期《しゅうかくき》を迎《むか》えたブロッコリー畑の横を通って手賀沼の方へ歩いて行った。土から太い茎《くき》をのばし、天辺で大きな葉に囲まれた蕾《つぼみ》は緑に詰まっている。二、三日のうちに収穫されるだろうが、亜美は見向きもしなかった。

　手賀沼の遊歩道に人はおらず、亜美は嬉しそうにボールを足裏でなめて転がしていく。道が沼辺《ぬまべ》を少し迂回《うかい》したところには＊ビオトープが造られ、ヨシ原がそれを囲む。それを見下ろして歩く道に一羽のコブハクチョウが休んでいた。

「え？」察しのいい亜美は跳《は》ねるように立ち上がった。「おもしろそうじゃん！」

我々は機嫌《きげん》よく調子よく笑いながらおにぎりやら唐揚《からあ》げやら飲み物やらを買い、親水広場の芝生《しばふ》で、小さな子供らのはしゃぐ水遊びの池を手前に、奥《おく》に手賀沼《てがぬま》を見下ろしながらお昼にした。三月の気温は高くないとはいえ、日差しは暖かに降りそそぎ、遠い水面を緑青《ろくしょう》に染め、水飛沫《しぶき》を白く輝《かがや》かせていた。

準備万端《ばんたん》で向かった鳥の博物館は休館日だった。電気の消えた暗い館内をガラス越《ご》しに見ながら呆然《ぼうぜん》と立つ私の肩《かた》に、亜美が手を置いた。

「旅の帰りにまた来ればいーじゃん？　わたしも付き合うからさー」

3 私は道化と本気を混じらせた低い声で「約束だぞ」と言った。

「約束、約束！」と私の肩を叩《たた》いて笑った。

予定が狂《くる》ったので、早めに次の目的地へ行くことにする。滝前不動《たきまえふどう》だ。

（中略）

滝前不動は、志賀直哉邸跡《しがなおやていあと》と同じように台地の裾の傾斜《けいしゃ》にあった。境《けい》内《だい》はみな竹林で、崖《がけ》に埋《う》め込《こ》まれた石組の上に据《す》えられた竜頭《りゅうず》が口を開けて水を出しているのが、名の由来となった滝らしい。昔は台地の湧《わ》き水がその口から派手に落ちていたのかも知れないが、今は割れた喉元《のどもと》をだらしなく伝って、下の溜《た》まりでちょろちょろ音を立てている。

「これが滝？」と亜美はボールを抱《かか》えたまま半笑いで見上げている。「想像とだいぶちがうなー」

「文句が多いな、さっきから」

「竜の角も折《お》れちゃってるし。これでほんとに守ってくれるの？」もう振り返って、そばの石碑《せきひ》を指さす。「これは何よ？」

「不動明王真言」と書いてあるのを読む。その横に、ひらがなで彫《ほ》られているのが「密教の呪文《じゅもん》」だと教えてやった。

「えーじゃあ、真言宗の真言ってこれのことなんだ？」

「不動明王のはこれ。唱えて守ってもらう」

「みんなに呪文があるんだね」ゆっくり言うと、足首を回しながら読み上げ始めた。「のうまくさんまんだ　ばざらだん　せんだ　まかろしゃだ　さはたや　うんたらたかんまん」意外に笑わず、しばらく石碑をじっと見ていたが、急に「意味は？」と顔を上げた。

「意味はそんなに重要じゃない。このまま唱えるのが一番大事」

「えー？」首を傾《かし》げて細目で睨《にら》んできた。「わかんないからテキトー言ってんじゃないの？」

信じたくなきゃそれまでだと言ったら「む」と唸《うな》った。

（中略）

ちょうど不動堂の裏にあたるところで、我々は道の先に、野生のキジを見つけた。

「ほんとにいるんだ、キジって」と亜美は竹から顔を覗《のぞ》かせて言う。「なんかウソみたい、桃太郎じゃん」

「現実にいなかったらお伴《とも》にできないだろ」

適当に話を合わせながらリュックを下ろし、ゴムマットを地べたに敷《し》いて、［Ⅱ］を出した。

「え、なに」亜美は声と眉《まゆ》をひそめた。「書くの？　キジを？」

「書きたいだろ、キジは」と座《すわ》り込む。「逃《に》げちゃうから驚かすなよ」

「じゃーここでリフティングできないじゃんっ」派手な眉の動きで必死

【国　語】（六〇分）〈満点：一〇〇点〉

一　次の文章を読んで、後の問いに答えなさい（問題の都合により省略した部分がある）。

小説家の「私」は姪《めい》である小学校6年生の「亜美《あび》」と春休みを利用して徒歩で旅に出る。サッカー好きの「亜美」は道中ボールを蹴《け》り続け、「私」は目についた景色を文章にする。

「もう少し行ったら鳥の博物館があるな」
「鳥の博物館？」少し考えてから亜美は言った。「あたし、パス」
私は無言で抗議《こうぎ》の意を示した。
「なに、もしかして行きたいの？」
「いや、別に」
「行きたいんだ？」1なんだか嬉《うれ》しそうに笑う。「別に一人で行ってきていいよ、あたしは外で蹴ってるからさー」
「いい、行かない」
「素直じゃないんだからなー」
遊歩道は親水広場につながり、道の駅のような大きな建物があった。農産物直売所やレストランもあるようだ。もう一時を過ぎた頃《ころ》で、我々はそこで昼食をとることにした。
「言うの忘《わす》れてたけど、あたし、おかーさんに二万円もらってきたんだよ。自分のごはん代はそこから出せだってさ。そんで、お小遣《こづか》いも持ってきた」
地産地消を謳《うた》う併設《へいせつ》のレストランの入り口で、亜美は膝《ひざ》に手をつき、看板のメニューにかぶりついて、残念そうにこちらを振《ふ》り返る。
「オムライスないのかぁ」
いつものことだが「ほかのものじゃダメなのか」と訊《き》く。
「オムライスならなんでもいいんだけど、ないならあたし、お店入らないで簡単なもんでいいや。節約して、オムライスがあったらその時にどーんと使う。そういう計画に決めました」
その物言いが、私に一つの伝言を思い出させた。
「おかーさんから？　なに？」
「　I　」
派手に驚《おどろ》いて、ほとんど叫《さけ》び声を上げた。多くはない周囲の人がこちらを見やるのに、笑って軽く頭を下げる。勘弁《かんべん》してくれという注意も聞こえないか、へたりこみながら力なく何か呟《つぶや》いている。「おかーさん」だけ微《かす》かに聞こえた。
溶《と》けるように下がる頭と広がっていくベンチコートの裾《すそ》を見下ろしながら、私はその分け目に向かって「でも」と口走っていた。「全部の言いつけを守る必要があるか？」
きょとんと見上げる顔は、ややあってからみるみる華《はな》やいでいった。極まったおしまいに「いいの？」とまた大声を発した。
ばれやしないし、卵は摂《と》った方がいいはずだ。持つべきものはこだわりのないテキトーな叔父《おじ》さんだと亜美は笑って、そうだろうと私もうなずく。
「こりゃ、今日の夜ごはんはオムライスに決まりだねぇ」
「それで」咳《せき》ばらいを打ってから、私は続けた。「2ここからもう少し行くと、鳥の博物館というのがあるらしい」

MEMO

大切なことはメモしておこうネ！

2022年度

解　答　と　解　説

《2022年度の配点は解答欄に掲載してあります。》

＜算数解答＞ ≪学校からの正答の発表はありません。≫

1 (1) $1\frac{1}{3}$　(2) 650円　(3) 34.54cm^2　(4) 6通り

2 (1) ① 正二十角形　② イ 正三角形[正八角形]　ウ 正八角形[正三角形]

(2) 解説参照

3 (1) 42人　(2) ア 9840　イ 1800

(3) アメ 60個　ガム 33個　チョコレート 45個

4 (1) 4・6・7・8個　(2) 16個　(3) 33個

5 (1) ア 40　イ 35　(2) ① 456cm^2　図：解説参照　② 図：解説参照

○推定配点○

5 各6点×5　他 各5点×14(2(1)②，3(3)，4(1)各完答)　計100点

＜算数解説＞

1 (四則計算，割合と比，平面図形，立体図形，数の性質，場合の数，消去算)

(1) $\square=\left\{1\frac{5}{12}-\left(2\frac{25}{24}-1\frac{4}{24}\right)\times\frac{16}{25}\right\}\times5+\frac{1}{4}=\frac{4}{3}$

重要 (2) 商品Aの税抜き価格を□円，Bのそれを○円とする。

1個ずつ買ったときの代金→　□×1.08＋○×1.1＝2022(円)　…ア

1個ずつ買ったときの消費税→□×0.08＋○×0.1＝172(円)　…イ

イ×11→□×0.88＋○×1.1＝1892(円)　…ウ

ア－ウ→□×0.2＝130(円)

したがって，Aの税抜き価格は130÷0.2＝650(円)

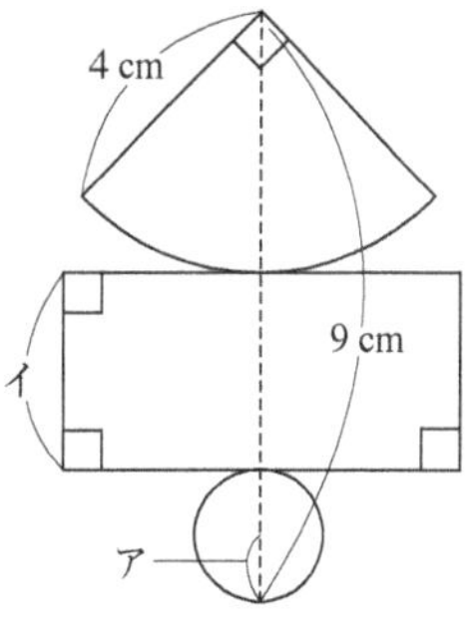

重要 (3) 右図より，おうぎ形の中心角は全体の$\frac{1}{4}$であり，

アは4÷4＝1(cm)　イは9－(4＋1×2)＝3(cm)

したがって，表面積は(4×1＋2×3＋1×1)×3.14＝11×3.14＝34.54(cm^2)

基本 (4) 右図より，アイウエについて

ア＋エ＝イ＋ウが3の倍数に

なればよい。

したがって，6通りがある。

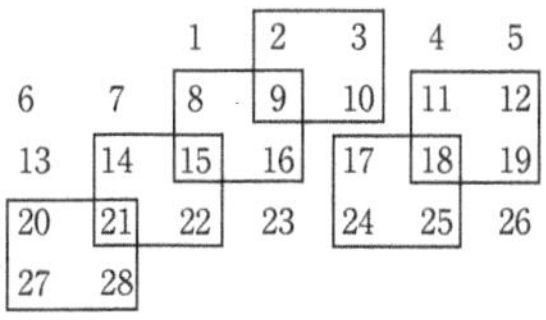

基本 2 (平面図形，数の性質，速さの三公式と比，時計算，論理)

図1

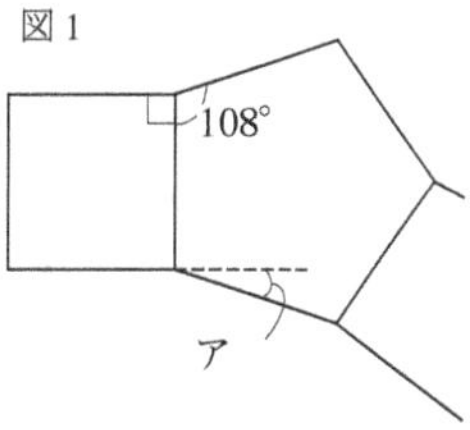

(1) ① 図1より，正多角形の1つの外角は90＋180－360÷5－180

＝18(度)　360÷18＝20より，正二十角形

② 1つの内角の大きさ…正三角形60度　正方形90度　正六角形120度

正八角形135度

次のページの図2より，正二十四角形の1つの外角は360÷24＝15(度)，

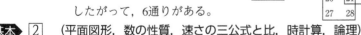

イの角度は180＋15＝195＝60＋135（度）

したがって，イ，ウの組み合わせは正三角形と正八角形

（2） 解答例：5時に，長針から短針までは150度はなれており，1回目に両針の間が90度になるには，長針が短針に150－90＝60（度）近づかなければならない。

したがって，1分間に動く両針の角度の差6－0.5＝$\frac{11}{2}$（度）により，

60÷$\frac{11}{2}$＝60×$\frac{2}{11}$＝10$\frac{10}{11}$のように求められる。

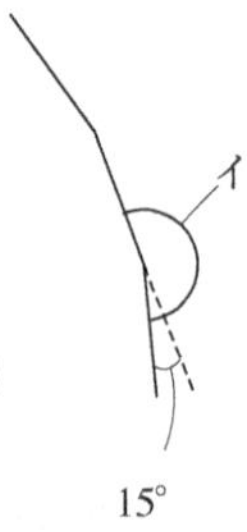

図2

[3] **（割合と比，差集め算，数の性質，消去算）**

基本 （1） 男女の金額を逆にして集めると120円の差になったので，男女の人数の差は120÷（200－180）＝6（人）であり，男子の人数は6÷（4－3）×4＝24（人），女子の人数は6×3＝18（人）

したがって，生徒数は24＋18＝42（人）

やや難 （2） [イ]…予定の先生の負担額が○円のとき，実際の先生の負担額は○＋120－480＝○－360（円）

したがって，○は360÷0.2＝1800（円）

[ア]… （1）と[イ]より，予定の代金は200×24＋180×18＋1800＝9840（円）

（3） アより，右図において色がついた部分の金額は

9840－30×138＝5700（円）

50×□＋90×△＝5700，5×□＋9×△＝570より，□，△の差が12の場合，5×□＋9×（□＋12）＝14×□＋108＝570　□は（570－108）÷14＝33，△は33＋12＝45

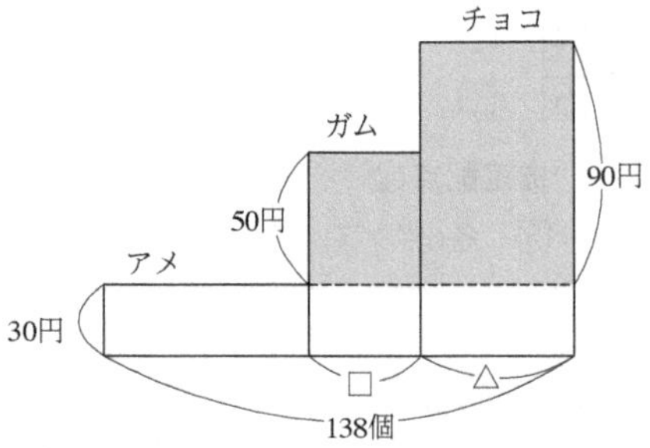

したがって，アメは138－（33＋45）＝60（個），ガムは33個，チョコレートは45個

重要 [4] **（規則性，場合の数）**

（1） 以下の4通りの例がある。

底面に平行に3回切る…4個

底面に垂直に1回，底面に平行に2回切る…2×3＝6（個）

底面に垂直に2回，底面に平行に1回切る…4×2＝8（個）

底面に垂直に3回切る…7個（上面ができるだけ多くに分割されるように切る）

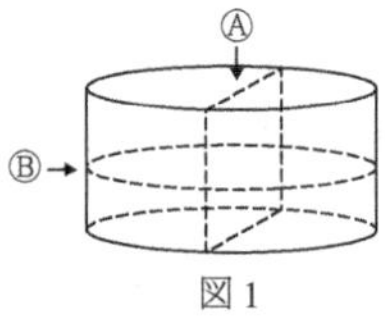

図1

問題の図2は，上面ができるだけ多くに分割されるように切る例であり，図自体に意味はない。

（2） 底面に垂直に0回切る…1個　底面に垂直に1回切る…2個　底面に垂直に2回切る…4個　底面に垂直に3回切る…7個

したがって，4回が7＋4＝11（個），5回が11＋5＝16（個）

（3） （2）より，底面に垂直に4回，平行に2回切ると最多の11×3＝33（個）

[5] **（比例・反比例，平面図形，相似，割合と比，場合の数，規則性，単位の換算）**

重要 （1） 図1より，Ⓐの半径が12cm，Ⓑの半径が20－12＝8（cm），Ⓒの半径が15－8＝7（cm）

[ア]…Ⓐが60秒で1回転するとき，Ⓑは12÷8＝1.5（回転）するので1回転する時間は60÷1.5＝40（秒）

【別解】60×$\frac{8}{12}$＝40（秒）

[イ]…60×$\frac{7}{12}$＝35（秒）

やや難 （2） ① （1）より，毎秒回転する角度は

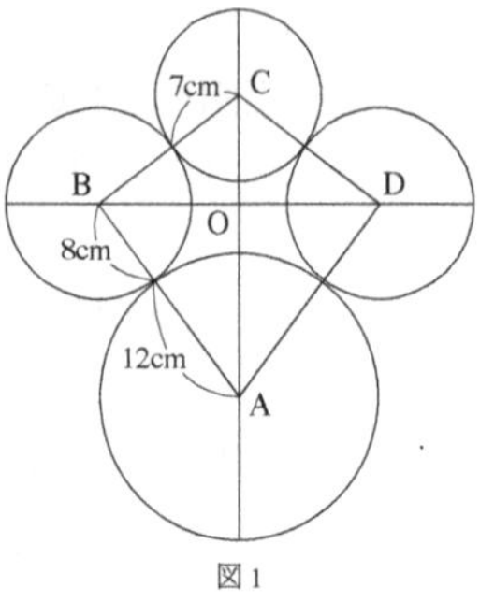

図1

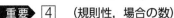

Pが$\frac{1}{60}$周，Q・Sが$\frac{1}{40}$周，
Rが$\frac{1}{35}$周
70秒後，回転した角度は
P(右回転)が$\frac{70}{60}=1\frac{1}{6}$(周)，Q・S(左回転)が
$\frac{70}{40}=1\frac{3}{4}$(周)，R(右回転)が$\frac{70}{35}=2$(周)
したがって，各点の位置は右図になる。

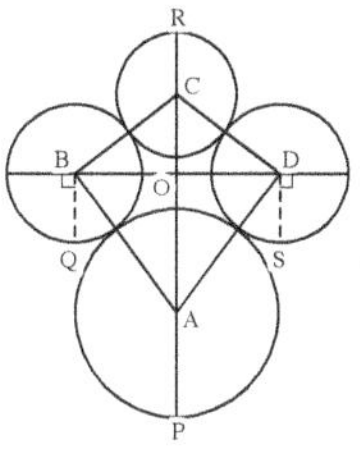

図2

(2) ①解答

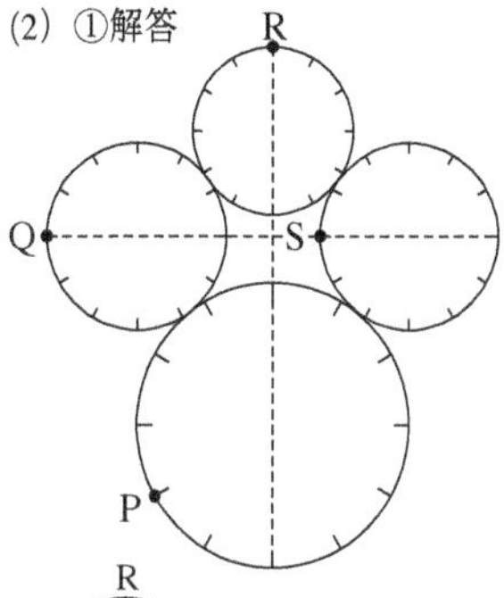

右図において，直角三角形BACとOBCが相似であり，
直角三角形BACの3辺の長さの比は20：25：15＝4：5：3
BO…15÷5×4＝12(cm)
QS…12×2＝24(cm)
RH…7＋25＋12÷2＝38(cm)
したがって，求める面積は24×38÷2＝456(cm^2)

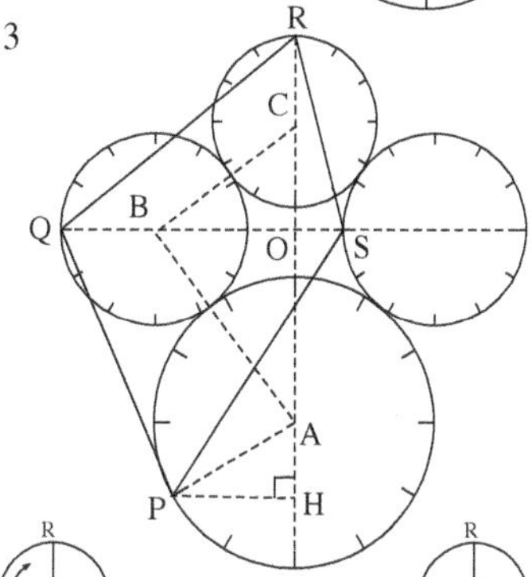

② 図3・4より，計算する。
Rの位置…1回転，2回転，3回転，…
Qの位置…$\frac{3}{4}$回転，$1\frac{3}{4}$回転，$2\frac{3}{4}$回転…
Rが1回転するとき，Qは$\frac{7}{8}$回転するので不適。
Rが2回転するとき，Q・Sは$2\times\frac{7}{8}=1\frac{3}{4}$(回転)
Rが2回転するとき，Pは$2\times\frac{7}{12}=\frac{7}{6}=1\frac{1}{6}$(回転)
したがって，P，Sの最初の位置は図アになる。

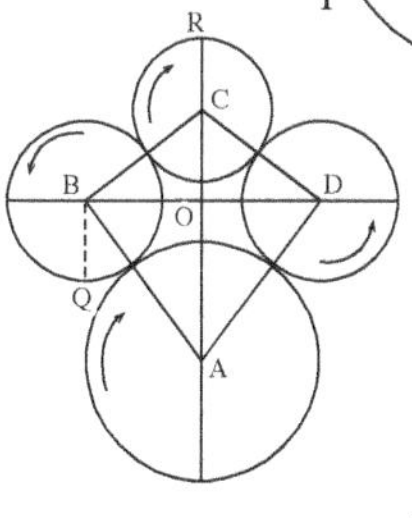

図3

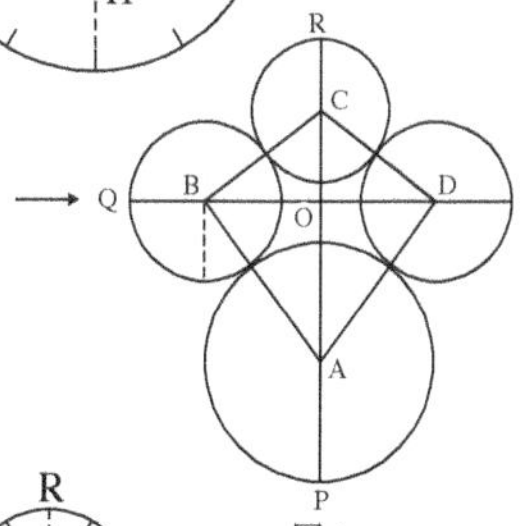

図4

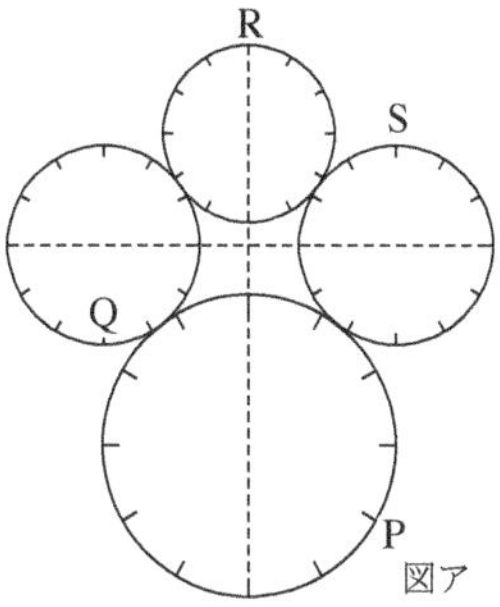

図ア

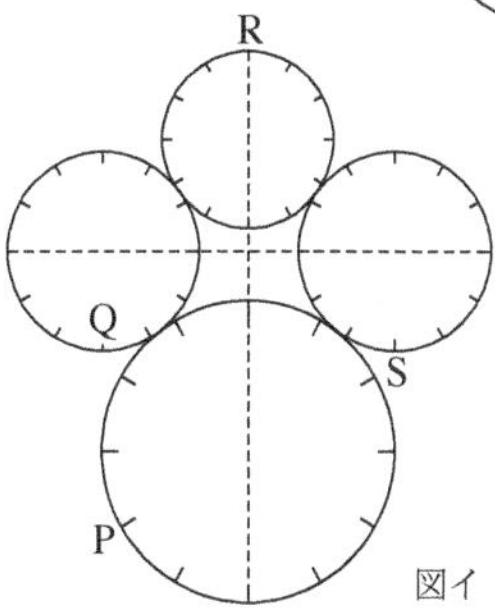

図イ

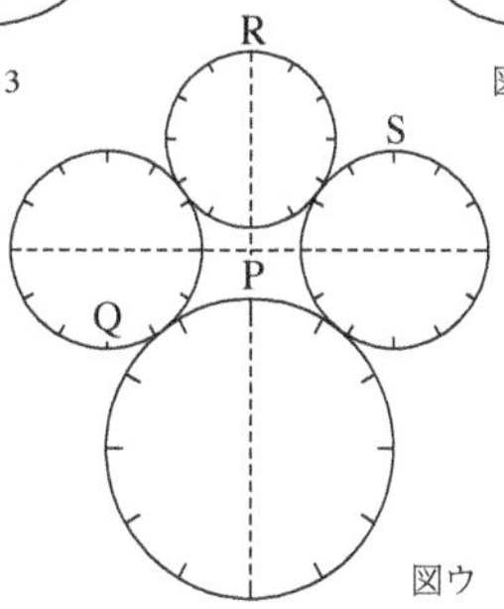

図ウ

以下，同様に，Rが10回転するとき，Q・Sは$10\times\frac{7}{8}=8\frac{3}{4}$(回転)
Pは$10\times\frac{7}{12}=5\frac{5}{6}$(回転) …図イ
Rが18回転するとき，Q・Sは$10\times\frac{7}{8}=15\frac{3}{4}$(回転)
Pは$18\times\frac{7}{12}=10.5$(回転) …図ウ

★ワンポイントアドバイス★

[2](1)「正多角形と角度」，(2)「時計算」は難しくなく，[4]「立体の切断」も問題の条件をしっかり認識できれば難しくない。[3](2)「先生の負担額」は，あわてるとまちがいやすく，しっかり計算できるかどうかがポイントになる。

<理科解答> ≪学校からの正答の発表はありません。≫

1　問1　磁石のN極とS極を反対にする。　問2　ウ　問3　イ，オ
問4　4　問5　イ，オ

2　問1　光合成　問2　水上置換法　問3　X　ウ　Y　カ　問4　エ
問5　ア，エ　問6　イ
問7　虫をおびき寄せるために，花びらや蜜せん，においなどをつくる必要があること。
問8　①　オ　②　カ　③　イ

3　問1　イ，オ　問2　ア，エ　問3　エ　問4　64　式　$11\times12\times\frac{2}{3}-2\times12=64$
問5　ア，エ　問6　ウ　問7　イ，エ

○推定配点○
1　問4　4点　他　各2点×4(問3・問5各完答)
2　問7　4点　他　各2点×9(問3・問5各完答)
3　問4　4点(完答)　他　各2点×6(問1・問2・問5・問7各完答)　計50点

<理科解説>

1　(電流と回路－モーターとスイッチ)

重要　問1　電磁石の極を変えるには，コイルに流れる電流の向きを変える方法と，磁石のN極とS極を反対にする方法がある。

やや難　問2　鍵をかけるには，図aの実線の向きに電流を流す必要がある。したがって，BとD，EとGをつなぐ必要がある。

図a

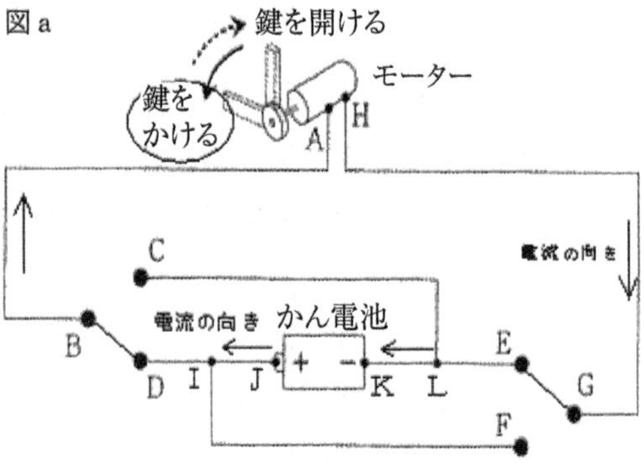

問3　鍵をかけるので，問2と同じように，BとD，EとGをつなぐ必要がある。

まず，180°離れているBとDをつなぐには，180°離れている4番と8番をBとDにつなぐ必要がある。その場合は，左側のダイヤルの4番と8番の真ん中の2番か6番がダイヤルの番号になる。(図b参照)

次に，135°離れているEとGをつなぐには，135°離れている1番と6番をEとGにつなぐ必要がある。その場合は，右側のダイヤルが8番になる。(図c参照)

図b(左側のダイヤル)

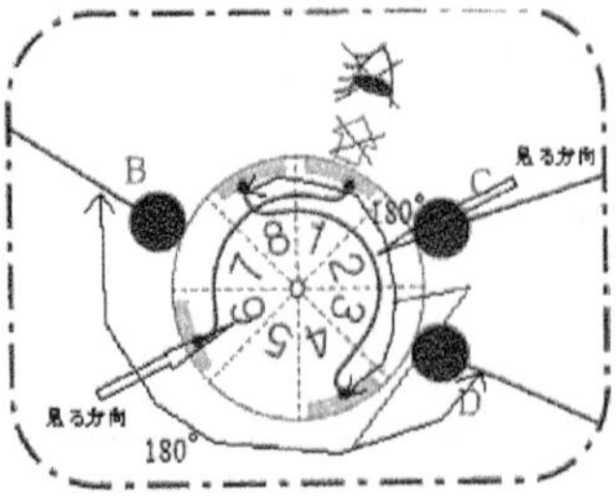

図c(右側のダイヤル)

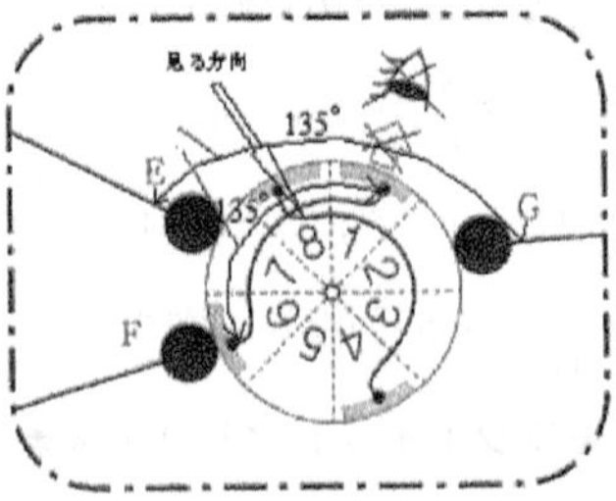

問4　鍵を開けるときは，次のページの図dのように，BとC，FとGをつなぐ必要がある。この場合，点線の向きに電流が流れる。

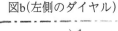

図 d

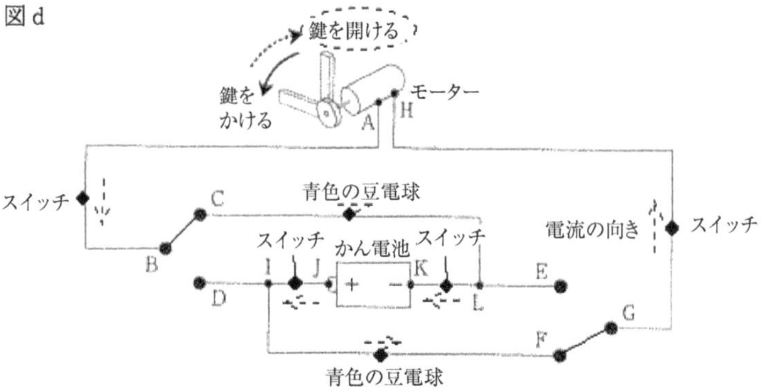

また，図cと図dを比べるとわかるように，どちらもAB間，IJ間，KL間，GH間の4カ所に電流が流れるので，4カ所のいずれかにスイッチを組み込むことで，スイッチを入れた時だけ電流が流れる仕組みにすることができる。

問5　鍵を開けるときだけ青色の豆電球をつけるには，図cと図dを比べるとわかるように，図dの時だけ電流が流れるCL間，IF間である。

2 (植物のはたらき，植物のなかま，気体の性質－光合成，二酸化炭素の発生，植物と動物の関係，虫媒花，種子の運ばれ方)

重要 問1　植物は，日光のエネルギーを利用して，二酸化炭素と水からデンプンをつくる。また，このとき，酸素が発生する。このはたらきを光合成という。

重要 問2　二酸化炭素は，水に少し溶けるので，水上置換法で集めることもできるが，空気よりも重いので，下方置換法で集めることもできる。

重要 問3　うすい塩酸に石灰石を加えると，二酸化炭素が発生する。なお，うすい塩酸に鉄を加えると水素が発生する。

問4　ろうそくは，二酸化炭素中では燃えない。

やや難 問5　ア　ポインセチアが赤色の葉をつけるのは，虫をおびき寄せて受粉させるためなので，誤り。　イ　トリカブトの根には毒が含まれている。　ウ　マメ科のリママメの葉を食べるナミハダニに対して，リママメが強いにおいを放出して，ナミハダニの天敵であるミヤコカブリダニを呼び寄せる。　エ　高木のメタセコイヤは，裸子植物の仲間であり，秋に種子を散布する。動物に食べられることはないので，誤り。　オ　セイヨウヒイラギの葉にはトゲがあり，動物に食べられないようにしている。

やや難 問6　食虫植物のウツボカズラは，葉の先端にある袋の中に消化液が貯えられていて，液中に落ちた昆虫などの小動物を養分とする。これらの食虫道物は，窒素・リン・カリウムなどの栄養分が不足している湿原で生育している。

ウツボカズラ

やや難 問7　虫媒花は昆虫に確実に花粉を運んでもらえるという利点があるが，虫をおびき寄せるために，花びらや蜜せん・においなどをつくる必要がある。

重要 問8　①　カエデやマツの種子は風によって運ばれる。

②　オニグルミの種子は水に浮くので，川の流れによって運ばれる。一方，ココヤシの実は海の流れによって運ばれる。

③　ナンテンやクワの実は鳥などに食べられ，ふんとともに種子が排出される。

3 **(気象，環境，時事－梅雨，地球温暖化，石炭火力，アルミニウムの製造，ハイブリッド車，FC，燃料電池)**

問1　梅雨前線は，オホーツク海気団と小笠原気団の間にできる。地球温暖化によって，これらの気団が発達することで，梅雨の雨が激しくなっている。

やや難　問2　このまま温暖化が進むと，北海道の気候が水稲の好適地になり，リンゴの好適地も北上する。

問3　石炭火力は，二酸化炭素の発生量が多いので，今後は，石炭のかわりに，バイオマス燃料を燃やす方向に検討されている。

やや難　問4　1kgの鉄をつくるのに2kgの二酸化炭素が発生し，1kgのアルミニウムをつくると11kgの二酸化炭素が発生する。一方，アルミニウムは，鉄の$\frac{2}{3}$の量で同じ強度を保つことができる。したがって，12kgの鉄をつくるときに発生する二酸化炭素は，12×2＝24(kg)であり，同じ強度のアルミニウムをつくるときに発生する二酸化炭素は，$12\times11\times\frac{2}{3}$＝88(kg)である。以上より，12kgの鉄と同じ強度のアルミニウムをつくったときに発生する二酸化炭素は，鉄のときよりも，88(kg)－24(kg)＝64(kg)多くなる。

やや難　問5　電気自動車(EV)やハイブリッド車(PHV)は，災害時の電源として設計されているものもある。また，ハイブリッド車のモーターは，ブレーキをかけるとき，電気を発生することができる。

やや難　問6　燃料電池(FC)は，水素と酸素が化学反応をすることで水が生じるときに発生するエネルギーを電気として取り出すものである。

問7　水素は最も軽い気体ではあるが，ボンベが浮き上がることはない。また，水素は水にほとんど溶けない。

★ワンポイントアドバイス★

理科の基本的な問題から応用問題まで十分に理解しておくこと。また，各分野での思考力を試す問題にも十分に慣れておくこと。

＜社会解答＞　≪学校からの正答の発表はありません。≫

〔Ⅰ〕 問1　ウ　　問2　①　種子島　　②　ウ　　問3　豊臣秀頼　　問4　イ・ウ
問5　①　A　イ　　B　ウ　　C　オ　　②　(作品名)　奥の細道[おくの細道]
問6　仏教　　問7　渋沢栄一　　問8　運輸業(と)小売業(を結び付けた。)

〔Ⅱ〕 問1　①　ア・イ　　②　イ　　③　(例)　以前に川が流れていた場所を県境として定めたから。　　④　(例)　耕地整理によって，水田の区画がきちんと整えられたから。
⑤　伊能忠敬　　⑥　万葉集　　問2　①　D　　②　ア・イ・オ　　③　(例)　鳥インフルエンザが発生し，養鶏場内に広がったから。

〔Ⅲ〕 問1　ア　　問2　1　摂政　　3　象徴　　問3　2　オ　　4　キ
問4　解答例1　①　ときお　②　(例)　天皇の男性子孫が天皇の地位を受け継ぐことは古い時代から行われてきた日本の伝統であり，そのことを定めた現在の法律を守ることが日本そのものを守ることになるから。　③　(例)　古くからの日本の伝統を守ることは大切である。しかし世の中は常に変化しているので，その変化に合わせて法律を変えて変化に対応することも必要なことではないか。
解答例2　①　かな　②　(例)　歴史上に女性天皇は幾人かいる一方で，天皇家出身でない男性の子が天皇になったことはないので，古くから行われてきた伝統はしっかり守った方がよい。　③　(例)　現在の法律の規定や歴史上の女性天皇の例を守るだけでは，それらの条件の合う皇族がいなくなる可能性もあり，安定した皇位継承ができないのではないか。

解答例3　①　たまき　②　(例)　皇位継承の条件に女系天皇も認めるようにすれば，現在の皇室の人たちに大きな負担をかけることもなくなり，今後とも天皇制を安定して維持できる。　③　(例)　日本の天皇制は女性天皇であっても男系の家系で維持してきたことに大きな意味があり，その伝統を崩すことは日本自体を否定することにならないか。

解答例4　①　ちばた　②　(例)現在の皇位継承の制度を続けることができればそれでもよいが，維持できない制度を無理に守っていく必要はない。　③　(例)　現在の天皇制は古い時代からの日本の伝統に深く根付いた制度なので，そのような制度を慎重な議論をせずに一時的な感情や多数決で廃止してよいのか。

問5　イ　　問6　ア

○推定配点○

〔Ⅰ〕　各2点×10(問4，問5①，問8各完答)

〔Ⅱ〕　問1③・④，問2③　各2点×3　　他　各1点×6(問1①，問2②各完答)

〔Ⅲ〕　問4①　1点　　③　3点　　他　各2点×7(問3完答)　　　計50点

＜社会解説＞

〔Ⅰ〕（日本の歴史―大阪の歴史）

問1　大仙古墳や誉田廟山古墳などの前方後円墳がつくられたのは，古墳時代の5世紀初頭である。他方，図版ウは，埼玉県や熊本県の古墳から出土した「ワカタケル大王」の名前が刻まれている鉄剣や鉄刀である。「ワカタケル大王」は5世紀前半から6世紀初頭にかけて中国の宋に使いを送った倭の五王の1人である，5世紀末頃に在位した倭王武(雄略天皇)とされる。したがって，大仙古墳や誉田廟山古墳がつくられた時期にもっとも近い。なお，図版アは6世紀初頭に造られた飛鳥大仏，イは縄文時代(約1万2000年前～紀元前4世紀ごろ)の土偶，エは7世紀後半に鋳造された富本銭，オは57年に中国の後漢の光武帝から倭の奴国の王に授けられた金印である。

基本　問2　①　鉄砲は，1543年に種子島に漂着したポルトガル人によって日本に伝えられた。そのため鉄砲は，伝えられた場所から「種子島」や「種子島銃」などと呼ばれた。　②　種子島は鹿児島県の大隅半島の南方約40kmの海上にある大隅諸島の島(地図中のウ)で，南北に細長く，最高点は265mと低い比較的平坦な島である。なお，地図中のアは対馬，イは屋久島，エは大島(奄美大島)，オは沖縄島である。

問3　豊臣秀頼(1593～1615年)は豊臣秀吉の第2子で，豊臣秀吉の死後に豊臣家の当主になった。しかし徳川家康が権力を振い始めると関ヶ原の戦い後，摂津・河内・和泉の約60万石の一大名とされた。その後，1614年に徳川家との合戦(大坂冬の陣)が起こり，一時はおさまったが，1615年に再び起こった合戦(大坂夏の陣)で敗北し，大坂城の落城時に自害した。

問4　イ　菱垣廻船は，江戸時代に大坂・江戸間で定期的に物品を運搬していた船である。輸送中に荷物が落ちるのを防ぐために，船べりに菱形の垣が付けられていたので，そのように呼ばれた。
ウ　樽廻船も江戸時代に大坂・江戸間で定期的に物品を運搬していた船であるが，主に酒やしょうゆを運んだ。菱垣廻船に比べて小型で船の速力が速かったので，しだいに菱垣廻船より優位になった。なお，アの北前船は江戸時代から明治時代にかけて日本海の海運で活躍した船，エの朱印船は16世紀末～17世紀初頭に日本の支配者から朱印状を得て，海外交易を行った船，エの南蛮船は室町時代末期から江戸時代にかけて，南方から日本に来航したスペインやポルトガルなどの船である。

重要　問5　①　A　松尾芭蕉は1689年6月末に現在の岩手県の平泉(地図中のイ)を訪れ，彼が訪ねる約500年前にこの地で滅亡した奥州藤原氏に思いをはせて，「夏草や　兵どもが　夢の跡」の俳諧をよんだ。　B　松尾芭蕉は1689年5月末から6月初頭に現在の山形県を訪れ，最上川(地図中のウ)の川下りを体験した。その際に「五月雨を　集めて早し　最上川」の俳諧を完成した。　C　松尾芭蕉は1689年7月初頭に現在の新潟(地図中のオ)を訪れた際に，日本海に浮かぶ佐渡島を背景に「荒海や　佐渡に横たう　天の川」という俳諧をよんだ。なお，地図中のアは能代，エは白河である。

②『奥の細道』は松尾芭蕉が門人の曾良と一緒に1689年に江戸を出発し，関東・奥羽・北陸・東海を巡った際の紀行文である。この本の草稿は1694年に出来たが，松尾芭蕉の死後，1702年に京都で刊行された。

基本　問6　聖武天皇(位724～749年)は仏教を深く信仰し，仏教によって国家の安定を図ろうとした。そのために各地に国分寺を建てたり，東大寺の大仏を建立したりした。そのため感染症の流行の際にも，仏教に頼ってそれを止めようとした。

問7　渋沢栄一(1840～1931年)は，埼玉県出身の実業家である。幕末に農民から武士に取り立てられ，第15代将軍の徳川慶喜に仕えた。次いで海外でヨーロッパの制度を学んで，帰国後は明治政府で大蔵省に入って財政政策に取り組んだ。その後は実業家となって1873年に日本最初の銀行である第一国立銀行の設立を指導し，さらに王子製紙・東京ガスなどの約500社の立ち上げに関与して財界・実業界で活躍した。

重要　問8　設問の図版の建物の左手には「神戸ユキ急行電車のりば」とあるので，この建物には鉄道の駅があることがわかる。他方，この建物の上には，「阪急百貨店」という看板があることから，この建物はデパートであることがわかる。鉄道は人や物を運ぶので，業種では運輸業にあたる。また百貨店は多くの商品を売る店なので，業種では小売業にあたる。したがって，小林一三は運輸業と小売業を結びつけた経営を行ったことになる。

〔Ⅱ〕 (日本の地理・歴史―千葉県に関する問題)

やや難　問1　①　地図中のA川は千葉県北部の県境周辺を流れているので，利根川である。利根川は群馬(カ)・長野・埼玉(ウ)の3県の県境にまたがる三国山脈の大水上山を源流として，関東地方を北西から南東に流れる全長322kmの大河川である。日本最大の流域面積(1.68万km^2)を有する河川であり，関東平野中央部で渡良瀬川・鬼怒川などと合流し，渡良瀬遊水地(栃木県，エ)・印旛沼・霞ヶ浦(茨城県，オ)などの湖沼を形成して千葉県北東端の銚子市で太平洋に注いでいる。したがって，この川の流域面積に含まれていないのは山梨(ア)と神奈川(イ)の2県である。　②　千葉県が北部で県境を接しているのは茨城県なので，地図中の県境の上方(北側)が茨城県，下方(南側)が千葉県である。A川(利根川)は茨城県から千葉県の方向に流れているので，A川は茨城県から千葉県の方向に向かう地図中の矢印イの方向に流れていることになる。　③　地図中のBの地域で県境となっている部分を明治38年測量の地図で確認すると，現在は陸上に県境がある「野間谷原」の地域に当時は川が流れており，県境もその川に沿って引かれていたことが確認できる。したがって，元々県境は全てが川の流路に沿って決められていたが，後に川の流路が変化しても県境は変更されなかったので，県境が川に引かれていない場所ができることになった。　④　地図中Cの部分の新旧の空中写真の様子を比べると，「旧(1962年)」には水田の境目が複雑に入り組んで，その形が様々になっていたが，「新(1988年)」では水田の境目がまっすぐになり，その形がほぼ四角形になっていることがわかる。それは耕地整理が行われたことによって，以前の複雑な水田の区画割りがきちんと一定の形に整えられたことを示している。それにより水を水田に引き込んだり，排水したりすることが容易になり，また大型農業機械が使えるようになって農作業が能率的に行えるようになったりした。　⑤　伊能忠敬(1745～1818年)は，江戸時代後期の測量家・地理学者である。彼は現在の千葉県の佐原で酒造業を営んでいたが，50歳の時に隠居し，江戸に出て天文学と測量術を学んだ。その後，幕府の命令によって蝦夷地の南東海岸を測量，さらに全国の沿岸を測量して地図を作製した。彼の死後，日本最初の実測図である「大日本沿海輿地全図」が完成された。

⑥『万葉集』は奈良時代の770年頃にまとめられた日本最古の和歌集で，仁徳天皇(位4世紀末～5世紀前半)のころから奈良時代までの約4500首の和歌が集められている。収められた歌には皇族や貴族の歌の他，農民や防人の歌とされるものや大和をはじめとする地方の歌も多い。

問2　①　設問中のグラフでAとCは都道府県名と都道府県庁所在地名が異なることから，茨城県・鹿児島県・千葉県・北海道・宮崎県の中で都道府県名と都道府県庁所在地名が異なるのは，茨城県(水戸市)と北海道(札幌市)である。そのためグラフAとCは，茨城県と北海道のいずれかになる。グラフAは農業生産額がCより多く，畜産物の割合もCに比べて高いことから，Aが北海道，Cが茨城県となる。次いでグラフBとEはいずれも畜産物の割合が全体の約3分の2を占めているので，畜産の盛んな鹿児島県か宮崎県になるが，宮崎県は野菜の促成栽培でも有名なので，農産物の中で野菜の割合が高いグラフEが宮崎県，Bが鹿児島県となる。したがって，残りのグラフDが，千葉県の農業生産額とその割合を示したものとなる。　②　ア　A(北海道)・B(鹿児島県)・E(宮崎県)のグループは北海道と九州地方の県，C(茨城県)・D(千葉県)は関東地方の県なので，東京都との距離は北海道と九州地方は遠く，関東地方は近い。したがって，東京都との距離が遠距離か近距離かによって分けることができる。　イ　農業生産額に占める野菜の割合はAが15.5%, Bが10.9%, Eが19.5%，他方でCが36.6%，Dが33.8%なので，農業生産額に占める野菜の割合が30%以上と30%未満で分けることができる。　ウ　農業生産額に占める加工農産物の割合はAがなし, Bが1.8%, Eが0.9%，他方でCが1.9%，Dが0.1%なので，農業生産額に占める加工農産物の割合が1%以上と1%未満で分けることはできない。　エ　Aは乳用牛が肉用牛より多いが，BとEは畜産物の中に肉用牛の割合は表示はあるが，乳用牛の表示はない。またCとDには畜産物の中に乳用牛の割合は表示はあるが，肉用牛の表示はない。したがって，データがある場合とない場合があるので，乳用牛が多いか肉用牛が多いかによって分けることはできない。　オ　A(農産物41.5%, 畜産物58.5%)・B(農産物32.2%，畜産物66.0%)E(農産物34.1%，畜産物65.0%)はいずれも畜産物の割合が多い。他方，C(農産物69.2%，畜産物28.9%)・D(農産物67.6%，畜産物32.3%)いずれも農産物の割合が多い。したがって，農産物が多いか畜産物が多いかによって分けることができる。　③　鳥インフルエンザは，A型インフルエンザウイルスが引き起こす鳥の病気である。日本国内でにわとりなどの家きんに鳥インフルエンザが発生した場合には，家畜伝染病予防法に基づいて発生した農場の飼育家きんの殺処分や焼却，消毒，移動制限などの措置が取られる。

〔Ⅲ〕(政治―「天皇」に関する諸問題)

基本 問1　国会における法律案の審議の過程は，まず法案が一方の議院の議長に提出され，次いで議長から関係する委員会にまわされて審議される。委員会で議決されると本会議で議決され，他の議院に送られる。したがって，「法案は，衆議院で先に審議され」ということはない。衆議院で先に審議されるのは，法案ではなく予算案である。

問2　1　摂政は君主制を採る国で，君主(日本では天皇)が幼少時，女性，病弱等で，職務を行うことができない時や君主が空位である時に君主に代わってその職務を行う職である。第二次世界大戦後の日本では，摂政は日本国憲法に定められている「国事に関する行為」などを天皇の名において行うことになっている。　3　日本国憲法の第1条には，「天皇は，日本国の象徴であり日本国民統合の象徴であって，この地位は，主権の存する日本国民の総意に基づく。」とある。

問3　2　職業選択の自由(選択肢オ)は経済活動の自由の1つで，日本国憲法第22条に規定されている。この権利は公共の福祉に反しない限り，誰でも就きたい職業を選び，自由に営むことができるとするものである。　4　日本国憲法第14条には，「すべての国民は，法の下に平等であって，人種，信条，性別，社会的身分又は門地により，政治的，経済的又は社会的関係において，差別されない。」とあり，男女の平等(選択肢キ)の根拠とされている。　ア　平和主義は戦争放棄や戦力の不保持などで，日本国憲法前文と第9条に明記されている。　イ　国民主権は国の意思を決める最高の力が国民にあることで，日本国憲法前文と第1条に明記されている。　ウ　政治に参加する権利(参政権)には，日本国憲法に選挙権(15，44，93条)や被選挙権(44条)などがある。　エ　信教の自由は精神の自由の1つで，日本国憲法第20条に規定されている。　カ　健康で文化的な最低限度の生活を送る権利は生存権で，日本国憲法第25条に規定されている。　ク　表現の自由は精神の自由の1つで，日本国憲法第21条に規定されている。　ケ　結婚の自由は，日本国憲法第24条に規定されている。

やや難　問4　(ときお)　問題文中の「なんとかして男性で継ぐべきだと思うな。遠い親戚には男性もいるんでしょ？」の部分から，皇位継承は男系男子に限るべきという意見であることがわかる。その理由は，日本では古い時代から天皇の地位は男系男子で受け継がれてきた伝統があるので，その伝統を重視した現在の法律を守ることが大切であると考えるからである。ただし反対意見としては，世の中は常に変化していので，いつまでも古い伝統にこだわるのではなく，その変化に合わせて法律を変えて変化に対応することも必要なことであるというものである。　(かな)　問題文中の「女性の天皇はいてもいいと思うけど，天皇家でない男性の子が天皇になるって聞くと，「ん？それはちょっと」と思っちゃうかも。」の部分から，皇位継承は天皇の男系子孫ならば男性でも女性でもよいが，それ以外の人には認めないという意見であることがわかる。その理由は，日本の歴史上に女性天皇は幾人かいるが，天皇家の出身でない男性の子が天皇になったことはないので，その皇位継承の方法を日本の伝統として守った方がよいというものである。その反対意見としては，皇位継承を男系子孫のみに限ると，その条件の合う皇族がいなくなる可能性もあり，その場合には安定した皇位継承ができないというものである。　(たまき)　問題文中の「女性天皇と一般の男性との間に生まれた子でも，天皇になっていいことにするべきだと思う。」の部分から，皇位継承の資格に男系だけでなく，女系天皇も認めるという意見であることがわかる。その理由は女系天皇も認めるようにすれば，現在の皇室の人たちに大きな負担をかけることもなく，今後とも天皇制を安定して維持できるというものである。その反対意見としては，日本の天皇制は男系で維持してきたことに大きな意味があり，その伝統を崩すことは日本自体を否定することになるというものである。　(ちばた)　問題文中の「今の制度のままで行けるところまで行って，ダメだったら天皇制自体を終わらせてもいいんじゃないかなあ。」の部分から，天皇制はあってもよいが，場合によっては天皇制を廃止してもよいという意見であることがわかる。その理由は，維持できない制度を守る必要はないというものである。その反対意見としては，現在の天皇制は古い時代からの日本の伝統に深く根付いた制度なので，慎重な議論をせずに一時的な感情や多数決で簡単に廃止すべきではないというものである。

基本　問5　天皇は，日本国憲法の第6条と第7条で定められた天皇の形式的・儀礼的な国事行為を行う。その中には総理大臣の任命，法律の公布，国会の召集，衆議院の解散，国会議員の総選挙の公示，外国の大使や公使をもてなすことなどがあるが，この際には内閣の助言と承認が必要であり，内閣がその責任を負う。　ア　総理大臣を任命するのは，内閣ではなく国会の指名に基づくものである。　ウ　憲法改正を発議するのは，裁判所ではなく国会の決定に基づくものである。
エ　臨時国会の召集を決めるのは，天皇ではなく内閣である。

問6 (5) 香港は，中国南部に位置する九龍と香港島，その周辺の島々で構成される特別行政区である。1842年にイギリスの植民地になったが，1997年にイギリスから中国に返還された。なお，台湾は東アジアにある台湾島を中心とした島々である。 (6) 一国二制度とは，社会主義国である中国に返還された後もその地域を特別行政区として資本主義の制度を続けることで，現在でも香港とマカオで行われている。なお，一帯一路とは，中国と中央アジア・西アジア・ヨーロッパ・アフリカにかけての広域経済圏の構想・計画のことである。

★ワンポイントアドバイス★

地理・歴史・政治の各分野でほぼバランスが取れた出題であるが，説明問題は思考力や判断力が問われる設問となっている。また天皇の皇位継承問題の説明問題は，多分に時事的な要素が含まれた設問になっている。

＜国語解答＞ ≪学校からの正答の発表はありません。≫

一 問1 ウ　問2 (例) オムライスは二日に一回　問3 エ　問4 イ
問5 コブハクチョウ　問6 ア　問7 ア・エ　問8 ノート
問9 (例) ① 旅の最中に記録した　② 旅を回想して書いた

二 問1 (例) 多くの様々な過去の記憶を持っている点。　問2 (例) 一千年前から続く自然との生活が今も変化していないところ。　問3 (例) (現代では世界の多くの地域に暮らす人々が，)自然から離反して攻撃的な文明を作ったことで，生きることの意味を見失ったこと(に苦しんでいるということ。)　問4 (例) A(一般的には)自分たちが作った文明の成果を残そうとして作られたのが遺跡(だと思われている。)
B (しかしアラスカでは)自然との共生という生きかたを体験的に知る人の記憶と口承を今も大事にしている(と考えられるから。)

三 問1 ① 困難　② 拝む　③ 幼い　④ 枚挙　⑤ 改革
問2 (1) A お　B く　C い　D う　E ど　F ん　(2) 異口同音

○推定配点○
一 問2 5点　問9 各6点×2　他 各4点×7(問7完答)　二 各7点×5
三 問1 各2点×5　問2(2) 4点　他 各1点×6　計100点

＜国語解説＞

一 (小説－心情・文章の細部の読み取り，指示語，空欄補充，記述力)

問1 ——線1前後で，鳥の博物館に行きたいと思いながら「『行かない』」と強がる「私」を「『素直じゃないんだからなー』」とからかう亜美の様子が描かれているので，ウが適切。素直じゃない「私」を面白がることを説明していない他の選択肢は不適切。

問2 空欄Ⅰ後で，「『(母親の)全部の言いつけを守る必要があるか？』」「『今日の夜ごはんはオムライスに決まりだねぇ』」と「私」が亜美に話していることから，母親の言いつけは「オムライスは二日に一回」など，亜美が大好物のオムライスを食べ過ぎないような言いつけであることが読み取れる。

問3 今日の夜ごはんをオムライスにする代わりに，鳥の博物館を提案していることから，オムライスと鳥の博物館に行くことを取引していることを説明しているエが適切。オムライスと鳥の博物館の取引を説明していない他の選択肢は不適切。

重要 問4　――線3の「本気」は鳥の博物館に行きたいという気持ち，「道化」はその本心を亜美にそのまま伝えるのではなく冗談めかして言っている，ということなのでイが適切。他の選択肢は「道化と本気」の説明が不適切。

問5　――線4の「先方」は相手という意味で，ここでは「コブハクチョウ」のこと。

重要 問6　「真言」が書かれてある石碑のある滝前不動での場面で，真言の意味はそんなに重要ではなく「『このまま唱えるのが一番大事』」と「私」は亜美に話しており，――線5では，暗記が苦手な亜美が書かれてあった言葉通りに真言を唱えたので，これらの内容をふまえたアが適切。暗記も苦手な亜美がそのまま真言を唱えたことを説明していない他の選択肢は不適切。

問7　ア，エは「不動堂の前に出ると……」で始まる場面でいずれも描かれている。イの「『私』にキジを追いかけるように」，ウの「(キジにボールを)当ててしまい……怒られた」，オの「コロナウイルス感染拡大のせいで」，カの「コロナウイルス感染拡大による不安な日常を乗り越えよう」はいずれも合致しない。

基本 問8　空欄Ⅱはキジを書くためのものなので，「記録は……」で始まる段落の「ノート」が入る。

やや難 問9　Aには日付と時刻を記入していることから，旅の最中に記録したことが読み取れる。A以外のところは，最後の段落で旅が終わった後の現在の状況が書かれていることから，旅を終えて回想して書いたことが読み取れる。

二　（論説文－要旨・文章の細部からの読み取り，記述力）

問1　――線1直前で「老人と共に一つの時代の記憶が失われる」と述べていることをふまえ，図書館にも様々な「過去」の記憶が記された書物があるという点を共通点として説明する。

問2　（中略）後で星野が「『……（アラスカの）村の生活は……何も変わっていない。一千年前と同じなんです……』」と話していることを，「アラスカの特異な歴史」として具体的に説明する。

重要 問3　――線3の「その悲惨」とは直前で述べているように，自然から離反した生きかたの成果を誇っていることであり，最後の段落でも，生きることの意味が生きることそのものにあることを捨て，自然を押しのけて攻撃的な文明が作られたと述べていることから，現代の人々が，自然から離反して攻撃的な文明を作ったことで，生きることの意味を見失ったことに苦しんでいる，というような内容で説明する。

やや難 問4　「遺跡」は，その時代の文明の成果として後世に残すために作られたものでもある。一方，アラスカは「記憶以外残らない土地」であり，その記憶は「自然との共生」という生きかたを「体験的に知る人」の記憶である。そのような記憶は「口承」で伝えられてきた，ということをふまえ，一般的に考えられる「遺跡」と，そうした遺跡を残さないアラスカでは記憶と口承を大事にしてきたことを説明する。

三　（空欄補充，漢字の書きとり，ことわざ・四字熟語）

重要 問1　①は苦しみ悩むこと。②の音読みは「ハイ」。熟語は「拝命」など。③の音読みは「ヨウ」。熟語は「幼虫」など。④の「枚挙にいとまがない」はたくさんありすぎて数えきれないという意味。⑤は制度などを改めてよりよいものにすること。

やや難 問2　(1)　①は「暖簾に腕おし」。②は「朱に交われば赤くなる」。③は「鉄は熱いうちに打て」。④は「どんぐりの背比べ」。⑤は「笑う門には福来たる」。⑥は「虫の居どころが悪い」。⑦は「骨折り損のくたびれ儲け」。⑧は「先んずれば人を制す」。⑨は「目から鱗がおちる」。

(2)　A～Fのひらがなを並びかえると「いくどうおん」＝「異口同音」になる。意味は多くの人が口をそろえて同じことを言うこと。

★ワンポイントアドバイス★

小説や物語では，登場人物の言動が後の場面につながっていることをしっかり読み取っていこう。

MEMO

大切なことはメモしておこうネ！

2021年度

★★★★★★★★★★★★★★★★★★★★★★★★

入　試　問　題

2021年度

早稲田実業学校中等部入試問題

【算　数】（60分）　＜満点：100点＞

1　次の各問いに答えなさい。

(1)　$1\frac{5}{7}-\left\{1.325+\frac{1}{5}\times\left(\frac{7}{96}\div\boxed{}\right)\right\}=\frac{3}{14}$ の $\boxed{}$ にあてはまる数を求めなさい。

(2)　３つの歯車A，B，Cがかみ合っています。歯数の比は A：B＝３：４，A：C＝５：８ です。歯車Bが72回転するとき，歯車Cは何回転しますか。

(3)　下の図で四角形ABCDは正方形です。㋐の角度を求めなさい。

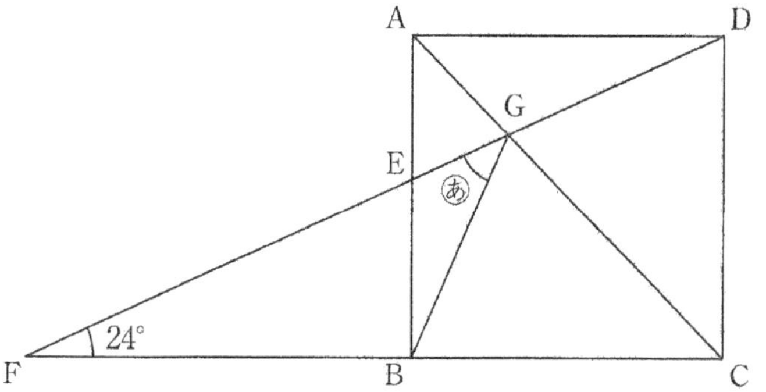

(4)　右の図のように，底面の半径が３cm，高さが２cmの円柱を床《ゆか》に置き，底面の中心の真上４cmのところから，電球で照らしました。円柱の影《かげ》がつくる立体の体積を求めなさい。ただし，円周率は3.14とします。

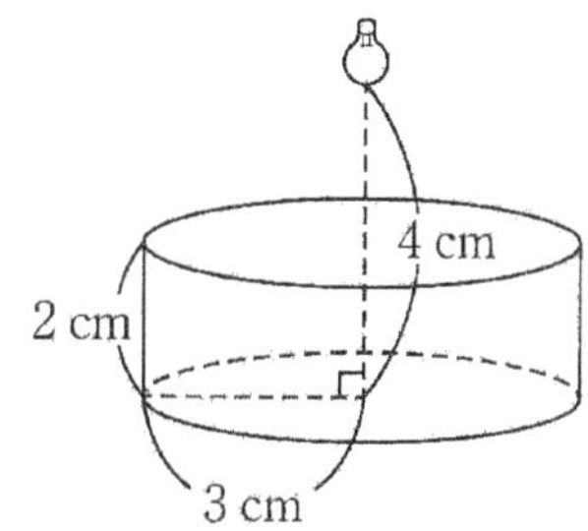

2　次の各問いに答えなさい。

(1)　長さ56mの船Aと長さ28mの船Bがあります。船Aと船Bがどちらも川を上っているとき，船Bが船Aに追いついてから完全に追い越《こ》すまでに１分10秒かかりました。また，船Aが川を上り，船Bが川を下っているとき，船Aと船Bが出会ってから完全に離《はな》れるまでに10.5秒かかりました。次の①，②に答えなさい。

①　船Aの静水での速さは秒速何mですか。

②　船Aで川下から川上まで上りましたが，川の流れの速さがいつもの２倍だったので，かかった時間が $1\frac{3}{11}$ 倍になりました。いつもの川の流れの速さは秒速何mですか。

(2)　2021は20と21を並べてできる数です。このような，連続する２つ以上の０より大きな整数をその順に並べてできる数として，ほかに12（１と２），123（１と２と３），910（９と10）などがあります。これらを小さい順に並べたとき，2021は何番目ですか。

3 **表1**は，１クラス20人の国語と算数のテストの結果をまとめたものです。例えば，国語が20点で算数が０点だった人は２人います。算数の平均点は57点でした。次の各問いに答えなさい。

(1) 算数よりも国語の点数の方が高かった人は，全体の何％いますか。

(2) 表の**ア**，**イ**にあてはまる数を求めなさい。**求め方も書きなさい。**

(3) 算数が40点以下だった人に再び試験を行ったところ，60点以上をとった人が３人いました。この３人の最初の試験の点数を60点だったとして表を書き直したところ，**表2**のようになり，平均点は62点になりました。**表2**の空欄《らん》部分をうめなさい。ただし，０を記入する必要はありません。

表1

国語＼算数	0	20	40	60	80	100
100						1
80				1		1
60				**ア**	2	
40			2	3	**イ**	
20	2	1	1			
0						

表2

国語＼算数	0	20	40	60	80	100
100						1
80				1		1
60				**ア**	2	
40					**イ**	
20			0			
0						

4 Ａ君とＢ君の２人が次のような遊びをしました。

> **ルール**
> ● １から順に１ずつ増やした整数を交互《こ》に言い合う。
> ● 一度に１つか２つの数を言うことができる。
> ● ある数 n を言った方を負けとする。

Ａ君が先攻《こう》，Ｂ君が後攻《こう》とします。例えば $n=5$ のとき，「Ⓐ１→Ⓑ２，３→Ⓐ４→Ⓑ５」と言うとＢ君の負けです。次の各問いに答えなさい。

(1) $n=1$，２，３，…に対して，２人の数の言い方が全部で何通りあるかを，それぞれ◇1，◇2，◇3，…と表すことにします。例えば，◇1＝１，◇2＝２（「Ⓐ１→Ⓑ２」と「Ⓐ１，２」の２通り）です。次の①，②に答えなさい。

① ◇3と◇4を求めなさい。

② ◇10を求めなさい。

(2) $n=10$ とします。後攻に必勝法があることに気づいたＢ君は，自分が必ず勝つように途《と》中の数を言いました。このとき，２人の数の言い方は全部で何通りありますか。

5 紙の折り方には山折りと谷折りがあり，それぞれ**図１**のような折り方をします。いま，縦９㎝，横12㎝の長方形の方眼紙ABCDがあります。次の各問いに答えなさい。

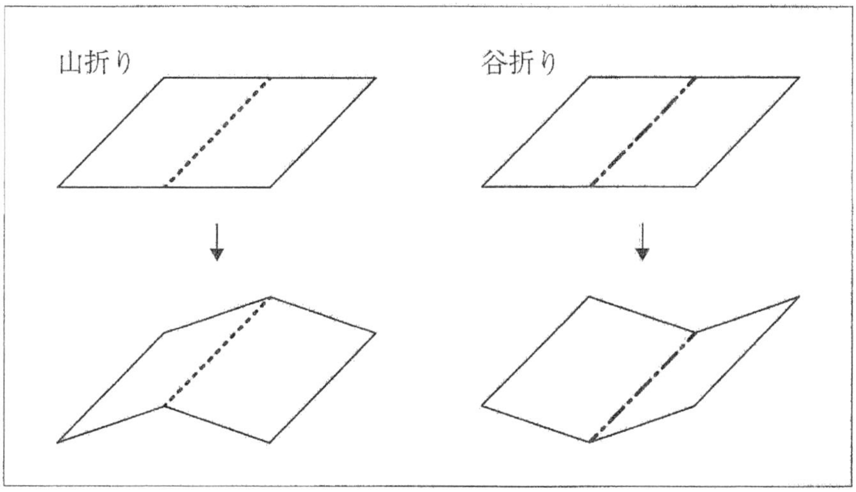

図１

(1) **図２**のように紙を折ったとき，縦の長さは何㎝になりますか。

(2) **図２**のあと，**図３**のように紙を折りました。BF上に点Qをとり，PQに沿って三角形PFQを切り取って広げた図形を，**図形ア**とします。次の①，②に答えなさい。

① FQの長さが３㎝のとき，**図形ア**として切り取られた部分を解答用紙の図にかき，斜線で示しなさい。

② **図形ア**の面積が20㎝^{2}のとき，FQの長さを求めなさい。

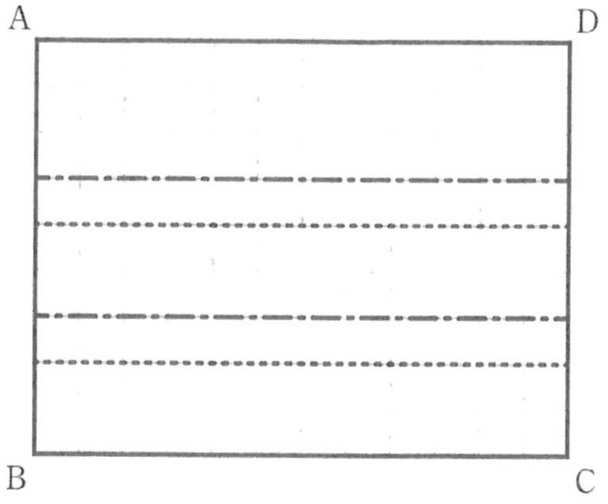

図２

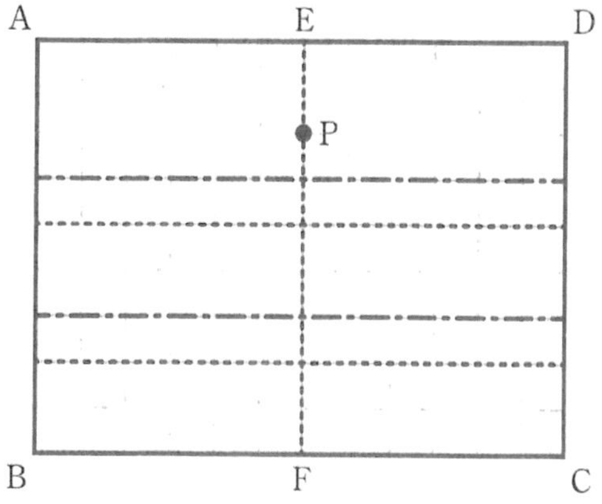

図３

[必要なら，自由に使いなさい。]

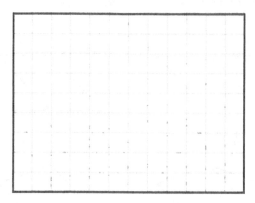

【理　科】（30分）　＜満点：50点＞

1　次の文章を読み，以下の**問１～問５**に答えなさい。

太平洋にある西之島《にしのしま》という島の近くで，1973年に噴火《ふんか》が起こりました。その後2013年の噴火以《い》降《こう》，西之島の近くに新島が出現して，元の西之島と一体となっていきました（下図参照）。この新島は，付近にある島々とは違《ちが》い安山岩質溶岩《ようがん》からできています。しかし，近年は玄武岩《げんぶがん》質溶岩に変わってきていることで注目されています。

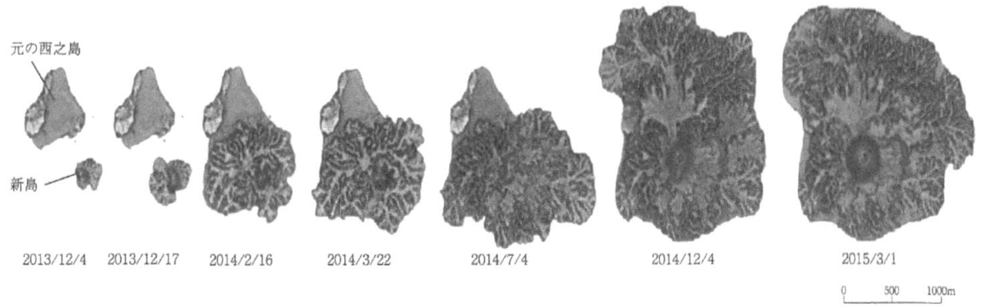

問１　西之島の所在地を，都道府県名で答えなさい。

問２　この新島を生じさせているプレート名を２つ答えなさい。

問３　文章中にある安山岩質溶岩と玄武岩質溶岩は，それぞれ安山岩と玄武岩になります。この２つの岩石の共通点ついて，次の①～③について答えなさい。

①　火成岩における分類名を答えなさい。

②　これらの岩石の結晶《しょう》の様子を表している図を，次の（ア）～（エ）から，正しいものを１つ選び記号で答えなさい。

（ア）

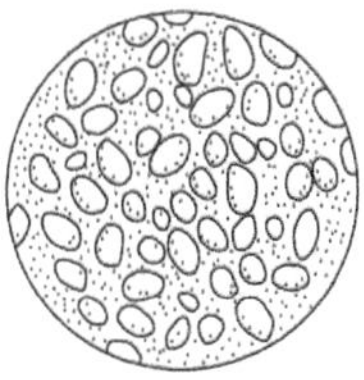

（イ）

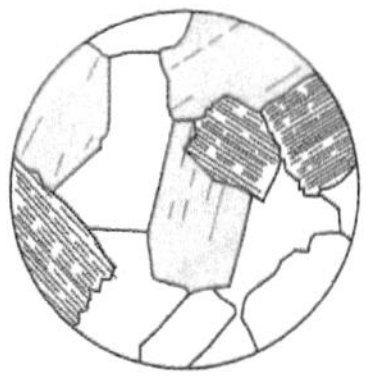

（ウ）

（エ）

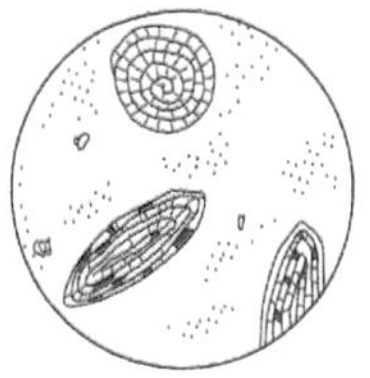

③　これらの岩石の，外見上の特徴《とくちょう》を１つ答えなさい。

問４　噴火を続けて大きくなっている現在の西之島は，将来的《しょうらいてき》には海面下になってしまう可能性があります。次の（ア）～（エ）から，その原因として考えられないことを１つ選び記号で答えなさい。

（ア）　爆発的《ばくはつてき》な噴火がおきて，海面より上の部分が吹《ふ》き飛ばされてしまうから。

（イ）　活発な噴火が続いているため，今後マグマがたまっていた場所が空《から》になって陥没《かんぼつ》する可能性があるから。

（ウ）　今後噴出《ふんしゅつ》してくる溶岩の質が変わり，溶岩ドームが出現し高温の火砕流《かさいりゅう》によって，とかされてしまうから。

（エ）　海水による波の侵食《しんしょく》によって，削《けず》られてしまうから。

問５　現在，世界中の火山が活動期に入っているため，各地の火山が活発に噴火をしはじめています。アメリカのハワイ島にあるキラウェア火山も2020年12月に再び噴火をしました。この火山は過去に何度も噴火を繰《く》り返し，マグマを噴出してハワイ島の大地をつくっています。この火山はなだらかな形で，海岸の砂《すな》は黒いことで知られています。これらのことからキラウェア火山から噴出しているマグマの流動性とハワイ島をつくる岩石の名称《めいしょう》の組み合わせとして正しいものを，次の（**ア**）～（**カ**）から１つ選び記号で答えなさい。

（**ア**）　流動性は高く，流紋岩《りゅうもんがん》から成る。　（**イ**）　流動性は低く，流紋岩から成る。
（**ウ**）　流動性は高く，安山岩から成る。　（**エ**）　流動性は低く，安山岩から成る。
（**オ**）　流動性は高く，玄武岩から成る。　（**カ**）　流動性は低く，玄武岩から成る。

2　次の文章を読み，以下の**問１**～**問４**に答えなさい。

湖や沼《ぬま》などで，水面が緑色のペンキを流したようになっているのを見たことがありますか。これはアオコといい，大量に発生した植物プランクトンによるものです（**図１**）。

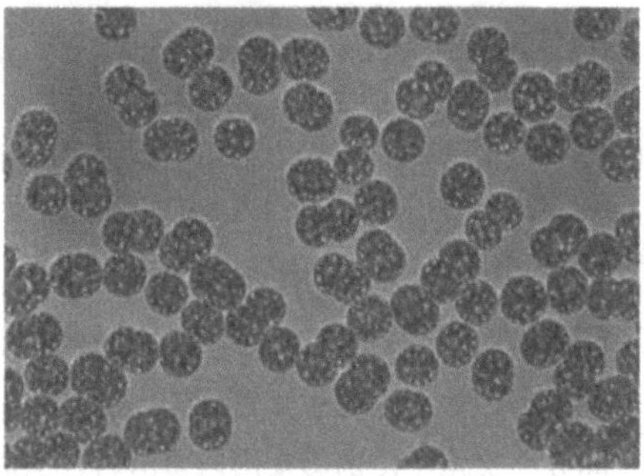

図１　アオコの原因となる植物プランクトン

アオコが大量に発生すると，いやなにおいがすることがあります。また，アオコが原因で，湖水中の生物の死がいが増えると細菌《さいきん》が大増殖をして水中の酸素をたくさん使うために魚などが酸素不足で死んでしまうこともあります。

アオコの発生は人間のくらしが原因とされます。生活排水《はいすい》や肥料などに含《ふく》まれる＜　1　＞や＜　2　＞やカリウムなどが湖や沼に流れこみ，水中の植物プランクトンたちの栄養源《えいようげん》になって，アオコの原因となる植物プランクトンが大発生するのです。このような現象は富栄養化とよばれます。

長野県の諏訪湖《すわこ》におけるアオコの発生は富栄養化の象徴《しょうちょう》とされます。ある夏の晴れた風のない日の午前中に最大の深さが6.5メートルほどの諏訪湖で，水深０～６メートルにおける水温や水中に溶《と》けている酸素の量と，pH（ピーエイチ）を調べ以下の表にまとめました。

pHは酸性・アルカリ性を表すための指標です。例えばpH７であれば，その水溶液《すいようえき》は中性を示しpHが７よりも小さければ酸性を，pHが７よりも大きければアルカリ性を示しています。なお，湖の水のｐＨを決める要因はおもに水中に溶けている二酸化炭素であることが分かっています。

表１　諏訪湖調査データ　　透明度《とうめいど》：39 cm

水深（m）	水温（℃）	１リットルの水に溶けている酸素の量（mg）	ｐＨ
0	25.8	10.9	10.1
1	25.7	11.5	10.2
2	25.7	11.2	10.2
3	25.4	10.5	10.1
4	19.9	6.1	9.3
5	19.7	2.9	8.3
6	19.5	1.1	7.8

『生態系は誰のため』　花里孝幸著　（ちくまプリマー新書）より転載《てんさい》

また，前のページの**表１**の透明度は湖の水のにごり具合を示すものです。これは，直径30㎝の白い円盤《えんばん》を湖に沈《しず》めていき，円盤が見えなくなる深さを測定して求めたものです。この水深が透明度の値《あたい》であり，一般《いっぱん》に水中の植物プランクトンが光合成をするのに十分な太陽光がとどく水深は，透明度のおよそ２～2.5倍の深さまでとされています。

ちなみに，観測時の水温のデータから湖の水は垂直《すいちょく》方向で完全に二層《そう》に分れており，上の層と下の層をまたいでの垂直方向の対流は起こっていないと考えることができます。

湖中には，植物プランクトンをはじめ動物プランクトンや魚など，さまざまな生物が暮《く》らしています。これらの生物はさまざまな関係のなかで生活を営んでおり，そのなかでも「食べる－食べられる」という生物どうしのつながりはもっとも基本的な関係です。また，湖中の生物のすべてはやがては死んで最終的には細菌により分解されます。

このように生物を構成していた物質は，生態系《せいたいけい》を＜　Ｘ　＞し，やがては新たな生命の一部となって利用されていくのです。

問１　文中の空らん＜１＞，＜２＞にあてはまる言葉を答えなさい。ただし，＜１＞，＜２＞の順序は問いません。

問２　プランクトンネットを用いて湖の水をすくい取り，顕微鏡《けんびきょう》でのぞいてみるとさまざまなタイプの微生物《びせいぶつ》が観察できます。**図２**は，その際の微生物のスケッチです。次の問いに答えなさい。

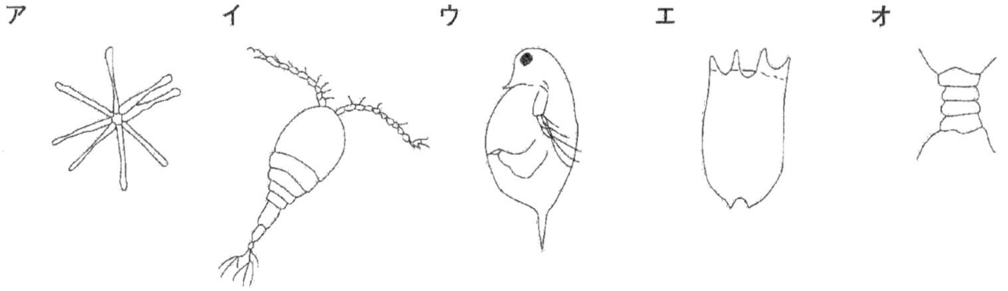

図２

①　**図２**の**ア**～**オ**より植物プランクトンを２つ選び，記号で答えなさい。

②　**表１**のデータが得られたとき，植物プランクトンが活発に光合成をして生息していると考えられるのは水深何メートルまでですか。整数で答えなさい。

③　湖底で採取されたあるミジンコはからだが赤色をしていました。これはミジンコが酸素濃度《のうど》の低い環境《かんきょう》で生きていくための適応と考えられます。このミジンコの体内にあった赤色の色素は何であると考えられますか。

問３　**表１**のデータから湖の表層では酸素量が多く，水深６メートルの湖底付近では少なくなっていることがわかります。また，湖底にいくほどアルカリ性から中性に近づいていることもわかります。このようになっている理由を下の語句をすべて使って120字以内で説明しなさい。ただし，句読点を含みます。

【　光合成　　呼吸《こきゅう》　　酸素　　植物プランクトン　　細菌　　二酸化炭素　】

問４　文中の＜Ｘ＞にあてはまる生態系における生物と環境との関わり，また生物どうしのつながりを理解するうえでキーワードとなることばを<u>**ひらがな５文字**</u>で答えなさい。

3 次の＜Ⅰ＞，＜Ⅱ＞に答えなさい。

＜Ⅰ＞　A子さんは小６の女子です。以下は，年上の従兄弟《いとこ》のBさんが婚約者《こんやくしゃ》Cさんをつれて来たときの会話です。これについて答えなさい。

A子　「B兄さん，Cさん，ご婚約おめでとうございます。婚約指輪のダイヤ，すごく大きくてすてきですね。いいなー。お嫁《よめ》さんになるとか，あこがれるなー。」

B　「さっそくだが，A子，(1)ダイヤモンドは１ cm^3 あたり3.51ｇとなっていて，１カラットは0.2ｇのことだ。その指輪のダイヤは体積が0.11 cm^3 なんだが，何カラットになる？」

A子　「ちょっとまって……，なぜ，いきなりそんな試験みたいな話？それより，結婚式はいつどこで？」

B　「いきなりはぐらかした上に，質問返しか。ならばこちらも倍にして返してやる。ダイヤモンドと言えば，屈折率《くっせつりつ》の大きさや，(2)熱伝導率の高さも有名で，銅の数倍ぐらいあるといわれているが知ってるか？ちなみに式は，時期はまだ未定だが，南米大陸のボリビアにあるウユニ塩湖で二人だけで挙げる。」

A子　「ウユニ塩湖？さっそくスマホで調べよう……。何だこれ⁇すごい!!!!」

B　「絶景だろ？ところで，ウユニ塩湖とスマホはとても密接《みっせつ》な関係がある。(3)スマートフォンを始めとした多くの電子機器や，電気自動車などのほとんどが採用している電池といえば，○○○○イオンバッテリーだが・その○○○○がウユニ塩湖にはたくさんあると言われている。(4)○○○○イオンバッテリーの開発に関しての功績により，2019年のノーベル化学賞は，共同受賞として日本人も受賞している。スウェーデンでの授賞式は大々的に報道されていたな。なお，ウユニ塩湖には多量の食塩もあり，(5)食塩と言えば飽和《ほうわ》水溶液を作るとき，大きな特徴があるな。」

A子　「Cさん……。B兄さんって，いつもこうなんですか？」

C　「……。」

問１　下線部(1)について，このダイヤモンドは何カラットか求めなさい。答えは小数第２位を四捨《ししゃ》五入《ごにゅう》して小数第１位まで求めなさい。

問２　下線部(2)について，以下の金属のうち，最も熱伝導率が高いものを（ア）～（エ）から１つ選び記号で答えなさい。

（ア）金　（イ）銀　（ウ）銅　（エ）鉄

問３　下線部(3)について，○○○○に当てはまる４文字を，すべて**カタカナ**で答えなさい。

問４　下線部(4)について，日本人受賞者は誰《だれ》か，ふさわしい人を（ア）～（エ）から選び記号で答えなさい。

（ア）吉岡《よしおか》さん　（イ）吉川《よしかわ》さん

（ウ）吉沢《よしざわ》さん　（エ）吉野《よしの》さん

問５　下線部(5)について，75ｇの水に食塩をとかし，飽和水溶液をつくるとき，温度（０℃から100℃まで）と，とける最大量のおおよその関係をグラフで示しなさい。図中の例は，ホウ酸のものです。なお，100℃での飽和食塩水の濃度は約28％です。

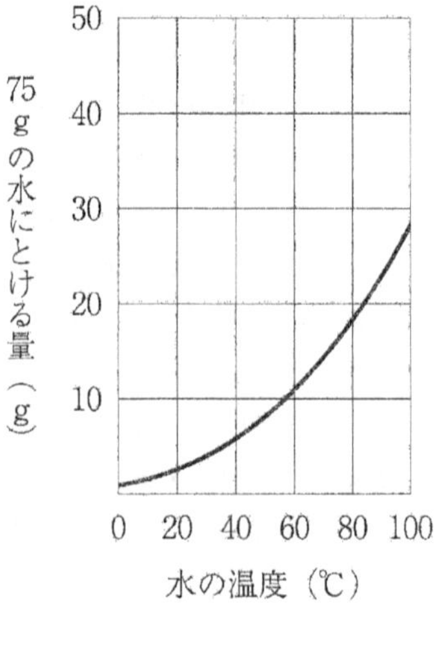

＜Ⅱ＞　次の①～④のそれぞれにおいて，ＡとＢをくらべたとき，Ｂの方の値が大きくなっているのは，全部でいくつありますか。０～４の数字で答えなさい。

①　体積39cm^{3}のアルコールと体積121cm^{3}の水がそれぞれ別のメスシリンダーにはいっている

Ａ：混ぜる前の両方の体積の合計

Ｂ：両方を，一方のメスシリンダーで混ぜたときの体積の合計

②　ある濃度の水酸化ナトリウム水溶液50cm^{3}に対して，塩酸を少しずつ加えていきながら，よくまぜる。塩酸を78cm^{3}加えたとき，ガラス棒《ぼう》を用いて赤リトマス紙につけたところ，変色はなかった。

Ａ：この水酸化ナトリウム水溶液50cm^{3}に同じ塩酸78cm^{3}を加えてかきまぜたのち，水分をすべて蒸発《じょうはつ》させた後に残った物の重さ

Ｂ：この水酸化ナトリウム水溶液50cm^{3}に同じ塩酸112cm^{3}を加えてかきまぜたのち，水分をすべて蒸発させた後に残った物の重さ

③　ある濃度の塩酸50cm^{3}に対して，水酸化ナトリウム水溶液を少しずつ加えていきながら，よくまぜる。29cm^{3}加えたとき，ガラス棒を用いて赤リトマス紙につけたところ，青色に変色した。

Ａ：この塩酸50cm^{3}に同じ水酸化ナトリウム水溶液29cm^{3}を加えてかきまぜたのち，水分をすべて蒸発させた後に残った物の重さ

Ｂ：この塩酸50cm^{3}に同じ水酸化ナトリウム水溶液48cm^{3}を加えてかきまぜたのち，水分をすべて蒸発させた後に残った物の重さ

④　ビーカーにアンモニア水を入れ，重さをはかる（Ａ，Ｂともにビーカーの重さは同じ）

Ａ：ある濃度のアンモニア水120cm^{3}をいれたときの重さ

Ｂ：Ａよりこい濃度のアンモニア水120cm^{3}をいれたときの重さ

【社　会】（30分）　＜満点：50点＞

【注意】 解答は，とくに指示がない限り，漢字で書くべきところは正しい漢字を使って答えなさい。

〔Ⅰ〕 本校の位置する東京都は全国では３番目に小さな面積ですが，伊豆・小笠原諸島など，広い範囲を含みます。伊豆諸島のひとつに八丈島があります。八丈島に関連する，以下の問いに答えなさい。

問１　図１を参照し，日本の島の中で八丈島より北に位置するものを**ア**～**オ**の中からすべて選び，記号で答えなさい。

ア．南鳥島　　**イ**．淡路島　　**ウ**．屋久島

エ．色丹島　　**オ**．対馬

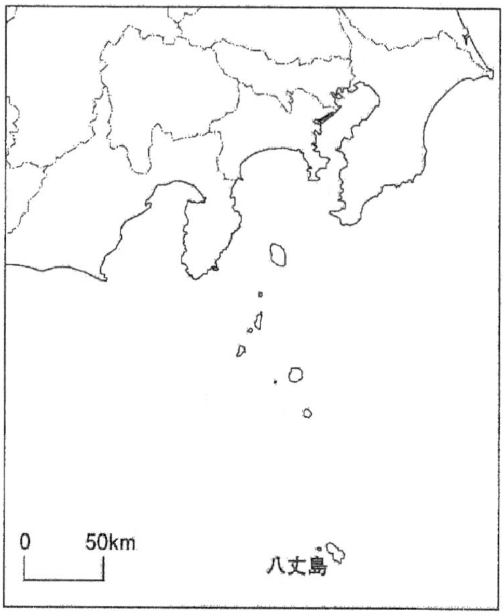

図１

問２　図２のように，八丈島の断面図**A－B**を作成しました。断面図としてふさわしいものを，次の**ア**～**エ**の中から１つ選び，記号で答えなさい。

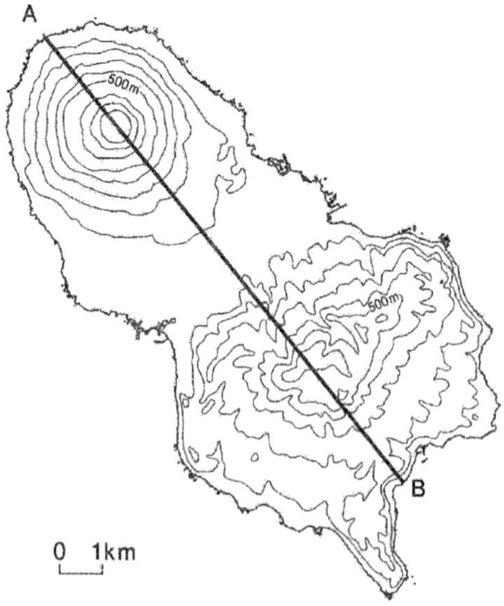

図２

ア．

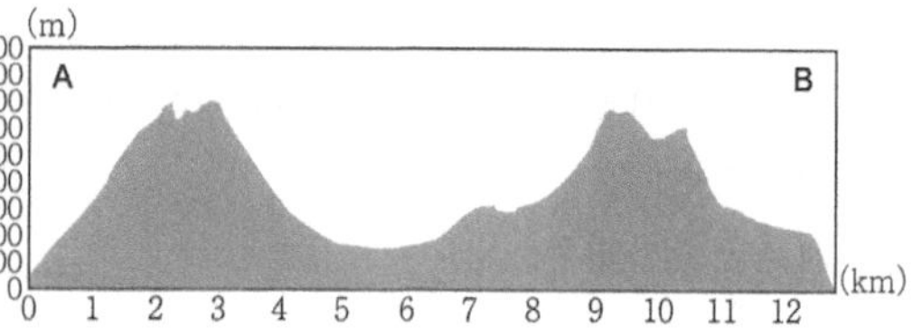

イ．

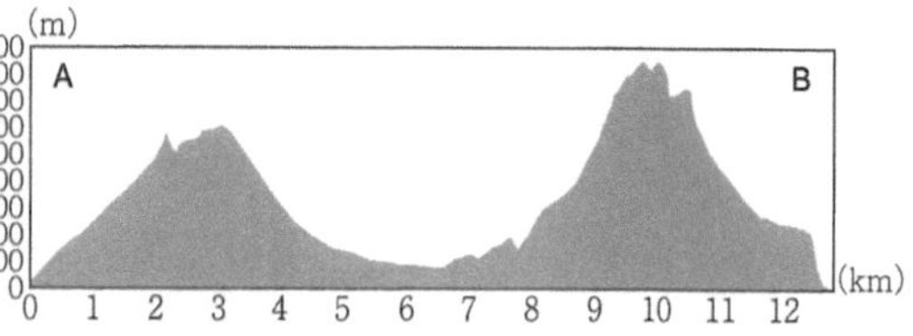

ウ．

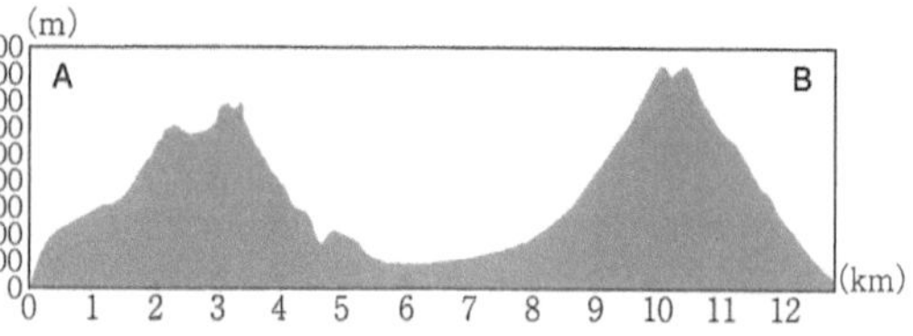

エ．

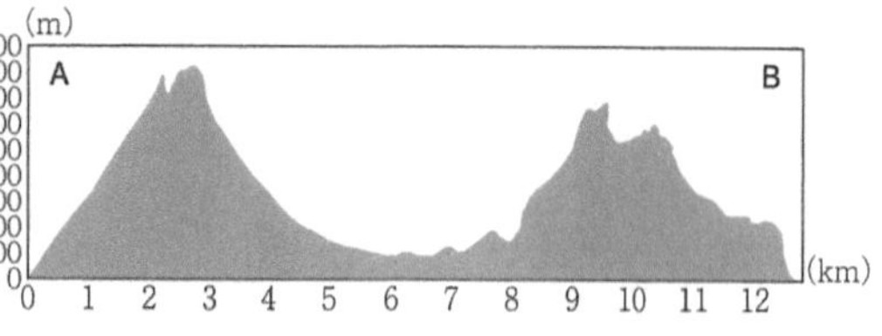

問３　八丈町勢要覧《ちょうせいようらん》から人口構成を示す**図３**を見つけました。図に関する次の問題に答えなさい。

①　59歳以下の中で，最も人口が少ない年齢層を○～○歳のように算用数字で答えなさい。

②　なぜ①で答えた年齢層の人口が少ないのか。その理由を20字以内で説明しなさい。

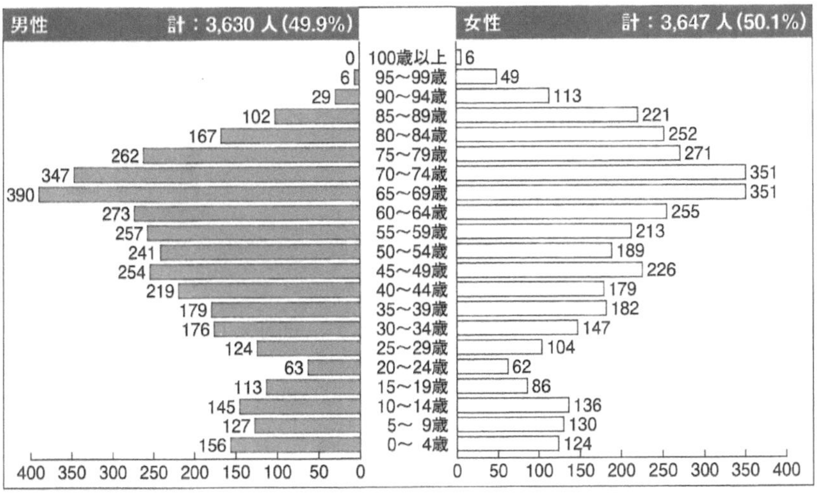

図３

（八丈町勢要覧「はちじょう2019」より）

問４　八丈島の伝統的工芸品に関する，次の問題に答えなさい。

①　日本には様々な伝統的工芸品があります。八丈島の特産品である伝統的工芸品を，次の**ア**～**オ**の中から１つ選び，記号で答えなさい。

ア．

イ．

ウ．

エ．

オ．

（ポプラディアネットより）

② 右のマークは，伝統的工芸品に指定された工芸品につけられる「伝統マーク」です。このマークをつけるための条件としてふさわしくないものを次の**ア**～**オ**の中から2つ選び，記号で答えなさい。

ア．30年以上の歴史をもつ伝統的な技術をつかっている。

イ．作業の主な部分が手作業である。

ウ．主に特別な行事・儀式に使用するための製品をつくっている。

エ．主な原料が100年以上前からひき続き使われている。

オ．特定の産地で，およそ30人以上の生産者により製造されている。

（伝統的工芸品産業振興協会ＨＰより）

問５ 次の地図は地理院地図の八丈町の一部を示しています。地図をよくみて次の問題に答えなさい。

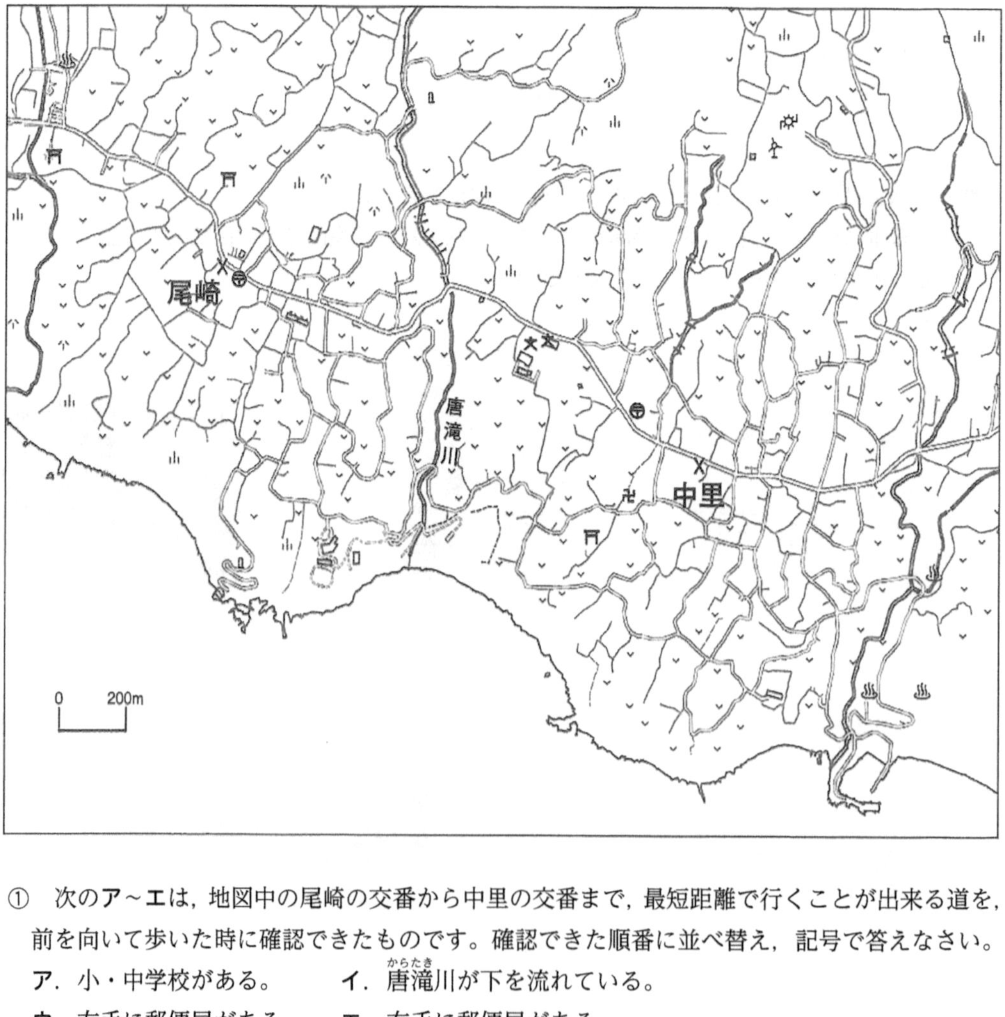

① 次の**ア**～**エ**は，地図中の尾崎の交番から中里の交番まで，最短距離で行くことが出来る道を，前を向いて歩いた時に確認できたものです。確認できた順番に並べ替え，記号で答えなさい。

ア．小・中学校がある。　　**イ**．唐滝川《からたき》が下を流れている。

ウ．左手に郵便局がある。　**エ**．右手に郵便局がある。

② 八丈島では島の特色をいかし，自然エネルギーの活用に取り組んでいます。行政として，２つの自然エネルギーの利用に力をいれていましたが，１つは発電量にむらがあり発電を平成26年に停止したようです。右の**図４**の**Ｘ**にふさわしいものを，次の**ア**～**オ**の中から１つ選び，記号で答えなさい。

ア．風力発電
イ．太陽光発電
ウ．潮力発電
エ．水力発電
オ．地熱発電

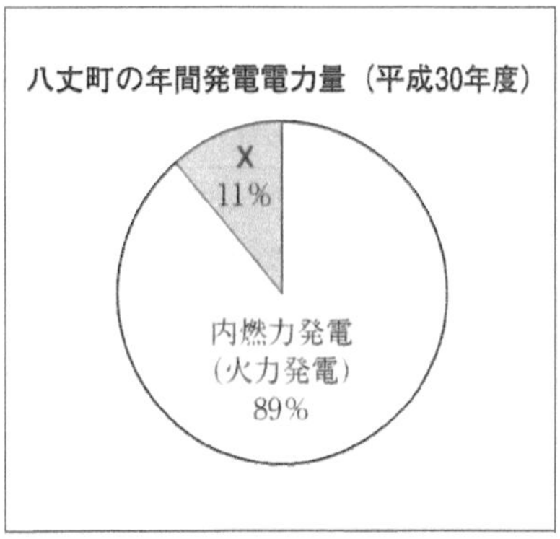

図４
（八丈町勢要覧「はちじょう2019」より）

問６ 次の**図５**は，2010年と2017年の日本の発電量の内訳を示していますが，八丈島とは大きく異なります。次の問題に答えなさい。

① **Ａ**～**Ｄ**にあてはまるものを，次の**ア**～**エ**の中からそれぞれ１つ選び，記号で答えなさい。

ア．再生可能エネルギー　**イ**．火力　**ウ**．水力　**エ**．原子力

② **Ｃ**は2010年から2017年にかけて発電量の割合が大きく減少しています。この減少に大きな影響をあたえた出来事は何ですか。その内容を20字以内で答えなさい。

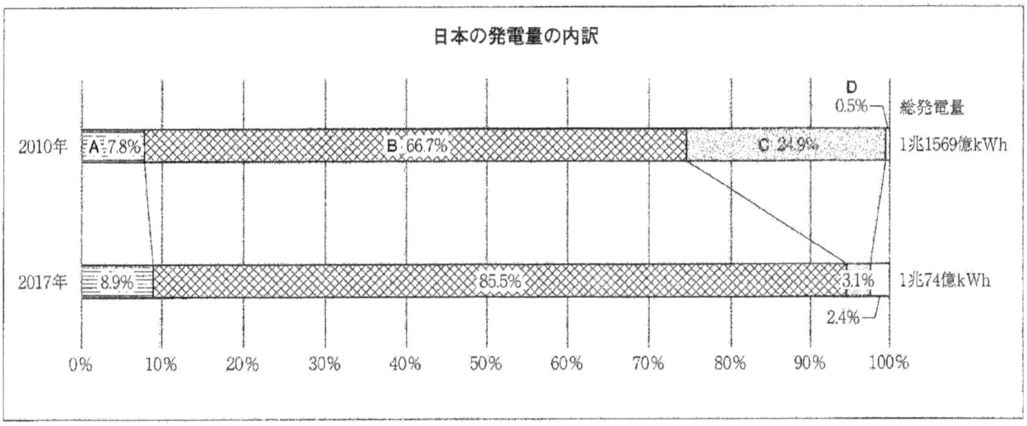

図５
（『データブック オブ・ザ・ワールド2020』より）

［Ⅱ］ 次の文章を読んで，以下の問いに答えなさい。

昨年７月から開催《かいさい》される予定だった1東京2020オリンピック・パラリンピックは，新型コロナウイルス感染症の感染拡大状況を考慮《こうりょ》して，１年延期されました。その延期が発表された昨年３月は感染者が次第《しだい》に増えてきた頃で，感染拡大防止のために政府や2東京都知事からは「密閉・密集・密接のいわゆる３密」を避《さ》けるようにという呼びかけがされました。そして４月には緊急事態宣言《きんきゅうじたいせんげん》が発出《はっしゅつ》され，日本全体で感染拡大を防ぐ努力が続けられました。緊急事態宣言は５月末には解除《かいじょ》されましたが，この先まだまだ予断は許されない状況でしょう。

ところで，東京2020オリンピック・パラリンピックで選手に贈《おく》られるメダルの原材料が，どのよ

うに集められたのかを知っていますか。今までは3金・銀・銅の天然鉱物が主な原材料でしたが，今回は初めて4リサイクル素材だけを原材料としてメダルを作るという内容の「都市鉱山からつくる！みんなのメダルプロジェクト」によって，５千個以上のメダルに必要とされる，およそ金32kg，銀3,500kg，銅2,200kgが確保できたそうです。これは，5 2015年に開催された国連サミットの中で，2030年までによりよい世界を実現させようと採択《さいたく》された「SDGs」という目標に沿って大会を運営しようと実施《じっし》されたものでした。私たちの未来へ向かっていろいろな取り組みがなされていることに，これからも注目してみてください。

問１　下線部１について，オリンピックには，図のような５つの輪をつなげたシンボルマークがあります。この５つの輪の意味としてもっともふさわしいものを次の**ア**～**オ**の中から１つ選び，記号で答えなさい。

ア．大陸
イ．海洋
ウ．宗教
エ．言語
オ．民族

問２　下線部２について，東京都知事と被選挙権が同じ条件のものを次の**ア**～**オ**の中から１つ選び，記号で答えなさい。

ア．市区町村長　　**イ**．市区町村議会議員　　**ウ**．都道府県議会議員
エ．衆議院議員　　**オ**．参議院議員

問３　下線部３について，次の**ア**～**オ**はメダルに使用される金・銀・銅，および鉄鉱石の国別産出量の割合（2015年，**イ**のみ2016年）上位３ヵ国を示したものです。そのうち金・銀・銅にあてはまるものをそれぞれ１つ選び，記号で答えなさい。

ア．

オーストラリア	34.7%
ブラジル	18.4%
中国	16.6%
世界計	14.0億 t

イ．

中国	14.5%
オーストラリア	9.3%
ロシア	8.1%
世界計	0.31万 t

ウ．

チリ	30.2%
中国	9.0%
ペルー	8.9%
世界計	1,910万 t

エ．

メキシコ	21.4%
ペルー	15.3%
中国	12.3%
世界計	2.76万 t

（『データブック オブ・ザ・ワールド2020』より作成）

問４　下線部４について，何をリサイクルしたものですか。都市鉱山の意味をあきらかにした上で，20字以内で答えなさい。

問５　下線部５について，次の問題に答えなさい。

①「SDGs」のことを日本語では何といいますか。解答用紙の不足部分にあてはまる語句を７字

で答えなさい。

② 「SDGs」は17の目標で構成されていますが，今回の「都市鉱山からつくる！みんなのメダルプロジェクト」はその中のどの目標について貢献する活動だったのでしょうか。次の**ア**～**オ**の中からもっともふさわしいものを１つ選び，記号で答えなさい。

ア．エネルギーをみんなに　そしてクリーンに

イ．産業と技術革新の基盤をつくろう

ウ．住み続けられるまちづくりを

エ．つくる責任　つかう責任

オ．気候変動に具体的な対策を

③ 次のⅰ～ⅲの文は国連に関係した機関や活動について説明したものです。それぞれの略称《りゃくしょう》をアルファベットで答えなさい。

ⅰ　今回の新型コロナウイルス感染症対策の中心も担《にな》っている，世界の人々の健康を基本的人権のひとつととらえ，その達成を目的として設立された国連の専門機関。

ⅱ　世界のどこかで地域紛争《ちいきふんそう》が起きたときに，国連の安全保障理事会の決議に基づいて編成され派遣《はけん》される国際的な活動。

ⅲ　元来は国連によって定められた民間団体であり，どの国の政府にも属さずに，平和や人権問題，環境問題などに取り組む，利益を目的としない国際的な組織の総称《そうしょう》。

〔Ⅲ〕 次の【A】～【C】の文章を読んで，以下の問いに答えなさい。

【A】 社会をいとなむ上で，モノや情報のやりとりは欠かせない要素です。このやりとりのことを，広い意味で「交通」と呼びます。1情報のやりとりを取り出して，コミュニケーションと呼ぶこともあります。となりにいる人と会話するのは簡単ですが，スマートフォンやパソコンも無い時代に，遠くにいる人とやりとりをするのは大変です。そこで人々はすぐれた「交通」を実現するために，様々な努力を重ねてきました。

こうした方法のひとつに，2狼煙《のろし》があります。これはオオカミの糞《ふん》や，草木を燃やして煙《けむり》を立て，相手に情報を伝えるというものです。中国の万里の長城には，狼煙をあげた跡が残っています。日本でも，この方法が採用され，島々や見通しの良い山の頂上などに，狼煙をあげるための施設が作られていました。

人々が運ぶものは，情報ばかりではありません。生活に必要な多くの物資を運ぶ必要もありました。それには，運ぶための手段と道が必要になります。646年に出された3改新の詔《みことのり》には，「初めて都を定め，国司(注1)や郡司(注2)を置き，関所を設け，駅馬《はゆま》(注3)伝馬《つたわりうま》(注4)を置き，鈴のしるしを作り，境界を定めよ…」という記述があります。この頃の朝廷は，情報の伝達や物資の移動のために，都と各地方を結ぶ道の整備に力をつくしていました。701年に出された大宝律令には，各国々を７つの地域に分け，国の中心となる国府と都（朝廷の置かれた場所）とを結ぶ道を整備することが定められました。また，各国を治めるため，都から国司が派遣《はけん》されるとともに，農民が負担すべき税の制度も定められました。税には，様々な種類がありますが，主なものは租，庸《よう》，調の３つになります。このうち稲を対象とする租は，国府の倉に納めることになっていましたが，4地方の特産物である調や，労働の代わりに布を納める庸は，都まで運ばれることになっていました。また，朝廷からの重要な知らせは，役人が馬を利用して各地方に伝えることになっ

ており，このための施設として，およそ16kmごとに駅家《うまや》が設けられ，馬の交換や休憩《けい》等に利用されていました。古代の道路網《もう》は，国家事業として整備され，各地でその跡が見つかっています。それらは，物資や情報をいち早く伝えるため，5現代の新幹線や高速道路と同じように，都までの最短距離を選び，出来るだけまっすぐになるように作られていました。しかし，こうした大規模な施設を長期にわたって保つことは難しく，平安時代に入るとしだいにすたれてしまいました。

（注１）国司…地方にある国（現在の都道府県にあたる）を治めるため，朝廷から派遣された役人のこと。

（注２）郡司…国よりも小さい単位である郡を治める役人で，現地の有力者が任命された。

（注３）駅馬…各駅に置かれた馬で，駅鈴《れい》という鈴を待った役人が利用できた。

（注４）伝馬…駅馬とは別に置かれた朝廷の用事に使用するための馬。

問１　下線部１について，現代における情報のやりとりは，人間の持つ様々な権利と関わりを持ちます。中でも「自分の情報を他人に知られたくないという権利」は，日本国憲法で保障《ほしょう》されると考えられている新しい人権のひとつです。これは，新しい人権のうち，どのような権利として分類されているでしょうか。次の**ア**～**エ**の中から正しいものを１つ選び，記号で答えなさい。

ア．環境権

イ．プライバシー権

ウ．アクセス権

エ．自己決定権

問２　下線部２について，狼煙による情報伝達には，どのような特徴が考えられるでしょうか。その特徴としてふさわしいものを，次の**ア**～**エ**の中から２つ選び，記号で答えなさい。

ア．煙の色や，回数を変えることで，会話のような複雑なやりとりも手軽に行うことが出来た。

イ．リレーすることで，遠いところにいる相手にも素早く情報を伝えることが出来た。

ウ．火と煙を使う情報伝達手段のため，悪天候時には役に立たない上，使用出来なかった。

エ．便利な情報伝達手段として，電話が普及《ふきゅう》するまで，都市に住む多くの人々が利用していた。

問３　下線部３について，次の**ア**～**エ**の文は，「改新の詔」の前後にあった出来事について書かれたものです。内容をよく読み，その出来事が起こった順に並べ替え，記号で答えなさい。

ア．役人に対し，家柄ではなく，その能力に応じて色のついた冠《かんむり》を授ける初めての制度や，役人の守るべき事柄を盛り込んだきまりが作られた。

イ．数回にわたる航海の失敗の結果，失明の憂《う》き目に遭《あ》いながらも，正式な僧になるためのきまりを授ける目的で，中国（唐）から優れた僧が来日した。

ウ．古墳から出土した鉄剣や鉄刀によって，九州から関東地方を支配していたことが確認されている人物が，朝鮮半島の支配権を求めて中国（宋）に使いを送った。

エ．日本（倭）とつながりのある，百済が滅亡したため，その復興を目指して倭は大軍を送ったが，中国（唐）と新羅との連合軍に大敗した。

問４　下線部４について，次のページの表は，平安時代につくられた『延喜式《えんぎしき》』というきまりに定められた，各国（地方）から都までの，移動にかかる標準所要日数です。地方から都に向かう上りの日数と都から地方に向かう下りの日数に違いがあるのはなぜでしょうか。その理由を考えて答えなさい。

国名	上りの日数	下りの日数
武蔵国（現在の東京都・埼玉県・神奈川県の一部）	29日	15日
尾張《おわり》国（現在の愛知県西部）	7日	4日
越後《えちご》国（現在の新潟県）	34日	17日

問5　下線部5について，新幹線や高速道路の建設には，法律の制定が必要です。法律の制定に関する**ア**～**エ**の説明文を読み，正しいものを1つ選び，記号で答えなさい。

ア．法律案は，衆議院，参議院に属する国会議員しか提出することは出来ない。

イ．法律案について衆参両議院で異なる議決が出た場合は，必ず両院協議会が開かれる。

ウ．衆議院の解散中は審議が行えないため，内閣の閣議による審議を経て，法律がつくられる。

エ．両院の議決により成立した法律は，必ず天皇への奏上《そうじょう》(注)を経て公布されることになっている。

（注）奏上…天皇に申し上げること。

［関係地図］

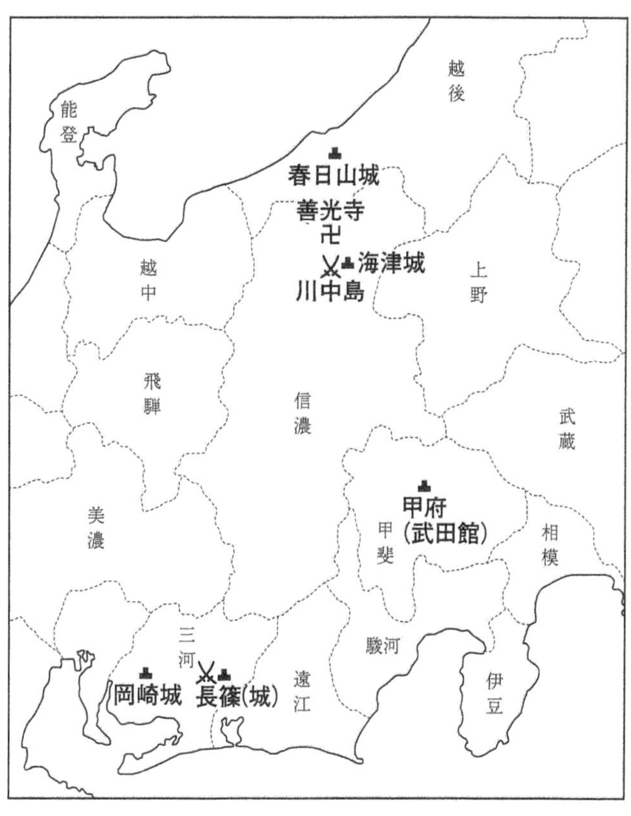

（歴史文化遺産『戦国大名』より作成）

【B】　武士が台頭する中世という時代に入ると，人やモノの移動は，さらに活発になります。特に大名どうしが互いに争った戦国時代は，敵対する相手の情報が重視されるようになりました。大名たちは，次の［**イ**］・［**ロ**］のように様々な手段を使って，この情報をつかもうとしました。

［**イ**］　甲斐《かい》国（山梨県）の戦国大名であった武田信玄は，信濃《しなの》国（長野県）を攻略し，そのほとんどを領有しましたが，北部地域の領有をめぐって，越後《えちご》国の大名，上杉謙信と争うことになりました。長野の善光寺に着いた謙信は，8月15日に近くの川中島に向かって出発します。川中島に隣接《りんせつ》する海津《かいづ》城から謙信出動の知らせを受けた信玄は，8

月16日に甲府を出発し，およそ160kmを移動して８月24日に川中島に到着。その後２か月間のにらみ合いの末，決戦となりました。

［ロ］　武田勝頼と徳川家康・織田信長が戦った長篠の戦いでも，情報のやりとりが勝敗を決める大きな要素になっていました。５月14日，徳川家康方の長篠城は，武田方の大単に囲まれていました。城内にいた鳥《とり》居《い》強《すね》右《え》衛《も》門《ん》は，武田軍の囲みをくぐり抜け，翌日約65km離れた徳川方の岡崎城にたどり着いて助けを求めます。そこで織田・徳川の連合軍が出発の用意をしていることを知り，再び65kmを１日で走り抜いて，城内の武士たちに援軍が来ることを伝えたのです。その言葉通り，16日に岡崎城を出発した織田・徳川の大軍は18日に長篠に到着し，21日に合戦が行われ，織田・徳川連合軍は勝利を収めました。

［参考］　旧日本陸軍の基準では，大部隊の移動は１日24kmが標準とされていました。

問６　次の①～③の文は，［イ］・［ロ］の文章と［参考］から導きだされたものです。前のページの［関係地図］も照らし合わせて，述べられている内容が，正しいものには○，正しくないものには×をつけなさい。

①　武田信玄は，いち早く敵の情報をつかむための仕組みをつくっていたと考えられる。

②　武田軍の川中島までの移動時間は，旧日本陸軍の基準と比べて早い。

③　織田・徳川連合軍の岡崎城を出てから長篠までの移動時間は，旧日本陸軍の基準と比べて早い。

【C】　江戸時代になると，大名は江戸と国元とを往復する参勤交代が命じられ，大名の妻子は江戸に住むことを強制されます。この結果，街道や宿場が整備されるとともに，江戸を出発地とする6五街道は幕府の管理下に置かれました。宿場には馬を用意するための問屋場が置かれ，荷物の継ぎ送りなどに対応しました。この時代は各地の産物が江戸や大坂（大阪）などの都市に集められたこともあって，ものの動きも活発でした。とはいえ，街道沿いには関所が設けられていて，武家の女性が江戸から出ていくことは厳しく制限されていましたし，7大井川など多くの河川では橋が設けられず，渡し船や人足の手によって川を渡っていました。情報のやりとりは，主に手紙に頼っていましたが，手紙を運んだのは飛脚と呼ばれる人でした。手紙を出したい場合には，町にある飛脚問屋に出

［絵画資料］

向き，手紙を託《たく》します。料金は早さによって異なる仕組みになっていて，江戸から大坂まで６日で行く「定六《じょうろく》」という便では，今の金額に直して30～40万円ほどかかったと言われています。通常便では日数の定めがなく，おおむね30日前後かかりました。こうした飛脚の制度は，幕末まで利用されましたが，主要都市や街道筋であればともかく，地方に住む人にとっては，気軽に利用できるものではありませんでした。

8明治維新後の1870年，前島密《ひそか》は，政府が責任を持って郵便物を回収し，配達するという郵便制度を提案し，1871年から開始されることになりました。料金は統一料金となり，その後，江戸時代に名主をつとめた家が郵便を扱うことになって，全国の人々が気軽に手紙を出せるようになったのです。

問７　下線部６について，五街道の起点となっていた江戸内の場所を答えなさい。

問８　下線部７について，当時川幅１kmにも及ぶ大井川には橋が設けられず，前のページの **[絵画資料]** のように川越《かわごえ》人足と呼ばれる人たちが旅人を対岸に渡していました。なぜ幕府は橋を設けなかったと考えられますか。**[絵画資料]** を参考にして，その理由を答えなさい。ただし，防衛上の理由は除きます。

問９　下線部８について，日本の郵便事業は，2021年現在，どのようなかたちで行われているでしょうか。次の**ア**～**エ**の説明文の中から正しいものを１つ選び，記号で答えなさい。

ア．郵便事業は，現在も政府主導で行われており，それを総務省が管轄《かんかつ》している。

イ．現在の郵便事業は，貯金や保険の制度と合わせ，日本郵政公社という政府の手でつくられた会社によって運営されている。

ウ．現在の郵便事業は，主として郵便事業を行う日本郵便株式会社という会社が作られ，そこが担当している。

エ．現在の郵便事業は，すべて民間の宅配便会社が担当しており，ポストに投函《とうかん》された手紙類の回収や配達は，宅配便の受け入れや配達と同時に行われている。

5 [E]を[F]に乗《の》り換《か》える
劣《おと》ったものを捨《す》て、すぐれたものに乗り換えること

6 [F]の耳に念仏
いくら意見をしても全く効き目のないこと

7 [G]の威《い》を借る[C]
強い者の威力を用いていばる人のこと

(1) [A]～[G]に入る語をそれぞれ考え、どこにも用いられない三つの語を、記号（ア～コ）で答えなさい。ただし、アイウエオ順で答えること。

ア 犬　**イ** 猫《ねこ》　**ウ** 牛　**エ** 馬　**オ** 蛙《かえる》
カ 亀《かめ》　**キ** 狐《きつね》　**ク** 虎《とら》　**ケ** 狸《たぬき》　**コ** 猿《さる》

(2) ――線「額」の読み方をひらがなで答えなさい。

(3) 【①】、【②】に入る漢字一字をそれぞれ答えなさい。

問2 次の①～⑤の文中にある――線のカタカナを漢字に直しなさい。ただし、送りがなが含《ふく》まれるものは送りがなをひらがなで答えること。

① トウイツ感のあるデザインを考える。
② 大学生になり村上先生の心理学のコウギを聞くことができた。
③ 大学卒業後、作家をココロザスようになった。
④ 犬をカウためには広い庭が必要である。
⑤ 子どもたちがイキオイよく走っていった。

未来により現在が決められるのではなく、その逆に現在によって未来がつくられていく。今現在の私の知覚、感応、直観、判断、行動の結果によってそれぞれ別の未来ができあがっていく。そこには登山や冒険《ぼうけん》でなければ経験できない生のダイナミズムがあった。いや、登山や冒険などというちいさな話ではなく、人間はそもそもそのような2未来の見えない自由の中で生きていたはずであり、今も本当はそうなのである。

(角幡唯介「裸の大地」より)

＊ゴルジュ…大きな岸壁《がんぺき》に挟《はさ》まれた深い谷。
＊当該…この文章では「それにあたる」という意味。
＊幕営…テントを張って野宿すること。
＊予定調和…予定した流れにしたがって事態を動かすこと。
＊ダイナミズム…力強さ。
＊渾沌…秩序《ちつじょ》やきまりのない状態のこと。

問1 ——線1「地図のある登山」が安心だといえる理由を次のように説明した。Ⅰ・Ⅱの内容をふまえて、解答らんに指定された字数で言葉を入れなさい。ただし、A は本文中から抜《ぬ》き出すこと。また、B では「保証」という言葉を必ず用いて、その使用した部分を□で囲《かこ》みなさい。

地図があることで A・十字以内 ため、B・十字以内 ように感じられるから。

問2 ——線2「未来の見えない自由」とあるが、「未来の見えない」状況《じょうきょう》がなぜ「自由」といえるのか。その理由を次のように説明した。本文全体をふまえて、解答らんに指定された字数で言葉を入れなさい。ただし、A では「合わせて」、B では「選択」という言葉を必ず用いて、その使用した部分を□で囲みなさい。

「未来の見える」状況では A・二十字以内 ことになってしまうが、「未来の見えない」状況では B・二十字以内 ことができるから。

問3 本文全体をふまえると、筆者は「地図のある登山」と「地図のない登山」のどちらを好ましくとらえていると考えられるか。どちらかを選び、記号で答えなさい。さらにその理由を、次の形式に当てはまるように指定された字数で言葉を入れて答えなさい。ただし、A では「判断材料」という言葉を必ず用いて、その使用した部分を□で囲みなさい。

筆者は(ア 地図のある登山/イ 地図のない登山)を好ましいものとしてとらえている。なぜなら、A・二十字以内 ことで、B・十五字以内 から。

三 次の問いに答えなさい。

問1 次の1~7の慣用句・ことわざについて、後の問いに答えなさい。

(慣用句・ことわざ)

1 A の額
(意味) 場所の狭《せま》いこと

2 取らぬ B の【 ① 】算用
手に入るかどうかわからないものを当てにして計画を立てること

3 C と B の化かし合い
わるがしこい者どうしが互《たが》いにだまし合うこと

4 D の甲《こう》より年の【 ② 】
長年かけて積んできた経験は貴重《きちょう》であり、価値《かち》があるということ

付近までつづいているのか？　と、このように地図がないと、ゴルジュがどこまでつづくのかは絶対にわからない。

Ⅱ　地図のある／なし問題における決定的分岐《ぶんき》点は、未来予測を得られるかどうかという点にかかっている。未来予測とは時間そのものだ。地図を見て未来予測を得られるとき、登山者はその未来の時点におけるおのれの姿《すがた》をリアリティーをもって想像することができる。この場合の〈おのれの姿〉とは〈生存《せいぞん》している自分〉と換言《かんげん》してもいいだろう。ゴルジュを突破すれば、その先の二股《ふたまた》で＊幕営《ばくえい》できそうだ。さらに地図を見るかぎり、幕営地の先に悪場はなく、おそくとも明後日昼には山頂につくだろうし、天気予報を見ても明日から高気圧におおわれ数日間は快晴がつづくらしい。山頂から登山道を下りれば下界なので、もう死ぬことはなさそうだ……と、このように未来予測が具体的かつ詳細《しょうさい》になればなるほど、予測できた時点までの自分の生存を想像でき、それが、あーよかった、これで大丈夫《だいじょうぶ》、安心だ、という現時点における心の平安につながる。未来が見えると生物学的な意味での生が担保《たんぽ》された気になり、安心できるのである。

そして、このときの時間の流れを分析《ぶんせき》すると、未来が予測できることによって現在におけるおのれの心理が安定しているわけだから、未来が起点になって現在がそれにしたがうというかたちになっている。図を描《か》けば、未来の一点から矢印が現在にむかってのびているものとなるだろう。未来を支点にぶらーん、ぶらーんと現在がぶら下がっている、そのような状態である。未来における支点が強固であればあるほど、つまり未来がはっきり見えれば見えるほど、そこにぶら下がる現在も安心安全となる。

Ⅲ　たしかに地図をもつことはいかに人間の動物的な行動原理にかなうことであり、その意味で本質的に重要なこと、良いこと、モラルにかなったことであり善《ぜん》である。さらに地図におけるこの未来予測機能を吟《ぎん》味《み》してみると、これが現代人の生活をつらぬく時間のリズムと共通していることもわかる。

登山にかぎらずわれわれは日常生活においても未来予測を欲《ほ》しがり、現在という時間を安定させようとする。手帳にこまごまと予定を書きこみ、定められた予定をこなすことで現在という時間を生きている。老後の不安を少しでも減らすために散財はやめて、こつこつと銀行口座《こうざ》に貯《ちょ》蓄《ちく》し、がん保険に入り、学資ローンをくむ。モノを買うときや外で食事をするときはスマホでレビューを見て、なるべく選択《せんたく》に失敗がないように保険をかけておく。簡単《かんたん》にいえば、可能なかぎり未知を消去し、あらゆるリスクを避《さ》けようとして、安心安全をはかろうとする。こうした行動の根底のすべてには、究極的には生き物の本能としての未知への不安、すなわち死の恐怖《きょうふ》がある。

Ⅳ　しかし、私《わたし》は思うのだが、すべての行動を＊予定調和で終えてしまうと、そこからはどうしても生の＊ダイナミズムがうしなわれてしまう。現在というのは元来、＊渾沌《こんとん》としたもので、その渾沌に直面し、判断、対処《たいしょ》することで人間は生きている実感を得ていたであろうに、現代のわれわれはあまりにもこの現在の渾沌をふうじこめようとしすぎている。（中略）

屈《くつ》にならない彼の賢さ、誇り高さに、打ちのめされるほど感動している。

イ　感受性が豊かな次郎を、貧しさや複雑な家庭環境にまどわされることなく友人として選び、自宅に招いて親しくしている自分に満足している。

ウ　優秀《ゆうしゅう》な次郎に対してひそかに引け目を感じていたが、音盤くらいで泣いてしまうという弱点を自分だけが知ることになり、優越《ゆうえつ》感にひたっている。

エ　音楽に対して知ったかぶりをし、さらに涙を流す演技をしてまで自分に近づこうとする次郎の計算高さを見抜《みぬ》き、勝ち誇った気持ちになっている。

オ　贅沢な生活を送る自分にとって、見せるもの全てを珍《めずら》しそうに喜び涙まで流す次郎の反応が、やはり退屈《たいくつ》しのぎにうってつけであったと得意になっている。

問8　――線7「やはりなくてはならない親友だ」とあるが、次郎は石田をどのようにとらえていると考えられるか。最もふさわしいものを次の中から選び、記号で答えなさい。

ア　石田の人を軽視《けいし》する態度は気になるが、彼に負けるものかという反骨《はんこつ》精神を引き起こし、自分を高めてくれる存在《そんざい》であるということ。

イ　石田は無神経な発言で自分を傷《きず》つけることもあるが、それ以上に人の温かさや家族のあるべき姿《すがた》を教えてくれる存在であるということ。

ウ　石田の言動に劣等《れっとう》感を抱《いだ》かされることもあるが、現在の境遇《きょうぐう》を思い悩《なや》んでいる自分に、異なる世界を提示してくれる存在であるということ。

エ　石田は自分のことをひそかに馬鹿にしているが、これまでの苦労や辛《つら》さを理解し受け止め、アドバイスまで与えてくれる、父親代わりの存在でもあるということ。

オ　石田は金持ちであること自体が嫌味《いやみ》だが、自分の知らない音楽や食べ物を教えてくれ、今後も貧しさを理解し援助し続けてくれるであろう存在であるということ。

二

次の文章を読んで後の問いに答えなさい。ただし解答の字数については、句読点等の記号も一字として数える（なお問題の都合上、一部表記を改めている）。

［Ⅰ］1<u>地図のある登山</u>では先のことが予期でき、余裕《よゆう》をもてる。それがどういうことかといえば、たとえ両岸がつるつるに磨《みが》きぬかれた険悪な＊ゴルジュがあらわれても、地図を見てその先で地形がゆるくなっていることがわかれば、あと一時間頑張《がんば》ればこの険悪ゴルジュを突破《とっぱ》できるぞ、などと予測でき、具体的未来を想定できるということだ。（中略）ところが地図を捨《す》てさった途端《とたん》、この行動の構造は根底から、完璧《かんぺき》にくつがえされる。

午後三時に＊当該《とうがい》ゴルジュにつく。しかし地図がないので、行動の判断材料となるのは、目の前にあらわれたゴルジュそれ自体しかない。一見したところ険悪で、流れは三十メートル先で屈曲《くっきょく》しており、その先がどうなっているか不明だが、もしかしたら一キロくらい続いていることも考えられる。いや二キロかもしれない。いやいや、もしかしたら頂上《ちょうじょう》

ア　ふたりだけの楽しい時間なのに貧乏臭い会話しかできない次郎にいらだつ石田の様子。

イ　感受性の豊かな次郎に対抗《たいこう》して、財力を見せつけ優位《ゆうい》に立とうとしている石田の様子。

ウ　次郎と自分の間にある生活環境の大きな格差を問題とせずに会話を続ける石田の様子。

エ　あたりまえのことを答えなければわからない次郎を冷たく突き放している石田の様子。

オ　次郎の置かれた環境を理解できず、貧しさを馬鹿にして傷つけようとする石田の様子。

問4　――線3「去年の夏休みの洪水」とあるが、石田と次郎はその「洪水」をそれぞれどのようなものであるととらえているか。当てはまるものを一つずつ選び、記号で答えなさい。

ア　芸術的な鑑賞《かんしょう》の対象

イ　嫌悪《けんお》すべき貧しさの象徴《しょうちょう》

ウ　ふたりの絆《きずな》を深めた出来事

エ　日常生活をおびやかすもの

オ　地域《ちいき》の一員になるための試練

カ　社会貢献《こうけん》に目覚めるきっかけ

問5　――線4「コーヒー」とあるが、石田と次郎の「コーヒー」に対するとらえ方を次のように説明した。[A]と[B]が反対の意味になるように、漢字二字の言葉をそれぞれ考えて答えなさい。

石田…コーヒーを、[A]者の立場から、流行の先端《せんたん》にある商品として見ている。

次郎…コーヒーを通して、ブラジルに移住した同じ村出身の[B]者を見ている。

問6　――線5「あわてて話題をその飾箱の方へ移した」とあるが、ここから次郎のどういう様子が読み取れるか。最もふさわしいものを次の中から選び、記号で答えなさい。

ア　貧しさを嫌《きら》うようになった石田に、自分の家や村のことばかり話していることに気づき、見捨《みす》てられぬよう話題を合わせようとしている。

イ　個人的な情報をすべて石田に握《にぎ》られているので、その情報をどう利用されるか不安になり、彼の様子を見ながら真意を探《さぐ》ろうとしている。

ウ　自分の村の苦しい状況《じょうきょう》を救ってもらうため石田に取り入ろうとしていたが、その狙《ねら》いに気づかれたのではないかと焦《あせ》り、取り繕《つくろ》っている。

エ　自分が提示した話題に相手が乗ってこない事実にいら立ち、どうしたら石田に友人として認《みと》めてもらえるのかを必死になって考えている。

オ　自分の発言がこの家では価値《かち》を持たぬことに気づかされ、石田の意に沿《そ》う言動のみが許されているという現実を受け入れようとしている。

問7　――線6「これだから森は親友としてすてられないと、ひそかに自ら誇った」とあるが、ここから石田のどのような思いが読み取れるか。最もふさわしいものを次の中から選び、記号で答えなさい。

ア　次郎の貧しさを知り驚《おどろ》く一方で、人の好意を素直に受け入れて卑《ひ》

「ムーンライト・ソナタ、英語の＊リーダアにあった、あれか。あの月光の曲って、これだったか、そうか。つまらないお話で、難《むずか》しい単語が多くて閉《へい》 ② したけれどさ、英語の時間に、これを聞かせてくれれば、あの盲目《もうもく》の少女の感動もわかったし、ベートーヴェンの偉《えら》さもわかって、面白かったろうに、そうか、これが、あの月光の曲か。でも、ピアノって凄《すご》い音だなあ」

「もう一度かけようね」

次郎の目には再び涙がたまった。しかし今度は、彼の魂は肉体にとどまって宙を翔けまわらなかった。彼のおかれた醜悪な環境《かんきょう》の外をぐるぐるまわって、客観的に眺めさせたと言うべきか――

こんなに素晴らしく美しいものが、自分の手の届くところにあるのに、そうとは知らずに、家庭だとか、新しい叔母だとか、信仰《しんこう》がどうだとか、病気のために中学校をやめるのが神の意思かどうかとか、まるで醜悪な泥海に ③ をとられて、じたばたしていた。なんという愚《おろ》かなことだろう。石田の祖父が二年前に忠告《ちゅうこく》した「親の信仰にとらわれてはならない、大きく物を見るように」というのは、このことだったろう。同じことを石田は音楽を聴かせることで、忠告するのだろう。石田を批《ひ》判的《はんてき》に見たこともあるが、7やはりなくてはならない親友だ。

「ありがとう、石田」

次郎は複雑な想いをこめて、そういったが、石田は、

「他にも盤があるけれど、ムーンライトの感動がにごるといけないから、この次に聞かせるよ、ね」と、言いながら、三度同じ盤をかけた。

（芹沢光治良『人間の運命』より）

＊ 尺余…一尺（約三〇センチ）よりやや長いこと。

＊ 濡れ縁…雨戸の外側に付けられた縁側。

＊ 老婢…年取った女中。

＊ リーダア…（英語の）教科書。

問1 ① ～ ② に入る言葉を次の中からそれぞれ選び、記号で答えなさい。

ア 口　**イ** 腹　**ウ** 目　**エ** 足　**オ** 腕　**カ** 耳

問2 ――線1「部屋から空か見えるんだね。ああ、大きく息ができる――」とあるが、ここからどういうことが読み取れるか。次の中から当てはまるものを二つ選び、記号で答えなさい。

ア 次郎は贅沢《ぜいたく》な生活を当然と考えている石田の傲慢《ごうまん》さに気がついたということ。

イ 次郎は居心地の悪い家庭環境から解放された気持ちになっているということ。

ウ 次郎は詩や音楽を楽しむことができそうな環境に心躍《おど》らせているということ。

エ 次郎は石田の友人としてふさわしい自分を演出しようとしているということ。

オ 次郎は石田の生活を知ることで自分との落差に思いをはせているということ。

カ 次郎は裕福《ゆうふく》な石田に対する激しい憎悪《ぞうお》をおさえこもうとしているということ。

問3 ――線2「空はどこからだって見えるよ」とあるが、ここからどういうことが読み取れるか。最もふさわしいものを次の中から選び、記号で答えなさい。

いばかりで、空腹《くうふく》でなければ、喉《のど》を通らなかったろう。

「なんというもの？　これ――」

「4コーヒーだ」

「これがうまい？　君は」

「うまかないけれど、なれるとうまくなるそうだよ。父には内証だけれど、春休みに東京へ行った時、坪内《つぼうち》さんの劇団《げきだん》に関係している叔父《おじ》――そら、祖父《そふ》の秘密《ひみつ》にしていた叔父にすすめられたんだ。東京では学生がみんな飲んでいるんだよ」

「ああ、これがコーヒーだね」

「うん、コーヒーさ。香《かお》りはすてきだろう」

「そうか、これがコーヒーか」と、茶碗にのこった黒い汁を、感にたえないように眺めた。

「ブラジルでできる大豆だって、聞いていたけれど――」

「大豆をつぶして、味噌汁《みそしる》をつくるように、コーヒーの豆をつぶして、西洋人はコーヒーをつくって毎朝のむんだよ。舶来《はくらい》品で高いんだ」

「僕の村から移住した人々は、みんなコーヒーを作っていると聞いたが……そうか、これがそのコーヒーか」

　石田はそれには興味なさそうに立ち上がり、床《とこ》の間にどっかり置いた大きな飾箱《かざりばこ》のような塗《ぬ》りものの蓋《ふた》をあけた。かつて次郎の私生活や漁村の生活に興味をもって、根掘《ほ》り葉掘り質問した石田が、祖父の死後、趣《しゅ》味《み》が変わって、貴族趣味というのか、都会的なものをよしとして、地方的なことを貧乏臭《びんぼうくさ》いといい、土俗《どぞく》的だ、野蛮《やばん》だ、醜悪《しゅうあく》だといって、努めて避《さ》ける。次郎は自分の醜悪な過去や現在を、すっかり彼に売りわたしてしまったようで、彼との友情の将来《しょうらい》に関して、それをひそかに憂《うれ》えていたから、この時も、5あわてて話題をその飾箱の方へ移した。

　飾箱だと思ったものは舶来の蓄音機だという。ラッパがなくて、どこから音が聞こえるのだろうか。石田は得意な表情で、戸棚《とだな》から犬のマークのある大きな盤《ばん》を取り出して、勿体《もったい》ぶってかけて蓋をした。

　全く不思議な手品のように、飾箱全体から、奇妙《きみょう》な美しい音が流れ出した。この世のものと思えない音だ。石田も腕《うで》ぐみしてじっと聴《き》き入っているが、次郎は目を閉《と》じた。これは一体なんであろうか、心に滲《し》み入るようで、聴いているうちに、空腹な胃袋《いぶくろ》も、熱っぽくてだるい肉体も、だんだんなくなって、自分というものが、地上から誘い出されて、宙《ちゅう》を翔《か》けまわりながら、豪華《ごうか》な楽園を愉《たの》しく探《さが》しまわっている。この宙をかけまわるものが魂《たましい》というのであろうか――突然《とつぜん》音がとまって、目を開けたが、宙をとびまわっていた魂が、肉体にかえる暇《ひま》がなかったのか、口をきくこともできなかった。

　石田はゆっくり立ち上がり、盤を裏返《うらがえ》した。再び次郎は目を閉じた。

　これが、音楽といえるものを聞いた最初である。全部聴きおわった時、次郎の目には涙《なみだ》がたまっていた。その涙に、石田も気がついて、6これだから森は親友としてすてられないと、ひそかに自ら誇《ほこ》った。

「これはなんだ、僕は自分に足があって、地上にいなければならないことが、悲しくなったくらいだ」

　そう次郎はてれくさそうに涙を説明した。

「ピアノだよ」

「ピアノって、こんなに素晴らしいものか」

「ピアノが素晴らしいんじゃないよ。この曲と演奏《えんそう》者が素晴らしいんだ。ベートーヴェンのムーンライト・ソナタだ」

【国　語】（六〇分）〈満点：一〇〇点〉

一　次の文章を読んで後の問いに答えなさい（なお問題の都合上、一部表記を改めている）。

森次郎《じろう》は、両親の都合で貧しい叔母《おば》の家で暮《く》らさねばならず、そこでの生活は彼《かれ》にとって楽なものではない。ある日親友の石田は元気がない次郎を見て家に誘《さそ》う。

石田の家では、祖父の死後、彼の希望で、通学に便利なように、狩野《かの》川《がわ》べりに別宅《べったく》をもうけて、女学生や小学校の上級生の妹たちといっしょに住まわせていた。両親も週の半分をともに暮らしていた。裏庭《うらにわ》から石段で狩野川へ降《お》りられるような位置で、町なかとは思えないほど静かな場所である。特に石田の部屋は、川の好きな彼の希望で、川に向かった二階であるが、ここに移って間もない頃《ころ》には、その部屋の縁側《えんがわ》から釣《つ》りざおを出して川魚がつれると、自慢《じまん》していたが、後にはボートに熱中して、裏の川岸にボートをつないであって、学校の帰りにボートへ誘ったこともある。四年生になると、春休みに東京の叔母の家で聞いた蓄音機《ちくおんき》に夢中になって、話題がボートから音楽に変わった。

実は、次郎はご自慢の蓄音機もまだ聞いたことがなく、彼が目を輝《かがや》かして語るピアノやバイオリンが、どんな音を出すのかも知らなかった。いい音盤《おんばん》が届《とど》いたというのが、何のことかわからないで、石田について行った。

石田の二階に通されて、次郎は体を横にする場所のない自分にひきくらべて、宮殿《きゅうでん》のように広い本宅の他に、こんな清潔な別宅を持つ彼が、どんなにしあわせかと、窓《まど》側の*尺余《しゃくよ》の*濡《ぬ》れ縁《えん》に腰かけて、つくづく外を見た。

「[1]部屋から空が見えるんだね。ああ、大きく息ができる――」

「[2]空はどこからだって見えるよ。狩野川がよく見えるだろう？　狩野川を見るにはここが一番いいと、ひそかに自負しているんだがね。川って、いつ見ても、飽《あ》きないよ。僕《ぼく》は大きくなったら、狩野川が僕に語ったことという題で、詩か音楽を書きたいな。でも、川は洪水《こうずい》の時が一番壮大《そうだい》で、逞《たく》しくて、好きだな。[3]去年の夏休みの洪水の時は毎日、朝からここを動かないで眺《なが》めあかして、感動したな」

「あの時、僕の村は大半水に浸《つ》かった、床上《ゆかうえ》に水の上がった家が多かったか。僕の家も床上まで水に浸かって困《こま》った。舟《ふね》を流された漁師もあって大変だった――」

「あの時、川口や下流は凄《すさ》まじかったろう？　見に行きたかったが、お成橋《なりばし》も危険《きけん》だったし、吉田《よしだ》方面も水に浸かって、川口の方へ行けなかった――あとで、千本浜《はま》からまわればいいとわかったが、三日もたっていたからやめたけれど――」

「千本へ出ればよかったよ。駿河湾《するがわん》一帯が泥《どろ》の海になっていたからね」

「僕が興味があるのは川だけだものな。川の語ることにしか興味がないんだ。川の語ることという表現は、君の言葉をもらったんだが――」

その間に、*老婢がおやつを運んだ。次郎は ① を見張った。初めて見るものだった。白い湯のみのようで、小さな取っ手のついた茶碗《ちゃわん》に、黒い液体がはいっていた。

「砂糖《さとう》をたくさんいれないとうまくないんだ」

石田のするように真似てのんだが、その黒い汁《しる》は、熱くて、あまにが

MEMO

大切なことはメモしておこうネ！

2021年度

解　答　と　解　説

《2021年度の配点は解答欄に掲載してあります。》

＜算数解答＞ ≪学校からの正答の発表はありません。≫

□1　(1)　$\frac{1}{12}$　(2)　60回転　(3)　42度　(4)　75.36cm^3

□2　(1)　①　秒速3.4m　②　秒速0.6m　(2)　28番目

□3　(1)　15％　(2)　ア　4　イ　2　(3)　解説参照

□4　(1)　①　◇3　3　◇4　5　②　89　(2)　8通り

□5　(1)　5cm　(2)　①　解説参照　②　$3\frac{9}{17}$cm

○推定配点○

□1・□3　各5点×8　他　各6点×10　計100点

＜算数解説＞

□1　**(四則計算，割合と比，相当算，場合の数，平面図形，相似，立体図形)**

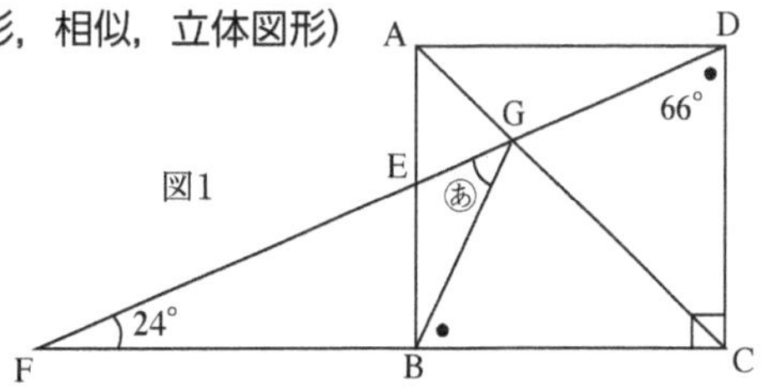

図1

(1)　$\square=\frac{7}{96}\div\left\{\left(1\frac{5}{7}-\frac{3}{14}-1\frac{13}{40}\right)\times5\right\}=\frac{1}{12}$

基本　(2)　Aの回転数…72×4÷3＝96(回転)

したがって，Cの回転数は96×5÷8＝60(回転)

基本　(3)　図1において，三角形BCGとDCGは合同であり

あは90－24－24＝42(度)

重要　(4)　図2において，直角三角形LABとLCDは相似であり，対応する辺の比は2：4＝1：2である。

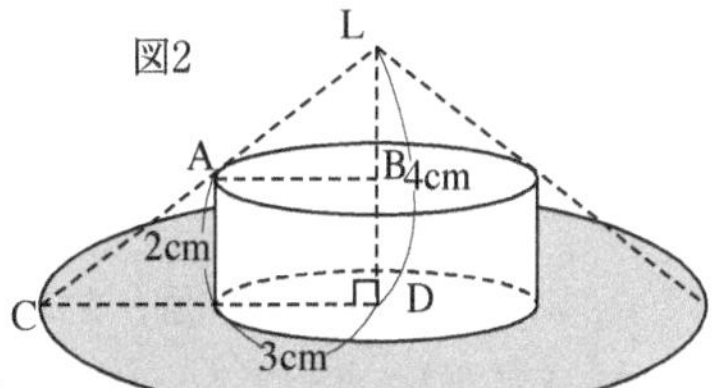

図2

円錐台…6×6×3.14×4÷3÷8×(8－1)＝42×3.14(cm^3)

(体積比1：8を利用する)

円柱…3×3×3.14×2＝18×3.14(cm^3)

したがって，影の立体部分は(42－18)×3.14＝75.36(cm^3)

重要　□2　**(速さの三公式と比，流水算，消去算，割合と比，数の性質，単位の換算)**

(1)　①　船Bの上りの秒速－船Aの上りの秒速…(56＋28)÷70＝1.2(m)

船Bの下りの秒速＋船Aの上りの秒速…(56＋28)÷10.5＝8(m)

船Bの上りの秒速と下りの秒速の和…1.2＋8＝9.2(m)

船Bの静水での秒速…9.2÷2＝4.6(m)

したがって，4.6＋川の秒速＋船Aの上りの秒速＝8(m)より，船Aの静水での秒速は8－4.6＝3.4(m)

②　いつもの川の秒速を□1で表すと，(1)より，3.4－□1と3.4－□2の比が$\frac{14}{11}$：1＝14：11である。したがって，3.4－□1の11倍，37.4－□11が3.4－□2の14倍，47.6－□28に等しく，□1は秒速(47.6－37.4)÷(28－11)＝10.2÷17＝0.6(m)

(2)　2ケタの連続する整数：12，23，34，～，89…8個

3ケタの連続する整数：123，234，～，789，910…7＋1＝8(個)

4ケタの連続する整数：1011，1112，1213，1234，1314，～，1920，2021…11＋1＝12(個)

したがって，2021は8×2＋12＝28(番目)

3 （統計と表，割合と比，平均算，鶴亀算）

基本 (1) 表1より，国語の点数が高い人は(1＋2)÷20×100＝15(％)

重要 (2) 60×ア＋80×イ…表1より，算数の得点について57×20－(100×2＋80×2＋60×4＋40×3＋20)＝1140－740＝400(点)

ア＋イ…20－(2×3＋4＋3＋1)＝6(人)

したがって，アは(80×6－400)÷(80－60)＝4(人)

イは6－4＝2(人)

100						1
80				1		1
60				ア	2	
40			2	3	イ	
20	2	1	1			
0						
	0	20	40	60	80	100

表1

やや難 (3) 再試験で増えた点数… (62－57)×20＝100(点)

この場合，以下の組み合わせが成立する。

初回0点の1人が再試験で60点になり，初回40点の2人が再試験で60点になる。…60×1＋(60－40)×2＝100(点)

したがって，右表のように表2が完成される。

100						1
80				1		1
60				ア	2	
40			1	4	イ	
20	1	1	0	2		
0						
	0	20	40	60	80	100

表2

4 （論理，場合の数）

基本 (1) ① 〈3〉…次の3通りがある。

[A1　B2　A3] [A1　B2，3] [A1，2　B3]

〈4〉…次の5通りがある。

[A1　B2　A3 B4] [A1，2　B3　A4] [A1，2　B3，4] [A1　B2，3　A4]

[A1　B2　A3，4]

② 〈10〉…次の89通りがある。1×2＋9＋28＋35＋15＝89(通り)

AもBも1つずつ数を言う…1通り

AかBが1回，2つの数を言う…9通り

AかBが2回，2つの数を言う…8×7÷(2×1)＝28(通り)

AかBが3回，2つの数を言う…7×6×5÷(3×2×1)＝35(通り)

AかBが4回，2つの数を言う…6×5×4×3÷(4×3×2×1)＝6×5÷(2×1)＝15(通り)

AかBが5回，2つの数を言う…1通り

やや難 (2) A君が7と言っても，B君は8，9と言って勝ち，A君が7，8と言っても，B君が9と言って勝つ。したがって，Aが7か，7と8かを言う場合から，1か，1と2かを言う場合へさかのぼると，以下の8通りがある。…例えば，Bが4と言うと，Aが5と6と言い，Bが7と言っても，7，8と言ってもBが負ける。

A	7　7，8	7　7，8	7　7，8	7　7，8
B	5，6	6	5，6	6
A	4	4，5	4	4，5
B	2，3	2，3	3	3
A	1	1	1，2	1，2

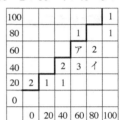

5 (平面図形，図形や点の移動)

基本 (1) 問題の折りを側方から見ると，図Ⅰになり，縦は$2\times2+1=5$(cm)

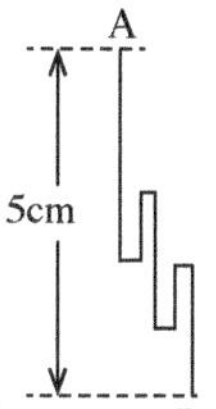

図Ⅰ

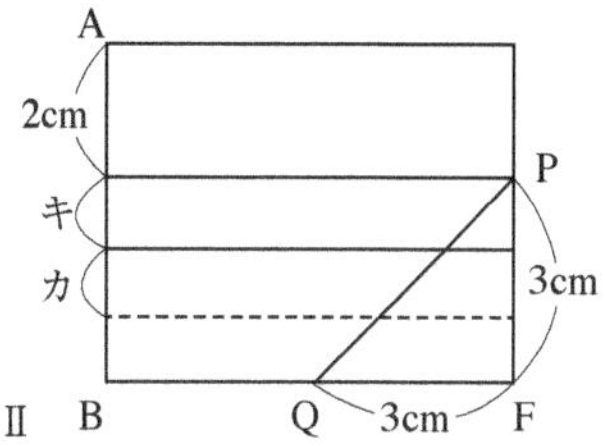

図Ⅱ

やや難 (2) ① 図Ⅰ・図Ⅱの重なり部分カ，キで，折り目について上下対称に切り取り線が現れる(図形ア)。

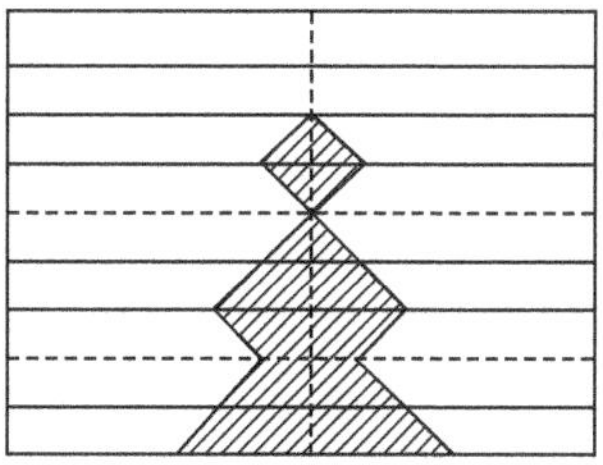
図形ア

② 右図において，1つの直角三角形の面積は$20\div2\div17=\frac{10}{17}(cm^2)$である。

したがって，FQは$\frac{10}{17}\times2\div1\times3=\frac{60}{17}(cm^2)$

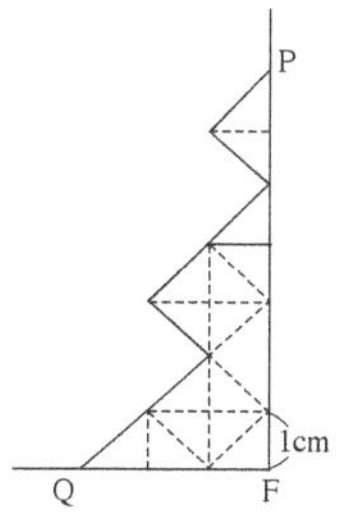

★ワンポイントアドバイス★

1「計算」・「反比例」・「図形」で，確実に得点しよう。2はまちがいやすく，3(3)は表2で「算数40点・国語20点」の人数が1人から0人になっている意味に注意する。4(1)，5(1)も難しくない。

＜理科解答＞ ≪学校からの正答の発表はありません。≫

1 問1 東京都 問2 太平洋(プレート)，フィリピン海(プレート)

問3 ① 火山岩 ② ウ ③ 小さい結晶(石基《せっき》)の中に大きな結晶(斑晶《はんしょう》)が見られる。 問4 ウ 問5 オ

2 問1 リン，ちっ素

問2 ① ア，オ ② 1(メートルまで) ③ ヘモグロビン

問3 湖底付近には太陽光が十分に届かないため，植物プランクトンが光合成ができず，呼吸だけを行う。また，湖底に多くいる細菌が呼吸を行うことで，酸素を吸収し，二酸化炭素を排出するため，二酸化炭素の濃度が高くなるから。

問4 じゅんかん

3 ＜Ⅰ＞ 問1 1.9 問2 イ 問3 リチウム 問4 エ 問5 下図

＜Ⅱ＞ 2

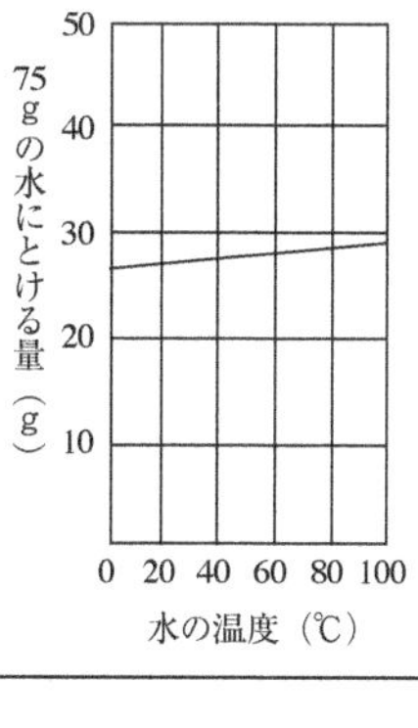

○推定配点○

1 問3③ 4点 他 各2点×7

2 問3 4点 他 各2点×6(問2①完答)

3 ＜Ⅰ＞問1～問4 各2点×4 ＜Ⅰ＞問5・＜Ⅱ＞ 各4点×2

計50点

＜理科解説＞

図1

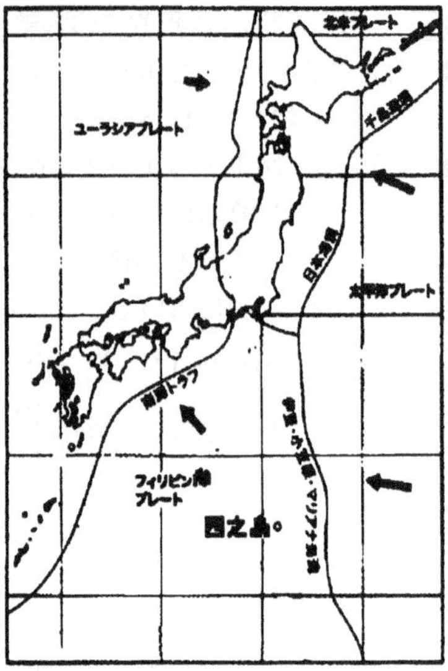

1　(地層と岩石，大地の活動－火山と岩石)

問1　西之島は，東京都の小笠原諸島にある無人の火山島である。

やや難　問2　西之島は，図1のように，太平洋プレートとフィリピン海プレートの境目付近にある。

重要　問3　マグマが地表付近で急に冷え固まると，鉱物の結晶が比較的大きく成長した斑晶《はんしょう》と呼ばれる部分と鉱物の結晶があまり成長しなかった石基の部分からなる岩石になる。このような岩石を火山岩といい，そのようなつくりを斑《はん》状組織(図2)という。また，無色鉱物の割合が多く白っぽい岩石が流紋岩，有色鉱物の割合多くなるにしたがい，灰色の岩石が安山岩，黒っぽい岩石が玄武岩である。

図2

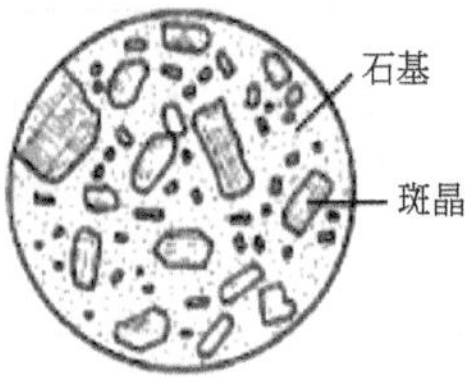

斑状組織
（火山岩のつくり）

やや難　問4　今後噴出してくる岩石が流紋岩に変わってくれば，溶岩ドームが出現することはあるが，溶岩ドームが火砕流によってとかされてしまうことはない。

やや難　問5　玄武岩は流動性が高いので，玄武岩質の火山はなだらかな形になる。

2　(環境－アオコとプランクトン)

重要　問1　アオコは，湖や沼に，リンやちっ素などの成分を含む生活排水などが流れこむことで，植物プランクトンが大発生したものである。

やや難　問2　①　アのホシガタケイソウとイのイカダモは植物プランクトンであり，光合成を行う。また，イはケンミジンコ，ウはミジンコ，エはワムシでいずれも動物プランクトンである。　②　植物プランクトンが光合成をするのに十分な光が届く水深は，透明度の2～2.5倍の深さまでなので，39(cm)×2.5＝97.5(cm)より，約1mである。　③　ミジンコの体内にはヘモグロビンがあり，酸素が多い環境だとあまり増えないが，酸素が少ない環境だと，ヘモグロビンが増え，体が赤くなる。

やや難　問3　湖底では，植物プランクトンや細菌の呼吸により，二酸化炭素の濃度が増え，アルカリ性が中和されて，中性に近づく。

問4　生物を構成している炭素・酸素・ちっ素などの物質は，自然界を形を変えながら循環している。

3　(化学総合－ダイヤモンド，銀，リチウム，溶解度，水溶液)

＜Ⅰ＞　問1　ダイヤモンド1cm^3あたり3.51gなので，0.11cm^3の重さは，3.51(g)×0.11＝0.3861(g)である。また，1カラットは0.2gなので，0.3861gは，0.3861÷0.2＝1.9305(カラット)より，約1.9カラットである。

やや難　問2　熱伝導率が高い方から順に，銀→銅→金→鉄である。

問3・問4　吉野彰氏は，リチウムイオン電池開発の功績により，2019年のノーベル化学賞を受賞した。

やや難 問5　75gの水に食塩をとかすと，100℃での飽和食塩水の濃度が28%となるので，水の濃度は，100(%)−28(%)=72(%)であり，水溶液全体の重さは，$\frac{75(\mathrm{g})}{0.72}$=104.1…（g）より，約104gとなり，とかした食塩の重さは104(g)−75(g)=29(g)である。また，0℃から100℃までの溶解度は，ほとんど変わらず，少しずつ増える。

やや難 <Ⅱ>　①　アルコールと水を混ぜると，混ぜる前よりも体積が小さくなるので，A>Bである。

②　水酸化ナトリウム水溶液50cm^3に塩酸78cm^3を混ぜた液は，赤色リトマス紙の色を変えなかったので，中性か酸性である。したがって，水酸化ナトリウム水溶液50cm^3に塩酸112cm^3を混ぜた液は酸性である。いずれも，生じた食塩の重さは同じなので，A=Bである。

③　塩酸50cm^3に水酸化ナトリウム水溶液29cm^3を混ぜた液は，赤色リトマス紙の色を青色に変えたので，アルカリ性であり，食塩と水酸化ナトリウムが残る。したがって，塩酸50cm^3に水酸化ナトリウム水溶液48cm^3を混ぜた液は，アルカリ性であり，水酸化ナトリウムの量がさらに増えているので，B>Aである。

④　同じ体積の水溶液の重さは，濃い方が重いので，B>Aである。

★ワンポイントアドバイス★

理科の基本的な問題から応用問題まで十分に理解しておくこと。また，各分野での思考力を試す問題にも十分に慣れておくこと。

<社会解答>　≪学校からの正答の発表はありません。≫

［Ⅰ］　問1　イ・エ・オ　　問2　エ　　問3　①　20～24(歳)　　②　（例）　就職や進学により島を離れる人が多いから。　　問4　①　イ　　②　ア・ウ

問5　①　エ→イ→ア→ウ　　②　オ　　問6　①　A　ウ　　B　イ　　C　エ　　D　ア

②　（例）　東日本大震災による原子力発電所の事故

［Ⅱ］　問1　ア　　問2　オ　　問3　　金　イ　　銀　エ　　銅　ウ　　問4　（例）　捨てられて使われなくなった小型家電の金属(20字)。　　問5　①　持続可能な開発(目標)

②　エ　　③　i　WHO　　ii　PKO　　iii　NGO

［Ⅲ］　問1　イ　　問2　イ・ウ　　問3　ウ→ア→エ→イ　　問4　（例）　上りは都に納めるための調や庸を運んでおり，時間がかかるから。　　問5　エ　　問6　①　○

②　×　　③　○　　問7　日本橋　　問8　（例）　当時の技術では川幅が広く，水量の多い川に橋をかけることは不可能であったから。［川越人足が仕事を失わないようにするため。］　　問9　ウ

○推定配点○

［Ⅰ］　問1～問3①　各1点×3(問1完答)　　問3②　1点　　問4～問6①　各2点×9(問5①完答)

問6②　2点　　［Ⅱ］　問1～問3　各2点×3(問3完答)　　問4　2点

問5　各1点×3(③完答)　　［Ⅲ］　問1～問3　各2点×3(問2，問3各完答)　　問4　2点

問5～問7　各1点×3(問6①完答)　　問8・問9　各2点×2　　計50点

＜社会解説＞

〔Ⅰ〕（日本の地理―八丈島から見た日本）

問1　八丈島の緯度は北緯33度である。他方，アの南鳥島は北緯24度，イの淡路島は北緯34度，ウの屋久島は北緯30度，エの色丹島は北緯43度，オの対馬は北緯34度である。緯度の数字が八丈島の緯度より大きい島が八丈島より北に位置することになるので，これらの島の中で八丈島より北に位置する島は，淡路島（イ），色丹島（エ），対馬（オ）となる。

基本　問2　八丈島の地形は，図2から2つの山とそれに挟まれた谷からできていることがわかる。設問中の八丈島の地図の等高線の数と八丈島の断面図の標高の数値から，この地図の等高線は100mごとに引かれていることがわかる。断面A―Bに沿って2つの山の標高を確認すると，地点Aに近い山の標高は800m以上，地点Bに近い山の標高は600m以上であることがわかる。したがって，断面図A―Bは地点Aに近い山の方が地点Bに近い山よりも高く描かれることになるので，そのような断面図はエの断面図である。なお，地点Aに近い山は西山（八丈富士，854m），地点Bに近い山は東山（三原山，701m）である。

重要　問3　①　図3から59歳以下の中で最も人口が少ない年齢層は，男性では20～24歳の63人，女性も20～24歳の62人である。20～24歳の年齢層は男性・女性ともに最も人口が少なくなっているので，59歳以下の中で最も人口が少ない年齢層は20～24歳となる。　②　20～24歳の年齢層は，高等学校を卒業後に大学への進学や就職をしている人々である。八丈島に大学はなく，また若者の十分な働き場所があるわけではないので，彼らは進学や就職のために島を離れることになる。そのため，八丈島ではこの年齢層の人口が非常に少ないことになる。

問4　①　八丈島の特産品である伝統的工芸品は，黄八丈（図版イ）である。黄八丈は八丈島に伝わる草木染めの絹織物のことで，島内に自生する植物の煮汁で黄色，鳶色，黒に染められた糸を平織りや綾織りに織り，縞模様や格子模様を作ったものである。なお，図版アは江戸切子，ウは箱根寄木細工，エは春日部桐箪笥，オは房州うちわである。　②　伝統的工芸品に指定されるためには，1）主に日常の生活で使用する工芸品であること，2）製造工程の主要部分が手作業中心であること，3）100年以上の歴史を持ち，今日まで継続している伝統的な技術・技法で製造されていること，4）主な原料が100年以上前から引き続き使われていること，5）特定の地域で当該工芸品を製造する事業者が一定の規模を保ち，地域産業を形成していること，の5つの条件がある。したがって，設問中の選択肢でこの条件にふさわしくないものは，アの「30年以上の歴史をもつ伝統的な技術をつかっている。」（30年以上ではなく，100年以上），ウの「主に特別な行事・儀式に使用するために製品をつくっている」（主に特別な行事・儀式ではなく，主に日常の生活で使用）となる。

問5　①　地図中の「尾崎」の交番「 × 」から中里の交番まで，最短距離で行くことが出来る道である両地点を結んでいる道路を使用して向かうと，最初に右手に郵便局「 〶 」がある（エ）。次いで進むと「唐滝川」の流れが道路の部分で消えているので，道路の下を「唐滝川」が流れている（イ）ことがわかる。さらに進むと右側に小・中学校「 文 」（ア）が確認でき，さらに進むと左手に郵便局がある（ウ）ことが確認できる。　②　地熱発電とは，地下にある地熱によって高温・高圧となった水蒸気を取り出して，発電器を回して発電する方法である。八丈島では全国で19番目の地熱発電所として1999年に地熱発電所が運転を開始し，島内の約10％の電力がまかなわれている。なお，アの風力発電は風の力で風車を回してその回転運動を発電器に伝えて発電する方法，イの太陽光発電は太陽の光エネルギーを半導体でできた太陽電池パネルを使って直接電力に変換する方法，ウの潮力発電は潮の満ち引きによる潮位の差を利用する発電方法，エの水力発電は水の落下エネルギーを利用する発電方法である。

重要 問6 ① グラフ中のAは2010年と2017年の発電量の割合に大きな変化がないので水力(ウ), Bは2010年に比べて2017年は大きく割合が増えているので火力(イ), Cは2010年に比べて2017年は大きく割合が減っているので原子力(エ), Dは2010年, 2017年ともに最も発電量の割合が低いので再生可能エネルギー (ア)である。 ② 2011年3月11日に発生した東日本大震災(東北地方太平洋沖地震)とそれに伴う津波によって, 福島第一原子力発電所の1・3・4号機が爆発し, 2号機も機能を喪失するという福島第一原子力発電所事故が発生した。この事故によって, 大量の放射性物質が広範囲に拡散したため, 発電所を中心とした半径20km以内が警戒区域とされ, 多くの住民が他地域での避難生活を余儀なくされた。この事故を契機として原子力発電の危険性が問題視され, 原子力発電に依存することから抜け出そうとする脱原発の動きが起こり, それにより原子力発電の割合は急速に減少した。

〔Ⅱ〕 (政治―東京オリンピック・パラリンピックに関する問題)

問1 オリンピックのシンボルである五輪マークにはいくつかの意味があり, その中の1つが世界の5つの大陸(ア)を意味するというものである。五輪マークの5つの輪はヨーロッパ, 南北アメリカ, アフリカ, アジア, オセアニアの五大陸を指し, それらの相互の連帯を意味している。またこの5つの輪は青・黄・黒・緑・赤の5色からできているが, 各色が特定の大陸を表しているわけではない。なお, その他に5つの輪には火・水・木・土・砂の5つの自然現象を表すとする説や情熱・水分・体力・技術・栄養のスポーツの五大鉄則を表すとする説もある。

基本 問2 東京都知事を含む都道府県知事の被選挙権は, 満30歳以上である。それと被選挙権が満30歳以上であるものは, 参議院議員(オ)である。なお, 市区町村長(ア), 市区町村議会議員(イ), 都道府県議会議員(ウ), 衆議院議員(エ)の被選挙権はいずれも満25歳以上である。

問3 金の産出量は中国が最も多く, 国別産出量の割合の上位3ヵ国にロシアが入っているので表イ, 銀の産出量はメキシコが最も多く, 国別産出量の割合の上位3ヵ国にペルーが入っているので表エ, 銅の産出量はチリが世界の約3分の1を占めて, 最も多いことから表ウである。なお, 鉄鉱石の産出量の割合(表ア)が多いのは, オーストラリアとブラジルである。

やや難 問4 都市鉱山とは, 都市でゴミとして大量に廃棄されて使われなくなったパソコンや携帯電話, スマートフォンなどの小型家電製品などの中に存在するレアメタルなどの金属の有用な資源を鉱山にみたてたものである。都市鉱山の意味は, それらの使われなくなり, 回収・寄付された小型家電製品から, そこで用いられていた金属を抽出し, 加工することで資源として再生し, 有効活用しようするリサイクルの一環として, 環境へ配慮しようとするものである。

問5 ① 「SDGs」とは, 日本語で「持続可能な開発目標」のことである。これは2015年9月にニューヨークの国連本部で開催された「国連持続可能な開発サミット」で, 2030年までに持続可能な社会を実現するための国際目標として採択されたものである。この「持続可能な開発目標(SDGs)」は, 17のグローバル目標と169の達成基準(ターゲット)から構成されている。 ② 持続可能な開発目標(SDGs)の目標12には「つくる責任, つかう責任」が掲げられている。これは食品の廃棄や資源の浪費が持続的な開発を妨げる原因の1つになっていることから, 少ない資源で良い物を多く得ることができるようにする社会を目指すものである。その点で「リサイクル素材だけを原料としてメダルを作る」という「都市鉱山からつくる！みんなのメダルプロジェクト」の趣旨は,「つくる責任, つかう責任」の目標に当てはまる。なお, アの「エネルギーをみんなに」は持続可能な開発目標(SDGs)の目標7, イの「産業と技術革新の基盤をつくろう」は目標9, ウの「住み続けられるまちづくりを」は目標11, オの「気候変動に具体的な対策を」は目標13に掲げられている。 ③ i WHOは世界保健機関の略称で, 世界の人々の健康保持と増進と目的とし, 各国に保健に関する事業の指導や技術協力, 感染症の発生状況の報告などを行っている。 ii PKOは平和維持活動の略称で，地域紛争などの事態の悪化や国際的な拡大を防止するために，平和維持軍(PKF)や停戦監視団などを派遣している。 iii NGO(Non Governmental Oraganization)とは非政府組織とも呼ばれ，各国政府や国際連合から独立し，民間によってつくられた利益の追求を目的としない国際的な協力組織で，難民・医療・環境・人権などの分野で活動している。

［Ⅲ］**(日本の歴史―「交通」・「情報通信」に関する諸問題)**

基本 問1 プライバシーの権利とは，私生活をみだらに公開されず，他人にわずらわされることなく幸福を追求する権利のことである。この権利は，個人に関する情報を個人が管理する権利として主張されるようになったものである。なお，アの環境権は生活する上で良好な環境を求める権利，ウのアクセス権はマス=メディアを開かれたものにして人々がそれに参入して利用する権利，エの自己決定権は個人が自分の人生や生活のことを自由に自分で決める権利である。

問2 狼煙は「オオカミの糞や，草木を燃やして煙を立て，相手に情報を伝える」ものなので，狼煙をリレーすることで遠い場所にいる相手にも素早く情報を伝えることが出来た(イ)。しかし火と煙を使う情報伝達手段なので，悪天候時には役に立たず，使用できなかった(ウ)ということもあった。 ア 狼煙は煙の色や回数を変えることはできたが，そのことで会話のような複雑なやりとりを手軽に行うことはできなかった。 エ 狼煙はオオカミの糞や草木を燃やす必要があるので，都市に住む多くの人々が利用することはなかった。

問3 アは冠位十二階のことで，この制度ができたのは603年，イの僧は鑑真のことで，彼が来日したのは754年，ウの人物は倭王武(雄略天皇)で，彼が中国(宋)に使いを送ったのは478年，エの出来事は白村江の戦いで，この戦いが行われたのは663年のことである。したがって，これらの出来事が起こった順に並べ替えると，ウ→ア→エ→イとなる。

重要 問4 律令制が機能していた平安時代のこの時期には，各地の特産物を都の朝廷に納める「調」，労役の代わりに布などを納める「庸」と呼ばれる税が人々に課されていた。それらの税は，その特産物や布を都まで運んで納めることも各地の人々の義務(運脚)であった。したがって，各国(地方)の人々は地方から都へ向かう上りではそれらの荷物とともに移動するので，その日数は荷物を運ぶ必要のない都から地方に下る時の日数と比べると多くなる。

問5 法律案は衆議院と参議院の両院で決議されることで法律として成立すると，必ず天皇に申し上げて天皇が公布することで法律の成立の手続きが完成する。 ア 法律案は衆議院，参議院に属する国会議員しか提出することが出来ないことはなく，内閣も提出することができる。
イ 法律案について衆参両議院で異なる議決が出た場合，両院協議会は必要に応じて開かれ，必ず開かれることはない。 ウ 衆議院の解散中，国に緊急の問題が起こった時には内閣の要求により参議院の緊急集会が召集される。したがって，衆議院の解散中に内閣の閣議による審査を経て，法律がつくられることはない。

重要 問6 ① この文は正しい。問題文[イ]から，上杉謙信が8月15日に川中島に出発する一方で，それに対しておよそ160km離れた場所にいた武田信玄は川中島の近くにある海津城からその知らせを受けて，その翌日の8月16日に甲府を出発していることから，「武田信玄は，いち早く敵の情報をつかむための仕組みをつくっていた」と思われる。 ② この文は誤っている。問題文[イ]から，武田軍は8月16日から8月24日までの8日間で，およそ160kmを移動しているので，その1日の移動はおよそ20kmとなる。他方，問題文中の[参考]の部分から旧日本陸軍の移動の基準は1日24kmが標準なので，武田軍の移動時間は旧日本陸軍の基準に比べると遅い。 ③ この文は正しい。問題文[ロ]から，織田・徳川連合軍は5月16日に岡崎城を出てから5月18日に長篠に到着するまで2日間で約65kmを移動しているので，その1日の移動はおよそ32.5kmとなる。旧日本陸軍の移動の基準は1日24kmが標準なので，織田・徳川連合軍の移動時間は旧日本陸軍の基準に比べると早い。

基本 問7　日本橋は江戸時代には五街道の起点として，江戸における交通や物流の要所であった。現在もオフィス街や商業地が広がり，東京の経済・金融の中心となっている。

やや難 問8　大井川は川の勾配が比較的大きく，川幅も広く，その上に水量も豊富であったことから，江戸時代の土木技術ではこの川に橋を架けることは困難であったことがある。そのため幕府は橋を設けることをしなかったと考えられる。なお，明治時代になって大井川には木造の橋が架けられたが，その長さは約900mで，当時は「世界一長い木造橋」と呼ばれた。他方，江戸時代の東海道には，大井川を挟んだ島田と金谷の宿場町には川越人足を束ねた組織があり，そこに属していた川越人足は多い時には1000人に及んだとされる。仮に幕府が大井川に橋を架けたり，渡し舟を利用することを認めると，これらの川越人足が仕事を失うことになり，そのような事態になると社会的な影響はかなり大きくなったことが伺える。そのため幕府は川越人足に仕事を保証するために，大井川に橋を架けることを認めなかったともいわれている。

問9　日本郵便株式会社は郵便事業と郵便局の運営を行っている会社で，総務省に管轄され，日本郵政株式会社の子会社である。この会社は2007年に郵政民営化とともに郵便局株式会社として設立されたが，2012年に郵便事業を吸収して日本郵便株式会社となり，現在(2021年)に至っている。ア　郵便事業は総務省が管轄しているが，政府主導で行われていることはない。　イ　日本郵政公社は2003年～2007年に存在していた組織であり，現在(2021年)には存在していない。　エ　現在(2021年)の郵便事業は，すべて民間の宅配便会社が担当しているということはない。

★ワンポイントアドバイス★

地理や歴史の分野に比べると政治の分野はやや少なめであるが，時事的な事柄が題材になっているので注意しよう。また1行の説明問題も5題出題されているので，自らの言葉で書く練習もしっかりするようにしよう。

＜国語解答＞ ≪学校からの正答の発表はありません。≫

一　問1　①　ウ　②　ア　③　エ　問2　イ・オ　問3　ウ　問4　(石田)　ア　(次郎)　エ　問5　A　消費　B　生産　問6　ア　問7　イ　問8　ウ

二　問1　(地図があることで)　A　未来予測を得られる(9字)(ため，)　B　(例)　自分の生が保証された(10字)(ように感じられるから。)　問2　(「未来の見える」状況では)(例)　A　予測された未来に合わせて現在を生きる(18字)(ことになってしまうが，「未来の見えない」状況では)　B　現在の自分の選択によって未来をつくる(18字)(ことができるから。)　問3　(筆者は)イ(を好ましいものとしてとらえている。)
(例)　(なぜなら)　A　混沌とした現在の少ない判断材料で行動する(20字)(ことで)
B　生きている実感を得られる(12字)(から。)

三　問1　(1)　ア・オ・コ　(2)　ひたい　(3)　①　皮　②　功
問2　①　統一　②　講義　③　志す　④　飼う　⑤　勢い

○推定配点○

一　問1　各2点×3　問5　各3点×2　他　各4点×7(問2は完答)
二　問3選択問題　4点　他　各6点×6
三　問1(1)　4点(完答)　他　各2点×8　計100点

＜国語解説＞

一　（小説－心情・文章の細部の読み取り、空欄補充、反対語、慣用句）

基本　問1　空欄①の「目を見張った」は,驚いたり,感心したりして目を大きく見開くこと。空欄②の「閉口(へいこう)」は，手に負えなくて困ること。空欄③の「足をとられる」は，足の自由をうばわれて，思うように足を動かせないこと。

重要　問2　傍線部1前で,「体を横にする場所のない自分」と比べて,「宮殿のように広い本宅の他に，こんな清潔な別宅を持つ」石田が「どんなにしあわせか」とつくづく思っている次郎の心情が描かれていることから，イの「解放された気持ち」，オの「自分との落差に思いをはせている」が読み取れるので当てはまる。アの「傲慢さに気がついた」,エの「演出しようとしている」,カの「石田に対する激しい憎悪」はいずれも読み取れない。「ピアノやバイオリンが，どんな音を出すのかも知ら」ず「何のことかわからない」まま石田の別宅に来ているので，ウも当てはまらない。

問3　傍線部2は，次郎が「部屋から空が見えるんだね。……」と話したことに対するもので，部屋の大きさに関係なく，空はどこからでも見えるということを話し，狩野川の素晴らしさを話し始めていることから，次郎と自分の環境の違いを特に気にしていないことが読み取れるので，ウがふさわしい。次郎の言葉を気にせず，問題としていないことを説明していない他の選択肢はふさわしくない。

問4　傍線部3に対して，石田は「川は洪水の時が一番壮大で，逞しくて，好きだな」と話し，3の時は「毎日，朝からここを動かないで眺めあかして，感動したな」と話しているので，アが当てはまる。次郎は「僕の家も床上まで水に浸かって困った」と話しているので，エが当てはまる。

問5　「コーヒー」に対して，石田は「……西洋人はコーヒーをつくって毎朝のむんだよ。舶来品で高いんだ」と話し,飲むものである「商品として見ている」ことから,空欄Aには「消費」が入る。次郎は「僕の村から移住した人々は，みんなコーヒーを作っていると聞いたが……」と話していることから，空欄BにはAの反対の意味である「生産」が入る。

重要　問6　傍線部5直前で，初めてコーヒーを飲んだ次郎が，自分の村から移住した人々が作ったコーヒーか，と話したことに対し，石田が興味なさそうに立ち上がったことで，地方的なことを努めて避けるようになっていることを次郎は思い出し，「自分の醜悪な過去や現在」によって「彼との友情の将来」すなわち友だちの関係がこわれてしまうのではないかと心配している次郎の心情が描かれているので,アがふさわしい。「彼との友情の将来」＝石田とのこれからの友だち関係を「憂えて」，石田に合わせようとしていることを説明していない他の選択肢はふさわしくない。

重要　問7　傍線部6前で，初めて聴く音楽に，口をきくこともできないほど感動している次郎の様子が描かれている。石田と次郎は生活環境が大きく異なるが，貧しい環境であっても，美しい音楽に感動できる感性を持つ次郎を，親友として自宅に招いた自分は間違っていなかった，ということを6は描いているので，イがふさわしい。自分に対して思っていることを説明していない，ア，ウ，エはふさわしくない。オの「退屈しのぎにうってつけであった」も読み取れないのでふさわしくない。

やや難　問8　傍線部7前「次郎の目には……忠告するのだろう」という次郎の心情の描写は，自分のおかれた醜悪な環境にじたばたするのは愚かなことであり，石田は音楽を自分に聴かせることで「大きく物を見るように」と忠告してくれた祖父と同じことを忠告してくれたのだ,ということである。地方的なことを貧乏くさいとも言うような石田ではあるが，7のようにも思っているので，ウがふさわしい。美しい音楽を通して，客観的に大きく物を見ることを忠告してくれる存在であることを説明していない他の選択肢はふさわしくない。

二　(論説文－主題・要旨・文章の細部からの読み取り、記述力)

問1　Ⅰで，地図があることで「具体的未来を想定できる」ということを述べており，このことをⅡで，「未来予測を得られる(9字)」と述べている。またⅡでは「未来が見えると……生が担保された気になり，安心できる」と述べている。「担保」は，将来生じるかもしれない不利益に対し，それを補うことを保証すること，という意味なので，この部分を「保証」に言い換えて説明する。

重要　問2　Ⅲで，日常生活でも未来予測を欲しがるわれわれは，定められた予定をこなすことで現在という時間を生きている，ということを述べている。この内容をふまえて，「『未来の見える』状況」では，A=「予測された未来に合わせて現在を生きる」ことになる，というように説明する。また，Ⅳで，未来により現在が決められるのではなく，今現在の私の知覚，判断，行動などの結果によって別の未来ができあがっていく，と述べている。この内容をふまえて，「『未来の見えない』状況」では，B＝「現在の自分の選択によって未来をつくる」ことができる，というように説明していく。

やや難　問3　Ⅳで，混沌とした現在に対処することで人間は生きている実感を得ており，未来により現在が決められるのではなく，現在によって未来がつくられていくこと，そこには生のダイナミズムがあったこと，を述べていることから，筆者は，未来により現在が決められていない，すなわち「地図のない登山」を好ましいものとしてとらえている。また，これらの内容をふまえて，その理由として「混沌とした現在の少ない判断材料で行動する」ことで，「生きている実感を得られる」から，というような内容で説明していく。

三　(空欄補充、漢字の読み書き、ことわざ・慣用句)

やや難　問1　(1)　1のAは「猫」。猫の額がせまいことから。2・3のBは「狸」。2は，まだ捕まえてもいない狸の皮を売ることを考えることから。3・7のCは「狐」。3は，狐も狸も人を化かすといわれることから。4のDは「亀」。万年生きるという亀の甲羅(こうら)でも，甲羅としての価値しかないが，人間が長い間に身につけた経験や知恵は貴重である，ということ。5のEは「牛」，5･6のFは「馬」。5は，歩くのが遅い牛を捨てて走るのが速い馬に乗り換えることから。6は，お坊さんがいくらありがたい念仏を唱えても，馬には何もわからないということから。7のGは「虎」。虎が狐を食おうとしたとき，狐が「私は神様から百獣の王に命ぜられた。うそだと思うなら，私について来ればわかる」と言うので，狐の後についていくと，動物たちは後ろの虎を見て逃げ出したが，虎は狐を見て逃げ出したと思いこんでしまった，という話から。

(2)　「額(ひたい)」は，顔の，髪(かみ)の生えぎわからまゆのあたりまでの部分。音読みは「ガク」。熟語は「金額(きんがく)」など。

(3)　①の「皮算用」は，物事がまだ実現しないうちから，当てにしてあれこれ計画を立てること。②の「年の功」は，長年の経験という意味。「年の劫」とも書く。

重要　問2　①は，全体を一つにまとめること。②は，大学での授業のこと。③の送りがなに注意。音読みは「シ」。熟語は「意志(いし)」など。④の音読みは「シ」。熟語は「飼育(しいく)」など。⑤の送りがなに注意。音読みは「セイ」。熟語は「姿勢(しせい)」など。

★ワンポイントアドバイス★

小説や物語では，登場人物の心情を場面ごとにていねいに読み取っていくことが重要だ。

MEMO

大切なことはメモしておこうネ！

2020年度

★★★★★★★★★★★★★★★★★★★★★★★

入　試　問　題

2020年度

早稲田実業学校中等部入試問題

【算　数】（60分）　＜満点：100点＞

【注意】 比は，もっとも簡単な整数の比で答えなさい。

1　次の各問いに答えなさい。

(1)　$20\div\left\{20\times\left(\frac{5}{6}-0.675\right)-\boxed{}\right\}-6\frac{8}{9}=2$　の $\boxed{}$ にあてはまる数を求めなさい。

(2)　ある商品を何個か仕入れました。１日目は全体の$\frac{1}{6}$が売れ，２日目は残りの40％より５個少なく売れ，３日目は残りの$\frac{4}{11}$より５個多く売れたところ，残りは65個でした。仕入れた商品は何個ですか。

(3)　右の図のように直角に交わる道があり，×の道は通行止めです。A地点からB地点まで遠回りせずに行く方法は全部で何通りありますか。

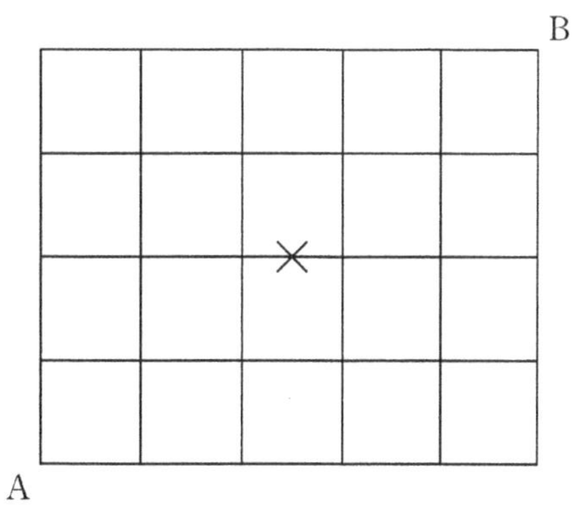

(4)　下の図は，底面が直角二等辺三角形の三角柱で，BG＝４cm です。３点G，D，Eを通る平面でこの三角柱を切るとき，切り分けられた２つの立体のうち，頂点Aを含《ふく》む立体の体積を求めなさい。**解答欄《らん》の図を用いて，求め方も書きなさい。**

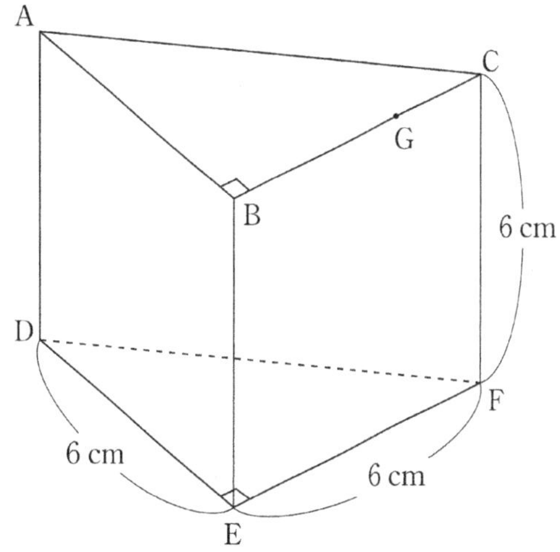

2 次の各問いに答えなさい。

(1) 右の図は，文字盤《ばん》のない時計を長針が真上にくるようにおいたものです。このとき，(あ)と(え)の角の大きさの比は1：2，(い)と(う)の角の大きさの比は3：1 となりました。次の①，②に答えなさい。

① (う)の角度を求めなさい。**求め方も書きなさい。**

② この時計は何時何分を表していますか。

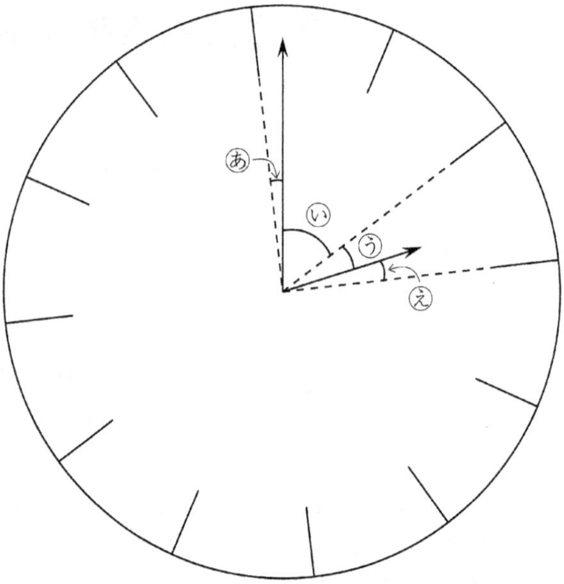

(2) 分子と分母の和が 2，4，6，8，10，…… となるような分数を，約分できる分数でも約分せずに次のように並べていきます。

$$\frac{1}{1},\ \frac{1}{3},\ \frac{2}{2},\ \frac{3}{1},\ \frac{1}{5},\ \frac{2}{4},\ \frac{3}{3},\ \frac{4}{2},\ \frac{5}{1},\ \frac{1}{7},\ \frac{2}{6},\ \cdots\cdots$$

次の①，②に答えなさい。

① 左から数えて50番目の分数を求めなさい。

② $\frac{3}{25}$は左から数えて何番目の分数ですか。

3 A地点とB地点の間を太郎君と次郎君は走り，花子さんは歩きます。太郎君が3歩で進む距離《きょり》を次郎君は4歩で進み，太郎君が5歩進む間に次郎君は6歩進みます。

太郎君はA地点を出発し，B地点に着くと，すぐにA地点へ戻《もど》ります。次郎君と花子さんはB地点を出発し，A地点へむかいます。

3人が同時に出発したとき，太郎君と花子さんは同時にA地点に着きました。次のページの図は，このときの3人の位置と時間の関係を表したものです。太郎君と次郎君が出会った地点をC地点，太郎君と花子さんが出会った地点をD地点として，次の各問いに答えなさい。

(1) 太郎君の走る速さと次郎君の走る速さの比を求めなさい。

(2) C地点とD地点の間の距離は80mでした。A地点とB地点の間の距離は何mですか。

(3) 太郎君は花子さんと出会ってから2分18秒後にC地点を通過しました。次郎君はB地点を出発してから何分何秒後にA地点に着きましたか。

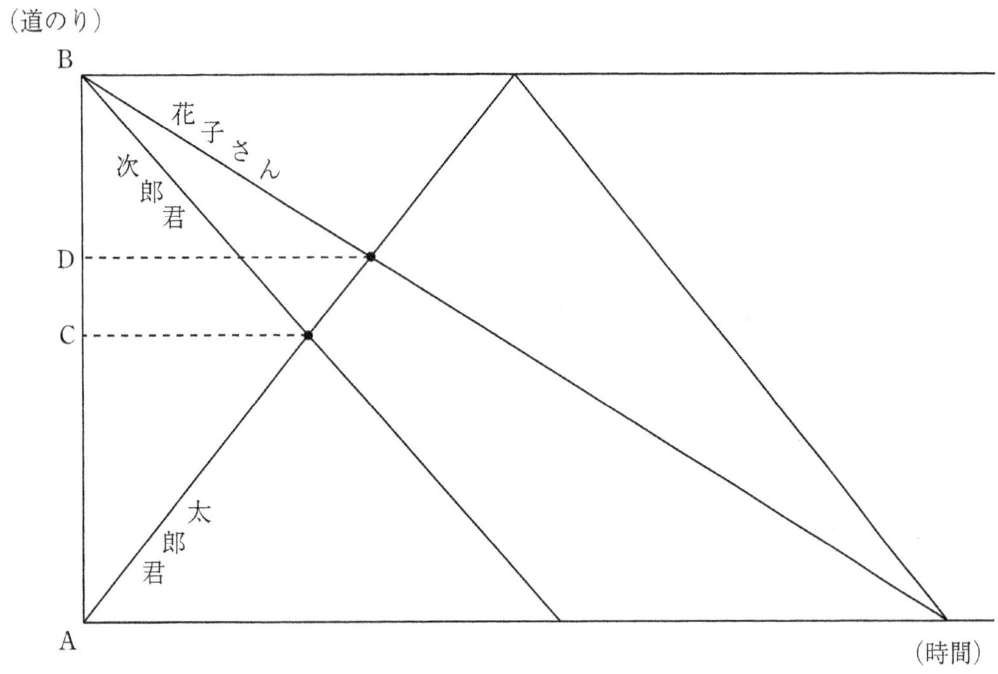

[4]　2つの管A，Bから水そうに食塩水を入れていきます。管Aからは [ア] %の食塩水，管Bからは4%の食塩水がそれぞれ出てきます。

この水そうが空のとき，いっぱいになるまで食塩水を入れるのに，管Aのみで入れると48分かかり，管Bのみで入れると [イ] 分かかり，管A，Bの両方で入れると18分かかります。

今，この水そうの容積の$\frac{1}{6}$だけ3.6%の食塩水が入っています。この状態から4分間管Aのみで入れると，食塩水の濃度《のうど》は8%になりました。その後，[ウ] 分間管Bのみで入れ，さらにその後 [エ] 分間管A，Bの両方で入れると水そうはいっぱいになり，食塩水の濃度は7.2%になりました。次の各問いに答えなさい。

(1) [イ] に入る数を求めなさい。

(2) [ア] に入る数を求めなさい。

(3) [ウ]，[エ] に入る数を求めなさい。

5　下の図の５つの半円の中心は，いずれも点Aで，半径の比は　1：2：3：4：5　です。また，四角形ABCDは平行四辺形で，EA＝EB です。次の各問いに答えなさい。

(1)　CD：CG と，CG：GA を求めなさい。

(2)　三角形ABCと三角形AFGの面積の比を求めなさい。

(3)　三角形ABCと三角形GHIの面積の比を求めなさい。

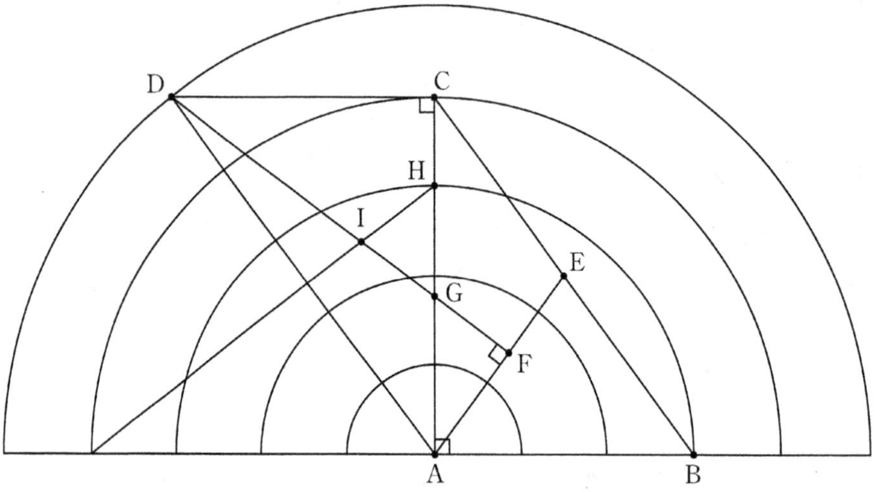

【理　科】（30分）　＜満点：50点＞

1　光の屈折《くっせつ》に関する次の文章を読み，以下の**問1～問3**に答えなさい。作図には必ず三角定規を2枚用いること。

虫めがねのように中央部が周辺より厚いレンズを凸《とつ》レンズといいます。レンズの2つの球面の中心を結ぶ直線を光軸《じく》といいますが，太陽光が光軸と平行に凸レンズに入ると，屈折によって出てきた光は1点に集まるように進みます。この点を焦《しょう》点といい，レンズの前後に1つずつあります。2つの焦点は光軸上にあり，レンズからの距離《きょり》（焦点距離）は等しい（**図1**）。

また，焦点に豆電球を置いた場合，豆電球から出た光はレンズを通るときに屈折し，平行光線となってレンズから出ていきます（**図2**）。**図3**のようにレンズの中心へ向かう光はそのまま直進してレンズから出ていきます。わずかな屈折は考えなくてよい（**図4**）。また，レンズの表面で起こる2回の屈折は，以下の問題では**図5**のように1回屈折として描《えが》いてください。

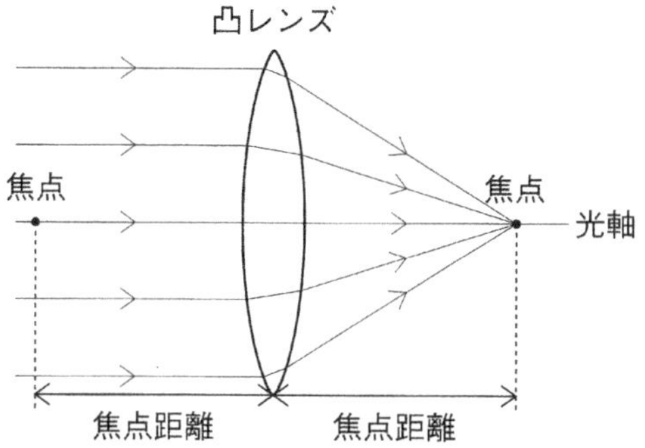

図1

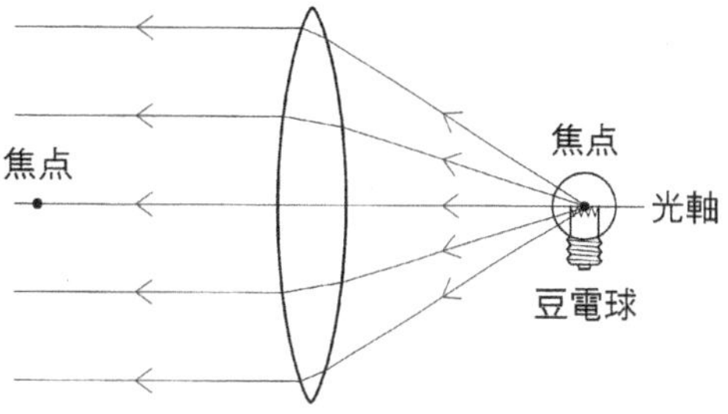

図2

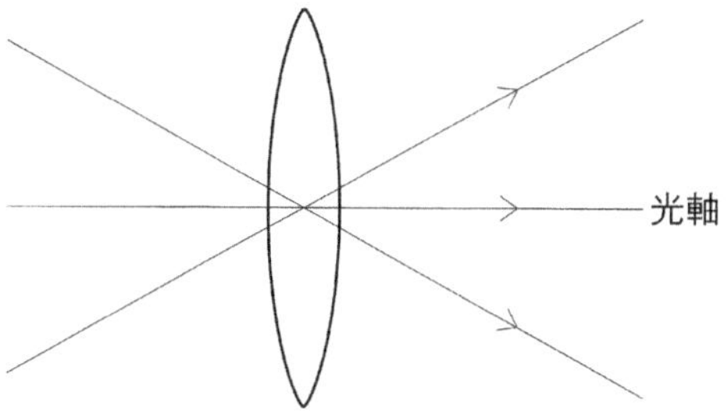

図3

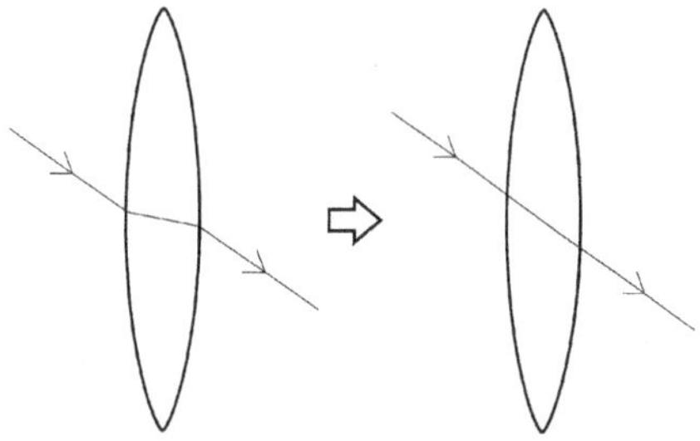

図4

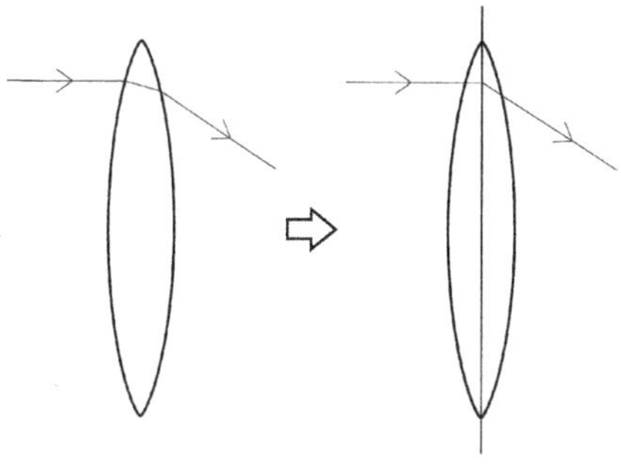

図5

たくさんのＬＥＤランプを並《なら》べてつくった[4]の文字を用意し，レンズの前方の光軸上で焦点距離の３倍のところに，[4]の文字の面が光軸と垂直《すいちょく》になるように置きました（**図６**）。

問１　スクリーンを光軸と垂直になるようにしたまま，レンズの後方からレンズへ近づけていくと，ある位置で[4]がくっきりとスクリーンに映《うつ》りました。**図６**には[4]から出て，レンズに向かう光線が３本描かれています。前のページの**図１**～**図３**のレンズの性質を考えながら，解答用紙の**図６**にレンズから出ていく光線の続きを実線（――）で３本描き，そのときのスクリーンの位置を光軸上に×で示しなさい。

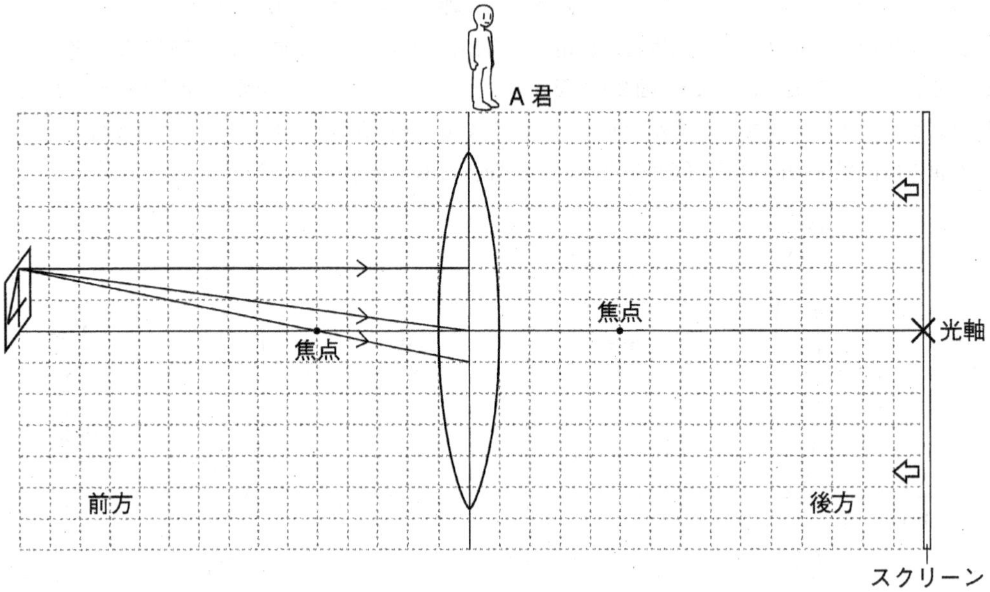

図６

問２　レンズのそばにいる**A君**からは，スクリーン上の[4]はどのように見えますか。次の（**ア**）～（**エ**）から１つ選び，記号で答えなさい。

（**ア**） 　（**イ**） 　（**ウ**） 　（**エ**） 

問３　[4]をレンズの前方の光軸上で焦点距離の$\frac{3}{5}$倍のところに変えました（**図７**〈次のページ〉）。

⑴　**図７**には[4]から出て，レンズに向かう光線が３本描かれていますが，レンズで屈折してどのように出ていきますか。**図１**～**図３**のレンズの性質を考えながら，解答用紙の**図７**にレンズから出ていく光線の続きを実線（――）で３本描きなさい。

⑵　虫めがねは物を拡《かく》大して見ることができますが，それはなぜですか。下の文章の空欄《らん》（Ａ）と（Ｂ）に漢字２字の語句を入れて理由を説明しなさい。また，凸レンズの性質を考えながら，解答用紙の**図７**に必要な線を破線（………）で書き足して，拡大された[4]の位置を光軸上に×で示しなさい。

「[4]の頂《ちょう》点から出た光線をレンズの後方からのぞきこむと，光が（　Ａ　）していることは目では分からないため，その光線が（　Ｂ　）してきたものと思います。結果として**図７**に描いた３本の破線の交わるところに[4]の頂点がくるように像をつくるので，この場合，実物よりも大きく見えます。」

(3) 4の文字は実物の何倍の大きさに見えますか。定規を使って長さを測ってもかまいません。必要があれば小数第2位を四捨《しゃ》五入し，小数第1位まで求めなさい。

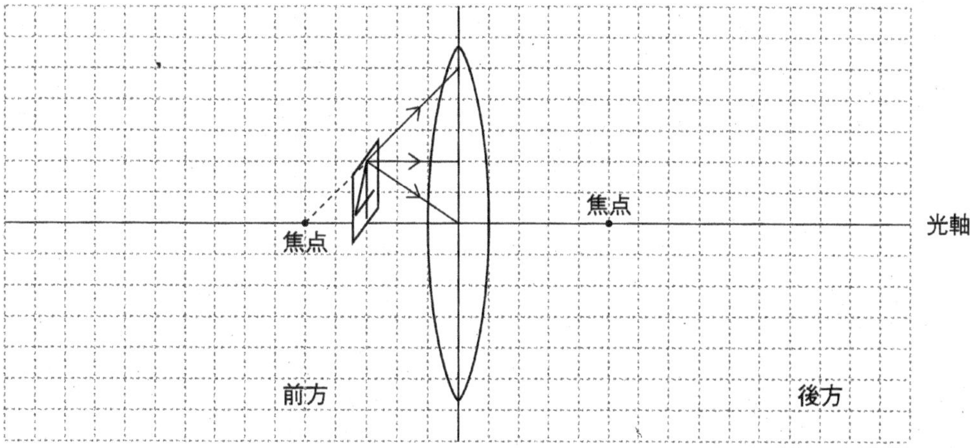

図7

2 動物に関する次の文章を読み，以下の**問1**～**問4**に答えなさい。

動物が生き残るためには，エネルギー源《げん》となるえさをとることと，繁殖《はんしょく》して子どもを残すことが重要です。そのため，動物はえさが豊富で，子孫を残すのに適した環境《かんきょう》を求めて積極的に移動します。そして，さまざまな環境に適応するように，長い年月をかけてからだの構造や機能が変化してきました。

問1 文中の下線部の現象を何といいますか。漢字2文字で答えなさい。

問2 次の文章は草食動物の特徴《ちょう》について述べたものです。文中の下線①～④について，その内容が正しければ○を，間違《ちが》っていれば正しい語句や文を，それぞれ答えなさい。

ほ乳《にゅう》類の歯は，前から門歯，犬歯，臼《きゅう》歯の順に並んでいます。草食動物の歯は，かたい草をかみ切るために①犬歯が発達しており，草をすりつぶすために臼歯が②平らになっています。また，草食動物の消化管は肉食動物に比べて③短く，胃が複数の部屋に分かれていることもあります。

足にかたいひづめをもつものは長距離を速く走ることができ，④獲《え》物をつかまえるのに適しています。

問3 次の文章は動物のふえ方について述べたものです。文中の空欄①～④にもっとも適する語句の組み合わせを以下の**ア**～**ク**から1つ選び，記号で答えなさい。

動物のふえ方は大きく2つに分けられます。1つはゾウリムシやアメーバのように，からだが1つの細胞《さいぼう》からなる単細胞生物が2つに分裂《れつ》してふえていく方法で，無性生殖《しょく》といいます。もう1つは私たちヒトのように，性別の異《こと》なる親がつくる精子と卵《らん》の受精によって子どもがつくられる方法で，有性生殖といいます。

無性生殖は，えさが豊富で環境が安定していれば，（ ① ）という点において有性生殖よりも有利な方法です。しかし，親と比べて（ ② ）性質の子どもが生まれるため，環境が大きく変わったときに適応できない恐《おそ》れがあります。

一方，有性生殖は，子どもを生む際に性別の異なる二個体が必要なため，（　①　）という点において無性生殖よりも効率が悪いです。しかし，親と比べて（　③　）性質の子どもが生まれるため，環境が大きく変わったとしても適応できる可能性があります。

同種の動物の個体間に見られる形や性質の違いを変異《い》といいます。自然界では絶えず生存《ぞん》競争がおこっており，（　④　）変異を備えた個体ほどより多くの子孫を残し，その性質を集団の中に広げていくことができます。このため，生物は環境に適応するように変化していきます。

	①	②	③	④
ア	運動する	同じ	異なる	優《すぐ》れた
イ	成長する	同じ	異なる	優れた
ウ	えさを食べる	同じ	異なる	環境にあった
エ	仲間をふやす	同じ	異なる	環境にあった
オ	運動する	異なる	同じ	環境にあった
カ	成長する	異なる	同じ	環境にあった
キ	えさを食べる	異なる	同じ	優れた
ク	仲間をふやす	異なる	同じ	優れた

問４　他の動物と同じく，私たちヒトもさまざまな環境に適応するように，長い年月をかけてからだの構造や機能が変化してきました。次の図と表（次のページ）は，それらをまとめたものです。

猿人から原人になるとからだも大きくなりますが，脳はそれ以上に発達して大きくなります。この原因についてはさまざまな考え方があり，まだ定まっておりません。あなたはどうして脳が大きく発達したと思いますか。表から得られる情報を使って，あなたの考えを60字以上80字以内で述べなさい。

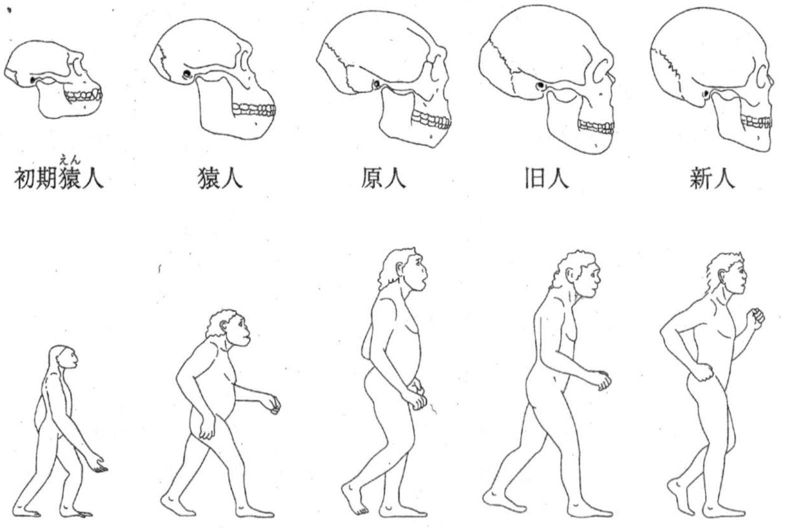

	初期猿人 450 万年前	猿人 300 万年前	原人 150 万年前	旧人 50 万年前	新人 20 万年前
脳《のう》の 大きさ	300～350 ㎤	400～500 ㎤	900～1200 ㎤	1100～1500 ㎤	約 1400 ㎤
平均体重 （推定）	－	40 kg	50 kg	80 kg	65 kg
生息地域《いき》・ 環境	ジャングル （森林）， まばらな林	まばらな林， サバンナ （草原）	サバンナから 世界各地へ 移動	世界各地	世界各地
移動方法	樹《じゅ》上・地上で 直立二足歩行	地上で 直立二足歩行	地上で 直立二足歩行 （ほぼ完成）	地上で 直立二足歩行 （ほぼ完成）	地上で 直立二足歩行 （完成）
道具の使用	地面を掘《ほ》る棒《ぼう》	地面を掘る棒	原始的な石器	洗練《せんれん》された 石器	高度で複雑な 石器
食物	雑食（果実， 葉）・根菜食	雑食・根菜食	雑食・肉食	雑食・肉食	雑食・肉食
その他の特徴	－	犬歯退《たい》化 臼歯発達	狩《か》り， 火の使用	死者の埋葬《まいそう》	言語，壁《へき》画 牧畜《ぼくちく》・農耕

『人類進化概論』（東京大学出版会）より改編

3　プラスチックに関する次の会話文を読み，以下の**問１～問７**に答えなさい。

Ａ君　「このあいだテレビ番組で，打ち上げられたクジラを解剖《かいぼう》したらおなかの中から大量のプラスチックが出てきたって言ってたんだよ。びっくりしたなぁ。」

Ｂ君　「海に流れ出たプラスチックゴミ（以下プラゴミ）に集まる小魚と一緒《しょ》に食べちゃうみたいだよ。ウミガメもビニール袋《ぶくろ》をクラゲと間違えて食べちゃったり，漁網《ぎょもう》にからまったりして，とにかく海に流れ出たプラゴミって無くならないから問題らしいよ。」

先生　「プラスチックが自然界で分解されることはないから，一度海に流れ出てしまったプラゴミは，回収《しゅう》されるまでずっと海を漂《ただよ》い続けるんだよ。これがまずいんだ。」

Ｃ君　「夏休みに海に行ったら近所の人がそうじしてた。プラゴミすごい量だった。」

Ａ君　「そういえばスーパーや市役所でプラスチックトレーやペットボトルのリサイクルをしているけど，燃やしたらまずいのかな？」

先生　「(a)昔は可燃ゴミにプラスチックを入れると焼却炉《しょうきゃくろ》が傷《いた》むからダメだったんだよ。」

Ｃ君　「それに有害な（　ｂ　）が発生するおそれがあるからって社会科見学で聞いたよ。」

Ｂ君　「ゴミを違法《いほう》に焼却してた問題で，（　ｂ　）の発生による健康被害《ひがい》がでる恐れがあるって報道されて，まわりの農家は大打撃《だげき》だったって。うちの近所だったから聞いたことある。」

先生　「今は焼却施設《しせつ》も有害物質への対応がずいぶんと進んでクリーンになっているんだよ。」

Ａ君　「そもそもプラスチックって石油からできているからまずいんだよね。石油じゃない材料を使ったプラスチックって作れないのかな？」

先生 「(c)トウモロコシの芯《しん》とか植物由来の原料で作ったプラスチックも徐々《じょじょ》に開発されてきているけど，丈夫《じょうぶ》さやコスト面でまだみんなが使うには不十分なんだ。それに天然由来の原料だからといって環境にやさしい，というわけでもないんだよ。(d)自然の中で分解されるものが必要なんだよ。」

B君 「分解されないから海に流れ出るといつまでもぷかぷか漂っているんだね。」

C君 「このあいだハワイに行った時にシーグラスのアクセサリーをつくったんだよ。」

A君 「それ知ってる！割《わ》れたガラスの破片《はへん》が海で削《けず》られてきれいなかけらになったやつ！」

C君 「そうそうそれそれ。でもその体験工房《ぼう》の先生が，最近はプラゴミがすごく多くなってきたって言ってたよ。ハワイに打ち上げられるプラゴミには日本語が書いてあるものも多いんだってさ。」

A君 「日本人が向こうで捨《す》てたゴミとか？」

先生 「そうじゃないんだよ。実は東日本大震災《しんさい》の後，東北で震災に遭《あ》った漁船が沖縄の海岸に流れ着いたこともあったんだけど，同じ原因なんだよ。北米西海岸の沖合にはプラゴミが大量に流れ着いている海域があって，太平洋ゴミベルトなんて呼《よ》ばれることもあるんだ。」

A君 「ゴミベルト？嫌《いや》な名前だね。でもどうしてそんな遠くまで流れ着いたんだろう？」

先生 「(　e　)」

B君 「でもそうすると，震災ゴミや去年の豪《ごう》雨で流れ出たゴミもいずれは…」

先生 「そうだね。しかも流れ出たプラゴミは海を漂う間に日光に含《ふく》まれる（　f　）を浴び続けると，もろくなって割れて小さくなってゆくんだ（右写真）。（　g　）プラスチックと呼ばれるんだけど，それが海の生き物の体の中に取り込《こ》まれてしまうことがわかっているんだよ。」

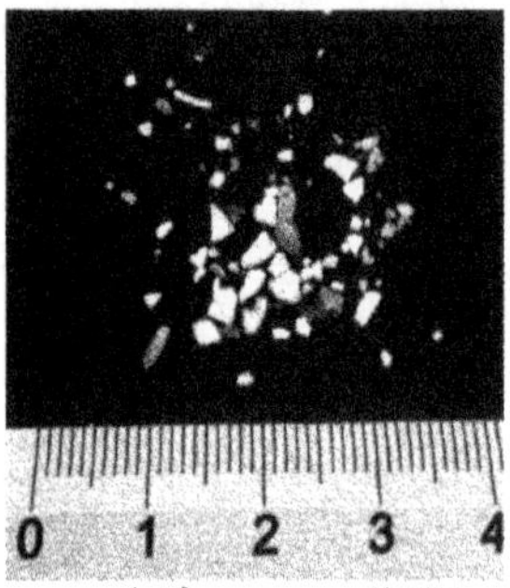

（環境省《しょう》ＨＰより掲載《けいさい》）

B君 「それ知ってる！洗顔料《せんがんりょう》に含まれる（　g　）ビーズっていうのも下水からそのまま川に流れて海に出て行っちゃうんだよね。東京湾《わん》のイワシのおなかの中から出てきたってさ。」

A君 「プラスチックって軽いから沈《しず》まないよね。うまくすれば回収できるんじゃない？」

先生 「(h)リサイクル工場では洗浄《せんじょう》もかねて水槽《そう》で分別をすることもあるんだよ。ただいろんな材料があるから，素材に応じた分別が必要なんだ。プラスチックはいろいろな形に加工しやすいし，手軽に使えるから普及《ふきゅう》しているけれど，将《しょう》来のことを考えるとプラスチックの使い方を考え直す必要があるね。」

問１　下線部(a)において，昔はプラゴミが混入すると焼却炉が傷むとされていたのはなぜですか。その理由として正しいものを，次の（**ア**）～（**エ**）から１つ選び，記号で答えなさい。

(**ア**) プラスチックは燃焼《ねんしょう》温度が高く，焼却炉が熱に耐《た》えられない。

(**イ**) プラスチックを燃焼させた時に出る二酸化炭素で，炉の内壁《へき》がもろくなる。

(**ウ**) プラスチックは石油製品で燃焼に酸素を多く使うから，不完全燃焼し易《やす》い。

(**エ**) プラスチックを燃焼させた後に残る灰《はい》に有害物質が大量に含まれるため，灰を取り出すことが困難《こんなん》になり，炉が使えなくなる。

問2　文中の（ｂ）にあてはまる物質名を，あとの（**ア**）～（**オ**）から１つ選び，記号で答えなさい。

（**ア**）フロン　（**イ**）ＰＣＢ　（**ウ**）メチル水銀　（**エ**）ダイオキシン　（**オ**）アスベスト

問3　下線部(c)と(d)にあてはまるプラスチックの名前を，次の（**ア**）～（**オ**）から１つずつ選び，記号で答えなさい。

（**ア**）天然プラスチック　（**イ**）バイオプラスチック

（**ウ**）生分解性プラスチック　（**エ**）自然消化性プラスチック

（**オ**）リターナブルプラスチック

問4　文中の（ｅ）にあてはまる先生の言葉として適切なものを，次の（**ア**）～（**エ**）から１つ選び，記号で答えなさい。

（**ア**）親潮《しお》にのって南下したあと，赤道付近を東に向かう海流で流されたんだよ。

（**イ**）船は親潮にのって流されたんだ。プラゴミは大型の台風や暴風で巻《ま》き上げられて，ジェット気流に乗って太平洋を横断したんだよ。

（**ウ**）親潮と黒潮が東北沖で太平洋を横断する海流になって，北米西海岸まで流れたあと，赤道北側をゆっくり東から西に向かう海流でぐるっと回ってきたんだよ。

（**エ**）冬の強い北風で沖縄付近まで流されたあと，日本の南側の暖《あたた》かい海域の潮《ちょう》流で東に流れていったんだ。

問5　文中の（ｆ）にあてはまるものを，次の（**ア**）～（**エ**）から１つ選び，記号で答えなさい。

（**ア**）赤外線　（**イ**）可視《かし》光線　（**ウ**）紫《し》外線　（**エ**）マイクロ波

問6　文中の（ｇ）にあてはまる語句を，次の（**ア**）～（**オ**）から１つ選び，記号で答えなさい。

（**ア**）パウダー　（**イ**）マイクロ　（**ウ**）ミクロン　（**エ**）ダスト　（**オ**）カレット

問7　次の表は，あるプラスチック片①～④の省略記号と大きさ，重さを表したものです。この中で，下線部(h)のようにかけらを水で洗浄・分別するとき，水に浮《う》くものを次の①～④から１つ選び，番号で答えなさい。またそのプラスチックの用途《ようと》を，次の（**ア**）～（**オ**）から１つ選び，記号で答えなさい。

	省略記号	たて（cm）	よこ（cm）	高さ（cm）	重さ（ｇ）
①	ＰＥ	3.5	1.6	2.0	10.2
②	ＰＶＣ	2.0	3.2	2.5	22.4
③	ＰＳ	4.8	1.5	2.4	18.5
④	ＰＥＴ	3.6	2.5	2.0	24.3

<用途>

（**ア**）飲み物の容器に使われている

（**イ**）袋などに使われている

（**ウ**）発泡《はっぽう》させたものは食品トレーなどに使われている

（**エ**）水道管などに使われている

（**オ**）ＤＶＤやＣＤなどの材料となる

【社　会】（30分）　＜満点：50点＞

【注意】 解答は，とくに指示がない限り，漢字で書くべきところは正しい漢字を使って答えなさい。

〔Ⅰ〕 次の文章を読んで，以下の問いに答えなさい。

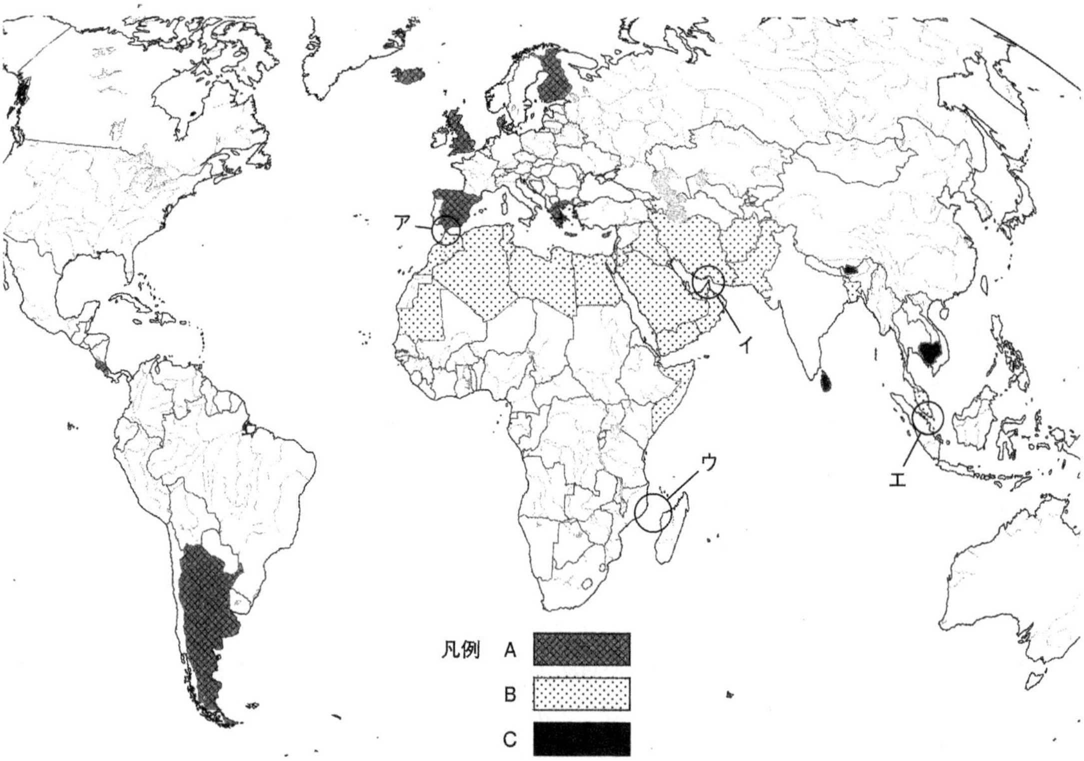

図１

憲法はその国の基本的なあり方を定めたもので，その国の最高のきまりです。世界中のほとんどの国が憲法を持っていて，憲法に基づいて法やきまりを定めています。日本国憲法は，1946年11月3日に公布，翌年の5月3日から施行されました。日本国憲法には平和と民主主義を示す３つの柱があります。

３つの柱のうち１つ目は基本的人権の尊重です。基本的人権とは【　　　　　　　　　】持っている人間らしく生きるための権利です。それに基づき，すべての国民は法の下に平等に扱われ，身体の自由，思想や良心の自由，${}_1$<u>信教の自由</u>，居住・移転の自由，職業選択の自由，学問の自由などが認められています。また国民は国や地方の政治に参加する権利を持ち，裁判を受ける権利，健康で文化的な最低限度の生活を営む権利（生存権）とともに教育を受ける権利や働く権利も保障されています。

２つ目の柱は国民主権です。主権者である国民の代表者による国会は国権の最高機関であり，ただ１つの立法機関とされています。ただし憲法では１つの機関に力が集まることの無いように，政治を行う権力を${}_2$<u>立法・行政・司法の３つに分け</u>，三権分立としています。内閣が衆議院の解散をきめることや，裁判所が${}_3$<u>違憲立法審査権</u>を持つことなどは他の権力を抑える働きの１つです。

３つ目の柱は平和主義です。日本国憲法では，その（　１　）で「平和を愛する諸国民の公正と信義に信頼して，われらの安全と生存を保持」することを宣言し，さらに（　2　）であらゆる戦争の放棄や戦力を持たないことを定めています。同じく日本国憲法の（　1　）には，「平和を維持し」ようと努力している「国際社会において，名誉ある地位を占めたい」との立場も示されていて，平和な世界を維持するための国際協力も日本国憲法がかかげる平和主義の大切な一部といえます。一例ですが，世界の4海上交通の要所では海賊《かいぞく》事件が毎年発生していて，民間の船が武装グループによる強盗や誘拐《ゆうかい》の被害にあっています。日本はそうした海域の周辺の国々に巡視船《じゅんしせん》などを提供したり，専門家を現地に派遣したり，技術協力を行ったりしています。国連加盟国としても，日本は世界平和を実現するための役割をますます期待されています。

問1　文章中の【　】にふさわしい言葉を15字以内で答えなさい。

問2　文章中の空欄（1）と（2）にふさわしい語句を答えなさい。

問3　世界には下線部1を認めつつも，国教または国教に準《じゅん》じる宗教を定めている国があります。前のページの**図1**の**A・B・C**はそれぞれ同じ国教を定めている国々を表しています。では，これらの国々で国教とされている宗教は何ですか。その組み合わせとして正しいものを右の**ア～カ**の中から1つ選び，記号で答えなさい。

	A	B	C
ア	イスラム教	仏教	キリスト教
イ	キリスト教	イスラム教	仏教
ウ	仏教	キリスト教	イスラム教
エ	イスラム教	キリスト教	仏教
オ	キリスト教	仏教	イスラム教
カ	仏教	イスラム教	キリスト教

問4　次の**図2**には下線部**2**を代表する機関である国会議事堂，首相官邸《かんてい》，最高裁判所の場所がのっています。以下の問いに答えなさい。

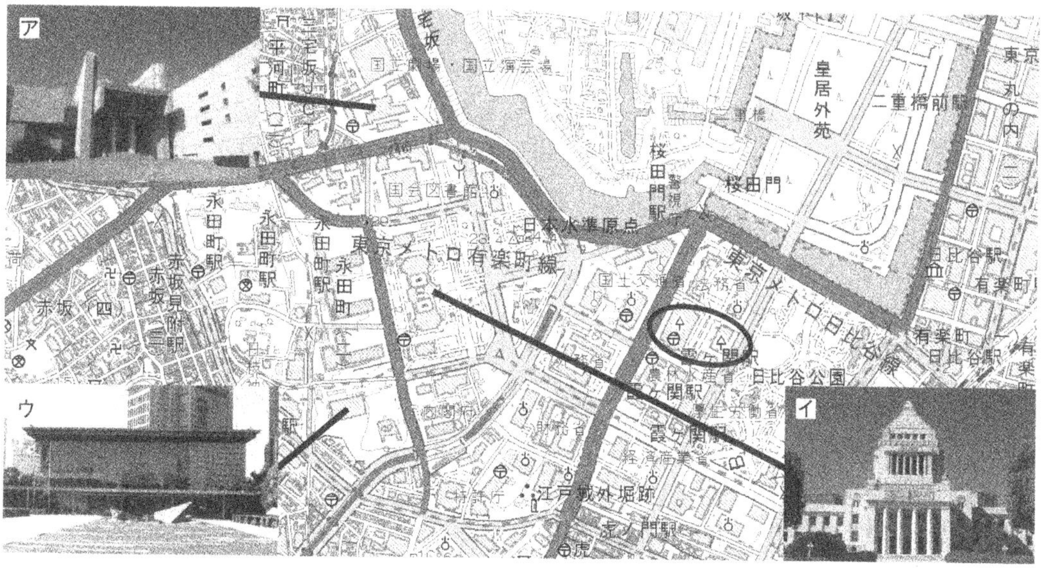

図2

①　現在の首相官邸はどれでしょうか，**図2**の中の写真**ア～ウ**の中から1つ選び記号で答えなさい。

②　**図2**にあるの地図記号はどんな建物をあらわしていますか，答えなさい。

問5　下線部3に関して，以下の問いに答えなさい。

① 次の裁判は日本国憲法で保障されている基本的人権のうち，何の自由について争われたものでしょうか，本文中から抜き出し，「～の自由」という形で答えなさい。

ある会社があたらしく薬局を開こうとしたところ，すでにある薬局が水平距離で55メートルという距離にあるなどの理由で，地方自治体から薬局を開くことを不許可とされました。そこでこの会社は，すでにある薬局と一定距離を保つことを許可の条件としていた当時の薬事法《やくじほう》の規定は憲法違反である，として不許可の取り消しを裁判でもとめました。この裁判で，最高裁判所は問題となった当時の薬事法を憲法違反と判断し，この会社の請求を認めました（最高裁判所大法廷《だいほうてい》 昭和50年４月30日 判決）。

② 次の裁判の判決について説明した文として正しいものを以下の**ア～オ**の中からすべて選び，記号で答えなさい。

1972年に行われた衆議院議員総選挙では，選挙区によっては一票の価値の差（投票価値の格差）が約５対１になっていたため，その選挙後に選挙の無効などを訴える裁判が起こされました。その訴えに対して最高裁判所は議員の定数を定めたこの時の規定は憲法違反であるとの判決を下しました（最高裁判所大法廷 昭和51年４月14日 判決）。

ア．都市部の人口の多い地域の国民の１票が，地方の人口の少ない地域に比べて投票価値が高くなってしまっていた。

イ．100人の人々が１人の議員を選ぶ場合の１人当たりの票の価値を１とすると，500人の人々が１人を選ぶ場合は１人当たり0.2であるということ。

ウ．この違憲状態を改善するには，人口が多い地域の議員定数を増やすことが必要である。

エ．この選挙の結果は思想や良心の自由に反するということ。

オ．この選挙の結果は平等の原則に反するということ。

問6　下線部4のうち，2019年６月にタンカー攻撃事件があったホルムズ海峡《かいきょう》はどこですか。12ページの**図１**の**ア～エ**の中から１つ選び，記号で答えなさい。

〔Ⅱ〕 次の文章は，ある人物が語ったものです（文章は創作です）。これを読んで以下の問いに答えなさい。

私が生まれ育った“ふるさと”のことを話そう。私が生まれたところは，今で言うと，1北は玄界灘《げんかいなだ》に，南は有明海にそれぞれ面した県である。ここからは旧石器時代の遺跡が見つかっており，稲作も早くから始められたということだ。丘陵《きゅうりょう》地帯では，弥生時代の大規模集落跡である2吉野ヶ里遺跡が見つかっている。

戦国時代になると，龍造寺《りゅうぞうじ》氏という戦国大名がこの土地に勢力を伸ばし，大友氏や島津氏といった戦国大名と戦った。けれども，豊臣秀吉がやって来たことで，この土地の様子は一変した。秀吉は誰がどこを治めるのか決めていったのだ。その後，全国統一を果たした秀吉は，1591年，玄界灘に面した東松浦半島に巨大な城を築いて，朝鮮半島に兵を送るための拠点《きょてん》とした。3日本は２度にわたって朝鮮に兵を送り戦ったが，秀吉が亡くなると帰国命令が出され，武将たちは朝鮮から引き揚げた。

江戸時代には，鍋島《なべしま》氏がこの土地を治め，政治的には比較的安定していた。注目すべきは1637年のできごとであろう。4ある半島南部に一揆勢が立て籠《こも》ったので，そこを治める藩から救援《きゅうえん》を求める書状が届いた。そこで，鍋島勢は幕府軍に加わり，一揆に対して攻撃をかけて鎮圧《ちんあつ》した。一方，経済的には，享保の飢饉《ききん》や1828年のシーボルト台風などにより，この土地は甚大《じんだい》な被害を被《こうむ》ったこともあったという。その後の1838年，私は一藩士の長男として生まれた。

明治時代になると，私のいた藩も新政府に加わった。新政府はまだまだ財政基盤が貧弱《ひんじゃく》で，依然《いぜん》として各藩では藩主による支配が続いていた。そこで，5新政府は1869年と1871年に大改革を実施した。私も，大蔵省で6地租改正などの改革や，7殖産興業の推進などに手を尽くした。

1874年に民撰議院設立建白書《けんぱくしょ》が提出されたことを皮切《かわき》りに，全国的に自由民権運動が活発になり，政府内でも議会設立について意見が交《か》わされるようになった。その後，明治十四年の政変で，1890年に国会を開設することと，私の職務が免《めん》ぜられることが決まった。8政府から追放された私は，国会開設に備えて政党を結成し，その党首となった。

1898年，私は１度目の内閣総理大臣となった。陸軍・海軍大臣を除く大臣はすべて政党員で，日本で初めての政党内閣であった。1914年，私は76歳で２度目の内閣総理大臣になった。91914年はヨーロッパで大規模な戦争が起きた年で，日本はこの戦争に参加して，中国の青島要塞《ようさい》や南洋諸島を攻略した。翌1915年，私の内閣は中国に対して様々な要求を示し，その大部分を認めさせた。

首相を退任した私は，1921年，病気療養《りょうよう》のため静養《せいよう》を始めたが，回復の兆《きざ》しはなく，翌1922年に東京にある私邸《してい》で生涯を閉じた。私の側近《そっきん》が国民葬を行うことを発表し，日比谷公園で国民葬が挙行《きょこう》されたそうだ。参列した一般市民の中には，会場だけでなく沿道《えんどう》にも並んだ者がいたという。墓所《ぼしょ》は東京の護国寺《ごこくじ》にあるが，私の生まれた“ふるさと”にもある。

問１　下線部１について，次の**ア**～**オ**は玄界灘か有明海に面した地域の説明です。玄界灘に面した地域に関する文を，次の中からすべて選び，記号で答えなさい。

ア．海が浅く，干潮時には広い干潟が出現し，ムツゴロウなど干潟に生息する生物をみることができる。

イ．広い平野が広がるので，台風の時などは高潮や河川の氾濫《はんらん》の被害を受けることもある。

ウ．半島の部分は出入りの大きな海岸線で，海岸は崖《がけ》になっているところも多く，観光地として有名な場所もある。

エ．海岸沿いまで山がせまり，その斜面では棚田も見ることができる。

オ．地形を生かして，のりの養殖業が盛んである。この地域の，のり生産は全国の約４割を占める。

問２　下線部２は代表的な環濠集落跡ですが，その特徴を説明した文としてふさわしいものを，次の**ア**～**オ**の中からすべて選び，記号で答えなさい。

ア．大仏をまつるための瓦葺《かわらぶき》の建物が中央に建てられていたと考えられる。

イ．三層からなる天守閣が建てられていたと考えられる。

ウ．物見櫓《やぐら》や大きな建物があったと考えられる。

エ．集落を守るために柵《さく》や堀《ほり》などが設けられていたと考えられる。

オ．死者を納めたかめ棺が並ぶ墓地があったと考えられる。

問３　下線部３は「やきもの戦争」とも呼ばれました。それは，この戦いのあと，「私の“ふるさと”」で陶磁器《とうじき》の生産が盛んになったからです。この点を踏まえて，次のページの問いに答えなさい。

① この場所の陶磁器の名産品を，解答欄に合う形で１つ挙げなさい。

② なぜこの時期に陶磁器の生産が盛んになりましたか。その理由を説明しなさい。

問４ 下線部４にある一揆はなぜ起こりましたか。その理由を説明しなさい。

問５ 下線部５について，具体的にはどのような政策を行いましたか。それぞれ答えなさい。

問６ 下線部６は，それまでの年貢と比べると利点がいくつかあります。次のア～オの中から正しいものをすべて選び，記号で答えなさい。

ア．その年の豊作や凶作に関係なく，政府は同じ額の税を得られるようになった。

イ．米の価格の上昇によって，政府の税収がどんどん上がっていった。

ウ．国民は金で納められない場合，米で納めることができた。

エ．農家の人たちは，凶作の場合には年貢を納めなくてよくなった。

オ．政府は米の売却の手間がなくなった。

問７ 下線部７に関連する次の絵に描かれた場所は，2014年に世界遺産に登録されています。この絵を参照して空欄 ① ・ ② に当てはまる語句を答えなさい。

この工場では，フランス人技師の指導のもとで，多くの ① たちが列になって座り， ② をつくりました。

問８ 下線部８の政党名を答えなさい。

問９ 下線部９に関連する説明文として正しいものを，次のア～オの中から１つ選び，記号で答えなさい。

ア．この戦争のきっかけは，イベリア半島で起きたサラエボ事件であった。

イ．日本が戦争に参加した理由の一つは，イギリスと結んでいた日英同盟によるものであった。

ウ．アメリカは中立の立場を貫き，戦争終結に向けて仲介に入った。

エ．中国では戦争中に革命が起き，中華人民共和国が成立した。

オ．戦争は連合国側の勝利で終わり，ドイツのベルリンで講和会議が行われた。

〔Ⅲ〕 次の文章を読んで，以下の問いに答えなさい。

表１　自動車会社別　販売台数（2018年）

	会社	本社	台数
1	フォルクスワーゲングループ	ドイツ	10,834,000
2	ルノー・日産・三菱自動車連合	フランス	10,757,000
3	トヨタ自動車	日本	10,603,000
4	ＧＭ（ゼネラルモーターズ）	アメリカ	8,384,000
5	現代自動車グループ	韓国	7,399,000
6	上海汽車	中国	7,052,000
7	フォード・モーター	アメリカ	5,982,000
8	本田技研工業	日本	5,323,000
9	ＦＣＡ（ﾌｨｱｯﾄ・ｸﾗｲｽﾗｰ・ｵｰﾄﾓｰﾋﾞﾙｽﾞ）	イタリア	4,842,000
10	ＰＳＡグループ	フランス	3,878,000
11	ダイムラー	ドイツ	3,352,000
12	スズキ	日本	3,327,000
13	ＢＭＷ	ドイツ	2,491,000
14	長安汽車	中国	2,138,000

オートモーティブ・ジョブズ　自動車業界調査レポートより作成

表１は2018年の世界の自動車会社別販売台数です。１年間に200万台以上売った会社は，14社ありました。14社と言っても，近年自動車業界は世界的な競争を勝ち抜くために会社同士の合併が進んでおり，これらの会社もほとんどが合併してできたグループ会社(注)と考えて下さい。例えば，１位のフォルクスワーゲングループは，小型車で有名なフォルクスワーゲンという会社を中心に，スポーツカーで有名な会社やオートバイで有名な会社などが合併してできたグループ会社です。２位のルノー・日産・三菱自動車連合は，フランスのルノーという会社と日本の会社が合併してできたグループ会社です。本社のオフィスはオランダにありますが，ルノーが経営の主導権を持っているので本社をフランスと表記しました。売り上げの内訳を見るとルノーが388万台，日産が565万台，三菱自動車が122万台ということですので，実は日本の会社の方が多く販売していることが分かります。３位のトヨタは，1愛知県豊田市からおこった日本を代表する自動車会社です。トラックが得意な日野自動車や小型車が得意なダイハツもこの中に含みますので，正しくは「トヨタグループ」と表現した方がいいかもしれません。５位の現代自動車は日本ではなく2韓国の自動車会社です。８位の本田技研は本田宗一郎という人物が3静岡県浜松市におこした会社で，オートバイの売り上げでは世界一を誇《ほこ》ります。９位のＦＣＡは，イタリアのフィアットという会社とアメリカのクライスラーという会社が合併してできたグループ会社です。10位のＰＳＡは，フランスのプジョーとシトロエンという会社を中心に，ドイツやイギリスの会社も加わった国際的なグループ会社です。

自動車の製造は4鉄，ガラス，ゴム，布，電子機器，ねじなど数万点におよぶ部品が必要であり，数え切れないほどの企業の売り上げに大きな影響を与えています。また，環境対策や安全対策のために，5様々な新技術が導入されています。そのため，6自動車の生産・販売量を見ると，ある程度世界経済における勢力の分布を見ることができるのです。日本は景気が良くないとか，経済大国の地位に陰《かげ》りが見えてきたとの声もありますが，2018年の資料を見る限り，まだまだ世界有数の経済大国であることが分かります。

注：合併にも会社同士が対等に協力するものや，一方が他方を吸収するものなどいろいろな形態がありますが，この試験では細かい違いははぶいて，みな「グループ会社」と表現しています。

問１　下線部１に関する以下の問いに答えなさい。

①　次のグラフは，日本の工業地帯・地域の工業生産額の割合のグラフです。愛知県を含む工業地帯を示すグラフを，次のア～エの中から１つ選び，記号で答えなさい。

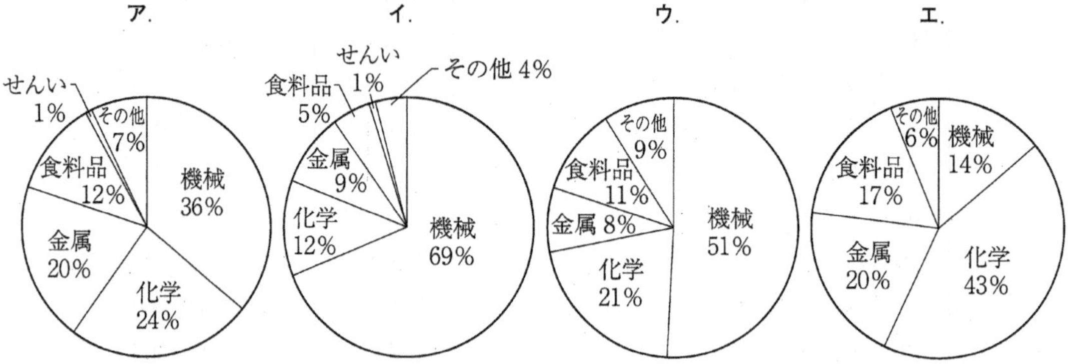

2019年版　統計要覧より作成

②　右図のAの川とBの半島の名前の組み合わせとして正しいものを，次のア～カの中から１つ選び，記号で答えなさい。

	A	B
ア	長良川	知多半島
イ	長良川	渥美半島
ウ	木曽川	知多半島
エ	木曽川	渥美半島
オ	揖斐川	知多半島
カ	揖斐川	渥美半島

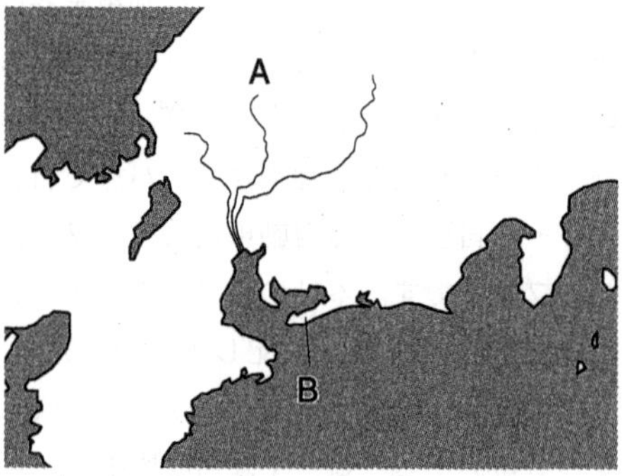

問２　下線部２について，次のア～エの島の中で，韓国のソウルから見て２番目に近いものを１つ選び，記号で答えなさい。

ア．沖縄（本島）

イ．佐渡島

ウ．五島列島

エ．淡路島

問３　下線部３について，みかん・茶・うなぎ・わさびは静岡県が日本有数の生産量を誇る産物です。これら４つの産物の都道府県別生産割合を，次のページのア～エの中からそれぞれ１つずつ選び，記号で答えなさい。

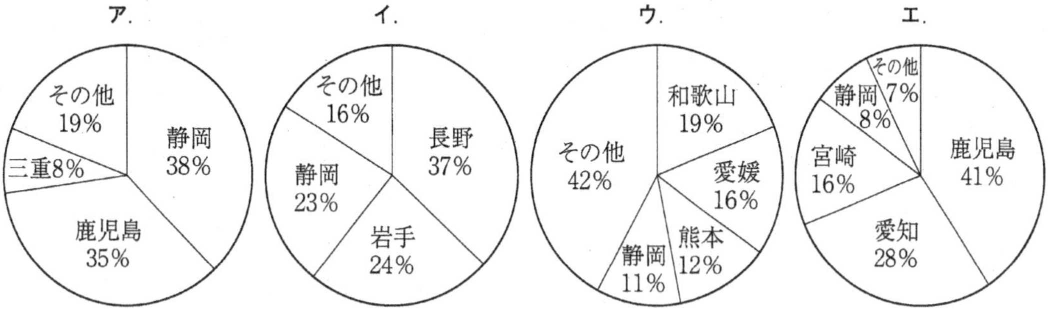

2017年　農水省資料などにより作成

問４　下線部４に関する以下の問いに答えなさい。

①　鉄の生産に必要な原料を次の**ア～エ**より１つ選び，記号で答えなさい。

ア．亜鉛

イ．ボーキサイト

ウ．プルトニウム

エ．石炭

②　①で選んだ原料の日本の主な輸入先の割合のグラフとしてふさわしいものを，次の**ア～エ**の中から１つ選び，記号で答えなさい。

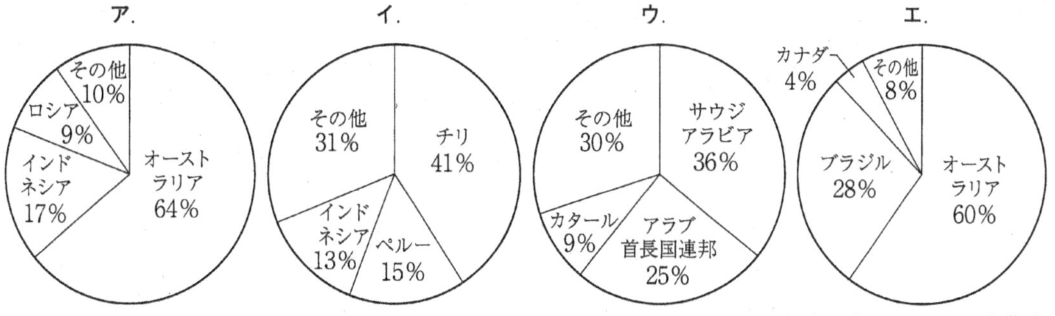

2018　データブック　オブ・ザ・ワールドより作成

問５　下線部５について，ガソリンで動くエンジンと，電気で動くモーターの２つの動力を持つ自動車のことを何と言うか答えなさい。

問６　下線部６に関する以下の問いに答えなさい。　　　　（**表２～表４**は次のページにあります。）

①　**表２**と**表３**を見比べて分かることを次の**ア～エ**の中から２つ選び，記号で答えなさい。

ア．この20年間で，生産台数がもっとも増えた国はインドである。

イ．1999年にはすべて入っていたＧ７諸国は，そろって順位を下げている。

ウ．日本をのぞくアジア諸国や中南米諸国の生産台数は増加している。

エ．新興国の台頭はあるが，不況の影響もあって世界全体の生産台数は減っている。

②　**表１**（17ページ）～**表４**を見て考えられることとして正しいものを，次の**ア～オ**から２つ選び，記号で答えなさい。

ア．アメリカは生産台数も多いが，その２倍以上の自動車を海外から輸入している。

イ．世界有数の自動車の輸出国と言えるのは，日本・メキシコ・イギリスなどである。

ウ．メキシコは国内で販売される自動車の数の少なくとも２倍以上の自動車を生産している。

エ．フォルクスワーゲングループの生産台数は，ドイツ全体の生産台数の２倍以上ある。

オ．中国に世界的な自動車会社はあまりないのに，中国の生産台数が多いのは，社会主義のため国営工場で生産される自動車が多いからである。

表２　国別生産台数＜1999年＞

1	アメリカ	13,024,978
2	日本	9,895,476
3	ドイツ	5,687,692
4	フランス	3,180,193
5	カナダ	3,058,813
6	スペイン	2,852,389
7	韓国	2,843,114
8	イギリス	1,973,519
9	中国	1,829,953
10	イタリア	1,701,256
世界計		56,258,892

表３　国別生産台数＜2018年＞

1	中国	27,809,196
2	アメリカ	11,314,705
3	日本	9,728,528
4	インド	5,174,645
5	ドイツ	5,120,409
6	メキシコ	4,100,525
7	韓国	4,028,834
8	ブラジル	2,879,809
9	スペイン	2,819,565
10	フランス	2,270,000
世界計		95,634,593

表４　国別国内販売台数＜2018年＞

1	中国	28,080,577
2	アメリカ	17,701,402
3	日本	5,272,067
4	インド	4,400,136
5	ドイツ	3,822,060
6	イギリス	2,734,276
7	フランス	2,632,621
8	ブラジル	2,468,434
9	イタリア	2,121,781
10	カナダ	1,984,992
世界計		94,844,892

グローバルノートー国際統計・国別統計専門サイト より作成

問７　アメリカ合衆国のトランプ大統領は就任直後，「日本はアメリカ製の車をほとんど買わないのに，日本製の車を大量にアメリカに輸出している。公平ではない。」という趣旨の発言をして日本を非難しました。あなたが日本の指導者だとしたら，日本の立場をトランプ大統領にどう説明しますか。これまで見てきた**表１**～**表４**と，**資料１**～**資料３**を使って，トランプ大統領の怒りを静められるように説得を試みて下さい。　（**資料２**，**資料３**は次のページにあります。）

なお，説得にあたっては「相手の言い分を認める」「それをふまえてこちらの言い分を伝える」「相手にもメリットがあることを理解させる」の３つの要素を含めること。

資料１　アメリカにおける自動車販売の割合（2018年）

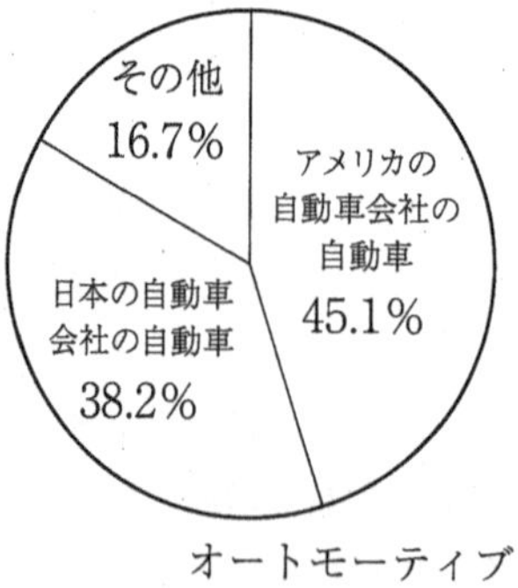

オートモーティブ・ジョブズ　自動車業界調査レポートより作成

※ＦＣＡの販売台数はすべてアメリカの自動車会社として計算した。

資料２　対米自動車輸出の推移

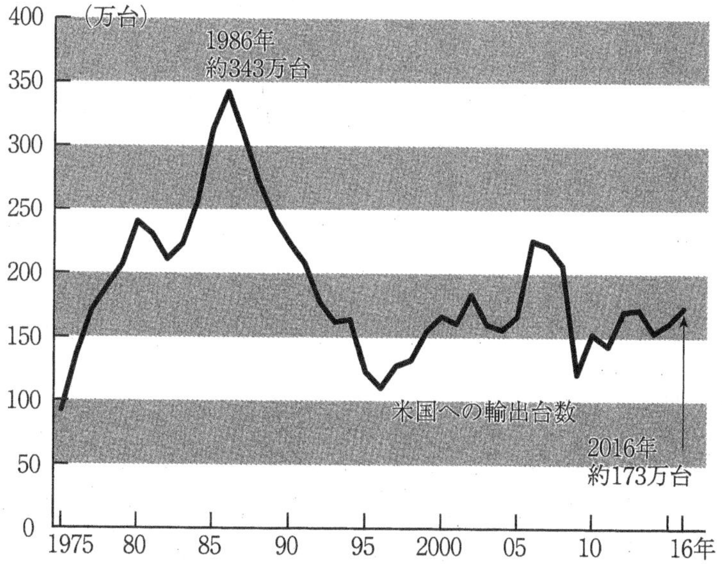

日本自動車工業会調べ

資料３

トランプ大統領の支持基盤《きばん》の一つに，ラストベルト（さび付いた地域）と呼ばれる自動車産業が衰退《すいたい》した工業地帯の労働者がいます。

問1 ——線1「内側のリアルな風景」とあるが、筆者が実際に現場で目にしたオリンピックの「内側の風景」を解答らんに合わせて三十字以内で説明しなさい。「競技」「主題」という二つの言葉を必ず用いること(使用する順番は問わない)。ただし、句読点等の記号も一字として数える。また、あたえられた書き出しは字数にふくめない。

オリンピックの現場では、［三十字以内］

問2 ——線2「そこにあるのは、とてもとてもクォリティーの高い退屈さです」とあるが、筆者はどのような点に「クォリティーの高い退屈さ」を感じているか。それについて説明した次の一文を、それぞれの解答らんに指定された字数で言葉を入れて完成させなさい。ただし、句読点等の記号も一字として数える。

オリンピック競技は［十字以内］であるが、［五十字以内］ものにすぎない点。

問3 ——線3「観客に対してこそドーピング検査をするべきだ」とあるが、本文全体をふまえて筆者がこのように述べる理由を八十字以内で説明しなさい。「思いこみ」「痛み」「批判」という三つの言葉を必ず用いること(使用する順番は問わない)。ただし、句読点等の記号も一字として数える。また、あたえられた書き出しは字数にふくめない。

筆者は、観客が［八十字以内］

三 次の問いに答えなさい。

問1 次の①~⑦の文中にある——線のカタカナを漢字に直しなさい。ただし、送りがなが含《ふく》まれるものは送りがなをひらがなで答えること。

① 近隣《きんりん》のチイキのボランティア活動に参加する。
② 弟はドキョウがあり相手が誰《だれ》でも立ち向かっていく。
③ 父親も母親も会社にツトメている。
④ 規則にシタガイ、その中で精いっぱい努力する。
⑤ 国民の一人として税金をオサメル。
⑥ 栄養をオギナウために必要な食物を摂取《せっしゅ》する。
⑦ 次の役員会議はキボが大きい。

問2 ①~⑤のことわざの□に漢数字を入れ、その数の大きいものから順番に並べ、記号(①~⑤)で答えなさい。

① 雀《すずめ》□まで踊《おど》り忘れず　② □人寄れば文殊《もんじゅ》の知恵《ちえ》
③ 悪事□里を走る　④ 人の噂《うわさ》も□日
⑤ 腹□分目に医者いらず

　ここでもう一度最初のテーマに戻《もど》ります――ブラームスのシンフォニーみたいに。オリンピックは退屈なのか？　そう、イエス、オリンピックは退屈なものです。実際に現場に来てみるとよくわかります。世の中の人々の多くは、オリンピックは実は退屈なものなんだという峻厳《しゅんげん》な事実からすっと目を背けようとしているけれど（そのように僕には見える）、僕は目を背けません。それをまず最初に認めてしまおう。

　じゃあどうして人々はそれを退屈だと思わないように努力するのでしょう？　オリンピックは退屈じゃないはずだという強い思いこみ（事前決定）があるからじゃないか、と僕は思うのです。例にあげては悪いけど、あなたはオリンピックのとき以外に、やり投げとか、水球とか、競歩とか、アーチェリーとかの試合を見ますか？　ほとんどの人は見ないはずです。それらはオリンピックという特殊《とくしゅ》な時間性の中で、もちろん一般的《いっぱんてき》な見地からすればということですが、初めて意味と輝《かがや》きを持ってくるのです。そういうのは原理的に言って「事前決定」という以外の何ものでもないですよね。僕が「カヤック投げ」のことを持ち出したのは、そういうことが言いたかったからなのです。

　もちろんひとつひとつのプレイは技術的には精妙《せいみょう》です。それは認める。しかしそのような精妙さ（たとえばホッケーのスティックの見事なフェイスの返しとか）は正常な時間性のトラックから降りたところで、言うなれば＊アリスのうさぎ穴の中で、作られているものです。極端《きょくたん》な話、そんなものが世の中になくたって、僕はちっともかまわない。スティックのフェイスがどんな風に美しく返されるかなんて、ドバイの首長が昨日の夕食になにを食べたのかというのと同じくらい、僕の現実生活には関係のないことなのです。そんなのはっきり言って、どうだってかまわない。

　しかしスティックのフェイスの返しを双眼鏡《そうがんきょう》でじっと熱心に追っていると、何はともあれまことに見事なものだし、ついつい引きずり込まれさえします。時間がたつのも忘れてしまいます。そしてあるときはっと我に返って、そのようなゆがんだ時間性の中に毎分毎秒失われていきつつある自分の姿を発見するのです。[2]そこにあるのは、とてもとてもクォリティーの高い退屈さです。しかしどれだけクォリティーが高くても、本質が退屈であることに変わりはありません。

　テレビで見ているのなら、そこでぱちんとチャンネルを消せばいいだけの話です。僕らはすぐにいつもの日常生活の場に戻っていくことができる。でも台風の目の真ん中にいると、それができません。僕らには逃《に》げ場がないのです。その渦《うず》とともに並行的に移動していくしかありません。僕らは退屈さの中に、固有の意味を見いだしていくことになります。意味というのは、一種の痛み止めなのです。

　オリンピック委員会は選手たちに対して厳しく＊ドーピング検査をします。でも僕は思うんだけど、彼《かれ》らは選手にではなく、[3]観客に対してこそドーピング検査をするべきだ。そこからはきっと、ずいぶん不健全な分泌物《ぶんぴつぶつ》を含んだ精神が発見されるはずです。

（村上春樹『シドニー！』による）

＊オリンピック…２０００年にオーストラリアで開催《かいさい》されたシドニーオリンピック。
＊カヤック競技…カヌー競技の一種。
＊アリス…ルイス・キャロル『不思議の国のアリス』。
＊ドーピング検査…薬物使用等の検査。

ア　曲名の『天国と地獄』に表れた対照性は、これまで遼の言動に振り回されてきた雪子の感情の振れ幅《はば》を意味している。

イ　曲名の『天国と地獄』に表れた対照性は、雪子にとって遼と暮らした過去は美しく、孤独《こどく》に生きる未来が過酷であることを意味している。

ウ　雪子が鼻歌を歌っていることは、彼女が過去の自分を滑稽《こっけい》で哀れな存在として振り返っていることを表している。

エ　雪子が鼻歌を歌っていることは、彼女が貴文を一人で育てることにプレッシャーを感じながらも自分を励ましていることを表している。

オ　雪子が自分の鼻歌に気づいていないのは、遼と離《はな》れたことに対して内心抱いている後悔《こうかい》を、彼女が自覚していないからである。

カ　雪子が自分の鼻歌に気づいていないのは、遼の生き方を変えられた達成感に満ちていることを、彼女が自覚していないからである。

二　次の文章を読んで、後の問いに答えなさい。

どうしてこんな遠くまで、わざわざ＊オリンピックなんか見にきたのか、とあなたは尋《たず》ねるかもしれない。オリンピックについての一冊の本を書くためです。どうしてオリンピックについての本なんか書こうと思ったのか？　そうだね、実のところ、僕《ぼく》にはよくわかりません。考えてみれば、僕はオリンピックになんて、正直言ってほとんど興味がなかったのです。いつだったかアメリカの小説を読んでいて、「オリンピック・ゲームと同じくらい退屈《たいくつ》だった」という文章にぶつかったことがあります。そしてその一行を読んで、「うん、実にそのとおりだな」と共感したことを記憶《きおく》しています。

ここに来てつくづく思ったんだけど、現代のオリンピック・ゲームを推進しているのは、国家主義と商業主義というふたつのエンジンです。この双子《ふたご》の兄弟の力なしには、現代の肥大化したオリンピックはどこにも行けません。そのツインターボのまわりを、ごてごてと幻想《げんそう》で塗《ぬ》り固《かた》めた豪華《ごうか》なはりぼて、それが要するにオリンピック・ゲームです。はりぼてはとても強い引力を持っているので、表面には世界の一流アスリートたちがべたべたと張り付いてくる。テレビの画面が映し出すのは、このゴージャスな表面の眺《なが》めです。でもここで僕らが目にすることになるのは、ときとしてあまりゴージャスとは言えない1内側のリアルな風景です。

ゲームについて書きます。オリンピック・パークに行くと、いろんなところで、いろんなスポーツ競技が、実にとりとめもなく（少なくとも僕の目にはそう映ります）勝手気ままに行われています。そこには主題というようなものは、ぜんぜんないように見えます。動機はある（多分あるはずです）。ところが一貫《いっかん》した主題が見えてこない。シンクロナイズド・スイミングと同時に男子重量挙げが行われています。アーチェリーと同時にトランポリンが行われています。＊カヤック競技と同時に砲丸《ほうがん》投げが行われています。そういうのは内側にいる、つまり「オリンピック環境」の中に含《ふく》まれている僕には、すごく無秩序《むちつじょ》な営みに見えてなりません。そのうちに「シンクロナイズド重量挙げ」とか、「トランポリン跳《と》びアーチェリー」とか、「カヤック投げ」、なんてものがあってもいいんじゃないかという気さえしてきます。どうしてあってはいけないんだ、と。どうしてこれがあって、あれがあってはならないんだ、と。

なぜか。その理由としてもっともふさわしいものを次の中から選び、記号で答えなさい。

ア　教育現場に声を上げるならば事故の詳細《しょうさい》はよく知るべきだと考え、遼の仕事への中途半端《ちゅうとはんぱ》な態度を指摘《してき》しようと思ったから。

イ　落ちたこどもがおとなに支えられて助かったということを強調して、遼にも貴文のことを支えてほしいと思ったから。

ウ　組体操の事故は遼が期待しているような大問題ではなく、わざわざ記事にするほどの価値はないと嫌味《いやみ》を言ってやろうと思ったから。

エ　せっかく電話をかけてくれたのに会話が続かず、このまま遼と話す機会が失われてしまうのではないかと思ったから。

オ　こどもたちの安全についてもっともらしく語っているが、実際は自分の息子にすら関心がない遼の姿を明らかにしようと思ったから。

問7　═線X「う、ん。そうだね」と═線Y「見せてよ」を比べると、遼の態度はどのように変化しているか。その説明としてもっともふさわしいものを次の中から選び、記号で答えなさい。

ア　Xでは雪子に同意を示したにもかかわらず、その後協力を断られたので不機嫌になり、Yでは高圧的な態度をとることで雪子を思い通りに動かそうとしている。

イ　Xでは雪子の誘いをはぐらかしているが、その後真剣に語りかけられて心を動かされ、Yでは彼女に正面から向き合ってもう一度やり直そうとしている。

ウ　Xでは貴文の姿を見てほしいという雪子の望みを受け流しているが、その後彼女《かのじょ》の機嫌が悪くなったことを察知して、Yでは要求に応えるそぶりを見せている。

エ　Xでは雪子に応えようとしたが、その後会話をしていくうちに溝《みぞ》が生まれていき、Yではあえてていねいな口調で雪子に他人行儀《ぎょうぎ》な態度を示している。

オ　Xでは貴文のことを後回しにしているが、その後雪子と話すうちに家族の大切さに気付き、Yではもう一度貴文の姿を見たいと心から思っている。

問8　──線6「瞳は乾き切っていて、電話で話す前よりも、部屋の中のすべてが急にくっきりと輪郭を持って見えてくる」とあるが、この部分は雪子のどのような状態を表しているか。その説明としてもっともふさわしいものを次の中から選び、記号で答えなさい。

ア　あくまで自分勝手な遼の様子を見て、人生を台無しにされたことへの怒《いか》りがこみ上げた。

イ　本心では遼と家族に戻りたいが、甘え切った態度を見てもはや不可能であると確信した。

ウ　雪子のことを都合のいい相手と思っている遼と、これ以上関係を続けることは無意味だと気づいた。

エ　父親として頼《たよ》りたかった遼に全く相手にされなかったので、自立するしかないとあきらめた。

オ　遼に嫌《きら》われるようなことを言ってしまったので、もう彼からの愛情は取り戻せないと覚悟《かくご》した。

問9　──線7「『天国と地獄』」とあるが、これについての説明としてふさわしいものを次の中から二つ選び、記号で答えなさい。

ア　遼の思惑《おもわく》がわからず動揺《どうよう》していたが、遼も普通の様子ではないのを感じて、自分が一方的に振り回されるおそれはないと思ったから。

イ　遠慮《えんりょ》している遼の声を聞いて、かつて自分を傷つけたことを反省して謝罪するために電話をかけてきたと思ったから。

ウ　遼に深く傷つけられた思い出がよみがえり本当は電話を切りたかったが、記憶《きおく》よりも優しい遼の声を聞いて、自分も悪かったと思ったから。

エ　意外にも遼が貴文を思いやる言葉を口にしたので、もしかしたら幸せな家族として再出発できるのではないかと思ったから。

オ　真剣《しんけん》な話題かと身構えたが、貴文にうわべだけの気づかいをする遼は自分勝手な人間だと思い、適当にかわせばよいと思ったから。

問3　――線2「さりげなく、雪子は誘った」とあるが、この時の雪子の心情としてもっともふさわしいものを次の中から選び、記号で答えなさい。

ア　遼が自分たちに会いたがっているのを理解しながらも、素直に愛情を返せずにいる。

イ　遼を好きだった頃《ころ》の気持ちを思い出して、彼の思いに応えたくなっている。

ウ　本当は遼と会いたくないが、貴文は父親からのひと言を欲しているので悩んでいる。

エ　遼が父親として貴文に関わり、彼の成長の助けになることを期待している。

オ　貴文の成長を誇《ほこ》りたいが、遼に付き合わせるのは悪いと思って遠慮している。

問4　――線3「まくしたてる遼の声を、知らない国のことばのように聞いている」とあるが、この時の雪子の心情としてもっともふさわしいものを次の中から選び、記号で答えなさい。

ア　遼は貴文の成長を気にかけているわけではなく、他人のこどもを守るための使命感から電話をかけてきたことがわかって落胆《らくたん》している。

イ　遼が電話をかけてきたのは貴文に対する愛情からではなく、自分の一方的な都合であると知ってがく然としている。

ウ　遼は離婚《りこん》の原因となった仕事にいまだに熱中しており、その姿を尊敬しながらも互《たが》いの心の距離《きょり》をさみしく思っている。

エ　運動会のビデオと引き換えにお金を渡すと言われ、完全に他人として扱《あつか》われていることに深い悲しみを抱《いだ》いている。

オ　遼は息子を持つ身でありながらこどもたちのプライバシーに全く配慮《はいりょ》しておらず、母親として恐怖《きょうふ》を感じている。

問5　――線4「面白い展開になるかもしれないけど」とあるが、遼は何を「面白い」と言っているのか。次の文に当てはまるよう、（①）～（③）に入るもっともふさわしい表現を、それぞれ本文中から指定された字数で抜《ぬ》き出しなさい。また、［A］・［B］に入るもっともふさわしい対義語の組み合わせを、それぞれ漢字二字で考えて答えなさい。

組体操を（ **①・二字** ）的なものととらえ［A］する番組に対して、組体操を（ **②・三字** ）ものと考え［B］するニュースを発信することで、（ **③・五字以上十字以内** ）が起きること。

問6　――線5「大きな怪我はしていなかったよ」と雪子が言ったのは

ひと呼吸、ふた呼吸。それから雪子は、きっぱり言った。

「これからは、直接電話してくるのはやめて。弁護士さんを通してください」

「何、そんな冷たい言い方しないでくださいよ」

冗談《じょうだん》めかした口ぶりに、彼《かれ》の甘《あま》えがにじむ。まだ舐《な》められているんだろうと雪子は思った。最初からそうだった。でも、それはわたしのせいだ。舐めさせていたのはわたしなのだから。

「そういえば、さっき、ビデオを見に来ないかって言ってたよね。貴文の運動会のビデオ。Y見せてよ」

Bおもねるような口ぶりになって、遼が言った。優しい言葉ひとつふたつで、人の気持ちなぞ簡単に、もと通りになると信じている。

「撮っていません」

「え。で、でもさっき」

「あなたのためには撮っていません」

きっぱりと言って、電話を切った。

非通知設定の電話には、もう二度と出ない。

試しにまばたきをしてみたが、涙《なみだ》は出なかった。6瞳《ひとみ》は乾《かわ》き切っていて、電話で話す前よりも、部屋の中のすべてが急にくっきりと輪郭《りんかく》を持って見えてくる。

ありがとうと言いたい気分だった。

みじめったらしい未練から解放してくれてありがとう。

ふいにどこからか鼻歌が聞こえてくると思ったら、自分が歌っていた。愉快《ゆかい》なリズムに、一抹《いちまつ》の哀《あわ》れ。7『天国と地獄《じごく》』。感情なんて、ほんのきっかけ一つで、大きく振《ふ》りきれてゆくものだな。こんなものに締《し》めつけられて、自分で自分を閉じ込《こ》めて、前に進まないことの言い訳をしていた。

仕事を探そう。

何かに打たれたように、雪子はふっと決めた。

（朝比奈あすか『人間タワー』）

＊非通知設定…電話をかける相手に、発信者の番号を知らせないようにする設定。

＊ライター…記者のこと。

＊PV…ページ・ビューの略。インターネット上の特定のページがアクセスされた回数。

問1　〰線A「とってつけた」、B「おもねる」の本文中の意味について、もっともふさわしいものを次の中からそれぞれ選び、記号で答えなさい。

A　とってつけた

ア　ためらう　　イ　恥《は》ずかしがる

ウ　心配する　　エ　取り繕《つくろ》う

オ　結論を急ぐ

B　おもねる

ア　思いつめた　　イ　あわてた

ウ　励《はげ》ます　　エ　いたわる

オ　機嫌《きげん》をとる

問2　――線1「わざとらしい響きに、遼の緊張を感じとり、雪子はいくぶん安堵した」のはなぜか。その理由としてもっともふさわしいものを次の中から選び、記号で答えなさい。

「組体操は危ないから、こどもにやらせないほうがいいっていう運動があるんだよ。それで今回の事故の映像、うちの＊ライターが見たいって言ってて。うまく撮れてたらネットニュースに公開したいんだ。もちろん謝礼はする。そんなに多くは出せないけど」

3まくしたてる遼の声を、知らない国のことばのように聞いている。何を言われているのか分からない。いや、分かるのだけど、理解しようと心が開かない。

「聞いてる？」

遼の口ぶりが、いつしか高圧的なものに変化していることに、雪子は気づいた。

「撮ってあるよね？」

「撮ってないです」

「ええ？　撮らなかったの？　じゃあさ、誰《だれ》か他の親に当たれないかな？　ＭＨＶが二十日の特集で取り上げるから、なるべくその前がいいんだよね。まあ、その後になったほうが、4面白い展開になるかもしれないけど」

「面白い展開……」

「や、あっちは感動路線で番組作ると思うけど、こっちは真っ向から反対で、組体操どうなの？　って主張の特集になる。そうしたらネット上で全面戦争的な。＊ＰＶも稼《かせ》げるからその方がかえって面白くなるかもしれない。できれば、落ちた子をちゃんと撮ってる動画がほしいんだよね。もちろん出所は伏《ふ》せるけど。ある意味、そういう危ない芸当《げいとう》をさせる教育の現場に声を上げていく意義もあるっていうかさ」

遼は、貴文に興味がない。

徒競走の一位も、頑張った玉入れも、小学一年生の今しかできないあの可愛らしいダンスにも。

「無理だと思う」

答える自分の声が、他人のもののように遠く聞こえた。

「は？　無理？」

「うん、無理。わたし、桜丘小にひとりも友達いないから」

「なんで」と、言いかけて、遼もさすがに思うところがあったのか、口をつぐんだ。だけど、すぐまた訊《き》いてきた。

「誰かに頼《たの》めない？」

「頼めない」

「まー、じゃあいいや。ごめん。こっちのルートで探すわ。それじゃ」

「5大きな怪我《けが》はしていなかったよ」

雪子は言った。

「え？」

「転落した子のこと。ひやっとしたけど、その後、ちゃんと自分の足で歩いて保健室に向かっていたから。うまく滑《すべ》り落ちたのか、誰かおとなが支えたんだと思う」

気になるでしょう？　息子の小学校でそんな事故があったなら。

「ああ、うん。そうだね。危ない競技は、これからのこどもたちのためにも、ちゃんと見直したほうがいいと思うよ。で……、貴文は元気？」

Aとってつけたように遼は訊いた。

「あの子はすごく元気。こっちの学校に慣れて、友達もたくさんできた」わたしはまだボロボロだけどね。

「そうか。よかった」

【国　語】（六〇分）〈満点：一〇〇点〉

一　次の文章を読んで、後の問いに答えなさい。

シングルマザーの雪子は一人息子の貴文を育てている。元夫《もとおっと》の遼《りょう》は自分勝手で、雪子はいまだに心身ともに深く傷ついている。しばらく前、小学一年生になった貴文の運動会があった。

数日後の昼さがり、スマートフォンに＊非通知設定の着信があった。貴文の学校からということもあると思って、つい応答ボタンを押《お》すと、

「久しぶり」

と声がした。

雪子は二秒ほど呼吸を忘れた。

学校からの電話が非通知のわけがない。せめて留守電にして確認すればよかったという思いと、どうして電話をかけてきたのだろうという疑問で、心がぐらぐらする。

「貴文は元気？」

少し大きく張るような声。1わざとらしい響《ひび》きに、遼の緊張《きんちょう》を感じとり、雪子はいくぶん安堵《あんど》した。

「元気にしてますけど。どうしたんですか」

「なんか、堅《かた》いね。急に、驚《おどろ》かせてごめん」

雪子が実家に戻《もど》ってから、初めての電話だ。いったいどうしたのだろうと思いながら、何にともなく期待している自分に気づく。まさか、やり直したいと言ってくるわけでもあるまいと分かっているのに、遼が何を言ってくれるのか、期待しながら待っている。

「貴文の学校って桜丘小《さくらがおかしょう》って言ってたよね。運動会のビデオは撮《と》った？」

「もちろん撮ったけど。運動会、来てくれなかったよね」

「あー、悪い。仕事があって」

「日程は伝えてたよね」

「だから、仕事があったんだよ」

「あの子、すごかったの。徒競走で一位だったし、ダンスも上手に踊《おど》れてた。学年が上がったら、きっと選抜《せんばつ》リレーのメンバーになれるよ」

勢いづいて喋《しゃべ》りながら、遼が息子の晴れ姿を見たがってくれていることに、ほっとした。できれば貴文と一緒《いっしょ》にビデオを見てもらいたい。わたしの感情はともかく、貴文にとっては、父親からのひと言、「頑張《がんば》ったね」「すごかったね」、そんな何気ない感想がどれほど大切なものになるだろう。

「……見にくる？」

2さりげなく、雪子は誘《さそ》った。

「ビデオで撮ったから、どう転送すればいいのか分からないから。もしよかったら、うちに見に来てもいいけど」貴文もいるし。

「Xう、ん。そうだね。あのさ、それでさ、組体操の事故シーンって撮れてる？」

「え？」

「いや、MHVテレビの同期に聞いたんだけど、桜丘小の組体操、タワーが事故ったんでしょ。その時の画《え》を探してるんだ。今、組体操がいろいろ問題になってるから」

「問題に？」

MEMO

大切なことはメモしておこうネ！

2020年度

解　答　と　解　説

《2020年度の配点は解答欄に掲載してあります。》

＜算数解答＞

≪学校からの正答の発表はありません。≫

$\boxed{1}$ (1) $\frac{11}{12}$　(2) 210個　(3) 90通り　(4) 56cm^3

$\boxed{2}$ (1) ① 18度　② 9時36分　(2) ① $\frac{1}{15}$　② 172番目

$\boxed{3}$ (1) 10：9　(2) 570m　(3) 3分10秒後

$\boxed{4}$ (1) 28.8　(2) 16.8　(3) ウ 8.4　エ 8.25

$\boxed{5}$ (1) CD：CG＝4：3　CG：GA＝9：7　(2) 400：49　(3) 288：25

○推定配点○

$\boxed{3}$(3), $\boxed{4}$(3), $\boxed{5}$(2)・(3)　各6点×5　他　各5点×14　計100点

＜算数解説＞

$\boxed{1}$ (四則計算，割合と比，相当算，場合の数，平面図形，相似，立体図形)

(1) $\square=20\times\left(\frac{5}{6}-\frac{27}{40}\right)-20\div\left(2+6\frac{8}{9}\right)=\frac{19}{6}-\frac{9}{4}=\frac{11}{12}$

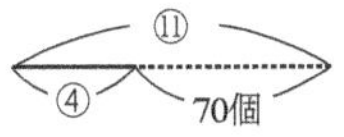

図1

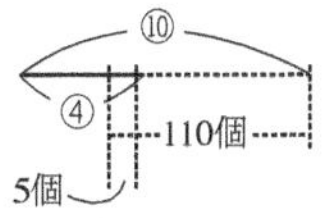

図2

重要 (2) 3日目売れる前の個数…図1より，(5＋65)÷(11－4)×11＝110(個)

2日目売れる前の個数…図2より，(110－5)÷(1－0.4)＝175(個)

したがって，仕入れた個数は$175\div\left(1-\frac{1}{6}\right)=210$(個)

基本 (3) 図3より，AからBまで行くすべての方法は126通りあり，×の道を通る方法は6×6＝36(通り)ある。したがって，×の道を通らない方法は126－36＝90(通り)

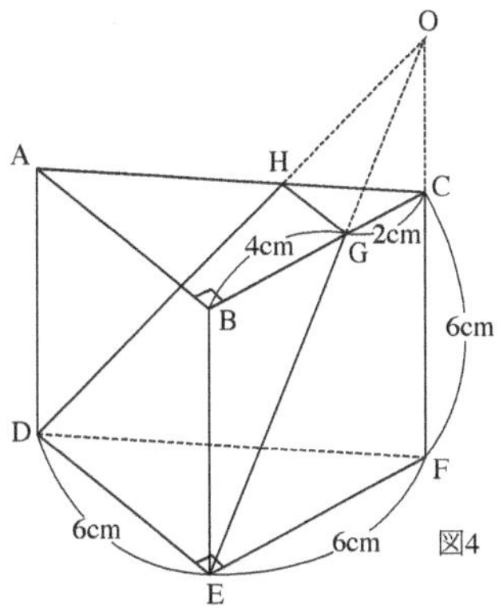

図4

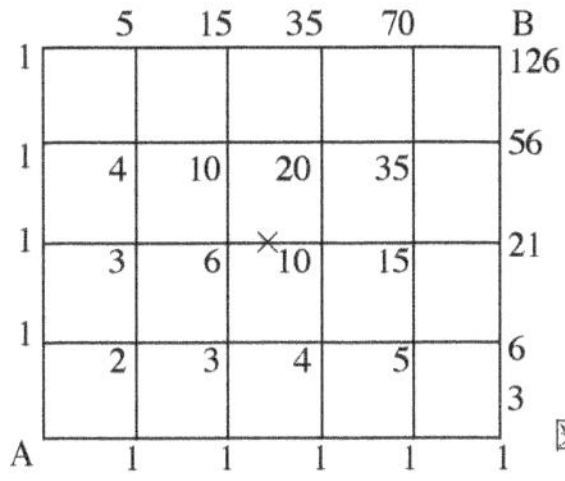

図3

重要 (4) 図4において，直角三角形OGCとOEFは相似であり，OC：OFは2：6＝1：3，OFは6÷(3－1)×3＝9(cm)である。したがって，三角錐O－HGCとO－DEFの体積比は1：27であり，三角すい台HGC－DEFの体積は6×6÷2×9÷3÷27×(27－1)＝52(cm^3)，

求める立体の体積は6×6÷2×6－52＝56(cm^3)

重要 $\boxed{2}$ (数の性質，速さの三公式と比，時計算，割合と比，消去算，規則性)

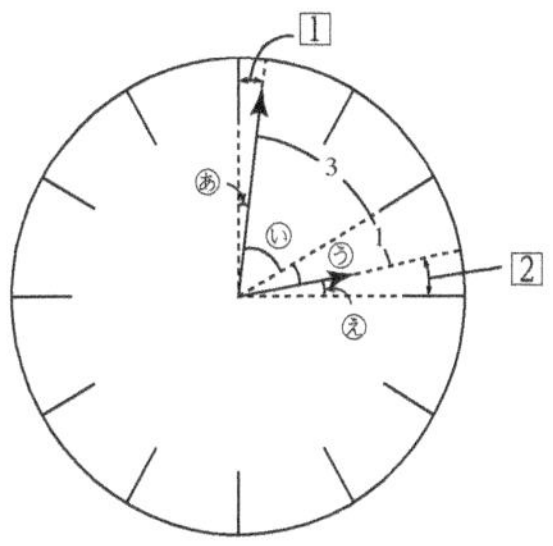

(1) ① 右図において，$\boxed{1}$＋3が60度であるから$\boxed{2}$＋6が120度であり，$\boxed{2}$＋1は30度であるから，6－1＝5が120－30＝90(度)に相当して，短針の角度㋒は90÷5＝18(度)である。

② ①より，短針の角度は18度であり，60÷30×18＝36(分)を指

していているので長針は文字盤の数字7を過ぎた位置にあり，この時刻は9時36分である。

（2） ① 分子と分母の和が2の分数が1個，和が4の分数が3個，和が6の分数が5個，…，と続き，奇数を1から順に7個加えた和は1＋3＋5＋…＋13＝7×7＝49である。したがって，50番目の分数は，和が13＋1＝14になる分数の次の，和が16になる分数の最初の$\frac{1}{15}$

② 和が3＋25＝28の前の，和が26になる最後の分数までの個数は，26が13番目の偶数であり，13×13＝169(個)である。したがって，$\frac{3}{25}$は169＋3＝172(番目)

[3] (速さの三公式と比，割合と比，グラフ，単位の換算)

基本 （1） 太郎君と次郎君の歩幅の比は4：3，歩数の比は5：6であり，速さの比は(4×5)：(3×6)＝10：9

重要 （2） グラフより，太郎君と花子さんの速さの比は2：1であり，（1）より，AB間を10＋9＝19と2＋1＝3の最小公倍数57にする。右図において，ACの長さは57÷19×10＝30，ADの長さは57÷3×2＝38であり，38－30＝8が80mに相当するのでAB間は570m

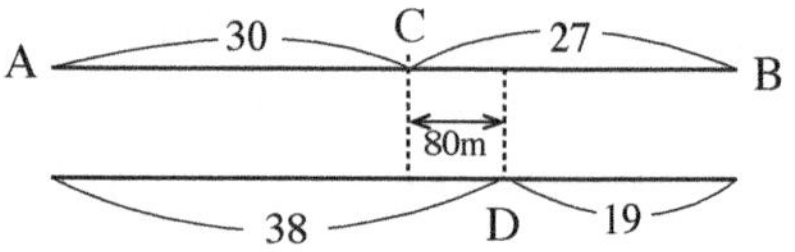

（3） （2）より，太郎君は19＋27＝46を2分18秒すなわち138秒で進み，57を138÷46×57＝171(秒)で進む。したがって，（1）より，次郎君がBA間を進む時間は171÷9×10＝190(秒)　すなわち3分10秒

[4] (濃度，割合と比，仕事算，和差算)

（1） 水そうの容積を48，18の最小公倍数144にすると，A1分で入る食塩水の量は144÷48＝3，AとB1分で入る食塩水の量は144÷18＝8である。したがって，Bだけで入れると144÷(8－3)＝144÷5＝28.8(分)かかる。

重要 （2） （1）より，水そうの容積が144のとき，3.6％の食塩水の量とA4分で入った食塩水の量の比は(144÷6)：(3×4)＝24：12＝2：1である。したがって，2×3.6＋1×[ア]＝(2＋1)×8＝24であり，[ア]は24－7.2＝16.8(％)

やや難 （3） （2）より，水そうの容積が144のとき，8％の食塩水の量は24＋12＝36である。右図において，AとBで同時に入れた食塩水の濃度は(16.8×3＋4×5)÷(3＋5)＝8.8(％)，7.2－4＝3.2(％)，8.8－7.2＝1.6(％)であり，斜線部分と色がついた部分はそれぞれ等しい。したがって，オは0.8×36÷3.2＝9，カは(108－9)÷(1＋2)＝33であり，（1）より，Bだけで入れた時間[ウ]は(9＋33)÷5＝8.4(分)，AとBで入れた時間[エ]は33×2÷8＝8.25(分)である。

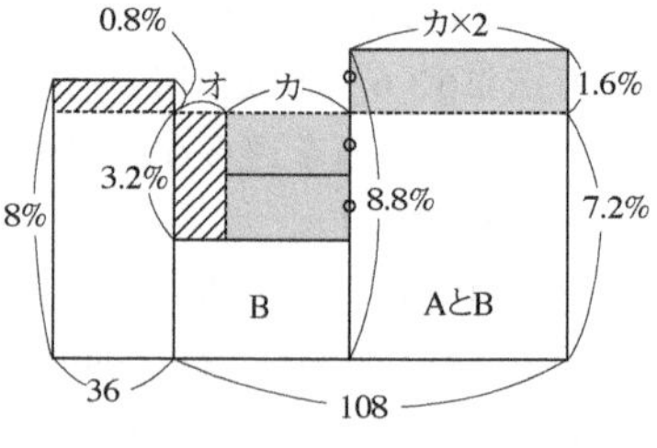

重要 **[5] (平面図形，相似，割合と比)**

（1） 図1において，直角三角形ABCとCDAは合同，これらと直角三角形FGA，CGDは相似でであり，これらの直角三角形の3辺の比は3：5：4である。したがって，CD：CGは4：3，CG：GAはCGが$3\div4\times3=\frac{9}{4}$，GAが$4-\frac{9}{4}=\frac{7}{4}$であり，9：7

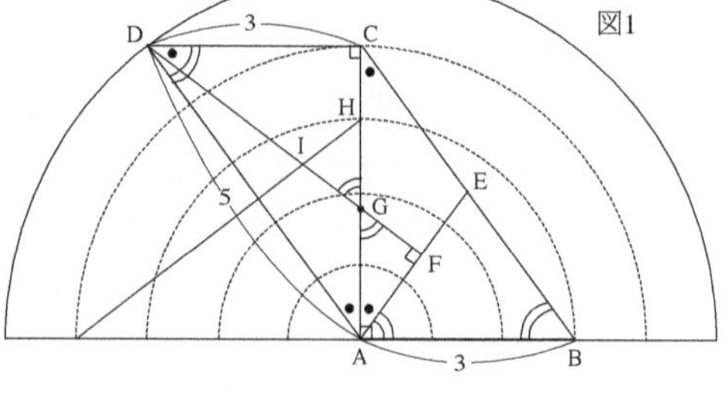

（2） 図2において，（2）より，AFの長さは4÷(9＋7)×7÷5×4＝16÷16×1.4＝1.4であり，AF：AEは1.4：2.5＝14：25である。したがって，三角

形AFGとAECの面積比は(7×14)：(16×25)＝49：200，三角形ABCとAFGの面積比は(200×2)：49＝400：49

(3)　右図において，(1)より，HGの長さは$\frac{9}{4}+3-4=\frac{5}{4}$であり，HG：CGは$\frac{5}{4}:\frac{9}{4}=5:9$　また，三角形JKLとJAHは相似でLKの長さは$3\div4=\frac{3}{4}$であり，三角形DLIとGHIは相似でDI：IGは$\left(4-\frac{3}{4}\right):\frac{5}{4}=13:5$である。したがって，三角形GHIとGCDの面積比は(5×5)：{9×(13＋5)}＝25：162，直角三角形GCDとBACの面積比は(3×3)：(4×4)＝9：16であり，三角形ABCとGHIの面積比は(162÷9×16)：25＝288：25

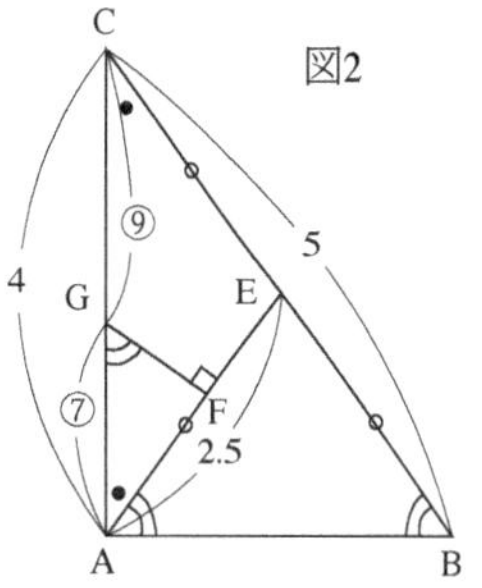

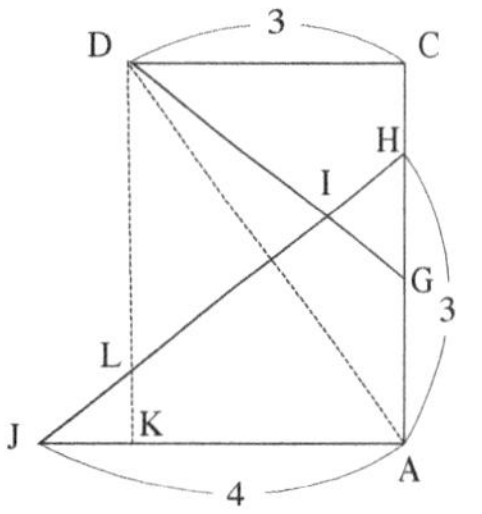

★ワンポイントアドバイス★

どの問題も，ポイントに気づけば難しくはない。[2](1)「時計算」は消去算を利用して短針の角度を求めると簡単であり，(2)「分数」では1＋3＋…の奇数の和が「平方数」になる。[5]「面積比」は，3：4：5の直角三角形がカギ。

＜理科解答＞ ≪学校からの正答の発表はありません。≫

[1]　問1

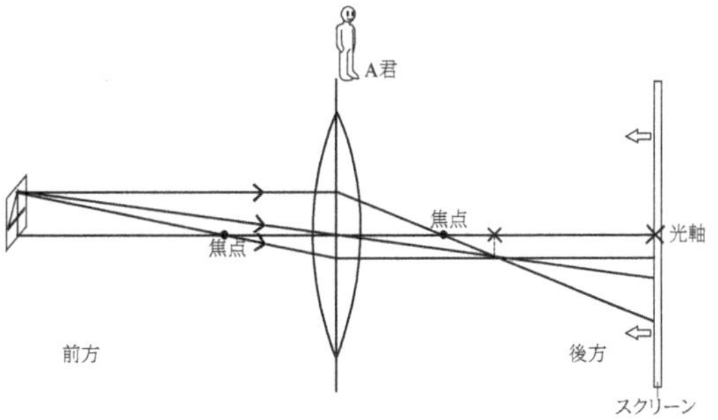

問2　(ウ)

問3　(2)　(A)　屈折　　(B)　直進　　(3)　2.6[2.4～2.8](倍)

問3　(1)と(2)

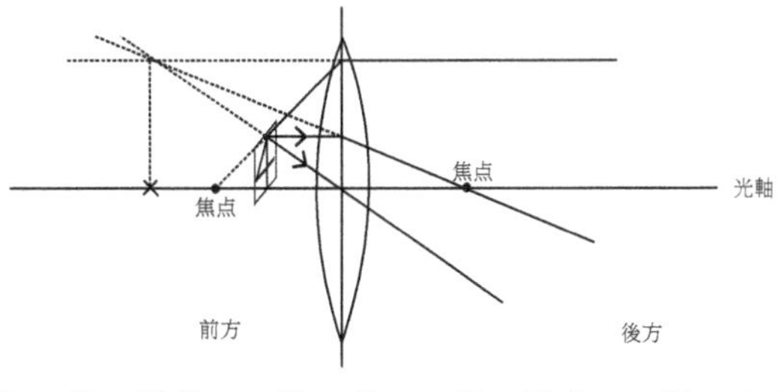

[2]　問1　進化　　問2　①　門歯　　②　○　　③　長く　　④　肉食動物からにげる

問3　エ　　問4　生息地域が世界各地になることで環境が変わり，適応する能力が必要となった。また，石器などの道具を使うようになることで，さらに，能力が高まったから。

[3]　問1　(ア)　　問2　(エ)　　問3　c　(イ)　　d　(ウ)　　問4　(ウ)

問5 (ウ)　問6 (イ)　問7 番号 ①　用途 (イ)

○推定配点○

1 問1 4点　問2・問3 各2点×6

2 問1～問3 各2点×6　問4 4点

3 問1・問2・問4～問6 各2点×5　問3・問7 各4点×2(完答)　計50点

＜理科解説＞

1 (光や音の性質－とつレンズによる像)

重要 問1 レンズの光軸に平行な光線は反対側の焦点を通る。また，レンズの中心を通る光線は直進し，焦点を通った光線は光軸に平行に進む。これらの光線が交わった所に像ができる。このような像を実像といい，スクリーンにうつる。

問2 レンズ側から像を見ると，上下だけが反対の実像が見える。

やや難 問3 (1) 問1と同じように光線は進むが，レンズを通った光線は広がるので，反対側には像ができない。 (2) (1)で作図した光線を物体側に破線で延長して交わった所に像ができる。このような像を虚像といい，スクリーンにはうつらない。 (3) 4の縦の線の長さは約9mm，虚像の大きさは約23mmなので，23÷9＝2.55…(倍)より，約2.6倍である。

2 (昆虫・動物，人体－動物とヒトの進化)

重要 問1 進化とは,世代を経(へ)る中で,生物のからだの構造や機能が変化していく現象のことである。

重要 問2 草食動物は門歯で草をかみ切り，平らな臼歯で草をすりつぶす。また，草の消化には時間がかかるので，消化管が非常に長くなっている。さらに，天敵である肉食動物からにげるために，足にはかたいひづめをもつものもいる。

重要 問3 ゾウリムシやアメーバは分裂により仲間をふやすので，親と同じ性質をもっている。一方，ヒトなどの場合は有性生殖によって仲間をふやすので，親と子の性質は異なる。

やや難 問4 猿人と原人の違いは,①生息地域が草原から世界各地になった。②道具が棒から石器になった。③食物が根菜食から肉食になった。ことであり，そのために脳が発達したと考えられる。

3 (物質の性質－プラスチック)

問1 プラスチックを燃やすと熱が多く出て高温になり，焼却炉を傷める。

問2 塩化ビニルなどの塩素を含んだプラスチックを燃やすと，人体への有害物質であるダイオキシンが発生する。

やや難 問3 石油を使わずに，再生可能である植物などを原料に作られたプラスチックをバイオプラスチックという。また，自然界において，微生物が分解するプラスチックを生分解性プラスチックという。

やや難 問4 東北沖で太平洋を横断する海流が北米西海岸まで流れたあと，赤道北部を東から西に流れる海流になることで，多くのプラスチックゴミが北米西海岸の沖合に流れ着いている海域を太平洋ゴミベルトという。

重要 問5・問6 紫外線を浴びてもろくなり，小さくなってできたマイクロプラスチックが海の生き物の体の中に取り込まれている。

問7 PE(ポリエチレン)はレジ袋などに使われていて，水よりも軽い。また，PVC(ポリ塩化ビニル)は水道管や消しゴムなど，PS(ポリスチレン)は食品トレーやCDやDVDケースなど，PET(ポリエチレンテレフタラート)はペットボトルの容器などにそれぞれ使われている。

★ワンポイントアドバイス★

理科の基本的な問題から応用問題まで十分に理解しておくこと。また，各分野での思考力を試す問題にも十分に慣れておくこと。

＜社会解答＞ ≪学校からの正答の発表はありません。≫

〔Ⅰ〕 問1 （例） だれもが生まれながらに

問2 (1) 前文 (2) 第9条 問3 イ 問4 ① ウ ② 裁判所

問5 ① 職業選択(の自由) ② イ・ウ・オ 問6 イ

〔Ⅱ〕 問1 ウ・エ 問2 ウ・エ・オ

問3 ① 有田(焼) ② （例） 朝鮮からすぐれた陶工を日本に連れ帰ったから。

問4 （例） 領主による年貢の取り立てがきびしく，またキリシタンを弾圧したから。

問5 （1869年） 版籍奉還 （1871年） 廃藩置県 問6 ア・オ

問7 ① 女工 ② 生糸 問8 立憲改進党 問9 イ

〔Ⅲ〕 問1 ① イ ② イ 問2 エ

問3 （みかん） ウ （茶） ア （うなぎ） エ （わさび） イ

問4 ① エ ② ア 問5 ハイブリッドカー

問6 ① イ・ウ ② ウ・エ

問7 （例） 日本でアメリカ製の自動車が売れていないのは事実です。しかし，日本からアメリカに対する自動車の輸出は，ピーク時に比べて半分ほどに減っています。これは，日本の自動車会社がアメリカに工場を建設し，ここで生産した自動車をアメリカ国内で売るようにしてきたからです。これによって，アメリカ製の部品の売れ行きがよくなり，国内の雇用も増えています。日本の自動車会社は，ラストベルトにも工場を建設しているので，大統領の支持基盤に恩恵をもたらすものと思います。

○推定配点○

〔Ⅰ〕 問3・問4①・問6 各1点×3 他 各2点×6（問5②は完答）

〔Ⅱ〕 問7・問9 各1点×3 他 各2点×8（問1・問2・問5・問6は完答）

〔Ⅲ〕 問3 2点 問7 6点 他 各1点×8（問3，問6①，②は完答）

計50点

＜社会解説＞

〔Ⅰ〕 （政治－日本国憲法と基本的人権，政治のしくみ，国際政治など）

重要 問1 基本的人権は，すべての人間が生まれながらに持っている，人間としての基本的な権利。日本国憲法では，自由権，平等権，参政権，請求権，社会権などの基本的人権を「侵すことのできない永久の権利」として保障している。

基本 問2 (1) 憲法の前文は，日本国憲法の条文の前に置かれ，憲法の一部を構成している文章。日本国憲法制定の由来のほか，その基本原理である国民主権，平和主義，基本的人権の尊重を宣言したものである。 (2) 日本国憲法第9条は，日本国憲法の第2章を構成する唯一の条文で，戦争の放棄，戦力の不保持，交戦権の否認を明記している。

問3 キリスト教は，紀元前後，パレスチナでイエス・キリストによってはじめられた宗教で，ヨーロッパの精神的支柱であり，近世以降，ヨーロッパ人の海外進出により，南北アメリカ，オセアニアなどにも広がった。よって，Aである。イスラム教は，7世紀始めにアラビアの預言者ムハンマドによってはじめられた宗教で，北アフリカから西アジア・中央アジアの乾燥地域に広がったほか，モンスーンアジアのマレーシアなどでも信仰されている。よって，Bである。仏教は紀元前5世紀ごろインドでシャカによってはじめられた宗教で，南アジア，東南アジア，東アジアで信者が多い。よって，Cである。

問4　①　首相官邸は，内閣総理大臣の執務のためのオフィス。東京都千代田区永田町にあり，国会議事堂の南西にあたる。アは最高裁判所，イは国会議事堂。　②　今は裁判所の地図記号。高札(昔，禁令などを人々に知らせた役所の掲示板)をデザインしたものである。

重要　問5　①　職業選択の自由は，どんな職業でも任意に選ぶことができ，職業に就くことについて差別されないことで，日本国憲法では第22条でこれを保障している。最高裁判所は，1975年，旧薬事法の薬局設置の距離制限を日本国憲法第22条に反するとした。　②「一票の価値の差」は，国政選挙などで有権者の票の価値が，選出される議員一人当たりの有権者数によって異なり，有権者が少ないほど価値が増し，多数になるほど価値が下がる現象。このような状態を放置しておくことは，日本国憲法第14条が定める「法の下の平等」の原則に反する。

問6　ホルムズ海峡は，ペルシア湾とオマーン湾を結ぶ海峡。幅約40km。OPEC(石油輸出国機構)諸国の生産する石油の多くが通過する戦略上の要地である。なお，アはジブラルタル海峡，ウはモザンビーク海峡，エはマラッカ海峡。

［Ⅱ］**(日本の歴史－佐賀県出身の人物の手記を題材にした日本の通史)**

問1　ウ―佐賀県北西部に位置する東松浦半島は，玄界灘に突出した半島で，海岸は出入りの多いリアス海岸である。エ―東松浦半島の海岸は，出入りの多いリアス海岸で，山地が海岸線付近まで迫っている。そのため，平地は少なく，海岸近くまで棚田が開かれている。なお，ア・イ・オは，いずれも佐賀県の有明海沿岸地方の説明である。

問2　吉野ヶ里遺跡は，佐賀県吉野ヶ里町，神埼市にまたがる弥生時代の巨大な環濠集落の跡。周囲には約2.5kmに達する外濠がめぐらされ，内濠や城柵にあたる土塁，楼閣《ろうかく》(物《もの》見《み》櫓《やぐら》)と推定される掘立柱建物などが確認された。さらに甕棺《かめかん》墓《ぼ》，住居跡，高床倉庫などが発掘されている。よって，ウ・エ・オはいずれも正しい。ア－仏教はまだ伝来していない。当然，大仏はまだ存在していない。イ－天守閣が築かれるようになったのは，室町時代末期以降。

問3　有田焼は，佐賀県有田町を中心に生産される陶磁器。豊臣秀吉による朝鮮出兵の際，日本に連行された朝鮮人陶工である李参平によって創始され，江戸時代，藩主である鍋島氏の保護で発展した。

重要　問4　1637年に起こった大規模な一揆は，島原・天草一揆(島原の乱)。島原(長崎県)，天草(熊本県)は，もともとキリシタン大名有馬晴信や小西行長の領地で，住民にもキリスト教の信者が多かった。ところが，関ヶ原の戦いののち，天草，島原とも領主が代わり，新しい領主は，農民に対して過重な年貢の負担を強制し，滞納する者には過酷な刑罰を課した。また，江戸幕府の禁教政策よるキリシタン弾圧はこの地方で特にきびしかった。このような中で，一揆が発生したのである。

基本　問5　版籍奉還は，1869年に行われた中央集権化政策。藩主が，土地(版)と人民(籍)の朝廷(天皇)への返上を願い出て，朝廷がこれを許可するという形式で行われた。しかし，藩主は，天皇から知藩事に任命され，これまで通り土地と人民を治めることになったので，中央集権化政策としては中途半端であった。そこで，明治政府は，1871年には廃藩置県を断行し，藩を廃止して府県を置いた。さらに，知藩事は解任され，新たに県令，府知事が任命された。

問6　地租改正により，地主は地租(土地にかかる税)を，現金で納めることになり，地租は地価の100分の3とされた。これによって，政府は，その年の豊作，凶作に関係なく一定の額の税を確保できるようになった。また，政府は，これまでのように年貢米を売却して，現金化する必要がなくなった。イ－米価と税収は無関係。ウ－金納が原則。エ－地主は，豊作，凶作に関係なく一定の税を納めることになった。

問7　富岡製糸場は，明治政府の殖産興業政策によって，1872年，群馬県の富岡に設立された官営工場。設備や生産技術はフランスから導入され，従業員(女工)は士族の子女が多かった。優秀な技術ですぐれた生糸を生産した。富岡に設立されたのは周囲で養蚕業がさかんだったからである。

問8　立憲改進党は，1882年に大隈重信を中心に結成された政党。イギリス流の立憲君主制を理想とし，都市商工業者や知識人などを支持基盤とした。

問9　日本が，第一次世界大戦に参加したのは，1902年にイギリスとの間で結ばれた日英同盟が，開戦時の1914年でも有効であったからである。アーイベリア半島ではなく，バルカン半島。ウ－アメリカは，開戦時は中立の立場であったが，ルシタニア号事件をきっかけに連合国の一員として第一次世界大戦に参戦した。エ－中華人民共和国の成立は，第二次世界大戦後の1949年。オ－ドイツのベルリンではなく，フランスのパリ。

［Ⅲ］（地理－自動車会社を題材にした日本の産業，貿易など）

問1　①　愛知県を含む工業地帯は，中京工業地帯。中京工業地帯は，豊田市を中心に自動車工業が発達するため，機械工業の割合が突出して高いことが特色である。　②　A－長良川は岐阜県北西部に源を発し，岐阜県の中央部を南流して伊勢湾に注ぐ河川。下流部は，東を流れる木曽川，西を流れる揖斐川と近接して広大なデルタ(三角州)を形成している。B－渥美半島は，愛知県南部，遠州灘と三河湾を分けて西方へ伸びる半島。西に位置する知多半島と相対する。

やや難　問2　韓国のソウルから見て，一番近いのが五島列島(長崎県)，2番目が淡路島(兵庫県)，3番目が佐渡島(新潟県)。最も遠いのが沖縄(本島)である。

問3　静岡県の生産量は，茶が日本一，わさびが長野県，岩手県について第3位，みかんが，和歌山県，愛媛県，熊本県に次いで第4位，うなぎが鹿児島県，愛知県，宮崎県についで第4位である。

問4　①　鉄の生産に必要な主な原料は，鉄鉱石，石炭，石灰石。このうち，石炭は，コークスに加工して使用される。　②　日本の石炭の主な輸入相手国は，オーストラリアで輸入量の半分以上を占め，これにインドネシア，ロシアなどが次いでいる。なお，イは銅鉱，ウは原油，エは鉄鉱石。

重要　問5　ハイブリッドは，雑種，混成物などの意で，電気モーターとガソリンエンジンを組み合わせて搭載した自動車。モーターの採用による燃費向上と排気ガスのクリーン性の実現で，公害対策，資源保護をめざす。世界で最も売れているハイブリッドカーは，トヨタのプリウスである。

問6　①　イ―G7(アメリカ，日本，ドイツ，フランス，カナダ，イギリス，イタリア)は1999年には国別生産台数で上位10位に入っていたが，2018年ではいずれも順位を下げている。ウ―日本を除くアジア諸国(中国，韓国)や中南米諸国(メキシコ，ブラジル)の生産台数はいずれも増加している。アーインドではなく，中国。エ－世界全体の自動車の生産台数は，1999年が約5,600万台，2018年が約9,600万台で，この間，増加している。　②　ウ―メキシコの国内販売台数は，多くてもカナダの1,984,992台を超えることはない。よって，メキシコの生産台数である4,100,525台は，国内販売台数の2倍以上といえる。エ―フォルクスワーゲングループの生産台数は10,834,000台。ドイツ国内の生産台数は5,120,409台なので，前者は後者の2倍以上である。アーアメリカの輸入台数は，国内販売台数－国内生産台数で求められる。この数値は，国内生産台数よりも少ない。イーイギリスは世界有数の自動車輸出国とはいえない。オ－中国の生産台数が多いのは，人件費の安さや大きな国内市場に魅力を感じた欧・米・日の自動車会社が中国に進出し，自動車を生産しているからである。

やや難 問7 資料2から，日本のアメリカに対する自動車の輸出台数は，1986年のピーク時に比べ，2016年にはほぼ半分に減少していることが分かる。この背景には，日本の自動車会社がアメリカに工場を建設し，アメリカ人を雇い，アメリカの部品を使って自動車を生産していることがある。トランプ大統領の支持基盤となっているラストベルトにも日本の自動車会社が工場を建設しており，この地域の雇用を増やしていると主張できる。

★ワンポイントアドバイス★

本年度も，昨年に引き続き長めの論述問題が出題された。ただし本年度は，昨年とは異なり字数の指定がなかった。よって，両方のタイプの論述の練習が必要である。

＜国語解答＞ ≪学校からの正答の発表はありません。≫

一 問1 A エ B オ 問2 ア 問3 エ 問4 イ 問五 ① 感動 ② 危ない ③ ネット上で全面戦争(9字) A 肯定 B 否定 問6 オ 問7 ウ 問8 ウ 問9 ア・ウ

二 問1 (例) (オリンピックの現場では,)様々な競技が勝手気ままに行われ，一貫した主題が見えてこない。(30字) 問2 (例) (オリンピック競技は)技術的には精妙(7字)(であるが,)現実の生活には関係のないことで，オリンピックという特殊な時間性の中だけで，初めて意味と輝きを持つ(48字)(ものにすぎない点。) 問3 (例) (筆者は，観客が)オリンピックは退屈ではないと思いこみ，退屈さの中に固有の意味を見いだしてオリンピックを観戦しているが，その意味が持つ痛み止めのような不健全さを批判しているから。(80字)

三 問1 ① 地域 ② 度胸 ③ 勤めて ④ 従い ⑤ 納める ⑥ 補う ⑦ 規模 問2 ③→①→④→⑤→②

○推定配点○

一 問1 各2点×2 問5 各3点×5 問9 5点(完答) 他 各4点×6
二 問1・問2 各10点×2 問3 15点
三 問1 各2点×7 問2 3点(完答) 計100点

＜国語解説＞

一 (小説－心情・文章の細部の読み取り，空欄補充，ことばの意味，反対語)

基本 問1 Aは，都合の悪いことなどをかくして，表面を飾って取り繕うこと。「とってつけたよう」の形で用いる。Bは，他人の機嫌をとって，気に入られようとすること。

問2 雪子は遼からの電話に「どうして電話をかけてきたのだろう」と「心がぐらぐら」して動揺しているが，遼の声に緊張を感じとって，自分だけが動揺しているのではないことに安心しているので，アがふさわしい。イの「謝罪するために電話をかけてきたと思った」，ウの「自分も悪かったと思った」，エの「再出発できるのではないか」，オの「貴文にうわべだけの気づかいをする遼は自分勝手な人間だと思い」は読み取れないのでふさわしくない。

問3 ――線2直前で，貴文の運動会での晴れ姿のビデオを，遼が貴文と一緒に見ることで，貴文にとって父親からかけられる感想がどれほど大切なものになるだろう，という雪子の心情が描かれているので,エがふさわしい。貴文のために2のようにしているので,ア,イ,オはふさわしくない。

ウの「貴文は父親からのひと言を欲している」も描かれていないので，ふさわしくない。

問4　遼が雪子に電話で運動会のビデオのことを聞いてきたのは，貴文のことを気にかけているからではなく，ネットニュースに公開するために，運動会の組体操で起きた事故のシーンが欲しかっただけであったことがわかり，雪子は――線3のようになっているので，イがふさわしい。アの「こどもを守るための使命感」，ウの「尊敬しながらも」，エの「完全に他人として扱われていることに深い悲しみを抱いている」，オの「母親として恐怖を感じている」はいずれも読み取れないので，ふさわしくない。

重要　問5　①とAは，遼の番組の対抗相手であるMHVの番組＝「感動路線」で作られる番組なので，①は「感動」，Aは認めるという意味の「肯定」が入る。②とBは遼の番組なので，②は「危ない」，BはAの対義語で認めないという意味の「否定」が入る。遼の，――線4のある言葉とその後の言葉で，遼の番組とMHVの番組が公開されることで，組体操について「ネット上で全面戦争(9字)」的な面白い展開になるかもしれない，と話しているので，③には「ネット上で全面戦争」が入る。

問6　組体操の事故のビデオを雪子に頼めないとわかると，すぐに電話を切ろうとした遼に対して，雪子は――線5のように言い，さらに「気になるでしょう？息子の小学校でそんな事故があったなら。」と思っている。組体操の事故のビデオをネットニュースで公開することで，危ない芸当をさせる教育の現場に声を上げていく意義もあると言いながら，同じ学校にいる息子である貴文のことは聞いてこない遼に対して，雪子は――線5のように言っているので，オがふさわしい。遼の仕事の説明だけになっている，ア，ウはふさわしくない。イの「貴文を支えてほしい」，エの「遼と話す機会が失われてしまうのではないか」も読み取れないのでふさわしくない。

重要　問7　Xでは，貴文と一緒に運動会のビデオを見てもらいたい雪子の誘いに対して，気のない返事をして，すぐに組体操の事故のビデオのことを聞いている。Yでは，組体操の事故のビデオが遼の目的だとわかった雪子に，今後は直接連絡しないでほしいときっぱり言われ，貴文とビデオを見てもらいたかった雪子の要望に応えるようなことを話していることから，ウがふさわしい。アの「不機嫌になり」「高圧的な態度をとる」，イの「心を動かされ」「正面から向き合ってもう一度やり直そう」，エの「応えようとした」「他人行儀な態度」，オの「家族の大切さに気付き」「心から思っている」，はいずれもふさわしくない。

問8　――線6前後で，優しい言葉で人の気持ちはもと通りになると信じているような遼に，まだ舐められているんだろうと思った雪子は，二度と遼からの電話には出ないと決心し，そのような決心をさせてくれた遼に，感謝さえしていることが描かれている。遼との関係から解放されたことで，晴れ晴れとした気持ちで――線6のようになっているので，ウがふさわしい。アの「怒り」，イの「本心では遼と家族に戻りたい」，エの「あきらめた」，オの「彼からの愛情は取り戻せないと覚悟した」，はいずれもふさわしくない。

やや難　問9　――線7後で，「感情なんて，ほんのきっかけ一つで，大きく振りきれてゆくものだな」とあることから，アはふさわしい。また，自分の鼻歌を「愉快なリズムに，一抹(ほんのわずか)の哀れ」と感じているので，ウはふさわしい。『天国と地獄』の対照性を，遼との過去と孤独な未来として説明しているイはふさわしくない。自分の鼻歌に対する「愉快なリズムに，一抹の哀れ」を説明していないエ，「自分の鼻歌に気づいていない」とあるオ，カもふさわしくない。

二　(論説文－主題・要旨・文章の細部からの読み取り，記述力)

問1　――線1直後の段落で，1の具体的な説明として，オリンピック・パークではいろんなところで，いろんなスポーツ競技がとりとめもなく勝手気ままに行われ，そこには一貫した主題が見えてこないため，無秩序な営みに見えてならないことを述べている。これらの内容をふまえて，指定された「競技」「主題」を用いて説明していく。

重要 問2　――線2の「クオリティーの高い」は，直前の段落で述べている，オリンピックの「ひとつひとつのプレイは技術的に精妙(すぐれて巧みなこと)です」ということである。さらにこの「精妙さ」は，「正常な時間性のトラックから降りたところで……作られているもの」なので「現実生活には関係のないこと」であり，このことは，さらに前の段落で，オリンピックの競技は「オリンピックという特殊な時間性の中で……初めて意味と輝きを持ってくる」と述べられている。これらの要旨をまとめると，オリンピックの競技は技術的に精妙である→しかし，現実生活には関係のないことであり，オリンピックという特殊な時間性の中で初めて意味と輝きを持つものである，ということである。この内容を，設問の指示にしたがって説明していく。

やや難 問3「ここでもう一度……」で始まる段落から，――線3直前までの内容を整理する。ここでは，オリンピックはどれだけクオリティーが高くても退屈なものであるが，人々にはオリンピックは退屈じゃないはずだという強い思いこみがあるので，退屈さの中に，痛み止めとしての固有の意味を見いだしていくことになる，ということを述べている。オリンピックは退屈であるのに，退屈ではないと思いこみ，退屈の中に固有の意味を見いだそうとするのは，現実生活の感覚に痛み止めを用いて目を背けることであり，そのようなオリンピック観戦を不健全だと批判しているのである。オリンピックに対する観客の「思いこみ」，固有の意味を「痛み」止めとしていること，そうした観客の精神を筆者は批判している，ということを説明していく。

三　(漢字の書き取り，ことわざ)

基本 問1　①はいずれも「土(つちへん)」。②は物事を恐れない心。③は会社などに行って仕事をして働くこと。同音異義語で，努力するという意味の「努める」，役目を受け持つという意味の「務める」と区別する。④の音読みは「ジュウ」。熟語は「従事」など。⑤は税金など金品をわたすこと。同音異義語で，きちんと中に入れる，好ましい結果を手に入れるという意味の「収める」，混乱などが起こらないよう支配するという意味の「治める」，学問や技芸などを身につけるという意味の「修める」と区別する。⑥は「ネ(ころもへん)」であることに注意。音読みは「ホ」。熟語は「補足」など。⑦は物事のしくみや構造などの大きさ。

やや難 問2　①は「百」が入り，雀は死ぬまで飛びはねるくせが抜けないように，幼い時に身につけた習慣などは，いくつになっても直らない，という意味。②は「三」が入り，ふつうの人でも三人集まって考えれば，知恵をつかさどる文殊菩薩(ぼさつ)の知恵のような，すばらしい知恵が出る，という意味。③は「千」が入り，悪いうわさはあっという間に千里の果てまで知れわたる，という意味。④は「七十五」が入り，人の噂は七十五日もすれば忘れられている，という意味。⑤は「八」が入り，満腹になるまで食べないで，いつも腹八分目ぐらいにしておけば，健康でいられて，病気になって医者にかかることもない，という意味。

★ワンポイントアドバイス★

小説や物語では、登場人物の心情が何をきっかけに変化しているか、変化の根拠もとらえながら読み進めていこう。

2019年度

★★★★★★★★★★★★★★★★★★★★★★★

入　試　問　題

2019年度

早稲田実業学校中等部入試問題

【算　数】 (60分)　　＜満点：100点＞

1 次の各問いに答えなさい。

(1) $1.675-\left\{\frac{5}{6}+5.2\div\left(\boxed{}-3\frac{6}{7}\right)\right\}=\frac{3}{8}$ の $\boxed{}$ にあてはまる数を求めなさい。

(2) $\boxed{0}$，$\boxed{1}$，$\boxed{2}$，$\boxed{3}$，$\boxed{4}$ の５枚の数字のカードがあります。この中から３枚を使ってできる３けたの整数のうち，十の位の数字が一番大きいものは何個ありますか。

(3) 池の周りに木を植えます。50mおきに植えた場合と30mおきに植えた場合では，本数が32本ちがいました。池の周りは何kmですか。

(4) 兄は弟より３才年上です。今から２年後には母の年令は弟の年令の４倍になり，今から６年後には母の年令は兄の年令の2.5倍になります。現在の母の年令は何才ですか。

2 次の各問いに答えなさい。

(1) 右の展開図で点線部分を折り目としてできる立体の体積を求めなさい。

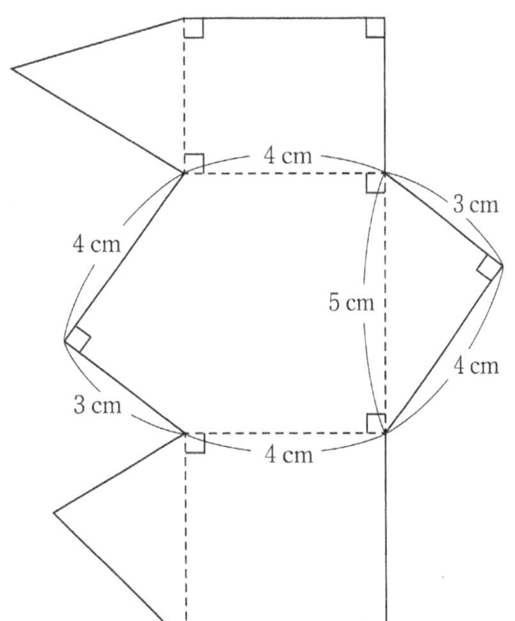

(2) 分子が１で分母が整数である分数を単位分数といいます。ここで，分子が１でない分数を分母の異なる単位分数の和として表すことを考えます。

たとえば，$\frac{3}{5}=\frac{1}{2}+\frac{1}{10}$ や，$\frac{4}{9}=\frac{1}{3}+\frac{1}{9}$ です。次の各問いに答えなさい。

① 次のページの**手順**で，$\frac{5}{11}$を単位分数の和として表しました。$\boxed{ア}$ ～ $\boxed{カ}$ には整数が入ります。$\boxed{オ}$，$\boxed{カ}$ に入る整数を答えなさい。

手順

〔1〕 11÷5＝2 あまり1なので，$\frac{1}{3}<\frac{5}{11}<\frac{1}{2}$

〔2〕 $\frac{5}{11}-\frac{1}{3}=\frac{\boxed{\text{イ}}}{\boxed{\text{ア}}}$ となる。

〔3〕 $\boxed{\text{ア}}\div\boxed{\text{イ}}=\boxed{\text{ウ}}$ あまり $\boxed{\text{エ}}$ なので，$\frac{1}{\boxed{\text{オ}}}<\frac{\boxed{\text{イ}}}{\boxed{\text{ア}}}<\frac{1}{\boxed{\text{ウ}}}$

（$\boxed{\text{オ}}$ は $\boxed{\text{ウ}}$ より1だけ大きい）

〔4〕 $\frac{\boxed{\text{イ}}}{\boxed{\text{ア}}}-\frac{1}{\boxed{\text{オ}}}=\frac{1}{\boxed{\text{カ}}}$ となり，残った数が単位分数になったので終わり。

＜答え＞ $\frac{5}{11}=\frac{1}{3}+\frac{1}{\boxed{\text{オ}}}+\frac{1}{\boxed{\text{カ}}}$

② ①と同じ**手順**で，$\frac{3}{7}$を単位分数の和として表しなさい。**求め方も書きなさい。**

3 ある店で，商品Ａと商品Ｂを合わせて200個仕入れました。商品Ｂの原価は１個あたり1000円でした。商品Ａは１個あたり400円の利益を見込《みこ》んで定価をつけ，商品Ｂは１個当たり原価の30％の利益を見込んで定価をつけました。200個すべてを売り切ると，商品Ａと商品Ｂのそれぞれの利益の合計金額の比は ２：１ となる予定でしたが，商品Ａのみ売れ残ってしまいました。

そこで，売れ残った商品Ａは定価の２割引きで売ることにしたところ，商品Ａの１個あたりの利益は160円となりましたが，すべて売り切ることができました。最終的に，商品Ａと商品Ｂのそれぞれの利益の合計金額の比は ８：５ となりました。このとき，次の各問いに答えなさい。

(1) 商品Ｂの仕入れた個数を求めなさい。

(2) 商品Ａの原価を求めなさい。

(3) 割引して売った商品Ａの個数を求めなさい。

4 **図１**と**図２**（次のページ）の三角形ABCは正三角形であり，点Ｄ，Ｅ，Ｆはそれぞれ辺BC，CA，ABを ２：１ に分ける点です。ADとBEの交点をＰ，BEとCFの交点をＱ，CFとADの交点をＲとします。このとき，次の各問いに答えなさい。

(1) AR：RD を最も簡単な整数の比で答えなさい。

(2) 三角形APEの面積は三角形PQRの面積の何倍ですか。

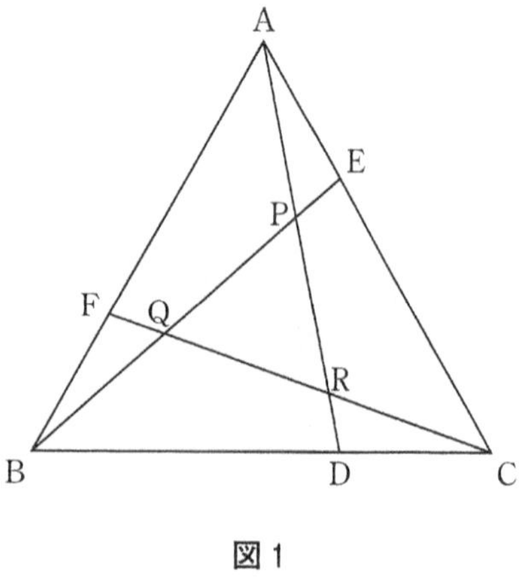

図１

(3) **図2**において，点G，H，Iはそれぞれ辺BC，CA，ABを 1：2 に分ける点です。AGとBEの交点をS，BHとCFの交点をT，CIとADの交点をUとします。このとき，三角形STUの面積は三角形PQRの面積の何倍ですか。

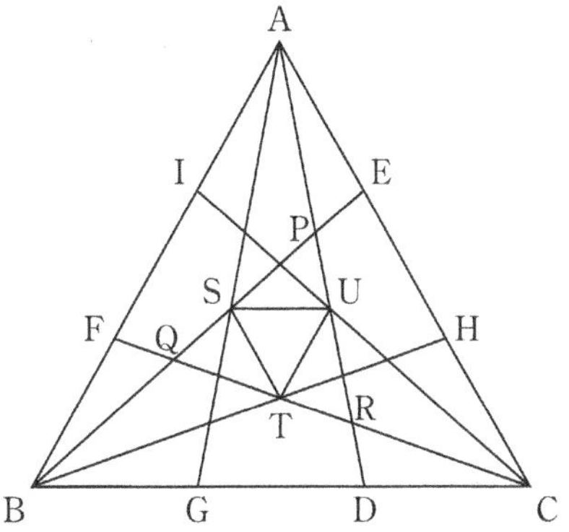

図2

［必要なら，自由に使いなさい。］

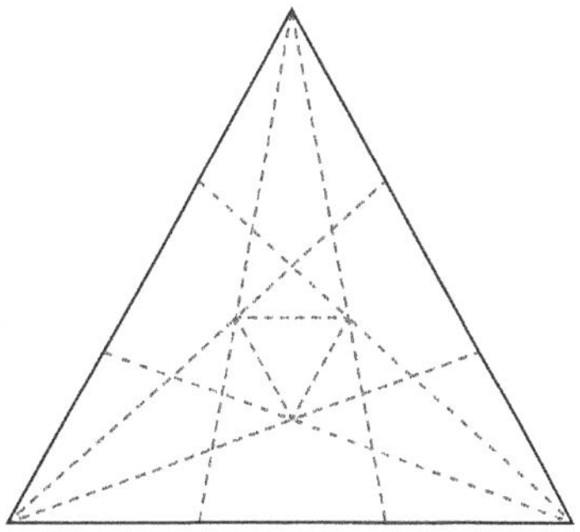

5 **図1**のように点P，Qは円Oの円周上の点Aから同時に出発し，それぞれ一定の速さで円周上を以下のように動きます。

① Qの方がPよりも速く動く。
② Pは常に時計回りに動く。
③ Qは初めは反時計回りに動くが，Pと重なるたびに向きを変えて動く。

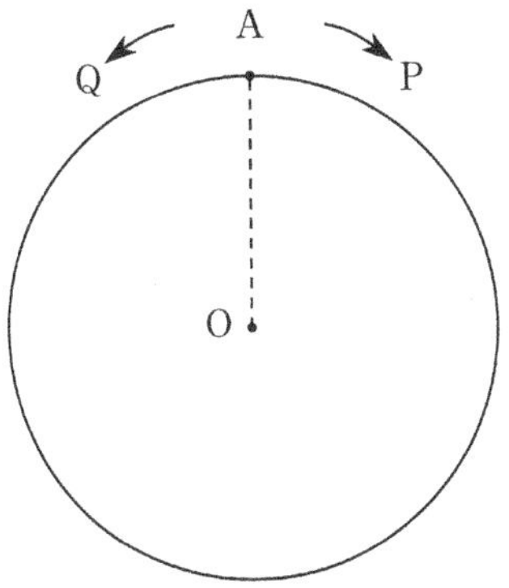

図1

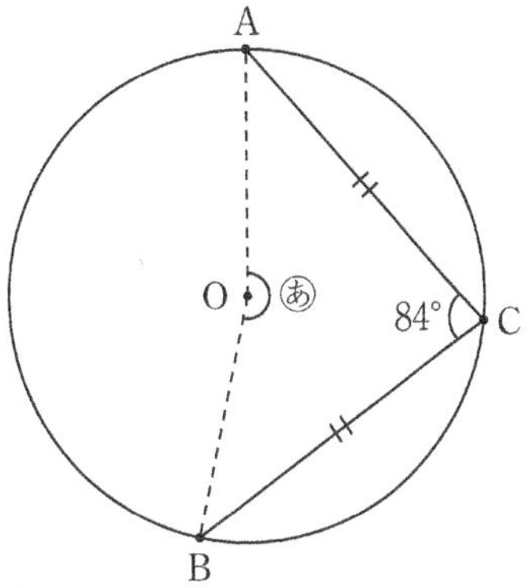

図2

図2の点BはPとQが2回目に重なった点であり，点CはPとQが5回目に重なった点です。このとき，AC＝BC となりました。ただし，2回目に重なったのはPが円Oを1周する前であり，5回目に重なったのはPが点Aを1回だけ通った後でした。次の各問いに答えなさい。

(1) PとQが2回目に重なるまでにPが点Aから進んだときの角度㋐を求めなさい。

(2) PとQが4回目に重なったのは次のページの**図3**の点Dでした。角度㋑を求めなさい。

(3)　QはPの何倍の速さで動いていますか。

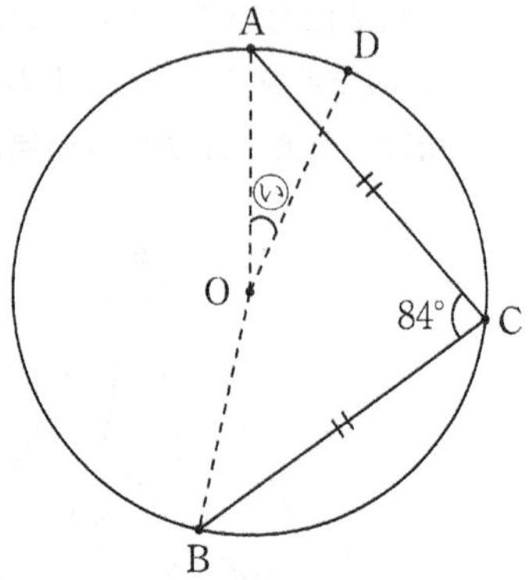

図3

(4)　PとQが200回重なるまでに何回点A上で重なりますか。

【理　科】（30分）　＜満点：50点＞

1　三角フラスコに二酸化マンガンを入れ，コック付きろうとから過酸化水素水を入れることによって，ある気体Xを発生させました。発生した気体Xは水上置換《ちかん》により集気びんに集めました。以下の**問1**～**問5**に答えなさい。

問1　次の（**ア**）～（**キ**）のうち，気体Xの性質や特徴《とくちょう》としてあてはまらないものはいくつありますか。0～7の数字を用いて答えなさい。

（**ア**）　無色，無臭《むしゅう》である。

（**イ**）　水にあまりとけない。

（**ウ**）　生物が呼吸《こきゅう》により取り入れる。

（**エ**）　金属が燃えると，この気体Xが結びつくため，燃える前よりも重くなる。

（**オ**）　人体においては，ヘモグロビンと結びつき，各所へ運ばれる。

（**カ**）　空気よりも重い。

（**キ**）　通常，人のはく息（呼気《こき》）では，窒素《ちっそ》の次に多く含《ふく》まれる。

問2　この実験の反応に関して正しいものを，次の（**ア**）～（**ウ**）から1つ選び，記号で答えなさい。

（**ア**）　過酸化水素水，二酸化マンガン両方とも，反応前とは違《ちが》うものに変化している。

（**イ**）　過酸化水素水だけが反応前とは違うものに変化し，二酸化マンガンは変化していない。

（**ウ**）　二酸化マンガンだけが反応前とは違うものに変化し，過酸化水素水は変化していない。

問3　水上置換を行うとき，ふつうは最初に出てくる気体を集めずに捨《す》てます。その理由を25字以内で書きなさい。ただし，句読点も文字数に含みます。

問4　A君とB君は，この実験をそれぞれ次の条件で行いました。発生する気体Xの量について正しいものを，以下の（**ア**）～（**ウ**）から1つ選び，記号で答えなさい。ただし，両者ともに温度や気圧の条件はすべて同じとし，気体Xの発生が見られなくなるまで十分に反応させているものとします。

A君：2.7％の過酸化水素水50cm^3と二酸化マンガン0.41gを混ぜ合わせた。

B君：2.7％の過酸化水素水50cm^3に水を50cm^3加えてから，二酸化マンガン0.41gを混ぜ合わせた。

（**ア**）　発生する気体Xの量は，A君の方が多い。

（**イ**）　発生する気体Xの量は，B君の方が多い。

（**ウ**）　発生する気体Xの量は，両者ほぼ同じである。

問5　次の①，②に答えなさい。ただし，水1cm^3の重さは1g，温度や気圧の条件はすべて同じとします。

①　C君は，十分な量の過酸化水素水と二酸化マンガンを反応させて気体Xだけを集気びんいっぱいに集め，その重さをはかると519.66gでした。一方，同じ集気びんに水を満たして，その重さをはかると771.3gでした。なお，このときの水の体積は252cm^3でした。集気びんいっぱいに集めた気体Xの重さは何gですか。答のみ書きなさい。

②　C君の部屋（荷物など何もない直方体の空間とします）の寸法《すんぽう》が，縦《たて》7.5m，横6.4m，高さ2.1mで，この部屋いっぱいに気体Xを満たしたとします。このときの気体Xの重さは何kgで

すか。ただし，考え方がわかる式も書きなさい。なお，式以外の計算などは解答欄《かいとうらん》に書いてはいけません。また，計算の途中《とちゅう》で割《わ》り切れない場合があっても四捨五入《ししゃごにゅう》をしてはいけません。最終的な答えに小数点以下の部分があれば，小数第１位を四捨五入して整数で答えなさい。

2　2018年の台風12号は，7月24日に発生し８月３日に熱帯低気圧になるまでの間，次の図のような進路を取りました。以下の**問１**～**問４**に答えなさい。

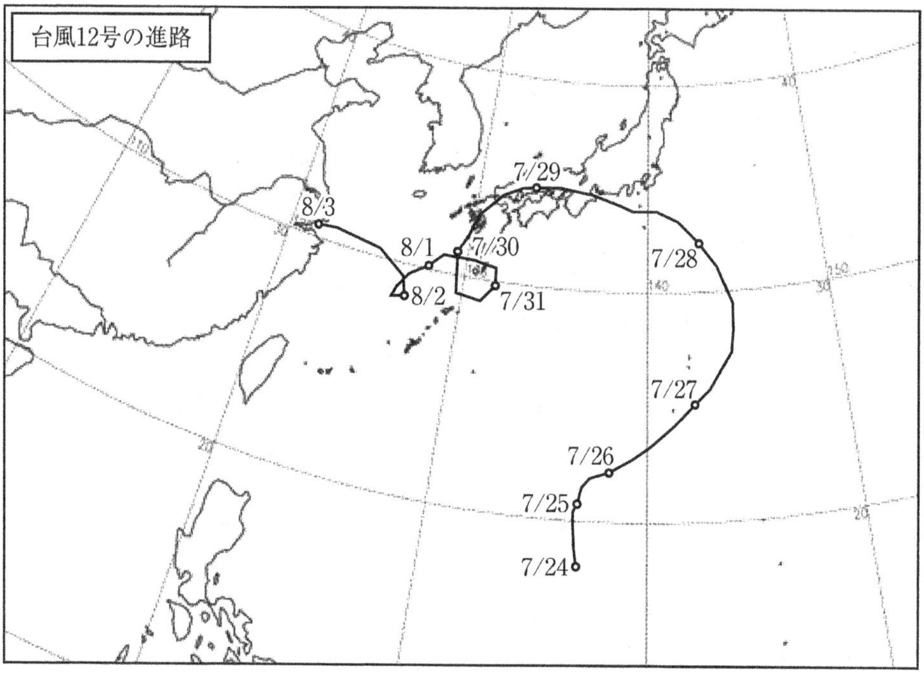

台風12号の進路

問１　気象庁《きしょうちょう》は，台風の進路に関して予報円を使って表しています。この予報円について説明している文を，次の（**ア**）～（**エ**）から１つ選び，記号で答えなさい。

（**ア**）　平均風速（10分間平均）が秒速10m以上の風が吹いているか，吹く可能性のある範囲《はんい》

（**イ**）　平均風速（10分間平均）が秒速17m以上の風が吹いているか，吹く可能性のある範囲

（**ウ**）　台風や豪雨域《ごううい き》を伴《ともな》う低気圧の中心が到達《とうたつ》すると予想される範囲

（**エ**）　台風や暴風域《ぼうふういき》を伴う低気圧の中心が到達すると予想される範囲

問２　北半球の台風において，台風の目の部分を除《のぞ》いた中心付近の気流の向きと，上空から見た台風の渦《うず》の巻《ま》き方について正しいものを，次の（**ア**）～（**エ**）から１つ選び，記号で答えなさい。

（**ア**）　上昇《じょうしょう》気流で，時計周りに渦を巻いている。

（**イ**）　上昇気流で，反時計周りに渦を巻いている。

（**ウ**）　下降《かこう》気流で，時計周りに渦を巻いている。

（**エ**）　下降気流で，反時計周りに渦を巻いている。

問３　７月27日～29日の間の東京（府中）での風向きについて適当と考えられるものを，次のページの（**ア**）～（**オ**）の中から１つ選び，記号で答えなさい。

	27日	28日	29日
(ア)	東寄りの風	北寄りの風	南寄りの風
(イ)	東寄りの風	南寄りの風	西寄りの風
(ウ)	南寄りの風	西寄りの風	北寄りの風
(エ)	南寄りの風	東寄りの風	北寄りの風
(オ)	北寄りの風	南寄りの風	東寄りの風

問4　台風の進路は，上空の風や周辺の高気圧などの位置や勢力によって決まります。そのため日本に接近した台風は一般的《いっぱんてき》に南西から北東へと移動しますが，この台風12号は逆に東から西へ，さらに南へと迷走《めいそう》しました。これは，寒冷渦と呼《よ》ばれる上空にできた寒冷低気圧の影響《えいきょう》が大きかったためです。特に7月28日から29日までの動きに関して，**チベット高気圧**，**太平洋高気圧**，**寒冷渦**の位置の組み合わせとして適当と考えられるものを，以下の（**ア**）～（**ク**）の中から1つ選び，記号で答えなさい。

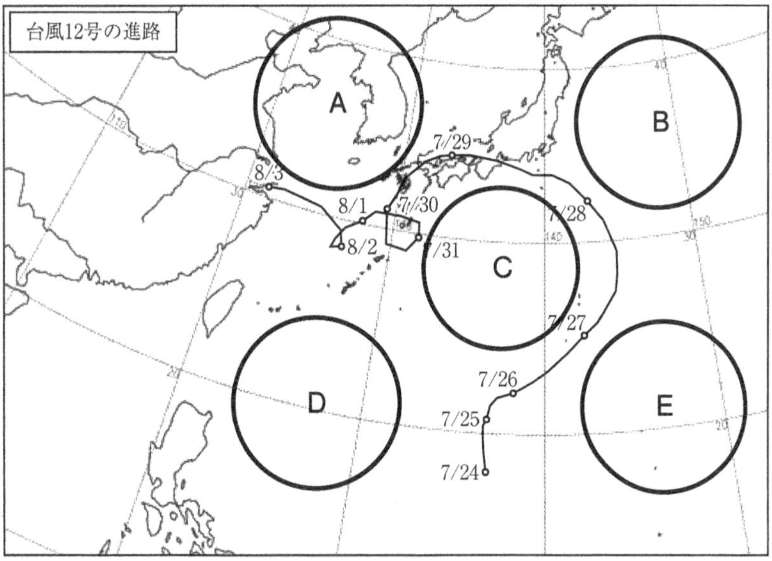

	チベット高気圧	太平洋高気圧	寒冷渦
(ア)	A	E	C
(イ)	A	E	B
(ウ)	A	B	D
(エ)	A	B	C
(オ)	D	E	C
(カ)	D	E	A
(キ)	D	C	B
(ク)	D	C	E

3 太郎君は，夏休みに博物館で開催《かいさい》されていた「昆虫展《こんちゅうてん》」に行き，次のようにレポートをまとめました。ただし，図は一部省略されているところもあります。以下の**問1**～**問5**に答えなさい。

昆虫の種類が多いのはなぜか！？

現在，地球上にはおよそ200万種の生物が確認《かくにん》されているが，その半数以上が昆虫！！

昆虫の99％は翅《はね》をもち飛ぶことができる。そのうちの80％は完全変態をおこなう。

⇒だから，昆虫の種類が多いのは，翅をもつことと完全変態することに秘密《ひみつ》がある。

＜秘密その①　翅をもつ昆虫＞

昆虫のからだは，「頭部」「胸部《きょうぶ》」「腹部《ふくぶ》」の３つの部分に分かれている。

・**頭部**には口のほか，**複眼**，単眼，**触覚《しょっかく》**などがある。　…センサーのはたらき

・**胸部**には**三対《つい》の脚《あし》**があり，多くの昆虫では**二対の翅**をもっている。　…移動のはたらき

・**腹部**には大部分の消化器と排出《はいしゅつ》器，また，ふつうは気門という呼吸のための孔《あな》がある。さらに，精巣《せいそう》や卵巣《らんそう》，産卵管《さんらんかん》などの子どもを残すためのつくりもある。

…消化・吸収《きゅうしゅう》・排泄《はいせつ》・呼吸・子どもを残すためのはたらき

＜秘密その②　完全変態する昆虫（チョウ）＞

植物に生みつけられた卵《たまご》から孵化《ふか》した幼虫《ようちゅう》は，その植物をひたすら食べて成長する。そして，さなぎになり，成虫になるためにからだのつくりを大きく変える。さなぎから羽化《うか》した成虫は，生まれた場所を離《はな》れ，花の蜜《みつ》などを吸《す》いながら栄養を蓄《たくわ》え，異性《いせい》と出会い子どもを残す。このように，完全変態する昆虫は，幼虫と成虫とで食べ物や生活の目的などを変え，それぞれの時期に応じたからだのつくりをもっている。

幼虫　⇒　さなぎ　⇒　成虫

図　完全変態する昆虫（チョウ）の育ち方

問1　次の（**ア**）～（**コ**）の中から完全変態をおこなう昆虫をすべて選び，記号で答えなさい。

（**ア**）　ジョロウグモ　（**イ**）　ミヤマクワガタ　（**ウ**）　ヒメヤスデ

（**エ**）　ヒグラシ　（**オ**）　オカダンゴムシ　（**カ**）　ミスジマイマイ

（**キ**）　チャバネゴキブリ　（**ク**）　オニヤンマ　（**ケ**）　オオムラサキ

（**コ**）　ナナホシテントウ

問2　太郎君は，昆虫のからだのつくりを示すために，ハチを例にして図を描《か》きたすことにしました。レポートに**太字**で示されているつくりのみをすべて含むようにハチの図を描きなさい。ただし，からだを横から見たものとし，頭部を左側にすること。また，対になっている構造は片側《かたがわ》のみを示すこと。

問3　昆虫のからだには，同種の異性を見つけやすくするためにさまざまな機能が備わっています。その例としてふさわしくないものを次の（**ア**）～（**オ**）から２つ選び，記号で答えなさい。

（**ア**）ヘイケボタルの発光器　　（**イ**）カイコガの触覚

（**ウ**）アブラゼミの発音器　　（**エ**）オオスズメバチの黄と黒のしまの体色

（**オ**）ヤマトタマムシの光沢《こうたく》のある翅

問4　太郎君のレポートを見た先生は，昆虫が翅をもち完全変態することと，その種類が多いということの関係が説明不足であると指摘《してき》しました。そこで，太郎君はレポートの最後に次のような文を付け加えることにしました。以下の空らんにあてはまる文を20字以内で答えなさい。ただし，句読点も文字数に含みます。

> 翅をもち，完全変態によりからだのつくりを大きく変えるようになった昆虫は，活動の範囲を広げるだけでなく，食べるものを変えるなど生活の仕方を変えていくことによって，［　　　　　　　　　　］。そして，長い時間をかけながら，昆虫はその種類を増やしていった。

問5　生物の種類が多いことを生物多様性といいます。現在は，地球史上これまでにない速さで多くの生物が絶滅《ぜつめつ》して生物多様性が失われており，これには人類の活動が大きく関《かか》わっています。次の（**ア**）～（**キ**）のうち，生物多様性を減少させる可能性があるものはいくつありますか。０～７の数字を用いて答えなさい。

（**ア**）　海洋の酸性化　　（**イ**）　シカの計画的駆除《くじょ》　　（**ウ**）　ミドリガメの遺棄《いき》

（**エ**）　ハクチョウの餌《え》付《づ》け　　（**オ**）　コスモス畑の造成　　（**カ**）　サンゴ礁《しょう》の埋《う》め立て

（**キ**）　コンクリート護岸の整備

【社　会】（30分）　＜満点：50点＞

〔Ⅰ〕 次の文章を読んで，以下の問いに答えなさい。

木や石，金属といった様々な素材の中に，神や仏，そして人などの姿を見出し，立体的な造形《ぞうけい》作品としてそれを表すことを，人類は古くから行ってきました。そうした行為《こうい》が，日本でも行われてきたことは言うまでもありません。ここでは，日本における彫刻作品の歴史を，土偶《どぐう》や埴輪《はにわ》のように土で作られた作品も含めてたどってみましょう。

縄文時代，土偶と呼ばれる土の人形が作られたことは，よく知られています。土偶は，縄文人の優れた造形力を示しているとともに，縄文人の儀式《ぎしき》などに使われたと考えられることから，彼らの祈りがどのようなものであったかを考えるヒントを私たちに与えてくれます。そのため，1「縄文のビーナス」と呼ばれる土偶のように，国宝に指定されている作品もあります。

古墳時代には，2豪族たちの大きな墓として，前方後円墳をはじめとする古墳が数多く作られました。こうした古墳の大きさは権力の大きさを示し，共通する古墳の特徴を持つ地域には，政治的な連合が形成されていたと考えられています。また古墳には，土で作られた埴輪が並べられていました。埴輪は，古墳の境界《きょうかい》を示したり，古墳上で行われた祭礼《さいれい》に使われたりしたと考えられています。様々な形をした埴輪からは，当時の人々のくらしがどのようなものであったか，そしてどのような祭礼が行われていたかなど，多くのことを知る手がかりを得ることができます。

6世紀になると，百済《くだら》の聖明王《せいめいおう》から日本に仏像や経典《きょうてん》などが贈《おく》られ，仏教が伝来しました。当初は，蘇我氏，物部氏の二大豪族間でその信仰をめぐって争いがあったものの，3仏教の信仰を主張する蘇我氏が587年に物部氏に勝利し，仏教はしだいに盛んになりました。そうした中で，法隆寺などの寺院が建てられ，仏の姿を金属や木などで立体的に表現した仏像が，多く制作，安置《あんち》されることになったのです。この後，日本における彫刻の歴史は，信仰の対象である仏像を中心として展開していくことになります。

奈良時代になると，国家の保護もあり，仏教は平城京を中心としてさらなる発展を見せました。聖武天皇によって，741年に国分寺，国分尼寺を各地に建てる命令が出され，743年には大仏を造る命令が出されたことは，それを具体的に示す出来事です。大仏は，その後の戦火などの被害を受け，奈良時代の姿をとどめる部分は少なくなってしまっています。しかし，4遣唐使によって大陸文化がもたらされ，その影響を強く受けた仏像は，今も奈良を中心にいくつも残されています。

平安時代には，天皇や上皇，藤原氏に代表される貴族たちなどが，その財力を背景として多くの寺院を造営《ぞうえい》しました。11世紀，5 3代の天皇にわたり，摂政や関白として政治の実権を握った藤原頼通によって建てられた平等院鳳凰堂は，その代表と言えるでしょう。内部には，定朝《じょうちょう》によって制作された阿弥陀如来《あみだにょらい》像が安置されています。定朝が完成させた優美な造形は，その後の規範《きはん》とされました。

続く鎌倉時代に作られた作品には，平安時代の作品にはない，力強く写実的な表現を見ることができます。代表的な作品として著名なのは，東大寺南大門の金剛力士《こんごうりきし》像です。8メートルを超える巨像を，記録によると2か月余りで完成させたのは，運慶《うんけい》とその周辺の仏師《ぶっし》たちです。この作品からは，彼らの極めて高い技術をうかがうことができます。この南大門および金剛力士像は，平家による奈良の焼き打ち後，東大寺や興福寺などの大寺院が復興された時につくられたものです。

室町時代，6幕府は禅宗を保護し，多くの寺院が造営されました。その後，7豊臣秀吉や江戸幕府などによっても，寺院の造営は大規模に行われました。しかし，室町時代から江戸時代にかけて，多くの著名な画家や陶工《とうこう》が登場し，歴史に残る名品が生み出されたのとは異なり，鎌倉時代までの作品に肩を並べる仏教彫刻が生み出されることは，あまり多くありませんでした。

明治時代になると，西洋の彫刻技法を取り入れた新たな表現が模索《もさく》され，芸術作品として鑑賞《かんしょう》することを目的とした作品がつくられるようになりました。代表的な彫刻家としては，高村光雲《たかむらこううん》が挙げられます。仏師として活動をスタートさせた彼は，8 1868年の神仏分離令《しんぶつぶんりれい》をきっかけに発生した廃仏毀釈《はいぶつきしゃく》注の影響もあって仕事の依頼が減り，苦しい生活を強《し》いられた時期があったようです。しかし，彼は積極的に西洋の技術を学び，優れた作品を多く残しました。9 今も上野公園にあり，1898年に除幕式《じょまくしき》が行われた西郷隆盛像は，その代表的な作品と言えます。明治時代以降，屋内に展示される作品だけでなく，この像のように，政治家や軍人などの銅像を作り，公共の場に設置されることが多くなりました。こうした銅像には，人物だけでなく，動物など様々なものをかたどった作品がありますが，特に著名なのは，渋谷駅前の忠犬ハチ公の像でしょう。10 1934年に設置されたハチ公像は，現在は2代目となっていますが，待ち合わせ場所などとして，人々から親しまれる存在になっています。

このように，彫刻作品には，祈りの道具，信仰の対象，あるいは鑑賞を目的とした芸術作品など，様々な種類があります。今後，博物館や公園，寺院などで彫刻を目にしたときには，何のためにその作品がつくられ，どのような作り手の意図《いと》が込められているかということに，想いを巡《めぐ》らせてみるのもよいのではないでしょうか。

注：仏教や僧侶を排除《はいじょ》する運動。各地で寺院や仏像などが破壊された。

問1　下線部1は，長野県の棚畑《たなばたけ》遺跡から出土した縄文時代中期の土偶で，下の写真はこの作品を写したものです。この作品について述べたものとして最も ふさわしいものを次の**ア**～**エ**の中から1つ選び，記号で答えなさい。

ア．王冠をかぶっているように見えることから，強い権力を持つ豪族を表現していると考えられる。

イ．腕が非常に短く表現されており，たくわえた米をめぐって発生した争いで傷ついた人を表現していると考えられる。

ウ．張り出したお腹や大きなお尻から，妊娠《にんしん》した女性の姿を表現し，子孫の繁栄《はんえい》などを祈ったと考えられる。

エ．頭部に細い線で模様が刻まれており，鋭い金属器を使って彫りだしたと考えられる。

問2　下線部2について，次のページの古墳時代の前方後円墳の分布図を見ると，当時の政権の拠点《きょてん》や，その支配領域の範囲についてどのようなことが推測できますか，2つ答えなさい。

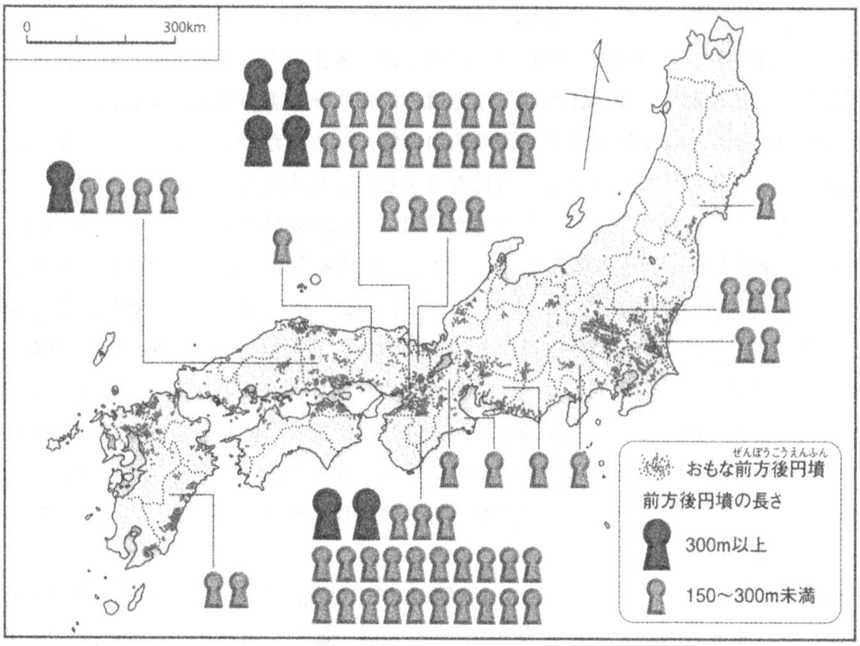

（日本文教出版『小学社会　6年上』より）

問３　下線部３について，物部氏を滅ぼした蘇我馬子について述べたものとして，誤っているものを次の**ア**～**エ**の中から１つ選び，記号で答えなさい。

ア．蘇我馬子は推古天皇の摂政となり，政治の実権をにぎった。

イ．蘇我馬子は聖徳太子と協力し，政治制度の整備を進めた。

ウ．蘇我馬子は，飛鳥の地に飛鳥寺（法興寺）を建てた。

エ．蘇我馬子の孫である蘇我入鹿は，中大兄皇子らによって殺害された。

問４　下線部４について，東大寺正倉院の宝物には，遣唐使船によって大陸から運ばれたと考えられる品物や，大陸文化の影響を強く受けた品物が多くあります。正倉院の宝物として誤っているものを次の**ア**～**エ**の中から１つ選び，記号で答えなさい。

ア．

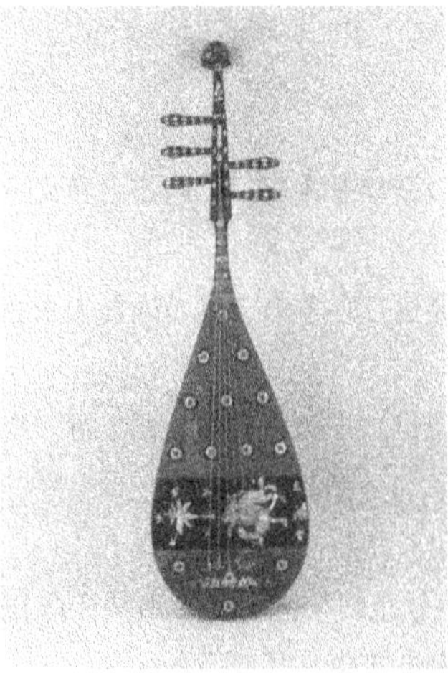

イ．

ウ．

エ．

問５　下線部５について，1068年に即位した後三条天皇《ごさんじょうてんのう》は，この人物の力を抑《おさ》え，自《みずか》らが中心となって政治改革を行いました。なぜ，そのようなことができたと考えられますか。後三条天皇と，その前の３代の天皇との違いに着目し，下の系図を見てわかることを答えなさい。

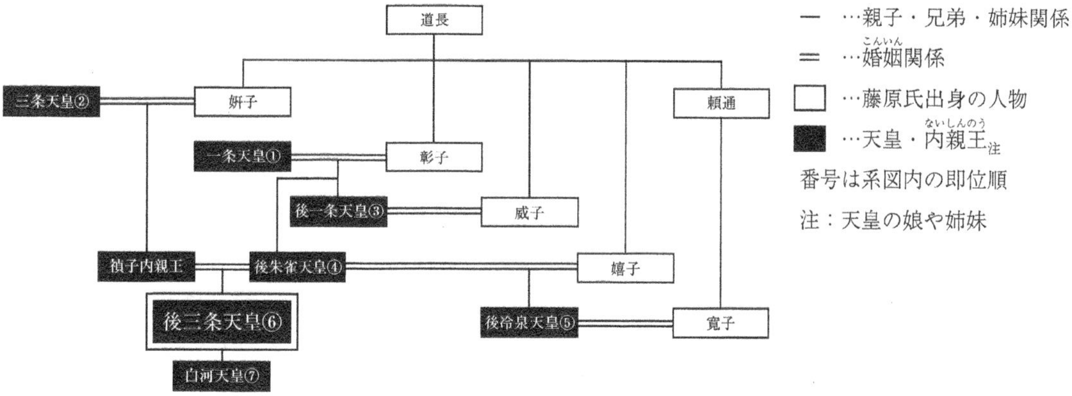

問６　下線部６について，室町幕府によって保護されたのは，禅宗のなかでも，栄西（1141～1215）を開祖とする臨済宗です。下の表は，鎌倉五山《かまくらござん》（建長寺《けんちょうじ》・円覚寺《えんがくじ》・寿福寺《じゅふくじ》・浄智寺《じょうちじ》・浄妙寺《じょうみょうじ》）として室町幕府から保護された臨済宗寺院のうちの４か所ですが，この中で栄西が初代住職を務めた寺院はどれですか，**ア～エ**の中から１つ選び，記号で答えなさい。

	寺院	鎌倉五山での順位	開基《かいき》（創立者）
ア	建長寺	第一位	北条時頼《ほうじょうときより》（鎌倉幕府の５代執権）
イ	円覚寺	第二位	北条時宗（鎌倉幕府の８代執権）
ウ	寿福寺	第三位	北条政子（源頼朝の妻）
エ	浄智寺	第四位	北条師時《ほうじょうもろとき》（鎌倉幕府の10代執権）

問７　下線部７について，豊臣秀吉は京都に大仏をつくることを口実として，下の法令を出しました。法令中の［　　］にあてはまる漢字２字のことばを答えなさい。

> 諸国の百姓が，刀，脇ざし，弓，槍《やり》，鉄砲その他の武具を持つことを禁止する。その理由は，百姓が必要のない道具をたくわえて年貢やその他の税を納めず，［　　］をくわだてて

武士によくないことをして処罰《しょばつ》されると，その者の田畑は耕作されず，領主が得る年貢が減るからである。大名やその家臣は，百姓の道具をすべて集めて差し出すようにせよ。

問８　下線部８について，1868年には，神仏分離令発布の他にも，様々な政策が新政府によって進められました。次の史料は，この年に発布され，新政府の方針を示したものです。この方針は何と呼ばれているか答えなさい。

一　政治は，広く会議を開き，みんなの意見で決めよう。
一　国民は，心を合わせ，国の政策を行おう。
一　国民の志がかなえられるようにしよう。
一　これまでの古いしきたりを改めよう。
一　知識を世界に学び，国を栄えさせよう。

問９　下線部９の銅像の人物は，像が作られる前，ある出来事を起こしたために「逆徒《ぎゃくと》」（反逆者）として扱われていた時期がありました。その出来事を答えなさい。

問10　下線部10について，1934年に作られたハチ公像は1944年に撤去されてしまい，現在の２代目の像は1948年に制作，設置されたものです。初代のハチ公像と同じ頃に，全国で数多くの銅像が撤去されましたが，それはなぜだと考えられますか，理由を説明しなさい。

〔Ⅱ〕　サト子さんは，夏休みにおばあさんの家に遊びに行きました。おばあさんの家からは日本海が見えます。サト子さんとおばあさんの会話文を読み，資料を参考にして，以下の問いに答えなさい。

なお，会話文にある［Ａ］～［Ｃ］と**資料１**にある［Ａ］～［Ｃ］は，それぞれ同じことばが入ります。　（**資料１**，**資料２**は次のページにあります。）

サト子さんはテーブルの上に置かれた一枚の紙を手に取って見ています。

サト子さん　「おばあちゃん，これは何。」

おばあさん　「スーパーのチラシよ。」

サト子さん　「かわったチラシね。商品がのってないこんなチラシは見たことないけど，どこのスーパーなの。」

おばあさん　「地元の『メグミスーパー』よ。この県には17店舗《てんぽ》，となりの県には４店舗ある地域に密着したスーパーなの。『メグミスーパー』なら新鮮な地元の食材がたくさん手に入るわ。」

サト子さん　「どんな食材が売られているか見てみたいわ。でもなぜ新鮮な地元の食材がたくさん手に入るの。」

おばあさん　「その仕組みはチラシに書いてあるわよ。」

チラシを見て

サト子さん　「『ベジあん』がその仕組みってことね。」

おばあさん　「そうね。本当にいい仕組みだわ。うちで食べる野菜はたいていこのスーパーの『地のもんひろば』で買うわ。地元の新鮮なものが手に入る，まさに［Ａ］ね。」

サト子さん　「旬《しゅん》のものを食べられるからすごくいいね。」

おばあさん　「そうね。それにこの仕組みなら，［Ｂ］の使用がわかり，私たちも安心・安全よ。」

サト子さん　「パソコンやスマートフォンを利用するとより詳しい情報がわかるようになっているのね。」

おばあさん　「お店では作った人の写真があって，生産者のメッセージが書かれているわ。」

サト子さん　「野菜以外のお肉とかにも，こんな［ C ］システムがあるのかな。」

おばあさん　「そうね。牛肉には D『牛の個体識別《しきべつ》番号検索』システムがあるわよ。」

サト子さん　「いろいろなことがわかる仕組みができているのね。」

資料１　「メグミスーパー」のチラシ

資料２　「メグミスーパー」の店舗

問１　会話文と**資料**１，２について，次の問題に答えなさい。

①　サト子さんのおばあさんの家がある県の県庁所在地を漢字で答えなさい。

②　①の都市の雨温図を次の**ア**～**オ**の中から１つ選び，記号で答えなさい。

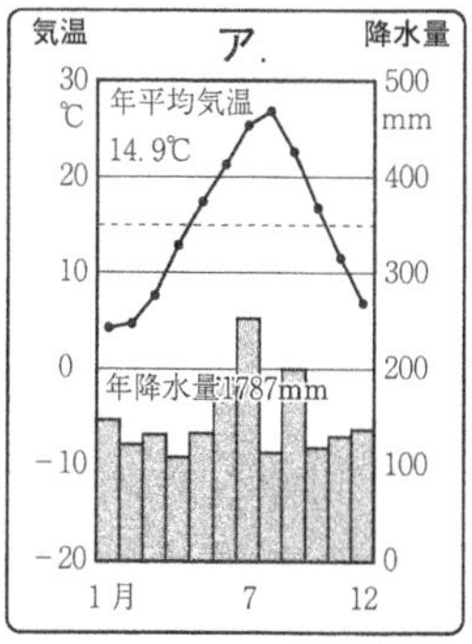

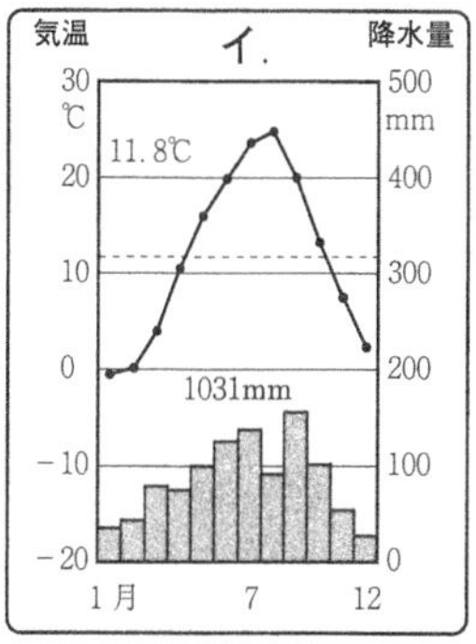

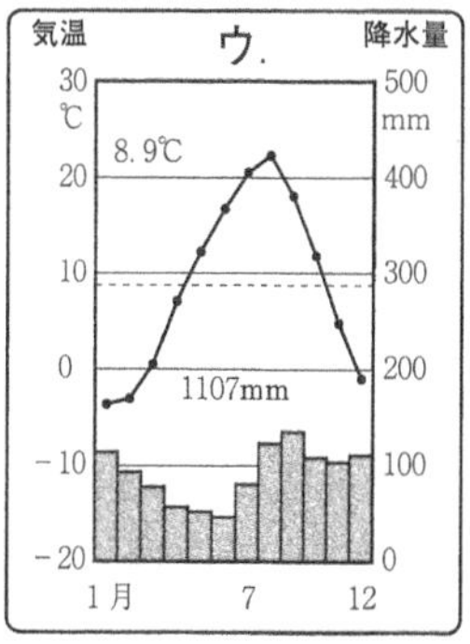

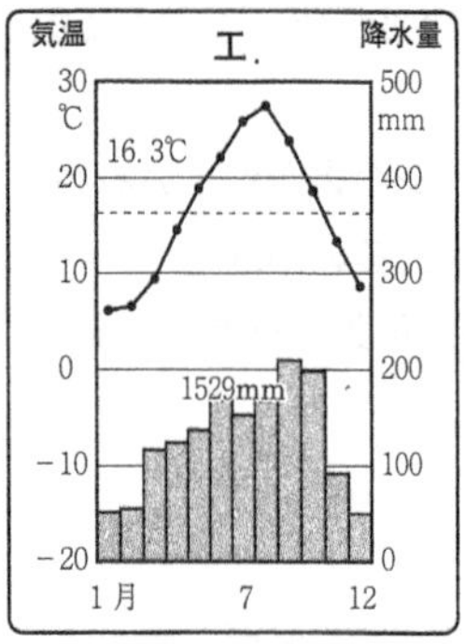

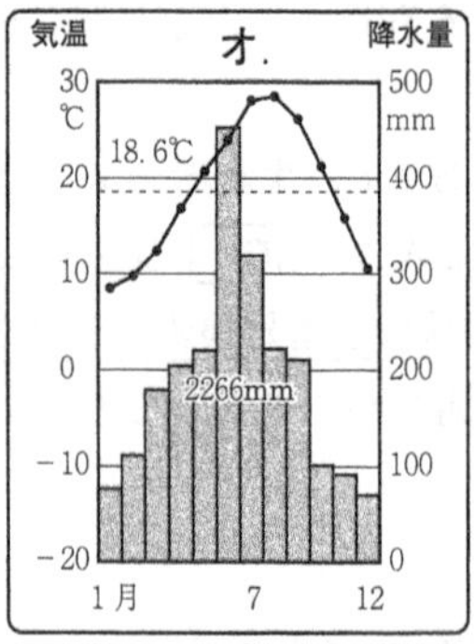

③ A には，漢字４字のことばが入ります。あてはまることばを漢字で答えなさい。

④ B には，漢字２字のことばが入ります。あてはまることばを漢字で答えなさい。

⑤ C には，「ベジあん」のような食品の安心・安全を確保する仕組みをあらわすことばが入ります。あてはまることばをカタカナで答えなさい。

問２ 下線部Dについて，東京に戻ってから，サト子さんは「牛の個体識別番号検索」システムに，地元のスーパーで売られていた牛肉の個体識別番号を入力しました。すると**資料３**のような表が表示されました。**資料３**を見て，次の問題に答えなさい。

資料３ 「牛の個体識別番号検索」システムの検索結果

【個体情報】

個体識別番号	出生の年月日	雌雄の別	母牛の個体識別番号	種別
14146216○○	2013. 10. 26	メス	1254319○○	黒毛和種

【異動情報】

	異動内容	異動年月日	飼養施設所在地		氏名または名称
			都道府県	市区町村	
1	出生	2013. 10. 26	宮崎県	小林市	九州　太郎
2	転出	2014. 09. 04	宮崎県	小林市	九州　太郎
3	搬入	2014. 09. 04	宮崎県	小林市	九州地域家畜市場
4	取引	2014. 09. 04	宮崎県	小林市	九州地域家畜市場
5	転入	2014. 09. 04	佐賀県	唐津市	有限会社　○○牧場
6	転出	2016. 05. 25	佐賀県	唐津市	有限会社　○○牧場
7	搬入	2016. 05. 25	福岡県	太宰府市	（株）九州食肉
8	と畜	2016. 05. 26	福岡県	太宰府市	（株）九州食肉

① サト子さんが「牛の個体識別番号検索」システムで得られなかった情報は何か，次の**ア**～**オ**の中から２つ選び，記号で答えなさい。

ア．肉牛の出生地の市区町村　　**イ**．肉牛の出生年月日

ウ．肉牛の種類　　**エ**．小売店への搬入《はんにゅう》経路

オ．牛肉の肉質（品質）の等級

② この牛肉は「佐賀牛」のシールが貼《は》られて販売されていました。このシールは「神戸牛」「近江牛」「松阪牛」などのようにブランド化された証拠です。「佐賀牛」はＪＡグループ佐賀が決めたきまりに合格した牛肉です。ブランド化されることによってもたらされる良い影響について，生産者・消費者それぞれの立場から説明しなさい。

〔Ⅲ〕 次の文章を読んで，以下の問いに答えなさい。

みなさんは，国際連合の関連機関が「世界幸福度調査」というものを行っていることを知っていますか。世界の156か国・地域を対象に，2012年からその結果は「国別の幸福度ランキング」として，毎年３月に発表されています。下の表は，昨年３月に発表された一番最近のランキング上位の50か国です。

世界幸福度ランキング2018

順位	国・地域	順位	国・地域
1	フィンランド	26	台湾
2	ノルウェー	27	パナマ
3	デンマーク	28	ブラジル
4	アイスランド	29	アルゼンチン
5	スイス	30	グアテマラ
6	オランダ	31	ウルグアイ
7	カナダ	32	カタール
8	ニュージーランド	33	サウジアラビア
9	スウェーデン	34	シンガポール
10	オーストラリア	35	マレーシア
11	イスラエル	36	スペイン
12	オーストリア	37	コロンビア
13	コスタリカ	38	トリニダード・トバゴ
14	アイルランド	39	スロバキア
15	ドイツ	40	エルサルバドル
16	ベルギー	41	ニカラグア
17	ルクセンブルク	42	ポーランド
18	アメリカ合衆国	43	バーレーン
19	イギリス	44	ウズベキスタン
20	アラブ首長国連邦	45	クウェート
21	チェコ	46	タイ
22	マルタ	47	イタリア
23	フランス	48	エクアドル
24	メキシコ	49	ベリーズ
25	チリ	50	リトアニア

『世界幸福度報告書2018』より

このランキングは、各国で約1000人に、「あなた自身の現在の幸福度」に対して０～10の中で回答してもらった過去３年間の平均値から算出しています。
また幸せの内訳《うちわけ》として、
・人口１人あたりのＧＤＰ注
・健康的な寿命
・困ったときに頼れる人がいるか
・人生の選択に自由があるか
・過去１か月で寄付をしたことがあるか
・社会や政府に腐敗《ふはい》が蔓延《まんえん》していないか
の６項目の質問の答えから分析もしています。

注：国内で１年間に生産されたものやサービスの総額

残念ながら，この中に日本を見つけることはできません。今回の日本のランキングは「54位」でしたが，日本は以前の40位台からランキングを落としています。

一方，フィンランドやノルウェー，デンマークなど北欧の国々は，毎回上位にランキングされています。高齢者や障《しょう》がい者も一般の人々と分け隔《へだ》てのないふつうの生活ができる社会を目指そうという考え方（それをノーマライゼーションといいます）が定着し，医療費や教育費が原則無料というところが，その理由のひとつかもしれません。その代わりに，日本でいう消費税の税率が世界各国と比べてとても高いのも特徴です。税率を高くして福祉を充実させるか，それとも税率は低くして自分の面倒は自分の責任で行った方が良いのか，その税金の使い道も含めて，今後議論していく必要があると思います。

問1　日本では2019年に消費税の税率アップが予定されています。では，消費税が上がる直前に消費者はどのような行動を取ると思いますか。予想される消費者の行動について，その理由も含めて簡潔に説明しなさい。

問2　次の①～③の文章は，世界のある国についての説明です。それぞれの「この国」に該当する国名を「世界幸福度ランキング2018」の中から選び，そのランキングの順位を数字で答えなさい。

①　この幸福度ランキングでは比較的上位に位置している「この国」だが，複雑な歴史を背景に過去から現在まで，実際には絶え間なく地域紛争《ちいきふんそう》が続いている国でもある。昨年の2018年にはアメリカ合衆国大統領が，国連が首都と認めていない都市を首都であると宣言したり，大使館をその宣言した都市に移転させたりして話題となった。

②　アジアに位置する「この国」は，面積はちょうど東京23区と同じくらいしかないが，人口密度は世界第2位となっている。その小さな国であるが，昨年の2018年6月12日に，世界平和のカギを握る2つの国の首脳会談が行われ，世界中の注目を浴びた。

③　ダイナマイトを発明した人物が生まれたのは「この国」であり，彼の遺言《ゆいごん》により，毎年世界に貢献《こうけん》した研究をしたり，輝かしい作品を残したりした人物に賞が与えられている。昨年の2018年には日本人の本庶佑氏もその賞を受賞し，その国の首都での授賞式に出席した。

問3　本文中にあるように，それぞれの国が福祉について取る方向は以下の2つになると思われます。

A　教育費や医療費などを無料化（または安く）し，国民の生活が平等になるように国家が福祉を充実させる社会。ただし，その分みんなが高い税金を納めなければならない。

B　収入から差し引かれる税金は安いので，自分の手元には多くの資金が残せる社会。ただし，国家は国民の生活の面倒はあまり見てくれず，自分の今の生活や老後は，自分が蓄《たくわ》えた資金でまかなわなければならない。

あなたが望むのは，AとBのどちらの方向でしょうか。そのどちらかの記号を選んだ上で，そのマイナス面をふまえながら，なぜそのように考えるかの理由を150字前後で説明しなさい。

問2 次の例のように、①～③で示された意味を表すことばをひらがなで答えなさい。

(例)

・囲碁《いご》、将棋《しょうぎ》などで先の手を考える

・顔色から気持ちを考える

・詩歌を作る

答え **よむ**

① ・鑑定《かんてい》する　・世話をする

・ためす

② ・出発する　・続けていたことを止める

・服の生地などを切る

③ ・強い感動を与える　・芝居《しばい》を興行する

・文字などを入力する

＊エチオピア…東アフリカに位置する国家。
＊アイデンティティ…主体性。同一性。一個の人格。自分が何者かを表す要素。
＊ムスリム名…イスラム教徒としての名前。
＊ＩＤカード…身分証明書。

問１ [A]、[B]、[C] に当てはまる言葉を次の中から一つずつ選び、記号で答えなさい。

ア または　**イ** たとえば　**ウ** もちろん
エ それでは　**オ** 一方

問２ [X] には「ある傾向《けいこう》が強い様子」を意味する言葉が入る。最もふさわしいものを次の中から選び、記号で答えなさい。

ア つまるところ　**イ** まれに　**ウ** あくまで
エ 存外　**オ** とかく

問３ ――線１「エチオピアでの『名前』は、単一の固定したものではない」とあるが、それではエチオピアにおける「名前」とはどのようなものであると言えるか。解答らんに合わせて、四十字以内で説明しなさい。「個人」という言葉を必ず用いること。ただし、句読点等の記号も一字として数える。また、あたえられた書き出しは字数にふくめない。

問４ ――線２「ひとりにひとつだけのきまった名前がある。ひとつの名前が、その人の同一性を保証する」とあるが、なぜこのことが国家にとって重要なのか。その理由を四十字以内で説明しなさい。「仕組み」という言葉を必ず用いること。ただし、句読点等の記号も一字として数える。

問５ ――線３「日本とエチオピア、はたしてどちらの国家のほうが『強力』なのだろうか」とあるが、この問いに対する筆者の考えを八十字以内で説明しなさい。解答は以下に指定した二つの言葉を用い、エチオピアと日本を対比させること。ただし、句読点等の記号も一字として数える。また、指定した言葉を使用する順番は問わない。

表面的　あたりまえ

三 次の問いに答えなさい。

問１ 次の文章の――線部の漢字はひらがなに、カタカナは漢字に直しなさい。ただし、送り仮名の必要なものはひらがなで送り仮名をつけて答えること。

折口信夫《おりくちしのぶ》は、若いころから釈迢空《しゃくちょうくう》という特異な筆名で短歌を作り続け、特色ある詩や小説をも著《あらわ》した日本を代表する文学者の一人である。同時に、国文学や古代学で優れた業績を残した研究者でもあった。中でも生涯《しょうがい》にわたっての①目論見は、日本文学がどのように②タンジョウしたのかを明らかにすることであった。

折口は、全国に③ブンプする祭りから、老人から幼子《おさなご》、果ては鬼《おに》にいたるまで様々な姿で村に④オトズレル神、「まれびと」を発見し、それが村人に与《あた》える祝福のことば、「呪言《じゅごん》」が文学発生の母胎《ぼたい》となったのだと考えた。いわば、⑤シキンセキとして生活に⑥ウラウチされた文学の信仰《しんこう》起源説を掲《かか》げたのである。

しかし、折口には⑦金輪際他言無用とでもいうべき出来事が、若いころの恋に秘《ひ》められていたのであった。

るし、自分で好きな名前を名乗ることもある。この成人名が「尊称《そんしょう》」となるが、親族や友人などのあいだでは幼名も使われる。

「名前」は、その人の＊アイデンティティとイコールではない。むしろ、社会的な関係や状況《じょうきょう》に応じて呼び方が変わったり、同時に複数が併用《へいよう》されたりする。相手をどの名前で呼ぶかによって、その人との関係が示される。

そんなエチオピアの農村部でも、数年前から、若い女性が中東などに家政婦として出稼《でかせ》ぎに行くようになり、パスポートを取得する人が出てきた。この国家が承認する身分証には、もちろんひとつの名前が必要になる。

ただ、正式な戸籍上の名前が存在しないので、そこでも柔軟《じゅうなん》な使いわけがなされる。たとえば、キリスト教徒がイスラームの国に出稼ぎに行くときには、ビザが下りやすいように＊ムスリム名で＊ＩＤカードを村役場で出してもらい、そのＩＤの名前でパスポートを申請《しんせい》する。そんなことがふつうに行われている。

1エチオピアでの「名前」は、単一の固定したものではない。「戸籍」というつねに参照される典拠《てんきょ》がないので、個人の同一性にもとづいたパスポートなどの国家の制度も、するりと身をかわされてしまう。「名前」は、「わたし」という存在の外部にあって、つねに操作可能なのだ。

B、ぼくらは、幼いころからひとつの固定した名前を前提に育ってきた。テストの答案用紙や自分の持ち物、いろんな書類などに、出生後に親が国に届けたひとつの名前を繰《く》り返し記入してきた。複数の名前を使いわけるなんて、思いも寄らない。

この「記名」は、同時に、出生時にきめられた「性別」を表明し続ける行為《こうい》でもある。「わたし」の存在に「名前」が付随《ふずい》しているのではなく、国家に登録された「名前」が「わたし」のあり方を定め、かたちづくっていく。それが学校教育にしても、結婚にしても、固定した名前と性別にもとづく社会制度を可能にする。

C、こうなったのは明治期に戸籍制度が整えられて以降のことだ。それまでは、日本でも年齢《ねんれい》に応じた名づけや自分の意志での改名がよく行われていた。それがいつの間にか、すっかり「名前」→「わたし」になった。

2ひとりにひとつだけのきまった名前がある。ひとつの名前が、その人の同一性を保証する。こうして、「わたし」は、つねに「わたし」であり続ける。個人の同一性と単一性。それが、国家が政策を遂行《すいこう》する基盤《きばん》になる。

3日本とエチオピア、はたしてどちらの国家のほうが「強力」なのだろうか。

エチオピアと日本の国のあり方にみえるねじれ。国家の「支配」とか、「権力」というと、X表向きの統制の強さだけが想起される。けれど、それは内面化／身体化の度合いと深く関わっている。その制度があたりまえであればあるほど、国家が関与《かんよ》する密度は増す。

だから日本人が、エチオピア人よりも国家から自由であるとはいえない。戸籍にしても、他のいろんな制度にしても、日本人のほうがはるかに国家の存在を欠かすことのできない前提として生きている。そうやって国家と密着するのが「あたりまえ」になると、自由に息を吸うことがどんな感覚だったのかさえ忘れてしまう。

（松村圭一郎『うしろめたさの人類学』による）

ア　周囲から孤立《こりつ》してしまうことを恐れて本来の自分を出せずにいたが、司書の七海の言葉によって自分のあるべき姿を取り戻し、佐藤先輩からの信頼《しんらい》を回復しようとしている。

イ　周囲からの圧力《あつりょく》に負けて佐藤先輩に冷たくしてしまったことを後悔《こうかい》し気持ちが沈《しず》んでいたが、司書の七海に励《はげ》まされ、そうした圧力に反抗するため立ち上がろうとしている。

ウ　周囲になじみたいという気持ちと佐藤先輩と仲良くしたいという気持ちの間でゆれていたが、司書の七海との会話を通じて佐藤先輩の方を選ぼうと決意を固めている。

エ　周囲の声を信じこんで佐藤先輩につらく当たってしまったが、司書の七海と対話することで佐藤先輩の優しさに気づき、誤解《ごかい》していたことを謝罪《しゃざい》しようとしている。

オ　周囲の目を気にして自分のやりたいことができずにいたが、司書の七海の励ましをきっかけに自分の気持ちと向き合う覚悟《かくご》を決め、佐藤先輩との関係を築《きず》き直そうとしている。

問10　本文で主に描かれていることとして最もふさわしいものを次の中から選び、記号で答えなさい。

ア　一冊《さつ》の本との出会いがもたらした少女の成長

イ　置かれた環境《かんきょう》に影響を受けやすい少女の心の弱さ

ウ　お互いを思いやる少女たちの心のすれ違い

エ　文化の壁《かべ》を越えて結ばれる少女たちの友情

オ　級友と先輩どちらの友情を選ぶかでゆれる少女の葛藤《かっとう》

二　次の文章を読んで、後の問いに答えなさい。

＊エチオピアは、政治的な統制が強い国だ。自由で公正な選挙が行われているとは言いがたいし、表現の自由への圧力は日増しに強まっている。テレビの地上波は、いまも国営の放送局だけだ。二〇一六年十月には、拡大する政府への抗議《こうぎ》活動を抑《おさ》えるために非常事態宣言が出された。デモ活動は全面的に禁止。数ヶ月間、携帯《けいたい》からのネット接続も遮断《しゃだん》された。この国家の強権的な支配に比べれば、日本はまだ自由な国に思える。

ただし、国民が国家という制度をどれほど内面化しているかという点で考えると、逆の姿がみえてくる。国家支配が強力なエチオピアでも、日本のように整った戸籍《こせき》や住民票は存在しない。

日本では、子どもが生まれると名前をきめて国に届け出ることがあたりまえになっている。エチオピアには、その仕組みがない。税金を徴収《ちょうしゅう》するための世帯主や事業主の登録は進んできたが、国は国民全員の出生や死亡の情報をほとんど把握《はあく》していない。

当然ながら、親はすぐに子どもに名前をつける必要もない。両親や祖父母は、生まれた子どものことを、それぞれ好き勝手な名前で呼ぶこともある。

　A　、おじいちゃんは、肌《はだ》の色が黒くて南部の民族のようなので「ドゥカモ」と呼び、お母さんは、そんな名前はいやだからと「アジャイボ」と呼び、父親はまた別の名前で、といったように、複数の名前が同時に使われ続けることも、めずらしくない。

さらに地域によっては、成人ないし結婚《けっこん》した男女に、生まれたときの「幼名」とは別の名前がつけられる。人によって呼び方が違《ちが》うこともあ

して友達に合わせようとしている。

エ　佐藤先輩と一緒に出かけることを楽しみにしていたが、クラスに打ち解けるためには佐藤先輩との関わりがないふりをしなければならず、そのことに罪の意識をいだいている。

オ　佐藤先輩に強制的に連れていかれる点を強調することでバスケ部の見学を断った自分を正当化し、自分が変わり者であることを周囲《しゅうい》に悟《さと》られないよう必死になっている。

問3　――線3の□に入る漢字一字を答え、慣用句を完成させなさい。

問4　――線4「佐藤先輩はくちびるだけで微笑んでいた」とあるが、このときの「佐藤先輩」について述べたものとして最もふさわしいものを次の中から選び、記号で答えなさい。

ア　沙弥が自分との吟行を迷惑だと言ったにもかかわらず、今は吟行を楽しみにしていたようなそぶりを見せていることに戸惑い、沙弥の言葉を信じられなくなっている。

イ　沙弥が自分の悪口を言うことでクラスに打ち解けようとしていることを理解し、編入生の沙弥が早く学校になじむことはいいことだと自分に言い聞かせている。

ウ　沙弥が本心から自分との吟行を迷惑に感じているかはわからないが、周囲の目を気にして自分のことを悪く言ったことにがっかりしてしまい、沙弥のことを突き放している。

エ　沙弥が本心では自分との吟行を迷惑に感じており、直接打ち明けてくれなかったのは嫌われ者の自分を同情していたからだということがわかり、悲しみをこらえている。

オ　沙弥は自分のことを理解してくれる数少ない友人だと思っていたが、陰《かげ》で自分の悪口を言っていることを知り、沙弥の本心にふれて怒りと憎《にく》しみがこみ上げている。

問5　――線5「マレーシア」、6「日本」とあるが、本文において語られるマレーシアと日本の社会の違いについて次のように述べた。［A］～［D］に入る最もふさわしい語を後にある語群からそれぞれ選び、記号で答えなさい（同じ記号を二度使ってはならない）。

［A］性を［B］される日本の社会に対し、マレーシアの社会は［C］性が［D］される。

［語群］

ア　異質《いしつ》　イ　強調　ウ　強要　エ　国際
オ　同質　カ　閉鎖《へいさ》　キ　保証　ク　容認《ようにん》

問6　［Ｉ］に入る語として最もふさわしいものを次の中から選び、記号で答えなさい。

ア　解放感　イ　克己心《こっきしん》　ウ　最先端《さいせんたん》　エ　整然性
オ　絶対的

問7　――線7「こんな自分、嫌だ」とあるが、「沙弥」にとっての理想のあり方が表現された部分を十字程度で本文中から抜き出し、そのはじめと終わりの三字をそれぞれ答えなさい。

問8　――線8「単に出席番号が三十一だから」とあるが、なぜ「出席番号が三十一」だと佐藤先輩に選ばれることになるのか。簡潔《かんけつ》に答えなさい。

問9　――線9「佐藤先輩に謝らなきゃ」とあるが、このように発言する「わたし」の状況はどのようなものか。その説明として最もふさわしいものを次の中から選び、記号で答えなさい。

大人の人の年齢《ねんれい》ってよく分からないけど、七海さんはまだお姉さんって呼べるくらいには若い。白い肌《はだ》には少しソバカスがあって、赤いフレームの眼鏡の奥《おく》の目がどんぐりみたいに丸くて茶色い。

それでも、この人が中学生のころって、きっと十年以上前の話だ。

「私は、昔から本が好きだったから、休みの日は一日中、自転車に乗って図書館巡《めぐ》りをしてたの。たいていの図書館にその本は置いてあった。それがすごく心のよりどころになった。嫌なことや悲しいことがあって自分の心がグラグラになっても、その本は私が行く先々で、どこでも同じ凛《りん》とした姿で図書館にある。それを見ると、安心して、私も自分の気持ちを立て直すことができたの。」

マレーシアの日本人学校の図書室にも、この中学校の図書室にも。遠く離れた場所でも、この本は変わらない……。

そういえば、マレーシアの日本人学校に編入したばっかりのころ、日本でよく読んでいた本が図書室にそろっていて、何だかほっとしたっけ。

今はそれの逆だなんて笑ってしまう。

「佐藤さんね、編入してきたあなたのことを気にしてたよ。佐藤さんも転校生だったから、花岡さんの心配や緊張《きんちょう》を和《やわ》らげようとして、それで吟行に誘ったんじゃないかな。ただ、不器用だから、あんな命令口調になってたけど、花岡さんと仲よくなりたかったんだと思うよ。」

わたしと仲よくなろうと……？

もし、それが本当だったら。8単に出席番号が三十一だからだけじゃないとしたら……。

わたしはひどいことを言ってしまった。

そう思ったとき、本鈴が鳴った。

「教室に戻れそう？」

わたしはうなずいた。

教室に戻る途中《とちゅう》、埃《ほこり》の転がる廊下《ろうか》を急ぎ足で進みながら考える。

9佐藤先輩に謝《あやま》らなきゃ。

（こまつあやこ『リマ・トゥジュ・リマ・トゥジュ・トゥジュ』）

＊督促…本文では図書館から借りた本を返すようううながすこと。

＊書架…本棚のこと。

問1 ――線1「とっさに」はどこにかかるか。最もふさわしいものを次の中から選び、記号で答えなさい。

ア 目を　**イ** そらして　**ウ** わかめごはんを　**エ** 一気に

オ かき込む

問2 ――線2「無理やり連れていかれるだけなんだよ。ほんとは迷惑！」とあるが、このように発言した「わたし」の状況《じょうきょう》はどのようなものか。その説明として最もふさわしいものを次の中から選び、記号で答えなさい。

ア クラスの友達の前で配慮《はいりょ》に欠けた態度《たいど》を取り続ける佐藤先輩にいら立ち、つい本音を口にして気まずい空気を作り出してしまうほど我《われ》を忘れてしまっている。

イ クラスの友達から佐藤先輩との関係を追及《ついきゅう》されて困惑《こんわく》してしまい、これ以上追及されずにすむように心にもない嘘《うそ》をついてこの場を取りつくろおうとしている。

ウ クラスの友達より佐藤先輩との約束を自分で優先させたものの、クラスに溶けこめなくなることを恐れるあまり、命令されたことに

電車に乗っても、一つの車両にいろんな人たちがいた。

トゥドゥンと呼ばれるベールを被《かぶ》ったイスラム教徒《きょうと》の女性たち。そのトゥドゥンはカラフルで、数人で身を寄せている後ろ姿は、きれいな羽の鳥たちみたいに見えた。

その前でおしゃべりしているのは、わたしたちとよく似た中華系《ちゅうかけい》の人たち。（でも、髪型や服のセンスとか、どこか日本人とちがう。）

ドアに寄りかかっているのは、目のぱっちりしたインド系のお兄さんたち。

マレーシア語も、英語も、どこの国か分からない言葉も混ぜこぜで聞こえてきた。

そんな車内から、窓の外の景色以上に目が離せなかった。

タブンカ、なんていう言葉はまだよく知らなかった。でも、一つハッキリ言えることは、わたしの気分がかなり上がったということ。

すごい、すごい、すごい。

暮らし始めると何を見ても新鮮《しんせん》で、サイダーの泡《あわ》みたいな刺激《しげき》があった。

扉を完全に閉じる前に走りだしちゃうバス。

舗装《ほそう》がボッコボコのアスファルト。

屋台で売られているカエル肉の料理。

鼻にパンチを食らわすドリアンが山積みになった出店。

バッサバッサと葉が生《お》い茂《しげ》るヤシの木たち。

大自然と都会が隣《とな》り合《あ》わせにあって、街の中心にはペトロナスツインタワーと呼ばれるトウモロコシみたいな形のビルがそびえ立つ。

蜘蛛《くも》の巣《す》みたいな大きなヒビを窓ガラスに入れたまま走っている電車もあったっけ。

［ I ］、というのかな。

ここに来ることができてすごくラッキーだと思った。

みんなで同じものを持たなくちゃ、同じようなタイムで走らなきゃ、同じものをおいしいと思わなきゃ。

マレーシアに来る前のわたしはそんな思いにとらわれていた。それは四年生の後半あたりからわたしの胸に蜘蛛の巣のように張りついていた。

でもここは、人とちがっていても仲間外れにされちゃうような場所じゃない。マレーシアで、わたしたち兄妹《きょうだい》が入った日本人学校もそうだった。

インターナショナルスクールってガラじゃないよね、とか言ってお父さんとお母さんが決めた学校だったけれど、学年の隔《へだ》てはなくて自由だった。一つ二つの歳《とし》の差なんて気にせず、よく一緒に遊んでいた。

なのに、今のわたしときたら。

人とちがうことを怖がって、人とちがうことを否定して。

7 こんな自分、嫌だ。

「花岡さん。」

とん、とん。七海さんは横からわたしの背中を優しくたたき、

「その本、私も好きだよ。」

ほんわかした口調で言った。

「私が中学生のころに発行された本なの。主人公の女の子に、自分を重ねて読んでた。」

わたしはまじまじと七海さんの顔を見る。

「ごめんなさい。あの……。」

ちがうんです、と言おうとしたけれど、言えなかった。

何も、ちがわないじゃないか。

下級生からも変わり者扱《あつか》いされている佐藤先輩と、仲よくしていることを周りに知られるのが嫌だった。

わたしまで変わり者のカテゴリーに入ってしまうと思ったから。

なのに、二人でいるときは仲よくしたいなんて、3□がいい。

佐藤先輩の気持ちなんて考えていなかった。

「わたし、周りから自分がどう呼ばれてるかなんて知ってるよ。いばって督促状《とくそくじょう》を持ってくるから、督促女王。どの教室も、わたしが入っていくと嫌そうな顔をする。」

「わたしは……。」

「いいよ、自分の身を守りなよ。わたしとちがって、中学生活まだまだ続くんだから。居心地《いごこち》いい寝床《ねどこ》は必要だよ。」

4佐藤先輩はくちびるだけで微笑《ほほえ》んでいた。怖《こわ》いと思った。だってそれは、本当の笑顔じゃないと分かったから。

昼休みだけじゃない、何かもっと大事なものの終わりのような予鈴《よれい》が鳴る。

「それじゃあ。」

佐藤先輩はわたしの横をすり抜《ぬ》けた。

「じゃあ七海さん、戻《もど》りますね。」

「お疲《つか》れさま。今日はもう一人の当番の服部《はっとり》さん来なかったわねえ。」

「来週はサボらないように言っておきます。」

佐藤先輩と七海さんのやり取りが耳に届く。

わたしも教室に戻らなくちゃ。でも、動けない。

そのとき、本棚《ほんだな》に並んでいる一冊が目に留まった。

何だか懐《なつ》かしさが胸に広がって、それがマレーシアの日本人学校の図書室で読んだ小説だと少し遅《おく》れて気がついた。

その本を見つめていると、

「あら、花岡さん。もう本鈴《ほんれい》鳴るよ。教室戻って……ていうか、どうしたの?」

七海さんに声をかけられた。

「あ、えと、その。これ借りたくて。」

わたしはとっさにごまかし、人さし指をかけて本棚からその本を抜《ぬ》き出《だ》した。

この本を胸に抱《かか》えて目を閉じたら、マレーシアの日本人学校の図書室にワープできればいいのに。

そんなファンタジーの世界のようなことを考えたら、涙《なみだ》が出てきた。

「この本、マレーシアで通ってた学校の図書室にもあったんです。わたし……5マレーシアに帰りたい。」

わたしは6日本に帰ってきてから、周りの目ばかりを気にしている。

どうして。どうして。

わたしは悔《くや》しかった。

飛行機で運ばれる間に、自分の性格が変わってしまったような気がする。

マレーシアはいろんな民族がごっちゃに暮らしている多民族国家だ。

わたしは、マレーシアには東南アジア系の顔の人たちだけが住んでいると思っていた。でも、そうじゃなかった。

「ああ、うん。なんていうか、まあ……。」
朋香ちゃんの顔に疑問《ぎもん》の表情がうかぶ。
「だからバスケ部来られないのか。仲いいんだね。」
「そういうわけじゃないよ！」
わたしは、必死に首を横に振る。
朋香ちゃんを失いたくない。
佐藤先輩へのイライラが募《つの》る。
やめて、教室で話しかけないで。わたしまで変わり者だと思われちゃうから。
「2無理やり連れていかれるだけなんだよ。ほんとは迷惑《めいわく》！」
そう言った瞬間《しゅんかん》、我に返った。
言いすぎた。
わたしがあわてて教室を見回すと、もう佐藤先輩はいなかった。
大丈夫。聞こえてない、よね。

（中略）

放課後、指定された時間に図書室に行くと、どこにも佐藤先輩の姿はなかった。
待ってみるけれど、三時四十五分になっても、四時になっても現れない。
「あの、督《とく》そ……、佐藤先輩どこにいるか知りませんか？」
カウンターでパソコンに向かっていた司書の七海《ななうみ》さんにきいてみた。
「さあ……今日は見てないね。明日の昼休みは図書委員の当番で来るけど。三年Ａ組の教室のぞいてみたら？」
ああ分かりました、と答えたものの、ちょっと気が引けた。上の学年のクラスをのぞくのってすごく勇気がいる。
図書室から出て、教室の扉にはまっている窓から佐藤先輩の姿を捜《さが》した。
いない。数人が窓際《まどぎわ》に集まって何かしゃべっているだけだった。
残念、かも。
わたしはいつの間にか吟行を楽しみにしていたみたいだ。
翌日の昼休み、佐藤先輩は図書室の*書架《しょか》の整頓《せいとん》をしていた。
「昨日、吟行するんじゃなかったんですか？」
わたし、待ってたんですけど、ということをアピールするように、わたしは少し口をとがらせた。
「もう行かないよ。」
「え？」
「花岡さんと吟行はしない。」
佐藤先輩はわたしのほうを見ず、本の背ラベルに目を向けたまま言った。
「わたしといるところを見られるの、嫌《いや》なんでしょ？」
ああ。
昨日の給食の時間、自分の口から飛び出た言葉を思い出す。
『無理やり連れていかれるだけなんだよ。ほんとは迷惑！』
あの言葉が聞こえていたなんて……。
わたし、サイテーだ。

【国　語】（六〇分）〈満点：一〇〇点〉

一　次の文章を読んで、後の問いに答えなさい。

※　花岡沙弥《はなおかさや》はマレーシアから帰国《きこく》し、日本の中学校に編入《へんにゅう》することになった。沙弥は編入して早々、図書委員の佐藤先輩《せんぱい》から吟行《ぎんこう》（短歌を詠《よ》みに出かけること）のパートナーに指名される。出席番号が三十一番だったからという理由だけで指名されたことに最初は戸惑《とまど》いを覚えるが、佐藤先輩との吟行を通じて、沙弥は初めて短歌を詠む楽しさを知り、パートナーを引き受けることにした。

「さーや、今日バスケ部見学に来る?」

翌週の木曜日、給食の時間。朋香《ともか》ちゃんに言われるまですっかり忘れていた。そういえば誘《さそ》われていたんだった。

「あ、えーっと。ごめん。今日はちょっと。」

「そっかあ、残念。」

転校生のわたしは、今月中に部活を決めることになっている。部活は強制じゃないけど、中二のほとんどは何かしらの部に入っているみたいだった。

「バスケ部って木曜日が活動日なんだっけ?」

「うん。週二回。月曜と木曜だよ。わりとゆるくて楽なんだ。」

ダメだ、吟行とダブってる。佐藤先輩との吟行は、毎週木曜日だ。

「何か、習い事があるの?」

「じゃ、ないんだけど……、木曜日はちょっと用事があって。」

佐藤先輩と一緒《いっしょ》に短歌を詠むことにしたの、なんて言えない。

だって、＊督促《とくそく》女王なんて変なあだ名つけられちゃうような人と仲よくしているなんて知られたくない。

そのとき、勢いよく扉《とびら》が開いた。

振《ふ》り返《かえ》らなくても誰《だれ》か分かる。

だって今日は木曜日。督促女王こと、佐藤先輩が登場する日だ。

一週間前とまったく同じシチュエーション。わたしは1とっさに目をそらして、わかめごはんを一気にかき込む。顔が隠《かく》れるように、食器を斜《なな》めに傾《かたむ》けて。

来るな、来るな、話しかけないでよ。

わたしの願いははねのけられ、

「今日も三時半に図書室でね。」

佐藤先輩がわたしの横で立ち止まって言った。

わたしは、聞こえないふりをした。

「聞いてる?　三時半に出発するよ。」

この人は短歌は詠むくせに空気を読まない。

わたしは、チラリと顔を上げ、

「はい……。」

首をけがしているカメのようにひかえめにうなずいてみせた。

「どこに出発するんすかっ?」

オカモトくんが佐藤先輩にきいた。

「ヒミツ。」

にやっと笑った佐藤先輩が離《はな》れると、恐《おそ》れていた事態《じたい》がやってきた。

「さーや、今日、督促女王と何の約束してるの?」

「いや、とくに……。」

「でも、出発って言ってたよ?」

2019年度

解　答　と　解　説

《2019年度の配点は解答欄に掲載してあります。》

＜算数解答＞《学校からの正答の発表はありません。》

1　(1)　15　(2)　14個　(3)　2.4km　(4)　34才

2　(1)　28.8cm^3　(2)　①　オ　9　カ　99　②　$\frac{1}{3}+\frac{1}{11}+\frac{1}{231}$

3　(1)　80個　(2)　800円　(3)　40個

4　(1)　6：1　(2)　$\frac{1}{3}$倍　(3)　$\frac{7}{25}$倍

5　(1)　192度　(2)　24度　(3)　4倍　(4)　13回

○推定配点○

2(2)　各5点×2　他　各6点×15　計100点

＜算数解説＞

1　(四則計算，場合の数，植木算，数の性質，年令算，消去算，単位の換算)

(1)　$\square=5.2\div\left(1\frac{27}{40}-\frac{3}{8}-\frac{5}{6}\right)+3\frac{6}{7}=5.2\div\frac{7}{15}+3\frac{6}{7}=15$

重要　(2)　以下の14個がある。

120　130　132　140　142　143　230　231　240　241　243　340　341　342

基本　(3)　周が150mのとき，本数の差が150÷30－150÷50＝2(本)になり，差が32本になるのは150×(32÷2)÷1000＝2.4(km)

やや難　(4)　2年後の弟と母の年令をそれぞれ②，②×4＝⑧にすると，さらに6－2＝4(年後)には兄の年令が②＋3＋4＝②＋7(才)になり，この2.5倍の⑤＋17.5が母の年令⑧＋4に等しい。したがって，⑧－⑤＝③が17.5－4＝13.5(才)に相当し，現在の母の年令は13.5÷3×8－2＝34(才)である。

重要　2　(平面図形，立体図形，数の性質)

(1)　右図において，直角三角形の高さOHは3×4÷5＝12÷5＝2.4(cm)であり，立体の体積は12÷2×(4＋2.4÷3)＝6×4.8＝28.8(cm^3)

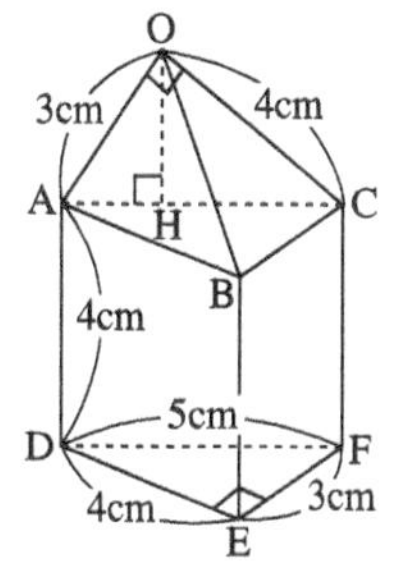

(2)　①　$\frac{1}{3}<\frac{5}{11}<\frac{1}{2}$より，$\frac{5}{11}-\frac{1}{3}=\frac{4}{33}$　33÷4＝8…1より，$\frac{1}{9}<\frac{4}{33}<\frac{1}{10}$　$\frac{4}{33}-\frac{1}{9}=\frac{1}{99}$　したがって，$\frac{5}{11}=\frac{1}{3}+\frac{1}{9}+\frac{1}{99}$

②　7÷3＝2…1より，$\frac{1}{3}<\frac{3}{7}<\frac{1}{2}$　$\frac{3}{7}-\frac{1}{3}=\frac{2}{21}$　21÷2＝10…1より，$\frac{1}{11}<\frac{2}{21}<\frac{1}{10}$　$\frac{2}{21}-\frac{1}{11}=\frac{1}{231}$　したがって，$\frac{3}{7}=\frac{1}{3}+\frac{1}{11}+\frac{1}{231}$

重要　3　(割合と比，売買算，鶴亀算，消去算)

(1)　右図において，最初の商品AとBの1個あたりの利益の比は400円：(1000×0.3)円＝4：3であり，それぞれの利益の合計の比が2：1である。したがって，それぞれの仕入れた個数の比は(2÷4)：(1÷3)＝3：2であり，

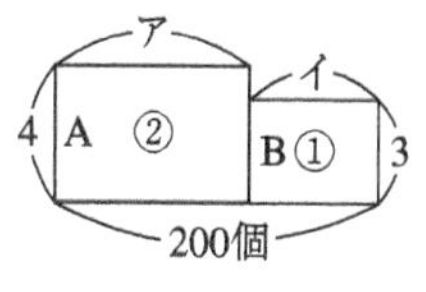

Bの個数は200÷(3＋2)×2＝80(個)である。

(2)　Aの原価を□円にすると，定価は□＋400，この2割引きは□×0.8＋400×0.8＝□×0.8＋320であり，これが□＋160に等しい。したがって，□×(1－0.8)＝□×0.2が320－160＝160(円)に相当し，□は160÷0.2＝800(円)である。【別解】　右図を利用する。

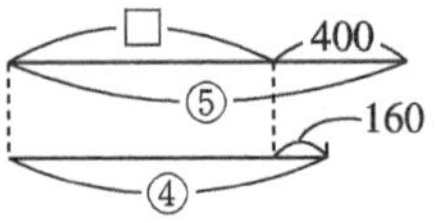

(3)　(2)より，Aの個数は200－80＝120(個)，Aの実際の利益の合計は300×80÷5×8＝38400(円)であり，割引きして売ったAの個数は(400×120－38400)÷(400－160)＝9600÷240＝40(個)である。

4　**(平面図形，割合と比)**

重要　(1)　図アにおいて，AK：KCも2：1であり，三角形BCFとDCJは相似で，対応する辺の比は3：1である。したがって，相似な三角形AFRとDJRにおいて，対応する辺の比は(3×2)：1＝6：1であり，AR：RDも6：1である。

図ア

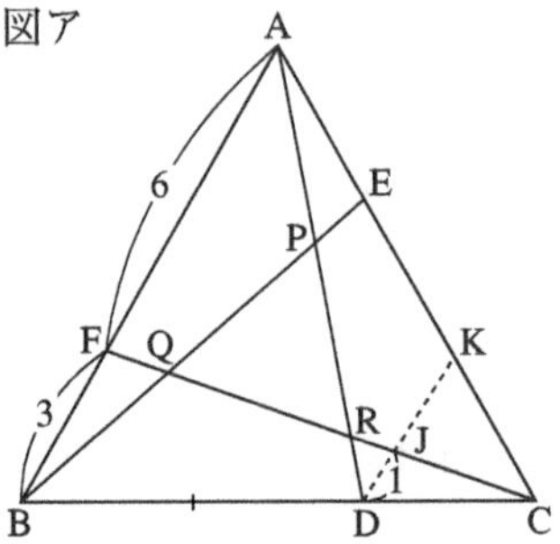

やや難　(2)　図イにおいて,(1)より，BP：PEも6：1であり，三角形ABP，BCQ，CARの面積をそれぞれ⑥にすると，三角形APE，BQF，CRDの面積はそれぞれ①である。したがって，正三角形PQRの面積は(⑥＋①)×3－⑥×3＝③であり，三角形APEの面積は正三角形PQRの1÷3＝$\frac{1}{3}$(倍)である。【別解】　図ウにおいて，三角形BQE，BPL，BEMは相似でありFMは6÷3×2＝4であるから，(1)より，BQ：QP：PEは3：3：1である。したがって，AP：PRも3：3＝1：1であるから，三角形APEの面積は正三角形PQRの$\frac{1}{3}$倍

図イ

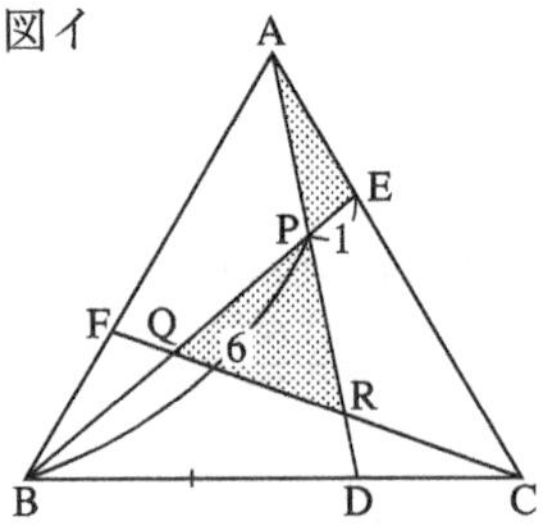

図ウ

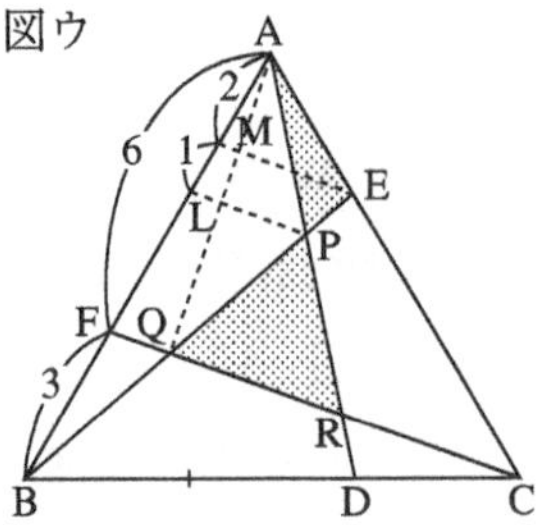

(3)　図エにおいて，ABが6のとき，AV：VNは3：(3÷3×2)＝3：2でAS：SGも3：2である。正三角形ABCの面積を75，三角形ABG，AGD，ADCの面積をそれぞれ75÷3＝25にすると，二等辺三角形SAB，TBC，UCAの面積はそれぞれ75÷3÷(3＋2)×3＝15であり，二等辺三角形ASUとAGDは相似で，これらの辺の比は3：5，面積比は9：25であるから，二等辺三角形SAB，TBC，UCAの面積はそれぞれ9である。また，図オにおいて，(1)より，三角形ABPの面積は25÷7×6＝$\frac{150}{7}$である。したがって，正三角形STUの面積は75－(15＋9)×3＝3，正三角形PQRの面積は75－$\frac{150}{7}$×3＝$\frac{75}{7}$であり，正三角形STUの面積は正三角形PQRの3÷$\frac{75}{7}$＝$\frac{7}{25}$(倍)である。

図エ

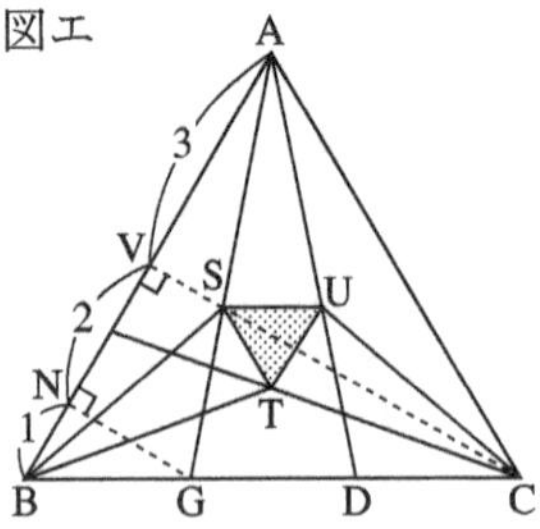

図オ

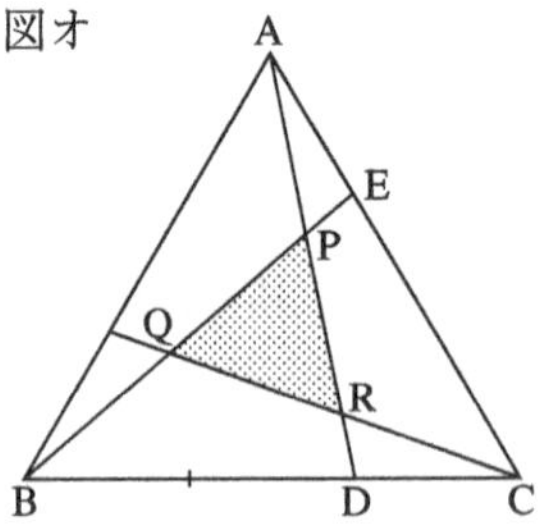

5 （平面図形，図形や点の移動，速さの三公式と比，和差算，規則性，数の性質）

基本 (1) 右図において，二等辺三角形OCAとOBCは三辺がそれぞれ等しく，角あは，(180－84)×2＝192(度)である。

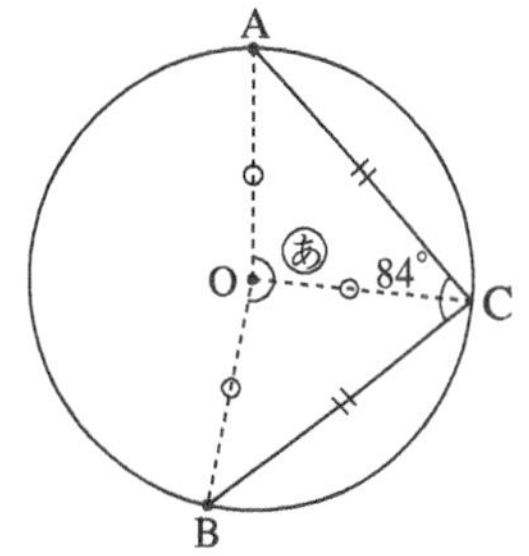

重要 (2) QがPと出合うまでの時間をア，QがPに追いつくまでの時間をイとする。(1)より，2回目に2点が重なるまでの時間ア＋イは192度に相当し，4回目に2点が重なるまでの時間は192×2＝384(度)に相当するので，いは384－360＝24(度)である。

(3) (2)より，4回目から5回目に2点が重なるまでの時間アは192÷2－24＝72(度)に相当し，(1)より，時間イは192－72＝120(度)に相当する。したがって，PとQの速さの和とQとPの速さの差の比は120：72＝5：3であり，Pの速さは(5－3)÷2＝1，Qの速さは1＋3＝4に相当するので，Qの速さはPの4倍である。

やや難 (4) (3)より，2点が重なる角度は以下のように変化する。

1回目 72度　2回目 192度　3回目 264度…　9回目 (120＋72)×4＋72＝840(度)
10回目 960度　…　19回目 960＋840＝1800(度)→360×5
20回目 1920度　…　29回目 1920＋840＝2760(度)
30回目 2880度→360×8　…　39回目 2880＋840＝3720(度)
40回目 3840度　…　49回目 3840＋840＝4680(度)→360×13
60回目 5760度→360×16

したがって，200÷30＝6…20より，200回目までには2×6＋1＝13(回)点Aで重なる。

★ワンポイントアドバイス★

まず，1の最初の3問で着実に得点しよう。1(4)「年令算」は難しくはないが簡単でもない。2も正解率は高い問題であり，5「円周上の2点」も(1)～(3)は難しくない。3「商品A・B」がポイントであり，4「相似」は難しい。

＜理科解答＞《学校からの正答の発表はありません。》

1 問1 0　問2 (イ)　問3 三角フラスコ内の空気が混ざっているから。　問4 (ウ)

問5 ① 0.36(g)　② (式) $\frac{0.36}{252}\times750\times640\times210=144000$　$144000\div1000=144$

(答) 144(kg)

2 問1 (エ)　問2 (イ)　問3 (ア)　問4 (ア)

3 問1 (イ)，(ケ)，(コ)　問2 右図　問3 (エ)，(オ)

問4 いろいろな環境に適応できるようになった　問5 5

○推定配点○

1 問1・問3・問5 各4点×4　問2・問4 各2点×2

2 問1～問3 各2点×3　問4 4点

3 各4点×5(問1・問3は順不同で完答)　計50点

<理科解説>

1 (気体の性質ー酸素の発生と性質)

基本 問1・問2　過酸化水素水に二酸化マンガンを加えると酸素が発生する。このとき，二酸化マンガン自身は変化しないが，過酸化水素を水と酸素に分解する。また，酸素は，無色無臭で，水に溶けにくく，空気の約1.1倍の重さがあり，金属が燃えるときは，酸素と結びつく。

基本 問3　酸素が発生するとき，最初に，三角フラスコやガラス管に入っていた空気が出てくるので，集めずに捨てる。

問4　A君もB君も，2.7％の過酸化水素水50cm^3を用いているので，発生する酸素の量は等しい。

やや難 問5　①　252cm^3の水の重さは252gである。したがって，集気びんの重さは，771.3－252＝519.3(g)となり，集気びんに集めた酸素の重さは，519.66－519.3＝0.36(g)である。　②　1cm^3の酸素の重さは，$\frac{0.36}{252}$(g)である。したがって，750×640×210＝100800000(cm^3)の部屋に含まれる酸素の重さは，$\frac{0.36}{252}$×100800000＝144000(g)＝144(kg)である。

2 (気象ー台風の発生と進路)

問1　予報円は，台風や風速が秒速25m以上の暴風を伴う低気圧の中心が到達すると予想される範囲のことである。

問2　台風は熱帯低気圧が発達したもので，最大風速が秒速17m以上になったものである。また，台風の中心に向かって左回りに風が吹きこみ，中心付近では，上昇気流が生じる。

やや難 問3　7月27日～29日における台風の位置と東京でのおよその風向きは，次の図のようになり，東寄り(27日)→北寄り(28日)→南寄り(29日)の順に変化する。

27日　　28日　　29日

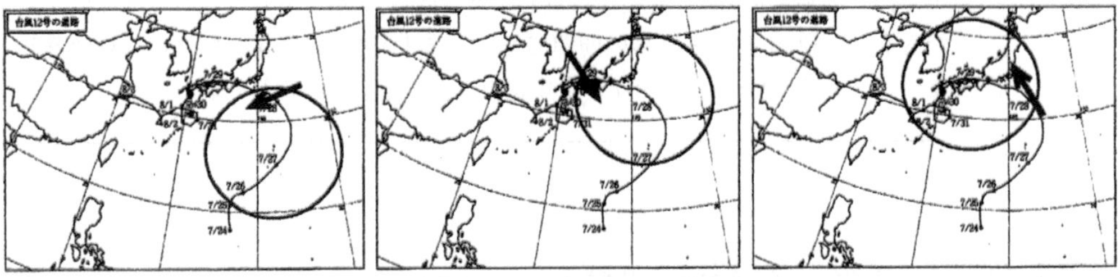

やや難 問4　右の図のように，チベット高気圧や太平洋高気圧のまわりには時計回りに風が吹き出す。一方，寒冷渦の中心に向かって反時計回りに風が吹きこんでいる。台風は，これらの風の影響を受けながら，進路を変えていく。

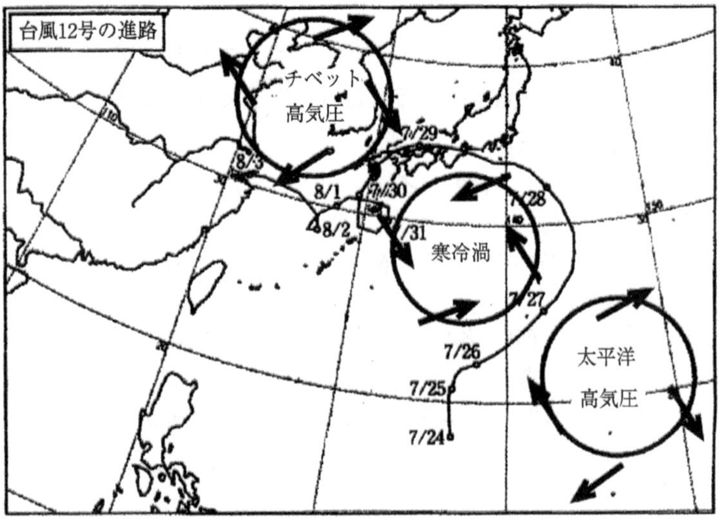

3 （昆虫・動物，生態系一昆虫と生物の多様性）

問1　ミヤマクワガタ・オオムラサキ・ナナホシテントウは完全変態，ヒグラシ・チャバネゴキブリ・オニヤンマは不完全変態を行う。

問2　昆虫のハチの頭部には触角《しょっかく》が一対，腹部には，三対の脚《あし》と二対の翅《はね》がある。

問3　ヘイケボタルはオスとメスが互いに光を点滅させて，居場所を知らせる。また，カイコガのオスは，メスから出るフェロモンのにおいを触角で感じる。さらに，アブラゼミはオスのみが腹部にある発音器を鳴らして，メスを呼び寄せる。

やや難　問4　いろいろな環境に適応できるようになることで，種類を増やすことができる。

やや難　問5　海洋の酸性化・ミドリガメの遺棄《いき》・ハクチョウの餌付《えづ》け・サンゴ礁《しょう》の埋め立て・コンクリート護岸の整備などによって，自然環境が破壊され，生物多様性を減少させている。

★ワンポイントアドバイス★

理科の基本的な問題から応用問題まで十分に理解しておくこと。また，各分野での計算問題や思考力を試す問題にも十分に慣れておくこと。

＜社会解答＞《学校からの正答の発表はありません。》

〔Ⅰ〕　問1　ウ　　問2　(例)　現在の奈良県，大阪府付近に政権の拠点が置かれ，政権の支配領域は東北地方南部から九州地方中部まで及んでいた。　問3　ア　　問4　ウ
問5　(例)　藤原道長・頼通の娘を母としなかったので，藤原氏の影響を受けにくかったから。　問6　ウ　　問7　一揆　　問8　五箇条の御誓文　　問9　西南戦争
問10　(例)　太平洋戦争中だったので，武器，兵器などを原料として金属が必要だったから。

〔Ⅱ〕　問1　①　松江(市)　　②　ア　　③　地産地消　　④　農薬　　⑤　トレーサビリティ
問2　①　エ・オ　　②　(生産者)　(例)　他の地域の牛肉と差別化を図ることができ，高く売ることができる。　(消費者)　(例)　牛肉の品質や安全性が保証されているので，安心して買うことができる。

〔Ⅲ〕　問1　(例)　消費税が8%のうちに買い物をした方が得なので，買いだめをする人が多くなる。　問2　①　11　　②　34　　③　9　　問3　A　(例)　私は，国家が福祉を充実させる社会を望みます。なぜなら，日本国憲法によって，すべての国民には，健康で文化的な最低限度の生活を営む権利が保障されているからです。そして，このことを実現するのは国家としての義務です。当然，国民の税金は増えますが，これによって福祉が充実するのなら，まったく問題はないでしょう。(150字)　　B　(例)　私は，税金は安く，手元に多くの資金が残せる社会を望みます。なぜなら，税金が高いと働く意欲がなくなるし，税金の安い国に移住する人も出てくるでしょう。そうなったら税金は集まらず，福祉どころではなくなります。老後の生活が不安な人もいるかもしれませんが，それは若い時に資金を蓄えればよいのではないでしょうか。(150字)

○推定配点○

〔Ⅰ〕　問2・問5・問10　各3点×3　　他　各2点×7

〔Ⅱ〕　問2②　各3点×2　　他　各2点×6(問2①は完答)

〔Ⅲ〕 問1　2点　　問3　4点　　他　各1点×3　　　計50点

＜社会解説＞

〔Ⅰ〕（日本の歴史―立体的な造形作品を題材にした日本の通史）

基本　問1　縄文のビーナスは，1986年，八ヶ岳山麓の長野県茅野市米沢に位置する棚畑遺跡から発掘された土偶。妊婦をかたどっており，高さは27cm，重さは21.4kg。ほぼ完全な形で発掘される土偶はめずらしく，国宝に指定されている。

重要　問2　前方後円墳の数の多さや，特に大型の前方後円墳が集中していることから，現在の奈良県，大阪府付近(畿内)に政権の拠点があったと考えられる。また，前方後円墳の全国的な分布から，政権の支配が，北は宮城県，南は宮崎県付近まで及んでいたことも読み取れる。

問3　推古天皇の摂政となったのは，推古天皇のおいにあたる聖徳太子。

やや難　問4　ウは東京都世田谷区にある静嘉堂《せいかどう》文庫所蔵の「曜変天目《ようへんてんもく》茶碗」。東大寺正倉院の宝物ではない。アは螺鈿紫檀五絃琵琶《らでんしたんごげんのびわ》，イは漆胡瓶《しっこへい》，エは白瑠璃碗《はくるりのわん》で，いずれも東大寺正倉院の宝物。

問5　後三条天皇の前の3代の天皇(後一条天皇，後朱雀天皇，後冷泉天皇)は，いずれも藤原氏出身の人物が母で，藤原道長にとっては孫にあたる。このため，藤原氏の影響を強く受けた。一方，後三条天皇の母(禎子内親王)は藤原道長・頼通の娘ではない。このため，後三条天皇は藤原氏の影響を強く受けることなく，自分の考えによって政権を担当することができた。

やや難　問6　問題文に，「栄西(1141～1215)」とあるのに注目する。表中に示された開基(創立者)の中で，この期間に生きていたのは北条政子(1157～1225)だけである。なお，北条時頼は1227～1263，北条時宗は1251～1284，北条師時は1275～1311。

問7　問題に示された法令は刀狩令。1588年に発布され，第一条で一揆防止という支配者側の理念を示し，第二条で没取した武器は大仏建立の釘などに用いること，第三条で農民は農耕に専念することが平和で幸せであることを説いている。

基本　問8　五箇条の御誓文は，1868年3月14日，天皇が天地の神々に誓うという形式で示された明治新政府の基本方針。5か条から成るので，このように呼ばれる。由利公正《ゆりきみまさ》が起草し，福岡孝弟《たかちか》が修正を加え，木戸孝允《たかよし》が訂正したものとされる。

問9　西南戦争は，1877年に起こった西郷隆盛らの反乱。明治新政府に対する不平士族の最大かつ最後の反乱で，西郷隆盛が征韓論に敗れて官職を辞職し，鹿児島に設立した私学校の生徒が中心となって挙兵。熊本城を攻略できないうちに，政府軍の反撃にあって敗退。西郷隆盛の自刃によって終結した。

重要　問10　太平洋戦争(1941～1945年)の間，日本は武器や兵器を生産するために大量の金属を必要としたが，金属の輸入が制限されていたため，金属不足は深刻であった。このため，国民に金属の拠出が求められ，武器，兵器の原料として初代ハチ公像も撤去されたのである。

〔Ⅱ〕（日本の地理―会話文を題材にした日本の自然，産業など）

重要　問1　①　資料2から「メグミスーパー」のほとんどは，島根県にあることがわかる。島根県の県庁所在地は松江市である。　②　松江市は日本海に面しているので，冬に降雪が多い。このため，雨温図の棒グラフ(降水量を表す)は凹型となる。よって，アを選ぶ。なお，イは松本市(長野県)，ウは札幌市(北海道)，エは東京，オは鹿児島市である。　③　地産地消は，「地元生産地元費」の略語。食料・農業・農村基本法で，消費者と生産者が「顔が見える，話ができる」関係で地域の農産物や食品を購入する機会を提供するとともに，地域の農業と関連産業の活性化を図るものと位置づけられている。　④　農薬は，農産物の収穫量を増やすために病害虫を防ぎ，保護するために用いられる肥料以外の薬剤。近年では人体や環境に対する悪影響が指摘され，無農薬，低農薬栽培などの動きもある。　⑤　トレーサビリティは，生産，加工，流通，販売などを通じて食品の移動を把握できること。問題となる食品を早期に発見，回収し，被害の拡大を図ることができる。

問2　①　肉牛の出生地の市区町村，肉牛の出生年月日は，異動情報の1に，肉牛の種類は個体情報の種別に記載されている。しかし，小売店への搬入経路，牛肉の肉質(品質)の等級に関する情報は得られない。　②　生産者は，牛肉をブランド化することによって，他の産地の牛肉と差別化を図ることができ，より高く牛肉を売ることができる。また，消費者は，ブランド化された牛肉は，一定の品質，安全性が保証されているので，安心して牛肉を買うことができる。

〔Ⅲ〕（政治－世界幸福度ランキングを題材にした日本，世界の政治，経済など）

基本　問1　日本では，2019年10月に，消費税の税率を8%から10%へ引き上げることが予定されている。消費税10%では，商品を購入するときの支出金額が8%のときに比べ2%分上昇するので，消費税が上がる前に，買いだめをする人が増え，駆け込み需要が拡大することが予想される。

問2　①「国連が首都と認めていない都市」はイスラエルのエルサレム。キリスト教，イスラム教，ユダヤ教の共通の聖地であるが，領有権をめぐる争いが絶えない。　②「世界平和のカギを握る2つの国の首脳会談」は，2018年6月12日にシンガポールで開催された米朝首脳会談。アメリカ合衆国のトランプ大統領と北朝鮮の金正恩朝鮮労働党委員長が会談した。　③　ダイナマイトを発明したのはスウェーデン人であるノーベル。かれの遺言により，毎年世界に貢献した研究をしたり，輝かしい作品を残したりした人にノーベル賞が与えられている。ノーベル賞の授賞式は，スウェーデンの首都ストックホルムで行われる(ただし，平和賞のみノルウェーの首都オスロ)。

問3　A，Bのどちらを選択してもかまわない。マイナス面をふまえた上で，論理的に説明できればよい。

★ワンポイントアドバイス★

今年度は，今までにない長め(150字前後)の論述問題が出題された。次年度以降もこの傾向が続くと考えられるので，十分な対策が必要である。

＜国語解答＞《学校からの正答の発表はありません。》

一　問1　イ　問2　ウ　問3　虫　問4　ウ　問五　A　オ　B　ウ　C　ア　D　ク　問6　ア　問7　どこで～した姿　問8　(例)　短歌は三十一音で作られるから。　問9　オ　問10　ウ

二　問1　A　イ　B　オ　C　ウ　問2　オ　問3　(例)　(エチオピアにおける「名前」とは，)社会的な関係や状況に応じて変化するものであり，個人の同一性を表すものではない。(39字)　問4　(例)　名前の登録は個人を把握できる仕組みであり，国家が政策を遂行する基盤になるから。(39字)　問5　(例)　表面的には統制の強い国家支配が行われているエチオピアのほうが強力に見えるが，制度による国家の関与の密度が高く，それがあたりまえである日本のほうが強力である。(78字)

三　問1　①　もくろみ　②　誕生　③　分布　④　訪れる　⑤　試金石　⑥　裏打ち　⑦　こんりんざい　問2　①　みる　②　たつ　③　うつ

○推定配点○
一　問1・問3・問5・問6　各2点×7　　問8　6点　　他　各4点×5
二　問1・問2　各2点×4　　問3・問4　各10点×2　　問5　12点　　三　各2点×10
計100点

＜国語解説＞

一　（小説－主題・心情・文章の細部の読み取り，空欄補充，慣用句，文と文節）

問1　1の「とっさに」は副詞で用言にかかるので，イがふさわしい。

問2　冒頭で説明されているように，佐藤先輩との吟行を通じて短歌を詠む楽しさを知った「わたし」は吟行と活動日がダブるバスケ部より吟行を優先したが，督促女王という変なあだ名がついている佐藤先輩と仲良くしていることをクラスの友達に知られたくないので，吟行の日に佐藤先輩が「わたし」を誘いにきても2のように言ってしまったのである。このような状況の説明としてウがふさわしい。部活動より吟行を優先しており，2はクラスの友達に対するものなのでアの「つい本音を口にして」はふさわしくない。吟行を優先しているものの，佐藤先輩と仲良くしていることを知られたくないとも思っているのでイの「心にもない嘘」もふさわしくない。エの「罪の意識」，オの「自分を正当化し」も読み取れないのでふさわしくない。

基本　問3　3は自分勝手でずうずうしいという意味の「虫がいい」である。

重要　問4　4は「わたし」＝沙弥の2の言葉を聞いていた佐藤先輩の様子である。自分が督促女王と呼ばれていることも知っている佐藤先輩は沙弥が自分といることを嫌がっていることを知り，沙弥に「自分の身を守りなよ」と突き放すように言っているため4の微笑みも「本当の笑顔じゃない」のである。また沙弥が吟行をどう感じているか佐藤先輩はまだわからないので，ウがふさわしい。沙弥が佐藤先輩を嫌がっていることで4のようになっているので，吟行だけの説明になっているア，「理解し」「自分に言い聞かせている」とあるイはふさわしくない。エの「自分を同情して……悲しみをこらえている」，オの「怒りと憎しみがこみ上げている」とまでは読み取れないので，いずれもふさわしくない。

問5　「マレーシア」は「多民族国家」で「人とちがっていても仲間外れにされちゃうような場所じゃない」こと，マレーシアに来る前の「日本」ではみんなと「同じ」でなければならない思いにとらわれていたことが描かれているので，「同質（同じであること）性を強要（無理にさせようとすること）される日本の社会に対し，マレーシアの社会は異質（他と性質が違うこと）性が容認（認め許すこと）される。」となる。

問6　Ⅰはマレーシアに対する「わたし」の印象で，大自然と都会が隣り合わせにあるマレーシアに来ることができてすごくラッキーだと思ったこと，Ⅰ後で学年の隔てのないマレーシアの日本人学校は自由だったと思っていることからアがふさわしい。イは自分の欲望に打ち勝つ心，ウは流行などのいちばん新しいところ，エはきちんと整っているさま，オは他と比べようもない状態や存在であるさま。

重要　問7　7は直前にあるように「人とちがうことを怖がって，人とちがうことを否定して」いる自分のことである。7後「私は，昔から」で始まるせりふで，沙弥が本棚から抜き出した本が「どこでも同じ凛とした姿(11字)」でたいていの図書館に置いてあることで安心して自分の気持ちを立て直すことができたと七海さんが話している。この本の姿が7とは反対の理想のあり方なので，この部分のはじめと終わりの三字を答える。

問8　冒頭で，出席番号が三十一番だったからという理由で沙弥は佐藤先輩から吟行のパートナーに指名されたことが説明されている。吟行は短歌を詠みに出かけることで，短歌は「五・七・五・七・七」の三十一音から構成されることから，出席番号が三十一番だった沙弥は佐藤先輩のパートナーに選ばれることになったのである。

やや難 問9　問2でも考察したように，「わたし」はクラスの友達を気にして佐藤先輩との吟行をごまかしていた。しかし9前では，本の話や佐藤先輩の話をしてくれた七海に励まされ，佐藤先輩の思いも知らずにひどいことを言ってしまったことに気づき，自分の気持ちとしっかり向き合って佐藤先輩との関係を築き直そうと9のように思っているので，オがふさわしい。佐藤先輩に対する自分の気持ちと向き合って9のように思っているので「自分のあるべき姿を取り戻し」とあるアはふさわしくない。イの「周囲からの圧力に負けて」「圧力に反抗するため立ち上がろう」，ウの「佐藤先輩の方を選ぼう」，エの「周囲の声を信じこんで」「誤解していた」は描かれていないのでいずれもふさわしくない。

重要 問10　本文は，佐藤先輩との吟行を部活より優先しているものの佐藤先輩との仲を周囲に知られたくなくて佐藤先輩を傷つけるようなことを言ってしまった「わたし」と，「わたし」を吟行のパートナーに指名したのは転校生の「わたし」を気にかけてのことだったという佐藤先輩が描かれている。佐藤先輩に謝ろうとしている「わたし」，「わたし」を気にかけていた佐藤先輩それぞれの相手を思いやる気持ちのすれ違いが描かれているので，ウがふさわしい。ア，イ，オは「わたし」のことだけなのでふさわしくない。マレーシアと日本のことは「わたし」の体験なので，エもふさわしくない。

二　（論説文－主題・要旨・文章の細部からの読み取り，接続語，空欄補充，ことばの意味）

問1　Aは直前の内容の具体例が続いているのでイ，Bは直前のエチオピアと直後の「ぼくら」＝日本を対比させているのでオ，Cは言うまでもなくという意味でウがそれぞれ当てはまる。

基本 問2　Xにふさわしいのはオ。アは結局，要するに，イは数が少なくめずらしい，ウは範囲を限定するさま，エは予想と異なること。

重要 問3　1前後で，エチオピアでは「名前」は社会的な関係や状況に応じて変わったり複数が併用されたりすること，個人の同一性にもとづいたパスポートなどの国家の制度もするりと身をかわされてしまう→すなわち，個人の同一性を表すものではない，ということが述べられているので，これらの内容を指定字数以内で説明していく。

問4　2は日本における名前のことで，本文前半「日本では」で始まる段落で，日本では子どもが生まれると名前を決めて国に届け出ることがあたりまえ→エチオピアにはその「仕組み」がなく，国は国民の情報をほとんど把握していない，と述べられており，これは日本では名前の登録は個人を把握できる「仕組み」である，ということでもある。さらに2前後で，国家に登録された名前は2のようにその個人の同一性を保証するので，国家が政策を遂行する基盤になることが述べられているので，「仕組み」を説明している部分と，その仕組みが国家の政策を遂行する基盤になるということを説明していく。

やや難 問5　「ただし」から続く2段落で述べられている，国家支配が強力なエチオピアでも日本の戸籍や住民票のような制度は存在せず内面化していない，日本では出生などの情報を国へ届け出ることがあたりまえになっているが，エチオピアでは国民の情報をほとんど把握していない，という内容をふまえて，最後の2段落の冒頭で「国家の『支配』とか……関わっている。」と述べていることをおさえる。さらに制度があたりまえであればあるほど，国家が関与する密度は増すと述べており，これは国家が強力である，ということであり，国家と密着するのが「あたりまえ」の日本人はエチオピア人よりも国家から自由であるとはいえない→エチオピアより日本の国家のほうが強力である，ということである。これらの要旨をおさえ，国家支配が行われているエチオピアのほうが強力に見えるが，制度による国家の関与の密度が高く，それがあたりまえである日本のほうが強力であるという筆者の考えを指定字数以内で説明していく。

三　（論説文ーことばの意味，漢字の読み書き）

重要　問1　①は計画のこと。②の「誕」の右側を「廷」などと間違えないこと。③は広く分かれてあちこちにあること。④の送り仮名は「れる」であることに注意。⑤は価値や力量などを計る基準となる物事。⑥は別の面から確実にすること。⑦は絶対に，断じてという意味。

やや難　問2　①「鑑定する」は〈じっくりながめる〉，「世話をする」は〈面倒をみる〉，「ためす」は〈やってみる〉ということなので「みる」。　②「出発する」は〈旅立つ〉，「続けていたことを止める」は〈断つ〉あるいは〈絶つ〉，「服の布地などを切る」は〈裁つ〉ということなので「たつ」。
③「強い感動を与える」は〈胸を打つ〉，「芝居を興行する」は〈芝居を打つ〉，「文字などを入力する」は「(キーボードなどを)打つ」ということなので「うつ」。

★ワンポイントアドバイス★

記述問題では，何を問われているかを正確に読み取り，設問の条件を手がかりに本文のどこを読めばいいかをしっかり確認していこう。

平成30年度

★★★★★★★★★★★★★★★★★★★★★★★

入　試　問　題

平成30年度

早稲田実業学校中等部入試問題

【算　数】（60分）　＜満点：100点＞

1　次の各問いに答えなさい。

(1)　$1.675-\left(20\frac{1}{8}\div\boxed{}\times1\frac{1}{23}-\frac{2}{5}\right)=1.375$ の $\boxed{}$ にあてはまる数を求めなさい。

(2)　Ａ君だけでは１時間，Ｂ君だけでは１時間24分かかる仕事があります。最初の10分間はＡ君とＢ君の２人で仕事をして，次にＡ君だけで仕事をして，最後にＢ君だけで仕事をしたところ，全部で１時間４分かかりました。Ｂ君だけで仕事をしたのは何分間ですか。

(3)　光が鏡で反射するときには，**図１**のように角アと角イが等しくなります。**図２**のように，内側が鏡の三角形ABCを作り，内部の点Ｐから辺ACに向かって光を発射させたところ，点Ｑ，Ｒで反射して元の位置に戻《もど》りました。㋐の角度を求めなさい。

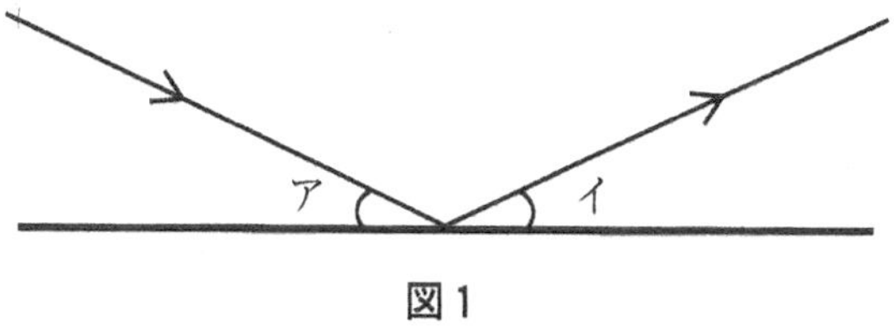

図１

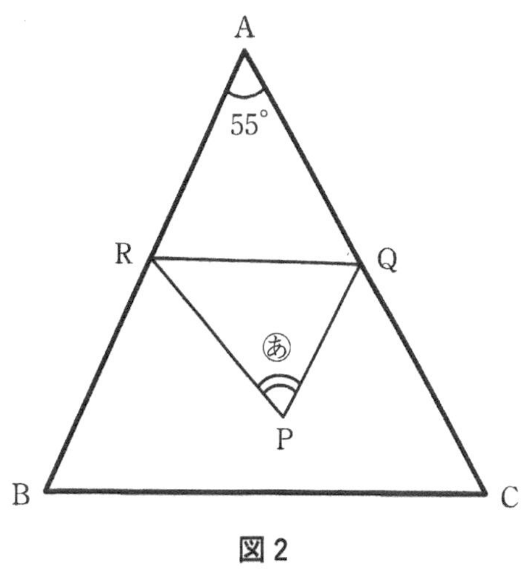

図２

(4)　１から19までの連続した10個の奇《き》数から８個の数を選んですべてたした値から，残りの２個の数をひくと40になりました。このような８個の数の選び方は全部で何通りありますか。

2 一辺の長さが９㎝で，表が白色，裏が黒色の正方形の折り紙ABCDがあります。点Ｐを折り紙の上にとり，頂点Ａが点Ｐに重なるように折って，**図１**のように黒い図形を作ります。次の各問いに答えなさい。

(1) **図２**のように点Ｐを正方形の対角線AC上にとり，黒い図形を作ったところ，黒い図形の面積と表の白い部分の面積の比が１：２になりました。APの長さを求めなさい。

(2) **図３**のように点ＰをDP＝３㎝となるように辺CD上にとり，黒い図形を作ったところ，DQ＝４㎝となりました。黒い図形の面積を求めなさい。

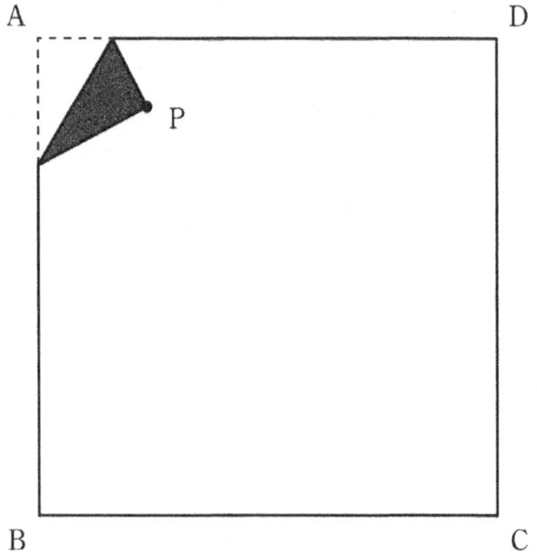

図１

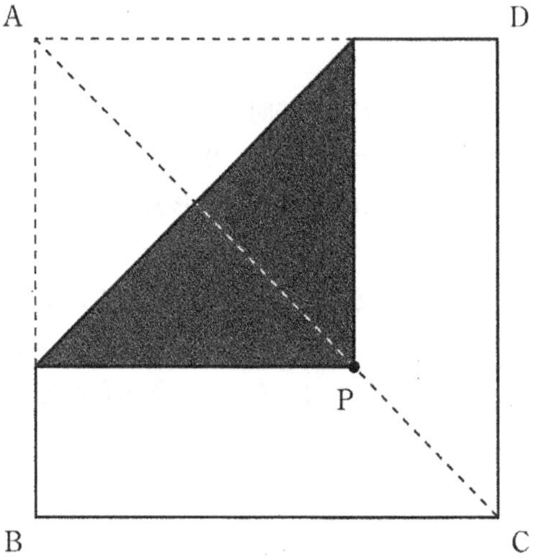

図２

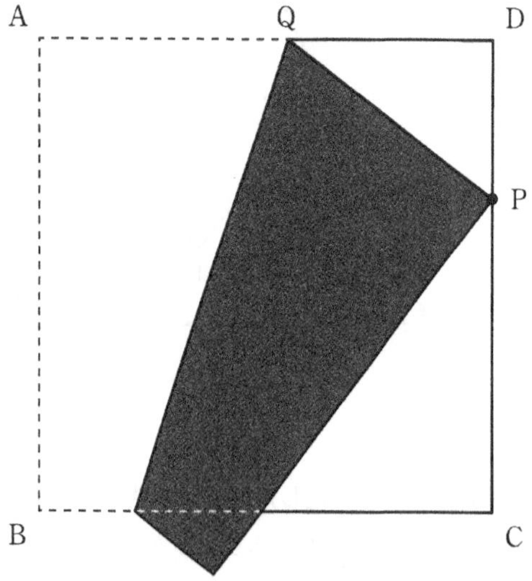

図３

[(3)に必要なら，自由に使いなさい。]

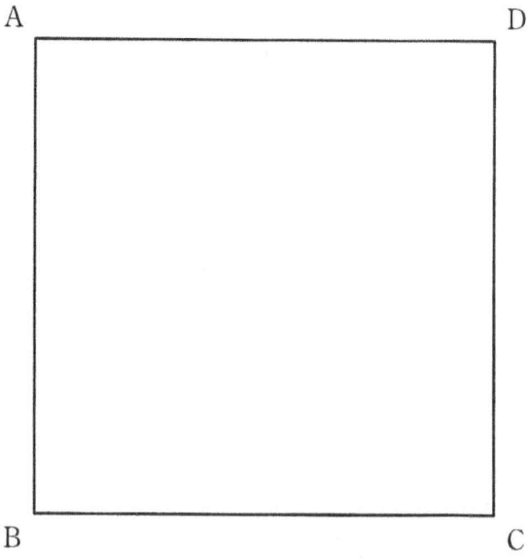

(3) 頂点Ａから点Ｐを出発させ，黒い図形が三角形になるように点Ｐを動かします。点Ｐの動ける範《はん》囲を解答欄《らん》の図に斜《しゃ》線で示しなさい。ただし，解答欄の図は実際の大きさとは異なります。

3 木でできた一辺の長さが６㎝の立方体があり，AP＝AQ＝４㎝，CR＝CS＝３㎝です。この立方体はすべての表面が赤色に塗《ぬ》られています。

まず，３点E，B，Dを通る平面で立方体を切り，切り分けられた２つの立体のうち頂点Aをふくむ方を**立体ア**，頂点Cをふくむ方を**立体イ**とします。次の各問いに答えなさい。

(1) **立体ア**を，3点E，P，Qを通る平面で切り，切り分けられた２つの立体のうち頂点Aをふくまない方を**立体ウ**とします。**立体ウ**の体積を求めなさい。

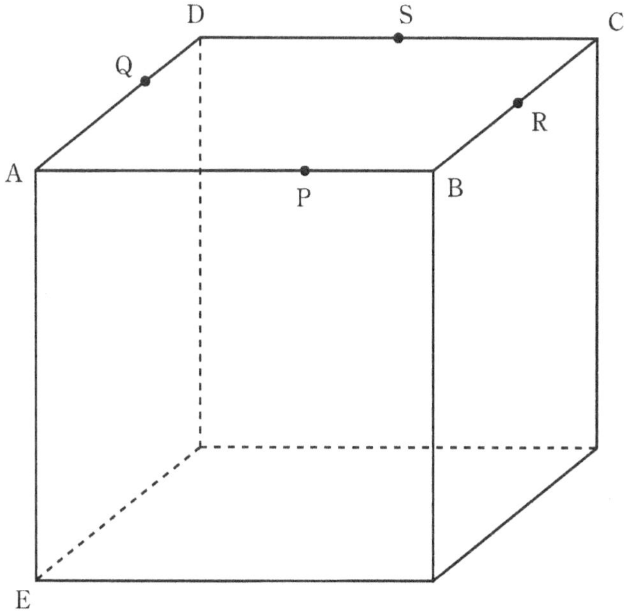

(2) **立体イ**を，３点E，R，Sを通る平面で切り，切り分けられた２つの立体のうち頂点Cをふくまない方を**立体エ**とします。次の①，②に答えなさい。

① **立体エ**の表面で赤色に塗られた部分の面積の合計を求めなさい。

② **立体エ**の体積を求めなさい。

4 **図１**のような，縦の長さが１㎝，横の長さが㋐㎝の長方形の紙があります。ただし，㋐は１より大きい数とします。

この紙を縦または横に１回真っすぐ切って，長方形から正方形を切り離《はな》します。残った紙が正方形でなければ再び同じように正方形を切り離し，残った紙が正方形になるまでこの作業をくり返します。

たとえば，㋐が$2\frac{1}{2}$のときの切り方は，次のページの**図２**のように①縦→②縦→③横となり，切る回数は３回です。次の各問いに答えなさい。

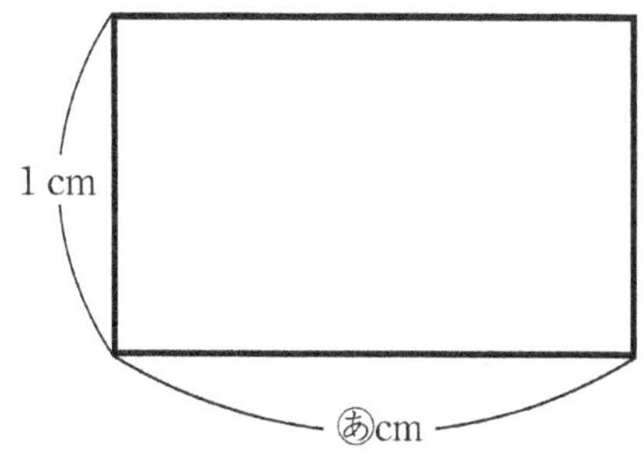

図１

(1) ㋐が$1\frac{1}{4}$のときの切る回数を求めなさい。

(2) 切る回数が３回となる㋐の値をすべて求めなさい。ただし，$2\frac{1}{2}$は除きます。

(3)　①縦→②横→③縦→④横→…と交互《ご》に切る場合を考えます。切る回数が1回である(あ)の値を◇1，2回である(あ)の値を◇2，…と順に表すことにします。

◇1 × ◇2 × … × ◇10 の値を求めなさい。

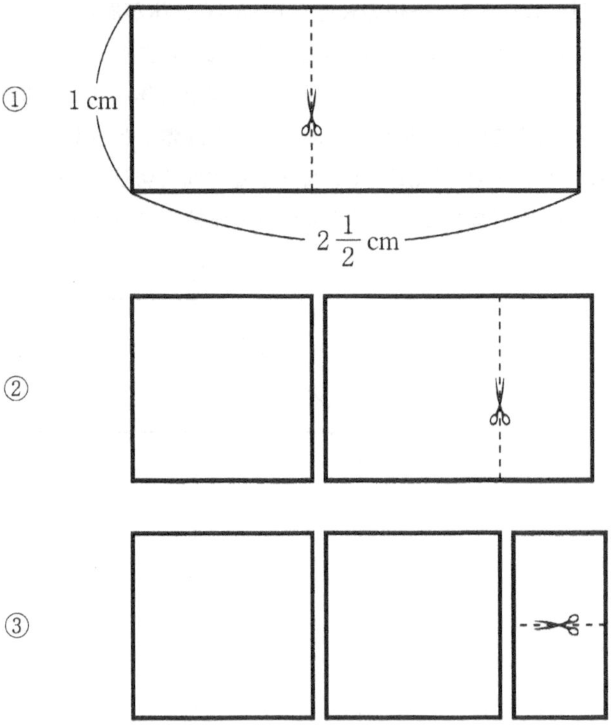

図2

5　白玉1個と黒玉がたくさんあります。玉を入れることのできる一辺の長さが1㎝の立方体もたくさんあります。立方体を何個か使って立体を作り，次の**ルール**にしたがって玉を移動させます。

ルール
● **1つの立方体には1個の玉しか入らない。**
● **空《から》の立方体に，となり合う立方体から玉を移動できる。**

たとえば，立方体を4個使って，縦2㎝，横2㎝，高さ1㎝の直方体を作り，**図1**のように白玉を1個，黒玉を2個入れます。このとき，白玉を空の立方体の位置まで移動させる最も少ない回数は**図2**のように5回です。ただし，**図2**は立体を上から見たときの図です。

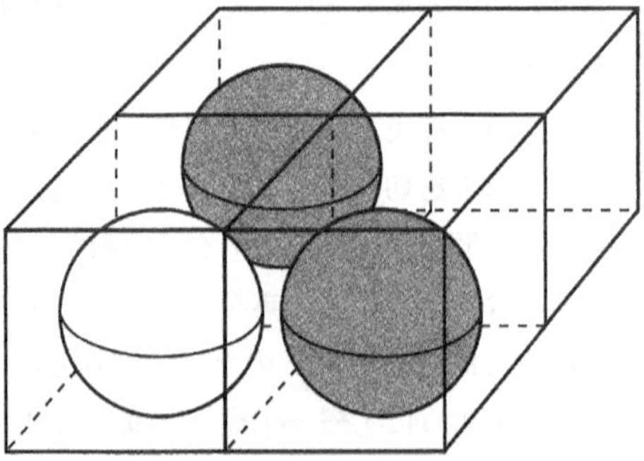

図1

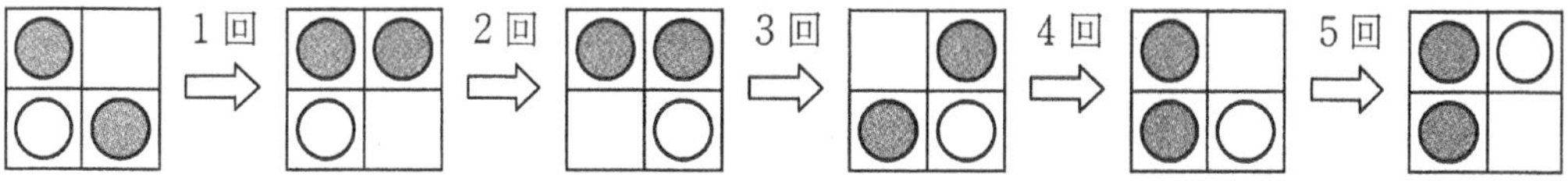

図2

次の各立体において，頂点Aをふくむ立方体に白玉を入れ，頂点Bをふくむ立方体を空にし，残りの立方体には黒玉を入れます。白玉を空の立方体の位置まで移動させる最も少ない回数を求めなさい。ただし，以降の図は白玉のみをかいています。

⑴　立方体を8個使った，一辺の長さが2㎝の立方体

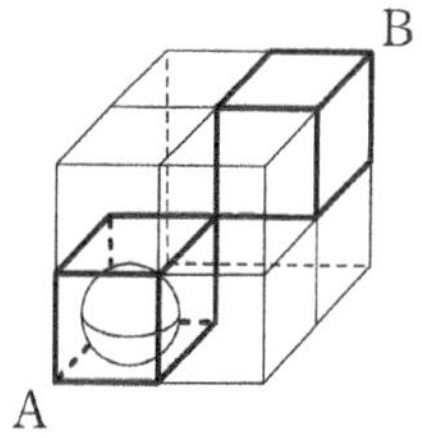

⑵　立方体を27個使った，一辺の長さが3㎝の立方体

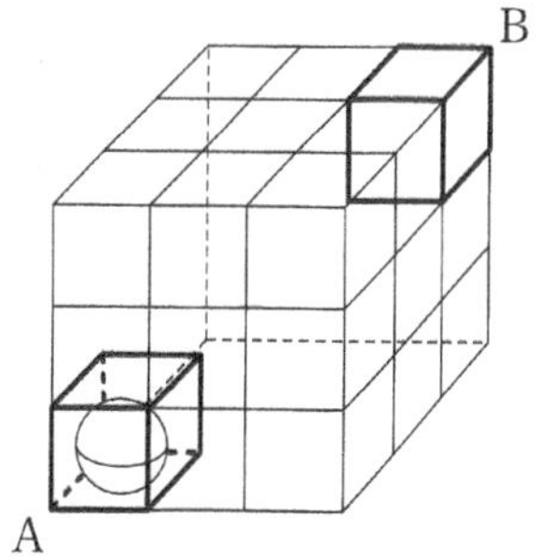

⑶　立方体を100個使った，縦5㎝，横5㎝，高さ4㎝の直方体

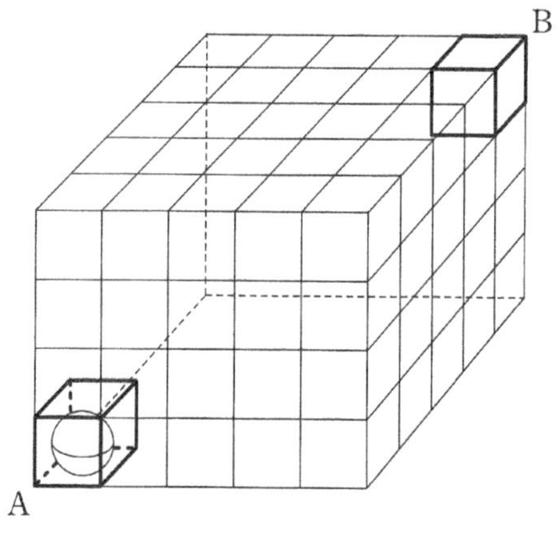

【理　科】（30分）　＜満点：50点＞

1　オオカナダモという水草を用いて次の実験を行いました。以下の**問１～問３**に答えなさい。

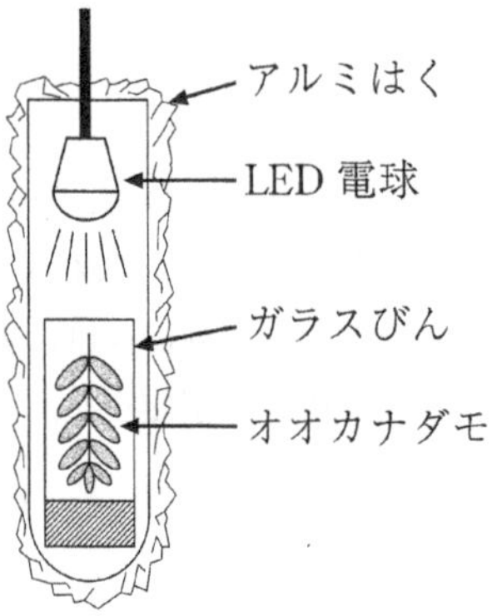

①　青色のBTB溶液《ようえき》にストローで息を吹《ふ》き込《こ》んで黄色にした後，その溶液を２つの小さなふたつきガラスびんＡ，Ｂに入れる。

②　Ａにだけオオカナダモを入れ，２つのびんのふたを閉《し》める。

③　②のガラスびんを別々に大型の試験管にふたが下側になるようにして入れ，びんの上方３㎝の位置に白色LED電球を固定する。さらに，外から光が入らないように試験管全体をアルミはくで包む。

④　Ａの方だけLED電球を点灯させて，６時間後に溶液の色を確認《かくにん》したところ，Ａの溶液の色は青色に変化していたが，Ｂの溶液の色は黄色のままであった。また，Ａではオオカナダモから気体が発生していた。

問１　BTB溶液の色と溶液の性質について，正しい組み合わせのものを次の(ア)～(カ)から１つ選び，記号で答えなさい。

	酸性	中性	アルカリ性		酸性	中性	アルカリ性
(ア)	緑色	青色	黄色	(イ)	緑色	黄色	青色
(ウ)	青色	緑色	黄色	(エ)	青色	黄色	緑色
(オ)	黄色	緑色	青色	(カ)	黄色	青色	緑色

問２　ガラスびんＡで発生した気体の性質や製法としてあてはまるものを，次の(ア)～(キ)から２つ選び，記号で答えなさい。

(ア)　マッチの火を近づけると燃えて，水ができる。

(イ)　火がついている線香《せんこう》を入れると，線香の炎《ほのお》が大きくなる。

(ウ)　空気より少し軽い気体である。

(エ)　石灰水《せっかいすい》に通すと白くにごる。

(オ)　水を電気分解すると－極側から発生する。

(カ)　二酸化マンガンに過酸化水素水を加えると発生する。

(キ)　石灰石《せっかいせき》に塩酸を加えると発生する。

問３　ガラスびんＡの溶液の色が変化したのはなぜですか。30字以上50字以内で説明しなさい。ただし，句読点も文字数に含《ふく》みます。

2　次のページの**図１**は地球が太陽のまわりを公転するようすを，**図２**は月が地球のまわりを公転するようすをそれぞれ表したものです。以下の**問１**，**問２**に答えなさい。

問１　太陽などの天体が真南にきて一番高く上がったとき，その天体と地平線との間の角度のことを南中高度といいます。東京（東経139°　北緯《ほくい》36°）における冬至《とうじ》の日の太陽の南中高度を答えなさい。ただし，地軸《ちじく》は**図１**のようにいつも一定の向きに傾《かたむ》いており，地球が太陽のまわりを回る公転面と地軸がなす角度は66.6°です。

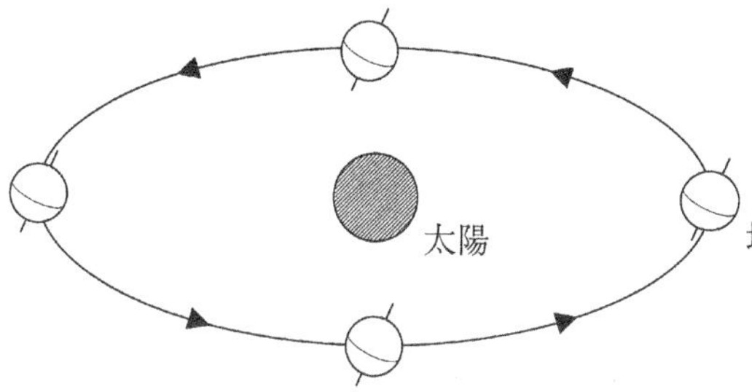

図1

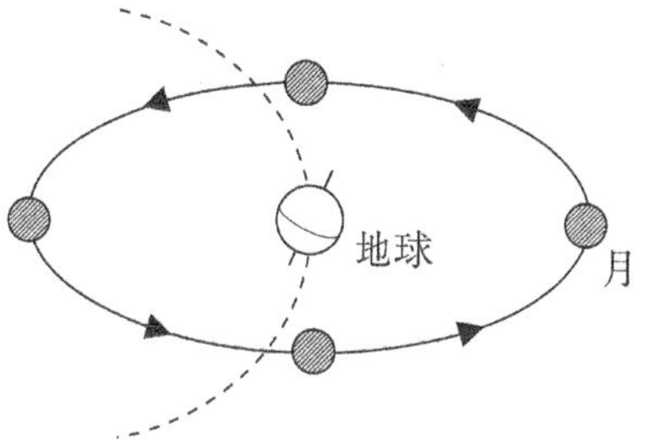

図2

問2　①満月と，②上弦《じょうげん》の月について，東京におけるこれらの月の南中高度が最も高くなる時期を次の(ア)～(カ)からそれぞれ１つずつ選び，記号で答えなさい。ただし，地球の公転面と月の公転面は約５°傾いていますが，同じ平面上を公転していると考えてかまいません。

(ア)　春分の頃《ころ》　　(イ)　夏至《げし》の頃

(ウ)　秋分の頃　　(エ)　冬至の頃

(オ)　春分の頃と秋分の頃　　(カ)　夏至の頃と冬至の頃

3　電熱線を用いて，加熱時間と液体の温度上昇《じょうしょう》との関係を調べる次の実験を行いました。以下の**問1**～**問4**に答えなさい。ただし，実験では容器・電熱線・電源《でんげん》の電圧はすべて同じとし，発生した熱はすべて液体の温度上昇に使われたものとします。また，**問2**～**問4**で答えが割《わ》り切《き》れない場合は，小数第一位を四捨五入《ししゃごにゅう》して整数で答えなさい。

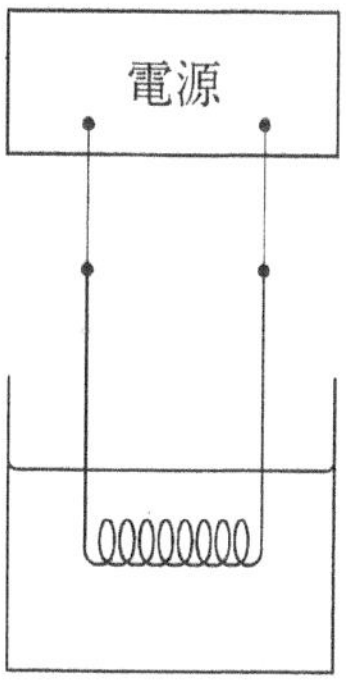

＜実験１＞　20℃ の液体**A**150ｇを180秒間加熱すると25℃ になり，288秒間加熱すると28℃ になりました。また，20℃ の液体**A**250ｇを180秒間加熱すると23℃ になりました。

＜実験２＞　20℃ の液体**B**250ｇを200秒間加熱すると25℃ になりました。

＜実験３＞　20℃ の液体**B**300ｇと20℃ の液体**C**120ｇをそれぞれ別々に加熱したとき，25℃ になるまでにかかった時間は同じでした。

問1　＜実験１＞の結果より，次の空欄《くうらん》①，②にあてはまる言葉を以下の(ア)～(ウ)からそれぞれ１つずつ選び，記号で答えなさい。

・加熱時間と温度上昇は（　　①　　）。

・液体の質量と温度上昇は（　　②　　）。

(ア)　比例する　　(イ)　反比例する　　(ウ)　無関係である

問2　液体**A**100ｇの温度を１℃ 上げるには，何秒間加熱する必要がありますか。

問3　20℃ の液体**B** □ ｇを192秒間加熱したところ，30℃ になりました。□ に入る数字を答えなさい。

問 4　右の図のように，容器(ア)～(ウ)に20℃の液体**A**～**C**をそれぞれ入れて，同時に加熱を始めました。

①　一番早く30℃ になるのはどの容器ですか。(ア)～(ウ)から 1 つ選び，記号で答えなさい。

②　一番早く30℃ になるものと一番遅《おそ》く30℃になるものでは，加熱時間は何秒違《ちが》いますか。

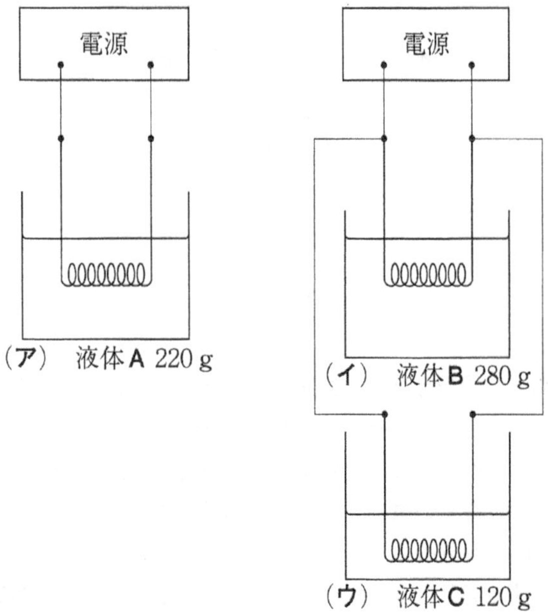

4　次の文章を読み，以下の**問 1** ～**問 7** に答えなさい。

大気中の二酸化炭素濃度《のうど》が400ppmを超《こ》え，温暖化《おんだんか》が原因と考えられる気候変動や生態系《せいたいけい》への影《えい》響《きょう》が心配されているなかで，二酸化炭素の排出量《はいしゅつりょう》を削減《さくげん》するため，世界各国で様々な取り組みがなされています。特に熱源《ねつげん》，動力源《どうりょくげん》だけでなく，電力源《でんりょくげん》としてのさまざまなエネルギー資源《しげん》の開発とその利用法の工夫《くふう》がなされてきています。

発電方法にはいろいろな種類があります。たとえば石炭・石油・天然ガスを利用する火力発電や原子力発電，水力発電などの他《ほか》に風力，地熱，太陽光など再生可能エネルギーを用いた発電方法もあり，それぞれ長所短所を持っています。

世界的にはヨーロッパを中心に脱原発《だつげんぱつ》・温暖化対策推進《たいさくすいしん》への動きもあり，再生可能エネルギーの利用が増えてきています。サウジアラビアが世界最大級の産油国であるにもかかわらず，再生可能エネルギーの開発に着手したことが大きな話題となりました。中国では近年の急速な経済発展《けいざいはってん》に伴《ともな》い，化石燃料だけでなく，再生可能エネルギーが積極的に導入されてきています。(1)日本ではいくつかの理由から，再生可能エネルギーの利用が進んでいるとはいえません。しかし地方都市や山間の集落などの遠隔地《えんかくち》，島しょなどでは再生可能エネルギーが有効利用されるようになってきました。**グラフ 1** は日本における電源種類別の発電量の推移《すいい》を年度別に表したものです。

大規模《だいきぼ》な設備を持つ事業所が自家発電・蓄電《ちくでん》設備を備えたり，(2)発電に際して発生した熱を様々な形で利用することでエネルギー利用効率を高め，ピーク需要《じゅよう》に対する発電所の負荷《ふか》を低減することができるようになってきました。こういった取り組みは結果的にエネルギーの有効利用につながります。また古くから行われてきた薪《たきぎ》や家畜《かちく》の糞《ふん》を燃やして燃料とすることは，(3)「空気中にある二酸化炭素を生物が有機物とし，それらを利用することで，二酸化炭素が発生しても二酸化炭素の総量は変化しないので環境《かんきょう》への負荷はない」という考え方に合致《がっち》するものです。近年実用化が進んだトウモロコシやサトウキビ，藻類《そうるい》などから燃料を製造することもその方法の一つです。国内でも大規模酪農場《らくのうじょう》などで家畜の糞尿《ふんにょう》からメタンガスを発生させ，農場内で発電に利用するなど，エネルギー資源を有効に活用できるようになってきています。

近年ハイブリッドカーや電気自動車が急速に普及《ふきゅう》しつつあります。また風力や太陽光を利用した輸送船なども開発されてきています。発電だけでなく，熱源や動力源としてエネルギー利用の効率化が進めば，温暖化対策を進める上で効果があると考えられています。

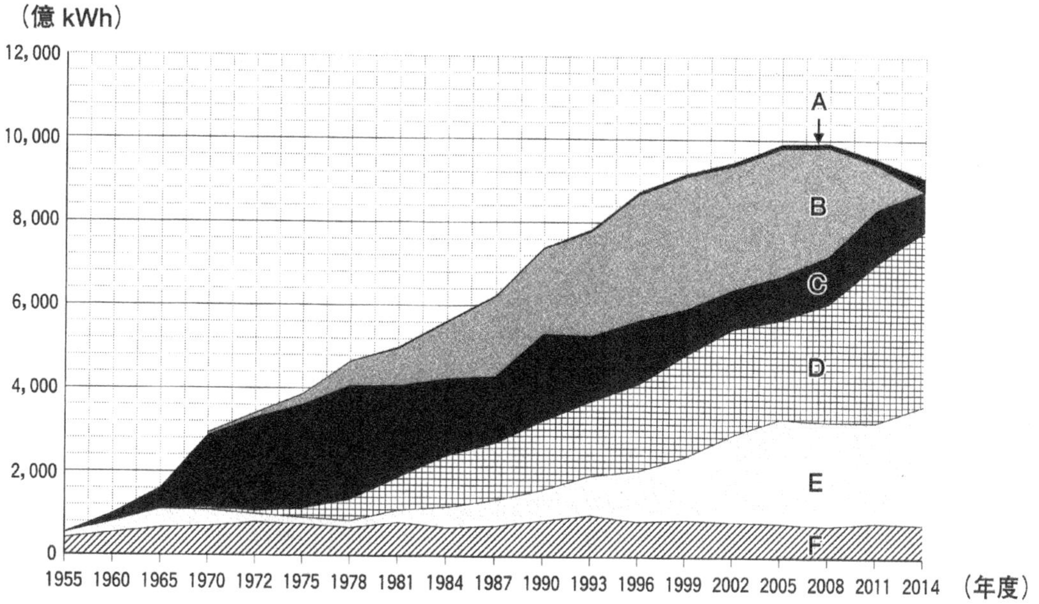

グラフ１　電源種別国内発電量の推移

経済産業省編　「エネルギー白書2017」より作成

問１　次の(ア)～(オ)の文は，様々な発電方法・エネルギー資源の特徴《とくちょう》について述べたものです。文の内容が正しいものをすべて選び，記号で答えなさい。

(ア)　石炭は可採年数が最も長く，コストも安いので世界的にも多く利用されている。

(イ)　太陽電池の生産に不可欠な高純度シリカの生産量が減少しており，太陽電池の製造費が上昇しているため，太陽光発電の発電コストも急激《きゅうげき》に上昇している。

(ウ)　地熱発電は山間部に作られることが多く，規模が大きくなるほど変電送電設備にコストがかかるため，発電所の規模が小さいほどコスト面で有利である。

(エ)　天然ガスによる発電は化石燃料の中でエネルギー変換《へんかん》効率が最も高く，排気《はいき》ガスもクリーンで日本では近年積極的に導入されてきた。

(オ)　北米，中南米を中心にオイルシェールの新たな採掘《さいくつ》精製方法が開発され，中東以外から安価な燃料が大量に日本へ輸入されるようになった。

問２　日本の再生可能エネルギーについて，2015年度における風力，地熱，太陽光による総発電量を多い順に並《なら》べるとどうなりますか。次の(ア)～(カ)から１つ選び，記号で答えなさい。

(ア)　風力　＞　地熱　＞　太陽光　　(イ)　風力　＞　太陽光　＞　地熱

(ウ)　地熱　＞　風力　＞　太陽光　　(エ)　地熱　＞　太陽光　＞　風力

(オ)　太陽光　＞　風力　＞　地熱　　(カ)　太陽光　＞　地熱　＞　風力

問３　下線部(1)について，日本国内で再生可能エネルギーの利用が進んでいない理由として正しいものを次の(ア)～(オ)から２つ選び，記号で答えなさい。

(ア) 再生可能エネルギーは火力発電や原子力発電に比べてコストが高く，大規模発電ができるようになって新規参入が増えてもコストダウンが見込《みこ》めない。

(イ) 新規参入会社が発電した電力を送電設備を持つ電力各社が買い取って送電する際，買い取り価格と買い取り量に制限がある。

(ウ) 発電した電気の電圧が低く，利用できる世帯数が少ない。

(エ) 環境対策として割高《わりだか》な再生可能エネルギーを導入しても，企業《きぎょう》にメリットがない。

(オ) 自然環境によって発電量が左右されるため，安定した大規模電力供給《きょうきゅう》が難《むずか》しい。

問４ グラフ１は日本国内で様々な方法で得られた発電量の推移を表したものです。グラフのＢ，Ｅ，Ｆは次の(ア)～(カ)のどの発電方法で作られた発電量を表したものですか。それぞれ１つずつ選び，記号で答えなさい。

(ア) 石炭火力　(イ) 石油火力　(ウ) 天然ガス火力

(エ) 原子力　(オ) 水力（揚水式《ようすいしき》を含む）　(カ) 水力以外の新エネルギー

問５ 下線部(2)のようなエネルギーの利用効率を高める技術を何といいますか。次の(ア)～(オ)から１つ選び，記号で答えなさい。

(ア) サプライチェーン　(イ) エネルギーリサイクル　(ウ) FIT

(エ) コジェネレーション　(オ) サーマルジェネレーション

問６ 下線部(3)のような考え方を何といいますか。次の(ア)～(オ)から１つ選び，記号で答えなさい。

(ア) ゼロエミッション　(イ) カーボンニュートラル　(ウ) カーボンフリー

(エ) バイオフロー　(オ) エミッションフリー

問７ 次の(ア)～(オ)の文について，正しいものを２つ選び，記号で答えなさい。

(ア) 電気自動車は大気中の二酸化炭素を全く増加させない究極のエコカーである。

(イ) 米国でトウモロコシからバイオエタノールを合成する方法が開発され，畜産《ちくさん》用飼料の価格が上昇するなど，大きな影響があった。

(ウ) 風力発電は低周波騒音《そうおん》による健康被害《ひがい》が頻発《ひんぱつ》しているため，世界的にも導入が進んでいない。

(エ) ハイブリッドカーや電気自動車は，充電池《じゅうでんち》のコストと寿命《じゅみょう》の短さが課題である。

(オ) バイオマスとは，無農薬で育てた植物を由来にしたエネルギー利用のことである。

【社　会】（30分）　＜満点：50点＞

【注意】 解答は，とくに指示がない限り，漢字で書くべきところは，正しい漢字を使って答えなさい。

〔Ⅰ〕 次の会話文を読んで，以下の問いに答えなさい。

3月末のある日

お父さん「あと一週間で中学校の入学式か。いよいよ，ヨシオも中学生だな。」

ヨシオ「うん。1電車で学校まで通うのは大変そうだけれど，授業も部活も楽しみだよ。」

お母さん「ヨシオはどの部に入るの。ヨシオが好きな釣り部なんてないでしょ。」

ヨシオ「さすがに同好会にも釣り部はないみたい。僕は自然が好きだから山岳部かな。」

お父さん「お前は2川での釣りが好きだからな。山が好きなんだね。父さんは海が好きだけどな。明後日の日曜日に，山じゃなくてたまには海にでも釣りに行くか。」

ヨシオ「海もいいね。どこに行こうか。うーん，久しぶりに三浦半島に行こうよ。3月末だから，そろそろ3アジが旬《しゅん》を迎えるよ。」

お父さん「よし，三崎港から釣り船に乗ってアジ釣りに決定だ。」

お母さん「三崎港に行くなら，お土産に4マグロを買ってきてね。」

釣りの当日，三崎口駅から三崎港へ向かうバスの中で

ヨシオ「朝早くてまだ薄暗いから見えにくいけど，道の両側には畑が広がっているね。」

お父さん「三浦半島は春が□の最盛期だから，きっと広がっているのは□畑だよ。」

ヨシオ「春□はおいしいからなあ。帰りに買って帰ろう。」

三崎港から出港した釣り船の上で

ヨシオ「東の方へ出港したね。今日は波が穏やかでいいな。あっ，5風力発電所のプロペラが見える。」

お父さん「このへんは半島で海に面しているから風が強くて，風力発電に向いているんだろうね。太陽がまぶしいな。」

ヨシオ「今日は6東京湾の入口の方で釣りを楽しむことができそうだね。釣るぞー。」

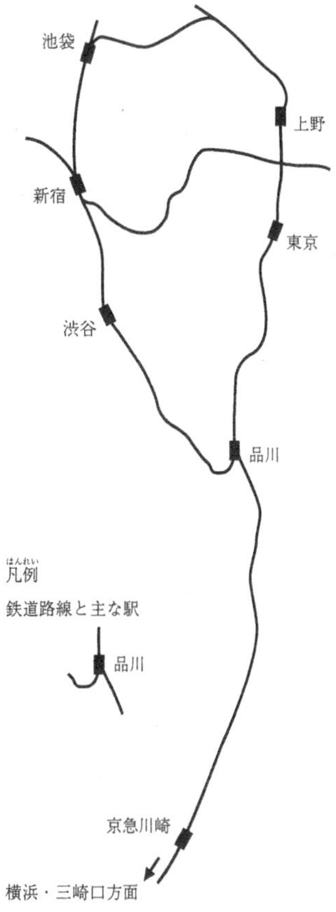

図1　ヨシオ君の通学路線

問1　下線部1について，**図1**を参考にして次の問題に答えなさい。

①　ヨシオ君は京急川崎駅の近くに住んでいます。学校へは，京急川崎駅から品川駅へ行き，ＪＲ線に乗り換えて，品川駅～新宿駅という経路で通います。次のページの時刻表は京急川崎駅のもので，平日の品川方面行き，平日の横浜方面行き，休日の品川方面行き，休日の横浜方面行きのいずれかを示しています。ヨシオ君が平日朝の通学に利用する時刻表はどれですか，Ａ～Ｄの中から１つ選び，記号で答えなさい。

②　①の答えを選んだ理由を30字以内で説明しなさい。

京急川崎駅　時刻表

A

時	
4	
5	02 22 41 55 59
6	12 16 32 33 42 50 52
7	00 04 09 13 14 16 20 25 31 32 37 41 48 50 51 53 59
8	00 06 07 09 12 13 17 22 23 26 31 33 38 43 44 47 50 51 54 56 57
9	03 05 06 10 11 14 16 20 24 26 28 35 37 38 45 47 48 54 56 57
10	05 06 12 13 16 21 23 28 32 33 39 43 43 48 51 52 58
11	00 02 08 10 12 18 20 22 28 30 32 38 40 42 48 50 52 58
12	00 02 08 10 12 18 20 22 28 30 32 38 40 42 48 50 52 58
13	00 02 08 10 12 18 20 22 28 30 32 38 40 42 48 50 52 58
14	00 02 08 10 12 18 20 22 28 30 32 38 40 42 48 50 52 58
15	00 02 08 10 12 18 20 22 28 30 32 38 40 42 48 50 52 58
16	02 03 10 12 13 17 23 24 28 33 35 39 43 44 51 52 57
17	01 02 06 07 12 15 16 22 23 25 29 33 34 37 41 44 45 48 51 54 55 57
18	00 02 04 06 10 12 14 16 20 22 24 26 30 32 34 36 40 42 44 46 50 52 54 56
19	03 04 06 10 13 14 16 23 24 26 30 33 34 36 42 43 46 51 52 56
20	02 03 06 10 12 15 21 22 26 31 32 36 41 42 46 50 51 54
21	01 02 05 09 10 14 19 20 29 33 34 36 40 41 46 50 51 59
22	03 04 08 12 13 16 20 22 29 33 35 43 44 53 54 59
23	04 05 14 18 19 27 28 36 45 46 53 59
24	00 15 16 31 36

B

時	
4	52
5	05 14 21 26 33 36 41 51 52 57
6	04 05 09 14 15 22 25 27 30 36 39 40 48 51 56
7	02 03 06 08 15 16 22 23 27 28 33 34 39 42 43 48 51 52 56 59
8	04 05 09 11 14 15 18 20 24 25 30 32 36 37 41 44 48 49 51 55 57 59
9	04 05 10 12 17 23 24 31 32 35 40 41 44 46 52 55 59
10	02 05 09 12 15 19 22 25 30 32 35 39 42 45 50 52 55 59
11	02 05 10 12 15 19 22 25 29 32 35 39 42 45 49 52 55 59
12	02 05 09 12 15 20 22 25 29 32 35 40 42 45 49 52 55 59
13	02 05 09 12 15 20 22 25 29 32 35 39 42 45 49 52 55
14	00 02 05 09 12 15 19 22 25 29 32 35 40 42 45 49 52 55 59
15	02 05 10 12 15 19 22 25 29 32 35 39 42 45 49 52 55
16	02 04 06 12 14 16 22 23 25 32 35 39 43 46 49 53 55 59
17	03 05 10 13 16 17 22 24 26 31 33 34 36 41 45 46 50 53 53 56
18	02 05 06 10 13 14 17 22 24 27 28 31 35 38 41 45 47 50 55 57
19	00 05 07 10 15 17 21 24 27 30 33 36 41 44 46 49 54 58
20	02 05 08 12 15 20 25 27 30 35 37 40 45 49 50 55 56 58
21	06 07 09 16 17 19 25 26 29 36 37 39 47 48 50 56 58
22	05 07 17 25 31 42 43 54
23	02 07 18 30 38 48 56
24	

C

時	
4	52
5	05 14 21 26 33 36 41 50 51 58 59
6	03 09 09 14 16 24 26 32 35 39 42 50 53 56 59
7	02 06 09 12 16 19 22 26 29 32 36 39 42 46 49 52 56 59
8	02 06 08 12 16 18 22 26 28 32 36 38 42 46 48 52 56 58
9	02 06 09 12 16 18 22 29 30 34 39 41 45 49 53 55 59
10	01 05 08 12 15 19 21 25 28 32 35 39 42 45 49 52 55 59
11	02 05 09 12 15 20 22 25 29 32 35 39 42 45 49 52 55 59
12	02 05 09 12 15 19 22 25 29 32 35 39 42 45 49 52 55 59
13	02 05 09 12 15 19 22 25 29 32 35 39 42 45 49 52 55 59
14	02 05 09 12 15 19 22 25 29 32 35 39 42 45 49 52 55 59
15	02 05 09 12 15 19 22 25 29 32 35 39 42 45 49 52 55 59
16	02 05 09 12 15 19 22 25 29 32 35 39 42 45 49 52 55 59
17	02 05 09 12 15 19 22 25 29 32 35 39 42 45 49 52 55 59
18	02 05 09 12 15 19 22 25 29 32 35 39 42 45 49 52 55
19	00 02 05 09 12 15 19 22 25 29 32 35 39 42 45 49 52 55 59
20	02 05 09 12 15 19 22 25 29 32 35 39 42 45 49 52 55 59
21	02 05 09 12 15 19 22 25 29 32 35 43 47 52 55 57
22	06 13 21 34 36 47 54
23	03 07 15 27 36 56
24	

D

時	
4	
5	02 22 41 57 57
6	12 13 19 25 28 40 43 52 56
7	05 09 14 15 23 24 29 34 38 39 43 48 49 54 58 59
8	05 09 10 15 19 20 25 29 30 35 39 40 44 48 49 54 58 59
9	04 08 09 14 19 20 24 28 29 34 39 40 43 48 52 53 59
10	01 02 08 10 12 18 20 22 28 30 32 38 40 42 48 50 52 58
11	00 02 08 10 12 18 20 22 28 30 32 38 40 42 48 50 52 58
12	00 02 08 10 12 18 20 22 28 30 32 38 40 42 48 50 52 58
13	00 02 08 10 12 18 20 22 28 30 32 38 40 42 48 50 52 58
14	00 02 08 10 12 18 20 22 28 30 32 38 40 42 48 50 52 58
15	00 02 08 10 12 18 20 22 28 30 32 38 40 42 48 50 52 58
16	00 02 08 10 12 18 20 22 28 30 32 38 40 42 48 50 52 58
17	00 02 08 10 12 18 20 22 28 30 32 38 40 42 48 50 52 58
18	00 02 08 10 12 18 20 22 28 30 32 38 40 42 48 50 52 58
19	00 02 08 10 12 18 21 22 28 31 32 38 41 42 48 51 52 58
20	01 02 08 10 12 18 21 22 28 31 32 38 41 42 48 51 52 58
21	01 02 08 11 12 18 21 22 28 31 32 38 41 42 48 51 52 58
22	03 04 12 13 21 24 25 34 37 38 46 47 51 59
23	02 06 18 20 29 30 37 46 50 51 58
24	01 09 13 14

問２　下線部２について，次の川はヨシオ君が釣りをした経験がある川です。これらの川のうち，坂東太郎・筑紫次郎・四国三郎の別名がついている川を次の**ア～オ**の中からそれぞれ選び，記号で答えなさい。

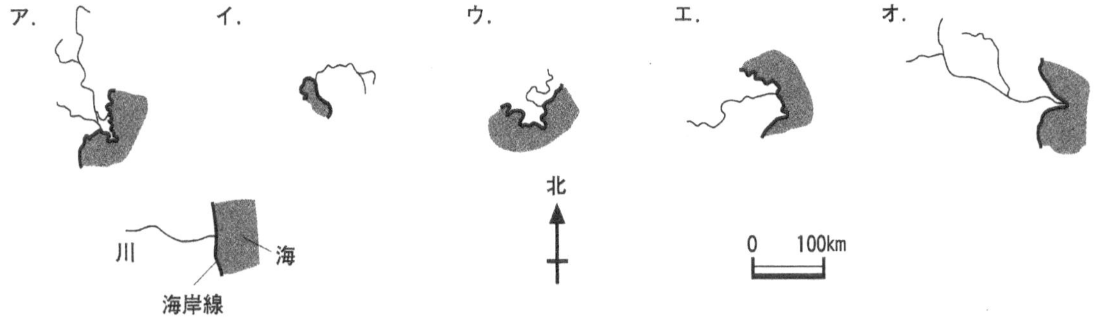

問３　下線部３について，次のイラストのうち，「アジ」を表しているものを次の**ア～エ**の中から１つ選び，記号で答えなさい。

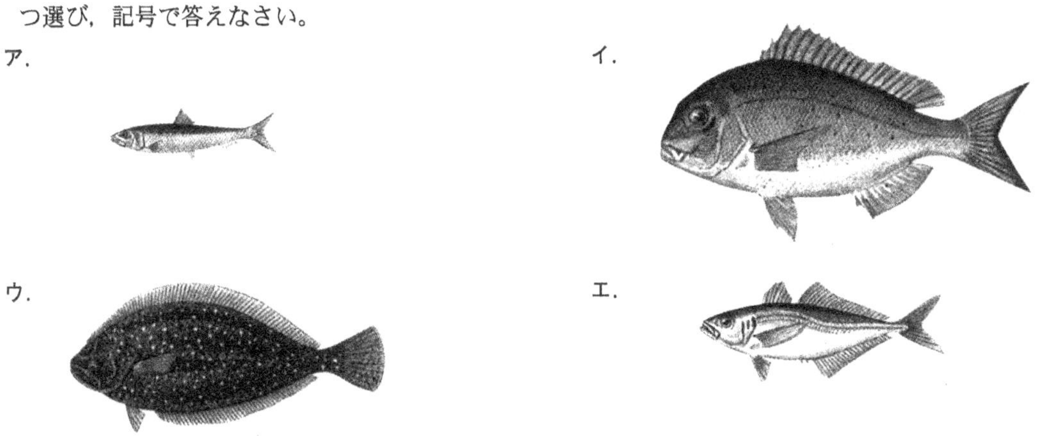

問４　下線部４について，日本に水揚《あ》げされるマグロはおもにどの漁業で水揚げされていますか。図２の**Ａ～Ｃ**の中から１つ選び記号で答え，その漁業の名前も答えなさい。

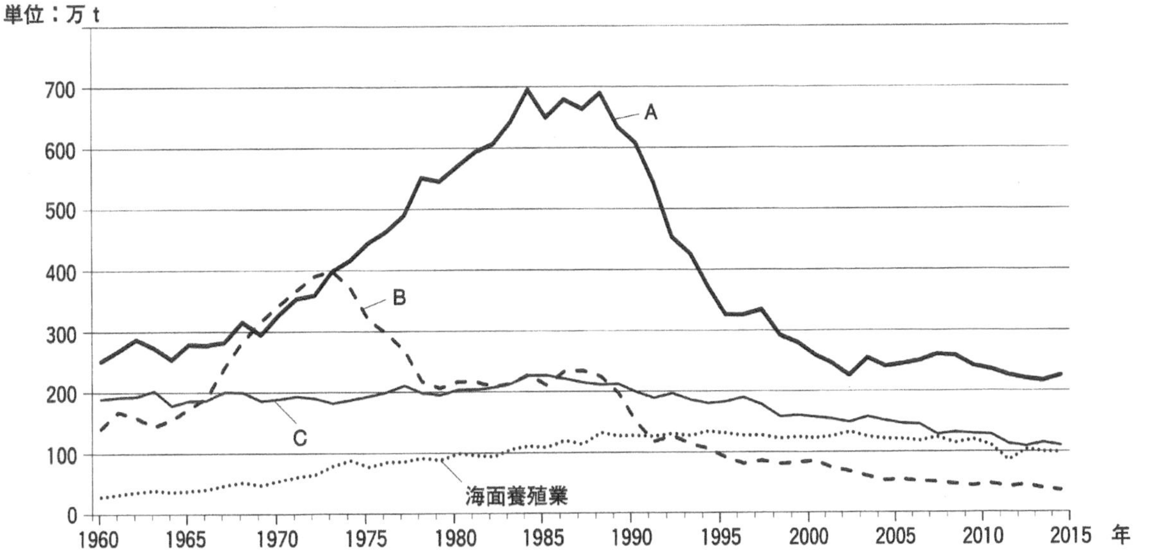

図２　日本の漁業別生産量の変化　（水産庁資料より作成）

問5　会話文中の□について，次の問題に答えなさい。

①　□に入る野菜の名前をカタカナで答えなさい。

②　**図3**のグラフは東京都中央卸売《おろしうり》市場で取り引きされる□の産地別の入荷量です。**A・B**にあてはまる都道府県名を次の**ア**～**カ**の組み合わせから1つ選び，記号で答えなさい。

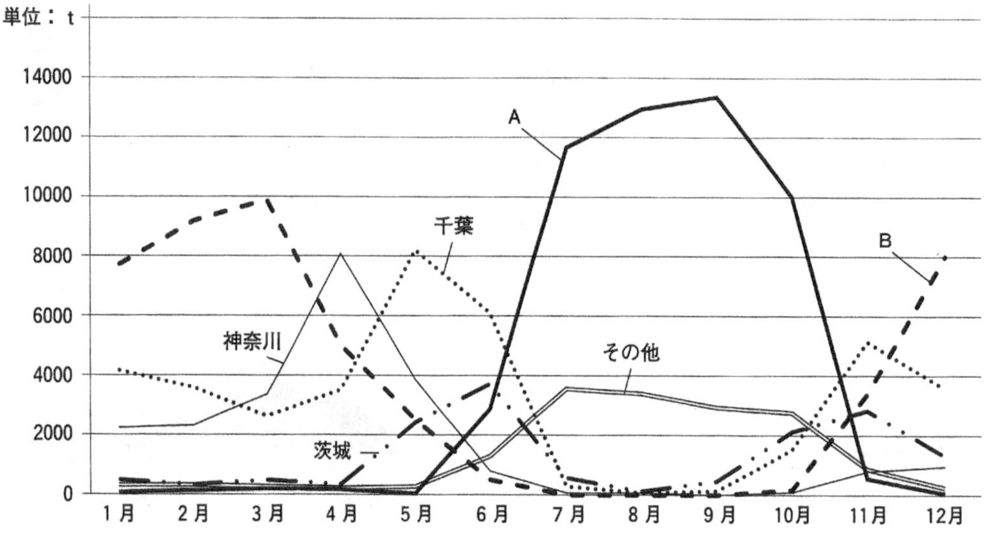

図3　平成28年　東京都中央卸売市場　産地別□入荷量

（東京都中央卸売市場ＨＰより作成）

	ア	イ	ウ	エ	オ	カ
A	長野県	愛知県	群馬県	愛知県	長野県	群馬県
B	愛知県	長野県	愛知県	群馬県	群馬県	長野県

③　**図3**で，「その他」で7月に入荷量がもっとも多い都道府県は岩手県です。では「その他」で6月に入荷量がもっとも多い都道府県はどれですか，次の**ア**～**オ**の中から1つ選び，記号で答えなさい。

ア．北海道　　**イ**．東京都　　**ウ**．三重県　　**エ**．兵庫県　　**オ**．熊本県

問6　下線部**5**について，次の**ア**～**エ**は日本における火力・水力・地熱・風力のおもな発電所の場所を示しています。風力発電所にあてはまるものを**ア**～**エ**の中から１つ選び，記号で答えなさい。

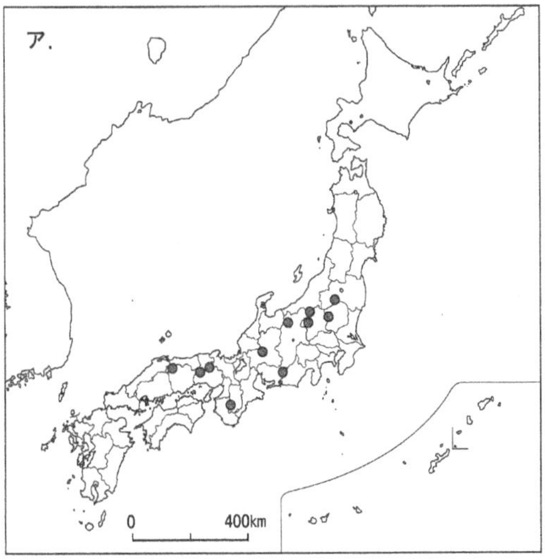

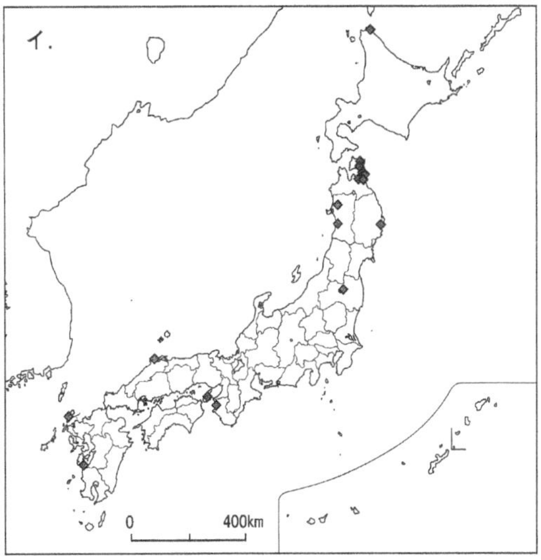

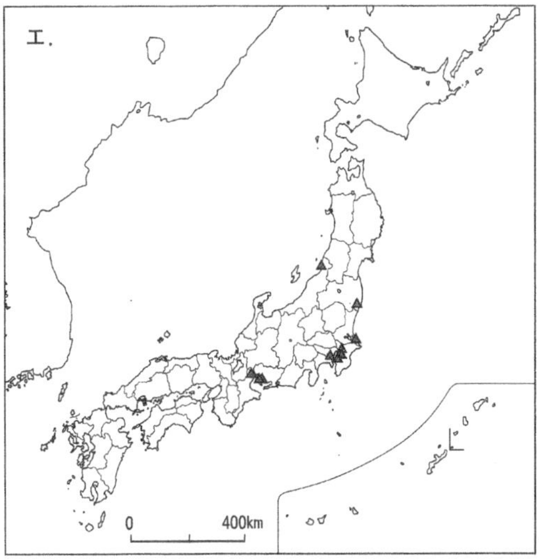

(2010年現在)

問7　下線部**6**について，ヨシオ君は釣りをしている間に，東京湾を行き来するさまざまな貨物船を見ました。次の問題に答えなさい。

①　天然ガスを運ぶ船の写真を次の**ア**～**エ**の中から１つ選び，記号で答えなさい。

ア.

イ.

ウ.

エ.

② 貨物を運ぶ運輸には，船以外にも自動車（トラックなど）・鉄道・飛行機があります。近年，自動車だけでものを運ぶ輸送方法から，船や鉄道を組み合わせて運ぶ輸送方法に変わってきています。この輸送方法は自動車だけを使う方法と比べてどのような長所があるでしょうか，長所を２つ述べなさい。

〔Ⅱ〕 次の文章を読んで，以下の問いに答えなさい。

日本は海に囲まれた島国です。そのため，船が果たしてきた役割は，たいへん大きいものでした。

日本でもっとも古いタイプの船は，一本の巨木をくり抜いてつくった丸木舟というものです。丸木舟は縄文時代から数千年にわたって使われた船で，1縄文時代にはおもに魚介類や海藻《かいそう》などをとるために用いられたと考えられています。丸木舟は日本各地で発見されていることから，縄文人のもつ航海技術はとても高いものであったことがわかります。

７世紀になると，2遣隋使，続いて遣唐使が始まります。この時使用された船は，初めのうちは比較的簡単なつくりであったようですが，後には中国へのルートが変わったことなどから，大陸の新しい技術が取り入れられたと考えられています。このことから，後期の遣唐使船は唐船すなわち中国式の船だったと推定されています。しかし，その大陸からの技術は3遣唐使の廃止とともに途絶えてしまいました。室町時代になると，4中国との勘合貿易が活発になりますが，そこで使用された船は遣唐使船とは違う日本式の大型船であったと思われます。

江戸時代には，再び外国船の構造を取り入れた船が活躍します。5江戸幕府から渡航を許された公認の貿易船がそれにあたります。この船は中国の帆船《はんせん》に西洋の帆船の技術が合わさった船であったと考えられています。しかし，この時の造船技術も，江戸幕府による6大船建造の禁止や7鎖国政策によって断絶することになりました。とはいえ，日本国内では全国的な航路が整備され，次第に大型商船が活躍していくことになります。この商船は弁財船《べんざいせん》とよばれるもので，8蝦夷地と大坂（大阪）を結ぶ西廻り航路を往来した北前船にも，江戸と大坂を結ぶ航路で活躍した菱垣廻船《ひがきかいせん》や樽廻船《たるかいせん》にも用いられました。

幕末になると，91853年９月に大船建造の禁止が解かれます。その後は木造の帆船，次に鋼鉄船《こうてつせん》による軍艦がつくられていき，軍艦をはじめとして日本は世界有数の造船大国となりました。10そして，太平洋戦争の時には，世界最大級の戦艦大和が誕生しました。しかしながら，この頃すでに戦艦よりも航空母艦（空母）による航空部隊が活躍する時代になっていたのです。太平洋戦争では，軍艦だけでなく商船も多く失われました。けれども，造船業は終戦直後から復活していき，1950年代には長期の造船ブームをもたらしました。航空機による海外渡航が一般化しても，海上輸送の需要は世界中で増えていき，日本は世界一の造船量を誇るに至りました。

問1　下線部1のほかに，道具の素材となる石材との交易が，船を利用して行われました。その中で，長野県和田峠や東京都神津島《こうづしま》などで産出された石材を答えなさい。

問2　下線部2に関する説明文としてもっともふさわしいものを，次の**ア～オ**の中から1つ選び，記号で答えなさい。

ア．最初の遣隋使が持参した国書には，中国の皇帝に対して対等な付き合いによる外交を求めた内容が書かれていた。このことに中国皇帝は激怒したが，外交は行われることになった。

イ．遣唐使は当初朝鮮半島を経由して中国に渡ったが，朝鮮との関係が悪化すると，台湾を経由して中国に渡るようになった。

ウ．遣隋使と遣唐使の大使のほとんどが男性であったが，最初の遣隋使の大使は女性であった。

エ．遣隋使の派遣を望んでいた蘇我馬子に対して，聖徳太子は冠位十二階や憲法十七条など国内の政策を優先するべきであると，派遣には反対であった。しかし，蘇我馬子の強行により遣隋使が派遣された。

オ．遣隋使や遣唐使には，留学生や学問僧なども乗っていた。その中で中国に渡る途中，大怪我《けが》をして目が見えなくなってしまった鑑真がいた。

問3　下線部3を要請《ようせい》し，その意見が認められた人物を答えなさい。

問4　下線部4について，当時の中国の王朝名を答えなさい。

問5　下線部5に関する説明文としてもっともふさわしいものを，次の**ア～オ**の中から1つ選び，記号で答えなさい。

ア．この幕府公認の貿易船は，いったん中国と朝鮮に立ち寄ることになっており，その後東南アジアやインドなどに向かっていった。

イ．この貿易船には，航海士や水先案内人として外国人宣教師が乗ることになっており，キリスト教の布教地であった渡航先で貿易にも関わった。

ウ．この貿易船は幕府公認の船であったことから，老中もしくは若年寄が乗船することになっていたが，しだいに守られなくなった。

エ．この貿易船が向かった渡航先には，日本人が住むようになった場所もでき，日本町がつくられていった。

オ．この貿易船の多くは東南アジアのほか，インドやヨーロッパ，アメリカなどさまざまな場所にも行き，貿易をおこなった。

問6　下線部6は何という法令（きまり）に記されていますか，その法令名を答えなさい。

問7　下線部7は，オランダ商館を出島に移すことで完成されましたが，それ以前のオランダ商館はどこにありましたか，その地名を答えなさい。

問8　この頃，下線部8にはアイヌの人々が住んでおり，蝦夷地の南部にある松前藩と交易をしていました。ところが，松前藩がアイヌの人々に対して不正な取り引きをしたため，1669年にアイヌの人々は松前藩に戦いを挑《いど》みました。その時の中心となったアイヌ人は誰ですか，その人名を答えなさい。

問9　下線部9が行われることになったもっとも大きなできごとを述べなさい。

問10　下線部10のように，戦艦大和が活躍する場はほとんどありませんでした。そして，1945年に戦艦大和は，ある島へ救援に向かう途上，アメリカ軍に撃沈《げきちん》されました。その島は当時アメリカ軍との地上戦が行われていましたが，その島名を答えなさい。

〔Ⅲ〕 次の文章を読んで，以下の問いに答えなさい。

日本国憲法は施行されてから2017年に70年目を迎えました。そして，ここ数年間，新聞やニュースでは1憲法改正についての話題が新聞やニュースをにぎわすことも増えてきています。

1946年 A に公布された日本国憲法には三つの基本原則があり，いわゆる国民主権，基本的人権の尊重，そして平和主義の三つです。

主権とは「国の政治のあり方を最終的に決める権利」であり，国民主権とは日本国内に関することは日本国民が決める権限を持っている，ということになります。日本国内で流通する物品にいくらの税金を課すのかは「日本国内に関すること」であり，その内容については主権者である日本国民または国民の信任を得ている日本政府が決定すべきこととなります。しかしながら，1858年にアメリカとの間で結んだ2日米修好通商条約では，江戸幕府は3関税自主権を放棄《ほうき》していました。これは主権を一部制限していたことにほかなりません。江戸幕府はこうした日本に不利な条約をイギリス，オランダ，フランスそしてロシアとも結びました。この江戸時代末期に外国と結んだ条約は日本にとって「不平等条約」であり，多くの人々がこれに不満を感じたのです。

基本的人権というものを「 B 」として認めたのは，日本国憲法からです。明治政府による4四民平等によって，「職業選択の自由」などは多くの人々に認められるようになりました。しかしながら，特権を持った人々はまだまだ残されており，5大日本帝国憲法が発布された後も，一部の人々には特権が与えられていて，けっして「法の下の平等」と言える状態ではありませんでした。

日本国憲法では6第９条に平和主義を掲《かか》げています。過去の戦争への反省から，国際平和を心から願い，国と国との争いの解決手段として武力を永久に放棄する，と強く宣言したものです。しかしながら時代の移り変わりとともに，それまでは想像もつかなかったような新しい論点が出され，議論され，時には裁判所で争われてきました。

冒頭でも述べたように施行から70年がたち，新聞やニュースで「憲法改正」が話題にされることが増えてきているようです。果たして，今本当に憲法を改正すべきなのかどうか，もしその必要があるのであればどのようにすべきなのか，政治家やマスコミなどの一部の人たちだけに任せることなく，ぜひとも私たち一人一人も自分の頭で考えてみましょう。

問１ 文章中の A にふさわしい月日を「～月～日」という形で答えなさい。

問２ 文章中の B にもっともふさわしいものを次の**ア**～**エ**の中から１つ選び，記号で答えなさい。

ア．国民のだれもが生まれながらに身につけて持っている権利

イ．健康で文化的な最低限度の生活を営む権利

ウ．人間らしい生活ができる環境を求める権利

エ．他の国から独立し，干渉《かんしょう》されない権利

問３ 下線部１の手続きに関して正しいものを次の**ア**～**エ**の中からすべて選び，記号で答えなさい。

ア．内閣または国会議員により，憲法改正案が発議されたのち，衆議院と参議院それぞれで審議される。

イ．国民による承認は国民投票によって行われ，その投票権は年齢満18歳以上の日本国民が有している。

ウ．憲法改正について国民の承認が得られたときには，天皇の名でただちに公布される。

エ．この70年間で，憲法改正の発議は一度も行われたことがない。

問4　下線部2に関する次の問題に答えなさい。

①　この条約に関して誤っているものを次の**ア**～**エ**の中からすべて選び，記号で答えなさい。

ア．この条約によって，新たに神奈川（横浜），長崎，新潟，兵庫（神戸）を開港することを取り決めた。

イ．アメリカ人が日本人に対して罪を犯したときは，幕府ではなくアメリカの領事が裁判を行うことを認めた。

ウ．通商条約反対派の不満を抑えるために，大老の井伊直弼は朝廷の認可を受けて，この条約を結んだ。

エ．この条約を結んだことにより，アメリカは日本で薪水《しんすい》，食料，石炭の調達ができるようになった。

②　この条約の締結をきっかけとして始まった，幕府の政治に反対する人々を幕府が弾圧した事件を何と呼びますか，答えなさい。

問5　下線部3をアメリカに認めさせ，条約改正に成功した外務大臣は誰ですか，人名を答えなさい。

問6　下線部4によって江戸時代の大名は何とよばれるようになりましたか，答えなさい。

問7　下線部5のもとでは，天皇は国の元首であり，政治のすべてを統治する，と定められていました。一方，諸外国のうち共和制と呼ばれる政治の仕組みを持つ国では，その元首も国民が選挙で選びます。では現在の国のうち，元首を選挙で選ぶ国はどこですか。次の**ア**～**オ**の中からすべて選び，記号で答えなさい。

ア．アメリカ　　**イ**．イギリス　　**ウ**．フランス　　**エ**．ブータン　　**オ**．韓国

問8　次の文章は下線部6の条文です。条文中の空欄**ア**～**ウ**にふさわしい語句をそれぞれ答えなさい。

> ①　日本国民は，正義と秩序を基調とする国際平和を誠実に希求《ききゅう》し，国権の発動たる（　**ア**　）と，武力による威嚇《いかく》又は武力の行使は，国際紛争を解決する手段としては，永久にこれを放棄する。
>
> ②　前項の目的を達するため，陸海空軍その他の（　**イ**　）は，これを保持しない。国の（　**ウ**　）は，これを認めない。

オ　世の中の不思議を解決するために役立つ、新しい時代の科学的教育観に基づいた画期的なものであるという賞賛がこめられている。

問12　――線9「少年の日の非科学的教育の影響」とあるが、筆者はどのように影響を受けたのか。その説明として最もふさわしいものを次の中から選び、記号で答えなさい。

ア　論理的ではない事象についても自然に受け入れるようになった。

イ　見失った伝統を取り戻《もど》すことが大事であると考えるようになった。

ウ　非科学的なものにも存在している論理性を受け入れるようになった。

エ　物事を考えるには根拠《こんきょ》というものが必要であると考えるようになった。

オ　非科学的な事象こそ、実験することが重要であると考えるようになった。

問13　――線11「海坊主や河童を退治してしまう～科学教育を阻害する」とあるが、どういうことを述べているのか。次の1～3の条件をすべて満たして説明しなさい。ただし、用語の使用する順番は問わない。

1　「科学的成果」「興味」「出発点」「絶対視」の四語を全て用いること。

2　「○○ということ。」につながるように書くこと。

3　三十字以上三十五字以内（句読点などの記号も一字とする）でまとめること。

三　次の問いに答えなさい。

問1　次の①～③の□に漢字一字を入れ、後の（　）内の意味になるように慣用句を完成させなさい。

①　一□乱れず　（秩序《ちつじょ》正しく整然としているさま）

②　□白押し　（大勢が集まっているさま）

③　藪《やぶ》から□　（突然《とつぜん》で思いがけぬさま）

問2　次の①～⑦の文中にある――線のカタカナを漢字に直しなさい。ただし、送りがなが含《ふく》まれるものは送りがなをひらがなで答えること。

①　罪人をサバク者が不正を行っては絶対にいけない。

②　天才は規則正しい生活をイトナムことができない。

③　高齢者《こうれいしゃ》が生活しやすい社会の実現にツトメル政治家。

④　悪天候のため、本日の大会開催《かいさい》をエンキします。

⑤　中学校生活に向けてのジュンビはできていますか。

⑥　旅行中にカイラン板がとなりの家から届いていた。

⑦　彼は相手を思いやれるオンコウな性格の人間です。

エ　時代の流れにのみこまれて没落《ぼつらく》した旧領主をいつまでも大事にする、義理人情に厚い土地柄《とちがら》であるということ。

オ　社会体制が変わって意味の無くなった因習を守りつづけるような古い体質が、町全体に残っているということ。

問8　――線2「簪をさした蛇」とあるが、「蛇」はなぜ「簪」をさしているのか。その説明である次の文の□に入るふさわしい内容を自分で考えて入れ、説明を完成させなさい。ただし、「非業《ひごう》」という言葉を必ず用いて指定された字数（句読点などの記号も一字とする）で答えること。

蛇は［　（十五字以内）　］生まれ変わりだから。

問9　――線3「そのような形のもの」とはどういうものか。最もふさわしいものを次の中から選び、記号で答えなさい。

ア　疑念をもたらしたもの

イ　実体験と結びついたもの

ウ　驚《おどろ》きをあたえるもの

エ　理論として完成されたもの

オ　野心を抱《いだ》かせるもの

問10　――線4「そういう夢と老人の読経の声とがもつれ合って～ぼんやりと眼に見えて来るのであった」とあるが、筆者はここで何を言おうとしているのか。その説明として最もふさわしいものを次の中から選び、記号で答えなさい。

ア　仏教的な世界観と科学理論の二つが結びつき、これまでなかった宇宙創成理論を思いついたということ。

イ　因習を信じて疑わないように教わった科学知識を信じて、壮大《そうだい》な世界を思い描くようになったということ。

ウ　信仰《しんこう》を基盤《きばん》とした共同体の中で初めて科学という世界に触れたことにより、老人たちの読むお経の本質がわかり始めたということ。

エ　因習と古い価値観に縛《しば》られている郷土の姿に気が付いて、いつの日か科学の世界で身を立てるという野心を抱き始めたということ。

オ　地域の伝統を重んじながらも科学理論にもあこがれてしまい、どちらを信じたらいいのかわからずに複雑な気持ちになっていたということ。

問11　――線6「文部省ご自慢の啓発的とかいう今日の物象の教科書」という表現から、筆者がここでこめた思いはどのようなものか。その説明として最もふさわしいものを次の中から選び、記号で答えなさい。

ア　科学を学ばせるために作ったすばらしい教科書という触れこみであるが、その教科書で学んでも科学への第一歩を踏み出すことはできないという批判がこめられている。

イ　どんなに優れた内容の科学教科書を作って懸命《けんめい》に教育を行っても、学ぶ側にその気持ちがなければ全く意味がない代物になってしまうという皮肉がこめられている。

ウ　物象の分野はどんなに大人が工夫しても子供には理解しづらいものであり、大人になってから取り組むべきものであるというあきらめがこめられている。

エ　文部省がどれほど内容の濃《こ》い科学教育をすすめても、近代化されていない社会に生きる国民にはつり合わないものであるという悲しみがこめられている。

＊物象……旧制中学校の教科の一つ。物理・化学・鉱物学などを総合したもの。
＊ヘッケル……（一八三四〜一九一九年）ドイツの生物学者。
＊鹿爪らしい……まじめくさって、堅苦《かたくる》しい感じがする。もったいぶっている。
＊精密科学……数学・物理学・化学など、量的に規定される科学の総称《そうしょう》。
＊涵養……水が自然に染《し》み込《こ》むように、無理をしないでゆっくりと養い育てること。

問1　[A]、[C]に入る最もふさわしい漢字一字を次の中からそれぞれ選び、記号で答えなさい。

ア　音　イ　波　ウ　敵　エ　片　オ　土　カ　足

問2　[B]に入る最もふさわしい言葉を次の中から選び、記号で答えなさい。

ア　見限る　イ　見くびる　ウ　見定める　エ　見付かる
オ　見逃す

問3　[①]〜[③]に入る最もふさわしい言葉を次の中からそれぞれ選び、記号で答えなさい。

ア　強《し》いて　イ　やっと　ウ　ただ　エ　ずっと
オ　やはり　カ　必ず

問4　――線5「天邪鬼」、――線7「やきもき」の意味を次の中からそれぞれ選び、記号で答えなさい。

5「天邪鬼」
ア　目上の人に対してこびへつらう人
イ　自分の思い出を大切にしている人
ウ　わざと人にさからう言動をする人
エ　論理的に物事を考えようとする人
オ　人間関係を重んじて生きている人

7「やきもき」
ア　あれこれと気をもんで、いら立つさま
イ　緊張《きんちょう》してこわばり、落ち着かないさま
ウ　自分よりも優れている人をねたむさま
エ　やる気がありすぎて、くるおしいさま
オ　てきぱき行動せず、時間を費やすさま

問5　――線8「□□無稽」は「でたらめ」という意味の四字熟語である。この空らんに入る漢字を本文中からぬき出しなさい。

問6　――線10「方は」とあるが、これはどの語に係るか。次の中から選び、記号で答えなさい。

ア　解決する　イ　考えられるし　ウ　採り上げられている
エ　属する　オ　多いようである

問7　――線1「人々はお正月には『殿様のところへ伺候する』習慣をずっと守っていた」とあるが、筆者はここで何を言おうとしているのか。その説明として最もふさわしいものを次の中から選び、記号で答えなさい。

ア　年に一度は殿様を中心として互《たが》いの結束を確認するように、共同体が信頼《しんらい》を基にして成立しているということ。
イ　忙《いそが》しい時期に大人たちがこぞって権力者に頭を下げに行く習慣に、子供たちは違和感を覚えているということ。
ウ　自分たちの領主に対し尊敬の念を抱くとともに親近感を持つような、温かい関係が形成されているということ。

いてみるのが科学者の最後の夢である、という風な議論であったように憶えている。

もう二十五年以上も昔の話であるから、もちろん詳《くわ》しいことは記憶《きおく》にない。しかしヘッケルの本の最後の数節は、いろいろな科学的な言葉は使ってあったが、煎《せん》じつめたところは、物質と勢力との一致《いっち》という夢を描いたもののようであった。物質と勢力との転換《てんかん》が、理論的にまた実験的に物理学の問題として確認されたのは、ずっと後のことである。ヘッケルの時代にはもちろんのこと、それを読んだ私たちの高等学校時代の頃でも、それは*精密科学の立場から見れば、全くの8□□無稽《むけい》な空想にすぎなかった。

しかしこの本は、私には少年の日の夢を再び呼び返してくれたという意味で大切な本であった。今読み返してみたら、そういう意味に書いてあったものではないかもしれないが、熱中し易い高等学校時代の自分の頭に残された印象は、そのようなものであった。もし自分が勝手にそういう風に解釈して、興奮にほてる頬《ほお》を輝《かがや》かしながらこの本を読んだのであったならば、それは9少年の日の非科学的教育の影響《えいきょう》によったものであろう。（中略）

科学の本質論にはここでは触《ふ》れないことにしても、本当の科学というものは、自然に対する純真な驚異の念から出発すべきものである。不思議を解決するばかりが科学ではなく、平凡《へいぼん》な世界の中に不思議を感ずることも科学の重要な要素であろう。不思議を解決する10方は、指導の方法も考えられるし、現在科学教育として採り上げられているいろいろな案は、結局この方に属するものが多いようである。ところが不思議を感じさせる方は、なかなかむずかしい。

物象の何年生だったかの教師用に、秋の山へ児童をつれて行くと、楓《かえで》だの漆《うるし》だのが美しく紅葉している、その葉の色の美しさを示して、自然界の美に驚嘆《きょうたん》するように児童の情操を*涵養《かんよう》せよというような意味の説明がある。しかし本当の驚異はなかなかそう手軽には感じさせられないものである。それに注文通りの秋の山など、そうざらに　B　ものでもない。もっとも紅葉の美しさに注意を向けさすことが悪いと言うのではない。それもたいへん結構なことではあるが、それだけで、という意味は、その系統に属する各種の指導だけで、驚異感の方は　C　がつくと思っては不十分であろう。

近代の専門的な教育法のことは知らないが、私には自分の子供の頃の経験から考えて、思い切った非科学的な教育が、自然に対する驚異の念を深めるのに、案外役に立つのではないかという疑問がある。幼い日の夢は奔放《ほんぽう》であり荒唐でもあるが、そういう夢も余り早く消し止めることは考えものである。海坊主《うみぼうず》も河童《かっぱ》も知らない子供は可哀想である。そしてそれは単に可哀想というだけではなく、余り早くから11海坊主や河童を退治してしまうことは、本当の意味での科学教育を阻害《そがい》するのではないかとも思われるのである。

（中谷宇吉郎「簪をさした蛇」より）

*人跡未踏……人がまだ誰《だれ》も踏《ふ》み入れたことのないこと。
*簪……髪飾り。女性の頭髪《とうはつ》にさす装飾《そうしょく》品。
*講談……寄席《よせ》演芸の一種。軍記・武勇伝・かたき討《う》ちなどを、おもしろく調子をつけて読んで聞かせる話芸。
*カント・ラプラスの星雲説……一七五五年にカントが唱《とな》え、一七九六年にラプラスが補説した、太陽系の起源についての説。
*無機物……水・空気・鉱物および炭素をふくまないものからなる物質。

たことがあった。その先生の進化論というのは、少し極端《きょくたん》であって、人間からアメーバに遡《さかのぼ》って、そのアメーバが更《さら》に*無機物から出来たというのであった。もっともそれは子供心にそういう風に受け取ってしまったのかもしれないが、とにかくそれは当時の私には驚愕《きょうがく》に近いものであった。

そしてそれが星雲説になると、更に展開するのであった。遙かなる昔、まだ太陽も月も地球もなかった時代に、星雲が宇宙の片隅《かたすみ》に渦《うず》を巻いていた。その渦がだんだん凝《かたま》って固体になるというのであるが、そのガス状の星雲の前には、宇宙にはただ力だけが渦を巻いていたという話を聞かしてくれたように憶《おぼ》えている。これも幼い頃の夢であったのかもしれないが、私の頭に残った印象は、3そのような形のものであった。

学校から帰ると、よく夕飯前に、奥《おく》の暗い六畳《ろくじょう》の仏壇《ぶつだん》の間で、老人たちの御まいりの座につかされた。灯明《とうみょう》の光がゆらぐ毎《ごと》に、仏壇の中の仏様の光背《こうはい》が鈍《にぶ》く金色にゆれた。ぼんやりとその光に見入りながら、遠い遠い昔、まだ星雲すらも無かった頃の宇宙創成の日を頭の中に描《えが》いてみる癖《くせ》がいつの間にかついた。本当に何物も無い虚空《こくう》に、眼に見えない力の渦巻があって、その回る速さがだんだん速くなって行く。するとその中心のあたりからほの白くガス状の物質が生まれて来る。4そういう夢と老人の読経《どきょう》の声とがもつれ合って、いつの間にか、生まれたばかりの星雲の姿が、ぼんやりと眼に見えて来るのであった。

今の科学精神などという流儀《りゅうぎ》から言えば、とんでもない教育を受けたものである。生活の中に科学をとり入れるようなことも、全く縁の無い話であった。そして学校では実物を完全に離《はな》れた文字だけの理科を教わり、家へ帰っては三国志と西遊記とに凝《こ》っていた。たまさか新しい科学の知識を授《さず》けられれば、それは「断片的な科学知識」と「出来上がった理論の外面」だけであった。それらは西遊記と仏教寓話《ぐうわ》とで養われた荒《こう》唐《とう》な少年の日の夢に、ますます非科学の拍車《はくしゃ》をかけるような結果に陥《おちい》ってしまった。科学者にでもなろうというのだったら、典型的な悪い教育を受けたものである。

ところがこの頃になって考えてみると、こういう少年の日の反科学的な教育が、自分のその後の科学にとって、そうひどく邪魔《じゃま》になったとは思われない。そういう5天邪鬼《あまのじゃく》な考えをするから何時《いつ》まで経っても一人前の科学者になれないのだと言われれば、それまでの話である。しかしあの当時に、現在の立派な科学普及《ふきゅう》書がふんだんに与《あた》えられ、6文部省ご自慢《じまん》の啓発的《けいはつてき》とかいう今日の*物象の教科書で理科を教わっていても、①偉《えら》い物理学者にはなれなかっただろうと思う。それよりも恐らく物理学などは専攻《せんこう》していなかったかもしれないという気もする。別に確固たる理由は無いが、②何となくそういう気がするだけである。③理由をつければ、大人が余り7やきもきすると、子供は興味を失ってしまうことが多いからである。

星雲の夢が再び蘇《よみがえ》って来たのは、高等学校へはいってからである。*ヘッケルの『宇宙の謎』の翻訳《ほんやく》が出て、その一元論が我が国の読書界に紹介《しょうかい》されたのが、ちょうど私たちが高等学校へ入学した頃であった。ヘッケルの進化論というのは、正《まさ》しく私たちが小学校で聞かされた話を、少し*鹿爪《しかつめ》らしくしたようなものであった。そしてその最後のところは、物質と勢力《エネルギー》との一元論に落ち着くというのであった。別に根拠《こんきょ》のある説ではないが、物質不滅《ふめつ》の法則と勢力不滅の法則とが自然界を貫《つらぬ》く二つの根本原理である、その両者を総合《そうごう》したような宇宙一元論を心に描

ア　アイが死んだ人の数を記録し続けるのは、その人々が受けた苦しみを平穏《へいおん》な日常の中で忘れないためである。

イ　アイは自分のことを考えてくれるミナの真剣さに感動し、二人の間をへだてる距離をもどかしく思っている。

ウ　アイはミナの真剣な態度に心を動かされ、これまで抱えてきた苦しみをはっきりと言葉にすることができた。

エ　ミナがアイを勇気づけている時にはすでにアイに対する怒りは消えており、ミナの瞳孔は震えていなかった。

オ　ミナにとって最も大切なことはアイがありのままに生きることであり、その行いの善し悪しは問題ではない。

カ　ミナはあえて厳しい口ぶりでアイを責めることによって、アイが抱えている罪の意識をやわらげようとした。

二　次の文章を読んで、後の問いに答えなさい（作問の都合上一部表記を改めている）。

石川県の西のはずれ、福井《ふくい》県との境近くに大聖寺《だいしょうじ》という町がある。そこに錦城《きんじょう》という小学校があって、その学校で私は六年間の小学校生活を終えた。たしか尋常《じんじょう》六年の時に、明治天皇が崩御《ほうぎょ》されたように記憶しているので、私の小学校時代は、明治の末期に当たるわけである。（中略）

明治の末期と言っても、北陸の片田舎《かたいなか》までは、まだ文明開化の［A］は押《お》し寄《よ》せて来ていなかった。たしか六年生の頃《ころ》に、初めて電灯がついたくらいで、徳川時代からずっとよどんでいた空気は、まだこの小さい旧《ふる》い城下町の上を低く蔽《おお》っていた。旧藩主《はんしゅ》は町の一部に、別の御屋敷《おやしき》をもって、一年の半ばはそこに住んでおられた。そして1人々はお正月には「殿様《とのさま》のところへ伺候《しこう》する」習慣をずっと守っていた。

小学校のすぐ後ろは、小さい山に続いていた。錦城山という山であった。この山には前田家の以前に、山口玄蕃《げんば》とかいう豪族《ごうぞく》の城があったそうである。そしてその城が落城する時に、奥方《おくがた》や姫《ひめ》たちが、池に入るか崖《がけ》から飛び降りるかして死んだというような伝説が残っていた。この小高い山は、その当時の子供たちの間には、全く*人跡未踏《じんせきみとう》の魔境《まきょう》であった。山は二段になっていて、頂上に本当の城の跡《あと》があるという話であったが、そこは恐《おそ》ろしくて、とても子供たちの行ける場所ではなかった。私などは六年間の小学校生活中に、一度もその城跡までは登らなかった。そこには、2*簪《かんざし》をさした蛇《へび》だの、両頭の蛇だのがいるという噂《うわさ》があった。もちろん一つ一つに落城の伝説がからまっていて、子供たちはだれもそれを疑わなかった。（中略）

ピアノなどというものは、名前も聞いたことがなかったし、理科の実験などももちろん無かった。仏教の盛んな土地だけに、町全体の雰囲気《ふんいき》には近代の匂《にお》いが全く無く、科学などというものには、凡《およ》そ無縁《むえん》の土地であった。子供たちは、大人の読み残した貸本の*講談本を盗《ぬす》み読むくらいで、その当時あこがれの的であった『少年世界』や『日本少年』を毎月とっているなどという子供は、級に一人か二人という程度であった。それは遙《はる》かなる土地の文明の余光であって、年寄りたちがお説教できいてくる仏教の因果《いんが》話と地獄《じごく》極楽の絵とで培《つちか》われた子供たちの頭には、幻惑《げんわく》的な閃光《せんこう》をもたらすものであった。

そういう中にあって、たしか五年生の時だったかと思うが、珍《めずら》しい先生が新しくみえて、その先生が私たちの受け持ちとなった。そして理科の時間に、進化論の話と、*カント・ラプラスの星雲説とを説明してくれ

点では許されない行為だということ。

イ　アイの行動は実際に苦しむ被災者の気持ちを逆なでし、両親や友人の反感を招く行為だということ。

ウ　アイの行動は大した意味もなく、むやみに両親や友人を心配させただけの愚《おろ》かな行為だということ。

エ　アイの行動は他者を見下したものであり、被災者のために祈る人々の心を否定する行為だということ。

オ　アイの行動は両親や友人への配慮《はいりょ》に欠けており、彼らの優しさにつけこんだ裏切り行為だということ。

問10　――線**8**「その言葉は、美しい雨のようにアイの心を洗った」とはどういうことを表現しているか。その説明として最もふさわしいものを次の中から選び、記号で答えなさい。

ア　ミナの「大好き」という言葉は、アイの存在を無条件に認めるものであり、この世界に存在しているという実感をアイに取り戻してくれたということ。

イ　ミナの「大好き」という言葉は、震災によって深く傷ついたアイの心をいやすものであり、震災が起こる前の明るい気持ちを取り戻してくれたということ。

ウ　ミナの「大好き」という言葉は、他者の存在をあたたかく受け入れるものであり、投げやりになっていたアイの心を前向きに変えてくれたということ。

エ　ミナの「大好き」という言葉は、ミナがようやくアイをかけがえのない親友として認めたことを意味し、アイに大きな自信を与えてくれたということ。

オ　ミナの「大好き」という言葉は、悪い面も含《ふく》めてアイのすべてを受け入れるという意味であり、アイが抱えてきた罪悪感をぬぐい去ってくれたということ。

問11　登場人物のミナについて、次のように考察した。次の文中の [A] ～ [E] に入る最もふさわしい言葉を後の語群からそれぞれ選び、記号で答えなさい。

ミナは [A] を通してアイの心を解き明かす存在である。すなわち、自分の考えを少しずつ語っていくアイの言葉に耳をかたむけ、それらを整理し、より明確な言葉に変えてアイに示していく。そうしてアイは自分自身が何を考えていたのかを改めて [B] するのである。このプロセスを通して、ミナはさらにアイの内面を明らかにしていく。すなわち、アイは自らが養子であることから常に罪の意識を抱えて苦しんできた。そしてアイが今感じている幸せに [C] して、その苦しみは [D] していくのである。

　このようなアイの苦しみを理解したミナは、その苦しみの背後に、今なお悲劇に苦しんでいる人がいることに胸を痛めているアイの本当の気持ちも含まれていると指摘《してき》する。この痛みこそアイに [E] なものであり、大切にすべきものだとミナは語るのである。

［語群］

ア　解決	**イ**　議論	**ウ**　後悔	**エ**　固執《こしつ》	**オ**　固有
カ　自覚	**キ**　消滅《しょうめつ》	**ク**　説得	**ケ**　善良	**コ**　増大
サ　対話	**シ**　転化	**ス**　反発	**セ**　批評《ひひょう》	**ソ**　比例

問12　本文の内容に合致《がっち》するものを次の中から二つ選び、記号で答えなさい。

オ　両親や友人との連絡を断って、被災地に残った理由を秘密にすること。

問2　――線2「免れてきた」と感じるのは、アイが自分自身をどのような人間だととらえているからか。その説明として最もふさわしいものを次の中から選び、記号で答えなさい。

ア　生きる意志がなく、死者の気持ちにばかり興味を持ってきた人間

イ　運が良かったという以外に、とくに理由もなく生き残ってきた人間

ウ　幸運に恵まれたことを喜んで、他人の不幸を忘れてしまった人間

エ　他人を傷つけ、不幸にさせてしまった罪から逃れ続けてきた人間

オ　母国と呼べる国を持たないため、国民意識が弱まってしまった人間

問3　――線3「この沈黙の先にあるもの」の説明として最もふさわしいものを次の中から選び、記号で答えなさい。

ア　言葉にしなくても、互《たが》いの思いが通じ合う二人の新たな関係

イ　自分のことを真剣に考えてくれている友人を納得させる理由

ウ　真実を話すことにより、友情を失うかもしれないという恐怖

エ　誰にも言わずにいた自分の本心を友人の前でさらけ出す覚悟《かくご》

オ　誰にも知られずにくり返してきた行為の中に秘められた意図《いと》

問4　［Ⅰ］、［Ⅱ］に入れるのに最もふさわしい言葉をそれぞれ本文中から六字以内でぬき出しなさい。

問5　――線4「傲慢でおぞましかった」とアイが感じたのはどのような点からか。その説明として最もふさわしいものを次の中から選び、記号で答えなさい。

ア　震災が起きたことを悲劇に身を置く格好《かっこう》の機会だととらえており、さらには安全な場所から被害者の気分にひたろうとしていた点。

イ　震災が起きたことをわざとらしく悲しみ、世界で起きている悲劇をひとりで背負いこむことで自己満足にひたろうとしていた点。

ウ　被災者が何に苦しみ、どのような助けを求めているかを理解することができず、さらにはいら立っているようにも聞こえた点。

エ　被災者になったつもりが、実際は安全な場所から不幸な人々をながめ、その苦しみを観察しているように聞こえた点。

オ　被災者の本当の苦しみを理解しようともせず、さらには自分だけ安全な場所に逃げて被災者をあざ笑っているように聞こえた点。

問6　――線5「罪悪感」の内容を具体的に言い表した次の文の［　］に入る十五字以上二十字以内のふさわしい言葉を本文中からぬき出し、はじめと終わりの三字を答えなさい。

［　］になること。

問7　――線6「□を染めていない」の□に入る体の一部を表す漢字一字を答えなさい。

問8　［Ⅲ］に入れるのに最もふさわしいものを次の中から選び、記号で答えなさい。

ア　感性　イ　義務　ウ　権利　エ　資質　オ　責任

問9　――線7「相対的に見たら、あんたのしてることは間違ってる」とあるが、ここでミナはどのようなことが言いたかったのか。その説明として最もふさわしいものを次の中から選び、記号で答えなさい。

ア　アイの行動自体が悪いわけではないが、誰の役にも立たなかった

ミナはアイをじっと見ていた。目は合わなかったし、瞳孔はもう動いていなかったが、それはアイのことを思っている、まっすぐな視線だった。

「思わない。」

「誰かのことを思って苦しいのなら、どれだけ自分が非力《ひりき》でも苦しむべきだと、私は思う。その苦しみを、大切にすべきだって。」

アイはミナに会いたいと思った。心から。画面の向こうから、自分のことをこんなにも思ってくれている親友に、アイは会いたかった。

「7相対的に見たら、あんたのしてることは間違ってる。間違ってるのとは違うか、でもあんたの言うように傲慢だと思うし、私たちに心配をかけてる。分かるよね？ でも、今は相対なんて知らない。あんたは私の親友だから、それは絶対なんだよ。私はアイの気持ちを尊重する。分かりたいと思う。」

「ありがとう。」

「お礼なんて言わなくていい。その代わり、ごめんなさいも言わなくていいからね。あんた今、言おうとしてたでしょ？」

「うん。してた。」

「だめだよ。謝ったらだめ。アイがそこに無事でいてくれること、私は本当に嬉《うれ》しいんだよ。その苦しみごと、アイがそこにいてくれたらそれでいいんだ、私は。分かる？」

「うん。」

「思う存分いなさい。そこに。」

「うん。」

ありがとうと、ごめんなさいを言ってはいけないのであれば、何を言えばいいのだろう。アイは言葉に困った。でも、先にミナが「それ」を言ってくれた。

「大好きだよ。」

アイもそうだった。ミナのことが大好きだった。だから言った。

「ミナ、私も大好き。」

8その言葉は、美しい雨のようにアイの心を洗った。ミナはアイの心に、忘れていた健《すこ》やかさを戻《もど》してくれた。

「大好き。」

（西加奈子『i』による）

＊阪神淡路大震災……一九九五年一月に兵庫県南部で発生した地震災害。
＊シリアの内戦……二〇一一年三月から始まったシリア内部での武力衝突《しょうとつ》。
＊9・11……二〇〇一年九月にアメリカ合衆国内で起きた同時多発テロ事件。
＊ハイチの地震……二〇一〇年一月にハイチ共和国で発生した地震災害。
＊エンパイアステートビル……アメリカ合衆国のニューヨーク市にある超高層ビル。

問1 ――線1「あんなに強固でいられた」とあるが、アイはどういうことに「強固」であったのか。その説明として最もふさわしいものを次の中から選び、記号で答えなさい。

ア 自分の信念をつらぬいて、生まれて初めて両親や友人に反抗すること。

イ 被災した日本にあえて残ることで、地震に対する恐怖を克服《こくふく》すること。

ウ 震災直後の日本にとどまり、震災で被害にあった人々を支援《しえん》すること。

エ 震災の当事者であり続けることにこだわり、被災した日本に残ること。

と生きてきた。

今こそ自分が渦中《かちゅう》にいるときだ、い続けるべきだ。アイはそう思ったのだ。

でも、人の声で聞くそれは、自分が思っていたよりも4傲慢でおぞましかった。東京の大きく頑丈《がんじょう》な家に残ることで被災《ひさい》地の人たちの気持ちが分かるはずもなかったし、ましてや誰の命が助かるわけでもないのだ！

「あんたがどんな思いでいるか分かるよ、今。ものすごく恥《は》ずかしいでしょう？」

「うん。」

アイはミナに責めてほしかった。甘《あま》えてんじゃない、矮小《わいしょう》な自己満足を得るために、両親に心配をかけて、それで被災者にでもなったつもりなのか？

でも、ミナはアイを責めなかった。画面越《がめんご》しに、アイをはっきりと見すえた。きっとアイの目を見ているはずだったが、スカイプを通すとどうしても目が合っている感じがしなかった。

「あのね。でも、アイは起こったことに、胸を痛めているんでしょう？」

「え？」

「東日本で起こっていることに、そして世界中で起こっていることに、胸を痛めている。でしょう？」

「うん。」

それは本当だった。それだけは心から言えた。アイは東日本で起こっていることに、そして世界中で起こっていることに、胸を痛めていた。被災した人たちのことを思うと、そして悲劇に巻き込《こ》まれた人たちのことを思うと、胸が張り裂《さ》けそうだった。

「だからこそ思うんだよね、どうして私じゃないんだろうって。」

「うん。」

「その気持ちは恥じなくていいよ。恥じる必要なんてない。どうせ自分は被災者の気持ちが分からないんだって乱暴になるんじゃなくて、恥ずかしがりながらずっと胸を痛めていればいいんじゃないかな。よく分からないけど、その気持ちは大切だと思うんだ。何かに繋がる気持ちだと思うから。」

アイは両親に送ってもらっていた中の、少なくない金額を寄付していた。そうすることで少しでも5罪悪感から逃《のが》れたかったからだが、もちろんそれだけではなかった。苦しい思いをしている人のことを思うと苦しかった。何かせずにはいられなかった。自分の行動が誰の役にも立っていないかもしれないと思うことが苦しかった。そしてそうやって寄付した金が、自分が稼《かせ》いだ、汗《あせ》をかいて必死で稼いだ金ではなく、両親の金、潤沢《じゅんたく》にある両親の金であることが恥ずかしかった。

自分は何も傷ついていない。

自分は何にも6□を染めていない。

「こっちにいるとさ、至るところで日本の国旗を見るの。」

＊エンパイアステートビルが日本国旗の色に染められたのを、アイもニュースで見た。

「みんなが日本のために祈《いの》ってる。私も彼《かれ》らも日本にいなかったし、地震の被害《ひがい》にも、原発《げんぱつ》の被害にも遭《あ》わなかった。でも、じゃあ私たちに祈る［Ⅲ］はないって、アイは思う？」

自分が分からなかった。

「私、養子じゃない？　シリアから来て、アメリカ人の父と、日本人の母に引き取られた。」

「そうだね。」

「シリアで、きっと何らかの困難な状況《じょうきょう》にあった私を、誰かが選んでくれた。そうして、今の両親に出逢《であ》わせてくれた。裕福《ゆうふく》な両親に。」

（中略）

「シリアから両親の元に来たことは、本当に幸せなことなんだと分かってる。でも、それ以上に……、なんだかずっと……、申し訳なかった。もちろん幸せ、本当に、私は幸せすぎるくらい幸せだよ。申し訳ないと思うことなんて傲慢《ごうまん》だということも分かってる。でも、ずっと、誰かの幸せを不当に奪《うば》ったような気がしていて。」

「誰か？」

「そう。私の代わりに両親にもらわれるはずだったシリアの誰か。もしかしたら私がシリアに残っていたかもしれない。そしてその誰かが、私の両親の元で幸せに暮らしていたのかもしれない。私はその人の幸せを、もしかしたらその人の命も、奪ってしまったのかもしれない。」

「アイ。」

「ひどいこと言ってるのは分かってる。私は自分の環境《かんきょう》に感謝すべきだし、幸せなことを幸せに思うべきだよね。」

「べき、ではないよ。感謝とか幸せって、努力して思うことではないんだよ。自然にそう思うことなんだから。アイがそう思えないのなら、無理に思うことない。」

「でも、本当に思うの、幸せだって。私は本当に幸せ。でも、幸せって思えば思うほど……。」

「苦しいのね？」

ぐ、と喉《のど》が鳴った。私は「苦しい」と言っていいのだろうか。いわれのない、「本当の苦しみ」を苦しんでいる人たちがいる世界で？

「苦しいって、言っていいんだよ。」

ミナは、まるでアイの胸のうちを見透《みす》かしているようだった。

「それってあんたの苦しみなんだから。それに嘘《うそ》をつく必要なんてない。あんたは馬鹿《ばか》じゃないから、そのことを私以外には言えないだろうって思う。そうだね、馬鹿じゃないどころか、賢《かしこ》すぎるんだ。」

「そんなことない。」

「正直になろう、アイ。あんたは［Ⅰ］。言い方を変えるね。［Ⅱ］。」

「……そう、だね。それはそう。」

「そしてもちろん、それがアイなんだから、考えすぎるのがあんたなんだから、それも変えなくていいと思う。」

ミナの瞳孔《どうこう》がわずかに動いていた。何かを真剣《しんけん》に考えているとき、人間の瞳孔が震《ふる》えることを、アイはミナを見て知った。

「それで、地震《じしん》が起こった国に残りたかったの？　安全な場所に逃《に》げるのが嫌だったの？　ずっと免れてきたから。命が助かってきたから。」

ミナの言うことを聞いて、アイは大声で叫《さけ》び出したくなった。確かにその通りだった。ずっと免れてきたと思っていた。

＊阪神淡路《はんしんあわじ》大震災を、＊シリアの内戦を、＊9・11を、＊ハイチの地震を、世界中の悲劇《ひげき》を、自分は免れてきた。免れ、そして生きてきた。肥え太り、誰にも自身のからだに触《ふ》れられることなく、そして将来何かのために生きようとも思わず、両親の金で、両親の家で、ただのうのう

「私、ずっと死んだ人の数を書いてるの。」

今までずっと黙《だま》ってきたことを、こんな風にあっさり打ち明けることが出来る。自分はやはりまだおかしな興奮状態にあるのかもしれない。そう思ったが、止められなかった。ミナに聞いてほしかった。たったひとりの親友に。

「死んだ人の数？」

「そう。世界中で起こってる事故や事件や災害で死んだ人の数を、ノートにずっと書いてるの。」

「いつから？」

「……ノートは、2005年からになってる。」

「えっと、高校のときか。もう私と会ってた？」

「うん。会ってた。」

「死者の数って、どんな風に？」

「起こった事件や災害の内容と一緒に、何人死んだって、シンプルだよ。」

「日記ではないのね？」

「うん、違う。」

「そっか。どうして？」

どうして、と聞いてくれる人は今までいなかった。何故《なぜ》ならノートのことは誰《だれ》にも話していなかったからだ。でも、自分でも時々「どうして？」と思っていた。死者の数を書き続けること、その行為《こうい》に私は何を求めているのだろう。

「……分からない。」

「そっか。」

アイは沈黙《ちんもく》した。自身の[3]この沈黙の先にあるものを探した。ミナには正直でいたかった。ミナにだけは。

「……きっと、知っておきたいんだと思う。」

「知っておきたい？」

「うん。私がこうやって生きている間にも、世界ではたくさんの、本当にたくさんの人が死んでる。」

「うん。そうだね。」

「そのことを、きちんと知っておきたいのかもしれない。もちろん、すべての死んだ人を書くことは出来ないし、何人って書いている時点でまとめちゃってるんだけど。まとめるって、すごく……怖《こわ》いけど……。」

ミナの唇《くちびる》がわずかに開いていた。真っ赤な舌と、紙のように白い歯がのぞいている。

「その死んだ人の中に自分が入っていないことが、免れてきたと思ってたということ？」

あ、と、声を出した。自分から言ったことなのに、ミナに言われて驚いた。自分は何を言っているのだろう？

「……うん、そうだね。そう。ずっと、免れてきたと思ってた。どうして私じゃなかったんだろうって。」

「うん。」

「どうして死んだ人が私じゃなくてその人たちだったんだろう。その人と私の違いは何なんだろうって。」

「うん。すごく難しいね。でも分かるよ。」

ミナが分かる、と言ってくれたことに勇気を得た。そして同時に「ミナには分からない」とも思った、強く。私は、何が言いたい？　アイは

【国　語】（六〇分）〈満点：一〇〇点〉

一　次の文章は、二〇一一年に起きた東日本大震災《しんさい》にまつわるものである。以下、大学生のアイとミナがスカイプ（インターネットを通じた映像会話）をしている場面が描《えが》かれている。アイは両親と離れ、ひとり東京で暮らしている。これを読んで、後の問いに答えなさい。

「ふう……。」

いつもなら、そろそろこの時間を終わりにする頃《ころ》だった。でもミナは、まだそこにいた。伸《の》びた髪《かみ》を束ね直し、ペットボトルから水を飲んだ。

「洗濯《せんたく》物、いいの?」

「ああ。うん。」

何か言いたいことがあるのだろうか。アイがそう思ったのと同時に、ミナが口を開いた。

「ねえアイはさ。」

「うん。」

「なんで残ったの?」

「え?」

柔軟剤《じゅうなんざい》の香りがした。室内に風が吹いたのだ。窓を閉めていても、空気は常に動いている。最近気づいたことだった。

「アイのパパもママも、私だって海外にいて、いつだってこっちに来られたじゃん。」

きっとミナは、ずっとこのことを聞きたかったのだ。

「責めてるんじゃないからね。アイがそんな風に強く何かを決めることって珍《めずら》しいから、何かあったのかと思って。」

珍しい、とミナは言ってくれているが、それはきっと初めてのことだった。ミナも驚《おどろ》いたに違《ちが》いない。震災後繋《つな》がった電話で、ミナは両親と同じ熱量でアイに訴えたのだ。「そこを離れなさい」と。やがてアイのかたくなさに折れたが、それでもミナは連絡《れんらく》してくるたび、アイの心が変わらないか聞いてきた。

「何かあったの? 嫌《いや》なら言わなくていいけどさ。」

今なら聞いてもいいと思ったのだろう。確かに例のかたくなさは消えていた。アイ自身でさえ、あのときの自分に驚いているくらいだった。

どうして自分は、1あんなに強固でいられたのだろう。

どうしてあんなに強く「NO」と言えたのだろう。

「いや、嫌じゃないけど……、説明しづらいんだ。」

「説明しづらい? 言ってみてよ。しつこいけど、嫌じゃなかったらね。」

ミナは、いつまでも待つ、という顔をしていた。そしてきっと、分からないことに対して分かったふりをしないだろう。ミナはそれだけで信頼《しんらい》に値する人に見えた。

「なんていうか……。」

「うん。」

「今まで私、ずっと2免《まぬか》れてきたと思ってたの。」

「免れてきた?」

「そう。あの、ね。軽蔑《けいべつ》しないでほしいんだけど。」

「しないよ。約束する。」

平成30年度

解　答　と　解　説

《平成30年度の配点は解答用紙に掲載してあります。》

＜算数解答＞《学校からの正答の発表はありません。》

1	(1)　30	(2)　39分間	(3)　70度	(4)　2通り
2	(1)　9cm	(2)　31.5cm^2	(3)　解説参照	
3	(1)　20cm^3	(2)　①　31.5cm^2	②　39cm^3	
4	(1)　4回	(2)　$1\frac{1}{3}$，$1\frac{2}{3}$，4	(3)　144	
5	(1)　9回	(2)　21回	(3)　41回	

＜算数解説＞

1　(四則計算，仕事算，鶴亀算，和差算，単位の換算，割合と比，平面図形，数の性質)

(1)　$\square=\frac{161}{8}\times\frac{24}{23}\div(1.675-1.375+0.4)=21\div0.7=30$

重要　(2)　AとBの時間の比は60：84＝5：7であり，AとBそれぞれが1分でする仕事を7と5にすると仕事全体の量は7×60＝420である。また，AかBだけで仕事をした時間は64－10＝54(分)，この時間の仕事量は420－(7＋5)×10＝300である。したがって，Bだけで仕事をしたのは(7×54－300)÷(7－5)＝39(分)

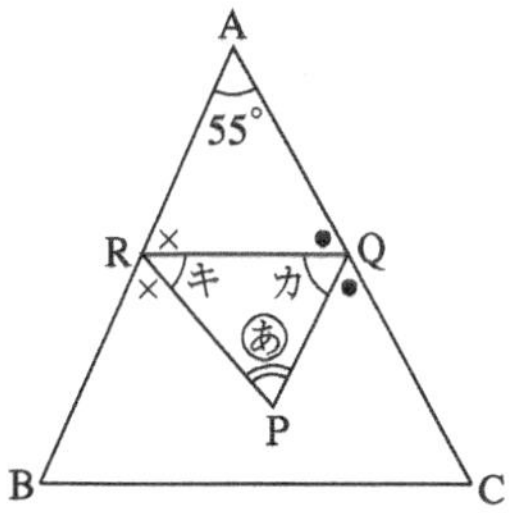

重要　(3)　右図において，●と×の和は180－55＝125(度)であり，角カ＋キは180×2－125×2＝110(度)であるから，角㋐は180－110＝70(度)

重要　(4)　10個の奇数の和は(1＋19)×10÷2＝100であり，残り2個の奇数の和は(100－40)÷2＝30である。したがって，これら2個の選び方は11＋19，13＋17の2通りあり，他の8個の奇数の選び方も同数ある。

重要　**2**　(平面図形，図形や点の移動，相似，割合と比)

図ア
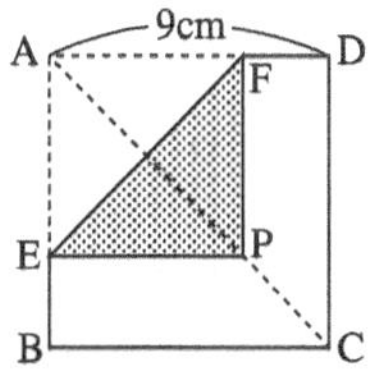

(1)　図アにおいて，正方形AEPFの面積が1×2＝2のとき，正方形ABCDの面積は2＋2＝4であり，これらの面積比は2：4＝1：2である。したがって，正方形AEPFの実際の面積は9×9÷2(cm^2)であり，APは9cmである。

図イ
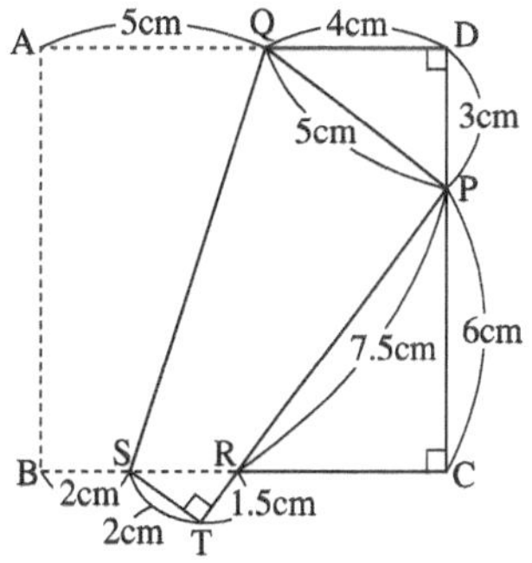

(2)　図イにおいて，直角三角形PDQ，RCP，RTSは相似で三辺の比が3：4：5である。したがって，RTは9－6÷4×5＝1.5(cm)，STは1.5÷3×4＝2(cm)であり，台形QSTPあるいは台形ABSQの面積は(5＋2)×9÷2＝31.5(cm^2)である。

(3)　右図のように，点Pが動く範囲は，頂点Bを中心にしABを半径として描いた弧ACと頂点Dを中心にしADを半径として描いた弧ACで囲まれた図形の中にある。

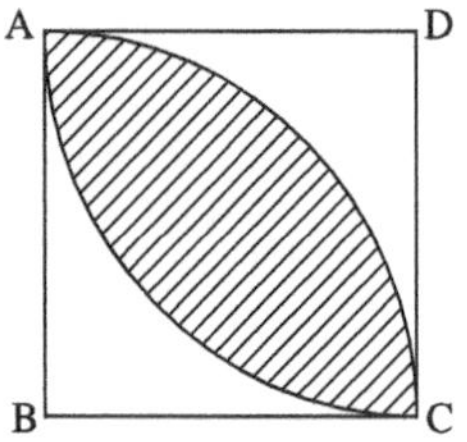

3　(立体図形，平面図形，相似)

基本　(1)　図1において，台形PBDQの面積は$(6\times6-4\times4)\div2=10(cm^2)$であり，立体ウの体積は$10\times6\div3=20(cm^3)$である。

図1

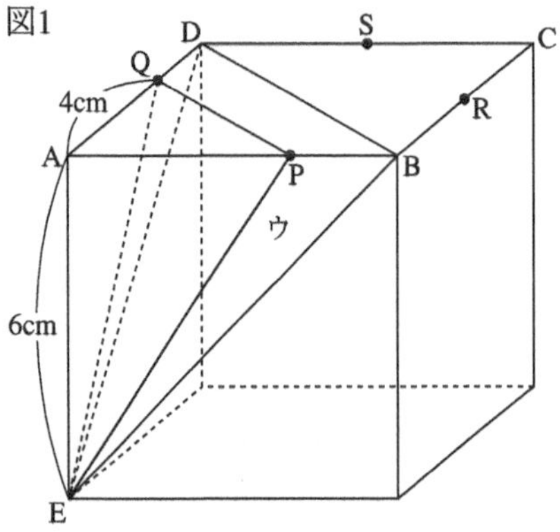

図2

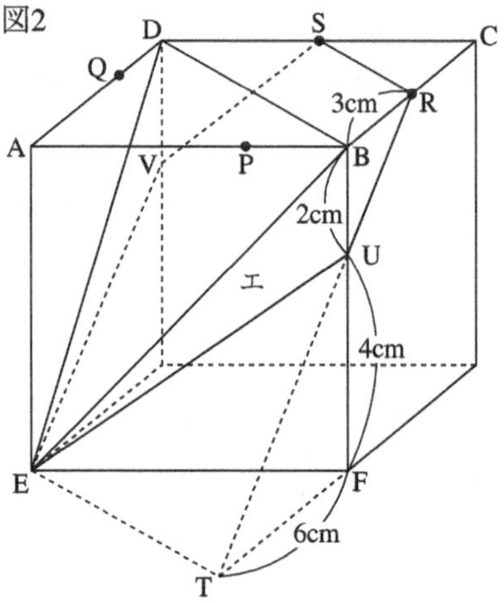

やや難　(2)　①　図2において，ETとDBは平行，三角形BURとFUTは相似で対応する辺は$3:6=1:2$であり，BUは$6\div(1+2)=2(cm)$である。したがって，立体エの上面・左右・前後の面の面積の和は$6\times6\div2\div4\times(4-1)+2\times(3+6)=13.5+18=31.5(cm^2)$である。

②　四角錐E－DVUBの体積…立方体の$\frac{1}{2}$から，三角錐E－ABDを除いた体積の$\frac{1}{3}$は$(6\times6\times6\div2-18\times6\div3)\div3=24(cm^3)$
立体エの残りの体積…図3において，三角錐台SRC－VUHの体積は$6\times6\div2\times4\div3\times(2\times2\times2-1\times1\times1)\div(2\times2\times2)=21(cm^3)$であり，求める体積は$18\times2-21=15(cm^3)$　したがって，立体エの体積は$24+15=39(cm^3)$である。

図3

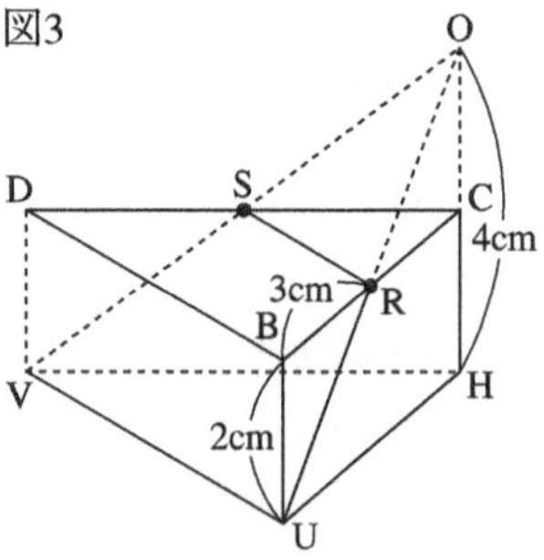

4　(平面図形，割合と比，数列)

基本　(1)　縦の長さが4のとき，㋐は5であり，右図より，4回切る。

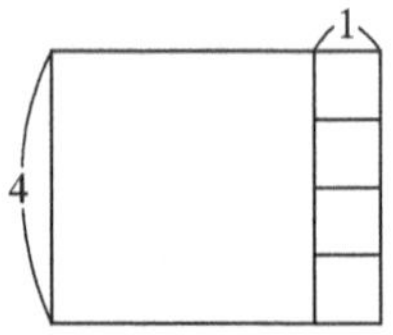

重要　(2)　下図の3通りがあり，㋐はそれぞれ，$1\frac{1}{3}$，$1\frac{2}{3}$，4である。

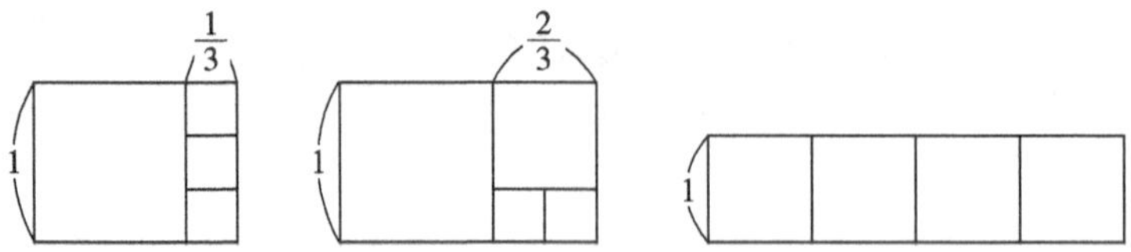

(3)　㋐の値は，縦1回の場合に2，縦・横2回の場合に$\frac{3}{2}$，縦・横・縦3回の場合に$\frac{5}{3}$，縦・横・

縦・横4回の場合に$\frac{8}{5}$であり，以下，$(8+5)\div8=\frac{13}{8}$，…，$\frac{144}{89}$まで続く。したがって，これらの積は144である。

5 **（立体図形，図形や点の移動）**

重要 (1)　立方体の後列の右下の黒玉を上に移して1回で図アとした後，下段の左前の白玉を5回（問題，図2と同回数）で図イまで移動し，後列を3回で図ウまで移動する。…1＋5＋3＝9（回）

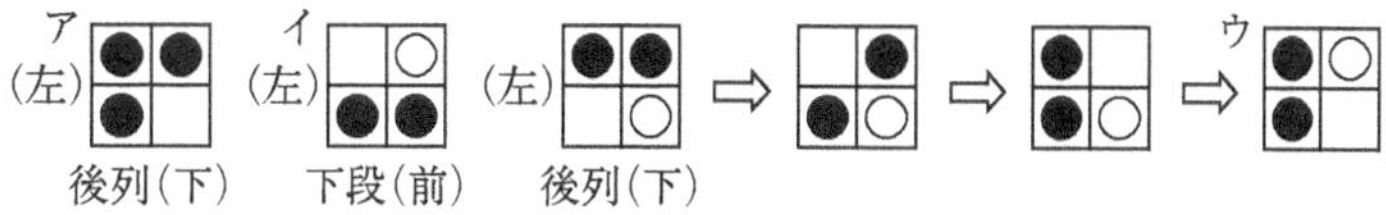

や難 (2)　上段右後の空の位置×を2回目に上段右前に移すと前列は図エのようになり，8回目に図オのようになる。2段の図において，17回目に図カのようになり，右列の図において，21回目に上段右後の位置に達する。

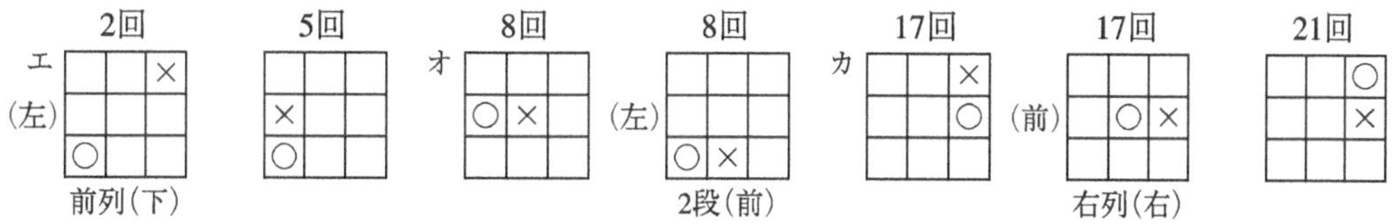

(3)　4回目で図サのようになり，(2)より，4＋21＝25（回目）で図シ，29回目で図ス，(1)より，29＋9＝38（回目）で図セのようになる。したがって，41回目にBの位置に達する。

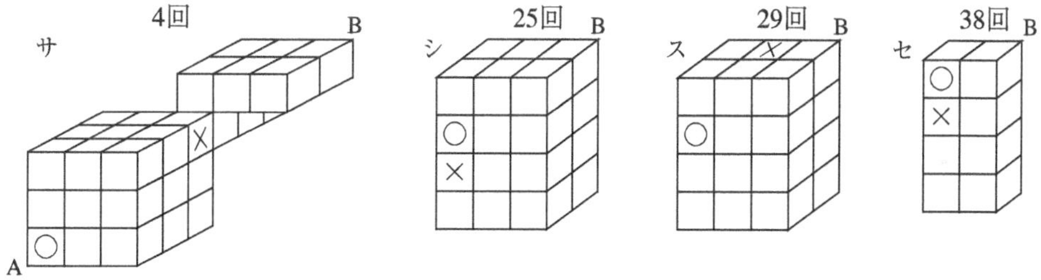

★ワンポイントアドバイス★

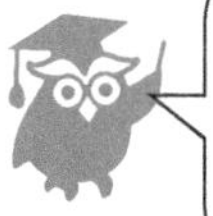

1～4までの解ける問題で着実に得点することがポイントであるが，3(2)②「立体の体積」は難しく，5(2)・(3)「白玉の移動」も難しい。簡単に解ける問題が少なく，問題を選択して確実に得点するように注意しよう。

＜理科解答＞ 《学校からの正答の発表はありません。》

1 問1　(オ)　　問2　(イ)，(カ)　　問3　オオカナダモが光合成を行い，二酸化炭素を吸収し，液が酸性からアルカリ性になったから。

2 問1　30.6°　　問2　①　(エ)　　②　(ア)

3 問1　①　(ア)　　②　(イ)　　問2　24秒　　問3　120　　問4　①　(イ)　　②　80秒

4 問1　(ア)，(エ)　　問2　(オ)　　問3　(イ)，(オ)　　問4　B　(エ)　　E　(ア)　F　(オ)　　問5　(エ)　　問6　(イ)　　問7　(イ)，(エ)

＜理科解説＞

1 （植物のはたらき－オオカナダモの光合成）

基本 問1　BTB溶液は酸性で黄色，中性で緑色，アルカリ性で青色になる。

問2　酸素は空気よりも少し重く，助燃性がある。なお，(ア)と(オ)は水素，(エ)と(キ)は二酸化炭素である。

問3　オオカナダモに光を当てると，水中の二酸化炭素を吸収して，でんぷんをつくり，酸素を発生する。このとき，液中の二酸化炭素が減少することで，液は酸性からアルカリ性になる。

2 （太陽と月－太陽と月の南中高度）

問1　公転面に垂直に立てた線に対して地軸は，$90-66.6=23.4$(°)傾いているので，冬至の日の太陽の南中高度は，$90-36-23.4=30.6$(°)である。

やや難 問2　①　冬至の頃の地球から満月を見ると，夏至の日の太陽のように，南中高度が最も高くなる。
②　春分の頃の地球から上弦の月を見ると，夏至の日の太陽にように，南中高度が最も高くなる。なお，秋分の頃の地球からは，下弦の月の南中高度が最も高くなる。

3 （電流と回路－電熱線による発熱）

問1　実験1で，20℃の液体A150gを180秒間加熱すると25℃になり，$25-20=5$(℃)上昇した。一方，288秒間加熱すると，温度上昇は，加熱時間に比例するので，$5\times\frac{288}{180}=8$(℃)上昇して，$20+8=28$(℃)になる。また，20℃の液体A250gを180秒間加熱すると，温度上昇は，液体の質量に反比例するので，$5\times\frac{150}{250}=3$(℃)上昇して，$20+3=23$(℃)になる。

やや難 問2　液体A150gを180秒間加熱すると5℃上昇するので，液体A100gを1℃上昇するのに必要な時間は，温度上昇と液体の質量の両方に比例するので，$180\times\frac{1}{5}\times\frac{100}{150}=24$(秒)

やや難 問3　実験2で，20℃の液体B250gを200秒間加熱すると25℃になり，$25-20=5$(℃)上昇する。したがって，192秒間加熱すると30℃になり，$30-20=10$(℃)上昇した液体Bの重さ□gとすると，温度上昇は，加熱時間に比例し，液体の質量に反比例するので，$5\times\frac{192}{200}\times\frac{250}{\square}=10$より，$\square=\frac{5}{10}\times\frac{192}{200}\times250=120$(g)

やや難 問4　(ア)～(ウ)で，30℃になり，$30-20=10$(℃)上昇するのに必要な時間は，温度上昇と液体の質量の両方に比例するので，それぞれ次のようになる。　(ア)　液体A220gが，10℃上昇する時間は，$180\times\frac{10}{5}\times\frac{220}{150}=528$(秒)である。　(イ)　液体B280gが，10℃上昇する時間は，$200\times\frac{10}{5}\times\frac{280}{250}=448$(秒)である。　(ウ)　液体B300gと液体C120gが同じ温度上昇するのにかかる時間は同じなので，液体B300gが，10℃上昇する時間と同じ，$200\times\frac{10}{5}\times\frac{300}{250}=480$(秒)である。したがって，(イ)の容器が最も早くあたたまる。また，最も早い容器と最も遅い容器の加熱時間の差は，$528-448=80$(秒)である。

4 （環境－発電方法と環境）

やや難 問1　(イ)太陽光発電の発電コストは下がり続けている。(ウ)地熱発電所の規模は大きいほどコスト面で有利である。(オ)オイルシェールは日本には，まだ，大量には輸入されていない。

やや難 問2　年間発電量の割合は，太陽光は約4.8%，風力は約0.6%，地熱は約0.2%である。

やや難 問3　再生可能エネルギーは，自然環境による影響を受けやすい。また，電力固定価格買取制度の導入による制限がある。

やや難 問4　Aは新エネルギー，Bは原子力，Cは石油火力，Dは天然ガス，Eは石炭火力，Fは水力による発電である。

問5　発電によって生じた熱を利用することをコジュネレーションという。

問6　植物が光合成によって，空気中の二酸化炭素を吸収することで養分をつくるので，植物を利用することで，発電によって二酸化炭素が発生しても，空気中の二酸化炭素の量には変化がない。

やや難 問7　（ア）　電気を発生させるのに，火力発電が最も多く利用されている。　（ウ）　風力発電による健康被害は発生していない。　（オ）　バイオマスは，化石燃料以外で，植物を由来にしたエネルギー利用のことであり，無農薬とは関係ない。

★ワンポイントアドバイス★

理科の基本的な問題から応用問題まで十分に理解しておくこと。また，各分野での計算問題や思考力を試す問題にも十分に慣れておくこと。

＜社会解答＞《学校からの正答の発表はありません。》

〔Ⅰ〕　問1　①　B　　②　（例）　平日の朝は東京方面に移動する人が多く，夜は少なくなるから。(29字)　　問2　（坂東太郎）　オ　　（筑紫次郎）　イ　　（四国三郎）　エ
問3　エ　　問4　（記号）　B　　（名前）　遠洋(漁業)　　問5　①　キャベツ　　②　ウ
③　イ　　問6　イ　　問7　①　ウ　　②　（1つめ）　（例）　二酸化炭素の排出量を減らすことができる。　（2つめ）　（例）　交通渋滞を緩和することができる。

〔Ⅱ〕　問1　黒曜石　　問2　ア　　問3　菅原道真　　問4　明　　問5　エ
問6　武家諸法度　　問7　平戸　　問8　シャクシャイン
問9　（例）　ペリー(黒船)の来航　　問10　沖縄(島)

〔Ⅲ〕　問1　11月3日　　問2　ア　　問3　イ・ウ・エ　　問4　①　ウ・エ　　②　安政の大獄
問5　小村寿太郎　　問6　華族　　問7　ア・ウ・オ　　問8　ア　戦争　　イ　戦力
ウ　交戦権

＜社会解説＞

〔Ⅰ〕　**（日本の地理－日本の自然，産業，交通など）**

やや難 問1　平日の京急川崎駅は，朝は品川(東京)方面に移動(通勤・通学)する人が多いので，電車の本数が多い。しかし，夕方～夜は品川(東京)方面に移動する人が少ないので，電車の本数が朝に比べると少なくなる。よって，Bを選択する。なお，Aは平日の横浜方面，Cは休日の品川(東京)方面，Dは休日の横浜方面である。

基本 問2　坂東太郎は利根川の別名。利根川は千葉県の銚子市付近で太平洋に流入する。筑紫次郎は筑後川の別名。筑後川は佐賀県と福岡県の県境付近で有明海に流入する。四国三郎は吉野川の別名。吉野川は徳島平野から紀伊水道に流入する。なお，アは北上川，ウは四万十川の下流付近である。

問3　アジは暖流に分布するスズキ目アジ科の海水魚の総称。体側に「ぜいご」,「ぜんご」とよばれる堅いうろこが並ぶ。食用に適する。アはイワシ，イはタイ，ウはヒラメ。

問4　マグロは，主にBの遠洋漁業の延縄漁で漁獲される。Aは沖合漁業，Cは沿岸漁業。

重要 問5 ① 神奈川県の三浦半島では，キャベツの栽培が盛ん。春キャベツは葉がやわらかく，特においしいとされる。 ② 群馬県の嬬恋村では，夏でも涼しい高原の気候を利用したキャベツの栽培が盛ん(抑制栽培)。他の産地でキャベツの栽培が難しい夏を中心に，東京方面に出荷している。一方，愛知県は，キャベツの露地栽培が盛んで，春を中心に出荷している。 ③ 野菜は新鮮さが重視されるので，地元の野菜も市場に出荷される。

重要 問6 風力発電所は，海からの風を安定して受けることができる海岸沿い，特に半島部に多く立地している。アは水力，ウは地熱，エは火力。

問7 ① 日本では，天然ガスの輸入のほぼ全量を，液化天然ガスとして輸入している。液化天然ガスを専用に輸送する船舶がLNGタンカーで，球状のタンクの一部が甲板に並んでいるすがたに特徴がある。 ② 自動車(トラックなど)だけでものを運ぶ輸送方法から，船や鉄道を組み合わせて運ぶ輸送方法に転換することをモーダル・シフトという。二酸化炭素の排出量の削減，交通渋滞の緩和のほか，交通事故の削減，ドライバーの疲労の緩和などを期待できる。

〔Ⅱ〕 (日本の歴史ー船をテーマにした日本の通史)

問1 黒曜石は火山岩の一種で，黒っぽく，半透明。ガラス光沢に富む。断面は貝殻状で，破片は鋭い。日本では，大分県姫島，島根県隠岐，長野県和田峠，静岡県天城山，北海道白滝・十勝岳などに限定して出土する。

問2 小野妹子が持参した国書は，中国との対等な国交を求めたものであったので，隋の皇帝である煬帝は激怒したが，外交は行われることになった。イー「台湾を経由」ではなく，「東シナ海を横断」。ウー最初の遣隋使である小野妹子は男性。エー小野妹子が持参した国書を書いたのは聖徳太子。聖徳太子は遣隋使の派遣について賛成の立場であった。オー鑑真は中国の高僧。日本に渡る過程で，失明してしまった。

基本 問3 菅原道真は，平安時代前期の学者，政治家。学者の家柄に生まれ，詩文に優れ，宇多天皇，醍醐天皇に仕え，重用された。894年，遣唐使の廃止を提言し，これが受け入れられた。右大臣まで昇進したが，左大臣藤原時平の讒言(告げ口)によって，901年，大宰府の長官として左遷され，この地で亡くなった。

問4 勘合貿易は，室町時代，幕府と明との間で行われた貿易。室町幕府3代将軍足利義満が，1404年に開始した。倭寇と区別するために勘合とよばれる割り札を用いたことからこのようによばれる。

問5 朱印船は，シャム(タイ)，ルソン(フィリピン)，安南(ベトナム)など東南アジア一円に渡航した。このため，日本人が各地に集住するようになった(日本町)。山田長政が活躍したシャムのアユタヤ(アユチア)が有名である。ア・オー渡航先はほぼ東南アジアに限定されていた。イー朱印船に外国人宣教師が乗ることはまずなかった。ウー幕府の老中，若年寄が乗船することはなかった。

基本 問6 武家諸法度は，江戸幕府が武家統制のために定めた基本法。徳川家康が以心崇伝らに起草させ2代秀忠の名で出した1615年の13か条の制定をはじめとして，将軍が代替わりのたびに発布した。居城の修理制限，築城禁止，無届け婚姻の禁止などを内容とするが，3代家光のとき，参勤交代の義務化，大船建造の禁止などが加えられて19か条となった。違反者は厳罰に処せられ，特に初期には武家諸法度違反がたびたび大名改易の理由とされた。

問7 平戸は長崎県北西部，平戸島にある港湾都市。古くからの貿易港で，遣唐使の寄港地でもあったが，1550年のポルトガル船の入港以来，対外貿易の中心地となり，オランダ，イギリスの商館も置かれた。しかし，1641年，オランダ商館の長崎移転以降は衰退し，単なる漁港となった。

問8 シャクシャインは，江戸時代前期，北海道日高地方のアイヌの首長。1669年，松前藩の交易独占強化に反対するアイヌを率いて蝦夷地各地で商船を襲わせ，さらに松前を攻めようとしたが，だまし討ちに合い，謀殺された。

問9　1853年，アメリカ合衆国東インド艦隊司令官ペリーが率いる4隻の黒船が浦賀沖に来航。幕府はこれに対抗するため，大船建造の禁止を解いた。

問10　1945年4月1日，アメリカ軍は沖縄島に上陸し，6月末まで3か月におよぶ戦闘が沖縄島で行われ，多数の非戦闘員の住民が巻き込まれて犠牲になった(沖縄戦)。犠牲者は日本軍9万余，一般住民9万余，アメリカ軍1万3000弱とされる。

〔Ⅲ〕　**(総合ー日本国憲法と基本的人権，政治のしくみ，日本の外交など)**

基本　問1　日本国憲法は1946年11月3日に公布され，1947年5月3日に施行された。11月3日は文化の日，5月3日は憲法記念日となっている。

問2　日本国憲法第11条は，「国民は，すべての基本的人権の享有を妨げられない。この憲法が国民に保障する基本的人権は，侵すことのできない永久の権利として，現在及び将来の国民に与えられる。」と明記している。アは生存権，ウは環境権，エは主権。

重要　問3　イー日本国憲法第96条①は，「この憲法の改正は，各議院の総議員の3分の2以上の賛成で，国会が，これを発議し，国民に提案してその承認を経なければならない。この承認には，特別の国民投票又は国会の定める選挙の際行われる投票において，その過半数の賛成を必要とする。」と明記している。また，国民投票の投票権は，国民投票法により，満18歳以上の日本国民が有するとされている。ウー日本国憲法第96条②は，「憲法改正について前項の承認を経たときは，天皇は，国民の名で，この憲法と一体を成すものとして，直ちにこれを公布する。」と明記している。エー日本国憲法が公布された1946年11月3日以降，一度も改正の発議が行われたことはない。なお，憲法改正の発議ができるのは国会であり，また，発議する前に衆議院と参議院で審議される。よって，アは明らかに誤りである。

問4　①　ウー大老の井伊直弼は，朝廷の許可を得ず，独断で日米修好通商条約を結んだ。エーアメリカ船に薪水，食料，石炭などを供給することを約束したのは1854年に結ばれた日米和親条約。　②　安政の大獄は，1858～59年に行われた政治弾圧事件。井伊直弼の専制に反対する親藩，外様大名，志士などを処断し，100名余りが罰せられ，吉田松陰，橋本左内などが刑死した。

問5　小村寿太郎は，宮崎県出身の外交官。第2次桂内閣の外務大臣として，1911年，日米通商航海条約に調印し，関税自主権の回復を実現した。

問6　華族は，1869年，大名，公卿に与えられた族籍呼称。1884年の華族令公布で特権的身分となり，五爵(公爵，侯爵，伯爵，子爵，男爵)を設け，維新の功臣にも授与した。1947年に廃止。

やや難　問7　アメリカ合衆国，フランス，韓国の元首は大統領で，いずれも選挙で選ばれる。一方，イギリス，ブータンの元首は国王(女王)である。

基本　問8　日本国憲法第9条は，戦争の放棄，戦力の不保持，交戦権の否認を定めている。

★ワンポイントアドバイス★

〔Ⅰ〕の問1がやや意表を突く問題であるが，これにこだわってはいけない。これ以外の問題は，ほぼ基本問題であるので，ここで確実に得点すること大切である。

＜国語解答＞ 《学校からの正答の発表はありません。》

一　問1　エ　問2　イ　問3　オ　問4　Ⅰ　賢すぎる　Ⅱ　考えすぎる　問5　ア
問6　誰かの～うな気　問7　手　問8　ウ　問9　ウ　問10　オ
問11　A　サ　B　カ　C　ソ　D　コ　E　オ　問12　ウ・オ

二　問1　A　イ　C　エ　問2　エ　問3　①　オ　②　ウ　③　ア　問4　5　ウ
7　ア　問5　荒唐　問6　イ　問7　オ　問8　(例)　(蛇は)非業の死を遂げた奥方や姫たちの(生まれ変わりだから。)(15字)　問9　ウ　問10　イ　問11　ア
問12　ア　問13　(例)　科学的成果を絶対視することは，科学の出発点である奔放な興味を失わせる(ということ。)(34字)

三　問1　①　糸　②　目　③　棒　問2　①　裁く　②　営む　③　努める
④　延期　⑤　準備　⑥　回覧　⑦　温厚

＜国語解説＞

一　(物語一心情・登場人物・細部表現の読み取り，空欄補充，慣用句)

問1　震災が起きた直後，東京にいたアイに対して，アイの両親やミナは「そこを離れなさい」と強く言ったことが少し前に書かれている。それに対してアイはそれを受け入れず，東京にい続けたことを指して「強固でいられた」と感じている。

問2　「ミナの唇がわずかに開いていた」以降のミナとアイの会話に着目する。アイは「どうして死んだ人が……何なんだろうって」と話し，自分が死なずに他の人が死んだ理由について，特に思い当たることはないと考えている。これがイの「運が良かった」「理由もなく生き残ってきた」にあたる。

問3　死んだ人の数をノートに書き続けるという行為は，なぜそうするのか，自分でもはっきりとわからないが，それを真剣に探そうとしているので，「意図」が適切。

問4　Ⅰ　直前でミナがアイのことを評価する言葉を抜き出す。　Ⅱ　この直後で，ミナはアイが「考えすぎる」人物だと話している。

やや難　問5　アイは，震災が起きた日本から逃げ出さずに，このまま東京にひとりでい続けることが自分を悲劇の中に置くことだと考えていたが，そのことを現在では「傲慢で」あったと思い返し，また「東京の大きく頑丈な家に残る」ことで，自分だけは安全な場所に身を置いていることになり，「おぞましい」と考えるようにもなっている。

問6　アイの罪悪感は，自分がシリアから自分を養ってくれる両親のもとへ来なければ，他の誰かが自分の代わりに来たはずで，自分はその誰かの幸福を奪ったのではないかというものである。これが(中略)直後の「シリアから両親の元に」で始まるアイの会話部分に述べられている。

基本　問7　「手を染める」は，物事を始めたり，ある事柄に関わったりするという意味の慣用表現。ここでは，アイが被災者の救済に対して，自分自身は何ら直接的には関わっていないという気持ちを表現する。

問8　地震や原発の被害に遭わないものには祈りをする資格はない，と同じ意味の語を入れる。

問9　「相対的に見たら」とは，両親や親友などのアイと関わりがある人ではなく，客観的に一般の人の立場に立って見ればということ。「あんたのしてること」は，両親などの言うことを聞き入れず，一人で日本に滞在を続けること。それは「間違ってる」と指摘するので，「愚かな行為」が適切。

重要 問10　ミナはアイの良くない点もはばからず指摘している。また，直後の「ミナはアイの心に，忘れていた健やかさを戻してくれた」とあるので，オの「アイが抱えていた罪悪感をぬぐい去ってくれた」が合致する。

やや難 問11　A　文章の大半がアイとミナのスカイプによる会話で構成されている。　B　あいまいとしたアイの気持ちが，ミナによって具体的な言葉になっていくことを捉える。　C・D　アイの苦しみは，自分だけが幸福でよいのかという自問であり，その自問によって次第に苦しさが増していくことから考える。　E「その苦しみを，大切にすべき」「今は相対なんて知らない」などのミナの発言から考える。

問12　アイは，自分が苦しいと思うことをそのまま言葉に出して言うことができたが，それはミナの真剣な態度による結果なのでウが適切。またミナは「あんたは私の親友だから，それは絶対なんだよ。私はアイの気持ちを尊重する。分かりたいと思う」と述べて，アイのすべてを受け入れようとしているのでオがこの内容に合致する。

二　（論説文一細部表現の読み取り，空欄補充，ことばの意味，四字熟語，記述）

問1　A　ここでの「波」は，物事の動向に変化や動揺があるという意味。　B　「片がつく」は，物事の決着・仕末・処理ができるという意味の慣用表現。

問2　理想的な紅葉をしている秋の山はそれほど多くあるわけではないという意味のエが適切。アは，見込みがないものとしてあきらめること。イは，相手の能力や物事の程度をたいしたことのないものとしてあなどること。ウは，物事やその成り行きをはっきりと見とどけること。オは，見る機会を逸すること。また見ていながら気づかないでいること。

問3　①　直前に「……教わっていても」とあることに着目する。　②「何となく」に合うものを考える。　③「むりやりに」という意味の語を入れる。

基本 問4　5「少年の日の反科学的な……邪魔になったとは思われない」という考え方であることをヒントにする。　7　ここでは，大人が子どものために理科教育の道筋をつけて物理学者になることを過度に期待すること。

基本 問5「今の科学精神などという」で始まる段落の「荒唐」が適切。

問6「不思議を解決する方は」は主語なので，述語の「考えられる」に係る。

問7「徳川時代からずっとよどんでいた空気」が，依然としてこの町では支配的で，その頃の風習が「殿様のところへ伺候する」という形で残されていたと考えられる。

問8「簪」は，女性が髪を飾る道具。ここでは城が落城するとき，「奥方や姫たち」が死に，その恨みが蛇の姿になって表れたことを象徴する役割を持つ。こうした内容をまとめる。

問9「そういう中にあって」で始まる段落の末尾に「当時の私には驚愕に近いものであった」とあることに着目する。

やや難 問10「老人の読経」は，科学とは縁のない世界を象徴する。その中で筆者は新しい先生から聞いた星雲説を想像している場面である。直前の星雲のでき方の描写にも着目する。

問11　この教科書で理科を学んでも「偉い物理学者にはなれなかっただろう」と批判的であることと，「文部省ご自慢」とある点から考える。

やや難 問12　筆者はヘッケルの『宇宙の謎』が「精密科学の立場から見れば，全くの荒唐無稽な空想」であるにもかかわらず，「少年の日の夢を再び呼び返してくれたという意味で大切な本であった」と感じている。アが，科学者である筆者がこうした本を否定していないことに合致する。

重要 問13　最後の段落に「私には自分の子供の頃の経験から考えて……という疑問がある」とあり，「海坊主や河童を退治してしまう」のはこうした「疑問」の具体例である。この内容を指定された四語をヒントにして組み立てる。

三 （国語知識ー漢字の書き取り，慣用句）

基本

問1 ① 「全校生徒が一糸乱れず行進する」などと用いる。 ② 「新しい企画が目白押しだ」などと用いる。 ③ 「父が藪から棒に引っ越しをすると言い出した」などと用いる。

問2 ① 「裁」の音読みは「サイ」。熟語は「裁判」「決裁」など。 ② 「営」の音読みは「エイ」。熟語は「営業」「設営」など。 ③ 「努」の音読みは「ド」。熟語は「努力」。「務める」「勤める」の同訓異義語に注意。 ④ 「延期」は，予定の日時・期限を延ばすこと。 ⑤ 「準備」は，あることを行うにあたり，前もって整えること。 ⑥ 「回覧」は，書類・書籍・雑誌などを順に回して読むこと。 ⑦ 「温厚」は，おだやかで情け深いこと。

★ワンポイントアドバイス★

一は，アイの「苦しみ」がどこからくるのか，それに対してミナがどのように反応することで，二人の関係が最終的にどうなるのかというアイの心情変化を中心に読み解こう。

収録から外れてしまった年度の
問題・解答解説・解答用紙を弊社ホームページで公開しております。
巻頭ページ＜収録内容＞下方のQRコードからアクセス可。

※都合によりホームページでの公開ができない内容については，
次ページ以降に収録しております。

問10 ——線6「自身の相対的価値をあらためて見つめ直す複眼の視点が今、求められている」とあるが、筆者はこれからの日本が何をすべきだと述べているのか。その説明としてもっともふさわしいものを次の中から選び、記号で答えなさい。

ア 目覚ましい発展を見せるアジア諸国の動向に目を配りつつ、他国に負けない経済成長を目指して利益優先の観光政策を考案していかなければならない。

イ 工業に代表されるモノづくり産業に集中するのではなく、文化という非物質的価値を活用することでアジアの経済大国の座を守っていかなければならない。

ウ 西洋に利用される一方だったアジアの歴史を見直し、観光産業を通して地理的にも心情的にも近い国々との関係を深めていかなければならない。

エ 過去の実績から自らを特別な国だと考えるのではなく、アジアの中で置かれている立場をはかりながら産業の方針を定めていかなければならない。

オ アジアの経済大国という過去の立場は忘れて、発展しつつあるアジア諸国から観光によっていかに自国の利益を引き出すかを考えていかなければならない。

問11 本文全体から読み取れる筆者の主張を、次の三つの言葉をすべて用いて三十字以内でまとめなさい。ただし、句読点等の記号も一字として数える。また、指定された言葉を使用する順番は問わない。

美意識	未来資源	観光

三 次の漢字の問題に答えなさい。

問1 次の□に適切な漢字一字を入れて、慣用句を完成させなさい。

① 一寸の□にも五分の魂《たましい》

② □に短したすきに長し

③ 魚心あれば□心あり

問2 ——線部のカタカナを漢字に直しなさい。ただし、送り仮名の必要なものはひらがなで送り仮名をつけて答えること。

① 荒れた土地をタガヤス。

② 実力をハッキする。

③ 事態をシュウシュウする。

④ この文章は、カクチョウ高く優れている。

⑤ 来賓《ひん》にシャジをのべる。

⑥ お年寄りをウヤマウ。

⑦ 政務をツカサドル。

こうとしている。

イ　リゾートホテルが目指してきた合理性を捨てて地域の特質を生かそうとしている。

ウ　西洋流のサービスは保ちながらそこに土地ごとの違《ちが》いを取り入れようとしている。

エ　西洋の合理性を徹底《てってい》することで異境に洗練されたシステムを広めようとしている。

オ　西洋流のサービスの中で顧客が各地域の文化を学べる環境を整えようとしている。

問6　――線2「傲慢さと隣り合わせの愉楽」とある。「傲慢」とは「相手を見下している様子」という意味である。では、異境で西洋料理を楽しむことがなぜ「傲慢」と言えるのか。その理由を説明した次の文の□に入る言葉を本文中から五字でぬき出しなさい。ただし、句読点等の記号も一字として数える。

西洋人には、自らの□を疑う視点が欠けていたことを意味するから。

問7　――線3「辺境に西洋文化を持ち込むリゾートに人々はもはや感動しない」について、以下の設問に答えなさい。

(1)　こうした状況を表した表現を、本文中から五字以内でぬき出しなさい。ただし、句読点等の記号も一字として数える。

(2)　「感動しない」とあるが、その理由の説明としてもっともふさわしいものを次の中から選び、記号で答えなさい。

ア　西洋文明よりもはるかに優れた文化が世界中に存在することがわかったから。

イ　交通の発達で西洋にとって異境というほど遠い世界が存在しなくなったから。

ウ　地域ごとの文化的特色を味わうことの面白さに人々が気づき始めているから。

エ　文明の発展が世界規模で進み異境も西洋も変わらない風景になっているから。

オ　アジアやアフリカの台頭で西洋の中に外部への敵対意識が芽生えてきたから。

問8　――線4「配慮の明かりが点灯している」とあるが、これと意味の上で異なる表現を本文中の＝＝線A～Eの中から一つ選び、記号で答えなさい。

問9　――線5「日本がおぼろげに見えてくる」とあるが、アマン・リゾーツと日本文化はどんなところが共通しているのか。その説明としてもっともふさわしいものを次の中から選び、記号で答えなさい。

ア　伝える情報をあえて制限するなど引き算の思想にもとづいて、顧客の欲望をあやつることを基本戦略にしているところ。

イ　顧客の動きを細かなところまでイメージし、どんな場面でも満足を与えられるようなしかけをこらそうとしているところ。

ウ　非日常を求めてやってくる顧客を満足させるために、日常を忘れさせるような不思議な体験をもたらす工夫をしているところ。

エ　顧客からの期待や要求に応えるために細部にこだわりを見せることで、空間にぴんと張りつめた緊張感が流れているところ。

オ　顧客から高い評価を得るために、同業の会社をよく研究してそれ以上のサービスを提供しようと努めているところ。

アマンは二四ものホテルを世界中に展開するに至ったが、客室の総数はラスベガスの大型リゾートホテル一つ分にも満たない。それだけきめ細やかに、D経験のデザインが装着されているのだ。日本文化は幾度《いくど》となく、世界の文脈にこれを生かそうとする国際人の目によって再発見されてきた。ゼッカもその一人だ。工業国を卒業し、E観光という柔《やわ》らかな価値を差配していく領域へと、日本はゆるやかに産業をシフト〈移行〉しなくてはならない。アマン・リゾーツは、そのひとつの先行事例と見ることができる。

時代は今、アジアの台頭へと急速に動いている。リゾート産業を支える顧客も、徐々《じょじょ》にアジア人の比率が高まることが予想される。アジアの人々は欧米《おうべい》人のように長い休暇《きゅうか》をとらない。また自然に対する親しみ方も異なる。新たな状況《じょうきょう》の中で、リゾートホテルへの欲望を今後どのような方向に導くことができるだろうか。

長い間、アジア唯一《ゆいいつ》の経済大国として独自の道を歩んできた日本ではあるが、アジア諸国の経済の台頭と活性によって、6自身の相対的価値をあらためて見つめ直す複眼の視点が今、求められている。日本のあのホテルに行ってみたか、と世界中でささやかれるような、そういうホテルの出現が待たれているはずである。

（原研哉『日本のデザイン』による）

問1 本文を「主題が提示されている部分」（新しい観光ビジネスのあり方）と「具体例が展開されている部分」（アマン・リゾーツの取り組み）という視点から大きく二つに分けたとき、後半の段落はどこからはじまるか。はじめの五字をぬき出しなさい。ただし、句読点等の記号も一字として数える。

問2 [A]に当てはまる言葉を次の中から一つ選び、記号で答えなさい。

ア 自然の中での仕事を楽しみつつ顧客も満足させる
イ 多数の支持は求めず少数でも熱心な顧客を得る
ウ 時代の流れに合わせながら伝統も大事にする
エ 利益を確保しつつも理想郷の実現をめざす
オ 顧客の要望に広く応えることを何よりも優先する

問3 [Ⅰ]、[Ⅱ]に当てはまる言葉を次の中から一つずつ選び、記号で答えなさい。

ア だから　**イ** あるいは　**ウ** ところで
エ それでも　**オ** やがて

問4 ――線a「おもむろに」、b「めくるめく」の本文中の意味としてもっともふさわしいものを次の中からそれぞれ選び、記号で答えなさい。

a「おもむろに」
ア 無意識に　**イ** ゆっくりと　**ウ** 期待とともに
エ こわごわと　**オ** 不意に

b「めくるめく」
ア うっとりする　**イ** いつまでも続く　**ウ** ぞっとする
エ 親密な　**オ** 想定外の

問5 ――線1「新たな潮流を生み出してきた」とあるが、アマン・リゾーツの考え方の説明としてもっともふさわしいものを次の中から選び、記号で答えなさい。

ア どんな土地であっても共通のサービスが提供できるシステムを築

感であった。

ホテルの品質は、建築やインテリアに集約されるものではない。もちろんそれも重要だが、大事な点は他にある。それはまさに「経験のデザイン」とでも呼ぶべきものであり、Aホテルで過ごすあらゆる瞬間、あらゆる刹那《せつな》をパイ皮のように積層させることで完成されていく「もてなしの織物」である。

ホテルの風評に触れる時が、人とホテルの最初の接触《せっしょく》点だとすると、経験のデザインはそこから始まる。アマン・リゾーツは広告をしない。したがって宿泊客が発する感想や、丁寧な取材を行う雑誌などが未来の顧客にとっての情報ソース〈源〉となる。ホームページは最小限に作られており、ネット環境にわずかに開いた隙間《すきま》のようだ。少量だがイメージを広げる余地のある風評や情報を糧《かて》に訪れた来場者は、期待で胸がはち切れそうになりながらホテルのエントランスに到着《とうちゃく》する。すでに経験のデザインがここに起動している。

どんな姿の従業員がいかなる物腰《ものごし》で対応し、客はどこに導かれ、どんな家具に腰を下ろすのか。そこに運ばれてくる飲み物はどんな器、どんな間合いで供され、何を予感させるものであるのか。チェックインはどんな雰囲気《ふんいき》で進み、どんな書類にいかなるペンで何を書き込むのか。部屋に通される前に渡《わた》されるのはどんなホルダーがついたいかなる形状のキーであるか……。

エントランスからキーにたどり着くわずかの間にも、B微細《びさい》な経験が無数に織り込まれていく。［Ⅰ］、手入れの行き届いた庭や小道を通って客は自分のヴィラへと進むわけだが、部屋にたどり着く行程にも当然のことながら夥《おびただ》しい経験の結節がある。部屋についた客は、一息つくと、aおもむろにキャビネットのドアを開け、上着をぬいでハンガーを取り出しそこにかけるだろう。［Ⅱ］冷蔵庫から冷えた飲み物を取り出して備え付けのタンブラーに注いで一口飲むかもしれない。その一瞬一瞬に何かがさりげなく待機していなくてはならない。ハンガーを手にした時、冷蔵庫を開けた瞬間、栓抜《せんぬ》きを探す一瞬、そしてタンブラーの下に敷《し》くコースターに目をとめた刹那に、もてなしの機会がある。

環境を生かした素晴らしい建築も、景観に溶け込む静かなプールの眺《ちょう》望《ぼう》や、bめくるめく食の饗応《きょうおう》もスパ〈温泉施設〉の愉楽も、そのような緻密《ちみつ》なサービスの積層の上に機能することによって、忘れられない印象として人々の心の底に落ちていくのである。

花を活けるというのは、空間に気を通わせるということである。空間とは壁《かべ》に囲まれた容積のことではない。意識を配して、4配慮《はいりょ》の明かりが点灯している場所のことである。何もないテーブルの上にぽつりと石を置くと、そこに特別な緊張《きんちょう》が発生する。その緊張を介《かい》して人は「空間」にふと気をとめる。このように、施設《しせつ》の内に小さな蝋燭《ろうそく》を灯すように、ぽつりぽつりと意識が灯されて空間になっていく。花を活けるというのはそういう行為《こうい》である。造形そのものもさることながら、C心の配信が空間に生気を生み出すのである。

目を凝《こ》らしてアマンを観察するならば、その背後に5日本がおぼろげに見えてくる。かつて京都に滞在《たいざい》していたことのあるエイドリアン・ゼッカは、自身でも日本の旅館に影響《えいきょう》を受けたことを語っている。花の配し方に限らず、サービスをさし出す間合い、あるいは庭や水を介して自然を呼び込む技術など、日本の一流旅館にみられるもてなしが、かたちを変えて備わっている。

二　次の文章を読んで、後の問いに答えなさい。なお注釈《ちゅうしゃく》は〈　〉の中に記した。

日本の美意識が未来資源であるとするなら、それを観光という産業の中で具体的にどう生かすか。そのひとつの事例として参照してみたいのが、シンガポール育ちのインドネシア人エイドリアン・ゼッカが生み出したホテル群「アマン・リゾーツ」である。アマンは、西洋流のオペレーション〈作業〉を基本としながらも、一方ではその合理性を否定するアンチホテル〈反ホテル〉としての独自の運営哲学《てつがく》で、リゾートホテルの考え方に1新たな潮流を生み出してきた。その特徴《とくちょう》は、ホテルが存在する土地の景観、風土、伝統、様式といったものを丁寧《ていねい》に活用し、文化の最上の収穫物《しゅうかくぶつ》のひとつとしてホテルを構想・運営しようとする姿勢である。

アマン・リゾーツの最初のホテルは一九八八年にタイのプーケット島にできた「アマンプリ」である。現在では、ブータン、カンボジア、フランス、仏領ポリネシア、インドネシア、インド、モロッコ、フィリピン、スリランカ、タイ、タークス・カイコス諸島、アメリカ合衆国、中国などに二四の小規模リゾートホテルを展開している。「アマン」とは平和を意味するサンスクリット語で、土地ごとのテーマを織《お》り込《こ》んだ短い言葉を付加して各地のホテルの名称《めいしょう》としている。ちなみに最初の「アマンプリ」は「平和な場所」という意。いずれも客室は、独立したヴィラ〈別荘《べっそう》〉を単位とし、五〇室以内と数は少なめで、その分だけ客室に関わる人員を数多く配している。

高級リゾートホテルの経営は、ワイナリー〈ワイン製造所〉の経営などと同様、［A］という、実業と芸術の境界にポイントがある。美と経済に精通していなければできない、針の穴をくぐるような、紙一重の感覚的な投機〈利益を得ようとする行い〉の連続技なのである。その成否は、宿泊《しゅくはく》に関係するあらゆる営みの一瞬《いっしゅん》一瞬に、非日常の喜びと充足《じゅうそく》をいかに鮮烈《せんれつ》に表現し顧客《こきゃく》に差し出せるかという点、そしてその結果として投資に見合う対価を喜んで顧客に支払《しはら》ってもらえるかという点に尽《つ》きる。特色ある文化やしたたるような自然環境《かんきょう》に触《ふ》れる興奮を、どれだけ見事に収穫できるかが肝要《かんよう》なのだが、さらに言えば、そのサービスによって、顧客のリゾートに対する欲望のかたちそのものを変容させ、異境や異文化への興味を加速的に深めていくという、まさに欲望のエデュケーション〈教育〉がこのビジネスの本質でもある。

西洋人は、大航海時代や植民地時代の昔から、文明から遠く隔《へだ》たった異境に、洗練を極めた居住や食事を持ち込んで楽しみたいという欲望を育んできた。サハラ砂漠《さばく》や南米はアマゾンの流域、あるいは野生動物に満ちたケニアのマサイマラのような異界で、白いテーブルクロスのかかったダイニングテーブルに向かい、フォーマル〈公式的〉な制服に身を包んだ給仕にワインを注がれつつ最良の欧州《おうしゅう》料理を楽しむというような、2傲慢《ごうまん》さと隣《とな》り合わせの愉楽《ゆらく》を、文明の優位とともに肥大させてきたわけである。しかしこうした3辺境に西洋文化を持ち込むリゾートに人々はもはや感動しない。世界は文化の多様性に満ちており、それらの絶妙《ぜつみょう》なる配合に敏感《びんかん》なアンテナを振《ふ》り向ける人々が増えているからである。

エイドリアン・ゼッカは、かつては『LIFE』や『TIME』誌〈どちらも海外で発行されている雑誌〉などの極東支配人として仕事をしており、世界の富裕《ふゆう》層のライフスタイルや嗜好《しこう》を自身のビジネス感覚の中に織り込んできた人である。それだけに、西洋の限界とアジア文化の可能性に敏

点数だったことに安心している。

問11 ――線9「いつも聞きつけている言葉だのに、今日それが私にしみ透った」とあるが、このときの「私」の心情としてもっともふさわしいものを次の中から選び、記号で答えなさい。

ア 担任の先生は、裁縫事件のことにあえて触《ふ》れず、教訓的なことも口にしなかっただけに、テストの時に見張り役を引き受けてしまった引け目が、依然《いぜん》として「私」の心に重くのしかかっている。

イ 担任の先生が裁縫事件のことに触れず、教訓的なことも一切口にしなかっただけに、この件で生じた生徒の負うべきものに、「私」もまた再度《さいど》思いを巡《めぐ》らせ、自らの心に向き合おうとしている。

ウ 担任の先生が裁縫事件のことに触れず、教訓的なことも一切口にしないのは、多くの生徒がこの件についての責任を認めているからなのであり、「私」もその判断に従おうと考えを改めている。

エ 担任の先生は、教訓的なことを一切口にせず、裁縫事件について多くを語らなかっただけに、裁縫事件よりも重く「私」の心を圧していたものの実体をつかもうと、再び事件を振《ふ》り返っている。

オ 担任の先生が教訓的なことを一切口にせず、裁縫事件の動機や責任に触れなかったために、生徒は重苦しさから解き放たれ、「私」もまたこの度《たび》の件を忘れて、級友との別離の情に浸《ひた》っている。

問12 この文章は、時間の経過に従って大きく三つに分けることができる。二段落目、三段落目の最初の五字をそれぞれ文中からぬき出して答えなさい。

問13 この文章の内容に合うものを次の中から二つ選び、記号で答えなさい。

ア 初めは軽い気持ちで白紙の件に同調したものの、陰謀の不安にかられる「私」であったが、計画が発覚した後も詳《くわ》しいいきさつが明確にされないまま事件は風化し、何事もなく終業の日を迎えられたことを級友と共《とも》に喜んでいる。

イ 白紙の件を耳にしても真《ま》に受けなかった「私」であったが、生徒全員が加担せざるを得ない状況《じょうきょう》下《か》に置かれ、決断を迫《せま》られる中、大半の生徒が「私」と同様に迷いながらも普段どおりに解答したことで、最悪の事態を免《まぬか》れている。

ウ 当初から周囲になじめない「私」であったが、白紙の件をきっかけに信仰《しんこう》に目覚め、祈祷の場に臨《のぞ》んで、生徒の各人が自らの身も心も神に委《ゆだ》ね、自省する姿にはじめて接し、それまで抱《いだ》いていた級友への不信感は消え去っている。

エ 白紙答案を出すことに軽い気持ちで同意したものの、加担の恐怖におののく「私」であったが、事件が発覚した際、生徒の各人が担任の先生の心中を察して、判断自省し、平穏《へいおん》な日常を取り戻《もど》そうとする姿勢に共感を覚えている。

オ いきなり白紙答案を出すよう迫られ、内心反発していた「私」であったが、計画が学校側に発覚すると、生徒の大半が手のひらを返すように判断自省してしまい、この騒動の首謀者が特定されなかったことに、不満を抱いている。

カ もともと勉強が手につかず、無気力な「私」ではあったが、白紙の件をきっかけに、先生と生徒が深いきずなで結ばれていることに感銘《かんめい》を受け、自らの愚《おろ》かしさに恥《は》じ入り、今後は学生道を保っていこうと決意を新たにしている。

エ　全員で白紙答案を提出するという計画に同意しながらも、試験が始まると互いに相手の出方を窺い様子を見ながら自らの態度を決定していこうとしている。

オ　全級揃《そろ》って白紙をもって答えるという合意がようやく成立し、テストの日を迎《むか》えたが、正義感にかられ裏切る者がいないかどうか互いに監視し合っている。

問7　**2** に当てはまる五字の言葉を文中からぬき出しなさい。

問8　――線5「言いようもない感覚が走った」の部分からうかがわれるのはどのようなことか。もっともふさわしいものを次の中から選び、記号で答えなさい。

ア　普段から勉強もしないで悠々《ゆうゆう》と過ごしていただけに、テスト本番になって級友が見せる身のこなしに圧倒《あっとう》され、屈辱《くつじょく》を感じている。

イ　背が高かったばかりに、後ろの席に陣取《じんど》り、みんなが真面目にテストを受けているかを見張る役をやらされ、戸惑《とまど》いを感じている。

ウ　みんなが白紙答案を出すものと決めてかかっていただけに、自分一人だけ裏切られたような気分にとらわれ、悔《くや》しさを感じている。

エ　みんなの背中を見渡せる位置に座《すわ》ってしまったばかりに、鉛筆をとる級友の姿を目にしてしまい、言いしれない重圧を感じている。

オ　いきなり後ろの席に座らされ、みんなの動静を窺っていたが、何の心も汲《く》めず、どうしたらいいのか分からず、不安を感じている。

問9　――線6「おもちゃのヤジロベエのような心の振り方」とは「私」のどのような「心」をたとえて言ったものか。その内容を説明したものとして、もっともふさわしいものを次の中から選び、記号で答えなさい。

ア　答案を書いたことは級友には裏切りだが、陰謀に加担しなかったのだから自分を裏切ってはいない。

イ　普段どおりに答案を書いてしまったが、どのみち点数はとれていないのだから裏切りにはならない。

ウ　周囲の反応を見て自分も答案を書いてしまったが、みんなも書いていたのだから裏切りにならない。

エ　白紙の不敵さから遁《のが》れようとしたが、一部の問題にしか答えていないのだから裏切りにはならない。

オ　みんな何か書いてはいたが、自分は誤った答えを書いたのだからどこにも裏切りは成立していない。

問10　――線7「ぽかあんとした顔」、――線8「きらきらした顔」はどのような思いが表情に表れたのか。次の中から適当なものをそれぞれ選び、記号で答えなさい。

ア　皆《みな》で揃って誤った答えを書くと決めたのに、正答を書いた生徒がいたことに驚《おどろ》きを隠《かく》せずにいる。

イ　皆が何か書き込《こ》んでいるのは分かっていたが、全員が得点できていることに驚きを隠せずにいる。

ウ　皆が一連《いちれん》の騒《さわ》ぎに巻《ま》き込まれている中、狙《ねら》いどおりに高得点をあげることができて満足している。

エ　騒ぎに惑《まど》わされず普段どおりに解答し、学生としての道を踏《ふ》み外《はず》さなかったことに満足している。

オ　皆が一斉《いっせい》に白紙で出すつもりなのか案じていたが、計画通りにならなかったことで安心している。

カ　全くの白紙で出した生徒は一人もおらず、しかも皆が揃って同じ

問3　――線1「首謀者」を言いかえている三字の言葉を文中からぬき出しなさい。

問4　――線2「混沌とした困却」の内容を説明したものとして、もっともふさわしいものを次の中から選び、記号で答えなさい。

ア　万事にそつのない裁縫の先生がなぜ不人気なのか理解に苦しんでいたが、裏切りの許されない空気もあり陰謀に加担せざるを得なくなってしまっている。

イ　勉強不足でテストを苦にしていた上に、裁縫の先生への抗議《こうぎ》行動にいやおうなくかり出され、テストそのものがずしんと重くのしかかってしまっている。

ウ　答案を白紙で出すという考えが、誰からともなくもり上りいつの間にか全級の決め事になってしまい、断りたくても断りようがなくなってしまっている。

エ　答案を白紙で突き出すという考えが全級をおおっているが、成績《せいせき》不振者《ふしんしゃ》からすれば何の影響もないので、騒ぎのなりゆきに無関心になってしまっている。

オ　裁縫の先生にはかねてから反感を抱《いだ》いており、反抗《はんこう》したい気持ちはあったが、白紙答案を出す気にはなれず、むしろ先生に対して同情してしまっている。

問5　――線3「私はずるく逃げたかった」とあるが、この部分の説明として、もっともふさわしいものを次の中から選び、記号で答えなさい。

ア　自分に答えられる問題がテストに出てしまうと、答案を書くか、書かないのか、どちらかを選択《せんたく》しなければならなくなるから、自分にできない問題が出ることを願っている。

イ　自分の手に負えない問題がテストに出てしまった場合、零点をとったとしても、白紙の答案を出すことを強《し》いられた結果なのだと言い張《は》れるから、親の追及《ついきゅう》から逃《のが》れられる。

ウ　自分に答えられる問題がテストに出てしまった場合、正解を書いたとしても大《たい》した点は取れないのだから、級友を裏切ることにはならず、普段どおりにテストを受けられる。

エ　自分の手に負えない問題がテストに出れば、そもそも答えられないのだから、級友を裏切るのか真面目に答えるのか、二者択一《にしゃたくいつ》を迫られる板ばさみの状態からは逃れられる。

オ　自分に答えられる問題がテストに出ようと出まいと、白紙で出すか、出さないのかという選択は自由なのだから、正々堂々とテストを受ければ加担の恐怖からは逃れられる。

問6　――線4「ずるい心が方々で探りあっている」とあるが、この部分の説明として、もっともふさわしいものを次の中から選び、記号で答えなさい。

ア　全員一致で白紙答案を提出し抗議しようとまとまっている時に、自分だけぬけがけして高得点を取ろうとする不届《ふとど》き者がいないか互いに監視《かんし》し合っている。

イ　生まれて初めての抗議行動を目前にひかえ、白紙答案を突き出すような荒っぽい真似を一律《いちりつ》にやりぬくことができるのか、疑いの目を向け腰が引けている。

ウ　始めは冗談《じょうだん》半分で白紙答案を出す方向で盛り上がってしまったが、試験開始に及《およ》んで、この抗議行動に正当な理由がないことに気づき良心がとがめている。

そら来た。私は自然下を向いた。

「お裁縫の先生は、問題は決して難しいものではないとおっしゃって私見せて頂《いただ》いたんです。それが揃いも揃って、点がつけられない様な出来の悪さなんです。大部分が四十点、五十点、よくて六十点です。aもっとも出来た人も二三人はあります。」

はっと眼が走った。7ぽかあんとした顔と、8きらきらした顔とが、稲妻《いなずま》を浴びた縁台《えんだい》の一瞬間《しゅんかん》のように、まちまちに浮いていた。裏切ったのは誰だ、私はだまされた？　＿＿＿＿。

多分誰もがこの二つの思いにさらわれて、開《あ》けっ拡《ぴろ》げな表情をさらしていたのだろう。そして先生の方はその間に、十分色んなことを観察できただろうが、それは知る由《よし》もない。だけど私には不思議だった。どこにも私と同じでない顔を見いだすことはできなかった。白紙答案の愚挙《ぐきょ》をあざ笑って堂々《どうどう》と学生道を保ったという誇《ほこ》りある顔がどこにあっただろう。どこに、これを利用して点稼《かせ》ぎをやった、こすっ辛《から》い顔があっただろう。

先生はあっさりと終わって、動機も責任も問われずに済んだ。あっさりと終わられただけに、クラス全体にはかえって無言の負《お》うべきものが残された様に感じられ、クラス全体はとりも直さずめいめいが、静かに自分の心に向き合って判断自省《はんだんじせい》するのが最も適した方法だと知っていた。責任者を挙《あ》げる気など誰にもないらしかった。それに、誰と誰が高点を取ったのかさえ探《さぐ》り合う時間もなく、今これからすぐ二か月の休暇《きゅうか》となってしまうのだ。通信簿の代《かわ》りという様に各科の答案紙が赤い採点をつけて返された。私の裁縫にはbあんのじょう、一問題だけに円《まる》がついていた。幾様《いくよう》もの試験の結果を重《かさ》ねて、その一番上に重《おも》しの様に裁縫事件を載《の》せ、私は帰途《きと》についた。みんなで一緒《いっしょ》に歌った別れの讃美歌《さんびか》と、谷川先生の祈祷《きとう》とは、裁縫事件よりもっと重く私を圧していた。「またあうひまで、かみのまもり、ながみをはなれざれ。」

＊汝《な》が身である。私である。祈祷は長かったが、ちくりと刺《さ》す様な教訓的なことは一切《いっさい》言われず、無事に済んだ一学期を感謝し、相見《あいみ》ずに過ごす二か月を案じる、担任の先生の別離《べつり》の情があふれていた。「ここにしばらく学校を離《はな》れ、家庭にあっては父母に仕《つか》え、兄弟に親しみ、人には愛をもって交わり、心身ともに健《すこ》やかに、かつ楽しい休暇を送り得ます様、再びここに集まる日まで、願わくは一人一人の上に篤《あつ》き御恵《みめぐ》みを分かち給《たま》わらんことを。」

一人一人だ。私の上もだ。9いつも聞きつけている言葉だのに、今日それが私にしみ透《とお》った。

（幸田文「白紙」）

注　二尺差し……裁縫で使う物差し。

　　汝が身……なんじの身。あなたの身。

問1　――線a「もっとも」、b「あんのじょう」は、それぞれどのような意味で使われているか。次の中から適当なものを選び、記号で答えなさい。

a「もっとも」

ア　この上なく　　**イ**　さらに一層

ウ　とは言うものの　　**エ**　当然のことながら

b「あんのじょう」

ア　思いがけず　　**イ**　予想どおり

ウ　喜ばしいことに　　**エ**　悲しいことに

問2　［1］に当てはまる五字の言葉を文中からぬき出しなさい。

しても、ずるい心がひそかに窺わずにはいられない。と、私は同じ4ずるい心が方々で探りあっているらしいのを知った。しかし誰も取り乱しているものはいず、私も脇《わき》から見れば静かだったろう。誰からも何も言われなかったから。

「お試験の用紙の揃っていない方はありませんね。」先生はぐいっと当たった。私は背が高いので後ろの方に席があり、組じゅうを背中から見《み》渡《わた》すことのできる位置にいた。着席してから、はっと、ここにそういう権利が与えられていることを知った。みんなの顔は一つ残らず、まっすぐに黒板の方を向いていた。小さい先生は爪先《つまさき》立って問題を書いている。しまった、と思った。私に［2］があった。

書き終ると先生は＊二尺差《にしゃくざし》で行を追いながら、ばか丁寧《ていねい》に問題を読んで聴《き》かせ、それが済《す》むと、さあどうぞと言うような様子で、教師用の椅子《いす》にちょこんと掛《か》けた。どきどきする。しいんとしていた。私はみんなの行動を見張《みは》った。何人かが紙の上へ身を伏《ふ》せた。5言いようもない感覚が走った。続いて、ばらばらっとまた何人かが鉛筆《えんぴつ》をとった。みんなが身を伏せた。縦《たて》とも横とも分《わ》からず、丸太がどすんどすんと胸の上に重なってきたようで、苦しかった。しかたなく身をしおって鉛筆を持ってみる。が、みんな何を書いているんだろうか、勉強して来たんだろうか、見当がつかない。しばらくすると私は、また頭をもたげて見渡した。行儀《ぎょうぎ》よく背中が並んでいる。すぐ前の列の一番はじに、気だても動作もいつもおだやかで、よく太っている子が座《すわ》っていたが、やっぱり身体を起《おこ》していた。耳がいじらしく赤くなっていた。私に気づくと、にこっと笑ってよこした。何の心も汲《く》めない、平生《へいぜい》どおりの笑い方だったが、私はそれで救われた。自分のできる一つだけの問題には正しい答えを出し、後の分には考えのたどれるだけを書いたが、もとよりそれに点のないだろうことはよく分かっていた。白紙の不敵《ふてき》さからは遁《のが》れたが、みんなには裏切りである。裏切りであるが、点数から言えばほとんど同様である。試験前に狙《ねら》ったつぼである。ずるさと正直さとの半分半分、6おもちゃのヤジロベエのような心の振《ふ》り方。

裁縫室から引きあげて教室へ帰って来た。もう放課である。

「私あの問題分かってたの。でたらめ書くって案外難《むずか》しいものね。」雀《すずめ》の感じのするよくできる子がそう言っている。

「みんな一生懸命《いっしょうけんめい》に何か書いてるんでしょ。どうしたのかと思って私心配しちゃったわ。」鯨《くじら》のような眼をした子がそう言うと、方々に同感が起った。

「ねえ、あなた、おうちへ何て言う？　私お母さんにどう言おうかしら。」脣《くちびる》の厚い子がしみじみと相談しかけているが、心配そうではない。裁縫の試験というものは、実習作物の点数と筆記試験の結果とを併《あわ》せて平均したものであるから、あまりひどい実地でない限り白紙よりいくらかよくなる見込《みこ》みがあったし、それに小学校と違《ちが》って通信簿《つうしんぼ》というものがなく、家庭へ直接には試験の結果が分からず、父母にはごまかしの利《き》くことが分かっていたからである。若さは重苦しいものにいつまでもまとわれてはいないのだ。結果や先行きがどうなろうと、とにかく今が済んだことでみんな嬉《うれ》しそうだった。全《まった》くの白紙を出した者はいないようだった。

幾日《いくにち》も置かず夏休みが来、その日受け持ちの先生から注意や報告があった。聞かされるはずの一つは、みんながよく承知していた。

「それから、これは私もたいへんお話ししにくいことなんですが――」

【国　語】（六〇分）〈満点：一〇〇点〉

一　次の文章を読んで、後の問いに答えなさい。

「私」は小学校を卒業し、ミッション系の女学校に通っている。梅雨《つゆ》が過ぎ、一学期の期末テストが始まろうとしていたが、「私」は生真面目《きまじめ》に勉強する周囲になじめないでいる。そんな折、裁縫《さいほう》（現在の家庭科）の時間をめぐって騒動《そうどう》が持ち上がる。

入学当初からクラス全体が裁縫の先生を好《この》まなかった。少なくとも好《す》く人は一人もいなかった。生徒に対する言葉づかいや態度にはそつがなかったし、ヒステリックでもなし、無理なつめこみ授業でもなし、[1]はなかった。外貌《がいぼう》や服装も醜《みにく》くなし、並《な》みよりちょっと小柄《こがら》だったが、それとて難《なん》になるはずはない。あえて言うなら、その非難《ひなん》の余地なく急所々を上手にしてのけている心情を、生徒は嫌《きら》ったのであるらしい。これから女になって行こうとする最も敏感《びんかん》な年ごろが、四十何人一組にかたまっているのである。手落ちなく装《よそお》われた授業の一皮《ひとかわ》下にある温かさも冷やかさも、無意識のうちにひとりで感得《かんとく》してしまう。何も言うところがない先生の状態だし、生徒側の感じているものは無意識で形のないものだし、しかし言葉の言い表しがたい壁《かべ》がそこにたしかにあった。「私、裁縫のお時間、気が乗らないわ。」「なんだかねえ――」と。実際、なんだかと言うよりほかない、とりたてて言えない嫌《いや》さだった。生徒のそういうものは必ず先生の方へも響《ひび》いて行かないはずはなく、三か月余の間には時に気持ち悪くさせられた子もあったりして、試験になると、とうとうそれが沸《たぎ》ってしまった。

テストには全級白紙をもって答える諜《しめ》し合わせが、だれを1首謀者《しゅぼうしゃ》ともわからず、口頭伝達《こうとうでんたつ》でひそひそと伝えられた。赤《あか》ん坊《ぼう》だと思って受け取ったら、それが大石だったという化け物話の恐《おそ》ろしさに似て、耳うちを受けたときは、ははあという軽さだったものが、前後を考えて来ると陰謀《いんぼう》の不安と加担《かたん》の恐怖《きょうふ》がずしんと重くしこっていて、やっかいだなと気づく。同時に、全級揃《そろ》ってというところに裏切りの許されていない用意もうかがわれ、にっちもさっちも行かない縛《しば》られ方である。どう考えても与《あた》えられているものは2混沌《こんとん》とした困却《こんきゃく》であった。私は試験を拒否《きょひ》しようとはしなかったが、あんな憂鬱《ゆううつ》な勉強ぶりには反感をもって、あるがままでいいのじゃないかと思っていた。白紙を突《つ》き出すようないかつい行動をするとは思いも及《およ》ばなかったが、理由のない反感を先生に持っていたことは確かである。私のように嫌いな学科には記憶《きおく》も悪く、そのうえ普段《ふだん》は復習もしないでおっぽり放しにしているものは、試験勉強をしなければテストは零《れい》に決まっているようなものだった。白紙を出す気はなかったが、勉強しないで悠々《ゆうゆう》としていれば、点数においては同じものが来るはずである。試験勉強をしなくても零点、みんなの意見にしたがって白紙でも零点、どっちでもいいはずだが、どっちもためらわれて不得心《ふとくしん》である。勉強することは誰《だれ》からも抑制《よくせい》されたわけでもなく自由である。白紙の件は耳うちされた時にうんと言ってしまっている。もし仮《かり》に勉強しないでもできる問題が出たらどうするか。書くか。書かないか。どちらとも言えなかった。3私はずるく逃《に》げたかった。だから、そんな問題は出っこないやと思い、どうか私にできない問題が出ますようにと、ばかばかしい望みをもち、だんだん一人で神経を傷《いた》めていった。

その日になって、いよいよその時間になった。人の動静《どうせい》を窺《うかが》うまいと

の形成にとっては何より必要なものだということ。

イ　一つ一つの部分がどんなにすぐれていたとしても、それらを統一する核《かく》が欠けていれば主体としては不完全だということ。

ウ　機能が寄り集まれば中には劣《おと》ったものも存在するが、周りがカバーすることで主体の形成は可能になるということ。

エ　大切なのは全体のバランスや連携がとれていることであって、個々の機能や役割はまったく関係がないということ。

オ　個別の機能自体に大きな意味があるのではなく、それらが組み合わさってできる存在こそが重要なのだということ。

問13　本文全体をふまえて、次の文章の□に入る言葉を、本文中から漢字二字でぬき出しなさい。

良い学校の条件とは、［二字］性を備えた教授団を用意していることである。

問14　本文の内容をまとめたものとしてもっともふさわしいものを次の中から選び、記号で答えなさい。

ア　教育の内容を学校の理念や教師の能力に限定するのではなく、子どもが経験するあらゆることが教育になっていると考えるべきである。

イ　教育においては子どもが成長したという結果が重要なのであって、教師や学校が何をしてきたかという過程は問題ではない。

ウ　教育において大切なのは教える側の個人的能力ではなく、組織が教師たちそれぞれの適性に合った役割を与えることである。

エ　教育の内容を現代社会において意味あるものにするためには、子どもたちそれぞれの個性に応じたプログラムを用意しなければならない。

オ　教育においては教師たちの存在自体が意味を持つのであって、教える側の意図や方法が子どもの成長の決め手となるわけではない。

三　次の1～10の文中にある――線の**カタカナ**を漢字に直しなさい。また、――線の**漢字**の読みをひらがなで答えなさい。

1　布を**オ**る機械。
2　危険を**オカ**す。
3　判断を人に**ユダ**ねる。
4　**カイシン**の出来ばえ。
5　**イジョウ**気象が続く。
6　豊かな表現力を**育**む。
7　タイムを**縮**める。
8　彼がチームの**要**だ。
9　必死の**形相**。
10　**武者**行列を見る。

ウ　教育の本質を見あやまっていることに対する皮肉。

エ　教育とは何かを考えようとしないことに対する失望。

オ　文学を教育に生かそうとしない現状に対する不満。

問9　――線3「どんなことがあっても教育をやめてはいけない」とあるが、その理由としてもっともふさわしいものを次の中から選び、記号で答えなさい。

ア　教育という大切な制度を保持できなければ、社会への信頼《しんらい》感は失われていくから。

イ　子どもたちの能力を高めることが、集団のさらなる発展へとつながっていくから。

ウ　教育で社会的な能力を身につけた人間が、集団の文化や制度の担い手となるから。

エ　未熟な人間を成熟させることは、これまで教育を受けてきた年長者の責務だから。

オ　だれもが教育を受けられることは、現代の国家としてもっとも基本的な条件だから。

問10　――線4「ナチスの判断はある意味正しいのです」について、以下の設問に答えなさい。

(1)　「ナチスの判断」とあるが、ナチスが学ぶことを許可しなかったのはなぜか。その理由を説明した次の文章の [X] 、 [Y] に入る言葉を、それぞれ指定された字数で本文中からぬき出しなさい。

ナチスの目的はユダヤ民族を抹殺することである。それがアウシュヴィッツ収容所という [X・二字] の役割だ。もし子どもたちに学ぶことを認めれば、ユダヤ民族という [Y・三字] が生き延びる可能性を残してしまうかもしれない。だから収容所は学ぶ機会を与えるわけにはいかないのである。

(2)　「ある意味正しいのです」とあるが、この表現の説明としてもっともふさわしいものを次の中から選び、記号で答えなさい。

ア　ナチスの行為《こうい》自体は認められるものではないが、一つの民族を消し去るという目的を果たすためにはこの上ない方法だったということ。

イ　ユダヤ民族を消すという元々の目的には直結しないが、結果的にはこの民族を根絶する方法として最適のものになったということ。

ウ　子どもへの精神的苦痛は大きく許しがたいが、ナチスが直接的な暴力を伴《ともな》わない方法を選んだところは評価できるということ。

エ　子どもに対する仕打ちとしては正しいとは言えないが、ユダヤ人からナチスへの抵抗《ていこう》の意志をうばう方法としては効果的だったということ。

オ　他民族を支配するのは決して正しいことではないが、徹底《てってい》した政策で今後の争いの種を残さなかったのは最善の方法だったということ。

問11　――線5「万能のプログラムは存在しません」とあるが、その理由に当たる一文をこれ以降の本文中から三十五字以内で探し、はじめの五字をぬき出しなさい（句読点等の記号も一字とする）。

問12　――線6「そういうもの」とあるが、その説明としてもっともふさわしいものを次の中から選び、記号で答えなさい。

ア　個々の機能を一定の目的に向けて動かすための仕組みこそ、主体

＊プロセス……物事が進む過程。
＊アウシュヴィッツ……第二次世界大戦中にナチスドイツが建設した施設《しせつ》。

問1 [A] に当てはまる言葉を次の中から一つ選び、記号で答えなさい。

ア　その家族　　イ　大人達　　ウ　社会全体
エ　未来の子ども　　オ　学校自体

問2 ――線a「未熟な子ども」と反対の意味をもつ表現を、本文中からそれぞれ七字以内で二つぬき出しなさい（句読点等の記号も一字とする）。

問3 ――線b「自負」、c「はかばかしい」の意味としてもっともふさわしいものを次の中からそれぞれ選び、記号で答えなさい。

b「自負」
ア　誇《ほこ》り　　イ　利己心　　ウ　期待　　エ　おごり　　オ　幻想《げんそう》

c「はかばかしい」
ア　ほほえましい　　イ　予期したような　　ウ　おおげさな
エ　敬意のこもった　　オ　初々《ういうい》しい

問4 [B] に当てはまる言葉を次の中から一つ選び、記号で答えなさい。

ア　すぐれた教師にしかわかりません
イ　子ども自身が知っています
ウ　誰《だれ》にも予測できません
エ　注意していれば気づけます
オ　はじめから決められています

問5 [I]、[II] に当てはまる言葉を次の中から一つずつ選び、記号で答えなさい。

ア　ところで　　イ　だから　　ウ　また
エ　それでも　　オ　しかも

問6 本文を内容のうえで大きく二つに分けたとき、後半の段落はどこからはじまるか。はじめの五字をぬき出しなさい（句読点等の記号も一字とする）。

問7 ――線1「驚くべきこと」とあるが、何が「驚くべきこと」なのか。その説明としてもっともふさわしいものを次の中から選び、記号で答えなさい。

ア　わずかな知識と記憶をもとにして、正規の教育以上の成果をあげたということ。
イ　子どもたちが自ら学校の必要性に気づき、母国の教育環境《かんきょう》を再現したということ。
ウ　知識も資格もない子どもたちが、適切な教育プログラムを用意できたということ。
エ　教える側の年齢や能力に関係なく、先生と生徒という関係が成立したということ。
オ　未熟な子どもだけの集団が、困難の中で学びへの意欲を失わなかったということ。

問8 ――線2「『十五少年漂流記』を読んだことがありますか？」という言葉にはどのような意味がこめられているか。その説明としてもっともふさわしいものを次の中から選び、記号で答えなさい。

ア　教育というテーマをとらえ損《そこ》ねていることに対する驚き。
イ　有名な文学作品が軽んじられていることに対する憤《いきどお》り。

が集まって、「ファカルティ」という一つの多細胞《たさいぼう》生物を形成している。それが教育の主体です。個別の教師は実は教育の主体ではない。身体を形成する臓器や骨格と同じです。単一の臓器だけ取り出しても、それを「人間主体」であると呼ぶことはできない。それと同じです。さまざまな機能を分担する部分が寄り集まって、はじめて一個の人間主体が成立する。教育主体も6そういうものです。一人ではどうにもならない。他のたくさんの教師たちとの連携《れんけい》作業を通じてしか、教育という事業は果たせない。

　僕は教師としてはけっこう「腕《うで》がいい方」だというb自負はありました。学生たちの潜在可能性の開花を支援する手際は決して悪くなかったと思います。［Ⅰ］、僕の教師としての生涯《しょうがい》通算打率はまず二割台というところでしょう。五人に一人くらいが、僕の授業を聴《き》いて、ある種の感化を受けて、知性的・感性的な成熟の階段を一歩のぼった。それくらいのパーセンテージです。目の前でバリバリと殻《から》が剥離《はくり》して、それまで幼い子どもだった学生が見る見るうちに知的な成長を遂《と》げてゆくという劇的な光景にも何度か立ち合いました。それは教師として最も幸福な経験の一つだったと思います。でも、そんなことを間近に見たのは、三〇年教師をしていて、数回というくらいです。大人数の授業でも、少人数のゼミでも、僕の話をまっすぐに受け止めてくれるのは一〇人いて、二、三人です。あとの七、八人はcはかばかしい反応を示してくれない。そんなものだと思います。［Ⅱ］、一〇人学生がいたらその一〇人全員が知的に成長するような教育プログラムを作って見せろと言われても無理な話なんです。一人の子どもの成熟のきっかけを与《あた》える「トリガー」は一人ずつ全部違う。どういうかたちの働きかけが有効なのか、教師には予測不能なのです。自分が言った言葉がきっかけになるかも知れない。机を並べていた友だちの一言がきっかけになるかも知れない。僕の教えている内容と、別の教師の教えている内容の「ずれ」がトリガーになるかも知れない。キャンパスを散歩していて、ふと聞こえてきた賛美歌がきっかけになるかも知れない。そんなの、わからないんです。

　実際、僕がいくら働きかけても反応しなかった子どもが、別の先生の、別の言葉にはつよく反応するというケースを何度も見てきました。僕から見て「この先生はちょっと問題じゃないか……」と思えるような教師であっても、その先生がきっかけで知的成熟が始まるということだってあるのです。それを考えると、結局、子どもたちの前には、できるだけ多様な教師を並べておくということが、子どもたちの成熟を支援するという教育本来の事業にとっては最も簡単で、最も有効だということがわかります。

　自分自身が一人で全部の教育機能を担える「完全な教師」になろうと望むのはまったく愚《おろ》かなことです。「良い教師」になろうと望むことさえ、愚かなことです。「良い教師」などというものは単品では存在しないわけで、「良い教師」がありうるとしたら、他の教師たちと滑《なめ》らかなコラボレーションが果たせるということ、突《つ》き詰《つ》めて言えば、「他の教師が決してしないようなことをする、他の教師が決して言わないようなことを言う」という「余人を以《もっ》て代え難い」教師であるということ以外にはありません。同意してくれる人は少ないかもしれませんが、僕はそう確信しています。

（内田樹『最終講義　生き延びるための七講』による）

＊自余のこと……そのほかのこと。

＊コンスタント……いつも変わらないさま。

ここに学校教育の本質が集約的に語られていると思います。

学校教育について「教師の教育力がない」とか「教育学部を出なければ教員にすべきではない」とか「修士号を持っていない学生には教員資格を許すべきではない」などという議論をする人がいます。そういう話を聞くたびに、「2『十五少年漂流記』を読んだことがありますか？」と訊《き》きたくなる。彼らの論が正しいなら、一四歳の子どもに九歳の子どもを教育できるはずがない。知識にそれほどの差があったわけでもない。でも、年長の子どもたちには年少の子どもたちにないものが一つだけあった。それが彼らの本質的な違《ちが》いを形成していた。それは、年長の子どもたちは共同体が存続するためには「学校というものがなくてはすまされない」ということを知っていたけれど、小さい子どもたちはそのことを知らなかったということです。小さい子どもたちは親も教師もいない無人島で、愉快《ゆかい》に遊んで暮らせることにすっかり満足していた。でも、年上の子たちは年少者たちを成熟に導かなければ生き延びられないと思った。年長者が気づいたのは、集団が存続するためには最も幼く、最も社会的能力の低い人たちを成熟の＊プロセスに乗せる必要があるということでした。そうしないと全員がいずれ共倒《ともだお》れになる。a未熟な子どもの成熟を支援《しえん》するというのは、未熟な人間が成熟することによって彼らの個人利益が増大するからではありません。それが集団の存続の条件だからです。だから、3どんなことがあっても教育をやめてはいけない。

＊アウシュヴィッツで子ども時代を過ごしたユダヤ人の少女が戦後回想した中で、強制収容所では「学ぶ」ということが一切許されなかったと書いていました。収容所には学びの場を作ることが許されなかったのです。4ナチスの判断はある意味正しいのです。学校教育というのは「集団の存続」のためのものです。強制収容所は「ユダヤ民族の抹殺《まっさつ》」をめざす装置ですから、そこにユダヤ人たちのための学校は決してあってはならぬものだったのです。子どもたちは年長者から集団の存続のための知恵《ちえ》を学ぶことを禁じられていた。これは子どもにとっては、他のどんな非人道的な仕打ちにも増して非人道的なものだったとそのユダヤ人女性は書いていました。

僕は三十数年間教師をやってきました。その経験から確信を持って言えることは、子どもたちの成熟プロセスには大きなバラつきがあるということです。どういうきっかけで彼らの中にある潜在的《せんざいてき》な資質が開花するかは［B］。早熟の子どももいますし、晩熟の子どももいます。残念ながら、老衰《ろうすい》死するまでついに成熟のきっかけをつかむことができなかった「子ども」もいます。それは生得的な能力そのものに質的な差があったというのではなく、成熟プロセスが起動するタイミングの「ずれ」の問題なのだと僕は思っています。

これ一つでどんな子どもも成熟するというような5万能のプログラムは存在しません。でも、それは少しも困ったことではありません。そのために教師「たち」がいるわけですから。

「教師」というのは大学の場合は教授団（faculty《ファカルティ》）として機能します。「ファカルティ」というのは集合名詞です。さまざまなタイプの教師たちが形成する集団、これが「教師団」なのです。「個人」ではなく「集団」です。「集団」の中にいる一人一人の先生たちは、もちろん専門も違うし教育理念も違う。教育方法も違う。理想としているものも違う。それで構わないのです。それぞれ教育について違う考えを持つ教師たち

台は、学校ではなく（ ①・四字 ）であった。

クラスに馴染めず施設にばかりいた「僕」に、「あの人」はこの世界にどれだけ素晴らしいものがあるのかを教えた。「僕」はそれらに触れ、難解なものに出会うと、「あの人」に自分の意見を言うようになった。その際によく言われたのが、自分の（ ②・二字 ）や了見で判断するのではなく、作品によって自分の枠を広げることであった。「あの人」は（ ③・十三字 ）に触れ自身でも考えることによって、たとえ世界に意味がなかったとしても、その意味を自分でつくりだせることを伝えようとした。一方で、中学半ば過ぎからは年少の者たちに勉強を教えることによって、（ ④・四字 ）者に立場が移行していているのだと自覚を促されてもいた。こうして次第に二人の間には[二字]関係が築かれていき、「僕」は「あの人」と共に生きた自分に（ ⑤・四字 ）を持つようになり、「（ ⑥・七字 ）」と、自分の存在を受け入れる。

「僕」にとって「あの人」は尊敬する人であるとともに、乗り越えなければいけない存在でもあった。そこで、「僕」は「あの人」の言う「（ ⑦・五字 ）」た者たちに寄《よ》り添《そ》うべく刑務官という職業を選んだのである。

問13 「孤児」が主人公の文学作品を次の中から選び、記号で答えなさい。

ア 若草物語　　**イ** 八十日間世界一周
ウ あしながおじさん　　**エ** 最後の一葉
オ 王子とこじき

二 次の文章を読んで、後の問いに答えなさい。

学校教育の受益者は教育を受ける子どもたち自身ではありません。誤解の多いことなので、繰《く》り返《かえ》し強調しますが、学校教育の受益者は本人ではなく、[A]なのです。われわれが学校教育を行う理由は、一言で言えば、われわれの共同体を維持《いじ》するためです。集団として生き残るためです。次代の共同体を支えることのできる成熟した市民を育成するためです。*自余のことは副次的なことにすぎません。五〇年後、一〇〇年後も、われわれの社会が維持されるためには、「まっとうな大人《おとな》」を一定数*コンスタントに輩出《はいしゅつ》しなければならない。子どもばかりでは社会は保ちません。

ジュール・ヴェルヌの『十五少年漂流記《ひょうりゅうき》』という小説があります。あらすじはみなさんもご存じだと思いますが、一五人の少年たちがニュージーランドから帆船《はんせん》で漂流して、無人島に漂着して、そこでサバイバルするという話です。子どもたちのうち最年長が一四歳《さい》で、最年少が八歳です。彼《かれ》らが島内を探検して、住むところを見つけ、野菜を栽培《さいばい》したり、狩《か》りをしたりして、食料も何とか確保できるようになった。そうやって衣食住の基本が安定したところで、年長の少年たちが「学校をつくろう」と言うんですね。「八歳、九歳の子どもたちが遊んでばかりいる。こんなことでは我々の集団を継続《けいぞく》できない」というのです。それで年長者が先生になり、小さい子どもたちを相手に授業をするようになる。かろうじて残っていた何冊かの書物と、自分たちの記憶《きおく》を頼《たよ》りに授業をしたのですが、1驚《おどろ》くべきことはこの「学校」が「学校」としてきちんと機能したということです。教師と生徒の間の年齢《ねんれい》差が五歳しかなくても、知識内容に見るべきほどの差がなくても、それでも学校は機能する。僕《ぼく》は

エ　反発を示しながらも自分が言ったことを「僕」が受け止め、対話のきざしが見えたから。

オ　自分は可愛がっているつもりなのに、「僕」はからかわれていると思い込んでいるから。

問9　――線**7**「恵子は、不意に学校にいかなくなった」とあるが、その理由を「僕」はどう感じているか。もっともふさわしいものを次の中から選び、記号で答えなさい。

ア　「あの人」を心配させまいといい子を演じていたが、いなくなってしまえばもう演技しなくてもよくなったからだと感じている。

イ　年下の者たちの勉強を見ており気が張っていたが、「あの人」がしばらくいなくてその疲《つか》れが出てしまったからだと感じている。

ウ　気持ちが安定しているように見えてはいたが、実際は「あの人」の支えがまだ必要な状態だったからだと感じている。

エ　「あの人」の前では叱られないようにしていたが、実は好き勝手なことをしたいという気持ちを抱《いだ》いていたからだと感じている。

オ　「あの人」にはうまくやっていると見せていたが、本当はやりたくもない子どもの世話をすることへの不満を発散したかったからだと感じている。

問10　□に入る語を本文中から二字でぬき出しなさい。

問11　――線**8**「あの時あの人は、帰り際の僕の肩を、何度も叩いた」とあるが、それを「僕」はどう感じているか。その説明としてもっともふさわしいものを次の中から選び、記号で答えなさい。

ア　「あの人」は、「僕」がまだ自分を必要としているために交流を求めてくるのだと気づいており、「僕」を精神的に自立させられなかった自身の能力の無さを思いつつ謝っているのだろうと感じている。

イ　「あの人」は、「僕」が就職を決めたことに対しては嬉しく思っているが、いまだに他人と対等な関係を結べずにいる「僕」が、刑務官という責任の重い仕事を務めることができるのか気がかりに思っているのだろうと感じている。

ウ　「あの人」は、「僕」が就職を決めたことを喜んではいるか、施設長を辞めてからも連絡《れんらく》を寄越《よこ》しさまざまなことを報告してくれていたのに、自分の手元から完全に離れていってしまうことを残念に思っているのだろうと感じている。

エ　「あの人」は、「僕」が就職を決めて落ち着いているように見えるものの、心に問題を抱《かか》えているのは自分が東京に来てからも連絡を取っていることから明らかだと見ぬいており、これからも気にかけていくことを伝えようとしているのだろうと感じている。

オ　「あの人」は、「僕」が高校を卒業してもしばらく何もしていなかったのはまだ自分を頼っているからではないかと長く心配していたが、就職が決まりようやく精神的にも一人前となったことを喜んでいるのだろうと感じている。

問12　次の文章は、「僕」と「あの人」との関係について説明したものです。（①）～（⑦）に入るのにもっともふさわしい表現を、それぞれ文中から指定された字数でぬき出しなさい（句読点等の記号も一字とする）。また、□に入るのにもっともふさわしい表現を指定された字数で考えて答えなさい。

はじめは恐怖の対象であった「あの人」に命の大切さを教えられた「僕」は、その後、成長とともに色々な物事を教わっていく。その舞

問5 ——線3「恐怖」とあるが、「僕」が感じている「恐怖」がもっともよく表れている動作を本文中から五字でぬき出しなさい（句読点等の記号も一字とする）。

問6 ——線4「一つ話をするか」とあるが、なぜこのようなたとえ話をしようとしたのか。その理由としてもっともふさわしいものを次の中から選び、記号で答えなさい。

ア 親から捨てられたという思《おも》い込《こ》みをずっとぬぐいきれずにいる「僕」が自分の命を軽んじているのだと考え、奇跡とも言えるような極めて低い確率で生命そのものが発生したことを「僕」が知ることで、命の大切さを実感できると考えたから。

イ まだ恐がっている「僕」にはこれから話すことがすぐに受け入れられない上に子供には難解すぎる内容だと考え、思いも寄らぬ例を出して好奇心をかき立てることで、「僕」に積極的に耳を傾《かたむ》けてもらおうと考えたから。

ウ 現実世界でつながりを持つものが何もないと「僕」が思っているので自分の存在を確かに感じることができないのだと考え、正しい人間の進化の過程を「僕」が学ぶことによって、自己の存在の意味をつかむことができると考えたから。

エ おびえている「僕」にいきなり本質的なことを言ったとしてもすぐに聞き入れられることはないと考え、子供にでも身近に感じられる話題を初めに出すことで緊張《きんちょう》をほぐし、次第に核心《かくしん》に近づいて「僕」に聞いてもらおうと考えたから。

オ これまで愛情を注がれてこなかったために「僕」が自分の命の重みを感じられなくなっていると考え、現在生きていること自体に価値があるのだと伝えることができれば、この世の中に「僕」自身の居場所を見つけられると考えたから。

問7 ——線5「あの人はそのまま部屋から出たが、歩く足音は聞こえなかった」とあるが、それはどういうことか。その説明としてもっともふさわしいものを次の中から選び、記号で答えなさい。

ア 「あの人」に対する恐怖を解くことができず、「僕」の耳には何も聞こえてこなかったということ。

イ 「あの人」が「僕」のいる部屋の様子をうかがって、外でずっと立っていたと「僕」が思ったということ。

ウ 「あの人」の話の内容に強い衝撃《しょうげき》を受け、放心状態の「僕」には何も聞こえなかったということ。

エ 「あの人」が「僕」をそっとしておこうと、音も立てずに去って行ったのだと「僕」が思ったということ。

オ 「あの人」の話の内容をほとんど理解できず、「僕」がしばらくの間考え込んでいたということ。

問8 ——線6「あの人はそう言い、なぜか嬉しそうだった」のはなぜか。その理由としてもっともふさわしいものを次の中から選び、記号で答えなさい。

ア ようやく自分の意見を受け入れ、冗談《じょうだん》を交えながら「僕」が会話できるようになったから。

イ 図星をついたと思っている「僕」の得意げな態度が、無邪気《むじゃき》でかわいらしかったから。

ウ もっともらしい説明に引っかからず、「僕」が自分の好みでしかないことを言い当てたから。

*ビル・エヴァンス……米国のジャズピアノ奏者・作曲家（一九二九～一九八〇）。
*黒澤明……映画監督（一九一〇～一九九八）。
*フェリーニ……イタリアの映画監督（一九二〇～一九九三）。
*彼が最初に僕にくれた、あの三足の真新しい白い靴……「僕」はよく歩いたのですぐに靴をすり減らし施設の職員に注意されたが、施設長はその職員を叱り、三足の運動靴を与えた。
*刑務官……刑務所などの刑事施設に勤務する看守など。

問1　——線a「漠然」、b「両成敗」の意味としてもっともふさわしいものを次の中からそれぞれ選び、記号で答えなさい。

a　漠然
ア　外形のみで中心になにもないさま
イ　大きな力が秘められているさま
ウ　ぼんやりしてはっきりしないさま
エ　表に見えず分かりにくいさま
オ　大きすぎて実体が分からないさま

b　両成敗
ア　二人とも反省させること　**イ**　互《たが》いに負けを認めること
ウ　二人を仲直りさせること　**エ**　互いの言い分を聞くこと
オ　二人をともに罰《ばっ》すること

問2　[A]、[B]に入る表現としてもっともふさわしいものを次の中からそれぞれ選び、記号で答えなさい。

[A]
ア　をついた　**イ**　にうかんだ　**ウ**　をあかした
エ　にかけた　**オ**　をならした

[B]
ア　遠慮《えんりょ》がちに　**イ**　誇《ほこ》らしげに　**ウ**　疑わしげに
エ　卑屈《ひくつ》そうに　**オ**　寂《さび》しげに

問3　——線1「食べたら何かに屈するような、そんな気がしてならなかった」のはなぜか。その理由としてもっともふさわしいものを次の中から選び、記号で答えなさい。

ア　今まで行ってきたいくつもの反抗《はんこう》が無意味なものになってしまうから。
イ　初めて見るホットケーキへの好奇心《こうきしん》が抑《おさ》えきれなくなってしまうから。
ウ　先ほどまでの思いがそれほど固いものではなかったことになってしまうから。
エ　これまでどうしようもなくひどい環境《かんきょう》で成長してきたことが発覚してしまうから。
オ　どんなに大胆《だいたん》な行動を取っても大人の力にはかなわないことになってしまうから。

問4　——線2「難しい表情をつくりながら食べた」とはどういうことか。その説明としてもっともふさわしいものを次の中から選び、記号で答えなさい。

ア　警戒《けいかい》を解いてはいないということ。
イ　何の関心も持てないということ。
ウ　感謝の仕方が分からないということ。
エ　怒りが収まっていないということ。
オ　申し訳なく思っているということ。

買わなくなった。
あの人が施設を留守にすることが多くなると、7恵子は、不意に学校にいかなくなった。僕は恵子を大人びた口調で注意したが、彼女の気持ちはわかるような気がした。
僕は思春期に入り、自分の忘れかけていた［　　］が大きくなっていくのに気づいたが、それをあの人に隠した。あの人を必要とする子供は、僕達だけではなかった。あの人は、しかし僕と恵子の中学卒業まで、この施設にいることになった。あの人は帰ってくる度に僕と恵子を呼び出し、その日にあった出来事を語らせ、僕には主に映画と本の話を、恵子には絵画と音楽の話をした。
「自分以外の人間が考えたことを味わって、自分でも考えろ」あの人は、僕達によくそう言った。「考えることで、人間はどのようにでもなることができる。……世界に何の意味もなかったとしても、人間はその意味を、自分でつくりだすことができる」
卒業式の日、恵子は酷く泣いた。卒業証書が順番に渡《わた》される中で、あの人は、保護者席の中央で、［B］微笑《ほほえ》んでいた。僕は、この日を最後に、あの人と離《はな》れなければならないことが恐《こわ》かった。しかし、周りには、制服を着た同世代の人間達がいた。彼らに今後、見下されるようなことが、あってはならない。プライドの混ざった妙な意地の中で、僕は同級生達を見渡していた。
クラスメイト達とはあまり喋らずに、僕は恵子を残しあの人と帰った。通学路に咲《さ》き乱れた無数の桜は、ピンクというより、鮮《あざ》やかな白に近かった。僕は、*彼が最初に僕にくれた、あの三足の真新しい白い靴《くつ》を思い出していた。「はき潰《つぶ》せばいい。靴はすり減らすためにある」あの時の靴の白は、この鮮やかな桜より鮮やかだと思った。
「僕は……」
そう言いながら、僕は泣けて仕方なかった。
「孤児《こじ》でよかった」
「ん？」
「あなたに会えた」
あの人は、しばらく前から泣いていた。何度か頷《うなず》き、ハンカチで目を拭《ふ》くこともせず、ゆっくりと歩いた。僕の目線は、いつのまにか彼の顎《あご》の高さにまでなっていた。
あの人は東京に行き、僕達は手紙を書いた。彼が帰ってくる時に会ったが、僕は自身の［　　］を悟られないように、彼には自分のよかったことだけを言い続けた。高校を卒業してしばらく経ち、*刑務官《けいむかん》になると言った時、あの人は喜んだ。8あの時あの人は、帰り際の僕の肩を、何度も叩いた。それは励《はげ》ますには不自然で、まるで僕に少しでも触れていたいかのように、回数が多かった。
あの人は、小さい頃の僕がどうにかなりそうになる度に、何度も干渉《かんしょう》し、終わりがなかった。

（中村文則『何もかも憂鬱《ゆううつ》な夜に』による）

*施設……「僕」が暮らしている児童福祉《ふくし》施設。
*混沌……ものが入り交じって区別がつかないさま。
*海辺の記憶……「僕」の最も古い記憶で、今までにも何度も思い出している。
*シェークスピア……英国の劇作家・詩人（一五六四～一六一六）。
*カフカ……チェコ生まれの小説家（一八八三～一九二四）。
*安部公房……小説家・劇作家（一九二四～一九九三）。

「これをどう思う?」

あの人は、僕にレコードを聞かせた。それは子供が聞くような音楽ではなく、クラシックや、ロックといった、ただ彼が好きなものばかりだった。あの時聞いたのは、今思えばベートーヴェンの、弦楽《げんがく》四重奏の十五番だった。ヴァイオリンやヴィオラやチェロの響きに、僕は何も感じることができなかった。僕は、わからないと、首を振《ふ》った。

「お前は、何もわからん」

彼はそう言うと、なぜか笑みを浮かべながら椅子《いす》に座った。

「ベートーヴェンも、バッハも知らない。*シェークスピアを読んだこともなければ、*カフカや*安部公房《こうぼう》の天才も知らない。*ビル・エヴァンスのピアノも」

あの人は、タバコのパックを指で叩《たた》いた。

「*黒澤《くろさわ》明の映画も、*フェリーニも観たことがない。京都の寺院も、ゴッホもピカソだってまだだろう」

彼はいつも、喋《しゃべ》る時に僕の目を真っ直ぐに見た。

「お前は、まだ何も知らない。この世界に、どれだけ素晴らしいものがあるのかを。俺《おれ》が言うものは、全部見ろ」

僕は、しかし納得がいかなかった。

「でもそれは……、施設長の好みじゃないか」

「お前は、本当にわかってない」

6あの人はそう言い、なぜか嬉《うれ》しそうだった。施設には、図書館から借りたビデオや本が、いつも置かれていた。あの人がリストをつくり、子供達がそれを借りに行くのだった。

喧嘩《けんか》をして呼び出された時も、あの人は僕は悪くないと学校に主張し、全てをb両成敗とするのはおかしいと言い、恵子《けいこ》が入所して暴れた時も、引っかかれながらも笑い、いつまでも恵子に喋り続けた。恵子が万引きした時は酷《ひど》く叱《しか》り、僕の、身体をかきむしる癖《くせ》をやめさせた。熱が出た時はうつりたくないと看病に来ず、風邪《かぜ》くらいで寝《ね》るなと笑いながら僕を叱った。

僕は、あの人がつくったリストに、順番に触《ふ》れていった。難解なものに出会うと、あの人に自分の意見を言い、長く長く、その作品について喋った。「自分の好みや狭い了見《りょうけん》で、作品を簡単に判断するな」とあの人は僕によく言った。「自分の判断で物語をくくるのではなく、自分の了見を、物語を使って広げる努力をした方がいい。そうでないと、自分の枠《わく》が広がらない」僕は時々、わかった振りをして、あの人に笑われることがあった。

中学が半ば過ぎた頃、僕や恵子は、入ってくる子供に勉強を教えなければならなくなった。恵子は子供にものを教えるのに長《た》けていたが、僕はいつまでも慣れず、年齢《ねんれい》からくる施設での立場の変化に、戸惑《とまど》っていた。保護される側から、保護する側へと、段々と変わっていくようだった。僕と恵子が表面的に落ち着き、田舎《いなか》ということで入所者も増えず、施設の中は平穏《へいおん》だった。この施設と関係の深い、東京の別の大きな施設の施設長が死に、あの人は時々、手伝いに出かけるようになった。東京の施設は入所者が増え続け、問題も多く、あの人はその施設の改善を期待されていた。往復の新幹線の料金は安くなく、彼はあまりレコードを

あの人がドアを開けたのだった。僕は驚《おどろ》き、ひょっとしたら、彼はずっと壁《かべ》の向こうにいたのではないかと思った。ドアを塞《ふさ》ぐように立ったあの人の姿は、あまりにも大きく、力に溢《あふ》れていた。僕はあの人の首の太さを恐れ、しっかりとした、広い肩幅《かたはば》を恐れた。僕はまだ小さい自分の手足を見、段ボールの側に、座りながら後ずさった。

「気分はどうだ」

あの人は、あの時そう言った。僕は何を言えばいいかわからず、段ボールの側で黙っていた。薄明《うすあ》かりに照らされたあの人の影《かげ》は大きく、威圧感《いあつかん》に満ちていた。静寂《せいじゃく》の中で、僕の微《かす》かな呼吸と、遠くから聞こえる何かのモーターの、震《ふる》えるような回転音が響《ひび》いていた。

「もう無理だぞ。ベランダは上れないようにしたから。……こういう眠《ねむ》れない夜は」

あの人は立ったまま、いつまでも座ろうとしなかった。知らない大人《おとな》は、僕にとって、3恐怖の対象でしかなかった。僕は、自分が泣くのではないかと恐れ、半ズボンから出た太股《ふともも》を裂《さ》くようにかきながら、それに耐《た》えた。

「4一つ話をするか。わからんかもしれんが」

あの人は立ったまま、タバコに火を付けた。喫茶店の時と同じ苦い臭《にお》いが、僕の鼻［ A ］。

「お前は……アメーバみたいだったんだ。わかりやすく言えば」

施設の外で、踏切《ふみきり》の音が鳴り始めた。あの人の声は、響かないつくりの薄い壁の中で、内に籠《こ》もり、掠《かす》れていた。

「温度と水と、光とか……他にも色々なものが合わさって、何か、妙《みょう》なものができた。生き物だ。でもこれは、途方《とほう》もない確率で成り立っている。奇跡《きせき》といっていい。何億年も前の」

僕は、ただ彼の大きい身体を見ていた。

「その命が分裂して、何かを生むようになって、魚、動物……わかるか？　そして、人間になった。何々時代、何々時代、を経て、今のお前に繋《つな》がったんだ。お前とその最初のアメーバは、一本の長い長い線で繋がってるんだ」

あの人はどこかにもたれることもなく、足を微かに広げたまま、いつまでも僕を見下ろしていた。

「これは凄《すさ》まじい奇跡だ。アメーバとお前を繋ぐ何億年の線、その間には、無数の生き物と人間がいる。どこかでその線が途切《とぎ》れていたら、何かでその連続が切れていたら、今のお前はいない。いいか、よく聞け」

そう言うと、小さく息を吸った。

「現在というのは、どんな過去にも勝る。そのアメーバとお前を繋ぐ無数の生き物の連続は、その何億年の線という、途方もない奇跡の連続は、いいか？　全て、今のお前のためだけにあった、と考えていい」

遠くで、風に吹《ふ》かれた薄い窓が、カタカタと鳴った。5あの人はそのまま部屋から出たが、歩く足音は聞こえなかった。

小学生の高学年になった頃《ころ》、僕はクラスに馴染《なじ》めず、ほとんどを施設の中で過ごした。あの人は、しかし学校へ行けとは言わなかった。施設長のオーディオルームの中で、僕は算数のドリルや、国語辞典を並べていた。そのオーディオルームは、あまりに汚《きたな》く、狭かった。あの人がそう呼んでいるだけで、他の職員からは一般的《いっぱんてき》に、物置部屋と呼ばれていた。

【国　語】（六〇分）〈満点：一〇〇点〉

一　次の文章を読んで、後の問いに答えなさい（問題の都合により省略した部分がある）。

「自殺と犯罪は、世界に負けることだから」

あの時、あの人は、僕《ぼく》の頭をつかんでそう言った。まだ小さかった僕の頭は、あの人の大きな手によって、簡単に押《お》さえつけられていた。僕の死を止めたのは、あの人の、その腕《うで》の力だった。僕は、＊施設《しせつ》のベランダから、飛び降りようとしていた。

僕は、死のうとしたわけではないと言い訳をしながら、あの人の脇《わき》を抜《ぬ》け、転びながら、走って施設の門から外に出た。庭で遊んでいた他の子供達が、一斉《いっせい》に僕のことを見ていた。だが、あの人は僕に簡単に追いつき、僕の腕を強くつかんだ。

あの人は、他の子供の視線から僕を守るように、そのまま施設の外を僕と共に歩いた。「あんな柵《さく》よく上ったな」と言い、演技というより、本当に感心しているような表情をした。川の側を歩き、小高い丘を背にした、狭《せま》い道を歩き、幾分寂《いくぶんさび》れかけた、商店街を歩いた。あの人は口の中で何かを呟《つぶや》き、それから声に出して、喫茶店《きっさてん》にでも行くか、と僕に言った。他の子供に秘密にすると約束させられ、喫茶店の中に入った。

あの人はコーヒーを頼《たの》み、僕にはオレンジジュースと、ホットケーキを注文した。僕はそれまで、ホットケーキを見たことがなかった。食べろ、と言われたが、僕は黙《だま》っていた。1食べたら何かに屈《くっ》するような、そんな気がしてならなかった。

しかし、目の前のホットケーキに、僕は囚《とら》われていた。あの人がトイレに行った時、僕はそれを急いで食べた。あの人がいない間に全て食べ、食器も下げればいいというか、そういうことを考えていた。だが、彼《かれ》は途中《とちゅう》で戻《もど》ってきた。さっきまで死のうとしていた子供がホットケーキを食べている姿に、彼は笑った。僕は怒《いか》りを覚え、食べるのをやめたが、あの人は「バターが、ほら」と言った。

「ホットケーキは、この四角いバターを伸ばして食べなければだめだ。これじゃ味がしない」

彼は、大きな手で、僕のホットケーキのバターを伸ばした。促《うなが》されるまま食べると、さっきとは違《ちが》う味がした。僕はそれを悟《さと》られないように、2難しい表情をつくりながら食べた。彼はコーヒーを飲みながら、ここのコーヒーは見事にまずいと言って笑った。

施設に戻り、他の子供から隠《かく》されるように、僕は小さな部屋に入れられた。その部屋には、ボールや、いくつかの段ボール、雑につくられた、小さな腹話術の人形があった。夜になり、僕は布団に入りながら、自分がベランダの柵を越《こ》えた時の、あの地面との距離《きょり》を思い出していた。遠い空間を隔《へだ》てた先に、巨大《きょだい》な地面があった。圧倒的《あっとうてき》な存在感を持ち、自分を待つように、確かにそれは存在していたのだった。その地面と自分との距離の空間は僕を圧倒し、自分にはわからない＊混沌《こんとん》をa漠然《ばくぜん》と感じて苦しく、恐《おそ》ろしかったが、その中には確かな救いもあるように思えてならなかった。僕は、再び同じことをしようと考えていた。頭の中に＊海辺の記憶《きおく》が浮《う》かび、自分を圧迫するように、その記憶が浮かび、自分は恐怖《きょうふ》を超《こ》えてあの地面に落ちなければならない、そうしなければならない人間であるという思いに、囚われていた。僕は、混乱を越えた疲《ひ》労《ろう》の中にあった。だが、その時突然《とつぜん》、ドアが開いた。ノックもせずに、

（２）それを解決するものは何か。Ⅳの文中から九字でぬき出しなさい（句読点等の記号も一字とする）。

問13 ――線10「私たちの社会では蔑まれはしないが、（　）なる」とあるが、（　）に入るのにもっともふさわしい表現を次の中から選び、記号で答えなさい。

ア 休日返上でずっと働き続けなければならなく
イ 消費しようという意欲がなくなり労働自体もしなく
ウ 労働時間が少なくなるので集中して働くように
エ 所得が少なくなることもなく怠け続けるように
オ 所得が少なくなって消費できる量が少なく

問14 本文中の内容に合致《がっち》するものとしてふさわしいものを次の中から二つ選び、記号で答えなさい。

ア 現代社会の人々は、ものやサービスをたくさん手に入れて、今より豊かに暮らそうと日々の労働にはげんでいるので、他人からどう思われるかということを気にするゆとりはない。

イ ものやサービスは、必要とする人が多くなれば多くなるほど大量生産されるようになるので、その価格はどんどん安くなり、消費活動が活発になる。

ウ 現代社会においては、目に見える分かりやすいものが重視されるので、定期券のようによりお得感のあるサービスを人々は求めるようになっている。

エ ものやサービスの利用者や所有者を決める手段は、試験や抽選や縁故など様々なものがあるが、私たちの社会で一番多く用いられている手段は価格によるものである。

オ インディオの社会と私たちの社会とで共通する点は、そこで暮らしている人々が積極的に労働し続けるような仕組みがそれぞれの社会に存在していることである。

カ 現代社会では何事においても過程が重視されるので、良い結果であっても悪い結果であっても、がんばって働いているのならば社会的な名誉を手にすることができる。

三

次の**1**～**8**の文中にある――線の**カタカナ**を漢字に直しなさい。

1 会社の**カンレイ**に従って行動する。
2 お盆《ぼん》の時期に郷里に**キセイ**する。
3 彼の努力により**ギョウセキ**が上がった。
4 経済問題について**コウサツ**を述べる。
5 運転免許《めんきょ》を**シュトク**することができた。
6 誕生日会に友達を**ショウタイ**する。
7 歴史の**センモン**家のお話を聞いてみる。
8 最後の試合で**ユウシュウ**の美を飾《かざ》る。

ている。

イ　高速道路の通行料金が下がることを望んでいる人が、それと同時に、鉄道においても座席指定券の料金が下がることを期待している。

ウ　高速道路で渋滞が起こらなくなることを求めている人が、高速道路での渋滞を解消させるためにかんがえた対策に反対している。

エ　高速道路で受けられるサービスが改善されないことに文句を言っている人が、通行料金を無料にするべきだと主張している。

オ　高速道路の通行料金が上がることに対して不満を持っている人が、鉄道を利用するときには座席指定券の料金を自ら進んで支払っている。

問8　――線5「一方の問題」、6「他方の問題」に当てはまるものを、それぞれ次の中から選び、記号で答えなさい。

ア　一般道路が渋滞するという問題

イ　一般道路の通行料金が発生するという問題

ウ　一般道路の利用者が減ってしまうという問題

エ　高速道路が渋滞するという問題

オ　高速道路の通行料金が上がるという問題

カ　高速道路の利用者が減ってしまうという問題

キ　一般道路でも高速道路でも目的地までの到達時間が同じになるという問題

ク　一般道路も高速道路も渋滞するという問題

問9　――線7「東名高速の通行料金を引き上げ、そこで得た収入で第二東名高速を建設しようとしている」とあるが、これによってもたらされる良い点を次のように説明した。次の文の（　）に入るのにもっともふさわしい表現を、Ⅰの文中から四字でぬき出しなさい（句読点等の記号も一字とする）。

高速道路の（　）が上がり、利用者がより空いた道路をより早く快適に走れるようになる。

問10　本文の内容からかんがえて、＝＝線ア～オの中には一つ間違いがある。それを選び、記号で答えなさい。

問11　――線8「不平等なぎすぎすした競争社会」のことを次のように説明した。次の文の（　）に入るのにもっともふさわしい表現を、Ⅲの文中から五字以上十字以内でぬき出しなさい（句読点等の記号も一字とする）。

（　）社会。

問12　――線9「この問題」について、次の問いに答えなさい。

（1）その内容を次のように説明した。次の文の（①）～（③）に入るのにもっともふさわしい表現を、それぞれⅣの文中から指定された字数でぬき出しなさい（句読点等の記号も一字とする）。また、（A）に入るのにもっともふさわしい表現を、後のア～カから選び、記号で答えなさい。

未開社会では、すべての者が（①・五字）をしていなくても、（②・六字）を手に入れることになる。この状態のままだと（A）ので、最終的には（③・四字）が非常に多くなる危険性がある。

ア　働かない者が賞賛される　　イ　働かない者が損をする

ウ　働かない者が軽蔑される　　エ　働いている者が賞賛される

オ　働いている者が損をする　　カ　働いている者が軽蔑される

次の中から選び、記号で答えなさい（同じ記号は二度使えないものとする）。

ア　ところが　**イ**　さらに　**ウ**　したがって
エ　ところで　**オ**　例えば

問2　――線**1**「鉄道輸送という目に見えないものを消費する」とあるが、人々が「鉄道輸送」に対して期待している内容に当てはまらないものを次の中から一つ選び、記号で答えなさい。

ア　鉄道を使うことで渋滞に巻きこまれずに目的地に行くことができる。
イ　鉄道を使うことで自分で運転することなく疲れずに移動できる。
ウ　鉄道を使うことで食べ物を車内販売で移動中に購入できる。
エ　鉄道を使うことで約束の時間に遅れることなく到着できる。
オ　鉄道を使うことで事故にあわずに安全に目的地に向かうことができる。

問3　――線**2**「ものやサービスに価格がついているのはなぜだろうか」とあるが、その理由を次のように説明した。（　）に入るのにもっともふさわしい表現を、Ⅰの文中から十六字でぬき出し、最初の四字を答えなさい（句読点等の記号も一字とする）。

ものやサービスに価格をつけることで、（　　　　）ことが可能になるから。

問4　――線**3**「座席指定車の利用料金の方が、自由席車のそれよりも高いことは、この常識に反している」という部分を次のように説明した。次の文の（　）に入るのにもっともふさわしい表現を、Ⅱの文中から十一字でぬき出し、最初の四字を答えなさい（句読点等の記号も一字とする）。

（　　）が同じであるのに、料金差が発生してしまうことはおかしい。

問5　[A] に入るのにもっともふさわしい表現を、Ⅰの文中から五字以上十字以内でぬき出しなさい（句読点等の記号も一字とする）。

問6　[B]、[C] に入るのにもっともふさわしい表現を次の中から選び、記号で答えなさい。

ア　大渋滞でサービスが悪いのに通行料金を上げないのは非常識だ
イ　大渋滞でサービスが悪いのに通行料金を上げないのは不思議だ
ウ　大渋滞でサービスが悪いのに通行料金を上げるのはけしからん
エ　大渋滞でサービスが悪いのに通行料金を上げるのはやむをえない
オ　人件費、修繕《しゅうぜん》費用など維持《いじ》費はすでに通行料金で全額、償還済みだ。本来なら、無料開放されていい
カ　人件費、修繕費用など維持費はすでに通行料金で全額、償還済みだ。本来なら、通行料金を下げたっていい
キ　建設費、借入利息など総費用はすでに通行料金で全額、償還済みだ。本来なら、無料開放されていい
ク　建設費、借入利息など総費用はすでに通行料金で全額、償還済みだ。本来なら、通行料金を下げたっていい

問7　――線**4**「矛盾している」とあるが、どのような状態を表しているのか。その説明としてもっともふさわしいものを次の中から選び、記号で答えなさい。

ア　高速道路で渋滞が起こっていることに気付いている人が、その問題をどのように解決するのかということをかんがえもせずに放置し

らかに私たちの8不平等なぎすぎすした競争社会との対比を意識している。しかし、実は未開社会でも、ただでは平等な分け前にあずかることはできない。平等な分け前にあずかることができるのは、狩《か》りにおける平等な働きが前提になっているからである。つまり、未開社会では、直接的な労働サービス（狩り）の提供が、獲物の分配手段として利用されているのである。しかし、同じように働いても、獲れた獲物には人によって差がつく。この差が獲物の分け前に反映されず、一匹も獲物を獲らなかった者にも平等な分け前が与えられるとなると、人々は狩りにおいて怠《なま》けはしないだろうか。一人くらい怠けても問題はないが、怠ける者が多くなると獲物が減ってしまい、未開社会そのものの存在が危うくなる。したがって9この問題は無視できない。

未開社会がこの問題を解決する方法は、社会的な名誉《めいよ》というアメと、不名誉というムチとを使い分けることである。獲物の多い者は讃《たた》えられ、少ない者は馬鹿にされる。このような社会的な賞賛（アメ）と軽蔑《けいべつ》（ムチ）という共同体規制が、未開社会において、分け前は平等でも、人々が怠けずに働くように動機づける仕組みである。

私たちの社会でも、社会的な賞賛と軽蔑が人々を勤勉や努力へと駆《か》り立てる側面がないわけではない。しかし、それは主流ではない。私たちの社会では、勤勉でなかったり、努力を怠《おこた》ったりすると、分け前が少なくなるということが人々を勤勉や努力へと駆り立てる主たる仕組みである。私たちの社会では、高い価値を支払える者が、より多くのものやサービスを消費することができる場合（すなわち、価格による分配）が圧倒《あっとう》的に多い。このような社会では、人々は他人よりもより多くを支払うことによって、より多くのものやサービスを手に入れることのできる人間になろうとして、より一生懸命《けんめい》に働くようになる。

このように、価格による利用者や所有者の決定方法には、人々から勤勉や努力を引き出す＊誘因《ゆういん》がある。市場経済とは価格の持つこの誘因機能をうまく利用して、経済の成長・発展を目指す経済といってもよい。

未開社会も、私たちの社会も、異なってはいるが、ともに私たちから勤勉・努力を引き出す仕組みを持っている。社会が存続するためには、そうした仕組みが必要だからである。未開社会では働いた結果が悪くても同じように消費できるが、そういう人は他人から蔑《さげす》まれる。それに対して、10私たちの社会では蔑まれはしないが、（　　）なる。読者はどちらの仕組みをより好ましいと思われるだろうか。

（岩田規久男『経済学を学ぶ』による）

＊経済学……人間の共同生活の基本をなす財産の運用やものの価値のあり方について研究すること
＊供給……要求や必要に応じて、ものを用意すること
＊償還……借りたものを返すこと
＊憤慨……ひどく腹を立てること
＊拡幅……道路などの幅を広げること
＊代替……他のもので代えること
＊耐久……長く持ちこたえること
＊縁故……人と人とのかかわりあい
＊誘因……ある作用を引き起こす原因

問1　【①】～【④】に入るのにもっともふさわしい言葉を、それぞれ

という常識である。

これら二つの常識は、供給者にとって「特別の費用がかからなくても、混雑がなく座席がウ必ず確保できる座席指定車」の方が、「混雑していてエ必ずしも座席が確保できない自由席車」よりも高いことに理解を示す人たちと同じ人たちの常識なのである。同じ人たちが、このように全く異なる常識を示していながら、4矛盾《むじゅん》していることに少しも気づかないのはなぜだろうか。

Ⅲ　価格とは、ものやサービスを誰にどれだけ分配するかを決める手段の一つだということを理解すれば、大渋滞だからこそ高速道路の通行料金を引き上げる必要があることが理解されるはずである。償還が済んだからといって無料開放すれば、高速道路を利用しようとするドライバーは一層増えて、高速道路はますます渋滞するだろう。その場合には、無料で走れる一般道路を走っても、無料で走れる高速道路を走っても、目的地までの到達《とうたつ》時間が同じになる水準《すいじゅん》まで、どちらの道路も渋滞するはずである。それに対して、高速道路の通行料金を引き上げれば引き上げるほど、利用者は減っていき、高速道路の渋滞は緩《かん》和《わ》されるだろう。しかし、高速道路の通行料金を上げれば上げるほど、他方で、一般道路は通行料金という利用者を限定する機能を持たないためにますます渋滞する。これでは5一方の問題を、6他方の問題の悪化を犠牲《ぎせい》にして解決することになる。このような他方の犠牲を伴《ともな》うことなく高速道路の渋滞を解決する方法は、値上げした高速道路の通行料金で、高速道路を＊拡幅《かくふく》したり、＊代替《だいたい》的な高速道路を建設することである。実際に、日本道路公団は7東名高速の通行料金を引き上げ、そこで得た収入で第二東名高速を建設しようとしている。

価格はものやサービスの利用を誰かに限定する働きをすると述べた。そのうち、ものについては、価格を払えば利用だけでなく所有も可能になる場合も少なくない。＊耐久《たいきゅう》性のないものは利用と所有を区別することに意味はないが、自動車や住宅や土地のように耐久性があるものについては、利用者と所有者はオ必ず一致《いっち》する。これらのものについては、所有せずにお金を払って借りて利用することも可能である。もちろん、お金を払って所有し、自ら利用することもできる。このようにかんがえると、価格は利用権と所有権を誰かに与えるという機能を持っているといえる。

私たちの社会では、お金さえ払えば、つまり、価格さえ払えば、実に多くのものが手に入る。ということは、金持ちほど多くのものを手に入れることができるということである。

ものやサービスの使用者やものの所有者を決める価格以外の手段としては、試験や早い者勝ちや抽選《ちゅうせん》や＊縁故《えんこ》（コネ）などがある。しかし、私たちの社会ではなんといっても多いのは価格によるものである。それでは、私たちの社会では、なぜ金持ちほど得をする価格による方法が、利用者や所有者を決定する一般的な手段として利用されているのだろうか。この点を未開社会との比較《ひかく》でかんがえてみよう。

Ⅳ　未開社会では、人々は狩猟《しゅりょう》で獲《と》れた鳥獣《ちょうじゅう》や魚を平等に分け合う。ここでは、金持ちほどたくさんの獲物《えもの》を手に入れるといったことはない。こういう社会は今日でもアマゾンの奥地《おくち》のインディオの社会のように、地球上の一部地域に存在しており、時折、テレビのドキュメンタリー番組などで紹介《しょうかい》され、「ケンカもなく、すべてを平等に分け合っています」などというナレーションが入る。このナレーションは、明

思われる。これは八割方正解といえるが、ア必ずしも当てはまらない場合がある。【 ① 】、私たちは毎日のように道路を歩いているが、通行料という価格に相当するものを取られることはない。道路はただで利用できるのである。【 ② 】、自動車で高速道路を走ろうとすると、高速道路料金を取られる。鉄道を利用する場合には、切符《きっぷ》を買うか定期券を購入《こうにゅう》するかしなければ、改札口を通してくれない。【 ③ 】、絶対に座りたければ、乗車券に加えて座席指定券も買わなければならない。

右の例から、ものやサービスに価格がついているのは、その利用を誰か特定の人に限定するためであるといえそうである。普通の道路は誰が歩いてもかまわないから通行料金を取られないが、高速道路は通行料金を払う人にのみその利用を許可している。【 ④ 】、高速道路の通行料金はそれを支払う人にだけ高速道路の利用を限定するために存在しているといえるだろう。同じように、鉄道の座席指定券も座席の利用を座席指定券を買った人に限定するために存在するといえる。

価格は「誰が」「何を」「どれだけ」消費するかを決める手段の一つであるが、一般《いっぱん》に、価格が上昇《じょうしょう》すると消費しようとする人は減少し、逆に価格が低下すると消費しようとする人は増加する。この原理を応用すると、収容能力が一定である場合の混雑の度合いを価格によって調整することができる。

Ⅱ 例えば、鉄道車両の座席数には限りがあるが、座席指定車やグリーン車については、料金は自由席よりも高いが、座席指定券やグリーン車券は座席数しか発売されないので、それらを購入すればイ必ず座席を確保でき、車内も空いている。それに対して、自由席車は混んでいる時が多く、必ず座れるという保証もない。座席指定制のない首都圏《しゅとけん》の通勤電車などは、四六時中混んでいて、快適には程遠い状況である。

ここで注目すべきは、座席指定車（グリーン車を除く）と自由席車とで鉄道会社にとって鉄道サービスを＊供給するうえで費用に差はないという点である。供給するうえで費用がかかるものやサービスほど、その価格は高くなるというのが常識であろう。そうだとすれば、3座席指定車の利用料金の方が、自由席車のそれよりも高いことは、この常識に反している。それにもかかわらず、鉄道利用者たちはこの料金差に文句をつけない。それは鉄道利用者たちが、鉄道サービスの供給費用に変わりはなくても、座って快適に旅行したいと思ったら、自由席車よりも高い料金を支払わなければならないことを理解しているからであろう。すなわち、このケースでは、人々は価格は［ A ］を調整する手段の一つであることを理解しているといってよい。

ところが、高速道路の通行料金となると、利用者の反応は違ってくる。たまたま、筆者の手元に雑誌があるが、その中に「高速道路通行料金、＊償還《しょうかん》すんでも値上げ一直線の不思議」という記事がある。同記事は「新幹線や飛行機よりも割高で、ギネスブックもびっくりの高速道路の通行料金がまた値上げされそうだ」と述《の》べて、「いつも大渋滞《じゅうたい》の道で、お上が年貢《ねんぐ》を取るやり方だ」という一利用者の＊憤慨《ふんがい》の声を取り上げている。

ここで示されている常識は、「［ B ］」というものであり、「［ C ］」というものである。つまり、前者は供給者にとって費用のかからないものの価格はゼロにすべきという常識であり、後者は混雑していてサービスが悪いのに価格を引き上げるのは理屈《りくつ》が通らない

がえる少年の心情について説明したものとして適当なものを次の中から二つ選び、記号で答えなさい。

ア　消しゴムが転がったせいで疑いをかけられ迷惑《めいわく》をこうむったので、消しゴムに怒りをぶつけている。

イ　教師の視線を意識しつつも難問を解決し、急激に緊張《きんちょう》感から解放されたことで感情が高ぶっている。

ウ　自己に潜《ひそ》む能力に目覚め自信が湧《わ》くと同時に、教師の誤解を解くこともでき達成感に包まれている。

エ　自分を脅《おびや》かす悪意が消しゴムにも宿っていると思い込み、腕力でねじ伏せようと躍起《やっき》になっている。

オ　難問を前にこれまで意識したことのなかった能力を発揮し、正解を得られたことで勢いづいている。

カ　難問を解決できたことでそれまでの自分の思い込みの誤りにも気づき、ばつの悪い思いをしている。

問15　この文章の内容に合致《がっち》するものとしてもっともふさわしいものを次の中から選び、記号で答えなさい。

ア　物語の世界に住み現実が目に入らない少年であったが、算数の試験をきっかけに教師に苛《いじ》められていることに気づき、すてばちな気持ちから紙を破ったり消しゴムをねじったりと次第に持ち前の荒々しさが表に出てきている。

イ　自分を悲劇的な存在であると思いこむ少年の妄想は次第にエスカレートし、ついには教師の言葉や態度にまで悪意を見出《みいだ》すまでになるが、追いつめられた状況の中それまで思い描《えが》いたことのなかった自分が顔を覗かせている。

ウ　物語の世界に閉じこもり少年の孤独はその度合いを深めていたが、発熱し追いつめられた状況で苦手な算数に取り組み、何とか解答を割り出したことをきっかけに、級友ともコミュニケーションがとれるまでに成長している。

エ　自分の像を悲劇の主人公に重ねることに喜びすら見出していた少年であったが、苦手な算数を相手に悪戦苦闘《くとう》する中、自分に思わぬ能力が潜んでいたことに気づき、同時に周囲に対して抱いていた妄想からも解放されている。

オ　自分を虐げられる者の側に置き、悲劇の主人公になぞらえることに快感すら覚えていた少年であったが、算数の試験で非凡な才能を発揮できたことで調子に乗り、全人類を従わせることができるかのような錯覚《さっかく》に陥《おちい》っている。

二

次の文章を読んで、後の問いに答えなさい。（文の上のⅠ・Ⅱ・Ⅲ・Ⅳは、問題を解くために必要な記号である。例えば、Ⅰは文章の一行目から十七行目までの範囲《はんい》を示すものとする。）

Ⅰ　＊経済学の重要な目的の一つに、ものやサービスの価格がどのように決まるかを明らかにすることがある。ここに、ものとは目に見えるものをいい、サービスとは目に見えないものをいう。例えば、鉄道に乗ることは、1鉄道輸送という目に見えないものを消費することなので、そのとき消費するものを鉄道サービスとか、鉄道輸送サービスという。

そもそも、2ものやサービスに価格がついているのはなぜだろうか。ただでは売ろうとする人がいないからだというのが正解のように

ア 教師がおどけた口調で注意を与え生徒も明るく振《ふ》るまっている中で、教師に自分の本心を見すかされているのではないかとおののいている。

イ 教師がおどけた口調で注意し生徒が笑っているのに、自分だけが笑いについていけず今後ますます孤立《こりつ》を深めるのではないかと恐れている。

ウ 教師がおどけた口調で生徒全体にやんわりと注意を与えていることを理解せず、その言葉の矛先《ほこさき》が自分に向けられたものと受けとめている。

エ 教師がおどけた口調で注意し生徒も無心に笑っているようにも見えるが、試験前に楽しそうにしている生徒に何か怪しいものを感じている。

オ 教師がおどけた口調で生徒に背を向けながら注意し生徒も真面目《まじめ》に聞いていないのは、誰も自分を疑っていないからだとほくそえんでいる。

問10 ――線**8**「鉛筆の尻をしきりと噛んだ」を説明した次の文の空らんに当てはまる九字の言葉を文中からぬき出しなさい（マスの数は字数を表す）。

少年が□□□□□□□□□ときに見せるしぐさ

問11 ――線**9**「被虐的な疑惑」とあるが、これ以降、少年が次々と「疑惑」にとらわれていく過程にそって、次の**ア**～**オ**を順番に並びかえ、記号で答えなさい（ただし、前から三番目には**ア**が入るものとする）。

ア 教師は自分を疑っていて、怪しい身ぶりをするのを今か今かと待ちかまえているのではないか。

イ かろうじて難を逃《のが》れはしたものの、依然《いぜん》として全人類が自分に悪意を抱いているのではないか。

ウ 教師は自分を注視しており、消しゴムが転がっただけでもカンニングだとみなすのではないか。

エ 自分以外の全員があらかじめ解法を習っており、苦もなく試験に取り組んでいるのではないか。

オ 消しゴムを拾おうとする動きが教師の目には隣の答案を覗く行為に映ってしまうのではないか。

問12 ――線**10**「相手」という言葉には、少年のどういう気持ちが表れているか。もっともふさわしいものを次の中から選び、記号で答えなさい。

ア 「相手」という言葉によって少年が教師との間に一線を引いていることが暗に示されており、少年の教師に対する敵意がうかがえる。

イ 「相手」という言葉によって少年が教師をもともと軽視していることが暗に示されており、少年の教師に対する反抗心がうかがえる。

ウ 「相手」という言葉によって少年と教師の対立が激しくなっていることが暗に示されており、少年と教師の間の深い溝《みぞ》がうかがえる。

エ 「相手」という言葉によって少年が教師の意地の悪さに気づいたことが暗に示されており、少年の教師に対する不信感がうかがえる。

オ 「相手」という言葉によって少年が教師に親しみをもっていることが暗に示されており、少年と教師の結びつきの深さがうかがえる。

問13 7 に当てはまる七字の言葉を文中からぬき出しなさい。

問14 ――線**11**「そして、その柔らかい、～ねじ曲げてみた」からうか

問3　――線2「手品のように」の説明としてもっともふさわしいものを次の中から選び、記号で答えなさい。

ア　暗く親しみがたい家族に珍しく親類が訪れ元気づけられていることを「手品」に喩《たと》えている。

イ　普段の静けさや暗さがまるで嘘《うそ》のように急激に騒がしくなったことを「手品」に喩えている。

ウ　親類の人々の思わぬ訪問に家族が無理をして機嫌《きげん》をとっていることを「手品」に喩えている。

エ　親類がやってきて大騒ぎしながら家を荒らし掛軸を盗《ぬす》んでいくことを「手品」に喩えている。

オ　親類の訪問によってそれまで社交嫌《ぎら》いだった家族が明るくなることを「手品」に喩えている。

問4　――線3「すると、～胸をくすぐった」での少年の心情としてもっともふさわしいものを次の中から選び、記号で答えなさい。

ア　少年が愛して止《や》まない童話の主人公たちと同等の悲劇的な人物に自分を見立てることに、安らぎすら覚えている。

イ　少年が愛して止まない童話の主人公たちの成り行きを見守り、現実を忘れることで束《つか》の間の安らぎが訪れている。

ウ　少年が愛して止まない童話の主人公たちに比べ、いかに自分が恵まれているかを痛感し安らぎに満たされている。

エ　少年が愛して止まない童話の主人公たちと同じ不幸を実際に自分も味わっていることに、安らぎすら感じている。

オ　少年が愛して止まない童話の主人公たちが苦難を克服《こくふく》し、幸福を手中にする姿に励《はげ》まされ心の安らぎを得ている。

問5　――線4「妄想にちかい観念」とあるが、少年が抱いていた「妄想」とはいかなるものか。次の空らんに当てはまる漢字一字をうめる形で答えなさい。

被□妄想

問6　――線5「少年の性質」を説明したものとしてもっともふさわしいものを次の中から選び、記号で答えなさい。

ア　父親譲《ゆず》りの学者の気質を鼻にかけ、一族の人以外とは交わろうとしない非社交的な性質

イ　誰にも邪魔《じゃま》されずに物語世界に閉じ籠《こも》り、自分の現実を忘れようとする非社交的な性質

ウ　他人に対してアレルギーさながらの拒絶《きょぜつ》反応があり、内へ内へと向かう非社交的な性質

エ　病弱なために悪意ある者に立ち向かえず、物語世界に逃避《とうひ》しようとする非社交的な性質

オ　空想にふけりひたすら美的なものを追い求め、外部と関《かか》わろうとしない非社交的な性質

問7　[6] に当てはまる六字の言葉を文中からぬき出しなさい。

問8　――線6「化石したように」とは少年のどのような様子を表したものか。次の文の空らんに当てはまる三字の言葉を文中からぬき出しなさい（マスの数は字数を表す）。

少年が蜘蛛を前に□□□がとれない様子

問9　――線7「しかし、～耳を打った」での少年の心情を説明したものとしてもっともふさわしいものを次の中から選び、記号で答えなさい。

がついた。書き直すには紙の余白が足りない。少年は消しゴムを拾おうと体を動かしかけたが、しかしそれがどのような動作として教師の目に映《うつ》るかとかんがえたとき、一瞬にして奈落の底へ突き落される思いをした。そこで少年はほとんど気違《きちが》いじみたいらだちで、指に唾《つば》をつけ、間違えた何行かの数字を消しはじめた。粗悪《そあく》な紙は唾でこすられると、どす黒く汚《よご》れた。その上に無理に濃《こ》く書こうとすると、紙は三センチばかり縦《たて》に破れた。あたかも少年の狂おしい努力を嘲笑《ちょうしょう》するかのように。

悔《くや》しさと腹立ちと情けなさに、不意に涙が溢《あふ》れてきて、答案が一面にぱっとかすんだ。

かろうじて答を書きおえた瞬間、ベルが鳴った。答案が集められた。＊憑《つ》かれた表情で、少年は後ろの席の級長をふりかえった。その生徒はなかんずく算術が得意で、これまで一度も満点以外の点をもらったことがないのである。

「三番、答、なんて出た?」

「三番かい。十二本、だろ」

級長はあっさりそう答えた。

少年の顔が輝《かがや》いた。彼はその感動をどうあつかってよいかわからなかった。唾を飲むと、さっと身をひるがえして、意味もなく机のふたを音高くあけた。それから、思いだしたように通路にかがみこみ、落ちている自分の消しゴムを拾いあげた。11そして、その柔《やわ》らかい、しなやかなゴムを、二つに折れるほど乱暴にねじ曲げてみた。

（北　杜夫の文章による）

＊書生……他家に世話になって家事を手伝いながら勉学する者

＊偏愛……あるものや人だけをかたよって愛すること

＊被虐的……自分だけが心の苦しみを味わっているかのようにかんがえ自分自身に同情する状態

＊自己慰安……自分で自分をなぐさめること

＊具象化……はっきりしない状態のものを具体的なイメージに言いかえること

＊奈落……ものごとのどん底や底知れない深い場所

＊律儀……義理がたく実直なこと

＊蠢動……虫などがうごめくこと

＊憑かれた……何かにとりつかれたような

問1 [1]～[5]に当てはまる言葉を次の中から選び、記号で答えなさい（同じ記号は二度使えないものとする）。

ア 目　**イ** 身　**ウ** 口　**エ** 舌　**オ** 胸　**カ** 耳

問2 ――線1「母にあっては～印象を与えた」の説明としてもっともふさわしいものを次の中から選び、記号で答えなさい。

ア 少年は母の血を受け継いで美に恵《めぐ》まれ、童話の主人公さながらの容姿が他人の目をひいた。

イ 少年は生まれつき容姿に恵まれず、母とは似ても似つかないひねこびた印象を人に与えた。

ウ 少年は美しい母に似てはいたが、それは彼のひ弱さを強調する作用しかもたらさなかった。

エ 少年の容姿は母に似ていかにも病弱そうだったが、母のように同情を誘《さそ》うことはなかった。

オ 少年の表情には母の面かげは認められたが、母の容姿の欠点も受け継がれてしまっていた。

しく何べんも何べんも蜘蛛の屍《しかばね》を突《つ》き刺《さ》した。畳に切先《きっさき》が快くめりこむたびに、新しい恐怖と興奮が彼を鞭《むち》うった。

翌日の四時限目――答案用紙を前にした少年の態度は、目に立つほど平常と異なっていた。すぐそらしがちな臆病《おくびょう》げな瞳《ひとみ》が、なにかすてばちな意志を秘めているかのようであった。

そのとき、問題を配り終って教壇《きょうだん》のほうへ引き返しながら、担任の教師はこんなことを言った。昨日、別な学級でいやなことが起った。隣《となり》の生徒の答案を写した生徒がいてそれが露見《ろけん》した、というのである。

「みんなは、そんなことをして先生を困らせんでくれよ」

太い飴色縁《あめいろぶち》の眼鏡をかけた教師はおどけた口調でそう言い、小さな生徒たちは無心に笑った。7しかし、その教師の言葉は、おもくるしい威《い》圧《あつ》となって少年の耳を打った。彼はちらと視線をあげたが、教師の眼鏡がしらじらしく光り、まっすぐに自分を見つめているのを感じ、すぐに目を伏《ふ》せた。

「やはりそうだ。先生はぼくに注意したのだ。休んでいて問題ができるはずがないから、隣の答案を覗《のぞ》くと決めてしまっているのだ」

いじけた少年の観念は、即座《そくざ》にこんなふうに組立てられた。

問題は三題あった。はじめの二つは教科書にあったもので、少年もさして労することなく答を出すことができた。三番目が厄介《やっかい》で、まったく見知らぬ問題で、見当もつきかねた。

少年は焦《あせ》りだした。8鉛筆の尻をしきりと噛んだ。周囲から、鉛筆の走るかすかなひびきが、さざ波のように彼の耳を打つ。と、またしても9被虐的な疑惑が、少年をおし包んだ。誰一人かんがえこんでいる者なんていそうにない。おそらく彼が休んでいる間に、課外にでも習ったことのある問題なのだ。もちろんそうだ。彼一人が仲間外れになっているのだ。こうかんがえると、教師をうらむ気持ち、自己を憐《あわ》れむ気持ちが重なりあい、少年の胸を針のように刺した。

気落ちして、少年は机のうえの片手を動かした。と、答案の端《はし》にのっていた消しゴムが、生きもののように転がり、おさえる間もなく机の下に落ちた。席あいの通路をころがって、そこで止まった。少年はおそるおそる、教師の様子をうかがった。10相手は教壇《きょうだん》の上に立っていて、そのとき片手をあげて二本の指で眼鏡を直したが、度の強いレンズに反射した光が、あやまたず白々しく少年の目を射《い》た。――やはりそうであった。教師は少年を疑っていて、今か今かと彼が怪《あや》しい身ぶりをするのを待ちかまえているのだ。

湿《しめ》っぽい憤《いきどお》りが湧《わ》き上ってきて、ついでそれは昨夜、少年を襲《おそ》ったような［7］に変じた。彼は下唇《したくちびる》を噛み、汗《あせ》ばんだ掌に鉛筆を握《にぎ》りしめた。おそらくどんな生徒にせよ、このときの少年ほど全身全霊《ぜんしんぜんれい》をもって問題に没入《ぼつにゅう》することはなかったにちがいない。

まったく奇蹟《きせき》としか思われぬことに、手のつけられなかった問題が少しずつほぐれてきた。しかし、時間も迫《せま》っていた。

夢中になって最後の計算をしながら、得体《えたい》の知れぬおののきに少年は酔《よ》っていた。彼には、それと気のつかなかった能力があるのであった。教師が、全人類がいくら意地悪をしようとも、彼にはそれに打ち勝つ隠《かく》された力があるのだ。それももう一息、ほんの一息なのだ。

と、答を出す間際《まぎわ》になって、そのまえの計算を錯覚《さっかく》していることに気

こびりつき、とめどなくふくらみあがってきたのだった。黴《かび》の匂《にお》う壁に背をもたせているとき、もはや模様のわからぬ階段の絨毯を掌《てのひら》でなでながらぽつねんと坐《すわ》っているとき、ともすればその手の姿は少年の脳裏に現われてきた。ゆらめきながら夢想の奇怪《きかい》な手は、彼をつかみ、暗い*奈落《ならく》へとひきずりこもうとする。折り曲り、ふしくれた指が、長く鉤《かぎ》状にとがった爪が、どんな現実よりなまなましく官能《かんのう》におしせまった。

そんなとき、少年は拒《こば》むように [5] をちぢめ、ひくひくする口をうすくあけ、ある種の患者《かんじゃ》を思わせるほど目をきつく見ひらいた。

5少年の性質を案じたのは、父よりもむしろ彼の学習を見てくれる*律《りち》義《ぎ》一本の書生のほうであった。

少年は発熱した。二日目に検温器の水銀は四十度を示し、熱にもてあそばれた少年は、終夜うなされつづけた。「ゆび、ゆび……」というようなうわ言《ごと》が聞きとられたのである。大量の解熱剤《げねつざい》が与えられた。そのにがい散薬は彼の熱を急激にひき下げ、やつれた面に脂《あぶら》こい汗をうかばせた。それがどうかすると、目尻《めじり》からにじみでた涙のように見えた。

一週間、少年は床についていた。十日目にようやく登校したが、途方《とほう》にくれるほど学課が進んでいて、しかも翌日、苦手な算術の試験があることを告げられた。

食後、それでも少年は、自分の小部屋で教科書をひらいた。試験に悪い点をとることは、並はずれた小心さが許さない。

彼が習わないでしまった頁《ページ》には、七面倒な応用問題が並んでいた。リンゴとミカンをもらったり与えたりする問題、少年は極端に鉛筆に力をこめ、紙のうえに図解をしたり数字を並べたりした。いくつかのリンゴの絵をかき、いくつかのミカンの形をかき、そのいくつかを消したりふやしたりしながら、無意識に鉛筆の尻を噛《か》んでいた。真剣にかんがえこむとき、その顔はほとんど泣いているような表情となる。実際、なにもかも放りだしたくなる虚脱《きょだつ》感が、ややもするとおいかぶさってきた。

夜が更《ふ》けまさった。突然、障子《しょうじ》の紙に何者かのふれる音を聞いたような気がした。目をあげて、正面の障子にべったり貼《は》りついている蜘蛛《くも》を少年は認めた。いやらしいほど大きな蜘蛛である。微細《びさい》な毛を密生させた肢《あし》を八方にのばし、灰色の腹部をかすかに動かしている。

少年は青ざめた。彼はもっとも蜘蛛が厭《いと》わしかった。厭わしいどころか、見ただけで体がこわばり、悪寒《おかん》が背筋《せすじ》に伝わってくる。ひろげられた蜘蛛の肢のさまが、あの [6] の印象に通ずるものを持っていたためかも知れない。すでに少年は身動きもならなかった。魔《ま》に似たおぞましい速さで走りだすそれを想像しただけで、身動きもできなかった。

およそ一分ものあいだ、6化石したように少年は、蜘蛛の姿を見すえていた。それから、ついに絶望的な反抗《はんこう》心をふるいおこし、そっと一枚の紙をとりあげ、中腰《ちゅうごし》になって、障子のほうへ近よった。蜘蛛は肢をのばしたままじっとしている。すぐそばまで手を近づけて、少年は鼻孔《びこう》からわずかに息をした。体じゅうの皮膚がぞくぞくする。力一杯、ひと思いに紙をかぶせた。瞬間、蜘蛛は身をよじって隙間《すきま》から脱《ぬ》けだし、ぽとりと畳《たたみ》におちると、痛められた肢をひきずって走りだした。堰《せき》をきった勢いで、少年はとびついて紙でおさえた。掌に、総毛《そうけ》立つほどいやらしい*蠢動《しゅんどう》が伝わる。それを、目をつぶっておしつぶした。とびのいて、まじまじとひらいた目で汚汁《おじゅう》のにじんだ紙片を見つめた。長いこと小刻みに肩で息をした。ついで、机のうえの小刀をとりあげると、いらだた

【国　語】（六〇分）〈満点：一〇〇点〉

一　次の文章を読んで、後の問いに答えなさい。

ひとつには母の血が、ひとつには家庭の雰囲気《ふんいき》が、この少年をきわだってひ弱にさせたのであろう。

いかにももの静かだった母親から、少年は次のようなものを受け継《つ》いでいた。うすいもろい皮膚《ひふ》、たどたどしい幾分《いくぶん》ぼんやりした眼差《まなざ》し、しまりのない口もとなどを。1母にあってはむしろ魅力《みりょく》であったそれらのものが、彼に受け継がれると、なぜとなく、いじけた、ひねこびたような印象を与えた。一見、おどおどした子鼠《こねずみ》の表情を連想させた。

見かけどおりに少年は、なにかというと扁桃腺《へんとうせん》を腫《は》らして高い熱を出したが、そういう場合にも、アスピリンの服用はかたく禁じられねばならなかった。この平凡《へいぼん》な薬品ですら、彼の体《からだ》の数個所《すうかしょ》に薬疹《やくしん》の発赤《ほっせき》をうながしたからである。母親も同じようなアレルギー体質を持っていた。彼女は少年が生れるとほとんど同時にこの世を去ったが、それだけなお一層、おのが血液をただ一人の子供にそそぎこんだのかも知れない。

親しみがたい、薄《うす》暗い、几帳面《きちょうめん》に整えられた裏面《りめん》には避《さ》けがたい冷たさのしずんでいる家庭に、少年は暮《くら》していた。父と子と、父の乳母《うば》であった老婆《ろうば》、愛嬌《あいきょう》のない中年の女中、祖父と同郷の夜学に通っている*書生、都合《つごう》五人がこの家の住人であった。

ごくたまに、親類の人々が訪れるときだけ、2手品のようにこの家はにぎやかになる。彼らは掛軸《かけじく》の一幅《いっぷく》もまきあげるつもりでやってきて、申しあわせたように少年をかまい、お父さんに似て学者の相だと言ったりした。なるほど少年はたいていのとき黙《だま》りこくって目を伏《ふ》せていたもので、それでも彼は問いかけられると大急ぎで返事をする。二言《ふたこと》三言《みこと》、それも語尾《ごび》を飲みこんで［ 1 ］をつぐむたびに、いやな後味が薬品のように［ 2 ］に残った。

少年にとって最《もっと》も好ましかったのは、一人で童話のたぐいに熱中するか、さもなければ年齢相応《ねんれいそうおう》のおおまかな空想にふけっていることであった。少年はさまざまな童話の主人公のなかから、逆境にある者、虐《しいた》げられる者、苛《さいな》まれる者を選びだしては*偏愛《へんあい》した。彼らは自分の影をしっくりと受けいれてくれる容器だったからである。非常にしばしば、凍《こご》え死ぬマッチ売りの少女に、父母を失って流浪《るろう》する少年に、彼の影はあやまたず重なりあう。3すると、おかしいほど簡単に涙が両の目に溢《あふ》れ、甘ずっぱい*被虐《ひぎゃく》的な安らぎが小さな胸をくすぐった。

だが、次第《しだい》にこのゆがめられた*自己慰安《いあん》がすすむにつれ、少年はいつしか4妄想《もうそう》にちかい観念を抱《いだ》くようになっていた。そう、この世の一《いっ》切《さい》のものは、彼に悪意を持ち、機会《おり》さえあれば彼を陥《おとしい》れようと狙《ねら》っているのだ。ことさら［ 3 ］を緊《し》めつけられながら、少年がこんなふうにかんがえたのは当然の成行きであったかも知れない。二階への階段は極《きょく》端《たん》に採光《さいこう》がわるい。古びて変色した絨毯《じゅうたん》が敷《し》いてあった。その中途に腰をおろして、薄暗がりにじっと［ 4 ］を凝《こ》らしているのである。

ところで、妄想にまで固められたこの「悪意」なるものは、少年の場合、たまたまひとつの形に*具象《ぐしょう》化されていた。ずっと昔、おそらくはなにかの絵本で見たものと思われる、痩《や》せて骨ばった手の形態である。その像を少年ははっきり覚えているわけではないが、ただ何者かを追うごとく差しのべられた青黒い手の、それよりもなにか象徴《しょうちょう》的に折り曲げられた五本の指の無気味な印象が、日と共に薄らぐどころか執拗《しつよう》に頭に

ア　太輔の心の中では、キルトを作ることができるのはお母さんだけであり、お母さん以外の人が作ったキルトは認めることができないと思っていたから。

イ　太輔にとって、伯父さんに叩かれたことは心の傷になっており、キルトを作ったことが伯父さんに知られれば、また叩かれることになるという意識を持っていたから。

ウ　太輔にとって、キルトをめぐる伯母さんの仕《し》打《う》ちは心の傷になっており、キルトの存在を伯母さんにはわからないようにしなければと思いこんでいたから。

エ　太輔は、バザーでキルトが売れ、そのお金で旅行に行くことになれば、生前の両親と約束していた蛍祭りに行けなくなるような気がしていたから。

オ　バザーができなくなれば、蛍祭りに行くことができ、その間太輔にとっては少しでも伯父さんや伯母さんから逃れられるのが救いだと思ったから。

問15　――線12「約束」とあるが、その「約束」の内容はどういうことか。そのことを説明した次の一文の□を、**3**の文中のことばを用いて十五字以内でおぎなって答えなさい（句読点などの記号は字数にふくめない）。

「これからは□」という約束。

問16　C に入るのにふさわしいことばを、文中からぬき出しなさい。

問17　――線13「野菜、ちゃんと噛んで食べないで、ごめんなさい」とあるが、このことばは太輔の深い後悔《こうかい》につながっていると考えられる。それはどういうことか。次の ① に入るのにふさわしいことばを文中からぬき出し、② に入るのにふさわしい六字のことばを考えて答えなさい。（句読点などの記号は字数にふくめない）。

太輔は、自分が野菜をちゃんと噛んで食べるという、① との約束を守れなかったことが原因で、② と思っている。

問18　太輔の気持ちが大きく揺《ゆ》れていることを暗《あん》に示している三字のことばを、文中からぬき出しなさい。

二　※問題に使用された作品の著作権者が二次使用の許可を出していないため、問題を掲載しておりません。

いか。次の文が入る直前の三字を答えなさい（句読点などの記号も一字とする）。

そうだ、お母さんは右ほほにだけえくぼができる。

問8 ――線6「かちかちに力が入っていた全身から、ふっと力が抜ける」とあるが、太輔がこのような状態《じょうたい》になったのはなぜか。もっともふさわしいものを次の中から選び、記号で答えなさい。

ア 佐緒里への不信感がなくなったから。
イ 佐緒里への警戒《けいかい》心から解放されたから。
ウ 佐緒里の話し方に親しみを感じたから。
エ 佐緒里に信頼を寄せているから。
オ 佐緒里を女性として意識しているから。

問9 ――線7「心臓の周りの血液だけが、ぼこっと沸騰した気がした」とあるが、この時の太輔の気持ちを説明したものとして、もっともふさわしいものを次の中から選び、記号で答えなさい。

ア 佐緒里に責められることを覚悟《かくご》していたが、別の話だったのでほっとしている。
イ 佐緒里のことばで自分が疑われていると思い、その目の鋭《するど》さに恐《おそ》れを感じている。
ウ 佐緒里には心を許《ゆる》せないと感じ、余計《よけい》なことは言わないようにしようと思っている。
エ 佐緒里には本当のことを見抜かれていると瞬時《しゅんじ》に感じ取り、ショックを受けている。
オ 佐緒里が自分と全く同じことを考えていたことに驚くと同時に、うれしくも思っている。

問10 ――線8「だからちょっとラッキーかも」とあるが、佐緒里はどのような意味で「ラッキー」と言ったのか。もっともふさわしいものを次の中から選び、記号で答えなさい。

ア 旅行に行けなくなったから蛍祭りに行くことができるので「ラッキー」だ。
イ どのような理由であれバザーが中止になって「ラッキー」だ。
ウ 蛍祭りにも旅行にも行けなくなって「ラッキー」だ。
エ バザーで働かされるより、蛍祭りの手伝いがしたかったから「ラッキー」だ。
オ 旅行に較《くら》べるとお金のかからない蛍祭りに行けるのだから「ラッキー」だ。

問11 二つの［B］に共通して入るのにふさわしいことばを、3の文中から二字でぬき出しなさい。

問12 ――線9「見えない何か」とあるが、これはどういうことか。これを説明した次の一文の［　］に入るのにふさわしいことばを文中から七字でぬき出しなさい（句読点などの記号も一字とする）。

太輔が、自分のしたことを佐緒里に［　　］のではないかと思っていること。

問13 ――線10「バレた」とあるが、太輔が自分のしたことに対するうしろめたさが表れている二十一字の一文を、1の文中からぬき出し、そのはじめの五字を答えなさい（句読点などの記号も一字とする）。

問14 ――線11「こんなこと」とあるが、太輔が、「こんなこと」をした理由としてふさわしくないものをあとの中から一つ選び、記号で答えなさい。

ウ　太ももをつねることで、あふれそうになる怒りを押しとどめている。

エ　太ももをつねることで自分の心の痛みを紛《まぎ》らわそうとしている。

オ　太ももをつねって苦痛の表情を示すことで、事の深刻さを受け止めようとしている。

問2　――線2「あくびを噛み殺している」とあるが、これはどのような気持ちを表したものか。もっともふさわしいものを次の中から選び、記号で答えなさい。

ア　自分たちにとっても気分の悪い事件に巻き込まれることになり、腹を立てている。

イ　自分には関係のない事件が起きたので、できるだけ関わりを避《さ》けようとしている。

ウ　自分には関係のない事件が起きた場所に居合わせて、居心地の悪さを我慢《がまん》している。

エ　自分たちにとっても腹立たしい事件が起こり、何としても犯人を見つけようと考えている。

オ　自分に事件の疑いがかからないように、努めて平静をよそおっている。

問3　――線3「お母さん、お父さん、と、呼ぶことができなかった」とあるが、これはなぜか。その理由を述べた次の一文の□に入るのにもっともふさわしい、ひと続きのことばを文中から五字以上十字以内でぬき出しなさい（句読点などの記号は字数にふくめない）。

　太輔にとっては、伯父や伯母は、□としか考えられなかったから。

問4　――線4「暗いやつ」とあるが、伯父さんはなぜ太輔をそのように言うのか。もっともふさわしいものを次の中から選び、記号で答えなさい。

ア　太輔が、自分がすすめた少年野球チームに入りたくないと言ったことで、太輔とはなじめないと思い、この先太輔とともに親子として暮らしていくのは無理だと思ったから。

イ　太輔が、自分がすすめた少年野球チームに入りたくないと言ったばかりか、叩いても何も反応《はんのう》しないので、周囲の誰にも心を開かない子どもだと思ったから。

ウ　太輔が、自分がすすめた少年野球チームに全く興味《きょうみ》を持たなかったことと、自分たちを父母と認《みと》めようとしない態度から、引き取ったのにばかにされたと思い、腹が立ったから。

エ　太輔が、自分がすすめた少年野球チームに入りたくないと言い、また自分たちを父母とも呼んでもらえないことを、伯父や伯母として恥《は》ずかしく思ったから。

オ　太輔が、自分がすすめた少年野球チームに入りたくないと言ったことで、期待に反して活動的な子どもではなく、自分たちには溶け込もうとしていないと思ったから。

問5　二つの［A］に共通して入るのにふさわしい三字のことばを、文中からぬき出しなさい。

問6　――線5「二人がいなくなる直前の記憶」とあるが、「記憶」の始まりはどこからか。そのはじめの三字を答えなさい（句読点などの記号も一字とする）。

問7　2の文中から、次の一文がぬけている。どこに入るのがふさわし

たら伯母さんにも伯父さんにも叩かれるしずっとずっと叩かれるし、隠さなきゃって、キルトだってわからないようにしなきゃって」

「太輔くん」

「それに、旅行に行ったら、お母さんとお父さんと約束してた蛍祭りに行けなくなるし」

「太輔くん」

たいすけ、という自分の名前の音の響《ひび》きが、佐緒里のてのひらの熱に包まれた。いつのまにか佐緒里は、太輔の頭を撫《な》でてくれていた。

「大丈夫、大丈夫」

大丈夫なわけないと思った。悪いことをしたら、お父さんは怖《こわ》い顔をして怒《おこ》った。お母さんは、小指をピンと突《つ》き出した。もうしないって約束して、と、太輔に向かって小指を伸ばした。

でも、お父さんもお母さんも、太輔のことを絶対に叩かなかった。

「だけど、もう二度と11こんなことはしちゃダメだよ。みんなが作ったものを壊《こわ》すのは、絶対にダメ」

だから、と、佐緒里のてのひらが頭を離れる。

「もうしないって、12約束して」

目の前にあったふたつの膝の間に、佐緒里の細い [C] が入りこんできた。

太輔は今日から野菜をちゃんと噛んで食べます。ハイ、約束ね。

「……ごめんなさい」

ん？　と、佐緒里が声を漏《も》らす。

「13野菜、ちゃんと噛んで食べないで、ごめんなさい。よく噛んで食べるから、もうお茶で流さないから」

大きな蝉の声は、大雨の音に似ている。

「おれが約束やぶったから、お母さんもお父さんも、帰ってこなかったんでしょ？　もう約束やぶらないから。ぜったいに守るから」

太輔は目に力を込める。

「一緒に、蛍祭り行こうね」

この人の前で、泣きたくない。

「家族がいないと参加できないなんて、そんなわけないよ」

約束ね、という佐緒里の声が、お母さんの声と混《ま》ざって、頭の中で溶《と》けた。

（朝井リョウ『世界地図の下書き』による）

＊キルト……二枚の布の間に綿や羽毛などを入れ、模様などを刺《さ》し縫《ぬ》いにしたもの

＊みこちゃん……佐緒里たちの班の面倒を見るボランティアの女性

＊蛍祭り……太輔たちの住む町で、夏に行われる祭り

＊佐緒里……「青葉おひさまの家」の子で、中学三年生。太輔たちの班のリーダー

＊淳也……太輔の小学校の同級生。太輔と同じ施設で暮らしている

＊長谷川……太輔の小学校の同級生。淳也をいじめている

＊願いとばし……蛍祭りで、紙で作った提灯《ちょうちん》を願いごとと一緒に飛ばす行事

問1　――線1「太輔は太ももをつねる」とあるが、「太ももをつねる」という行動の意味として、もっともふさわしいものを次の中から選び、記号で答えなさい。

ア　太ももをつねることで心にためている不満を押し隠している。

イ　太ももをつねることで、気まずい場の雰囲気《ふんいき》を忘れようとしている。

で、太輔はここに来てから一日おきに同じTシャツを着ている。胸のあたりでは、あるアニメの主人公が剣《けん》を手にして笑っている。

うん、と、声は出さずに頷く。

「私もそれ好き」

小さな虫が、土や草の上を飛んだり跳《は》ねたりしている。蟬の鳴き声がうるさい。

「旅行、なくなっちゃったね」

7心臓の周りの血液だけが、ぼこっと沸騰《ふっとう》した気がした。

また、体じゅうに力が入る。気づかれている。気づかれていない。気づかれている、の方向に、意識《いしき》のかたまりがごそっと動く。

「私、蛍祭り行きたかったんだ。8だからちょっとラッキーかも」

ラッキーなんて言っちゃダメか、と、佐緒里が少し笑った。

「……おれも、蛍祭り、行ってみたい」

勇気を出して声を振《ふ》り絞《しぼ》る。

「ほんと？」佐緒里は声を高くした。「じゃあ、一緒に行こう？ 私、屋台とか大好きなんだ」

行きたい、と言いかけて、喉《のど》がぎゅっと締《し》まった。

「でも、 B がいないと、蛍祭り、参加できないんだって」

「……誰がそんなこと言ってたの？」

佐緒里は、腰を少し動かして、その場に座り直す。

「クラスのみんな。あと、*淳也《じゅんや》も」

*長谷川《はせがわ》たちはことあるごとに、淳也を傷つけようとした。蛍祭りの話になったときは、お前たちは行く資格がない、と言ってきた。*願いとばしは B でやるものなんだから、と言いながら、長谷川は教室のロッカーの上であぐらをかいていた。

淳也は、クラスメイトに何か言われるたびに、ちらりと太輔のほうを見て申し訳なさそうに眉《まゆ》を下げる。自分が浴びせられた言葉で、間接的に、太輔も傷ついていると思ったのかもしれない。

「本当にごめんね、またよろしくね」みこちゃんの声が玄関のほうから聞こえてきた。やることがなくなってしまった手芸クラブの子たちが帰っていく。他にも、バザーがあると思って「青葉おひさまの家」を訪れた人々に、大人たちが謝っている声が聞こえる。

大丈夫《だいじょうぶ》だ、絶対に誰にも見られていなかったはずだ。なのに、9見えない何かが、すぐそこまで迫《せま》ってきているような気がする。

「……太輔くんの A 、すごくかわいいよね」

膝《ひざ》のうらを、汗が一筋伝っていく。ぼろぼろのスニーカーの周りを小さな蟻《あり》が忙しく歩き回っている。

顔がどんどん下に向いていく。首筋が太陽に焼かれる。

もうダメだ。

「太輔くんのお母さん、キルト作るの上手だったんだね」

10バレた。

「だって」

太輔は両腕でぎゅっと足を引き寄せた。

「だって、キルト作れるのは、お母さんだけなんだもん」

靴底《くつぞこ》と砂《すな》が擦れて、周りをちょろちょろと動いていた蟻たちが離《はな》れていく。

「キルトは、お母さんが作らないとダメで、だけど、キルトが見つかっ

できるのだ。作品は大きいから、こうやってみんなで手伝わないと全体をきれいに撮《と》ることができない。

「なんか今回、今までのとちがう？」

表側を覗《のぞ》き込みながら太輔は言う。どれどれ、とお父さんも覗き込む。「だからお父さん顔入っちゃってんだって！」

これまでのキルトは、どちらかというと女の子が好きそうな感じだった。ピンクと赤のハートだったり、水色の模様《もよう》だったり。だけどこのときは、ベースの色が藍《あい》色のような暗い色で、ぽつぽつと黄色や白がちりばめられていた。夜空のようにも見えるけれど、それにしては明るくてやさしい。

思い出す。思い出す。

「今回はね、ちょっと変えてみたんだ」

さすが太輔は気づくねえ、とお母さんが笑い、お父さんが少しスネる。

「ほら、＊蛍《ほたる》祭り。なんだかんだ今まで行けてないでしょう。今年は一《いっ》緒《しょ》に行けますようにっていう、お願いも込めてね」

申し訳なさそうに「仕事がなかなか……」と俯《うつむ》くお父さんに、わかってるって、と笑いかけている。

5二人がいなくなる直前の記憶。磨《す》り減《へ》りそうになるたびに、無理やり思い出して、もう一度塗《ぬ》り固めていく。

「ハイそのままキープキープ、じゃあ撮るよ」

思い出す。声を、会話を、温度を、あの家を、表情を、話し方を、目を、指を、ひとつも残《のこ》さず、必死に。

シャッターが押《お》されるその瞬間《しゅんかん》、太輔はぎゅっと目を瞑《つむ》った。

「ちょっと太輔、こんな明るい部屋でフラッシュたくわけないでしょ」

ぎゅって顔しかめてたよいま、と、お父さんに向かって笑いかけるお母さんの横顔。

新しいことを思い出せたときには、ぽとりと涙《なみだ》が出た。伯父さんに叩かれた場所が余計《よけい》に痛む気がして、涙が出た。

3

「……三年くらい前まではね、この小屋でチャボ飼ってたんだって。太輔くん、チャボ、知ってる？」

おでこを腕に載《の》せて体操座《たいそうずわ》りをしていたから、＊佐緒里《さおり》がすぐそばにいることに全く気がつかなかった。

「小型のにわとり。けっこう大きいよね、この小屋」

雑草が生え放題の小屋を見ながら、佐緒里が「卵《たまご》産むから、たまにみんなでオムレツとか作って食べてたんだって」とつぶやいた。

「太輔くん、私のこと嫌い？」

太輔は思わず顔を上げた。無言のまま首を横に振《ふ》る。

「じゃあ、ここ、いい？」

一度、太輔は短く頷《うなず》いた。佐緒里が隣《となり》に腰《こし》を下ろしたことで、6かちかちに力が入っていた全身から、ふっと力が抜《ぬ》ける。おしりがちゃんと地面に落ち、背中と壁《かべ》が触《ふ》れる面積が広くなった。おしりは土で、背中は壁の粉《こな》で汚れているだろうけど、そんなことはどうでもいい。

「太輔くん、そのアニメ好きなの？」

佐緒里が、太輔の胸のあたりを指さした。

「いつもそのTシャツ着てるから。お気に入りなのかなって」

服をあまり持ってこなかったのと、それがお気に入りだという理由

太輔を引き取ったお父さんの兄夫婦は、子どもがいなかった。新しい家はもともと住んでいた町から車で四十分ほどのところにあったので、小学校も転校することになった。はじめはふたりとも、とてもやさしかった。まるで初孫《はつまご》みたい、と伯母さんは特に喜《よろこ》んでくれた。だけど太輔にとって、会ったこともないようなその親戚《しんせき》はどうしたって他人だった。お母さんはお母さんを呼ぶための言葉だし、お父さんはお父さんを呼ぶための言葉だった。他の誰も、その名前で呼んではいけないと思った。

だけどふたりは、特に伯母さんは、自分をお母さんと呼ぶことを強要《きょうよう》してきた。毎日、毎日。

引き取られるその日、太輔は、お父さんに買ってもらった黒いランドセルの中にお母さんの作ったキルトをできるだけたくさん押《お》し込んだ。やわらかいキルトはすぐにふわりと膨《ふく》らんでしまうので、詰《つ》め込むのにとても時間がかかった。やがて玄関《げんかん》のドアが開く音がした。伯母さんが迎《むか》えに来たのだ。太輔は急いだ。

最後に詰め込んだひとつは、青と水色のチェックの [A] だった。

お母さんは、よくキルトを作っていた。たまに家に人を呼んで、教室のようなこともしていた。コンクールで賞をもらって、大きなホールに作品が展示されていたこともあった。

お母さんはキルトを作るとき、まず布をばさっとはためかせる。そのときに起こる風のにおいが太輔は大好きだった。

伯母さんと伯父さんは、太輔の前で絶対に肉親の話をしなかった。それは、太輔の心を傷つけないようにという配慮《はいりょ》ではなく、はじめから話題にしようとしていないのだった。まるで太輔の両親などいなかったかのように振《ふ》る舞《ま》いながら、自分たちをお母さんと、お父さんと思わせようと、とにかく必死だった。

この人たちに見つかってはいけない。そう思った太輔は、たたみと布《ふ》団《とん》の間にキルトを隠《かく》した。伯母さんが布団をたたんで見つけてしまうなんて、そんなことそのときは考えられなかった。

キルトを布団の下に敷《し》いて寝《ね》ると、お母さんとお父さんの夢《ゆめ》をよく見た。

ある日、布団の下からキルトを見つけた伯母さんは、お母さんにまつわるものを全《すべ》て処分した。

「こういうものがあるから、太輔は私のことお母さんって呼んでくれないのよ」写真も、キルトも全て捨《す》てられた。ランドセルの中に隠していた給食袋は、見つからなかった。

それからは、いままでみたいに夢を見られなくなった。枕《まくら》の下に給食袋を敷いてみたけれど、それでも夢は見られなかった。だから太輔は、必死に思い出した。叩かれたところが痛むときは、自分の太ももをつねってその痛みを散《ち》らそうとした。

「ほら、太輔とお父さん、そっちとそっち持って」

お母さんのことはいつも、声から思い出される。

「こう？」

お父さんとふたりであたふたしていると、カメラを抱《かか》えたお母さんが、冷静に指示してくるのだ。いつもそうだった。「太輔、腕《うで》ぴーんて伸《の》ばして、低いから、そう、あー、お父さん入ってる。別にお父さんは入んなくていいから」コンクールの一次審査《しんさ》は写真のみ、二次審査に進んで初めて現物を見てもらえる。それを通過してやっとコンクールに出品

【国　語】（六〇分）〈満点：一〇〇点〉

一　次の文章を読んで、後の問いに答えなさい（1～3は問いの都合《つごう》でつけた番号で、物語のまとまりを示したものである。また、省略《しょうりゃく》した部分がある）。

交通事故で両親を一度に失い、引き取られた伯父《おじ》夫婦の家でも心ない扱《あつか》いを受けた小学校三年生の太輔《たいすけ》は、福祉施設《ふくししせつ》「青葉《あおば》おひさまの家」で暮らすことになった。

「青葉おひさまの家」でバザーが行われることになっていた夏休みのある日、商品にするはずだった＊キルトが誰《だれ》かの手によってだいなしにされているのが見つかったため、バザーは中止になり、その売り上げで行くことになっていた旅行も取りやめとなった。

1

「……こんなこと、青葉の家に来てから初《はじ》めてだよ。私はみんなの先生じゃないし、正直、なんて言っていいのかわからないけど」

＊みこちゃんはちらりと、食堂の隅《すみ》のテーブルを見る。そこには、昨日まではかわいいキルトグッズだった布《ぬの》が山となっている。縫《ぬ》い目がちぎられてしまっていたり、どこかがはさみで切られていたりして、もうグッズとしては使えない。こんなものを売るわけにはいかない。

1太輔は太ももをつねる。

「もし、正直に申し出てくれるなら、その子は、私のところに来てほしい。そして理由を聞かせてほしい。もちろん今じゃなくていいよ。誰がやっているのを見ました、とかじゃなくて、自分がやりました、って、その子だけ言ってくれればそれでいいから」

手芸《しゅげい》クラブのうちのひとりが、2あくびを噛《か》み殺している。

「今日はもう、バザーは中止です。みんな、部屋に戻《もど》ってください」

みこちゃんのその言葉が合図となって、ぱらぱらと子どもたちが席を立ち始めた。太輔はひとりで建物の外へと出た。

じーじーじーと耳元で鳴《な》いているような蝉《せみ》の声を掻《か》きわけて歩く。裏《うら》庭《にわ》を掃除《そうじ》していたときに見つけた、もう誰にも使われていない小屋を目指す。

夏の朝は、もう昼間と同じだ。どこかに隠《かく》れようとしても、全身をぴっかぴかに照《て》らされてしまう。むきだしのふくらはぎに雑草《ざっそう》が擦《こす》れてくすぐったい。背中を覆《おお》うTシャツの布に、じっとりと汗《あせ》が染み込《こ》んでいく。誰もいない空っぽの小屋のそば、しゃがみこんだ太輔は頭を下げて背中を丸める。自分のことをできるだけ小さくしようとする。

2

3お母さん、お父さん、と、呼ぶことができなかった。そうして日々を過ごしていくうちに、伯母《おば》さんは目を合わせてくれなくなり、伯父さんは体を叩《たた》いてくるようになった。

「4暗いやつは嫌《きら》いなんだ」

伯父さんにすすめられた少年野球チームに入りたくないと言ったときは、そんな言葉の中、テレビのリモコンで背中を叩かれ続けた。「何か言え」そう言われたから、痛い、と言った。すると、「うるさい」ともっともっと叩かれた。

び、記号で答えなさい。

ア　困難に向き合ったときに新たな力を発揮《はっき》する脳の役割を考えることによって、生きている限りは「挑戦」を続けなければならないという人間の本質を確認している。

イ　人間の脳が生きている限り「挑戦」を続けてしまうということの恐ろしさと緊張を身にしみて感じ、人間の生きる意味を改めて問うている。

ウ　生死を左右するような「挑戦」に駆《か》り立てられてしまうことさえも脳がコントロールしているため、人間存在の不安定さを感じている。

エ　「挑戦」せずにはいられない人間の脳の働きを実感し、幼い時からの様々な「挑戦」が今の自分を作り出してくれたことに感謝している。

オ　誰もがあえて危険を求めてしまうのは、人間の脳のシステムに「挑戦」が組み込まれているということなのだと、改めて感動している。

問14　本文の中で、「挑戦」することによって何を得られると筆者は考えているか。それを説明した次の文章の［A］～［D］に入ることばを、指定の字数で文中からぬき出しなさい（句読点などの記号も一字とする）。

　挑戦するということは、［A　**五字**］に臨むことである。成功した場合は、［B　**十一字**］を得るとができる。

　筆者は大人になた現在、［C　**四字**］を研究のテーマとして取り組んでいる。その研究を続ける中で、かつて三重回しができた時のように、［D　**四字**］が変わり、世界の見え方が変わるという劇的な体験を得られると考え、またそのことを楽しみにしているのである。

問15　本文の内容と合うものを次の中からすべて選び、記号で答えなさい。

ア　挑戦することによって、脳の機能が固定化される。

イ　挑戦を続けることによって、人間の感受性は豊かになる。

ウ　挑戦することの目的は、脳を鍛え活性化させることである。

エ　挑戦という考え方によって、人々を平等に見ることができるようになる。

オ　挑戦について考えるときには、日常における些細なものにも目を向けるべきである。

で文中からぬき出しなさい。
[A 六字] ということが、人間の [B 四字] であるということ。

問8 ——線4「脳回路の機能」を説明した一文を——線4より後の部分からぬき出し、その最初の五字を答えなさい（句読点などの記号も一字とする）。

問9 ——線5「そのようなコンセプト・ワークに成功すれば、受験や就職といった人生の局面で『失敗』し、打ちひしがれ、無力感にとらわれている人も勇気付けられるだろう」とはどういうことか。その説明としてもっともふさわしいものを次の中から選び、記号で答えなさい。

ア 人生のあらゆる場面は「挑戦」の連続であるから、「失敗」さえも次なる「挑戦」のための通過点に過ぎないということ。
イ 人間には「挑戦」するということを重要視する傾向《けいこう》があるので、他のあらゆる出来事は、尊い思い出に変わるということ。
ウ 人生の中心に「挑戦」をおくことで、「失敗」がさほど重要なものではなくなり、意識しなくてもすむようになるということ。
エ 自分の素直な気持ちに従って「挑戦」し続けると、強さと優しさが伴うようになり、「失敗」で落ち込まなくなるということ。
オ 人生の重要場面において「挑戦」することによって後悔がなくなるので、「失敗」しても必ず乗り越えられる力がつくということ。

問10 ——線6「ことを」がかかる部分を次の中から選び、記号で答えなさい。

ア あり方を　イ 考える　ウ 中心的概念として
エ 立てる　オ 必要性を　カ 感じる

問11 [3] に入ることばとしてもっともふさわしいものを次の中から選び、記号で答えなさい。

ア 主観的　イ 統一的
ウ 効率的　エ 一面的
オ 合理的

問12 ——線7「日本の沈滞と関係している」のはなぜか。その理由としてもっともふさわしいものを次の中から選び、記号で答えなさい。

ア 人間社会の問題は脳の問題だけではないのに、脳の機能の在り方だけが大切である、というような論調は、表面的なものの見方を生んで、人々を間違った方向に導くから。
イ 人間の脳の機能を固定的にしか評価しないことは、挑戦における脳の普遍的な活動が生み出す多様な可能性を否定《ひてい》することであり、社会が力を失ってしまうから。
ウ 脳の機能に関して間違っていることが世間の常識となることで、それに気付いた人々のやる気がそがれてしまい、何を目標として良いかわからなくなるから。
エ 脳の機能を画一的にしか論じないことは、必ずそれに対する反発を生み、対立関係が生み出されてしまい、日本全体の活動が停滞《ていたい》してしまうから。
オ 脳を「鍛える」ということに夢中になってしまうと、人々が脳を使い過ぎて疲れてしまい、社会全体に活力が無くなるから。

問13 ——線8「私の心の中には、小学生のときに机の横に貼っていた、あの山岳写真の峻険で冷え冷えとした、気持ちが引き締まるような風景がよみがえってくるのだ」から読み取れることを次の中から二つ選

ウ 楽しく、自由にふるまうこと

エ 気持ちをふるい立たせること

(2)「通底」

ア 情報がもれてしまうこと

イ 本質がなかなか見えないこと

ウ 他と共通性を持っていること

エ どうしても行動を起こせないこと

(3)「営為」

ア 未知《みち》のことに真剣に取り組む心情

イ 皆が嫌がることを喜んでやること

ウ 相手先に商品を売ろうとすること

エ 人間が日々おこなう、仕事や生活

問4 ——線**1**「私は、自分の机の横に冬山の峻険な頂の写真を貼っていた」とあるが、なぜだと考えられるか。その理由としてもっともふさわしいものを次の中から選び、記号で答えなさい。

ア 危険の中でも強がって見せている男たちのたくましさが好ましかったから。

イ 山の魅力《みりょく》の不思議さを感じ、いつか登りたいという気持ちが出てきていたから。

ウ 大きな成功の喜びにひたっている男たちの姿に、自分を重ね合わせていたから。

エ 生命の危険がすぐそばにあっても、挑むことを楽しんでいる様子にひかれたから。

オ 普通の人にはできないことを実行し、最後には成功した男たちの姿にあこがれたから。

問5 【**1**】に入る次の**ア**～**エ**を正しい順番に並べなさい。

ア あまりに痛くて、しばらくそのあたりを跳び回ったこともあった。

イ 縄が片足を通り過ぎてかかったり、踏んづけてしまったりするようになったのである。

ウ そのころは半ズボンだったから、縄が当たると、猛烈《もうれつ》な苦痛が走る。

エ それでも、やめない。そのうち、どうやら事態が改善し始めた。

問6 ——線**2**「もちろん同列には論じられない」とはどういうことか。その説明としてもっともふさわしいものを次の中から選び、記号で答えなさい。

ア 世界で一番と、仲間内の一番では水準が完全に異なっているということ。

イ 異なる競技を同じ挑戦という観点から考えることはできないということ。

ウ 専門的な訓練を受けていない子どもの遊びは、挑戦のうちに入らないということ。

エ 大人数で一度に行う競技と、たった一人で記録に挑戦する競技は違うということ。

オ 努力をしてきた人と、単に思い付きでやっている人とでは比べられないということ。

問7 ——線**3**「『挑戦する脳』である人間の芯」とはどういうことか。それを説明した次の文の A ・ B に入ることばを、指定の字数

た。新たな技術を生み出し、文化の深層《しんそう》を掘《ほ》り起こしてきた。人間とは、挑戦し続ける存在である。挑戦することこそが、人間の存在理由。挑戦することをやめてしまったら、人間は人間以外の何ものかになってしまうことだろう。

探求を続ける中で今、「挑戦」という6ことを人間の脳のあり方を考える上での中心的＊7概念《がいねん》として立てることの必要性を感じる。とりわけ、一見関係のないように見える異なる局面における脳の働きを、「挑戦」という視点から統一的に見たい、そのように強く思う。

アルベルト・アインシュタインが相対性理論を生み出そうと、未知の概念空間の中で苦闘する。小学生が、三重回しを成功させようと、縄を足にぶつけながら飽《あ》かずに何度も繰り返す。視覚なしに生活する人が、聴覚《ちょうかく》や触覚《しょっかく》や、その他の感覚を総動員して、かえって視覚に頼《たよ》っている人には気付きにくいことに出会う。病気や事故などでハンディキャップを負ってしまった人が、懸命にリハビリに取り組む。

創造性の科学と、スポーツ。リハビリテーション。ハンディキャップ。今まで私たちが勝手にそれぞれ異なる＊8カテゴリーに属すると分類してきた人間の営みが、[3]に、豊かな結び付きの中に把握《はあく》される。そのような道筋が見えてきている。そのようにして人間の営みの意義、脳の働きの素晴らしさを把握することで、私たちは脳についてもっと自由な視点を手に入れることができるのではないかと思う。

昨今の日本のメディアの中での「脳」の論じられ方は、あまりにも機械的であった。すでに脳はある一定の「機能」があって、脳を「鍛える」とは、そのような定まった「機能」を表す数値を改善することであるというような、割り切った論が流行してきた。そのような文脈にとらわれてしまっていること③ジタイが、7日本の沈滞と関係している。

脳が成長するとは、もっと劇的な現象である。今まで通らなかった縄が足の下を通っていく三重回しの成功の瞬間のように、自分自身の身体感覚が変わるのである。新しい自分になる。世界の見え方が一新される。そのような「挑戦」を続ける存在としての人間の脳をとらえなおそうとするとき、8私の心の中には、小学生のときに机の横に貼っていた、あの山岳写真の峻険で冷え冷えとした、気持ちが引き締《し》まるような風景がよみがえってくるのだ。

（茂木健一郎『挑戦する脳』より）

＊1　普遍的なダイナミクス……すべての人間に共通する活動力
＊2　ブレイクスルー……困難などを打ち破ること
＊3　グランド・チャレンジ……大きな挑戦
＊4　フィードバック……結果を元に、原因についてよく考えること
＊5　アップデート……新しくしていくこと
＊6　コンセプト・ワーク……ある考え方を根付かせること
＊7　概念……考え方
＊8　カテゴリー……種類

問1　――線①「セイリョク」、②「カテイ」、③「ジタイ」のカタカナを漢字に直しなさい。

問2　[2]に入る漢字一字を答え、慣用句を完成させなさい。

問3　――線(1)「鼓舞」、(2)「通底」、(3)「営為」の意味としてもっともふさわしいものを次の**ア**～**エ**から選び、それぞれ記号で答えなさい。

(1)「鼓舞」

ア　大きな声を出して、歌うこと

イ　力を加えて、変化させること

うに鮮明《せんめい》に残っている。私たちは、今はもうなくなってしまった小学校の木造校舎の、下駄箱《げたばこ》の土間で練習をしていたのだった。男の子が数人。女の子も数人。私が三重回しに成功した瞬間を目撃《もくげき》した子は、残念ながらいなかった。私自身と、（もしいらっしゃるならば）「神」だけが目撃者だった。「三重回しできたよ！」と友だちに言ってまわった。「すごい！」と一緒《いっしょ》に喜んでくれる子もいれば、「そうかあ」と曖昧《あいまい》な顔をして笑っている子もいた。けれども、皆《みな》一様に、「自分も三重回しをやりたい」と刺激《しげき》をうけていた。

人間の中には、自分ができないことに挑戦したいという押《お》さえがたい本能のようなものがある。子供時代を振《ふ》り返ってもそう思う。だからこそ、作家は今まで誰《だれ》も書いたことのない小説をものにしようと苦闘《くとう》するし、冒険家は未踏峰《みとうほう》の征服《せいふく》を目指す。科学者は未知の自然法則を解明しようと①セイリョクを傾け、政治家は困難な政策課題を解きほぐすことに野望を抱《いだ》く。

もちろん、挑戦には、さまざまなレベルがある。一〇〇メートル走で世界記録を出そうと試みているアスリートと、三重回しで四苦八苦している小学生の挑戦は、2もちろん同列には論じられない。その一方で、挑戦には、それがどの成長のどの②カテイで訪れるにせよ、共通の性質もある。そうして、その共通の性質を見きわめることが、3「挑戦する脳」である人間の芯《しん》をとらえる上で大切となる。

挑戦して達成したときの喜びは、どのようなレベルでそれが行われているかということと無関係である。私の中には、遠き日、小学校の下駄箱の横で三重回しに挑戦していて、ついに縄が自分の足下を通っていった瞬間の、跳び上がるような達成感の記憶がある。あの瞬間の、異界に通じたような、何とも言えない高揚《こうよう》は忘れることができない。

挑戦するという姿勢において、人間の精神には＊1普遍的《ふへんてき》なダイナミクスがある。それを支える4脳回路の機能がある。今後、ライフワークである心脳問題を解明しようという私の努力の中で、何らかの＊2ブレイクスルーが起こるとしたら、そのときの爽快《そうかい》感、喜びは、三重回しに初めて成功して、足の下を縄が猛スピードで通過していったあの日の経験と(2)通底するものだろう。その感覚が訪れることを楽しみに、私は(3)営為《えいい》を重ねている。

挑戦というものが、人生のいろいろな様相の中で、かたちを変え、文脈を異にして繰《く》り返し現れるものであろうということ。そのことを正しく見きわめることが大切である。絵に描いたような「＊3グランド・チャレンジ」だけでなく、自分の人生におけるほんの些細《ささい》な「挑戦」をも正当に評価すること。自分の身体を動かし、感覚の＊4フィードバックを受け取り、そうして脳の神経系の結合パターンを＊5アップデートしていく。そのような学習の普遍的なプロセスにおいて、「挑戦」が持つゆるやかで豊穣《ほうじょう》な意味合いを手放してはいけない。

人生の真ん中に、「挑戦」を置く。5そのような＊6コンセプト・ワークに成功すれば、受験や就職といった人生の局面で「失敗」し、打ちひしがれ、無力感にとらわれている人も勇気付けられるだろう。「失われた十年」が「失われた二十年」となり、すっかり沈滞《ちんたい》してしまっているようにも見えるわが日本にも、新たな「挑戦」の様相が見えてくるだろう。

何よりも、「挑戦する」ということが、すべての動物の中でもとりわけ人間の脳において果たしている大切な役割を見きわめることが必要である。未知の領域に挑戦してきたからこそ、人類は文明を築き上げてき

ウ 自分の中の底知れぬ深い悲しみに改めて気づかされた。
エ 人の気持ちを考えていない相手に強いいらだちを感じた。
オ 気分を変えることができない自分自身に失望した。

問17 **2** に入ることばとしてもっともふさわしいものを次の中から選び、記号で答えなさい。

ア 老人の前でだまされたふりをしている
イ 老人に新しいペットをすすめられた
ウ 老人にリンの死因をかくしている
エ 老人に自分の境遇を打ち明けた
オ 老人にうそをついている

二 次の文章を読んで、後の問いに答えなさい。

小学校五年生のとき、1私は、自分の机の横に冬山の峻険《しゅんけん》な頂の写真を貼《は》っていた。

何かのきっかけで手に入れた山岳《さんがく》カレンダーの、ある月の写真だったのではないかと思う。晴れ渡った青空に向かって、鋭《するど》く突き出した山塊《さんかい》がある。その斜面《しゃめん》の上に、登山服に身を包んだ二人の男が立っている。男たちの表情には「余裕《よゆう》」がある。サングラスをかけて、白い歯を見せて笑っていたのではないかと思う。

少しでも油断をすれば滑《すべ》り落ちてしまいそうな、そんな急な氷雪の傾《かたむ》き。生命の危険が、すぐ足もとにある。それでも、男たちは笑っていた。まるで、自分たちがそのような冒険《ぼうけん》の真っ只中《ただなか》にいるということを気にもかけないかのように歯を見せていた。

あのころ私がそのような写真を熱心に眺《なが》めていたのは、「挑戦《ちょうせん》」という考えにあこがれ、とりつかれていたからだろう。雪山の写真に向き合っては、自分を(1)鼓舞《こぶ》していたのである。

ものごころついたころから、「挑戦」することが好きだった。蝶《ちょう》を採り始めてしばらく経ったころ、家の近くの神社の森に一週間通いつめて、ようやくの思いですばやく飛ぶゴマダラチョウを捕《つか》まえた。小学校に上がってすぐに挑戦したことの一つは、「なわとび」だった。二重回しを何回できるか、友人たちと競い合ったのである。

最初は、そもそも二重回しが一回もできない。どうしても、二回目で縄《なわ》が足に引っかかってしまう。小学一年生には腕力《わんりょく》がないし、縄をそんなに早く回せはしない。それに、高く跳《と》び上がることもできないから、縄が足にひっかかってしまうのも仕方がない。それでも続けているうちに、ようやく跳べるようになった。一生懸命《けんめい》練習して、二重回しは一〇〇回以上できるようになった。

続いて、三重回しに挑戦した。こちらは、さらに難しかった。二回足を通すのに比べて、単純計算で一・五倍速く回さないと間に合わない。思い切りジャンプして、力をぐんと入れるが、どうしてもうまくいかない。何て、落ちるときには足を縮《ちぢ》めたりしたが、それでもうまくいかない。何しろ、猛《もう》スピードで回している。縄が足に当たると、痛い。練習していたのは、真冬だったと記憶《きおく》している。【 1 】

ようやくのこと、三重回しができた瞬間《しゅんかん》のことは、忘れられない。すーっと、嘘《うそ》のようにスムーズに縄が足の下を通っていった。ドスンと尻餅《しりもち》をついたが、この上なくうれしかった。まさに、**2** にも昇《のぼ》るような気持ちだった。

そのときの私たちを取り囲む「映像」は、まるで映画でも観《み》ているよ

問10　――線5「悲しい気持ちになった」のはなぜか。その理由としてもっともふさわしいものを次の中から選び、記号で答えなさい。

ア　ネオンの美しい光に対して、どうしてものがれられないいきずなを感じたから。

イ　予想もしないことに遭遇《そうぐう》し、つらい出来事が思い出されてしまったから。

ウ　見てはならない名前を偶然に目にして、自分の責任を改めて感じたから。

エ　見たくなかった文字が目に入り、世間の冷たさが身に染みたから。

オ　予期しないことに驚きあきれ、運命のいたずらに心がいたんだから。

問11　――線6「いえ、そうじゃないんです」の「そう」が指し示す内容を、解答らんの「こと」に続く形で六字で説明しなさい。

問12　――線7「お店の名前が、うちの猫と同じだったから」とあるが、名前だけでなく、店のたたずまいの中に猫のリンを暗示しているものがあると考えられる。そのことを説明した次の文の［A］・［B］に入ることばを文中からぬき出し（Aは十一字、Bは十五字。句読点などの記号も一字とする）、それぞれ最初の五字を書きなさい。

　リンが帰宅した鈴子を［A］待っていたように、ペットたちは店に入った鈴子を［B］見ていたのである。

問13　――線8「子供とか恋人とかを見るみたいに、動物を見る」とあるが、鈴子のリンに対するこのような見方をよく表している十八字の一文を――線8より前の部分からぬき出し、その最初の五字を書きなさい（句読点などの記号も一字とする）。

問14　――線9「この店の温かな匂い」とはどういうことか。そのことを説明した次の文の［A］に入る八字のことばを文中からぬき出し、［B］に入ることばとしてもっともふさわしいものを後のア～オから選び、記号で答えなさい。

　店の中の［A］と［B］がかもしだす雰囲気《ふんいき》

ア　老人のさりげない思いやりとおだやかさ

イ　リンを思い出さずにはいられない落ち着いた店内

ウ　店の主人のユーモアとやさしさに満ちたおしゃべり

エ　古ぼけてはいるが愛着を感じさせる店の外観

オ　ショウ・ウィンドウから見える愛らしいペットたち

問15　――線10「ああ、そういう話はいいよ」とはどういうことか。その説明としてもっともふさわしいものを次の中から選び、記号で答えなさい。

ア　つまらないからよしてくれ。

イ　せつなくなるからやめておこう。

ウ　すっきりするから話してごらん。

エ　かくさないでどんどん言ってくれ。

オ　悲しいけれど聞いてあげよう。

問16　――線11「唇を噛んだ」とあるが、この時の鈴子の気持ちの説明としてもっともふさわしいものを次の中から選び、記号で答えなさい。

ア　商売のことしか頭にない店主にさげすみの気持ちを抱いた。

イ　主人のやさしい気づかいに感謝の気持ちがこみ上げた。

(2)「ひとしきり」

ア 長い間ずっと　イ ほんのわずかな時間

ウ しばらくの間　エ 一定のリズムで

オ 一回か二回

(3)「色気のない」

ア 応対がよくない　イ 色彩《しきさい》感がとぼしい

ウ 人気がない　エ かざり気がない

オ 活気がない

(4)「無躾な」

ア 押しつけがましい　イ 自分勝手な

ウ 不親切な　エ 突然の

オ 失礼な

問3 ——線1「夕空」とあるが、後の部分でこの場面が夕方であることを別のことばで表している。そのことばをひらがな四字でぬき出しなさい。

問4 この文章を二つに分けるとするとどこで区切るのがよいか。後半の部分の最初の五字をぬき出して答えなさい（句読点などの記号も一字とする）。

問5 この文章の中に「鈴子」のことを別の表現で語っている部分がある。そのことばを十四字でぬき出し、その最初の五字を書きなさい（句読点などの記号も一字とする）。

問6 ——線2「リンはその名の通り、鈴子の分身だった」の説明としてもっともふさわしいものを次の中から選び、記号で答えなさい。

ア お互いに同じような名前を持ち、性格は違っても意気投合できる存在だった。

イ リンということばの響《ひび》きのように、心やさしく親密《しんみつ》な存在であった。

ウ リンという快い音によって常に生きる勇気を与えてくれる存在であった。

エ 自分の名前と関係の深い名前を持ち、なくてはならない存在であった。

オ 名前の意味は少し違っても、深い愛情で結ばれたかけがえのない存在であった。

問7 ——線3「同じこと」とはどんなことか。漢字三字のことばを自分で考えて答えなさい。

問8 [1] に入ることばを漢数字で答えなさい。

問9 ——線4「生まれたての仔猫だったリンは、いつの間にか鈴子の年齢を追い越していた」とはどういうことか。その説明としてもっともふさわしいものを次の中から選び、記号で答えなさい。

ア リンの猫としての年齢は鈴子と暮らした年月よりずいぶん長くなっていた。

イ リンが実際に生きた年月は鈴子の年齢よりすこし長くなっていた。

ウ 人間の年齢に読みかえたリンの年齢は鈴子の年齢を上回っていた。

エ 人間の年齢に換算《かんさん》して両者の年齢を比べるとリンの方がかなり上だった。

オ 鈴子がリンと暮らした年月は鈴子の年齢をわずかに追い越していた。

「お嬢《じょう》さん、動物が好きだね」

「はい。大好きです。もう、お嬢さんっていう齢《とし》じゃないけど。しっかり行き遅《おく》れてます」

「動物好きの人は目付きでわかる」

「目付き、って？」

「ペットを見る目じゃないんだよ。8子供とか恋人《こいびと》とかを見るみたいに、動物を見る」

老人は籠の中を見入る鈴子の横顔を覗きこみながら、おかしそうに笑った。

「リンちゃんのせいで、行き遅れたのかな」

(4)無躾《ぶしつけ》な言い方には聞こえなかった。

言われてみれば、そうかもしれない。リンをペットホテルに預けて旅に出ても気が気ではなかったし、デートはいつも早々と切り上げて帰った。そんな暮らしが二十五の齢から九年も続けば、縁遠くなるのも当り前だ。

「おじさん、私ね、リンしか家族がいないの」

「へえ……そりゃ淋《さび》しいね」

「今どき珍《めずら》しいんだけど、施設で育ったから」

めったに他言しないことを口に出してしまったのは、9この店の温かな匂《にお》いのせいだろう。

「リンちゃんと同じ境遇《きょうぐう》ってことか」

「そう。捨て猫よ。おたがい身寄りがないからね、うまくやってきたの」

老人はふっと溜息《ためいき》を洩《も》らしてから、静かな声で呟《つぶや》いた。

「10ああ、そういう話はいいよ。愚痴《ぐち》は聞いてやってもいいが、話すほうは辛くなる。――ところで、もう一匹《いっぴき》いらんかね」

いらないわ、と言いかけて鈴子は11唇《くちびる》を噛《か》んだ。リンのかわりはいらない。

「犬は？」

鈴子はかぶりを振った。籠の中の犬や猫はどれも可愛《かわい》いが、とても連れ帰る気にはなれなかった。

[2]ことが辛くなって、鈴子は膝《ひざ》を抱えた。

「おじさん、私ね、リンを殺しちゃったの。毎日毎日、マグネシウムの入ったドライフードを食べさせて」

べつだん驚くふうもなく、老人は鈴子の悲しみを庇《かば》ってくれた。

「ふむ。だがそれはあなたのせいじゃない」

「私のせいよ。朝から晩まで部屋にとじこめて、淋しい思いをさせてね。それで、ずっと毒を食べさせてた」

ほの暗い蛍光灯《けいこうとう》を見上げて、鈴子は涙を噛んだ。

（浅田次郎『獬（xiè）《シエ》』より）

問1 ――線①「供養」、②「末期」の読みを書きなさい。

問2 ――線(1)「つぶさに」、(2)「ひとしきり」、(3)「色気のない」、(4)「無躾な」はどういう意味で使われているか。次の**ア**～**オ**からもっともふさわしいものを選び、それぞれ記号で答えなさい。

(1)「つぶさに」

ア 親身になって　**イ** くわしく細かく

ウ 一緒《いっしょ》に生活して　**エ** 真剣《しんけん》になって

オ 素直な気持ちで

なければ。

鈴子が線路ぞいの小さなペットショップの前に立ち止まったのは、春の日の昏《く》れなずむ時刻である。

通勤電車の窓から毎日眺《なが》めているはずなのに、なぜかその店には見覚えがなかった。新しく開店したのだろうか。それにしては店先の造作《ぞうさく》が古ぼけている。

闇《やみ》ににじむネオン管を見上げて、鈴子は驚《おどろ》くよりも5悲しい気持ちになった。

「リン、だって……」

偶然《ぐうぜん》にしてもひどすぎる。くすんだショウ・ウィンドウに、ローマ字の筆記体で店の名がそう書かれていたのだった。

「いらっしゃい」

仔犬の眠《ねむ》る籠《かご》の奥《おく》から、痩せた老人が顔を覗《のぞ》かせた。

「ただいまセール中です。何でも二割引。ペットのお値段は相談しましょう」

「6いえ、そうじゃないんです」

と、鈴子はあわてて手を振《ふ》った。

「7お店の名前が、うちの猫と同じだったから」

「ああ、そう。リンちゃんかね」

生温《なまぬる》い春の宵《よい》だというのに、老人は革《かわ》のコートに灰色の厚いマフラーを巻いていた。

「だったら、キャットフードがお買得だよ。全品二割引。ドライは置いてないがね」

え、と鈴子はショウ・ウィンドウの中に無造作に積み上げられた餌の山を見渡した。

「どうしてドライは置いていないんですか」

「そりゃあんた、あれは毒だからね。マグネシウムが添加《てんか》されているから、長い間には腎臓を痛めちまうのさ。ありゃだめだ。毛並なんかは良くなるけどね」

「やっぱり、そうなんですか」

老人はにっこりと笑いかけて、鈴子を手招いた。店内はやさしい獣の匂いに満ちていた。

「何と言っても猫には白いごはんが一番。カツブシにチリメンジャコか海苔《のり》を足してね、ごはんに混ぜる。面倒《めんどう》ならばフレークの缶詰《かんづめ》でもいいが」

「でも、うちの子はドライが好きだから」

思わずそう口にすると、リンがまだ生きているような気がして、胸が軽くなった。

「だめだめ。メーカーは猫の体のことなんて考えちゃいない。ともかくガツガツと食べてくれる餌は売れるからね。人間だってほら、うまいものはたいがい体に毒だろう」

それにしても(3)色気のない店だ。壁《かべ》にはぎっしりと籠が積み上げられ、おとなしい仔犬や仔猫が眠っていた。店の前を通勤電車が走り抜《ぬ》け、窓の明りが壁を染《そ》めても、犬や猫は少しも驚かずにじっと体を丸めて鈴子を見ていた。

リンは性格の穏《おだ》やかな猫だった。毎日ひとりぼっちで留守番をしていても、決していたずらはせず、部屋を汚《よご》すこともなかった。鈴子がただいま、とドアを開けると、いつも靴箱の上に座って出迎えていてくれた。

【国 語】（六〇分）〈満点：一〇〇点〉

一 次の文章を読んで、後の問いに答えなさい。

桜《さくら》の咲《さ》いた日、リンが死んだ。

首輪も餌鉢《えさばち》も遊び道具もみな棺桶《かんおけ》に入れて焼いてしまったのは、かたみの品を手元に残すのが辛《つら》かったからなのだが、①供養をおえて寺を出たとたん鈴子《すずこ》はそのことを悔《く》いた。郊外《こうがい》の桜並木《なみき》は1夕空を被《おお》って、まっすぐに駅まで続いていた。

たったひとりの家族を喪《うしな》ってしまった。この悲しみを誰《だれ》にうちあけても、同情はされまい。きっと人は、たかが猫《ねこ》だと笑うだろう。二人きりで過ごした九年間の暮らしを、(1)つぶさに見ていた人は誰もいないのだから仕方ないが。

2リンはその名の通り、鈴子の分身だった。九年前の冬の夜に、迷ったのか捨てられたのか、マンションの前の路地で鳴いていた。風邪《かぜ》をひいて両目が脂《やに》につぶれ、痩《や》せこけた体を慄《ふる》わせて母を呼んでいた。部屋に連れ帰ってもたぶんもたないだろうと思っていちどは立ち去ったが、鳴声が耳について離《はな》れなかった。その夜から、鈴子とリンとの九年間の暮らしが始まった。

獣医《じゅうい》が言うには、鈴子が与えていたドライフードに含《ふく》まれているマグネシウムが小さな体の中に蓄積《ちくせき》して、腎臓《じんぞう》を壊《こわ》してしまったのだそうだ。楽にしてあげましょう、と獣医が口にしたとき、鈴子は頭の中が真白になって、診察台《しんさつだい》からリンを奪《うば》い返した。

二軒《けん》目の動物病院でも3同じことを言われた。それから三日間会社を休んで、鈴子はリンの②末期を看取《みと》ったのだった。

尿毒症《にょうどくしょう》を起こして苦しみ続けるリンを胸の中に抱きながら奇蹟《きせき》を待った。三日目の朝方、息が荒《あら》くなり、手足が棒きれのように硬《かた》く冷たくなり、(2)ひとしきりつらい息を吐《は》いてリンは死んでしまった。

ドライフードを与《あた》え続けたのは、リンの好物だったからだ。他の餌にはあまり興味を示さず、ドライフードと水さえあればリンはいつもご機嫌《きげん》だった。

煙草《たばこ》のパッケージにだって「あなたの健康を損なうおそれがありますので吸いすぎに注意しましょう」と書いてあるのに、ドライフードの袋《ふくろ》にはどうして何の説明もなかったのだろう。

桜並木を歩きながら涙《なみだ》が渇《か》れてしまうと、怒《いか》りが滾《たぎ》ってきた。自分はそうとは知らず、リンに毒を与え続けていたのだと思った。リンを殺してしまった。

動物寺のお坊《ぼう》さんは、泣きくれるたったひとりの縁者《えんじゃ》をやさしく諭《さと》してくれた。

寿命《じゅみょう》ですよ、と。猫の年齢《ねんれい》は人間の四倍に勘定《かんじょう》するのだから、この子は決して短命だったわけじゃないんですよ、と。

しかしその言葉は慰《なぐさ》めにはならなかった。[1]歳《さい》という年齢が寿命であるはずはない。そして、4生まれたての仔猫《こねこ》だったリンは、いつの間にか鈴子の年齢を追い越《こ》していた——。

駅前は塾《じゅく》帰りの子供らで賑《にぎ》わっていた。寺からの長い道を、とぼとぼと一時間もかけて歩いてきたのだった。どうしても駅の改札《かいさつ》をくぐる気になれず、鈴子はたそがれの沿線をまた歩き出した。リンのいない部屋に帰りたくはなかった。

マンションまでの一駅を歩くうちに、いくらかでも気持ちを切り換《か》え

解答用紙集

○月×日　△曜日　天気（合格日和）

◆ご利用のみなさまへ

＊解答用紙の公表を行っていない学校につきましては、弊社の責任において、解答用紙を制作いたしました。

＊編集上の理由により一部縮小掲載した解答用紙がございます。

＊編集上の理由により一部実物と異なる形式の解答用紙がございます。

人間の最も偉大な力とは、その一番の弱点を克服したところから生まれてくるものである。 ――カール・ヒルティ――

東京学参株式会社

早稲田実業学校中等部　2024年度

◇算数◇

※ 135%に拡大していただくと，解答欄は実物大になります。

1

(1)	(2)	(3)	(4)
	通り	度	%

2

(1)
①
答え　回
②
答え　回

(2)	
①	②
カ所	カ所

3

(1)	(2)	(3) ①
EP：PD＝ :	EQ：QP＝ :	RQ：RS＝ :

(3) ②

4

(1)	(2) P君の速さ	(2) Q君の速さ
(P君の速さ)：(Q君の速さ)＝ :	毎分 m	毎分 m

(3)
分 秒後

5

(1) ①	(1) ②	(2)
	回	回

(3) ①	(3) ②
周	回

早稲田実業学校中等部　2024年度

◇理科◇

※ 143％に拡大していただくと，解答欄は実物大になります。

1

問 1	cm	問 2	

問 3

答え

cm

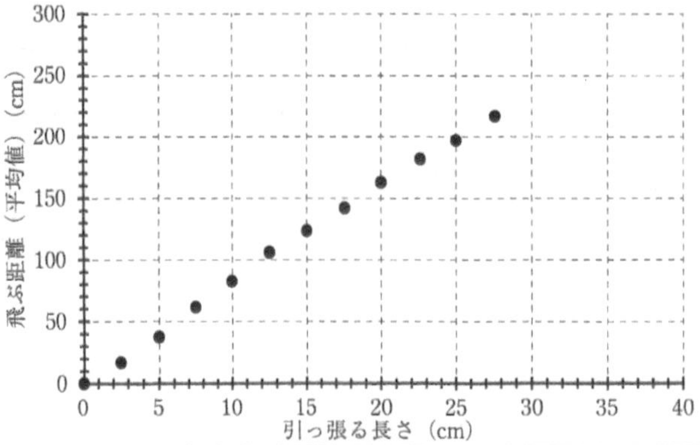

問 4	点

2

問 1		問 2		問 3	

問 4

問 5

問 6

3

問 1

問 2　（1）

（2）

問 3　（1）

（2）　い　ろ　は　に

問 4

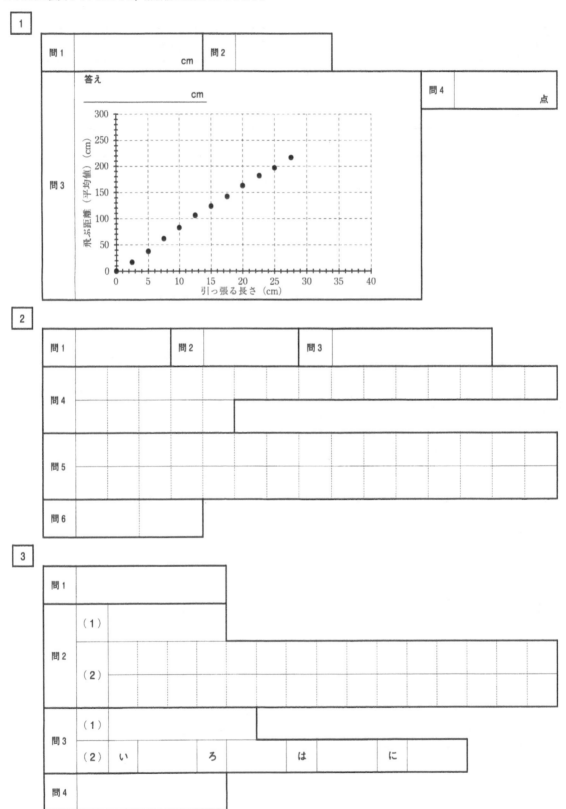

早稲田実業学校中等部　2024年度

◇社会◇

※ 135％に拡大していただくと，解答欄は実物大になります。

〔Ⅰ〕

問 1		問 2	①	②

問 3	

問 4	①	②	問 5	

問 6		問 7	

問 8		問 9	①	②

問 10	①	②

問 11	→ → →

問 12	

〔Ⅱ〕

問 1	

問 2	

問 3	A	B	問 4	気団	問 5	

問 6		問 7		問 8	

〔Ⅲ〕

問 1	①		
	②		
	③	④	

問 2	①	②	③	④	⑤

◇国語◇

早稲田実業学校中等部　２０２４年度

※１４２％に拡大していただくと，解答欄は実物大になります。

一

問1　a　b　c

問2

問3　(1)　(2)

問4

問5

問6

問7　・

問8

二

問1

（十五字以内）

ので、資本を増やすことに貢献《こうけん》しない商品。

問2

商品の価値は

（三十字以内）

によって決まるものだから。

問3

A（十五字以内）

生産活動の目的は、

から

B（十五字以内）

へと変化したが、

C（十五字以内）

できないので、

D（抜き出し）

最初の五字　～　最後の五字

状況《じょうきょう》になったということ。

三

問1　①　②　③　④　⑤　⑥　⑦

問2　・

早稲田実業学校中等部　2023年度

◇算数◇

※ 135%に拡大していただくと，解答欄は実物大になります。

1

（1）	（2）
	個

（3）		（4）
平均値・最頻値・中央値 （ひとつだけ○で囲む）	回	cm^3

2

（1）
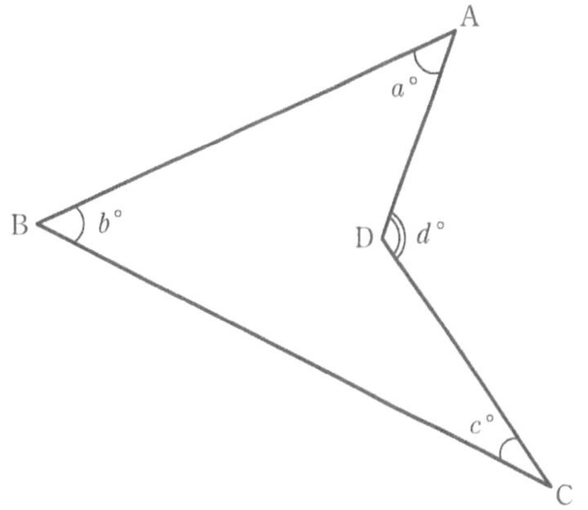

（2）	
①	②

3

（1）	（2）	（3）
AP : PO = ：	（小さい円の半径）：（大きい円の半径）＝ ：	cm^2

4

(1)	(2)

(3)
(●, ▲, ■) =

5

(1)	
ア	イ

(2)
ウ

(2)
説明

(3)
通り

早稲田実業学校中等部　2023年度　◇理科◇

※ 141％に拡大していただくと，解答欄は実物大になります。

1

問 1		g	問 2			
問 3	（1）		（2）	（　　）を（　　）mL		
	（3）	g	（4）	mL		

2

問 1					
問 2					
問 3		問 4	（1）		（2）
問 5	① 強い ・ 弱い	② 強い ・ 弱い			
	③				

3

問 1		問 2	プレート		
問 3		問 4	岩石名：	岩石の色：	
問 5		問 6			

早稲田実業学校中等部　2023年度　◇社会◇

※ 145%に拡大していただくと，解答欄は実物大になります。

〔Ⅰ〕

問1		問2		問3	
問4		問5			
問6					
問7	①				
	②				
問8	①				
	②				
問9					
問10	①	②	③		

〔Ⅱ〕

問1	都市名	市	県名	県	
問2	か所	問3			
問4	指名		任命		
問5	①	裁判	②	問6	人
問7					

〔Ⅲ〕

問1		問2			
問3		問4			
問5	1		2		
問6					
問7					
問8	→ → → →				
問9	1		2		3

◇国語◇

早稲田実業学校中等部　２０２３年度

※１４３％に拡大していただくと、解答欄は実物大になります。

一

問1　a　b　c　d

問2　Ⅰ　Ⅱ　①　②　③

問3

問4

問5

問6　①　②　③ 〜　④ 〜

問7　X　Y

問8

二

問1

A（三十字以内）　「コロ」は ＿＿ が、そのことを人間が理解できていないから。

B（三十字以内）　人間は ＿＿ と思い込んでいるから。

問2

A（十字以上十五字以内）　「概念」とは ＿＿ 能力によって生み出され、

B（二十字以内）　＿＿ ものである。それにも関わらず、

C（四十五字以内）　＿＿ から「災厄」が引き起こされる。

三

問1　①　②

問2　①　②　③　④　⑤　⑥　⑦　⑧

早稲田実業学校中等部　2022年度

◇算数◇

※ 143％に拡大していただくと，解答欄は実物大になります。

1

（1）	（2）	（3）	（4）
	円	cm^2	通り

2

（1）		
①	②	
ア	イ	ウ

（2）

3

（1）	（2）		（3）		
	ア	イ	アメ	ガム	チョコレート
人			個	個	個

4

(1)	(2)	(3)
個	個	個

5

(1)	
ア	
イ	

(2)	
①	
位置	面積
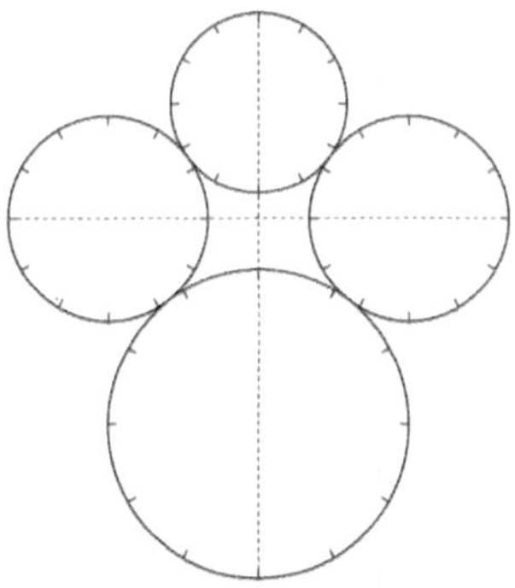	cm²

(2)
②
[図は上の段から使いなさい。]

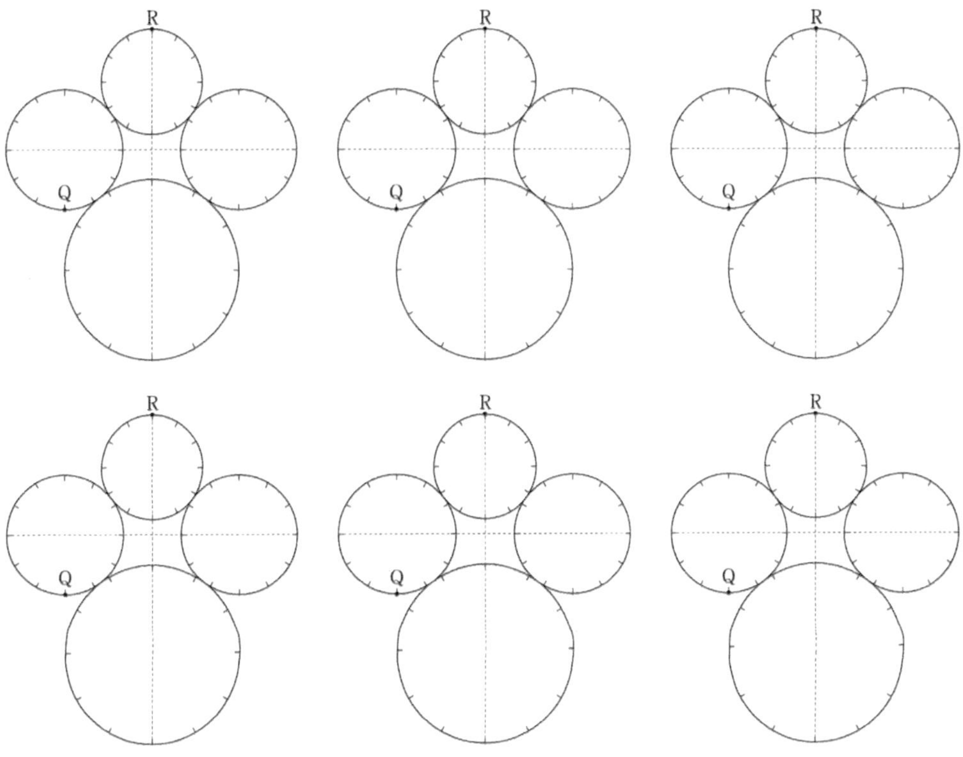

早稲田実業学校中等部　2022年度

◇理科◇

※ 147%に拡大していただくと，解答欄は実物大になります。

1

問 1					
問 2		問 3		問 4	個
問 5					

2

問 1		問 2					
問 3	X		Y		問 4		
問 5		問 6					
問 7							
問 8	①		②		③		

3

問 1		問 2		問 3	
問 4	答　　kg				
問 5		問 6		問 7	

早稲田実業学校中等部　2022年度

◇社会◇

※ 147％に拡大していただくと，解答欄は実物大になります。

〔Ⅰ〕

問1		問2	①		②	

問3		問4		

問5	A	B	C	作品名

問6		問7	

問8	（　　　　　　）と（　　　　　　）を結びつけた。

〔Ⅱ〕

問1				
	①		②	
	③			
	④			
	⑤		⑥	

問2				
	①		②	
	③			

〔Ⅲ〕

問1	

問2	1	3	問3	2	4

問4		
	①	
	②	
	③	

問5		問6	

◇国語◇

早稲田実業学校中等部　２０２２年度

※１４７％に拡大していただくと、解答欄は実物大になります。

一

問1

問2

問3

問4

問5

問6

問7

問8

問9　①　②

二

問1

問2

問3　現代では世界の多くの地域に暮らす人々が、

に苦しんでいるということ。

問4

A（三十字以内）　一般的には

だと思われている。

B（四十字以内）　しかしアラスカでは

と考えられるから。

三

問1　①　②　③　④　⑤

問2　（1）　A　B　C　D　E　F　（2）

早稲田実業学校中等部　2021年度

◇算数◇

※ 143％に拡大していただくと，解答欄は実物大になります。

1

（1）	（2）	（3）	（4）
	回転	度	cm^3

2

（1）①	（1）②	（2）
秒速　m	秒速　m	番目

3

（1）
％

（2）
答え　ア　　イ

（3）

国語＼算数	0	20	40	60	80	100
100						1
80				1		1
60				ア	2	
40					イ	
20			0			
0						

4

(1)		(2)
①	②	
◇3＝　　　，◇4＝	◇10＝	通り

5

(1)	(2)	
	①	②
cm	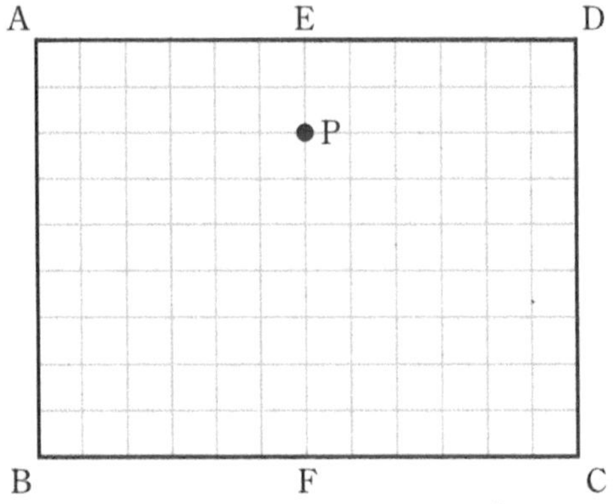	cm

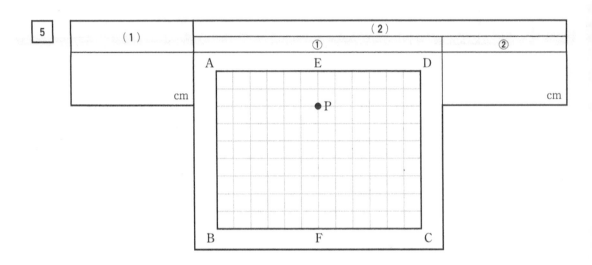

早稲田実業学校中等部　2021年度

◇理科◇

※ 149%に拡大していただくと，解答欄は実物大になります。

1

問 1

問 2　プレート　プレート

問 3　①　②　③

問 4

問 5

2

問 1　〈1〉　〈2〉

問 2　①　②　メートルまで　③

問 3

問 4

3

〈Ⅰ〉

問 1　カラット

問 2

問 3

問 4

問 5

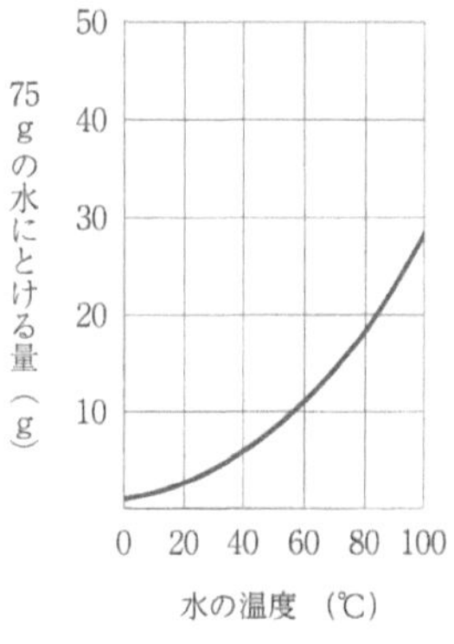

〈Ⅱ〉

早稲田実業学校中等部　2021年度

◇社会◇

※ 147％に拡大していただくと，解答欄は実物大になります。

〔Ⅰ〕

問 1　　問 2

問 3　①　～　歳　②

問 4　①　②

問 5　①　⇒　⇒　⇒　②

問 6　①　A　B　C　D　②

〔Ⅱ〕

問 1　　問 2

問 3　金　銀　銅

問 4

問 5　①　目標　②　③　i　ii　iii

〔Ⅲ〕

問 1　　問 2

問 3　⇒　⇒　⇒

問 4

問 5

問 6　①　②　③

問 7

問 8

問 9

◇国語◇

早稲田実業学校中等部　２０２１年度

※147％に拡大していただくと，解答欄は実物大になります。

一

問1　①　②　③

問2

問3

問4　石田　次郎

問5　A　B

問6

問7

問8

二

問1　地図があることで

A　ため、

B　ように感じられるから。

問2「未来の見える」状況では

A　ことになってしまうが、「未来の見えない」状況では

B　ことができるから。

問3　筆者は　を好ましいものとしてとらえている。

なぜなら、

A　ことで、

B　から。

三

問1　（1）　（2）　（3）①　②

問2　①　②　③　④　⑤

早稲田実業学校中等部　2020年度

◇算数◇

※ 139%に拡大していただくと，解答欄は実物大になります。

1

(1)	(2)	(3)
	個	通り

(4)

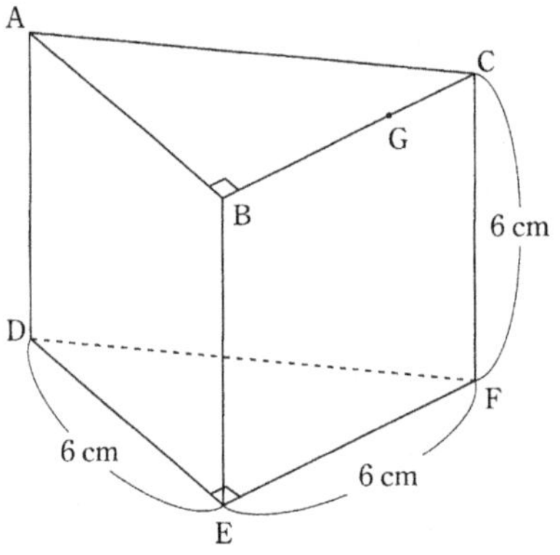

答え　　　　cm^3

2

(1)

①

答え　　　　度

(1)	(2)	
②	①	②
時　　分		番目

3

(1)	(2)	(3)
(太郎君の速さ):(次郎君の速さ)＝ ：	m	分　　秒後

4

(1)	(2)	(3)	
		ウ	エ

5

(1)		(2)	(3)
CD：CG＝ ：	CG：GA＝ ：	(三角形 ABC):(三角形 AFG)＝ ：	(三角形 ABC):(三角形 GHI)＝ ：

早稲田実業学校中等部　2020年度　◇理科◇

※ 145％に拡大していただくと，解答欄は実物大になります。

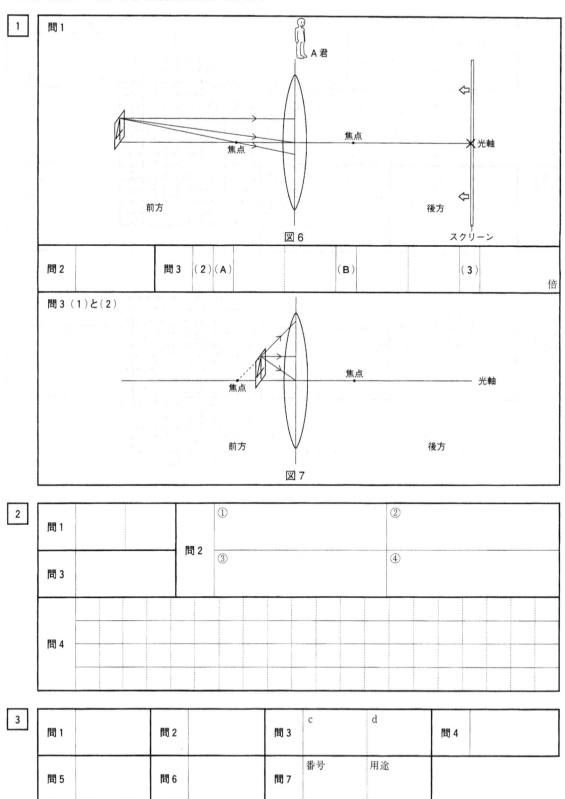

1

問1

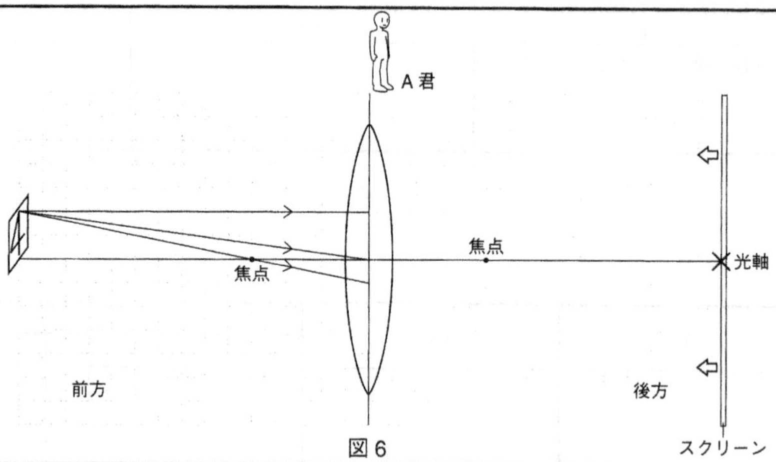

図6

問2		問3	（2）	（A）		（B）		（3）	倍

問3（1）と（2）

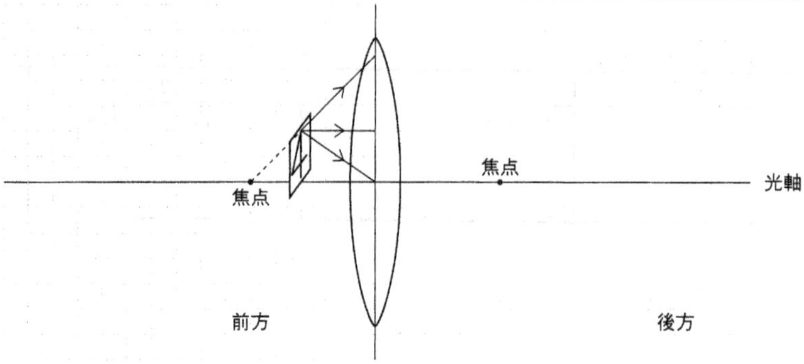

図7

2

問1		問2	①	②
問3			③	④
問4				

3

問1		問2		問3	c　d	問4	
問5		問6		問7	番号　用途		

早稲田実業学校中等部　2020年度

◇社会◇

※ 145％に拡大していただくと，解答欄は実物大になります。

〔Ⅰ〕

問1	

問2	(1)	(2)

問3	

問4	①	②

問5	①　　　　の自由	②

問6	

〔Ⅱ〕

問1		問2	

問3	①　　　　焼
	②

問4	

問5	1869年	1871年

問6		問7	①	②

問8		問9	

〔Ⅲ〕

問1	①	②	問2	

問3	みかん	茶	うなぎ	わさび

問4	①	②

問5	

問6	①	②

問7	

◇国語◇

早稲田実業学校中等部　２０２０年度

※１４５％に拡大していただくと、解答欄は実物大になります。

一

問1　A　B

問2

問3

問4

問5　①　②　③　A　B

問6

問7

問8

問9

二

問1　オリンピックの現場では、

問2　オリンピック競技は　　であるが、

ものにすぎない点。

問3　筆者は、観客が

三

問1　①　②　③　④　⑤　⑥　⑦

問2　→　→　→　→

早稲田実業学校中等部　2019年度

◇算数◇

※この解答用紙は137％に拡大していただくと，実物大になります。

1

(1)	(2)	(3)	(4)
	個	km	才

2

(1)
cm^3

(2)	
①	
オ	
カ	

(2)
②
＜答え＞ $\frac{3}{7}=$

3

(1)	(2)	(3)
個	円	個

4

(1)	(2)	(3)
AR：RD＝　：	倍	倍

5

(1)	(2)	(3)	(4)
度	度	倍	回

早稲田実業学校中等部　2019年度

◇理科◇

※この解答用紙は145％に拡大していただくと，実物大になります。

1

問 1		問 2	
問 3			
問 4		問 5 ①	g

問 5 ②	式	答	kg

2

問 1		問 2		問 3		問 4	

3

問 1		問 3	
問 2		問 4	
		問 5	

早稲田実業学校中等部　2019年度

◇社会◇

※この解答用紙は142％に拡大していただくと，実物大になります。

〔Ⅰ〕

問１

問２

問３　問４

問５

問６　問７

問８　問９

問10

〔Ⅱ〕

問１　①　市　②　③

④　⑤

問２　①

②　生産者：

消費者：

〔Ⅲ〕

問１

問２　①　②　③

問３　A　B　※選んだ方の記号を○で囲みなさい

◇国語◇

早稲田実業学校中等部　２０１９年度

※この解答用紙は１４５％に拡大していただくと、実物大になります。

一

問1　問2　問3　問4

問5　A　B　C　D

問6

問7　〜

問8

問9　問10

二

問1　A　B　C

問2

問3　エチオピアにおける「名前」とは、

問4

問5

三

問1　①　②　③　④　⑤　⑥　⑦

問2　①　②　③

早稲田実業学校中等部　平成30年度　◇算数◇

※この解答用紙は131％に拡大していただくと，実物大になります。

1

（1）	（2）	（3）	（4）
	分間	度	通り

2

（1）	（2）	（3）
cm	cm^2	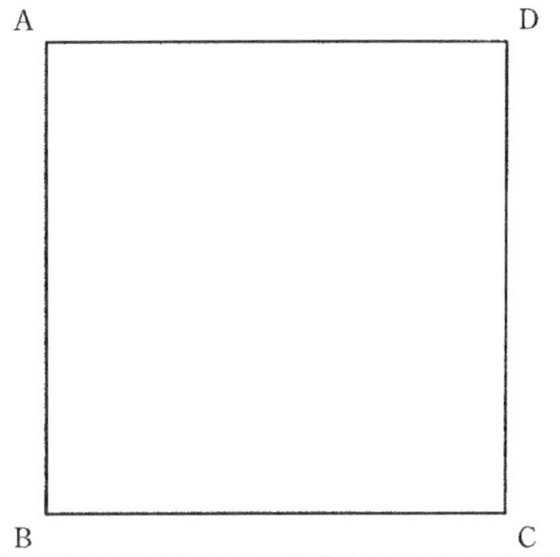

3

（1）	（2）	
	①	②
cm^3	cm^2	cm^3

4

（1）	（2）	（3）
回		

5

（1）	（2）	（3）
回	回	回

○推定配点○　4・5　各5点×8　他　各6点×10　計100点

/100

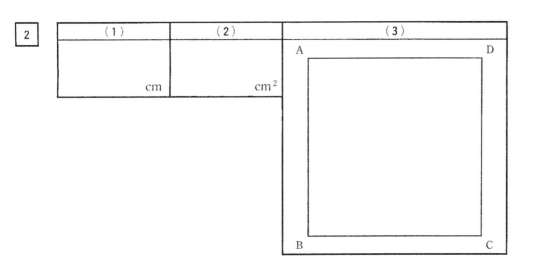

早稲田実業学校中等部　平成30年度

◇理科◇

※この解答用紙は150％に拡大していただくと，実物大になります。

1

問1		問2		

問3	
	（30字）
	（50字）

2

問1		問2	①		②	

3

問1	①		②		問2	秒

問3		問4	①		②	秒

4

問1		問2	

問3			問4	B		E		F	

問5		問6		問7		

○推定配点○　1　問1・問2　各2点×2（問2完答）　問3　4点　2　各2点×3
3　問1・問4①　各2点×3　問2・問3・問4②　各4点×3
4　各2点×9（問1・問3・問7各完答）　計50点

／50

早稲田実業学校中等部　　平成30年度　　◇社会◇

※この解答用紙は156％に拡大していただくと，実物大になります。

〔Ⅰ〕

問1	①	
	②	

問2	坂東太郎	筑紫次郎	四国三郎	問3	

問4	記号	名前　　　漁業

問5	①	②	③

問6	

問7	①	
	②	1つめ
		2つめ

〔Ⅱ〕

問1		問2			
問3		問4		問5	
問6		問7			
問8					
問9					
問10	島				

〔Ⅲ〕

問1		問2		問3	
問4	①	②		問5	
問6		問7			
問8	ア	イ	ウ		

○推定配点○　〔Ⅰ〕　各2点×13(問1・問4は各完答)　〔Ⅱ〕　各1点×10
〔Ⅲ〕　問8　各2点×3　他　各1点×8(問3・問4①・問7は各完答)　計50点

／50

早稲田実業学校中等部　平成30年度

※この解答用紙は141％に拡大していただくと、実物大になります。

◇国語◇

一

問1　問2　問3

問4　Ⅰ　Ⅱ　問5

問6　〜　問7　問8　問9

問10　問11　A　B　C　D　E　問12　・

二

問1　A　C　問2　問3　①　②　③

問4　5　7　問5　問6　問7

問8

問9　問10　問11　問12

問13　ということ。　30

三

問1　①　②　③

問2　①　②　③　④　⑤　⑥　⑦

○推定配点○

一　問9・問10　各3点×2　他　各2点×16

二　問8〜問12　各3点×5　問13　5点　他　各2点×11

三　各2点×10　計100点

100

MEMO

大切なことはメモしておこうネ！

T.G

MEMO

大切なことはメモしておこうネ！

MEMO

大切なことはメモしておこうネ！

T・G

MEMO

大切なことはメモしておこうネ！

MEMO

大切なことはメモしておこうネ！

MEMO

大切なことはメモしておこうネ！

MEMO

大切なことはメモしておこうネ！

〈ダウンロードコンテンツについて〉

本問題集のダウンロードコンテンツ、弊社ホームページで配信しております。現在ご利用いただけるのは「2025年度受験用」に対応したもので、**2025年3月末日**までダウンロード可能です。弊社ホームページにアクセスの上、ご利用ください。

※配信期間が終了いたしますと、ご利用いただけませんのでご了承ください。

中学別入試過去問題シリーズ

早稲田実業学校中等部　2025年度

ISBN978-4-8141-3149-5

[発行所] 東京学参株式会社
〒153-0043　東京都目黒区東山2-6-4

書籍の内容についてのお問い合わせは右のQRコードから　⇒

※書籍の内容についてのお電話でのお問い合わせ、本書の内容を超えたご質問には対応できませんのでご了承ください。

2024年4月5日　初版